I0764161

An Testament Nowyth

An Testament Nowyth

The New Testament in Cornish

2020

Dyllys gans/*Published by* Evertype, 19A Corso Street, Dundee, DD2 1DR, Scotland. *www.evertype.com*.

Penscrefor/*Editor*: Michael Everson.

Penscrefor cùssulek/*Advisory editor*: Map Essa.

Kensa dyllans 2020. Daspryntys gans êwnansow Genver 2021.
First edition 2020. Reprinted with corrections January 2021.

Y kefyr covath rolyans rag an lyver-ma dhyworth an Lyverva Vretednek.
A catalogue record for this book is available from the British Library.

ISBN-10 1-78201-283-4 (aden gales)
ISBN-13 978-1-78201-283-2 (*hardcover*)

ISBN-10 1-78201-284-2 (aden vedhel)
ISBN-13 978-1-78201-284-9 (*paperback*)

Olsettys in Janson Text gans Michael Everson.
Typeset in Janson Text by Michael Everson.

Cudhlen ha mappys gans/*Cover and maps by* Michael Everson.

Rol an lyver

Raglavar

I'n vledhen 2002 Spyrys a Gernow a wrug dyllo ow thrailyans vy a'n Testament Nowyth in Kernowek Udnys Amendys. Y feu versyon êwnhës a'n text-na warbarth gans an Testament Coth pùblyshys gans Evertype i'n vledhen 2011 avell *An Beybel Sans*.[1] Yth o an *Beybel Sans* screfys in Kernowek Standard (KS) yn tien. Yth yw an lyver-ma daspryntyans gans nebes amendyansow bian a'n Testament Nowyth in *An Beybel Sans*.

Pàn ylly radnow an Testament Nowyth bos kefys in Kernowek tradycyonal, y feu an keth tyleryow-na das-spellys in Kernowek Standard ha gorrys aberth i'n trailyans awoles. In mesk tyleryow a'n par-na y hyll bos recknys an trailyans gwrës gans Wella Rowe, Sancras, a Sen Mathew 2:1–20 ha chaptra 4 yn tien. Pelha y feu tyleryow mes a homylys Jowan Tregear ûsys kefrÿs, rag ensampyl Romans 2:17–24 (TH 14v)[2] ha Romans 3:9–18 (TH 7v). Devydnow cot erel in mes a'n Testament Nowyth yw kefys in textow Kernowek erel, spessly in *Pascon agan Arluth*, *Passio Christi*, ha *Resurrexio Domini*. Lûk 22:10–12 rag ensampyl, yw growndys wàr *Passio Christi* 627–640.

Y feu remnant an text trailys warlergh an versyon Grêk gweredhek. Rag hedna me a wrug devnyth a *The New Greek Interlinear New Testament*.[3] Yth o a brow traweythyow *The New English Bible*,[4] *The Good News Bible*,[5] *Y Beibl Cymraeg*

---

1 Williams, Nicholas, tr. 2011. *An Beybel Sans: The Holy Bible in Cornish*. Cathair na Mart: Evertype, 2011. ISBN 978-1-904808-70-1.

2 Abbreviations:

AB = Lhuyd, *Archæologia Britannica*

ACB = Pryce, *Archæologia Cornu-Britannica*

BF = Oliver Padel, ed. 1975. *Cornish Writings of the Boson Family*

BK = *Bewnans Ke*

BM = *Beunans Meriasek*

CW = *The Creation of the World*

PA = *Pascon agan Arluth*

PC = *Passio Christi*

RD = *Resurrexio Domini*

SA = *Sacrament an Alter*

TH = *Tregear's Homilies*

TWG = Wella Rowe. *The Word of God*. ISBN 978-1-326-10127-5.

3 Robert K. Brown, Philip W. Comfort, and J. D. Douglas, eds. 1990. *The New Greek Interlinear New Testament*. Wheaton Illinois: Tyndale House. ISBN 0-8423-1213-7.

4 *The New English Bible*. 1972. Resohen: An Cowethasow Beyblek in kescowethyans gans Gwask Ûnyversyta Resohen, Gwask Ûnyversyta Kergraunt. ISBN 0-564-00201-1.

Newydd,[6] hag *An Testament Nevez hon Aotrou hag hor Zalver Jesus-Christ*.[7] Me a veras inwedh traweythyow wàr an partys a'n Testament Nowyth o dyllys solabrÿs in Kernowek dasvêwys.[8]

Henwyn an lyfryow

An lyver-ma yw gelwys *An Testament Nowyth*, lavar ûsys gans Jowan Tregear (*e.g. ow pewa in dan an la han* ***testament nowyth*** TH 27r) ha gans *Sacrament an Alter* (*An chalys an* ***Testament noweth*** *ew an gois ew skvllys* SA 66r).

Aswonys dhyn yw henwyn an peswar awayl, rag Jowan Tregear a scrif: *so an auctorite an egglos a rug amyttya an peswar aweylar only,* ***luk***, ***mark***, ***mathew***, *ha* ***Jowan***. I'n trailyansow Kernowek dasvêwys dyllys i'n gansvledhen dhewetha, yma an awaylow gelwys *An Awayl herwyth Sen Mark*,[9] *An Awayl herwyth Sen Mathew*,[10] *An Awayl herwyth Sen Jowan*,[11] hag *An Awayl herwyth Sen Luk*.[12] I'n textow tradycyonal bytegyns *warlergh* yw an ger ûsys rag 'according to.' In gwir in *Beunans Meriasek* lînen 391 ny a red *warlergh sen luk*. Rag hedna in tîtlys an awaylow awoles *warlergh* yw ûsys kyns ès *herwyth*.

Pàn vo Tregear ow cul mencyon a'n dhyskyblyon warlergh an Assencyon ev a's gelow *an abesteleth* yn fenowgh. Wàr an tenewen aral rag 'The Acts of the Apostles' ev a scrif *actus appostolus* (TH 44v), *actus appostlis* (TH 44v), *actus appostols* (TH 44v), *actus appostolis* (TH 45r) and *actys an appostolis* (TH 46v). Saw yth hevel gwell heb ûsya dew er dyffrans rag 'apostles'. Pympes lyver an Testament Nowyth awoles ytho yw gelwys *Actys an Abesteleth*.

---

5 *The Good News Bible*. 1976. Loundres: An Cowethasow Beyblek, Collins. ISBN 0-564-00521-50.

6 *Y Beibl Cymraeg Newydd*. 1988. Swindon: Cymdeithas y Beibl. ISBN 0-564-05743.

7 *An Testament Nevez hon Aotrou hag hor Zalver Jesus-Christ, lakeat e brezonec, ha reizet hervez ar vam-scrid gregach*. 1938. Paris, 58, Rue de Clichy. Trailys gans Pastor ar Choad.

8 Y feu trailyans a'n Testament Nowyth in Kernowek Kebmyn dyllys i'n vledhen 2004: *An Testament Nowydh* (Redruth: Kesva an Taves Kernewek, ISBN 1-902917-33-2. Ow daswel a'n lyver-ma a yll bos gwelys in Michael Everson, Craig Weatherhill, Ray Chubb, Bernard Deacon, Nicholas Williams, 2007, *Form and Content in Revived Cornish* (Cathair na Mart: Evertype, ISBN 978-1-904808-10-7, folednow 90–226.

9 Caradar (A. S. D. Smith), tr. 1960. *An Awayl herwyth Sen Mark*. Amendys gans Talek (E. G. R. Hooper). Cambron: An Lef Kernewek.

10 Gwas Cadoc (D. R. Evans), tr. 1975. *An Awayl herwyth Sen Mathew*. Pensans: Kesva an Tavas Kernewek.

11 Gwas Kevardhu (John Page), tr. 1985. *An Awayl herwyth Sen Jowan*. Mabe, Penryn: Dyllansow Truran. ISBN 0-907566-77-4.

12 Talek (E. G. Retallack Hooper), tr. 1989. *An Awayl herwyth Sen Luk: St Luke's Gospel in Cornish*. Cambron: An Lef Kernewek.

AN TESTAMENT NOWYTH

Pàn vo henwyn tradycyonal a lyfryow erel a'n Testament Nowyth kefys i'n textow Kernowek, yth yw devnyth gwrÿs a'n henwyn-na i'n trailyans-ma:

Romans 'Romans': *yma S Powle in y epistyll then* ***romans*** *in v chaptyr ow leverall* (TH 4v)
Coryntbyans 'Corinthians': *S paule in xi chapter in kynsa pistill then* ***Corinthians*** *y ma ow leverel* (TH 51v)
Galathyans 'Galatians': *in iii-a chapter then* ***galathians*** *yma S Powle ow leverell* (TH 7v)
Efesyans 'Ephesians': *in iiii-a chapter thyn* ***Ephesians*** (TH 41v)
Fylyppyans 'Philippians': *ema Chrisostom ow scryfa than* ***philipians*** (SA 66r)
Tymothy 'Timothy': *yma S paul in iii chapter the* ***Tymothe*** *ow kylwall an egglos catholyk an pyllar han grownd a wryoneth* (TH 17v).

Yma dew er dyffrans rag 'Revelacyon' in Kernowek, rag yma Jowan Tregear ow côwsel a *speciall revelacion* (TH 14r, 17r) ha *speciall dyswythyans* (TH 13v). An dhew er-na, spellys ***Revelacyon*** ha ***Dysqwedhyans***, yw ûsys awoles avell henwyn dyffrans rag lyver dewetha an Testament Nowyth.

Henwyn usy ow tallath gans J

Yth hevel fatell gresy Caradar (A.S.D. Smith) an hanow Jesu in Kernowek dhe vos *Yesu* hag in kepar maner John dhe vos *Yowan*. Me re settyas in mes in ken tyller meur a argùmentys rag dysqwedhes fatell o tybyans Caradar myskemerys i'n poynt-ma ha fatell esa an dhew hanow ow tallath gans *J* [dʒ].[13] Yth yw lies hanow screfys i'n textow tradycyonal gans *I* pò gans *i*.[14] I'n rol obma awoles me a re an form ûsys i'n trailyans-ma warbarth gans an Sowsnek ha'ga spellyansow i'n textow hengovek:

Jacob 'Jacob': *iacob* RD 1007
Jafet 'Japhet': *Iafet* OM 1054, *Japhet* BF: 46, 48
Jamys 'James': *Iamys* PC 1014, TH 48r; *iamys* RD 947, 1375; *Jamez* TWG 34
Jeremy 'Jeremiah': *Iheremy* TH 7v ×3; *Iheremye* TH 6v; *Iheremyas* TH 43v
Jesus 'Jesus': *Ihesus* PA *passim*; TH *passim*; *ihesus* PA *passim*; PC *passim*; RD 472, 755, 1805, etc.; BM 567, 591, 851; *Iesus* SA 60v ×3, 61v; TWG 30, 32 ×2, 34 ×2

---

13 Williams, Nicholas. 2016. "Initial J in biblical names", in *The Cornish Consonantal System*. Portlaoise: Evertype. ISBN 978-1-78201-185-9, folednow 90–92.

14 Ny vedha devnyth gwrÿs a'n glyf *j* i'n textow moyha avarr ma's dhe nôtya dyweth nùmber Roman, rag ensampyl *xij* 'dewdhek'; yth o brâs yn fenowgh kepar ha *J* shâp an lytheren veur *I*, saw ny vedha dyffrans dysqwedhys inter an dhyw avell lytherednow dyblans erna wrug *Charles Butler* dyllo y English Grammar i'n vledhen 1634.

Jerùsalem 'Jerusalem': *ierusalem* PA 226; 853, 1342, OM 1298, 1933, 1948, 2060, PC 1649, 2639; *Iherusalem* TH 27v, 47v; *hierusalem* TH 48r; *Jerusalem* TWG 22 ×2.
Job 'Job': *Iob* TH 6v, 7r, 8r
Jônas 'Jonah': *Ionas* TH 45v
Jordan 'Jordan': *Jordan* TWG 32
Josef 'Joseph': *ioseph* RD 3, 22; *Joseph* TWG 26
Josùe 'Joshua': *iosue* OM 1880; *Iosue* TH 55v ×3
Jowan 'John': *Iowan* PA 417, 1582, 1587; *iowan* PC 464, 619, 700, RD 959, BM 2877; *Jowan* TH 37v, 39v, 41v, 43v; *Iohan* PC 687; TH 15r, 17r, etc.
Jùbyter 'Jupiter': *iubyter* BM 2327
Jûd 'Jude': *Iud* PC 464; *iude* RD 1031 ×2, 1448
Jûdas 'Judas': *Iudas* PA 279, 281, 297, 313, 373, 491, etc.; *iudas* PA 321, 378, 841, 846; PC 759, 935, 960, 1078, 1101, 1204; *Iudas* TH 44v, SA 61r ×2, 65v ×2
Jûdy 'Judea': *iudi* PC 1594, 1607; *iudy* RD 10.

Ken henwyn personek ha henwyn tyleryow

An henwyn-ma usy ow sewya yw henwyn kefys i'n textow Kernowek hag ûsys kefrÿs i'n trailyans awoles. I'n rol-ma yth yw rÿs kyns oll an form in KS, ena an trailyans Sowsnek, hag ena an form pò formys i'n tavas hengovek:

Abel 'Abel': *abel* OM 437, 522; *abell* CW 1144, 1248, 1291
Abraham 'Abraham': *Abraham* TH 6v, 13r ×2, 55r; *abraham* BM 452
Anas 'Annas': *annas* PA 607, 613, 892, PC 553, 933, 977
Androw 'Andrew': *androw* PA 417, PC 464, RD 1043; *Androw* TH 45v, 47r
Araby 'Arabia': *araby* OM 1930, 1943; *Araby* BK 2717
Asya 'Asia': *asia* TH 47r
Athens 'Athens': *Athens* TH 29r
Barabas 'Barabbas': *barabas* PA 986, 1000, 1003, PC 2041, 2349, 2370, 2480
Baramathia 'Aramathea': *baramathia* PC 3099, RD 22; *baramathya* RD 627
Belsebùk 'Beelzebub': *Belsebuk* OM 541; *belsebuc* OM 881, 890, RD 128, 2358, BM 2330; *belsebuk* PC 1925, 3055
Bertyl 'Bartholomew': *bertyl* RD 971
Besseda 'Bethesda': *bessede* OM 2783
Bethlem 'Bethlehem': *bethlem* OM 1934, PC 1607, 1652
Bythynya 'Bithynia': *bithinia* TH 47r
Cappadocya 'Cappadocia': *cappadocia* TH 47r
Cayfas 'Caiaphas': *cayfas* PC 361, 564, 573, 1129, etc.
Caym 'Cain': *Caym* OM 437, 571, 597; *caym* OM 618; *cayme* CW 1065, 1144, 1178, etc.
Cedron 'Kedron': *cedron* OM 2804, 2811, 2815, PC 2544
Cesar 'Caesar': *cesar* PC 1575, 2220, 2223, RD 1629, 2115, 2117

AN TESTAMENT NOWYTH

Cesaria 'Caesarea': *cesarye* TH 43v
Corynth 'Corinth': *Corinthe* TH 47v
Crêta 'Crete': *Creta* TH 33v
Davyth 'David': *dauyth* PC 1720; *daveth* PC 1479; *Davith* TH 8v
Ejyp 'Egypt': *Egyp* BK 2641; *Egip* BK 2629; *egip* OM 1415, 1422, 1647
Elias 'Elijah': *Elias* SA 60; *Helias* SA 60 ×2; *helyas* RD 235, TH 43v
Elyseùs 'Elisha': *Eliseus* SA 60r
Enok 'Enoch': *enoch* CW 2094, 2110; *ennoc* RD 197
Erod 'Herod': *erod* PC 1603, 1615, 1842, 1859
Esay 'Isaiah': *Esay* TH 40r
Faro 'Pharaoh': *pharow* OM 1417, 1610; *pharo* OM 1422, 1479, 1651
Felyp 'Philip': *phelyp* PC 2379; *phelip* RD 995; *phylip* RD 1399
Fryjy 'Phrygia': *Phrygy* BK 2684
Fylyppy 'Philippi': *philippi* TH 43v
Gabriel 'Gabriel': *gabryel* OM 1927
Galyle 'Galilee': *galyle* PA 676, 696, 854, 858, 2057; *galile* PC 329, 898, 1281, RD 797, 887; *Galile* TH 47r
Gomorre 'Gomorra': *Gamorre* TH 6v
Grêss 'Greece': *Grece* BK 2417
Isak 'Isaac': ysac OM 1279, 1287, 1293, 1374, 1385 , 1393, 1410
Israel 'Israel': *Israel* OM 1869; *israel* PC 276, 2879; *Israell* TH 40r, 50v; *israell* TH 11v; *isrel* OM 1546; *ysral* OM 1489; *ysrael* OM 1553, PC 427; *ysraell* TH 40r
Jowan Baptyst 'John the Baptist': *iowen baptyst* BM 4449; *Johan baptist* TH 8r, 29v; *Jowan baptist* TH 43v
Lasser 'Lazarus': *Lasser* BM 450
Lûk 'Luke': *luk* BM 391, TH 36r, 37v, 38r, 41v; *Luk* TH 29v, 52v, BK 3293; *luke* TH 52v; *Luke* SA 64r
Maria 'Mary': *maria* PC 162, 3100, RD 23, 154, 630, BM 156, 158, 631, etc, TH 12v ×2, 13r, 13v, etc.; *marya* PA 409, 425, 1331, 1332, etc., BM 4116, SA 59r; *Maria* BM 1246, 1247, 3134, etc., SA 61v, BK 2816, 2900; AB: 245a; *Marya* BM 154, SA 64v
Maudlen 'Magdalen': *maudlen* RD 920
Meneth Olyvet 'Mount of Olives': *meneth olyved* RD 2409
Mownt Sinay 'Mount Sinai': *mownt Sinai* TH 56v
Moyses 'Moses': *moyses* OM 1403, 1433, 1443, etc., RD 1484, TH 13v, 14r ×2; 14v, 26v, etc.; *Moyses* TH 1v, 55v
Myhal 'Michael': *myhal* OM 185, BM 2077, 2201, CW 213; *myhall* CW 599; *Myhal* BK 1377; *mehall* CW 964
Nazare 'Nazareth': *nazare* PA 549, PC 328, 1112, 1115, etc; *nazary* PA 2037; *nazareth* PC 1117; *Nazareth* TWG: 32
Nepthaly 'Naphtali': *Nepthaly* TWG: 32
Noy 'Noah': *noy* OM 1017, TH 39r, CW 2495; *Noy* OM 1231, TH 39v; *noye* CW 2226, 2295; *Noye* TH 7r

Nycodêmùs 'Nicodemus': *Nicodemus* TH 37v; *nychodemus* PC 3145, RD 645, TH 37v

Pawl 'Paul': *Pawle* TH 4v, 7v, 8r, etc.; *pawle* TH 9r, 14r, 29v, 33r; *Powle* TH 4v ×2, 7v, ACB: F f 4; *powl* TH 13r; *powle* TH 13r, 14v, 48r; *poulle* TH 47r; *povle* BM 1689; *paule* TH 18r, 25r, 32v, etc.; *Paule* SA 66r

Peder 'Peter': *peder* PC 464, 619, 643, etc.; RD 935; *Peder* SA 63r, TWG: 34; *pedyr* PA 361, 363, 367, 386, etc., BM 4044, TH 3v, 9v, 17v, etc.; *Pedyr* PA 417, 561, BM 1689, 4017, TH 42v ×2, 43r, 45r, etc.

Pontùs 'Pontus': *pontus* TH 47r

Pylat 'Pilate': *pylat* PA 778, 785, 793, etc., PC 1502, 1567, 1585, etc., RD 1656, 1811, 2063; *Pylat* PA 993, 1005, 1009, etc.; *pilat* PC 379, 1702, 1920, etc., RD 37, 367, 548, etc; *Pilat* ACB: E e 3

Rama 'Ramah': *Rama* TWG: 28

Roboam 'Rehoboam': *Roboam* TH 50v

Rom 'Rome': *rom* TH 48v, 50r; *rome* BM 1181, 1344, 1534, 1628, etc., TH 42v, 46v ×3, 47r, etc.; *Rom* TH 50r, BK 2493, 2839; *Rome* TH 46v, 47r ×3, etc., BK 2116

Salamon 'Salamon': *salamon* OM 2371, 2377, OM 2404, etc.; *Salamon* OM 2341, TH 8r ×2, 31r, 50v

Salome 'Salome': *salome* RD 699, 1074

Samarya 'Samaria': *Samarya* TH 46v

Sampson 'Samson': *sampson* BM 2983

Satnas 'Satan': *satnas* PA 38, 145, 712, PC 880, 2254, BM 872, 3513

Sîmon 'Simon': *symon* PA 1389, PC 493, 704; RD 1019; *Symon* PC 465; RD 1435, TH 43r ×3, 44r, etc.; *Symmon* PA 1386

Sodom 'Sodom': *Sodome* TH 6v

Syry 'Syria': *Syry* BK 2694

Tharsys 'Tarsus': *Tharsis* BK 2718

Tyber 'Tiberius': *tyber* RD 1799

Tyberyas 'Tiberias': *Tiberias* TH 42v

Tîtùs 'Titus': *tytus* TH 33v

Zebalon 'Zebulon'; *Zebalon* TWG: 32.

Gerva

I'n trailyans-ma geryow benthygys dhyworth Sowsnek re beu preferrys dhe eryow nowyth-gwrÿs nag yw kefys i'n tavas tradycyonal. Rag hedna *pùrgacyon* yw ûsys kyns ès **purheans*, ha *cyrcùmcîsys*, neb yw destys, re beu ûsys kyns ès **enwosys*, ger desmygys gans Nance. An ger *luyth* in Kernowek Udnys (*loeth* in Kernowek Kebmyn) yw das-spellyans a *luid* 'battle array, army' in Kernowek Coth hag yth ywa ûsys traweythyow rag 'tribe' i'n tavas dasvêwys. I'n present trailyans bytegyns, *trib* dhyworth Tregear (cf. *oll an x **tryb** a Israell* 'all the ten tribes of Israel' TH 50v) re beu preferrys.

Nyns yw an ger *profus* 'prophet' kefys in text vëth warlergh an Ordinalia, ha nyns yw kefys ma's udn exampyl a'n form liesek. *Profet* wàr an tenewen aral yw ûsys moy ès 20 treveth in TH, SA, ha TWG. Yth yw an form liesek *profettys* kefys degweyth; ha'n hanow abstract *profecy* yw kefys dywweyth. *Profet*, *profettys* ha *profecy* yw ûsys i'n trailyans awoles.

In Kernowek dasvêwys an ger ûsys rag 'judge' re beu **brusyas* pò *brusyth*. **Brusyas* a veu desmygys gans Nance; *brusyth* yw spellyans in Kernowek Cres a *brodit* an Kernowek Coth ha'n sison in cres an ger yw dhe dhowtya. An ger ûsys rag 'judge' i'n tavas tradycyonal yw *jùj* (spellys *iug*, *iudg*, *judge*) ha hedna yw an ger i'n trailyans awoles.

Yth yw devnyth gwrÿs yn fenowgh i'n tavas dasvêwys a'n ger *offeryas* rag 'priest'. Nyns yw *offeryas* kefys bytegyns, rag yth ywa das-spellyans a *offeriat* in Gerva an Kernowek Coth. An ger ûsys rag 'priest, cleric' in Kernowek Cres ha Kernowek Dewedhes yw *pronter* (spellys in fordhow dyvers avell *pronter*, *prounter*, *prownter* ha *proanter*) hag yth ywa kefys moy ès ugansweyth. Yth yw an form liesek *prontyryon* kefys seythgweyth. *Pronter* ha *prontyryon* yw ûsys awoles.

An trailyans-ma

Dell yw complys a-uhon Kernowek Standard ('Standard Cornish', KS) yw an lytherednans ûsys i'n trailyans-ma. Porpos Kernowek Standard yw dhe vos warrantus ha dyblans ow tùchya an leveryans. Intendys yw an trailyans-ma dhe vos êsy dhe redya, teythiak y nas ha dhe sewya clos styr an Grêk gwredhek.

Nicholas Williams
Hedra 2020

Foreword

My translation of the New Testament in the spelling known as Unified Cornish Revised (UCR) was published by Spyrys a Gernow in 2002. An emended version of that text was published together with the Old Testament as *An Beybel Sans* by Evertype in 2011.[1] This latter was entirely in Standard Cornish (Kernowek Standard or KS). The present work is a reprint with minor emendations of the New Testament in *An Beybel Sans*.

Where passages from the New Testament were available in traditional Cornish, they were respelt in KS and incorporated into the text below. Portions of this kind include the translations by William Rowe of Sancreed of Matthew 2:1–20 and all Matthew 4. Moreover passages from John Tregear have been used, notably in Romans 2:17–24 (TH 14v)[2] and Romans 3:9–18 (TH 7v). Further short passages from the New Testament can be found elsewhere in the Cornish texts, in particular in *Pascon agan Arluth*, *Passio Christi*, and *Resurrexio Domini*. For example Luke 22:10–12 below has been taken from *Passio Christi* 627–640.

The rest of the text has been based on the original Greek, for which I used *The New Greek Interlinear New Testament*.[3] Of value on occasion were *The New English Bible*,[4] *The Good News Bible*,[5] *Y Beibl Cymraeg Newydd*,[6] and *An Testament Nevez*

---

1 Williams, Nicholas, tr. 2011. *An Beybel Sans: The Holy Bible in Cornish*. Cathair na Mart: Evertype, 2011. ISBN 978-1-904808-70-1).

2 Abbreviations:

AB = Lhuyd, *Archæologia Britannica*

ACB = Pryce, *Archæologia Cornu-Britannica*

BF = Oliver Padel, ed. 1975. *Cornish Writings of the Boson Family*

BK = *Bewnans Ke*

BM = *Beunans Meriasek*

CW = *The Creation of the World*

PA = *Pascon agan Arluth*

PC = *Passio Christi*

RD = *Resurrexio Domini*

SA = *Sacrament an Alter*

TH = *Tregear's Homilies*

TWG = Wella Rowe. *The Word of God*. ISBN 978-1-326-10127-5.

3 Robert K. Brown, Philip W. Comfort, and J. D. Douglas, eds. 1990. *The New Greek Interlinear New Testament*. Wheaton Illinois: Tyndale House. ISBN 0-8423-1213-7.

4 *The New English Bible*. 1972. Oxford: The Bible Societies in association with Oxford University Press, and Cambridge University Press. ISBN 0-564-00201-1.

5 *The Good News Bible*. 1976. London: Bible Societies, Collins. ISBN 0-564-00521-50.

hon Aotrou hag hor Zalver Jesus-Christ.[7] Such parts of the New Testament as had already been published in revived Cornish were also consulted on occasion.[8]

The names of the books

This book is called *An Testament Nowyth*, an expression used both by John Tregear (*e.g. ow pewa in dan an la han* ***testament nowyth*** TH 27r) and *Sacrament an Alter* (*An chalys an* ***Testament noweth*** *ew an gois ew skvllys* SA 66r).

We know the traditional Cornish names of the four gospels, because John Tregear writes: *so an auctorite an egglos a rug amyttya an peswar aweylar only,* ***luk, mark, mathew,*** *ha* ***Jowan.*** In the translations in revived Cornish published last century the gospels are referred to as *An Awayl herwyth Sen Mark,*[9] *An Awayl herwyth Sen Mathew,*[10] *An Awayl herwyth Sen Jowan,*[11] and *An Awayl herwyth Sen Luk.*[12] In the traditional Cornish texts, however, 'according to' is most commonly rendered *warlergh*. Further in *Beunans Meriasek* line 391 we read *warlergh sen luk*. In the translation below therefore 'according to' in the titles of the gospels is *warlergh* rather than *herwyth*.

When speaking of the apostles Tregear most often calls them *an abesteleth*. On the other hand he refers to the Acts of the Apostles as *actus appostolus* (TH 44v), *actus appostlis* (TH 44v), *actus appostols* (TH 44v), *actus appostolis* (TH 45r), and *actys an appostolis* (TH 46v). Rather than use two different words for 'apostle' in the title and in the body of the text, the Acts of the Apostles below are called *Actys an Abesteleth*.

---

6 *Y Beibl Cymraeg Newydd.* 1988. Swindon: Cymdeithas y Beibl. ISBN 0-564-05743.

7 *An Testament Nevez hon Aotrou hag hor Zalver Jesus-Christ, lakeat e brezonec, ha reizet hervez ar vam-scrid gregach.* 1938. Paris, 58, Rue de Clichy. Translated by Pastor ar Choad.

8 A translation of the New Testament in Common Cornish appeared in 2004: *An Testament Nowydh* (Kesva an Taves Kernewek, Redruth ISBN 1-902917-33-2). My review of this work will be found in Michael Everson, Craig Weatherhill, Ray Chubb, Bernard Deacon, Nicholas Williams, 2007, *Form and Content in Revived Cornish* (Cathair na Mart: Evertype, ISBN 978-1-904808-10-7, pages 90–226.

9 Caradar (A. S. D. Smith), tr. 1960. *An Awayl herwyth Sen Mark.* Revised by Talek (E. G. R. Hooper). Cambron: An Lef Kernewek.

10 Gwas Cadoc (D. R. Evans), tr. 1975. *An Awayl herwyth Sen Mathew.* Pensans: Kesva an Tavas Kernewek.

11 Gwas Kevardhu (John Page), tr. 1985. *An Awayl herwyth Sen Jowan.* Mabe, Penryn: Dyllansow Truran. ISBN 0-907566-77-4.

12 Talek (E. G. Retallack Hooper), tr. 1989. *An Awayl herwyth Sen Luk: St Luke's Gospel in Cornish.* Cambron: An Lef Kernewek.

Where traditional names for other books of the New Testament can be found in the Cornish texts, such names have been used in the present translation:

Romans 'Romans': *yma S Powle in y epistyll then* ***romans*** *in v chaptyr ow leverall* (TH 4v)
Coryntbyans 'Corinthians': *S paule in xi chapter in kynsa pistill then* ***Corinthians*** *y ma ow leverel* (TH 51v)
Galatbyans 'Galatians': *in iii-a chapter then* ***galathians*** *yma S Powle ow leverell* (TH 7v)
Efesyans 'Ephesians': *in iiii-a chapter thyn* ***Ephesians*** (TH 41v)
Fylyppyans 'Philippians': *ema Chrisostom ow scryfa than* ***philipians*** (SA 66r)
Tymotby 'Timothy': *yma S paul in iii chapter the* ***Tymothe*** *ow kylwall an egglos catholyk an pyllar han grownd a wryoneth* (TH 17v).

There are two Cornish words for 'Revelation' as John Tregear speaks both of *speciall revelacion* (TH 14r, 17r) and *speciall dyswythyans* (TH 13v). Both terms, spelt ***Revelacyon*** and ***Dysqwedhyans***, are used below as alternative titles for the last book of the New Testament.

Names beginning with J

Caradar (A. S. D. Smith) appeared to believe that the name Jesus was **Yesu* in Cornish and similarly that John was **Yowan*. I have set out detailed arguments elsewhere to show that Caradar was mistaken on this point and that in traditional Cornish both names began with *J* [dʒ].[13] In the traditional texts many names are written with either *I* or *i*.[14] I cite here the form used in this translation and the forms attested in the texts:

Jacob 'Jacob': *iacob* RD 1007
Jafet 'Japhet': *Iafet* OM 1054, *Japhet* BF: 46, 48
Jamys 'James': *Iamys* PC 1014, TH 48r; *iamys* RD 947, 1375; *Jamez* TWG 34
Jeremy 'Jeremiah': *Iheremy* TH 7v ×3; *Iheremye* TH 6v; *Iheremyas* TH 43v
Jesus 'Jesus': *Ihesus* PA *passim*; TH *passim*; *ihesus* PA *passim*; PC *passim*; RD 472, 755, 1805, etc.; BM 567, 591, 851; *Iesus* SA 60v ×3, 61v; TWG 30, 32 ×2, 34 ×2
Jerùsalem 'Jerusalem': *ierusalem* PA 226; 853, 1342, OM 1298, 1933, 1948, 2060, PC 1649, 2639; *Iherusalem* TH 27v, 47v; *hierusalem* TH 48r; *Jerusalem* TWG 22 ×2.

13 Williams, Nicholas. 2016. "Initial J in biblical names", in *The Cornish Consonantal System*. Portlaoise: Evertype. ISBN 978-1-78201-185-9, pp. 90–92.

14 The glyph *j* was almost always used in the earliest texts only to indicate the end of a number like *xij* 'twelve'; the shape of capital *I* was often large like *J*, but it was not until Charles Butler's 1634 *English Grammar* that the two shapes were distinguished as separate letters.

AN TESTAMENT NOWYTH

Job 'Job': *Iob* TH 6v, 7r, 8r
Jônas 'Jonah': *Ionas* TH 45v
Jordan 'Jordan': *Jordan* TWG 32
Josef 'Joseph': *ioseph* RD 3, 22; *Joseph* TWG 26
Josùe 'Joshua': *iosue* OM 1880; *Iosue* TH 55v ×3
Jowan 'John': *Iowan* PA 417, 1582, 1587; *iowan* PC 464, 619, 700, RD 959, BM 2877; *Jowan* TH 37v, 39v, 41v, 43v; *Iohan* PC 687; TH 15r, 17r, etc.
Jùbyter 'Jupiter': *iubyter* BM 2327
Jûd 'Jude': *Iud* PC 464; *iude* RD 1031 ×2, 1448
Jûdas 'Judas': *Iudas* PA 279, 281, 297, 313, 373, 491, etc.; *iudas* PA 321, 378, 841, 846; PC 759, 935, 960, 1078, 1101, 1204; *Iudas* TH 44v, SA 61r ×2, 65v ×2
Jûdy 'Judea': *iudi* PC 1594, 1607; *iudy* RD 10.

Further proper names

The following are further proper names which occur in the Cornish texts and are used below. I cite first the form in KS, then the English equivalent and the attestation(s) in traditional Cornish.

Abel 'Abel': *abel* OM 437, 522; *abell* CW 1144, 1248, 1291
Abraham 'Abraham': *Abraham* TH 6v, 13r ×2, 55r; *abraham* BM 452
Anas 'Annas': *annas* PA 607, 613, 892, PC 553, 933, 977
Androw 'Andrew': *androw* PA 417, PC 464, RD 1043; *Androw* TH 45v, 47r
Araby 'Arabia': *araby* OM 1930, 1943; *Araby* BK 2717
Asya 'Asia': *asia* TH 47r
Athens 'Athens': *Athens* TH 29r
Barabas 'Barabbas': *barabas* PA 986, 1000, 1003, PC 2041, 2349, 2370, 2480
Baramathia 'Aramathea': *baramathia* PC 3099, RD 22; *baramathya* RD 627
Belsebùk 'Beelzebub': *Belsebuk* OM 541; *belsebuc* OM 881, 890, RD 128, 2358, BM 2330; *belsebuk* PC 1925, 3055
Bertyl 'Bartholomew': *bertyl* RD 971
Besseda 'Bethesda': *bessede* OM 2783
Bethlem 'Bethlehem': *bethlem* OM 1934, PC 1607, 1652
Bythynya 'Bithynia': *bithinia* TH 47r
Cappadocya 'Cappadocia': *cappadocia* TH 47r
Cayfas 'Caiaphas': *cayfas* PC 361, 564, 573, 1129, etc.
Caym 'Cain': *Caym* OM 437, 571, 597; *caym* OM 618; *cayme* CW 1065, 1144, 1178, etc.
Cedron 'Kedron': *cedron* OM 2804, 2811, 2815, PC 2544
Cesar 'Caesar': *cesar* PC 1575, 2220, 2223, RD 1629, 2115, 2117
Cesaria 'Caesarea': *cesarye* TH 43v
Corynth 'Corinth': *Corinthe* TH 47v
Crêta 'Crete': *Creta* TH 33v

Davyth 'David': *dauyth* PC 1720; *daveth* PC 1479; *Davith* TH 8v
Ejyp 'Egypt': *Egyp* BK 2641; *Egip* BK 2629; *egip* OM 1415, 1422, 1647
Elias 'Elijah': *Elias* SA 60; *Helias* SA 60 ×2; *helyas* RD 235, TH 43v
Elyseùs 'Elisha': *Eliseus* SA 60r
Enok 'Enoch': *enoch* CW 2094, 2110; *ennoc* RD 197
Erod 'Herod': *erod* PC 1603, 1615, 1842, 1859
Esay 'Isaiah': *Esay* TH 40r
Faro 'Pharaoh': *pharow* OM 1417, 1610; *pharo* OM 1422, 1479, 1651
Felyp 'Philip': *phelyp* PC 2379; *phelip* RD 995; *phylip* RD 1399
Fryjy 'Phrygia': *Phrygy* BK 2684
Fylyppy 'Philippi': *philippi* TH 43v
Gabriel 'Gabriel': *gabryel* OM 1927
Galyle 'Galilee': *galyle* PA 676, 696, 854, 858, 2057; *galile* PC 329, 898, 1281, RD 797, 887; *Galile* TH 47r
Gomorre 'Gomorra': *Gamorre* TH 6v
Grêss 'Greece': *Grece* BK 2417
Isak 'Isaac': ysac OM 1279, 1287, 1293, 1374, 1385 , 1393, 1410
Israel 'Israel': *Israel* OM 1869; *israel* PC 276, 2879; *Israell* TH 40r, 50v; *israell* TH 11v; *isrel* OM 1546; *ysral* OM 1489; *ysrael* OM 1553, PC 427; *ysraell* TH 40r
Jowan Baptyst 'John the Baptist': *iowen baptyst* BM 4449; *Johan baptist* TH 8r, 29v; *Jowan baptist* TH 43v
Lasser 'Lazarus': *Lasser* BM 450
Lûk 'Luke': *luk* BM 391, TH 36r, 37v, 38r, 41v; *Luk* TH 29v, 52v, BK 3293; *luke* TH 52v; *Luke* SA 64r
Maria 'Mary': *maria* PC 162, 3100, RD 23, 154, 630, BM 156, 158, 631, etc, TH 12v ×2, 13r, 13v, etc.; *marya* PA 409, 425, 1331, 1332, etc., BM 4116, SA 59r; *Maria* BM 1246, 1247, 3134, etc., SA 61v, BK 2816, 2900; AB: 245a; *Marya* BM 154, SA 64v
Maudlen 'Magdalen': *maudlen* RD 920
Meneth Olyvet 'Mount of Olives': *meneth olyved* RD 2409
Mownt Sinay 'Mount Sinai': *mownt Sinai* TH 56v
Moyses 'Moses': *moyses* OM 1403, 1433, 1443, etc., RD 1484, TH 13v, 14r ×2; 14v, 26v, etc.; *Moyses* TH 1v, 55v
Myhal 'Michael': *myhal* OM 185, BM 2077, 2201, CW 213; *myhall* CW 599; *Myhal* BK 1377; *mehall* CW 964
Nazare 'Nazareth': *nazare* PA 549, PC 328, 1112, 1115, etc; *nazary* PA 2037; *nazareth* PC 1117; *Nazareth* TWG: 32
Nepthaly 'Naphtali': *Nepthaly* TWG: 32
Noy 'Noah': *noy* OM 1017, TH 39r, CW 2495; *Noy* OM 1231, TH 39v; *noye* CW 2226, 2295; *Noye* TH 7r
Nycodêmùs 'Nicodemus': *Nicodemus* TH 37v; *nychodemus* PC 3145, RD 645, TH 37v

Pawl 'Paul': *Pawle* TH 4v, 7v, 8r, etc.; *pawle* TH 9r, 14r, 29v, 33r; *Powle* TH 4v ×2, 7v, ACB: F f 4; *powl* TH 13r; *powle* TH 13r, 14v, 48r; *poulle* TH 47r; *povle* BM 1689; *paule* TH 18r, 25r, 32v, etc.; *Paule* SA 66r

Peder 'Peter': *peder* PC 464, 619, 643, etc.; RD 935; *Peder* SA 63r, TWG: 34; *pedyr* PA 361, 363, 367, 386, etc., BM 4044, TH 3v, 9v, 17v, etc.; *Pedyr* PA 417, 561, BM 1689, 4017, TH 42v ×2, 43r, 45r, etc.

Pontùs 'Pontus': *pontus* TH 47r

Pylat 'Pilate': *pylat* PA 778, 785, 793, etc., PC 1502, 1567, 1585, etc., RD 1656, 1811, 2063; *Pylat* PA 993, 1005, 1009, etc.; *pilat* PC 379, 1702, 1920, etc., RD 37, 367, 548, etc; *Pilat* ACB: E e 3

Rama 'Ramah': *Rama* TWG: 28

Roboam 'Rehoboam': *Roboam* TH 50v

Rom 'Rome': *rom* TH 48v, 50r; *rome* BM 1181, 1344, 1534, 1628, etc., TH 42v, 46v ×3, 47r, etc.; *Rom* TH 50r, BK 2493, 2839; *Rome* TH 46v, 47r ×3, etc., BK 2116

Salamon 'Salamon': *salamon* OM 2371, 2377, OM 2404, etc.; *Salamon* OM 2341, TH 8r ×2, 31r, 50v

Salome 'Salome': *salome* RD 699, 1074

Samarya 'Samaria': *Samarya* TH 46v

Sampson 'Samson': *sampson* BM 2983

Satnas 'Satan': *satnas* PA 38, 145, 712, PC 880, 2254, BM 872, 3513

Sîmon 'Simon': *symon* PA 1389, PC 493, 704; RD 1019; *Symon* PC 465; RD 1435, TH 43r ×3, 44r, etc.; *Symmon* PA 1386

Sodom 'Sodom': *Sodome* TH 6v

Syry 'Syria': *Syry* BK 2694

Tharsys 'Tarsus': *Tharsis* BK 2718

Tyber 'Tiberius': *tyber* RD 1799

Tyberyas 'Tiberias': *Tiberias* TH 42v

Tîtùs 'Titus': *tytus* TH 33v

Zebalon 'Zebulon'; *Zebalon* TWG: 32.

Vocabulary

In this translation attested borrowings have been preferred to unattested coinages, thus the word *pùrgacyon* is used in preference to the coinage **purheans*, and the attested *cyrcùmcîsys* to the invented **enwosys*. Unified Cornish *luyth* (Common Cornish *loeth*) is a respelling of Old Cornish *luid* 'battle array, army' and is sometimes used for 'tribe' in revived Cornish. In the present translation, however, Tregear's *trib* (cf. *oll an x* ***tryb*** *a Israell* 'all the ten tribes of Israel' TH 50v) has been preferred.

The word *profus* 'prophet' is not attested later than the *Ordinalia* and one example only of the plural is forthcoming. *Profet* on the other hand occurs over 20 times in TH, SA, and TWG. The plural *profettys* is attested 10 times; and the abstract *profecy* 'prophecy' is attested twice. *Profet*, *profettys* and *profecy* are used below.

It has been customary in revived Cornish to use either **brusyas* or *brusyth* for 'judge.' **Brusyas* was coined by Nance; *brusyth* is a Middle Cornish respelling of Old Cornish *brodit*, and the assibilation in the word of internal *-d-* is questionable. The ordinary word for 'judge' in Cornish is *jùj* (spelt *iug*, *iudg*, *judge*) and this has been used below.

For 'priest' the word *offeryas* is often used in revived Cornish. *Offeryas* is not actually attested, being a respelling of *offeriat* in the Old Cornish Vocabulary; the plural is not recorded. The ordinary word for 'priest, cleric' in traditional Cornish is *pronter* (variously spelt *pronter*, *prounter*, *prownter*, and *proanter*), which is attested in Old, Middle and Late Cornish at least 20 times altogether. The plural *prontyryon* occurs seven times; *pronter*, *prontyryon* have been used below.

The present translation

As mentioned above, the orthography used below is Standard Cornish (Kernowek Standard) which is intended to be both authentic and phonetically unambiguous. The aim of this translation is to be readable and idiomatic as well as accurate.

Nicholas Williams
October 2020

An Awayl warlergh Mathew

1 Lyver genesygeth Jesu Crist,
mab Davyth, mab Abraham.

2 Abraham a veu tas dhe Isak;
Isak a veu tas dhe Jacob;
Jacob a veu tas dhe Jûda ha'y vreder.
3 Jûda a veu tas dhe Perez ha dhe
Zera gans Tamar, ha Perez a veu
tas dhe Hezron;
Hezron a veu tas dhe Aram.
4 Aram a veu tas dhe Amynadab;
Amynadab a veu tas dhe Nahshon;
Nahshon a veu tas dhe Salmon.
5 Salmon a veu tas dhe Boaz gans
Rahab;
Boaz a veu tas dhe Obed gans
Rûth;
Obed a veu tas dhe Jesse;
6 ha Jesse a veu tas dhe Davyth
Mytern.

Davyth a veu tas dhe Salamon gans
gwreg Ùrry;
7 ha Salamon a veu tas dhe Roboam;
ha Roboam a veu tas dhe Abija;
hag Abija a veu tas dhe Asaf;
8 hag Asaf a veu tas dhe Jehoshafat;
ha Jehoshafat a veu tas dhe Joram;
ha Joram a veu tas dhe Ùzzy;
9 hag Ùzzy a veu tas dhe Jotham;
ha Jotham a veu tas dhe Ahaz;
hag Ahaz a veu tas dhe Hezekias.
10 Hezekias a veu tas dhe Manasse;
ha Manasse a veu tas dhe Amos;
hag Amos a veu tas dhe Josias;
11 ha Josias a veu tas dhe Jecony
ha'y vreder, pàn veu Flehes Israel
exîlys dhe Babylon.

12 Ha wosa an exîlyans dhe Babylon:
Jecony a veu tas dhe Shealtiel;
Shealtiel a veu tas dhe Zerùbbabel;
13 Zerùbbabel a veu tas dhe Abiùd;
hag Abiùd a veu tas dhe Eliakim;
hag Eliakim a veu tas dhe Azor.
14 Azor a veu tas dhe Zadok;
ha Zadok a veu tas dhe Akim;
hag Akim a veu tas dhe Eliùd.
15 Eliùd a veu tas dhe Eleazar;
hag Eleazar a veu tas dhe Mathan;
ha Mathan a veu tas dhe Jacob.
16 Jacob a veu tas dhe Josef, gour
Maria, may feu Jesu genys
dhedhy, hag ev yw gelwys an
Crist.

17 Indelma pùb heneth dhia
Abraham dhe Davyth yw peswardhek
heneth; ha dhia Davyth bys exîlyans
Babylon peswardhek heneth; ha dhia
exîlyans Babylon bys i'n Crist pes-
wardhek heneth.
18 Genesygeth Jesu Crist a wharva
kepar dell sew: Maria, y vabm, o am-
bosys yn gwreg dhe Josef, saw kyns ès
y dhe dhos warbarth, y feu hy kefys
gans flogh der an Spyrys Sans.
19 Abàn o Josef, hy gour, den ewn-
hensek ha nag o va whensys dh'y
shâmya, ev a dhetermyas hy gorra
dhyworto in dadn gel.
20 Pàn esa owth ombredery adro
dhe'n mater-ma, el an Arlùth a ap-
peryas dhodho in hunros ha leverel,
"Josef mab Davyth, na borth own a
gemeres Maria yn gwreg dhis, rag hy
re omdhuk der an Spyrys Sans.
21 Denethy mab hy a wra, ha te a vydn

y elwel Jesu, drefen ev dhe selwel y
bobel a'ga fehosow."

22Oll an taclow-ma a hapnyas, rag
may halla bos collenwys an ger o
côwsys gans an Arlùth dre anow an
profet ow leverel, 23"Mir, gwerhes a
wra omdhon ha denethy mab, hag ev
a vëdh gelwys Emanùel", hèn yw dhe
styrya "Duw genen ny".

24Ha Josef a dhyfunas a'y gùsk ha
gul warlergh comondment el an
Arlùth, ha kemeres y wreg dhodho;
25saw ny wrug ev hy aswon erna veu
genys hy mab. Ha'n flogh a veu
henwys Jesu.

2 Lebmyn, pàn veu Jesu genys in
Bethlem a Jûdy in dedhyow
Erod an mytern, y teuth tus fur
dhyworth an Ÿst dhe Jerùsalem 2ow
leverel, "Ple ma ev yw genys mytern
an Yêdhewon? Rag yma gwelys
genen ny y steren i'n Ÿst, hag yth on
ny devedhys dhe wordhya dhodho."

3Pàn wrug Erod an mytern clôwes
hebma, ev a veu troblys, hag oll Jerù-
salem ganso ev. 4Ha pàn wrug ev
cùntell oll uhel prontyryon ha scrîbys
an bobel warbarth, ev a wovydnas
ortans ple fedha Crist genys. 5Hag y
a leverys dhodho, "In Bethlem a
Jûdy, rag indelma yth ywa screfys
gans an profet:

6"'Ha te, Bethlem, in pow Jûdy,
nyns os an biadnha in mesk
myterneth Jûdy,
rag mes ahanas y whra dos mytern
a vydn bugelya ow fobel Israel.'"

7Nena Erod, pàn wrug ev yn
pryveth cria an dus fur adenewen, ev
a wovydnas ortans sur pana dermyn a
wrug an steren dysqwedhes. 8Hag ev
a's danvonas dhe Bethlem ha leverel
dhedhans, "Gwrewgh whelas sur an
flogh yonk, ha pàn wrewgh why y
gafos, drewgh ger dhybm arta, may
hallen vy mos ha gordhya dhodho
inwedh."

9Pàn wrussons y clôwes an mytern,
y êth in kerdh, ha'n steren a wrussons
y gweles i'n Ÿst êth dhyragthans, erna
wrug hy dos ha sevel dres an le mayth
esa an flogh. 10Pàn wrussons y gweles
an steren, y fowns lowen gans meur a
lowender. 11Ha pàn vowns y
devedhys i'n chy, y a welas an flogh
yonk gans Maria y dhama, hag y a
godhas dhe'n dor ha gordhya dho-
dho. Ha pàn wrussons y egery aga
thresor, y a ros dhodho owr ha frank-
incens ha myrr. 12Hag y a veu
gwarnys gans Duw hag y ow cùsca,
na wrellens y dos ogas dhe Erod, hag
y êth yn kerdh dh'aga fow aga honen
fordh aral.

13Ha pàn vowns y gyllys yn kerdh,
merowgh, el nev a dhysqwedhas dhe
Josef dre hunros indelma: "Sa'bàn, ha
kebmer an flogh yonk ha'y dhama, ha
kê dhe Ejyp, ha bedhowgh ena, erna
wryllyf dry dhis ger; rag Erod a vydn
whelas an flogh yonk rag y ladha."

14Pàn wrug ev sevel, ev a gemeras
an flogh yonk ha'y dhama i'n nos, ha
mos dhe Ejyp. 15Hag ev a remainyas
ena, erna wrug Erod merwel, ma
halsa bos composys a veu côwsys gans
Arlùth nev der an profet ow leverel,
"Mes a Ejyp me a vydn gelwel ow
mab."

16Nena Erod, pàn wrug ev gweles
fatell o ges gwrës anodho gans an dus
fur, ev a veu engrys ha danvon in
mes, ha ladha oll an flehes esa in
Bethlem hag oll adro in dadn dhew
vloodh, adhia an termyn a wrug ev

govyn orth an dus fur. 17Nena y feu
composys a veu côwsys gans Jeremy
an profet ow leverel,

18“In Rama a veu clôwys olva,
kynvan ha garma;
Rahel owth ola rag hy flehes ha ny
vynsa hy bos confortys,
rag yth yns y ledhys.”

19Pàn o Erod marow, el nev a
dheuth dhe Josef in cùsk in Ejyp ow
leverel, 20“Kebmer an flogh yonk
ha'y dhama ha kê dhe bow an
Yêdhewon, rag yma marow an re-na,
esa ow whelas bêwnans an flogh
yonk.”
21Nena Josef a savas in bàn, ha
kemeres an flogh ha'y dhama, hag
entra in pow Israel. 22Saw pàn welas
bos Arkelaùs rainys in Jûdy in le y das
Erod, own a'n jeva mos dy. Wosa bos
gwarnys dre hunros, ev a voydyas bys
in côstys Galyle. 23Ha pàn dheuth
Josef dy, ev a dregas in tre henwys
Nazare, may halla bos composys a
veu côwsys der an profettys,
“Nazarên ev a vëdh gelwys.”

3 I'n dedhyow-na Jowan Baptyst
a apperyas in gwylfos Jûdy ow
progeth, hag ow leverel, 2“Codh-
owgh in edrega, rag ogas yw gwlascor
an nev.” 3Rag hebma yth yw an den a
veu campollys der Esay an profet pàn
leverys,

“Lev onen ow carma i'n gwylfos,
‘Darbarowgh fordh an Arlùth,
gwrewgh compes y fordh ev’.”

4Ha Jowan o gwyskys in blew cawr-
vargh, ha grugys a grohen in kerhyn
y lonow, ha locùstys o y voos ha mel
gwyls. 5I'n eur-na yth esa ow tos in
mes dhodho tus Jerùsalem, hag oll
tregoryon Jûdy, ha'n pow adro dhe'n
Jordan, 6hag y a veu besydhys ganso
in dowr Jordan, ow confessya aga
fehosow.

7Saw pàn welas ev meur a Farysys
ha Sadûkys ow tos dhodho dhe vos
besydhys, ev a leverys dhedhans,
“Why broud a nedras! Pyw re'gas
gwarnyas dhe fia dhyworth an sorr
usy ow tos? 8Degowgh ytho frût
wordhy a edrek. 9Na wrewgh leverel
i'gas cowsesow, ‘Ny a'gan beus
Abraham yn tas’, rag me a lever
dhywgh, fatell alsa Duw derevel
flehes dhe Abraham mes a'n veyn-
ma. 10Ea, solabrës re beu an vool
gorrys orth gwredhednow an gwëdh.
Rag hedna pùb gwedhen na wrella
don frût dâ, a vëdh trehys dhe'n dor
ha tôwlys i'n tan.
11“In gwir yth esof vy orth agas
besydhya gans dowr dhe edrek, mes
yma nebonen ow tos wàr ow lergh,
hag ev yw moy galosek agesof vy, ma
nag oma wordhy dhe dhon y
sandalys. Ev a vydn agas besydhya
gans an Spyrys Sans ha gans tan.
12Yma an wynsel in y dhorn, hag ev a
vydn cartha yn tien y leur drùshya, ha
cùntell y waneth aberth i'n skyber;
mes an us ev a vydn lesky gans tan na
yll bos dyfudhys.”
13Nena y teuth Jesu dhia Alyle dhe
Jowan ryb an Jordan rag bos
besydhys ganso, 14saw Jowan ny
vydnas gul indella, hag ev a leverys,
“Y codhvia dhybmo bos besydhys
genes jy, ha te, osta devedhys dhyb-
mo vy?”
15Saw Jesu a worthebys dhodho ha
leverel “Bedhens indelma i'n tor'-ma,

rag y tegoth dhyn collenwel pùb gwiryoneth." Nena ev a assentyas.

16Wosa Jesu dhe vos besydhys, ev a dheuth in bàn mes a'n dowr, ha dystowgh an nev a egoras, hag ev a welas Spyrys Duw ow skydnya avell colobmen ha dos warnodho. 17Ha lev in mes a'n nev a leverys, "Ow Mab Meurgerys yw hebma, ha me yw pës dâ ganso."

4 Nena Jesu a veu hùmbrynkys aberth i'n gwylfos dhe vos temptys gans an jowl. 2Ha pàn wrug ev penys dew ugans jorna ha dew ugans nos, y feu wosa hedna gwag. 3Ha'n temptyor a dheuth dhodho, hag a leverys, "Mars osta mab Duw, lavar dhe'n veyn-ma dhe vos gwrës bara."

4Saw ev a leverys, "Yth yw screfys, 'Ny wra den bewa dre vara y honen, saw gans kenyver ger eus ow tos mes a anow Duw.'"

5Nena an jowl a'n kemeras in bàn aberth i'n cyta venegys, hag a'n settyas wàr wartha an templa, 6hag a leverys dhodho, "Mars osta mab Duw, towl dha honen dhe'n dor, rag yth yw screfys,

"'Ev a wra ry dh'y eleth an power
ahanas jy,
in aga dewla y a wra dha dhon in
bàn, rag dowt in torn vëth oll
te dhe vrêwy dha droos warbydn
men.'"

7Jesu a leverys dhodho, "Yth yw screfys arta, 'Te ny wreth temptya dha Arlùth Duw.'"

8Arta an jowl a'n kemeras in bàn wàr veneth pòr uhel, ha dysqwedhes dhodho oll an gwlascorow a'n bës ha'n gordhyans anodhans, 9hag a leverys dhodho, "Oll an re-ma me a vydn ry dhis, mar mynta mès codha dhe'n dor ha'm gordhya vy."

10Jesu a leverys dhodho, "Kê dhywortama, Satnas, rag yth yw screfys, 'Te a wra gordhya dha Arlùth Duw, hag ev y honen te a wra servya'."

11Nena an jowl a'n gasas ev, ha merowgh, eleth nev a dheuth hag a'n chersyas.

12Lebmyn, pàn wrug Jesu clôwes fatell o Jowan tôwlys dhe bryson, ev êth dhe Alyle, 13ha wosa gasa Nazare ev a dheuth ha trega in Capernaùm (tyller neb yw tre a vor in pow Zebalon ha Nepthaly), 14may halla bos composys a veu côwsys gans Esay an profet indelma,

15"Pow Zebalon ha pow Nepthaly
ryb an mor pella ès Jordan,
Galyle an Jentylys—
16"An bobel esa owth esedha in
tewolgow a welas golow brâs,
ha'n dhe'n re-na esa owth esedha
i'n pow hag i'n skeus a'n ancow,
yma golow derevys in bàn."

17Dhyworth an termyn-na Jesu a dhalathas progeth ha leverel, "Repentyowgh, rag yma gwlascor nev dhe dhorn."

18Ha pàn esa Jesu ow qwandra ryb an mor a Alyle, ev a welas dew vroder, Sîmon, henwys Peder, hag Androw y vroder, ow tôwlel roos i'n mor—rag yth êns y pùscadoryon. 19Ev a leverys dhedhans, "Sewyowgh vy, ha me a vydn gul ahanowgh pùscadoryon a dus." 20Ha scav y a asas aga rosow ha'y sewya.

21Hag ow mos alena, ev a welas dew vroder erel, Jamys mab Zebedy

ha Jowan y vroder, i'n gorhal gans
Zebedy, aga sîra, owth êwna aga
rosow, hag ev a grias dhedhans.
22Hag adhesempys y a asas an gorhal
ha'ga sîra hag a'n sewyas ev.

23Ha Jesu êth oll adro der Alyle ow
tesky i'ga synagys geryow Duw, hag
a'n wlascor, ow sawya oll sortow
cleves hag oll pystygow in mesk an
bobel. 24Ha'y glos êth der oll Syry,
hag y a dhros dhodho oll an glevyon,
ha'n re-na o kemerys gans pùb sort
cleves ha tormentys, ha'n re-na o
kemerys gans dewolow, ha'n re-na o
frantyk ha'n re-na o paljies, hag ev a's
sawyas. 25Hag ena rûth veur a bobel
a'n sewyas dhyworth Galyle ha
Decapolys ha Jerùsalem ha Jûdy, ha
dhyworth an barth aral a'n Jordan.

5 Ha pàn welas Jesu an rûth, ev
êth in bàn dhe'n meneth, ha
wosa ev dhe esedha, y dhyscyplys a
dheuth dhodho. 2Ev a dhalathas
côwsel, ha'ga desky ow leverel,

3"Gwydn aga bës an vohosogyon in
spyrys, rag dhedhans y yw
gwlascor nev.
4Gwydn aga bës an re morethek,
rag y a vëdh confortys.
5Gwydn aga bës an re clor, rag an
nor a vëdh aga erytans.
6Gwydn aga bës an re-na a berth
nown ha sehes awos an gwir-
yoneth, rag y a vëdh lenwys.
7Gwydn aga bës an re mercyabyl,
rag y a gav mercy.
8Gwydn aga bës an re-na yw pur
aga holon, rag y a welvyth Duw.
9Gwydn aga bës an re-na a wra
cres, rag y a vëdh gelwys an
flehes a Dhuw.
10Gwydn aga bës an re-na a vo
helhys awos an gwiryoneth, rag
y a bew gwlascor nev.

11"Gwydn agas bës, pàn vewgh why
cablys ha helhys gans tus, hag y ow
leverel pùb ehen a dhrog gans gow
wàr agas pydn rag ow herensa vy.
12Gwrewgh lowenhe ha bedhowgh
leun a joy, rag meur yw agas gober i'n
nev, rag indella y whrêns helghya an
profettys kyns agas prës why.

13"Why yw holan an bës, saw mar
qwrug an holan kelly y sawour, in
pana vaner a vëdh e sellys arta? Nyns
yw vas na fella dhe dra vëth, marnas
dhe vos tôwlys dhe ves ha trettys in
dadn dreys.

14"Why yw golow an bës. Cyta a
veu settys wàr veneth, ny yll bos
cudhys, 15na ny vëdh cantol anowys
ha gorrys in dadn vùshel, mès wàr
goltrebyn, ha nena hy a wra gul
golow dhe gebmys a vo i'n chy.
16Indella gwrêns agas golow terlentry
dhyrag tus, may hallens y gweles agas
oberow dâ, ha gordhya agas Tas usy
in nev.

17"Na brederowgh me dhe vos
devedhys rag dyswul an laha na'n
profettys. Ny wrug avy dos dhe
dhyswul, saw dhe gollenwel. 18Rag in
gwir me a lever dhywgh why: bys pàn
wrella tremena an nev ha'n nor, ny
vydn tremena naneyl jet na badna
dhyworth an laha, erna vo collenwys
pùptra oll. 19Rag hedna, pynag oll a
wrella terry onen an comondmentys
lyha-ma ha desky y hynsa dhe wul
indella, ev a vëdh gelwys an lyha in
gwlascor nev, mès pynag oll a's
gwrella ha'ga desky, an keth den na a
vëdh gelwys brâs in gwlascor nev.
20Rag me a lever dhywgh: marnas

agas leldury a vo a-ugh leldury an
scrîbys ha'n Farysys, ny yllowgh
entra in gwlas nev.
21 "Y feu leverys i'n termyn coth,
'Ny dal dhis ladha.' Pynag oll a wrella
ladha, a vëdh in danjer a jùjment.
22 Saw me a lever dhywgh why
hebma: pynag oll a vo angry gans y
vroder, ev a vëdh in danjer a jùjment,
ha neb a lavarra dh'y vroder 'Pedn
pyst', ev a vëdh in danjer a'n consel,
ha neb a lavarra 'Fol!', ev a vëdh in
danjer a dan iffarn.
23 "Rag hedna, mars esos owth
offrydna dha ro wàr an alter, hag ena
te a berth cov bos gans dha vroder
neppyth wàr dha bydn, 24 gas ena dha
ro dhyrag an alter. Gwra mos i'th
fordh i'n kensa le, bëdh unverhës
gans dha vroder, hag ena deus dhe
offrydna dha ro.
25 "Bëdh unverhës toth dâ gans dha
escar, ha te ow kerdhes i'n fordh
ganso, rag own dha escar dhe'th
telyvra dhe'n jùj, ha'n jùj dhe'n jailer,
ha te dhe vos tôwlys dhe bryson. 26 In
gwir me a lever dhis, na wrêta dos in
mes alena bys may whrelles tylly an
dheneren dhewetha.
27 "Why re glôwas y vos leverys,
'Te ny dal gul avoutry', 28 saw me a
lever dhywgh, neb a wrella meras
orth benyn gans lùst, ev re wrug
avoutry solabrës gensy in y golon.
29 Ha dha lagas dyhow mar qwra
dhyso trebuchya, tedn e mes ha'y
tôwlel dhyworthys. Gwell y fëdh dhis
onen a'th esely dhe vos kellys, ès dha
gorf oll dhe vos tôwlys in iffarn.
30 Mar qwra dha dhorn dyhow dhyso
peha, trogh e dhe ves, ha towl e
dhyworthys; rag y fëdh gwell dhis
onen a'th esely dhe vos kellys, ès dha
gorf yn tien dhe vos tôwlys aberth in
iffarn.
31 "Y feu leverys dhe'n dus coth
inwedh, 'Mar teu den ha gorra y wreg
dhyworto, res yw dhodho ry screfa
dydhemedhyans dhedhy.' 32 Saw me a
lever dhywgh, pynag oll a wrella
dydhemedhy y wreg, marnas hy a wra
gyglotry, ev a's gwra gwadn-wre'ty;
ha neb a wrella demedhy gensy, ev
yw avoutrer.
33 "Arta why re glôwas fatell veu
leverys dhe'n dus coth, 'Ny dal dhis
gowlia, saw te a dal gul dha dy re'n
Arlùth.' 34 Saw me a lever dhywgh, na
wrewgh tia màn, naneyl re'n nev, rag
esedhva Duw ywa, 35 na re'n dor, rag
scavel y dreys yw ev, na re Jerùsalem,
rag hy yw cyta an Mytern brâs;
36 naneyl na wra tia re'th pedn, rag ny
ylta gul dhe udn vlewen anodho bos
naneyl gwydn na du. 37 Nâ, bedhens
agas lavar 'Ea, ea' ha 'Nâ, nâ.' Tra
vëth moy ès hedna a dheu dhyworth
an tebel-el.
38 "Why re glôwas fatell veu
leverys, 'Lagas rag lagas ha dans rag
dans.' 39 Saw me a lever dhywgh, na
wrewgh resystens orth hedna a vo
drog. Mar teu den vëth ha'th weskel
wàr dha vogh dhyhow, trail dhodho
an vogh gledh inwedh; 40 ha mar
mydn nebonen dha dhry dhyrag an
gort, ha don dhyworthys dha bows,
gas ev dhe gafos dha vantel inwedh.
41 Mar teu den ha'th constrîna dhe
dravalya udn vildir, kê ganso dyw.
42 Mar teu den ha govyn orthys, ro
dhodho. Mar pëdh den vëth ow
whelas chevysya dhyworthys, bëth na
wra y sconya.
43 "Why a'n clôwas desky i'n
termyn eus passys, 'Te a wra cara dha
gothman ha casa dha escar.' 44 Saw me

a lever dhywgh, Gwrewgh cara agas
eskerens, ha pesowgh rag an re na usy
orth agas vexya ha'gas persecûtya,
45may hallowgh why bos flehes agas
Tas usy in nev. Rag ev a wra dhe'n
howl derevel kefrës wàr an dâ ha'n
drog, hag ev a dhenvyn glaw wàr an
jùst ha wàr an anjùst. 46Rag mar
tewgh why ha cara an re usy orth agas
cara why, pana reward a vedhowgh
why? A nyns usy an doloryon ow cul
indella? 47Ha mar tewgh why ha cows
dâ only a'n re-na, neb yw agas
bredereth ha cothmans, pana vater
brâs yw hedna? A nyns usy an
Jentylys ow cul indella? 48Rag hedna
bedhowgh perfeth, kepar dell yw
perfeth agas Tas usy in nev.

6 "Kemerowgh with na wrell-
owgh agas oberow dâ dhyrag
tus rag bos gwelys gans an bobel—
rag nena ny'gas bëdh gober vëth
dhyworth agas Tas, usy in nev.

2"Rag hedna, pàn wrellowgh why
ry alusenow, na whethowgh corn
dhyragowgh, kepar dell wra an
ipocrytys i'n synagys hag i'n strêtys,
may hallens cafos prais dhyworth an
bobel. Ea, me a lever dhywgh, gallas
aga gober gansans. 3Saw te, pàn ves
ow ry dha alusenow, na wrello dhe'th
dorn cledh godhvos pandr'usy dha
dhorn dyhow ow cul, 4rag may fo
cudh dha alusenow, ha'th Tas neb a
wel taclow cudh, ev a vydn dha
rewardya.

5"Pàn wrelles pesy, na vëdh avell an
ipocrytys, rag y a gar pesy a'ga sav i'n
synagys hag orth cornelly an strêtys,
may hallens bos gwelys gans an
bobel. In gwir me a lever dhywgh:
gallas aga gober gansans. 6Saw te, pàn
wrelles pesy, kê aberth i'th chambour
ha wosa degea an daras, gwra pesy
dhe'th Tas, yw kelys, ha'th Tas, neb
a wel in dadn gel, a vydn dha
rewardya. 7Ha pàn wrellowgh pejad-
ow, na wrewgh ûsya dascows uver
kepar ha'n paganys; rag ymowns y ow
cresy y fedhons clôwys awos nùmber
brâs aga geryow. 8Na vedhowgh ytho
kepar hag ynsy, rag agas Tas a wor
pandr'usy othem dhywgh anodho,
kyns ès why dh'y wovyn orto.

9"Rag hedna gwrewgh pesy
indelma:

"'Agan Tas ny usy i'n nev,
benegys re bo dha hanow.
10Re dheffo dha wlascor.
Re bo gwrës dha volùnjeth, i'n
nor kepar hag i'n nev.
11Ro dhyn ny hedhyw agan bara
pùb dëdh oll.
12Ha gav dhyn agan cabmweyth,
kepar dell eson ny ow cava dhe'n
re-na usy ow cabmwul wàr agan
pydn ny.
13Ha na wra agan gorra in
temptacyon, saw delyrf ny
dhyworth drog. Rag dhyso jy
yma an wlascor, ha'n gallos, ha'n
gordhyans, bys vycken ha bys
venary. Amen.'

14"Rag mara qwrewgh why gava
dhe dus aga habmweyth, agas Tas i'n
nev a vydn gava dhywgh why inwedh
agas cabmweyth why. 15Mar ny
wrewgh why gava dhe dus aga
habmweyth, bëth moy ny wra agas
Tas gava dhywgh agas cabmweyth
why.

16"Pella, pàn wrellowgh penys, na
vedhowgh kepar ha'n ipocrytys, trist
aga semlant, rag ymowns ow tyfacya
aga honen, may halla an bobel gweles

fatell wrowns y penys. In gwir, me a lever dhywgh: gallas aga gober gansans. 17Saw te, pàn wrelles penys, gwra ùntya dha bedn ha golgh dha fâss 18ma na vo gwelys gans tus te dhe benys, saw dha Das, usy in dadn gudh, a wra dha weles, hag in dadn gudh ev a vydn dha rewardya.

19“Na gùntellowgh dhywgh tresourys wàr an nor, le may ma prëv dyllas ha gossen ow tyswul, ha lader ow terry chy rag robbya. 20Saw gorrowgh in bàn dhywgh tresourys i'n nev, le nag eus naneyl prëv na gossen ow tyswul ha le na yll lader terry chy ha robbya. 21Ple pynag a vo agas tresour, ena y fëdh agas colon inwedh.

22“Golow an corf yw an lagas, rag hedna mars yw cler dha lagas, oll dha gorf a vëdh leun a wolow. 23Saw mars yw anyagh dha lagas, oll dha gorf a vëdh leun a dewlder. Rag hedna mars yw tewolgow an golow usy inos, assa vëdh brâs an tewolgow-na!

24“Ny yll den vëth servya dew vêster, rag ev a wra hâtya an eyl ha cara y gela, poken ev a vydn ry worshyp dhe'n eyl ha dysprêsya y gela. Ny yllowgh servya kefrës Duw ha rychys.

25“Rag hedna me a lever dhywgh: na vedhowgh prederys adro dh'agas bêwnans, pandra vydnowgh why debry pò eva, na bëth moy adro dh'agas corf, pandr'a yllowgh why gorra i'gas kerhyn. A nyns yw an bêwnans moy ages sosten, ha'n corf moy ages dyllas? 26Merowgh orth ÿdhyn an air: ny wrowns naneyl gonys has, na mejy, na cùntell in skyberyow, saw yma agas Tas i'n nev orth aga maga. A nyns owgh why polta moy a vry agessans y? 27Ha pyw ahanowgh der y brederow a yll moghhe y hës a udn kevelyn kyn fe?

28“Ha prag yth owgh why prederys adro dhe dhyllas? Merowgh orth lyly an prasow, fatell wrowns y tevy. Ny wrowns y naneyl lavurya na nedha. 29Saw me a lever dhywgh, nag o Salamon i'n oll y splander taclys kepar hag onen a'n re-na. 30Rag hedna mars usy Duw indella ow qwetha gwels an prasow, usy hedhyw ow tevy hag avorow a vëdh tôwlys in forn, pyseul dhe voy a vydn ev agas gwysca why, why dus, bohes agas fëdh! 31Rag hedna na vedhowgh prederys ha leverel, 'Pandr'a wren ny debry pò eva, naneyl pandr'a yllyn ny gwysca i'gan kerhyn?' 32Rag yma an Jentylys ow whelas oll an re-na, hag in gwir agas Tas i'n nev a wor bos othem dhywgh anodhans oll. 33Saw kyns oll whelowgh gwlascor Duw ha'y ewnder ev, hag oll an re-na a vëdh rës dhywgh why kefrës. 34Na vedhowgh ytho prederys a'n jëdh avorow, rag an jëdh avorow a vydn dry anken anodho y honen. Lowr dhe'n jëdh hedhyw yw y dhrog y honen.

7 “Na wrewgh brusy, ma na vewgh why brusys, 2rag gans an vreus may whrewgh why brusy dredhy, why a vëdh brusys, ha gans an musur a wrewgh why musura ganso, y fëdh musurys dhywgh why.

3“Praga y whrêta meras orth an motta usy in lagas dha vroder, saw an trester usy i'th lagas dha honen, nyns esta orth y weles màn? 4Pò fatell ylta jy leverel dhe'th vroder, 'Gas vy dhe dedna an motta mes a'th lagas jy,' hag awot an trester i'th lagas dha honen? 5Ass osta fekyl! Kensa tedn an trester

mes a’th lagas dhejy, ha nena te a
welvyth cler, ha gallos tedna in mes
an motta usy in lagas dha vroder.

6“Na rewgh dhe’n keun an pëth a
vo sans, naneyl na dôwlowgh agas
perlys arag mogh, rag own y dh’aga
threttya in dadn dreys, ha trailya
ha’gas sqwardya why.

7“Govydnowgh, hag y fëdh rës
dhywgh; whelowgh, ha why a gav.
Knoukyowgh wàr an daras, hag y
fëdh egerys dhywgh, 8rag neb a
wrella govyn, dhodho y fëdh rës, ha
pynag oll a wrella whelas, ev a gav, ha
pynag oll a wrella knoukya, y fëdh
egerys dhodho.

9“Eus den vëth i’gas mesk, pàn
wrella y vab govyn orto bara, a vynsa
ry dhodho men? 10Pò mar teu an
flogh ha govyn pysk, a vydn ev ry
dhodho serpont? 11Why ytho, kynth
owgh why pehadoryon, why a wor ry
royow dâ dh’agas flehes. Pyseul dhe
voy a vydn agas Tas i’n nev ry taclow
dâ dhe’n re-na a wrella govyn orto!
12In pùptra ytho gwrewgh dh’agas
hynsa poran kepar dell via dâ dhywgh
why y dhe wul dhywgh. Rag hèm yw
an laha ha’n profettys.

13“Entrowgh der an yet stroth, rag
ledan yw an yet hag efan yw an fordh,
usy ow lêdya dhe dhystrùcsyon, ha
lies huny yw an re-na a wra entra
dredho. 14Rag stroth yw an yet ha cul
yw an fordh, usy ow mos dhe
vêwnans, ha bohes yw an re-na a wra
y gafos.

15“Bedhowgh war a fâls profettys,
rag y a dheu dhywgh in dyllas deves,
saw yth yns y i’n golon rampyng
bleydhas, settys rag devorya. 16Aga
aswon a wrewgh der aga frûtys. A yll
grappys bos cùntellys dhywar dhreyn,
pò fyges dhywar ascal? 17In ketelma
pùb gwedhen dhâ a dheg frût dâ, mès
drog-wedhen a dheg tebel-frût. 18Ny
yll gwedhen dhâ don tebel-frût,
naneyl ny yll tebel-wedhen don frût
dâ. 19Pùb gwedhen na wrella don frût
dâ, a vëdh trehys dhe’n dor ha tôwlys
i’n tan. 20Warlergh aga frûtys ytho
why a’s aswon.

21“Ny wra entra in gwlascor nev
kenyver onen a lavarra dhybm,
‘Arlùth, Arlùth’, mès an re a wrella
bodh ow Thas usy in nev. 22Lies
huny a vydn leverel dhybm i’n jëdh-
na, ‘Arlùth, Arlùth, a ny wrussyn ny
profusa i’th hanow jy, hag i’th hanow
jy tôwlel in mes dewolow, ha gul
meur a oberow galosek?’ 23Nena me
a vydn leverel dhedhans, ‘Bythqweth
ny wrug avy agas aswon why.
Dyberthowgh dhyworthyf, why
tebel-oberoryon!’

24“Rag hedna pynag oll a glêwfo an
geryow-ma a lavaraf, hag a wrella wàr
aga lergh, ev a yll bos hevelebys dhe
dhen fur a dherevys y jy wàr an
garrek. 25Ha’n glaw a godhas ha’n
livyow a dheuth, ha’n gwyns a
whethas ha dehesy wàr an chy-na,
saw ny godhas an chy màn, awos y
vos fùndys wàr garrek. 26Ha pynag oll
a glewfo an geryow-ma a lavaraf, saw
heb gul wàr aga lergh, ev yw kepar ha
den fol neb a dherevys y jy wàr an
treth. 27Ha’n glaw a godhas, hag y
teuth an livyow, ha’n gwyns a
whethas, ha dehesy wàr an chy-na,
ha’n chy a veu dystrêwys ha brâs veu
y goodh!”

28Ha pàn worfednas Jesu an
lavarow-ma, an bobel a’n jeva marth
brâs a’y dhyscans, rag yth esa ev orth
aga desky kepar hag onen a’n jeva
auctoryta. Nyns o va haval dh’aga
scrîbys.

8 Ha wosa Jesu dhe skydnya
dhywar an meneth, rûth vrâs a
dus a'n sewyas, 2hag ena leper a
dheuth nes dhodho, ha codha wàr
bedn dewlin dhyragtho ow leverel,
"Arlùth, mar mynta, ty a yll ow
glanhe."

3Ha Jesu a istynas y dhorn ha'y
dùchya ha leverel, "Manaf, bëdh
glân." Ha dystowgh an lovryjyon a'n
gasas, 4ha Jesu dhodho a leverys,
"Kebmer with na wrelles leverel ger
dhe dhen vëth, saw kê ha dysqwa dha
honen dhe'n pronter, ha doro dha ro,
kepar dell ordnas Moyses avell
dùstuny dhedhans."

5Ha pàn êth Jesu aberth in Caper-
naùm, y teuth dhodho centùry ha'y
besy 6ha leverel, "Yma ow maw vy a'y
wroweth i'n chy, hag ev tormentys
gans an paljy."

7Ev a leverys dhodho, "Me a vydn
dos ha'y sawya."

8An centùry a worthebys, "Arlùth,
nyns ov wordhy te dhe dhos in dadn
ow tho. Saw ny dal dhis mès leverel
an ger ha'm maw a vëdh yaghhës.
9Rag me ow honen a'm beus auctor-
yta, hag yma soudoryon in dadnof.
Me a lever dhe'n eyl anodhans, 'Kê',
hag otta va ow mos; ha dh'y gela,
'Deus', hag ev a dheu; me a lever
dhe'm maw, 'Gwra hebma', hag ev
a'n gwra."

10Pàn glôwas Jesu hedna, marth a'n
jeva, ha leverel dhe'n re-na esa orth y
sewya, "In gwir, me a lever dhywgh,
ny gefys kebmys fëdh bythqweth in
Israel. 11Ea, meur a dus a wra dos
dhia'n ÿst ha'n west hag esedha orth
an bord gans Abraham, Isak ha Jacob
in gwlascor nev, 12saw eryon an
wlascor a vëdh tôwlys in mes bys i'n
tewolgow abell—le may fëdh olva ha
scrynva dens."

13Ha Jesu a leverys dhe'n centùry,
"Kê wàr dha fordh. Re bo gwrës dhis
kepar dell wrusta cresy." Ha'y vaw a
veu yaghhës i'n very termyn-na.

14Pàn dheuth Jesu dhe jy Peder, ev
a gafas dama dhâ Peder a'y groweth,
ha hy grêvys a'n fevyr. 15Jesu a
dùchyas hy dorn ha'n fevyr a's gasas.
Dystowgh hy a savas in bàn ha dallath
y servya ev.

16An gordhuwher-na y feu degys
dhodho lies den o troblys gans tebel-
spyrys, hag ev a dowlas in mes an
drog-spyrysyon gans ger y anow, ha
yaghhe oll an glevyon. 17Y feu hebma
may halla bos collenwys an pëth hag
o leverys dre anow an profet Esay,

> "Agan gwanderow ev y honen a's
> kemeras hag a dhug agan
> clevejow."

18Ha Jesu pàn welas rûth vrâs adro
dhodho, ev a ros gorhebmyn dhe
omdedna dhe ladn aral an mor.
19Scrîba a dheuth dhodho ha leverel,
"Descador, me a vydn dha folya
pynag oll tyller mayth ylly."

20Jesu a'n gorthebys, "Dhe'n
lewern yma tell, ha neythow dhe
ÿdhyn an air, saw ny'n jeves Mab an
Den tyller vëth dhe bowes y bedn
ino."

21Onen aral a'n dyscyplys a gowsas
orto ha leverel, "Arlùth, gas vy kensa
dhe vos hag encledhyas ow thas."

22Jesu a worthebys dhodho, "Gwra
ow folya vy. Gesowgh an re marow
dhe encledhyas aga re marow aga
honen."

23Ena ev a entras i'n scath, ha'y
dhyscyplys a dheuth wàr y lergh.

24Hager-awel a dherevys wàr an mor, mayth esa an todnow ow cudha an scath. Saw yth esa ev in cùsk, 25ha'y gowetha a dheuth ha'y dhyfuna ow leverel, "Arlùth, gweres ny! Yth eson ny in peryl a vernans!"

26Saw ev a's gorthebys ha leverel, "Prag yth esowgh why ow kemeres own, why a vohes fëdh!" Nena ev a savas in bàn ha rebûkya an gwyns ha'n mor, hag y feu spaven.

27Marth a's teva hag y leverys, "Py sort den yw hebma, pàn usy an mor ha'n gwyns owth obeya dhodho kyn fe!"

28Pàn o va devedhys dhe'n ladn aral, dhe Bow an Gadarenas, ev a vetyas orth dew dhen troblys gans tebel-spyrys hag y ow tos mes a'n bedhow. Mar wyls êns y, na ylly den vëth passya der an fordh-na. 29Dystowgh y a armas ha govyn orto, "Pandr'eus intredhon ny ha te, a Vab Duw? Osta devedhys obma rag agan tormentya kyns an termyn ewn?"

30Yth esa pell alena gre vrâs a vogh ow pory, 31ha'n debel-spyrysyon a'n pesys ha leverel, "Mara mynta agan tôwlel in mes, gas ny dhe entra i'n gre mogh."

32Ev a worthebys, "Voydyowgh alebma!" Y a dheuth in mes hag entra i'n mogh, hag oll an gre a bonyas toth brâs an lêder serth wàr nans bys i'n mor, ha peryshya i'n dowr. 33An vugeleth a bonyas in kerdh, ha mos dhe'n cyta ha derivas oll an câss ha'n pëth a hapnyas ow tùchya an seghyer dyowl. 34Gans hedna oll an cyta a dheuth in mes rag metya gans Jesu. Pàn wrussons y weles, y a'n pesys a omdedna mes a'ga fow y.

9 Ha wosa ev dhe vones aberth in scath, ev a dremenas dhe'n tenewen aral a'n mor, ha dos dh'y cyta y honen. 2Hag ena y feu degys dhodho paljy a'y wroweth wàr wely. Pàn welas aga fëdh, Jesu a leverys dhe'n paljy, "Gwella dha jer, ow mab; gyvys yw dha behosow."

3Gans hedna radn a'n scrîbys a leverys i'ga holon, "Yma an den-ma ow cably Duw."

4Pàn wrug ev convedhes aga freder, Jesu a leverys, "Prag yth esowgh ow predery drog i'gas colon? 5Rag pyneyl yw êsya leverel, 'Dha behosow yw gyvys' pò leverel, 'Sa'bàn ha kerdh?' 6Saw rag may hallowgh why godhvos fatell y'n jeves Mab an Den auctoryta wàr an norvës dhe bardona pehosow"—ev a leverys dhe'n paljy—"Sa'bàn, drefa dha wely ha kerdh dhe dre." 7Hag ev a savas in bàn ha mos tre. 8Pàn welas an bobel hedna, y a's teva marth, ha gordhya Duw, neb a wrauntyas kebmys gallos dhe vab den.

9Ha pàn esa ev ow mos wàr y fordh, Jesu a welas den henwys Mathew, esedhys orth an dollva. Jesu a leverys dhodho, "Gwra ow sewya." Ev a savas in bàn ha'y sewya.

10Pàn esa Jesu a'y eseth i'n chy orth an bord, meur a doloryon ha pehadoryon a entras hag esedha gans Jesu ha'y dhyscyplys. 11Pàn welas an Farysys hedna, y a wovydnas orth y dhyscyplys, "Prag y whra agas descador debry gans toloryon ha pehadoryon?"

12Wosa Jesu dh'aga clôwes, ev a worthebys, "Nyns eus othem vëth a vedhek dhe'n dus yagh, mès dhe'n re clâv. 13Saw ewgh ha descowgh styr an lavar-ma, 'Sacryfîs ny vanaf mès tregereth.' Nyns oma devedhys dhe elwel an re gwiryon, mès an behadoryon."

14Ena y teuth dhodho dyscyplys Jowan ha leverel, "Prag yth eson ny ha prag yth usy an Farysys ow cul penys, saw nyns usy dha dhyscyplys jy ow cul penys vëth?"

15Jesu a worthebys, "A yll cowetha an gour prias gul penys pàn usy va gansans? Yma an dedhyow ow tos, pàn vo an gour prias kemerys dhywortans, hag i'n eur-na y a wra penys.

16"Nyns eus den vëth ow corra clowt mès a badn nowyth wàr gweth goth rag hy êwna, poken an clowt, neb yw gorrys warnedhy, a wra tedna dhyworth an gweth, ha lacka vëdh an sqward. 17Naneyl nyns yw gwin nowyth deverys in botellow a grehyn coth, rag an crehyn a wra tardha ha dystrêwys vedhons, ha'n gwin a vëdh kellys. Nâ, gwin nowyth a dal bos deverys in crehyn nowyth ha'n dhew a vëdh gwethys."

18Pàn esa Jesu whath ow côwsel indella, y teuth dhodho rewler a'n synaga, ha plegya dhyragtho ow leverel, "Ow myrgh yw nowyth marow, saw mar teuta, hag istyna dha dhorn warnedhy, hy a wra bewa." 19Ena Jesu ha'y dhyscyplys a savas in bàn ha mos wàr y lergh.

20Gans hedna benyn, esa ow sùffra nans o dewdhek bledhen a issyw a woos, a dheuth adrëv dhodho, ha tùchya lysten y bows, 21rag hy a levery in hy holon, "Mara callaf unweyth tùchya y bows, me a vëdh sawys."

22Jesu a drailyas ha'y gweles hag ev a leverys dhedhy, "Gwella dha jer, dha fëdh re'th selwys." Ha hy a veu yaghhës i'n eur-na.

23Ha pàn dheuth Jesu bys in chy an rewler, ha gweles an menstrels ha'n dus ow kyny, 24ev a leverys, "Avoydyowgh alebma, rag nyns yw an vowes marow, saw ow cùsca yma hy." Saw gul ges anodho a wrussons. 25Mès wosa an rûth dhe vos gorrys mes a'n chy, ev a entras ha'y hemeres er an dorn, ha'n vowes a savas in bàn. 26Ha'n ger dâ anodho a omlêsas der oll an pow-na.

27Ha pàn esa Jesu ow mos alena, dew dhen dall a'n folyas ow cria, "Kebmer mercy ahanan, te Vab Davyth."

28Ha wosa ev dhe entra i'n chy, an dhellyon a dheuth dhodho, ha Jesu a wovydnas ortans, "Esowgh why ow cresy fatell allama gul hebma?"

Y a worthebys, "Eson, Arlùth."

29Nena ev a dùchyas aga lagasow ha leverel, "Bedhens gwrës dhywgh warlergh agas fëdh," 30ha'ga lagasow a veu egerys. Ha Jesu a's ordnas strait gans an geryow-ma, "Gwaityowgh na wrella den vëth godhvos hebma." 31Mès kettel wrussons mos in mes, y a dhalathas declarya an nowodhow anodho der oll an pow-na.

32Ha wosa y dhe omdedna, y feu drës dhodho den a'n jeva dyowl omlavar. 33Pàn wrug Jesu tôwlel in mes an drog-spyrys omlavar, an den a ylly côwsel. Marth brâs a's teva an bobel, hag y a leverys, "Ny veu tra vëth a'n par-na gwelys kyns in Israel."

34Saw an Farysys a leverys, "Dre weres chyften an dhewolow yma va ow tôwlel mes an tebel-spyrysyon."

35Hag yth esa Jesu ow mos adro der oll an cytas ha'n trevow, ow tesky i'ga synagys hag ow progeth awayl an

wlascor, hag ow yaghhe pùb cleves ha
gwanegreth. 36Pàn welas Jesu an
rûth, ev a gemeras pyteth anodhans,
drefen aga bos sqwith ha scùllys
kepar ha deves heb bugel. 37Ena ev a
leverys dh'y dhyscyplys, "Yn tefry,
brâs yw an drevas, saw tanow yw an
oberoryon. 38Pesowgh ytho Arlùth
an drevas, may whrella danvon ober-
oryon dh'y drevas."

10 Nena Jesu a elwys y
dhewdhek abostel warbarth,
hag ev a ros dhedhans power wàr
debel-spyrysyon, may hallens aga
thôwlel in mes, ha sawya pùb maner
cleves ha dysêsys.

2Ot obma henwyn an dewdhek
abostel: an kensa o Sîmon, gelwys
Peder, hag Androw y vroder, Jamys
mab Zebedy ha Jowan y vroder,
3Felyp ha Bertyl, Tobmas ha Mathew
an tollor, Jamys mab Alfeùs, ha
Thadeùs, 4Sîmon Canaanyas, ha
Jûdas Scaryot, an den a wrug y draita.

5An dewdhek-ma Jesu a's danvonas
in kerdh, ow ry gormynadow dhe-
dhans hag ow leverel, "Na wrewgh
mos naneyl in fordh an Jentylys na
dhe cyta vëth a'n Samarytans, 6saw
kyns oll ewgh dhe whelas an deves
kellys a jy Israel. 7Pàn vewgh why ow
mos wàr agas fordh, pregowthowgh
an nowodhow dâ ow leverel, 'Ogas
yma gwlascor nev.' 8Gweresowgh an
glevyon, derevowgh an re marow,
glanhewgh an lepers, tôwlowgh in
mes an dhewolow. Heb pêmont why
re recêvas; rewgh heb pêmont. 9Na
dhrewgh genowgh naneyl owr,
arhans na brest i'gas pors, 10na sagh
rag an fordh, na dyw vantel, nag
eskyjyow, na lorgh vëth oll. Rag
wordhy yw an gonesyas a'y sosten.

11"Pynag oll a vo an cyta pò an
bendre mayth ellowgh aberth inhy,
govydnowgh pyw yw gwyw ena ha
ganso ev tregowgh, bys pàn wrell-
owgh why dyberth alena. 12Pàn
wrellowgh why entra i'n chy, dynerh-
owgh a vo ino. 13Mar pëdh wordhy
an chy, re dheffa agas cres warnodho,
mès mar ny vëdh wordhy, re
dhewhello agas cres dhywgh why.
14Ha pynag oll na wrella agas recêva
na goslowes orth agas geryow, pàn
ellowgh mes a'n chy pò a'n cyta-na,
shakyowgh an doust dhywar agas
treys. 15In gwir me a lever dhywgh,
fatell vëdh êsya dhe dir Sodom ha
Gomorre dëdh breus ages dhe'n
cyta-na.

16"Otta vy orth agas danvon why in
mes avell deves in mesk bleydhas, rag
hedna bedhowgh fur kepar ha nedras,
ha gwiryon kepar ha kelemy. 17Bedh-
owgh war a dus, rag y a vydn agas
delyvra dhe'n consels ha'gas scorjya
i'ga synagys, 18ha why a vëdh degys
dhyrag rewlysy ha myterneth rag ow
herensa vy, dhe dhon dùstuny dhe-
dhans ha dhe'n Jentylys. 19Pàn
wrellons y agas delyvra, na vedhowgh
prederys fatell wrewgh why côwsel na
pandra dal dhywgh leverel, rag
grauntys vëdh dhywgh i'n very ter-
myn-na an pëth a wrellowgh leverel.
20Ny vedhowgh whywhy ow côwsel,
mès y fëdh Spyrys agas Tas ow
côwsel dredhowgh.

21"Broder a wra traita y vroder
dhe'n mernans, ha'n tas y flogh, ha
flehes a wra sordya warbydn tas ha
mabm, ha'ga delyvra dhe vos ledhys.
22Why a vëdh hâtys gans oll an bobel
awos ow hanow vy. Mès seul a wrella
pêsya bys i'n dyweth, a vëdh selwys.
23Pàn wrellons y agas tormentya i'n

eyl cyta, fiowgh dh’y ben. In gwir me
a lever dhywgh hebma: ny wrewgh
why passya der oll cytas Israel, kyns
ès Mab an Den dhe dhos.

24“Nyns yw brâssa an dyscypyl ages
y dhescador, na nyns usy an servont
a-ugh y arlùth. 25Lowr yw dhe’n
dyscypyl bos kepar ha’y vêster, ha
dhe’n servont kepar ha’y arlùth. Mar
qwrussons y ry an hanow Belsebùk
dhe vêster an chy, pyseul dhe voy a
vydnons y deraylya oll y veyny!

26“Rag hedna na berthowgh own
vëth anodhans, rag nyns eus tra vëth
cudh na vëdh dyscudhys, na tra vëth
in dadn gel na wra dos dhe’n golow.
27An pëth esof ow leverel dhywgh i’n
tewolgow, hedna leverowgh i’n
golow, ha’n dra a vydnowgh why
clôwes i’n scovarn, gwrewgh y arma
dhywar dohow an treven. 28Na berth-
owgh own a’n re-na usy ow ladha an
corf, rag ny yllons y dyswul an enef.
Nâ, kyns oll perthowgh own a hedna
a alsa dystrêwy in iffarn an enef ha’n
corf kefrës. 29A ny vëdh dew wolvan
gwerthys a udn ferdhyn? Mès nyns
usy nagonen anodhans ow codha
dhe’n dor heb bodh agas Tas.
30Nyverys yw pùb blewen oll wàr agas
pedn. 31Na berthowgh own ytho, rag
why a dal moy ages lies golvan.

32“Pynag oll ytho a wrella ow
aswon vy dhyrag tus, an keth den-na
a vanaf vy aswon dhyrag ow Thas,
usy i’n nev. 33Mès pynag oll a wrella
ow denaha dhyrag tus, me inwedh a
vydn y dhenaha dhyrag ow Thas, usy
i’n nev.

34“Na wrewgh predery ow bos vy
devedhys rag dry cres wàr an norvës.
Ny wrug avy dos rag dry cres saw
cledha. 35Rag yth ov devedhys rag gul

“‘dhe’n mab omsevel warbydn y
das
ha dhe’n vyrgh warbydn hy mabm
ha dhe’n wreg yonk warbydn hy
dama dhâ,
36hag eskerens den a vëdh esely y
veyny y honen.’

37“Neb a wrella cara tas pò mabm
moy agesof vy, nyns ywa wordhy
ahanaf; há neb a garra mab pò myrgh
moy agesof vy, nyns ywa wordhy
ahanaf. 38Neb na wrella kemeres in
bàn y grows ha’m sewya vy, nyns ywa
wordhya ahanaf. 39An re-na a wrella
cafos aga bêwnans, y a’n kyll, saw an
re-na a wrella kelly aga bêwnans rag
ow herensa vy, y a’n cav.

40“Neb a wrella agas wolcùbma
why, a wra ow wolcùbma vy, ha
pynag oll a wrella ow wolcùbma vy,
ev a wra wolcùbma hedna a wrug ow
danvon. 41Neb a wrella wolcùbma
profet in hanow profet, ev a wra
recêva gober profet. Ha neb a wrella
wolcùbma den ewnhensek in hanow
den ewnhensek, ev a recef weryson an
re ewnhensek. 42Pynag oll a rolla
hanaf a dhowr yeyn dhe eva dhe onen
a’n re munys-ma, in hanow dyscypyl,
in gwir me a lever dhywgh, ny wra va
kelly y wober.”

11 Pàn wrug Jesu gorfedna y
gomondmentys dh’y dhew-
dhek dyscypyl, ev êth alena dhe
dhesky ha progeth i’ga cytas.

2Ha Jowan, pàn glôwas in pryson
adro dhe oberow Crist, ev a dhan-
vonas radn a’y dhyscyplys dhe wovyn,
3“Osta hedna a dal dos, pò a res dhyn
gortos onen aral?”

4Jesu a’s gorthebys, “Ewgh ha
derivowgh dhe Jowan an taclow

esowgh ow clôwes hag ow qweles:
5an dall a wel ha'n evredhek a wra
kerdhes, yma an lepers glanhës, ha'n
bodhar a glôw, an dus varow yw
dasvewys, ha'n awayl yw pregowthys
dhe'n vohosogyon. 6Benegys yw ev
na vo sclandrys rag ow herensa vy."

7Pàn esa dyscyplys Jowan ow
tyberth, Jesu a dhalathas côwsel orth
an bobel ow tùchya Jowan ha leverel,
"Pandr'êthowgh in mes dhe weles i'n
gwylfos? Corsen cryhyllys gans an
gwyns? 8Saw pëth êthowgh dhe
weles? Den gwyskys in dyllas
medhel? Saw an re-na hag yw
gwyskys in dyllas medhel, in palycys
why a's cav. 9Saw prag yth êthowgh
in mes? Rag gweles profet? Hedna in
gwir a welsowgh ha polta moy ages
profet. 10Hèm yw hedna may feu
screfys anodho,

"'Ot, me a vydn danvon ow
messejer dhyrag dha fâss,
hag ev a wra darbary dha fordh
dhyragos.'

11In gwir me a lever dhywgh, nag
yw brâssa ès Jowan Baptyst den vëth
a'n re na a veu genys a venyn—
bytegyns an lyha in gwlascor nev yw
brâssa agesso ev. 12Saw dhyworth
dedhyow Jowan bys i'n jorna-ma,
yma gwlascor nev ow sùffra nerth
garow, ha gans garowder yma tus ow
whelas hy hemeres dre nell. 13Rag oll
an profettys ha'n laha a wrug profusa
bys in dedhyow Jowan. 14Ha mar
mydnowgh why recêva an dra, ev yw
Elias neb a dal dos. 15Seul a'n jeves
scovornow dhe glôwes, gwrêns ev
clôwes!

16"Dhe bandr'a wrama hevelly an
heneth-ma? Haval yns dhe flehes
esedhys in tyller marhas ow carma an
eyl dh'y gela, hag ow leverel,

17"'Ny re wrug piba dhywgh
mès ny wrussowgh dauncya;
ny re wrug kyny,
mès why ny wrussowgh devera
dagrow.'

18"Rag Jowan a dheuth heb debry nag
eva, hag y a levery, 'Ev a'n jeves
dyowl.' 19Mab an Den a dheuth, hag
ev ow tebry hag owth eva, hag ot-
tensy ow leverel, 'Merowgh! Cowlek
ywa, pedn medhow ha cothman dhe
doloryon ha pehadoryon!' Mès
furneth yw ewnhës gans hy oberow."

20Nena Jesu a dhalathas reprêva an
cytas, may feu gwrës inhans y oberow
moyha galosek, drefen na wrussons y
codha yn edrek, hag ev a leverys,
21"Gojy, Corosaym! Gojy, Besseda!
Rag a pe gwrës in Tir ha Sîdon an
oberow galosek a veu gwrës inowgh
why, y a wrussa repentya in saghlen
ha lusow termyn hir alebma. 22Ea, me
a lever dhywgh, fatell vëdh gwell dhe
Tir ha dhe Sîdon dëdh breus ages
dhywgh why! 23Ha te, Capernaùm, a
vedhys jy derevys bys i'n nev? Na
vedhys, te a vëdh iselhës bys in iffarn.
Rag a pe gwrës in Sodom an oberow
galosek, a veu gwrës inos jy, y a via
a'ga sav bys i'n jëdh hedhyw. 24Mès
me a lever dhywgh, y fëdh moy
plesont dhe bow Sodom dëdh breus
ès dhyso jy."

25I'n termyn-na Jesu a leverys, "A
Das, yth esof owth aswon grâss dhis,
Arlùth an nev ha'n norvës, drefen te
dhe gudha an taclow-ma dhyworth
an re fur ha skiansek, ha'ga dysclôsya
dhe flehesygow. 26Ea, a Das, rag
indella yth hevelly dâ dhis.

27“Ow thas re wrug delyvra pùptra
dhybm. Nyns eus den vëth owth
aswon an Mab marnas an Tas, naneyl
nyns eus den vëth owth aswon an Tas
marnas an Mab, ha'n re-na a vo an
Mab whensys dhe dhysqwedhes an
Tas dhedhans.

28“Dewgh bys dhybm, why oll usy
ow lavurya in dadn sawgh poos, ha
me a vydn agas refreshya. 29Kemer-
owgh warnowgh ow yew ha
descowgh genef, rag me yw clor, hag
uvel yw ow holon, ha why a gav
cosoleth dh'agas enef. 30Rag ow yew
vy yw wheg, hag ow sawgh scav dhe
dhon.”

12 I'n termyn-na Jesu êth der
an gwanethegow jorna an
sabot, ha'y dhyscyplys o gwag hag y
a dhalathas terry pednow an ÿs ha'ga
debry. 2Pàn welas an Farysys hedna,
y a leverys dhodho, “Mir, yma dha
dhyscyplys ow cul tra nag yw lafyl
dëdh an sabot.”

3Ev a's gorthebys, “A ny wruss-
owgh why redya an pëth a wrug
Davyth ha'y gowetha, pàn êns gwag?
4Fatell wrug ev entra in chy Duw, ha
debry Bara an Presens, nag o lafyl
dhe dhebry, naneyl dhodho y honen
na dh'y gowetha, mès dhe'n brontyr-
yon yn udnyk? 5Pò a ny wrussowgh
why redya i'n laha fatell usy prontyr-
yon an templa ow terry an sabot heb
bos cablus? 6Me a lever dhywgh bos
neppyth obma, hag yw brâssa ès an
templa. 7Saw mar teffowgh ha godh-
vos styr an lavar-ma, ‘Sacryfîs ny
vanaf vy saw tregereth,’ ny wruss-
owgh why dampnya an re gwiryon.
8Rag arlùth an sabot yw Mab an
Den.”

9Ev a voydyas alena hag entra i'ga
synaga. 10Ena yth esa den gwedhrys
y dhorn. Govyn a wrussons orto ha
leverel, “Ywa lafyl sawya cleves jorna
an sabot?” may hallens y vlâmya.

11Ev a worthebys, “Pyw ahanowgh
neb a'n jeves davas, mar teu hy ha
codha in pyt jorna an sabot, na vynsa
settya dalhen inhy ha'y thedna in
mes? 12Pyseul dhe voy a dal den ès
davas? Rag hedna lafyl yw gul dâ
jorna an sabot.”

13Nena ev a leverys dhe'n den,
“Istyn dha dhorn.” Ev a's istynas, ha
dystowgh ev a veu yagh avell y gela.
14Saw an Farysys êth in mes, hag
omgùssulya wàr y bydn, fatell yllens
y dhystrêwy.

15Mès pàn wrug Jesu godhvos
hedna, ev a dhybarthas alena, ha
meur a dus a'n folyas. Ev a sawyas
pùbonen oll anodhans, 16ow
comondya dhedhans na wrellens
derivas ger anodho. 17Hèm o may fe
collenwys an pëth re bia côwsys gans
Esay an profet:

18“Ot obma ow servont ha me re
wrug y dhêwys,
ow den meurgerys, usy ow enef pës
dâ ganso.
Me a vydn settya ow Spyrys
warnodho,
hag ev a wra declarya jùstys dhe'n
Jentylys.
19Ny wra va naneyl strîvya na cria
yn uhel,
na ny glôwvyth y lev den vëth i'n
strêtys.
20Ny wra va naneyl terry corsen
vrêwys,
na dyfudhy bùben leun a vog, erna
wrella dry jùstys dhe vyctory,

21hag in y hanow ev an nacyons a
gav govenek."

22Nena y feu drës dhodho sagh
dyowl, hag ev dall hag omlavar. Jesu
a wrug y sawya may halla va côwsel
ha gweles. 23Marth brâs a's teva oll an
bobel hag y a leverys, "Yw hebma
mab Davyth?"

24Mès pàn glôwas an Farysys an
dra, y a leverys, "Ny wra an pollat-ma
tôwlel in mes dewolow saw unsel dre
Belsebùk, pryns an dhewolow."

25Saw pàn wrug Jesu aswon aga
brës, ev a leverys, "Pùb gwlascor
rydnys wàr hy fydn hy honen a vëdh
wastys. Cytas pò treven rydnys wàr
aga fydn aga honen, ny wrowns y
sevel. 26Mars usy Satnas ow tôwlel
Satnas in mes, rydnys ywa wàr y bydn
y honen. In pana vaner ytho a yll y
wlascor remainya a'y sav? 27Mar
qwrama tôwlel dewolow in mes dre
Belsebùk, dre byw usy agas mebyon
why orth aga thôwlel in mes? Rag
hedna y a vëdh agas jùjys why. 28Mès
mar qwrama tôwlel in mes dewolow
dre Spyrys Duw, nena gwlascor Duw
yw devedhys intredhowgh.

29"Pò fatell yll nebonen terry chy
an den galosek, ha sêsya y bosessyon,
mar ny wra ev kelmy kyns oll an den
crev-na, hag ena pylla y jy?

30"Seul na vo genef, wàr ow fydn
yma, ha seul na wrella cùntell
genama, scùllya a wra. 31Rag hedna
me a lever dhywgh, fatell vëdh gyvys
dhe vab den pùb pegh ha pùb
blasfemy, saw blasfemy warbydn an
Spyrys Sans ny vëdh gyvys nefra.
32Ha pynag oll a gowssa warbydn
Mab an Den, dhodho y fëdh gyvys,
saw pynag oll a gowssa warbydn an
Spyrys Sans, ny vëdh gyvys dhodho,
naneyl i'n bës-ma nag i'n bës usy ow
tos.

33"Poken gwrewgh dhe'n wedhen
bos dâ ha'y frût dâ, pò gwrewgh
dhe'n wedhen bos podrethek ha'y
frût podrethek, rag der hy frût y fëdh
an wedhen aswonys. 34Why broud a
nedras! Fatell yllowgh leverel an dra
yw dâ, pàn owgh why drog agas
honen? Rag mes a lanwes an golon
yma an ganow ow côwsel. 35An den
dâ a gôws taclow dâ mes a'y dresour
dâ, ha'n tebel-was a gôws drockoleth
in mes a'y dhrog dresour. 36Me a
lever dhywgh, fatell vëdh res dhywgh
dëdh breus ry acownt ha recken a bùb
ger côwsys in sevureth. 37Rag war-
lergh dha lavarow te a vëdh jùstyfies,
ha warlergh dha lavarow te a vëdh
dampnys."

38Nena radn an scrîbys ha'n
Farysys a leverys dhodho, "Descador,
ny a vydn gweles sin dhyworthys."

39Ev a's gorthebys ha leverel
dhedhans, "Heneth fâls ha dyslel yw
hebma, neb a vydn cafos sin, saw sin
vëth ny vëdh rës dhedhans, saw unsel
sin an profet Jônas, 40rag kepar dell
veu Jônas in torr an morvil try dëdh
ha teyr nos, indelma y fëdh Mab an
Den try dëdh ha teyr nos in colon an
nor. 41Tus Nyneve a wra dasserhy
dëdh breus gans an heneth-ma ha'ga
dampnya, dre rêson y dhe godha in
edrega awos progeth Jônas, hag ot
obma onen moy ages Jônas.
42Myternes an Soth a vydn sevel in
bàn dëdh breus gans an heneth-ma
ha'ga dampnya, rag hy a dheuth
dhyworth pednow an bës dhe glôwes
skentoleth Salamon, hag ot obma
onen yw brâssa ages Salamon.

43"Peskytter mayth ella an spyrys
plos mes a dhen, an spyrys a vydn

passya dre dyleryow sëgh ow whelas powesva, saw ny's cav màn. 44Nena an spyrys plos a lever, 'Me a vydn dewheles dhe'm chy ow honen, may whrug avy dos in mes anodho', ha pàn dheffa dy, ev a'n cav gwag, scubys ha tekhës. 45Nena ev a vydn mos ha kemeres dh'y honen seyth spyrys moy, hag y lacka agesso y honen. Hag y oll a wra entra i'n chy-na, hag y fedhons tregys ino, ha dyweth an den-na a vëdh lacka ages y dhallath. Indella inwedh y fëdh an câss dhe'n tebel-heneth-ma."

46Pàn esa Jesu whath ow côwsel orth rûth an bobel, yth esa y vabm ha'y vreder a'ga sav avês hag y ow whelas côwsel orto. 47Rag hedna nebonen a leverys dhodho, "Mir, dha vabm ha'th vreder a'ga sav avês hag y ow whelas côwsel orthys."

48Ev a worthebys ha leverel dhe'n den a gowsas, "Pyw yw ow mabm ha pyw yw ow breder?" 49Ev a istynas y dhorn tro ha'y dhyscyplys ha leverel, "Ot obma ow mabm ha'm breder, 50rag oll an re-na a wrella bolùnjeth ow Thas usy i'n nev, y yw ow broder ha'm whor ha'm mabm."

13 An keth jorna-na Jesu êth mes a'n chy hag esedha ryb an mor, 2ha meur a dus a gùntellas adro dhodho. Rag hedna ev a entras i'n scath hag esedha inhy, hag yth esa oll an dus a'ga sav wàr an treth. 3Nena ev a leverys dhedhans lies tra dre barablys, in ketelma, "Gonador êth in mes dhe wonys has. 4Pàn esa va ow conys, radn a'n has a godhas ryb an fordh ha'n ÿdhyn a dheuth ha'y dhebry. 5Radn aral a godhas wàr veynek, le nag esa saw nebes gweras. An has a egynas heb let, drefen nag esa downder dor, 6saw pàn o an howl derevys, y feu va desehys ha crînys, dre rêson na'n jeva gwredhen. 7Radn aral a godhas in mesk dreyn, ha'n dreyn a devys hag a'n tagas. 8Radn aral whath a godhas wàr dhor dâ hag a dhug trevas, radn a'n ÿs a ros cansplek, radn try ugansplek ha radn deg warn ugansplek. 9Seul a'n jeffa scovornow, gwrêns ev goslowes."

10Nena y dhyscyplys a dheuth dhodho ha govyn, "Prag yth esta ow côwsel ortans dre barablys?"

11Ev a worthebys, "Dhywgh why re beu grauntys godhvos mysterys gwlascor nev, saw ny veu grauntys dhedhans y. 12Rag seul a'n jeffa, dhodho ev y fëdh rës moy, ha lanwes a'n jevyth, mès pynag oll na'n jeffa tra vëth, dhyworto y fëdh kemerys inwedh a vo ganso kyn fe. 13Rag hedna me a gôws ortans dre barablys, dre rêson

"nag usons y ow qweles, kynth
usons y ow meras, ha ny wrowns
y naneyl goslowes na convedhes,
kynth usons ow clôwes."

14In gwir collenwys yw gansans a veu profusys gans an profet Esay, pàn leverys,

"'Ea, why a vydn goslowes, mès
nefra ny wodhowgh why
convedhes;
ea, why a wra meras, mès bëth ny
wrewgh why percêvya.
15Rag colon an bobel-ma yw gyllys
talsogh,
ha bodhar yw aga scovornow.
Y re dhegeas aga lagasow,
ma na wrellens meras gans aga
lagasow, na goslowes gans aga

scovornow ha convedhes i’ga
brës ha trailya—
ha me a vynsa aga sawya.’

16“Mès benegys yw agas lagasow
why, rag y re welas, ha’gas scovornow
why, rag y re glôwas. 17In gwir me a
lever dhywgh, fatell veu lies profet ha
lies den ewnhensek neb o whensys
dhe weles an taclow a welsowgh why,
mès ny wrussons aga gweles màn; ha
dhe glôwes an pëth a glôwsowgh
why, mès ny wrussons aga clôwes nes.
18“Clôwowgh ytho parabyl an
gonador. 19Pàn wrella nebonen
clôwes ger an wlascor heb y gon-
vedhes, nena y teu an jowl ha don dhe
ves a vo gonedhys in y golon. An den-
na yw an has ryb an fordh. 20Saw an
has neb a veu hasys wàr veynek, hèn
yw an den a glôwa an ger ha
dystowgh a’n recef gans lowena;
21bytegyns nyns eus gwredhen ino,
hag ev ny bës saw pols bian. Pàn
wrella hapnya anken pò govyjyon
awos an ger, ev a goodh dhe ves
whare. 22Ha’n has neb a veu hasys in
mesk an dreyn, ev yw an den a glôwa
an ger, mes troblys an bës hag antylly
rychys a wra y daga, ma na wra va
don frût vëth oll. 23Saw an has neb a
veu gonedhys in dor dâ, yw an den
usy ow clôwes an ger hag orth y
gonvedhes, hag ev a dheg frût—radn
anodho cansplek, radn try ugansplek
ha radn degplek warn ugans.”

24Ev a settyas parabyl aral dhyrag-
thans ha leverel, “Gwlascor nev yw
kepar ha den a wonedhas has dâ in y
wel, 25saw pàn esa tus in cùsk, y escar
a dheuth ha gonys has ivra in mesk an
has dâ, hag ena mos in kerdh. 26Pàn
veu tevys an ÿs, an ivra a apperyas
magata.

27“Gwesyon an tiak a dheuth ha
derivas an câss dhodho, ‘Syra, a ny
wrusta jy gonys has dâ i’th vargen tir?
A ble teuth an ivra usy ino?’

28“Ev a worthebys dhedhans, ‘Ow
escar a wrug hedna.’

“An wesyon a leverys dhodho, ‘A
vynta jy ny dhe vos in rag ha cùntell
an ivra?’

29“Saw ev a worthebys, ‘Na vanaf,
rag own why dhe dhywredhya an ÿs
kefrës ha why ow cùntell an ivra.
30Gwrêns y aga dew tevy warbarth
bys i’n drevas, hag i’n kynyaf me a
wra leverel dhe’n vejoryon, ‘Cùntell-
owgh warbarth an ivra kensa, ha’y
vanala rag aga lesky, mès cùntellowgh
an ÿs ha’ga cruny i’m skyber.’”

31Ev a dherivas ken parabyl dhe-
dhans: “Gwlascor nev yw haval orth
hasen kedhow, a gemeras den ha’y
gorra in y vargen tir. 32In gwir an
lyha oll a bùb hasen yw hy, saw pàn
vo hy tevys, yth yw hy an brâssa inter
oll an losow, rag gwedhen yw hy, ha
merowgh, ÿdhyn an air a dheu rag
trega in hy branchys.” 33Ev a leverys
parabyl aral dhedhans: “Gwlascor
nev yw kepar ha gwel a gemeras
benyn ha’y gudha in try musur a
vleus, bys pàn veu oll an toos
derevys.”

34Oll an lavarow-na Jesu a gowsas
dre barablys orth an rûth vrâs, ha heb
parablys ny leverys dhedhans tra
vëth, 35may halla bos collenwys an
geryow côwsys gans an profet ow
leverel:

“Me a wra egery ow ganow ha
côwsel dre barablys,
me a vydn declarya a veu kelys dhia
fùndacyon an bës.”

36Nena Jesu a dhybarthas dhyworth an rûth hag entra i'n chy. Y dhyscyplys a dheuth dhodho ha leverel, "Gwra styrya dhyn parabyl an ivra i'n bargen tir."

37Ev a worthebys dhedhans indelma: "Gonador an has yw mab an Den, 38an bargen tir yw an bës, an has dâ yw flehes an wlascor, saw an ivra yw flehes an tebel-el. 39An escar neb a's gonedhas yw an jowl, an drevas yw dyweth an bës, ha'n eleth yw an vejoryon.

40"Rag hedna, kepar dell yw an ivra cùntellys ha leskys in tan, indella y whyrvyth orth dyweth an bës-ma. 41Mab an Den a vydn dyllo y eleth, hag y a wra cùntell mes a'y wlascor pùptra hegas ha'n re-na usy ow cul cabmweyth, 42hag y a vydn aga thôwlel in forn tan, hag ena y fëdh olva ha scrynva dens. 43I'n termyn-na an re gwiryon a wra shînya kepar ha'n howl in gwlascor aga Thas. Neb a'n jeffa scovornow dhe glôwes, gwrêns ev goslowes!

44"Arta, haval yw gwlascor nev dhe dresour kelys i'n dor. Nebonen a'n cafas, ha pàn y'n cafas, ev a'n cudhas. Nena gans lowender brâs ev êth ha gwertha oll y bosessyon rag prena an bargen tir-na.

45"Gwlascor nev yw haval kefrës dhe varchont 'eus ow whelas perlys bryntyn. 46Pàn wrug ev cafos perl a bris brâs, ev êth ha gwertha oll a'n jeva, ha prena an perl.

47"Arta, gwlascor nev a yll bos hevellys dhe roos tôwlys i'n mor, neb a gùntell pùb ehen a bysk. 48Pàn o hy leun, y a's tednas dhe'n tir, ha wosa esedha, y a worras an pùscas dâ in canstellow, saw y a dowlas in mes an re-na nag o vas. 49Indella y fëdh orth dyweth an bës, an eleth a vydn dos ha dyberth an debel-dus dhyworth an re gwiryon, 50hag y a wra tôwlel an debel-dus in forn tan, le may fëdh olva ha scrynva dens."

51Jesu a leverys dhedhans, "A wrussowgh why convedhes oll an lavarow-ma?"

Y a worthebys, "Gwrussyn, Arlùth."

52Nena ev a leverys dhedhans, "Rag hedna pùb scrîba, hag a veu deskys rag gwlascor nev yw kehaval dhe diak usy ow try mes a'y withva kefrës taclow nowyth ha taclow coth."

53Ha pàn wrug Jesu fynyshya an parablys-ma, ev a omdednas alena. 54Ha wosa ev dhe dhos dh'y bow y honen, ev a wrug desky an dus i'ga synaga, may fowns y amays ha leverel, "A ble whrug hebma cafos an furneth-ma ha'n oberow barthusek? 55A nyns ywa mab an ser predn? A nyns yw y vabm henwys Maria? A nyns yw Jamys, Joses, Sîmon ha Jûda y vreder? 56Ha'y wheryth, a nyns usons y oll obma i'gan mesk? Ple whrug ev dhana cafos hebma oll?" 57Ha dyvlesys vowns y in y gever.

Mès Jesu a leverys dhedhans, "Nyns yw profet heb onour, saw in y bow y honen, hag in y jy y honen."

58Ha ny wruga meur a oberow galosek ena, awos aga dyscrejyans.

14 I'n prës-na an mytern Erod a glôwas adro dhe Jesu, 2hag ev a leverys dh'y servysy, "Hèm yw Jowan Baptyst. Ev re dhassorhas dhyworth an re marow, ha rag hedna yma an power barthusek-ma owth obery ino."

3Rag Erod a sêsyas Jowan, ha'y
gelmy ha'y dôwlel dhe bryson awos
Erodyas, gwreg y vroder Felyp, 4dre
rêson Jowan dhe leverel dhodho,
"Nyns yw lafyl te dh'y hemeres yn
gwreg." 5Yth esa Erod ow tesîrya
ladha Jowan, mès own a'n jeva a'n
bobel, rag an bobel a gresy Jowan dhe
vos profet.

6Ha pàn veu gôlys pedn bloodh
Erod, myrgh Erodyas a dhauncyas
dhyrag an ôstysy, ha plêsya an
mytern. 7Gans hedna ev a dos, y whre
va ry dhedhy pynag oll tra a vydna hy
dervyn orto. 8Nena hy a veu exortys
gans hy mabm ow leverel, "Ro
dhybm pedn Jowan Baptyst wàr
dallyour." 9Grêvys veu an mytern pàn
glôwas hedna. Bytegyns awos an ty
ha'y ôstysy, ev a gomondyas may fe
hedna grauntys. 10Erod a erhys may
fe Jowan dybednys i'n pryson, 11ha'y
bedn degys wàr dallyour ha rës dhe'n
dhamsel. Ha hy a'n dros dh'y mabm.
12Nena y teuth dyscyplys Jowan, ha
kemeres y gorf ha'y encledhyas.
Wosa hedna y a dherivas an mater
dhe Jesu.

13Pàn glôwas Jesu hedna, ev êth in
scath alena, ha mos dhe dyller
dianeth y honen oll. Saw an rûth a
glôwas anodho, hag y a'n sewyas wàr
dir dhyworth an trevow. 14Pàn diras
Jesu, ev a welas nùmber brâs a dus.
Ev a gemeras pyteth anodhans ha
sawya oll an glevyon i'ga mesk.

15Ha pàn dheuth an gordhuwher, y
dhyscyplys a dheuth dhodho ha
leverel, "Dyveth yw an tyller-ma ha'n
jëdh yw gorfednys. Gorr an rûth in
kerdh ytho may hallens y entra i'n
trevow, ha prena sosten."

16Mès Jesu a leverys dhedhans, "Ny
res dhedhans mos in kerdh. Rewgh
dhedhans dhe dhebry agas honen."

17Y a worthebys dhodho, "Nyns
eus dhyn obma saw pymp torth ha
dew bysk."

18Ev a leverys, "Drewgh y obma."
19Ena Jesu a gomondyas dhe'n bobel
esedha wàr an glaswels. Wosa ev dhe
gemeres an pymp torth ha'n dhew
bysk, ha meras tro ha'n nev, ev a's
benegas ha'ga therry ha ry an
torthow dhe'n dyscyplys. An dys-
cyplys a's ros dhe'n rûth. 20Ha pùb
huny a dhebras lùk. Hag y feu
cùntellys lowr a'n brewyon o gesys
rag lenwel dewdhek canstel. 21Yth o
neb pymp mil dhen an re-na a
dhebras, heb nyvera an benenes ha'n
flehes.

22Ha Jesu a besys y dhyscyplys dhe
entra i'n scath ha tremena dhe
denewen aral an mor, hag ev a dhan-
vonas an rûth in kerdh. 23Wosa ev
dhe dhanvon an dus dhe ves, ev êth
bys i'n meneth rag pesy heb den vëth
ganso. An gordhuwher o cowl-
dhevedhys pàn veu va indella heb
cowetha. 24An scath o gyllys dhy-
worth an tir hag in cres an mor, hag
yth esa an todnow orth hy thossya yn
fol, rag treus o an gwyns.

25Ha myttyn avarr ev a dheuth
dhedhans ow kerdhes wàr an mor,
26ha pàn wrug an dyscyplys y weles
ow kerdhes indella, y a gemeras own
brâs hag y a leverys, "Tarosvan yw!"
ha cria a wrussons rag ewn uth.

27Saw whare Jesu a leverys dhe-
dhans, "Bedhens dâ agas cher. Me
ywa. Na gemerowgh own."

28Ha Peder a worthebys ha leverel,
"Arlùth, mars ywa te, gwra erhy
dhybm dos dhyso wàr an dowrow."

29Ev a leverys, "Deus!"

Ha Peder a skydnyas in mes a'n
scath, ha kerdhes wàr an dowrow ha
dos dhe Jesu. 30Saw pàn welas nerth
an hager-awel, own a'n jeva, hag ev a
dhalathas budhy. Peder a grias,
"Arlùth, gweres vy!"

31Dhesempys Jesu a istynas y
dhorn ha'y dhalhedna, ha leverel
dhodho, "Ass yw bohes dha fëdh!
Prag y whrêta dowtya?"

32Ha pàn dheuthons aberth i'n
scath, an gwyns a cessyas. 33Gans
hedna pùbonen esa i'n scath a dheuth
ha'y wordhya ow leverel, "In gwir te
yw Mab Duw."

34Ha pàn wrussons y passya dres an
mor, y a diras in Genesaret. 35Ha tus
an tyller-na, pàn wrussons y aswon, a
dhanvonas ger anodho dhe oll an
pow adro. Hag y a dhros dhodho oll
an glevyon. 36Y a'n pesys may rolla
dhedhans cubmyas unweyth dhe
dùchya gwrèm y bows. Seul a'n
tùchyas, a veu yaghhës.

15 Wosa hedna Farysys ha
scrîbys a dheuth dhia Jerù-
salem dhe Jesu ow leverel, 2"Prag y
whra dha dhyscyplys cabm dhe
dradycyons an dus hen? Rag ny
wrowns golhy aga dewla kyns ès
debry bara."

3Jesu a worthebys ha leverel
dhedhans, "Ha why, prag y whrewgh
gul warbydn Duw rag kerensa agas
tradycyon? 4Rag Duw a leverys,
'Gwra onora dha das ha'th vabm' ha
'Seul a wrella molethy tas pò mabm,
gwyw yw ev dhe vos ledhys.' 5Saw
why a lever, 'Pynag oll a lavarra dh'y
das pò dh'y vabm, ro sacrys yw oll an
socour a alses recêva dhyworthyf,'
nag yw res dhodho onora naneyl tas
na mabm. 6Indelma ytho rag kerensa
agas tradycyon yth esowgh why ow
naha ger Duw. 7Ass yw fekyl agas
fara! Esay an profet a wrug profusa
yn ewn, pàn leverys,

8"'Yma an bobel-ma orth ow onora
gans aga ganow,
mes pell yma aga holon
dhyworthyf,
9hag yn uver ymowns y orth ow
gordhya,
ow tesky dyscans mab den avell
comondmentys.'"

10Ha wosa ev dhe elwel an rûth
dhodho, ev a leverys dhedhans,
"Clôwowgh ha convedhowgh. 11An
dra usy owth entra der an ganow, ny
wra hedna mostya den, saw an dra a
dheu mes a'y anow—yma hedna orth
y vôstya."

12Ha pàn dheuth an dyscyplys
dhodho, y a leverys, "A wodhesta y
feu an Farysys sclandrys pàn
wrussons y clôwes dha eryow?"

13Ev a worthebys, "Kenyver
losowen, na veu plynsys gans ow
Thas in nev, a vëdh dywredhys.
14Gesowgh an dus-na dhe vos.
Hùmbrynkysy dhall dhe dhellyon yns
y. Mar qwra den dall hùmbronk den
dall, nena y aga dew a wra codha i'n
cledh."

15Mès Peder a leverys dhodho,
"Gwra styrya dhyn an parabyl."

16Ev a worthebys, "Owgh why
whath heb convedhes? 17A ny
wodhowgh why convedhes fatell wra
pùptra, usy owth entra i'n ganow,
passya der an corf bys i'n caughty?
18Saw pùptra usy ow tos mes a'n
ganow, hedna a dheu dhyworth an
golon, ha hedna a wra mostya den.

19Dhia an golon y teu drog-purpos,
denlath, avoutry, gyglotry, ladrans,
fâls-dùstuny ha blasfemy. 20Yma an
re-na ow mostya den; mès debry heb
golhy dewla ny wra y vôstya màn."

21Ha Jesu êth alena ha mos in
kerdh bys in côstys Tir ha Sîdon.
22Canaanyades a'n pow-na a dheuth
ha garma, "Arlùth, Mab Davyth,
kebmer tregereth ahanaf. Tormentys
tydn yw ow myrgh gans tebel-
spyrys."

23Saw ev ny's gorthebys poynt, ha'y
dhyscyplys a dheuth dhodho ha'y
besy ow leverel, "Danvon hy in
kerdh, rag yma hy ow carma wàr agan
lergh."

24Hag ev a worthebys, "Ny veuma
danvenys saw dhe dheves kellys chy
Israel."

25Saw hy a dheuth ha codha wàr
bedn dewlin dhyragtho, ow leverel,
"Arlùth, gweres vy."

26Ev a worthebys, "Ny dal kemeres
bara an flehes ha'y dôwlel dhe'n
keun."

27Nena hy a leverys, "Ea, Arlùth,
saw an keun a wra debry an brewyon
a goodh dhywar vord aga mêstrysy."

28Gans hedna Jesu a worthebys ha
leverel, "A venyn, brâs yw dha fëdh.
Re bo gwrës dhis oll warlergh dha
volùnjeth." Hy myrgh a veu yaghhës
i'n very prës-na.

29Wosa Jesu dhe vones alena, ev a
dheuth ogas dhe vor Galyle. Ev êth
in bàn bys i'n meneth hag esedha ena.
30Hag y teuth dhodho bùsh brâs a
dus, hag i'ga mesk lies huny neb o
cloppek, evredhek, dall, omlavar ha
lies huny erel. Y a wrug aga settya
dhyragtho ha Jesu a's sawyas, 31may
feu amays an bobel hag y ow qweles
an den omlavar ow côwsel, an
evredhek yn yagh, an cloppek ow
kerdhes ha'n dall ow qweles. Rag
hedna y a braisyas Duw Israel.

32Nena Jesu a elwys dhodho y
dhyscyplys ha leverel, "Yth esof ow
kemeres pyta a'n bobel, rag ottensy
genama nans yw try dëdh, hag y ny's
teves tra vëth dhe dhebry. Ny vanaf
aga danvon in kerdh heb sosten, rag
dowt y dhe glamdera i'n fordh."

33Ha'n dyscyplys a leverys dhodho,
"Ple hyllyn ny cafos bara i'n gwylfos
lowr dhe vaga mar lies den?"

34Ha Jesu a leverys dhedhans,
"Pana lies torth eus genowgh?"

Y a worthebys, "Seyth ha nebes
pùscas bian."

35Hag ev a erhys dhe'n rûth esedha
wàr an dor. 36Ha wosa ev dhe
gemeres an seyth torth ha'n pùscas in
y dhewla, ha'ga benega ha'ga therry,
ev a's ros dhe'n dyscyplys, ha'n
dyscyplys a's ros dhe'n bobel. 37Hag
oll an rûth a dhebras, ha cafos sosten
lùk. Hag y feu cùntellys a'n brewyon
gesys lowr rag lenwel seyth canstel.
38Ha'n re-na a dhebras o peder mil a
dus, heb nyvera benenes ha flehes.
39Nena ev a dhanvonas an rûth in
kerdh, hag entra i'n scath ha mos dhe
gôstys Castel Maudlen.

16 Ha'n Farysys ha'n Sadûkys a
dheuth dhodho orth y
demptya, rag y a wovydnas orto may
whrella dysqwedhes dhedhans sin
mes a'n nev.

2Ev a worthebys dhedhans ow
leverel, "Pàn vo an gordhuwher
devedhys, why a lever, 'Teg vëdh an
awel, rag rudh yw an ebron', 3ha
myttyn why a lever, 'Y fëdh hager-
awel hedhyw, rag an ebron yw rudh
ha tewl.' Why a yll convedhes

semlant an ebron—a ny yllowgh why
convedhes sînys an termyn? 4 Why
tebel-heneth dyscryjyk, usy ow
whelas sin! Saw sin vëth oll ny vëdh
rës dhywgh mès only sin Jônas." Hag
ev a's gasas, ha mos alena.

5 Pàn wrug an dyscyplys dos dhe'n
tu aral, y a remembras na wrussons
dry vytel vëth gansans. 6 Ha Jesu a
leverys dhedhans, "Kemerowgh with
ha bedhowgh war a wel an Farysys
ha'n Sadûkys."

7 Hag y a resnas intredhans aga
honen ha leverel, "Hèm yw drefen na
wrussyn ny dry genen sosten vëth."

8 Pàn wrug Jesu convedhes hedna,
ev a leverys dhedhans, "A why a
vohes fëdh, prag yth esowgh why ow
resna intredhowgh, drefen nag eus
bara genowgh? 9 A nyns esowgh why
whath ow convedhes, naneyl ow
remembra an pymp torth ha'n pymp
mil, ha pana lies canstel a vrewyon a
wrussowgh why cruny? 10 A ny
yllowgh why naneyl remembra an
seyth torth ha'n peder mil, ha pana
lies basket leun a wrussowgh why
kemeres in bàn? 11 Fatell ylla bos
ytho, na wodhowgh convedhes na
wrug avy leverel hebma dhywgh adro
dhe vara? Saw bedhowgh war a wel
an Farysys ha'n Sadûkys." 12 Nena y a
wrug convedhes ev dhe gomondya
dhedhans, may whrellens kemeres
with a dhyscans an Farysys ha'n
Sadûkys, kyns ès a wel rag bara.

13 Jesu a dheuth dhe'n côstys a
Cesaria Fylyppy, hag ev a wovydnas
orth y dhyscyplys, "Pyw usy an bobel
ow leverel dhe vos an Mab a Dhen?"

14 Y a worthebys, "Radn Jowan
Baptyst, radn Elias, radn Jeremy pò
onen a'n profettys."

15 Jesu a leverys dhedhans y, "Saw
pyw a leverowgh why y bosama?"

16 Nena Sîmon Peder a wrug
gortheby hag a leverys, "Te yw an
Crist, Mab an Duw a vêwnans."

17 Ha Jesu a'n gorthebys, "Benegys
osta jy, Sîmon mab Jônas, rag ny
wrug kig na goos dysqwedhes hedna
dhyso jy, mès ow Thas vy usy i'n nev.
18 Ha me a lever dhyso jy: te yw Peder
(pò an garrek), ha wàr an garrek-ma
me a vydn byldya ow eglos, ha ny wra
an yettys a iffarn prevailya wàr hy
fydn. 19 Ha me a vydn ry dhyso jy an
alwhedhow a wlascor nev, ha pynag
oll a wrylly kelmy i'n bës obma, ev a
vëdh inwedh kelmys i'n nev. Pynag
oll a wrylly dygelmy i'n bës obma, ev
a vëdh dygelmys i'n nev magata."
20 Nena ev a erhys strait dhe'n
dyscyplys, na wrellens derivas dhe
nebonen ev dhe vos an Crist.

21 Alena rag Jesu a dhalathas
dysqwedhes dh'y dhyscyplys, y fedha
res dhodho mos dhe Jerùsalem, ha
sùffra lies tra dhyworth an dus hen,
an uhel prontyryon ha'n scrîbys, ha
dhe vos ledhys, ha dasserhy an tressa
jorna.

22 Nena Peder a'n kemeras
adenewen, ha dallath y rebûkya ha
leverel, "Bydner re bo, a arlùth.
Bydner re wrella hedna hapnya dhis!"

23 Saw ev a drailyas ha leverel dhe
Beder, "Kê adrëv dhybm, Satnas! Te
yw men a drebuchyans ragof. Nyns
esos owth attendya an taclow a
Dhuw, mès an taclow a vab den."

24 Nena Jesu a leverys dh'y
dhyscyplys, "Mar mydn den vëth ow
folya vy, gwrêns ev naha y honen ha
kemeres y grows, ha dos wàr ow
lergh. 25 Rag pynag oll a vydna sawya
y vêwnans, ev a wra y gelly, ha pynag

oll a wrella kelly y vêwnans rag ow herensa vy, ev a'n cav. 26Rag pana les ywa dhe dhen vëth, mar teu va ha gwainya oll an bës, ha kelly y vêwnans y honen? Pëth a vynsa den vëth ry yn chyffar rag y vêwnans y honen? 27Rag Mab an Den a dal dos in splander y Das gans y eleth, hag ena ev a vydn attylly dhe bùbonen warlergh y wrians. 28In gwir me a lever dhywgh bos re a'ga sav obma na wra tastya mernans, erna wellens Mab an Den ow tos in y wlascor."

17

Ha wosa whegh dëdh Jesu a gemeras Peder, ha Jamys, ha Jowan y vroder, hag a's lêdyas a'n eyl tu bys in meneth uhel. 2Ha'y fysment a veu trailys dhyragthans, hag yth esa y dremyn ow terlentry avell an howl, ha'y dhyllas a veu maga whydn avell golow. 3Ha Moyses hag Elias a apperyas dhedhans, hag y ow côwsel orto.

4Nena Peder a leverys dhe Jesu, "Arlùth, dâ yw dhyn ny bos obma. Mar mynta, me a wra byldya obma try scovva, onen ragos jy, onen rag Moyses, hag onen rag Elias."

5Pàn esa va whath ow côwsel, cloud spladn a dheuth warnodhans, ha lev a dheuth mes a'n cloud ha leverel, "Hèm yw ow Mab meurgerys, mayth oma plêsys ganso. Goslowowgh orto."

6Pàn glôwas an dyscyplys hedna, y a godhas wàr aga fâss rag ewn uth. 7Saw Jesu a dheuth ha'ga thùchya ha leverel, "In sol ha na berthowgh own." 8Ha pàn wrussons meras wàr vàn, ny welsons mès Jesu yn udnyk.

9Pàn esens ow skydnya dhywar an meneth, Jesu a gomondyas dhedhans na wrellens derivas orth den vëth adro dhe'n vesyon, erna ve Mab an Den dasserhys a'n re marow.

10Ha'y dhyscyplys a wovydnas orto, "Prag ytho y lever an scrîbys, fatell res dhe Elias dos kensa?"

11Ev a worthebys, "Elias in gwir a wra dos kensa ha restorya pùptra, 12saw me a lever dhywgh bos Elias devedhys solabrës, mès ny wrug an dus y aswonvos. I'n contrary part y a wrug dhodho warlergh aga bodh. Yn kettelna Mab an Den a wra sùffra orth aga dewla." 13Nena an dyscyplys a gonvedhas ev dhe gôwsel a Jowan Baptyst.

14Ha pàn dheuthons bys i'n rûth, y teuth dhodho nebonen, hag ev a godhas wàr bedn dewlin dhyragtho ha leverel, 15"Arlùth, kebmer mercy a'm mab, rag varys ywa ha troblys yn uthyk. Lies torn yma va ow codha i'n tan hag yn fenowgh i'n dowr. 16Me a'n dros ev dhe'th tyscyplys, saw ny wodhyens y yaghhe."

17Nena Jesu a worthebys, "Why heneth dyslel ha dygnas, pana bellder a vedhaf genowgh? Pana bellder a vëdh res dhybm agas sùffra? Dro va dhybmo obma." 18Ha Jesu a rebûkyas an jowl, hag ev a dheuth in mes anodho, ha'n flogh a veu yaghhës i'n very prës-na.

19Nena y dhyscyplys a dheuth dhodho yn pryva ha leverel dhe Jesu, "Prag na yllyn y dôwlel in mes?"

20Ev a worthebys dhedhans, "Dre rêson agas dyscrejyans—rag in gwir me a lever dhywgh, mar pëdh genowgh fëdh mar vrâs avell hasen kedhow, why a yll comondya dhe'n meneth-ma 'Bëdh removys alebma bys i'n tyller-na!' hag ev a vydn gwaya mes a'y dyller. Ny vëdh tra vëth ùnpossybyl dhywgh, 21mes tebel-

spyrys a'n sort-ma, ny yll bos tôwlys
in mes saw dre bejadow ha penys."

22Pàn êns y tregys yn Galyle, Jesu
a leverys dhedhans, "Mab an Den a
vëdh delyvrys inter dewla tus, 23hag y
a'n ladh, ha'n tressa dëdh ev a wra
dasserhy." Hag y fowns troblys dres
musur.

24Pàn dheuthons dhe Capernaùm,
cùnteloryon trubyt an templa a
dheuth dhe Beder ha govyn orto, "A
ny wra agas descador pe an trubyt?"

25Ev a worthebys, "Ev a'n gwra",
hag ev a entras i'n chy, mes kyns ev
dhe gôwsel, Jesu a leverys, "Pan-
dr'esta ow predery, a Sîmon? Pyw usy
myterneth an bës-ma ow kemeres
trubyt dhywortans, dhyworth aga
mebyon aga honen pò dhyworth ken
re?"

26Pàn worthebys Peder,
"Dhyworth ken re," Jesu a leverys,
"Frank ytho yw an flehes. 27Mès, ma
na wrellen ry offens, kê dhe'n mor ha
towl hig. Kebmer an kensa pysk a
dheffa in bàn, ha pàn wrelles egery y
anow, te a gav ino *bathùs* mona.
Kebmer hedna, ha roy ev dhedhans
ragof vy ha ragos jy."

18

I'n eur-na an dyscyplys a
dheuth dhe Jesu ha leverel,
"Pyw yw an moyha in gwlascor nev?"

2Ha wosa ev dhe elwel flogh bian
dhodho, ev a'n gorras i'ga mesk 3ha
leverel, "In gwir me a lever dhywgh:
marnas why a vo trailys i'gas brës may
fewgh kepar ha flehes vian, ny
yllowgh why nefra entra in gwlascor
nev. 4Rag hedna pynag oll a vo uvel
kepar ha'n flogh bian-ma, an keth yw
an moyha in gwlascor nev. 5Pynag oll
a wrella recêva flogh a'n par-ma i'm
hanow vy, ev a wra ow recêva vy.

6"Pynag oll a wrella dhe onen a'n
re bian-ma kelly y fëdh inof vy, gwell
via dhodho men melyn dhe vos
cregys adro dh'y godna, ha'y vudhy
i'n keynvor down. 7Ellas, pàn wra
taclow dhe dus an bës kelly aga fëdh!
Res yw dhe daclow a'n par-na hapnya
pùpprës—mes goev hedna a vo
chêson ragthans! 8Mar teu dha dhorn
pò dha droos ha gul dhis kelly dha
fëdh, trogh y dhyworthys ha towl y in
mes. Gwell via dhis entra i'n bêwnans
evredhek pò mans, ages te dhe vos
tôwlys gans dewla ha dewdros i'n tan
dyvarow. 9Ha mar qwra dha lagas
dhis kelly dha fëdh, tedn ev in mes ha
towl ev dhyworthys. Gwell via dhis
entra i'n bêwnans heb lagas, ages bos
tôwlys gans dha dewlagas in tan
iffarn.

10"Gwaityowgh na wrellowgh
dysprêsya onen a'n re bian-ma, rag
me a lever dhywgh, fatell vëdh aga
eleth y i'n nev a'ga sav pùpprës
dhyrag Duw i'n nev. 11(Rag Mab an
Den a dheuth dhe selwel an re-na a
vo kellys).

12"Pandr'esowgh why ow predery?
Mara'n jeves bugel cans davas, ha
mar teu onen anodhans ha mos in
stray, a ny wra va gasa an nawnjek ha
peswar ugans i'n meneth, ha mos dhe
whelas an onen a vo gyllys in stray?
13Ha mar teu va ha'y gafos, in gwir
me a lever dhywgh, ev dhe rejoycya
moy adro dhodho ès adro dhe'n
nawnjek ha peswar ugans na wrug
bythqweth gwandra. 14Indelma yth
yw bolùnjeth agas Tas i'n nev, na
wrella onen vëth a'n re bian-ma mos
dhe goll.

15"Mar teu dha vroder ha gul
trespas wàr dha bydn, kê in kerdh ha
lavar dhodho y fowt intra te hag ev

yn udnyk. Mar teu va ha goslowes
orthys, te re wainyas dha vroder arta.
16Saw mar ny vydn ev goslowes
orthys, whath kebmer genes onen pò
dew aral, may fo pùb lavar destys dre
dhùstuny dew dhen pò try den. 17Mar
ny vydn ev clôwes i'n eur-na, lavar
dhe'n eglos. Mar ny vëdh ev parys
dhe woslowes orth an eglos kyn fe,
bedhens dhyso kepar hag onen a'n
Jentylys pò a'n doloryon.

18"In gwir me a lever dhywgh: pana
dra a wrellowgh why kelmy wàr an
nor, ev a vëdh inwedh kelmys in nev,
ha pana dra a wrellowgh lowsya i'n
nor, ev a vëdh lowsys in nev.

19"Arta me a lever dhywgh why:
mar pëdh dew ahanowgh acordys wàr
an nor adro dhe dra vëth a wrellowgh
why govyn, an dra a vëdh grauntys
dhywgh gans ow Thas usy i'n nev.
20Rag le may fo dew pò try cùntellys
warbarth i'm hanow vy, ena me a
vëdh i'ga mesk."

21Nena Peder a dheuth dhodho ha
govyn, "Mar teu ow broder ha gul
trespas wàr ow fydn, py lies torn a dal
dhybm y ava dhodho? Bys in seyth
gweyth?"

22Jesu a leverys dhodho, "Nyns yw
lowr seyth gweyth, mès gav dhodho
bys i'n seyth deg seyth gweyth.

23"Rag hedna gwlascor nev a yll
bos hevellys dhe vytern a vydna bos
reknys gans y wesyon. 24Pàn
dhalathas rekna, y feu drës dhyragtho
gwas a'n jeva kendon a dheg mil
dalent. 25Abàn na'n jeva pegans dhe
dylly, y arlùth a gomondyas, may fe
va gwerthys warbarth gans y wreg
ha'y flehes, ha pùptra oll a'n jeva rag
tylly an gendon.

26"Pàn glôwas hedna, an gwas a
godhas wàr bedn dewlin dhyragtho
ha'y besy ha leverel, 'Graunt dhybm
spâss, ha me a wra tylly oll an
gendon.' 27Ha'n arlùth a gemeras
mercy anodho, ha'y relêssya dhy-
worth y gendon.

28"An keth gwas-na êth alena ha
metya orth onen a'y geswesyon, neb
esa in kendon a gans dynar dhodho.
Ev a'n sêsyas yn stroth er an vriansen
ha leverel, 'Tal dhybm dha gendon.'

29"Gans hedna y geswas a godhas
wàr bedn dewlin ha'y besy ow leverel,
'Graunt dhybm spâss ha me a vydn y
dylly.'

30"Ev ny vydnas hedna, mes ev êth
ha'y dôwlel dhe bryson, erna wrella
aqwytya y gendon. 31Pàn welas y
geswesyon pandra wruga, y a veu
grêvys brâs, ha mos ha meneges oll
an dra o gwrës.

32"I'n eur-na y arlùth a'n gelwys
dhodho ha leverel, 'Te debel-was, me
a'th relêssyas qwit a oll dha gendon
jy, awos te dhe'm pesy. 33A ny dalvia
dhis inwedh kemeres mercy a'th
geswas, kepar dell wrug avy ahanas
dhejy?' 34Ha'y arlùth a sorras meur
orto, hag ev a'n delyvras dhe vos
tormentys, erna wrella tylly oll an
gendon.

35"In ketelma inwedh ow Thas, usy
i'n nev, a vydn gul dhywgh why, mar
ny wrewgh oll gava dh'agas broder a
leun golon."

19

Ha pàn wrug Jesu gorfedna
an lavarow-ma, ev a asas
Galyle ha dos dhe gôstys Jûdy wàr an
tenewen aral a dhowr Jordan. 2Bûsh
brâs a dus a'n folyas, hag ev a wrug
aga yaghhe i'n tyller-na.

3Ha Farysys a dheuth dhodho orth
y demptya ha leverel, "Ywa lafyl

dydhemedhy gwreg rag chêson vëth
oll?"
4 Ev a worthebys, "A ny wrussowgh
why redya fatell wrug an Formyor i'n
dalathfos aga creatya 'gorow ha
benow'?" 5 Rag hedna den a wra
forsâkya y das ha'y vabm ha glena
orth y wreg, hag y aga dew a vëdh
udn kig. 6 Nyns yns y dew na fella,
mès udn kig. Na wrella den vëth ytho
dyberth, a vo jùnys warbarth gans
Duw y honen."
7 Y a leverys dhodho, "Prag y
whrug Moyses ytho comondya dhyn
dhe ry screfa dyberth dhe venyn ha'y
dydhemedhy?"
8 Ev a worthebys, "Awos caletter
agas colon y whrug Moyses alowa
dhywgh why gorra agas gwrageth
adenewen, mès nyns o an câss indella
i'n dalathfos. 9 Me a lever dhywgh:
pynag oll a wrella settya y wreg
adenewen, ha demedhy gwreg aral,
marnas awos avoutry, avoutrer yw an
den-na."
10 Y dhyscyplys a leverys dhodho,
"Mars yw indella an câss gans den
demedhys, gwell yw sevel orth
demedhy gwreg."
11 Ev a worthebys, "Ny yll kenyver
onen degemeres an lavar-na, saw an
re-na a's teffons an grâss. 12 Rag yma
spadhesygyon i'n bës re beu genys
indella, ha spadhesygyon re beu
gwrës gans tus, ha re erel re wrug
spadhesygyon anodhans aga honen
awos gwlascor nev. Seul a alla recêva
hebma, gwrêns y recêva."
13 Ena y feu drës dhodho flehes
yonk, may halla va settya y dhewla
warnodhans ha pesy ragthans, mès an
dyscyplys a rebûkyas an dus esa ow
cul hedna.
14 Saw Jesu a leverys, "Gesowgh an
flehes vian dhe dhos dhybmo, ha na
wrewgh aga dyfen, rag dhe'n re-ma
yma gwlascor nev." 15 Wosa ev dhe
settya y dhewla warnodhans, ev a
dhybarthas dhywortans.
16 Hag udn den a dheuth dhodho ha
leverel, "Descador, pana oberow dâ a
res dhybm gul rag cafos an bêwnans
heb dyweth?"
17 Ev a worthebys, "Prag yth esta ow
covyn orthyf adro dhe'n pëth yw dâ?
Nyns yw dâ mès onen only. Mars osta
whensys dhe entra i'n bêwnans-na,
res yw dhis gwetha an comond-
mentys."
18 Ev a wovydnas, "Pëth yns y?"
Jesu a worthebys, "Na ladh, na wra
avoutry, na lader, na dhog cam-
dhùstuny, 19 gwra onora dha das ha'th
vabm, ha car dha gentrevak kepar ha
te dha honen."
20 An den yonk a leverys, "Oll an
re-na me re wethas. Pandr'usy othem
dhybm whath anodho?"
21 Jesu a leverys dhodho, "Mar
mynta bos perfeth, kê ha gwerth oll
dha rychys, ha'ga ry dhe'n vohosog-
yon, ha te a gav tresour in nev, ha
deus ha gwra ow folya vy."
22 Pàn glôwas an den yonk hedna,
ev a voydyas hag ev pòr drist, rag
rych dres ehen o va.
23 Nena Jesu a leverys dh'y
dhyscyplys, "In gwir me a lever
dhywgh, cales yw dhe dhen rych
entra in gwlascor nev. 24 Me a lever
inwedh y fedha moy êsy dhe gawr-
vargh passya dre grow nasweth, ages
dhe dhen rych entra in gwlascor
nev."
25 Pàn glôwas an dyscyplys hedna, y
a's teva marth brâs ha leverel, "Pyw
ytho a yll bos selwys?"

26Jesu a veras ortans ha gortheby,
"Ùnpossybyl ywa dhe vab den, mès
Duw a yll gul pùptra."
27Nena Peder a leverys dhodho,
"Mir, ny re forsâkyas pùptra oll ha'th
folya jy. Pandra'gan bëdh ytho?"
28Jesu a leverys dhedhans, "In gwir
me a lever dhywgh, ha why orth ow
folya, pàn wrella Mab an Den esedha
wàr dron y wordhyans i'n Creacyon
Nowyth, why inwedh a wra esedha
wàr dhewdhek tron, ha brusy dew-
dhek trib Israel. 29Ha pynag oll re
forsâkyas treven, pò breder, pò
wheryth, pò tas, pò mabm, pò flehes,
pò tirethow rag ow herensa vy, ev a
wra recêva moy ages hedna, hag ev a
wra eryta an bêwnans heb dyweth.
30Saw lies huny i'n le arag a vëdh wàr
dhelergh, ha'n re wàr dhelergh a
vëdh arag.

20 "Gwlascor nev a yll bos
hevellys dhe diak neb êth in
mes myttyn abrës, may halla gobrena
gonesyjy rag y vynyard. 2Ev a varged-
nyas gansans rag gober udn sols an
jorna, ha'ga danvon bys in y vynyard.
3"Pàn êth ev in mes ogas dhe naw
eur myttyn, ev a welas tus erel a'ga
sav heb lavur i'n varhas. 4Ev a leverys
dhedhans, 'Ewgh why inwedh dhe'n
vynyard, ha pynag oll a vo ewn, me
a'n re dhywgh.' 5Ha'n dus êth dy.
"An tiak eth in mes arta ogas dhe
hanter-dëdh, ha try eur dohajëdh,
hag i'n kepar maner ev a wrug
gobrena gonesyjy. 6Pàn eth in mes
adro dhe bymp eur, ev a gafas re erel
a'ga sav syger hag ev a leverys
dhedhans, 'Prag yth esowgh why ow
sevel heb lavur obma oll an jorna?'
7"Y a worthebys, 'Drefen na wrug
den vëth agan arfeth.'
"Nena ev a leverys dhedhans,
'Ewgh why inwedh dhe'n vynyard.'
8"Pàn dheuth an gordhuwher,
arlùth an vynyard a leverys dh'y
styward, 'Galw an wonesyjy ha gwra
aga thylly, ow tallath gans an re a
dheuth dewetha bys i'n re kensa.'
9"Pàn dheuth an wonesyjy a
dhalathas dhe bymp eur, pùbonen
anodhans a gafas udn sols. 10Ha pàn
dheuth an re kensa, yth esens ow
predery y dhe gafos moy, mès udn
sols a gafas pùbonen anodhans y
kefrës. 11Wosa y dhe recêva aga
wajys, y a dhalathas croffolas war-
bydn an tiak ha leverel, 12'An re
dewetha-ma a lavuryas udn owr, ha te
a's gwrug kehaval dhyn ny, re beu ow
lavurya dres oll an jëdh in tomder an
howl.'
13"Ev a worthebys dhe onen
anodhans, 'A gothman, ny wrama
cabm vëth dhyso. A ny wrusta
bargednya genama rag udn sols?
14Kebmer an pëth usy dhis, ha voyd
alebma. Me a vydn ry dhe'n re
dewetha-ma kebmys ha dhyso jy. 15A
ny'm beus an gwir dhe wul gans ow
mona vy kepar dell vanaf vy ow
honen? Pò esta ow kemeres envy,
drefen me dhe vos larj?'
16"Indelma an re dewetha a vëdh
kyns oll, ha'n re kensa orth an
dyweth."
17Ha pàn o Jesu ogas parys dhe
dravalya dhe Jerùsalem, ev a gemeras
an dewdhek adenewen i'n fordh, ha
leverel dhedhans, 18"Otta ny ow mos
in bàn dhe Jerùsalem, ha Mab an Den
a vëdh delyvrys dhe'n uhel prontyr-
yon ha dhe'n scrîbys. Y a vydn ry
breus wàr y bydn ha'y dhampnya
dhe'n mernans, 19ha'y dhelyvra dhe'n
Jentylys, may hallens y scornya, y

scorjya ha'y ladha i'n growspredn.
Mès an tressa dëdh ev a wra
dasserhy."
20 Nena mabm mebyon Zebedy a
dheuth dhodho gans hy mebyon, ha
codha wàr bedn dewlin ha govyn
favour orto.
21 Ev a leverys dhedhy, "Pandr'esta
ow tesîrya?"
Hy a leverys, "Gwra declarya, fatell
vëdh ow dew vab avy esedhys rybos
i'th wlascor, an eyl adhyhow ha'y gela
agledh."
22 Jesu a worthebys, "Ny wodh-
owgh pandr'esowgh ow covyn. A
yllowgh why eva a'n hanaf a wrama
eva anodho?"
Y a worthebys, "Gyllyn."
23 Ev a leverys, "Eva a wrewgh a'm
hanaf vy, mès esedha a'm parth
dyhow ha'm parth cledh—dhe ry
hedna ny sev i'm gallos vy, mès in
gallos an re-na, may feu va parys
ragthans gans ow Thas."
24 Pàn glôwas an dewdhek hedna, y
a sorras fèst orth an dhew vroder.
25 Mès Jesu a's gelwys ha leverel,
"Why a wor bos rewlysy an Jentylys
ow lordya warnodhans, ha'ga brâsyon
dhe wul mêstry warnodhans. 26 Ny
vëdh indella i'gas mesk why. Seul a
vydna bos pedn intredhowgh, ev a res
bos agas servont. 27 Ha pynag oll a
vydna bos an kensa, ev a dal bos agas
gwas. 28 In kepar maner ny dheuth
Mab an Den dhe dhemondya servys,
mès dhe servya, ha may halla va ry y
vêwnans in raunson rag lies huny."
29 Pàn esens ow voydya dhyworth
Jeryco, rûth vrâs a'n folyas, 30 hag yth
esa dew dhall a'ga eseth ryb an fordh.
Pàn wrussons y clôwes bos Jesu ow
passya yn ogas dhedhans, y a grias ha
leverel, "Arlùth, kebmer pyteth
ahanan, te vab Davyth!"
31 Ha'n bobel a's rebûkyas ha
leverel dhedhans tewel, mes y a grias
dhe voy uhel ha leverel, "Arlùth,
kebmer pyteth ahanan, te vab
Davyth!"
32 Nena Jesu a savas in nes ha
gelwel, "Pandr'esowgh ow tesîrya me
dhe wul dhywgh?"
33 Y a worthebys, "Arlùth, may
whrelles egery agan dewlagas."
34 Jesu a gemeras pyta anodhans
ha'ga thùchya. Dystowgh y a gafas
aga golok, ha'y sewya ev.

21 Ha pàn dheuthons ogas dhe
Jerùsalem, ha dos bys dhe
Bethfage ha dhe Veneth Olyvet, Jesu
a dhanvonas dew dhyscypyl in rag
2 ow leverel dhedhans, "Ewgh dhe'n
castel eus aragon. Ena why a gav
asen, hag ebol in udn golmen.
Gwrewgh aga dygelmy ha drewgh y
dhybmo vy. 3 Ha mara lever den vëth
wàr agas pydn why tra vëth, gwrewgh
y wortheby whare, 'Dhe'n Arlùth
othem yma dhe wruthyl gans an re-
ma,' hag ev a's delyrf genowgh why."
4 Hebma a hapnyas may fe
collenwys an dra a veu campollys
gans an profet ow leverel,

5 "Lavar dhe vyrgh Sion,
Otta dha vytern ow tos dhis
yn uvel hag ow marhogeth wàr
asen,
ha wàr ebol pò asen yonk."

6 Nena an dyscyplys êth ha gul
kepar dell wrug Jesu comondya
dhedhans. 7 Y a dhros an asen ha'n
ebol, ha settya aga dyllas
warnodhans, ha Jesu a esedhas wàr an

asen. 8Ha rûth pòr vrâs a lêsas aga
dyllas wàr an fordh, ha re erel a
drohas branchys dhywar an gwëdh
ha'ga thôwlel alês wàr an fordh. 9Hag
yth esa radn anodhans ow kerdhes
dhyragtho ha radn adrëv dhodho,
hag yth esens y oll ow cria,

"Hosana dhe Vab Davyth!"

"Benegys yw ev usy ow tos yn
hanow an Arlùth!"
"Hosana i'n nev awartha!"

10Pàn wrug Jesu entra in Jerùsalem,
oll an cyta a veu movys, hag yth esa
tus ow covyn, "Pyw yw hebma?"

11Yth esa an rûth ow leverel, "Hèm
yw an profet, Jesu a Nazare in
Galyle."

12Ha Jesu a entras i'n templa ha
tôwlel in mes oll an re-na esa ow
qwertha hag ow prena ino. Ev a wrug
dysevel tablys an arhansoryon, ha
chairys an re-na esa ow qwertha
kelemy. 13Ev a leverys dhedhans,
"Yma screfys, 'Ow chy vy a vëdh
gelwys chy pejadow,' mès why re'n
gwrug fow dhe ladron."

14Ha dellyon hag evredhygyon a
dheuth dhodho i'n templa, hag ev a's
sawyas. 15Mès pàn welas an uhel
prontyryon ha'n scrîbys an oberow
barthusek a wre, ha'n flehes ow
carma i'n templa hag ow leverel,
"Hosana dhe Vab Davyth!" y a veu
serrys meur 16ha leverel dhodho,
"Esta ow clôwes pandr'usy an re-ma
ow leverel?" Jesu a worthebys
dhedhans. "Clôwaf—a ny wrussowgh
bythqweth redya an scryptour-ma:

"'A anow a'n flehes dâ ha'n re
munys ow tena te re barusas
prais ragos dha honen'?"

17Ev a voydyas dhywortans, ha mos
mes a'n cyta bys in Bethany, ha spêna
an nos ena.

18Ternos avarr, pàn esa Jesu ow
tewheles dhe'n cyta, ev a'n jeva nown.
19Ev a welas gwedhen fyges ryb an
fordh ha dos nes, mès ny gafas tra
vëth warnedhy saw unsel delyow. Ev
a leverys dhedhy, "Bydner re bo frût
warnas arta bys vycken!" Ha
dystowgh an wedhen a wedhras.

20Pàn welas y dhyscyplys hedna, y
a's teva marth ha leverel, "Fatell wrug
an wedhen gwedhra mar uskys?"

21Ha Jesu a's gorthebys, "In gwir
me a lever dhywgh, mar pëdh
genowgh fëdh heb dowtya, y
whrewgh why an pëth a veu gwrës
dhe'n wedhen fyges, ea, ha moy ès
hedna kyn fe. Mar tewgh why ha
leverel dhe'n meneth-ma, 'Bëdh
lyftys in bàn ha tôwlys i'n mor!' an
dra a wra hapnya. 22Pùptra oll a
wrellowgh why govyn gans fëdh i'gas
pejadow, why a'n cav."

23Jesu a entras i'n templa, ha pàn
esa va ow tesky an bobel, an uhel
prontyryon ha'n dus hen a dheuth
dhodho ha leverel, "Pëth yw an
auctoryta may whrêta dredho an
taclow-ma, ha pyw a'n ros dhis?"

24Jesu a's gorthebys ha leverel, "Ha
me inwedh a vydn govyn orthowgh
why udn dra, ha mara tewgh why
ha'm gortheby, me a dherif dhywgh
gans pana auctoryta esof ow cul an
taclow-ma. 25Besydhyans Jowan, a
ble feu va? Dhyworth nev pò
dhyworth mab den?"

Nena y a argyas an eyl gans y gela
ow leverel, "Mar teun ny ha leverel,
'Dhyworth nev,' nena ev a vydn
leverel, 'Prag na wrussowgh why
ytho cresy dhodho?' [26]Mès mar teun
ny ha leverel 'Dhyworth mab den,'
own a'gan beus a'n bobel, rag yma
pùbonen ow sensy Jowan dhe vos
profet."

[27]Nena y a worthebys, "Ny
wodhon màn."

Hag ev a leverys, "Na bëth moy ny
wrama derivas dhywgh, pëth yw an
auctoryta a'm beus rag gul an taclow-
ma.

[28]"Pëth yw agas breus ow tùchya
hebma? Yth esa den hag ev a'n jeva
dew vab. Ev a dheuth dhe'n kensa
mab ha leverel, 'A vab, kê dhe lavurya
i'n vynyard.'

[29]"An mab a worthebys, 'Na vanaf.'
Mès wosa hedna ev a jaunjyas y vrës
ha mos dy.

[30]"An tas êth dhe'n secùnd mab ha
leverel an keth tra. Ev a worthebys,
'Ea, sîra, me a vydn mos.' Saw ny
wrug ev mos màn.

[31]"Pyneyl a'n dhew a wrug
bolùnjeth y das?"

Y a leverys, "An kensa mab."

Jesu a leverys dhedhans, "In gwir
me a lever dhywgh, bos an doloryon
ha'n behadoryon owth entra in
gwlascor Duw kyns ès whywhy.
[32]Rag Jowan a dheuth dhywgh in
fordh gwiryoneth ha ny wrussowgh
cresy dhodho, mès an doloryon ha'n
behadoryon a gresys dhodho. Kyn
whrussowgh why gweles oll an câss-
na, ny wrussowgh repentya ha cresy
dhodho.

[33]"Goslowowgh orth parabyl aral.
Yth esa tiak, hag ev a blansas vynyard,
ha gorra ke adro dhodho ha'y balas
ha gul gwinwask, ha derevel tour
golva inơ. Nena ev a'n settyas gans
kemeroryon, ha mos bys in ken pow
abell. [34]Ha pàn veu termyn an drevas,
ev a dhanvonas y servysy dhe'n
gemeroryon rag degemeres ascor y
vynyard.

[35]"Saw an gemeroryon a sêsyas y
servysy, ha cronkya an eyl anodhans,
ladha y gela, ha labedha an tressa
anodhans. [36]Arta ev a dhanvonas
gwesyon erel dhedhans, moy aga
nùmber ages an kensa bagas, saw y a's
dyghtyas in kepar maner. [37]Wàr an
dyweth ev a dhanvonas dhedhans y
vab y honen, rag ev a leverys, 'Y a
vydn dysqwedhes revrons dhe'm
mab.'

[38]"Saw pàn welas an gemeroryon
an mab, y a leverys an eyl dh'y gela,
'Ot obma an er. Deun, gesowgh ny
dh'y ladha ha cafos y ertach ev!'
[39]Rag hedna y a'n sêsyas ha'y dôwlel
mes a'n vynyard, ha'y ladha.

[40]"Now, pàn dheffa arlùth an
vynyard ytho, pandra vydn ev gul
gans an gemeroryon-na?"

[41]Y a leverys dhodho, "Ev a vydn
dyswul an sherewys-na yn ahas, ha
settya an vynyard gans ken re, hag y
a vydn ry dhodho y drevas in hy
thermyn ewn."

[42]Jesu a leverys dhedhans, "A ny
wrussowgh why bythqweth redya i'n
scryptour benegys,

"'An men neb a veu sconys gans
gweythoryon an chy,
hedna re beu gwrës an pedn men.
Gans an Arlùth hebma re beu
performys
ha tra varthys yw i'gan golok ny'?

43“Rag hedna, me a lever dhywgh,
fatell vëdh gwlascor Duw kemerys
dhyworthowgh why, ha rës dhe
genedhel a vydn ry hy threvas. 44Seul
a wrella codha wàr an men-ma, a
vëdh brêwys dhe dybmyn, ha'n men
a vydn sqwattya den vëth a wrella va
codha warnodho.”

45Pàn glôwas an uhel prontyryon
ha'n Farysys y barablys, y a wrug
ùnderstondya fatell esa va ow côwsel
adro dhedhans aga honen. 46Yth
esens ow tesîrya y sêsya, mès own a's
teva a rûth an bobel, dre rêson
pùbonen dhe gresy y vos profet.

22 Ha Jesu a gowsas arta ortans
dre barablys ha leverel,
2“Gwlascor nev a yll bos hevellys orth
mytern a wrug gool demedhyans rag
y vab, 3hag a dhanvonas y wesyon dhe
elwel an ôstysy dhe'n maryach, mès y
ny vynsens dos.

4“Arta ev a dhanvonas gwesyon erel
ha leverel dhedhans, ‘Derivowgh
orth an re-na yw gelwys, Ot obma ow
gool vy parys: ledhys yw an ohen ha'n
lodnow tew. Yma pùptra parys.
Dewgh dhe'm gool demedhyans.’

5“Mès y a sconyas a dhos. Y a
voydyas, an eyl dh'y vargen tir, ha'y
gela dh'y negys. 6Ha'n remnant a
sêsyas y wesyon hag a's tebel-
dhyghtyas ha'ga ladha. 7Ha'n mytern
a veu engrys ha danvon y soudoryon
dhe dhyswul an voldroryon-na, ha
lesky aga cyta.

8“Nena ev a leverys dh'y wesyon,
‘Con an demedhyans yw parys, mès
nyns o wordhy an re-na a veu gelwys
dy. 9Kewgh ytho dhe'n crows'hensy,
ha pynag oll a wrellowgh why metya
orto, gelwowgh y dhe'n gon.’ 10Ha'n
wesyon-na êth in mes dhe'n fordhow,
ha cùntell oll an dus a wrussons
metya ortans, an drog-pobel ha'n re
dâ kefrës, ha hel an gool demedhyans
a veu lenwys a ôstysy.

11“Pàn entras an mytern dhe veras
orth an ôstysy, ev a welas ena den nag
esa gwysk demedhyans in y gerhyn,
12hag a leverys dhodho, ‘Coweth,
fatell wrusta entra heb gwysk
demedhyans?’ Ny ylly gortheby.

13“Nena an mytern a leverys dhe'n
wesyon, ‘Kelmowgh y dreys ha'y
dhewla, ha tôwlowgh ev in mes bys
i'n tewolgow. Ena y fëdh olva ha
scrynva dens.’

14“Rag lies onen yw gelwys, mès
bohes yw an re a vëdh dêwysys.”

15Wosa hedna an Farysys a
omdednas rag omgùssulya fatell
yllens y vagledna in y eryow y honen.
16Rag hedna y a dhanvonas dhodho
aga dyscyplys ha'n Erodyans, ha
leverel, “Descador, ny a wor te dhe
vos gwir ow tesky fordhow Duw
warlergh an gwiryoneth, ha nag esta
ow tysqwedhes favour dhe dhen vëth;
rag ny wrêta vry a roweth nag a
worshyp an dus. 17Lavar dhyn ytho
pëth esta ow predery. Ywa lafyl dhe
dylly tollow dhe Cesar, pò nag ywa?”

18Mès Jesu a wodhya spît aga brës,
hag a worthebys, “Ass yw fekyl agas
cher! Prag yth esowgh ow whelas ow
frevy? 19Dysqwedhowgh dhybm bath
a vo tyllys yn trubyt.” Hag y a dhros
dhodho deneren. 20Nena ev a leverys
dhedhans, “Pyw a bew an imach ha'n
tîtel-ma?”

21Y a worthebys, “Cesar.”

“Rendrowgh ytho dhe Cesar an
pëth a vo dhe Cesar, ha dhe Dhuw an
pëth usy dhodho ev.”

22Pàn glôwsons hedna, y a's teva marth. Dyberth a wrussons ha mos wàr aga fordh.

23An jorna-na Sadûkys a dheuth dhodho. Ymowns y ow leverel nag eus dasserghyans vëth, hag y a wovydnas orto indelma, 24"Descador, Moyses a leverys, 'Mar teu den ha merwel heb gasa flehes wàr y lergh, y tal dh'y vroder demedhy y wreg ha derevel issyw dh'y vroder.' 25Yth esa i'gan mesk seyth broder, ha'n kensa a wrug demedhy, ha wosa hedna merwel heb mab, ha gasa y wreg dh'y vroder. 26An secùnd broder a wrug gul indella kefrës, ha'n tressa bys i'n seythves broder. 27Wàr an dyweth an venyn hy honen a verwys. 28I'n dasserghyans ytho pyw a bewvyth an wreg-na, rag y feu hy yn gwreg dhedhans oll?"

29Jesu a worthebys, "Myskemerys owgh why, dre rêson na wodhowgh why naneyl an scryptour na gallos Duw. 30Rag i'n dasserghyans ny vydnons naneyl demedhy na bos kemerys yn gwreg, mès y fedhons kepar ha'n eleth i'n nev. 31Hag ow tùchya dasserghyans an re marow, a ny wrussowgh why redya an pëth a leverys Duw, 32'Me yw Duw Abraham ha Duw Isak ha Duw Jacob?' Duw an re marow nyns ywa, saw Duw an re bew."

33Ha pàn glôwas an bobel hedna, marth a's teva a'y dhyscans.

34Pàn wrug an Farysys clôwes fatell wrug Jesu conclûdya an Sadûkys, y a gùntellas warbarth, 35hag onen anodhans, neb o den a'n laha, a wovydnas orto rag y brevy, 36"Mêster, pandr'yw an brâssa comondment i'n laha?"

37Jesu a'n gorthebys hag a leverys dhodho indelma, "'Te a wra cara dha Arlùth Duw gans oll dha golon, ha gans oll dha enef, ha gans oll dha vrës.' 38Hèm yw an brâssa ha'n kensa comondment, 39ha'n secùnd yw haval dhe hebma, "Te a wra cara dha gentrevak kepar ha te dha honen." 40Hag in nes an dhew gomondmentma yma oll an laha ha'n profettys ow hangya."

41Ha pàn o an Farysys cùntellys warbarth, Jesu a wovydnas ortans ha leverel, 42"Pandr'esowgh why ow predery adro dhe'n Crist? Mab dhe byw ywa?"

Y a worthebys, "Mab Davyth."

43Ev a leverys dhedhans, "Rag hedna, fatell yll Davyth der an Spyrys Sans y elwel 'Arlùth'? Rag ev a lever,

44"'An Arlùth a leverys dhe'm
arlùth vy, "Eseth a'n barth
dyhow dhybm,
erna whryllyf settya dha eskerens in
dadn dha dreys."'

45"Mars usy Davyth orth y elwel Arlùth, fatell yll ev bos mab Davyth?" 46Ny allas den vëth y wortheby i'n mater, naneyl nyns esa den vëth na fella ow lavasos govyn orto qwestyon vëth.

23 Nena Jesu a gowsas orth an bobel hag orth y dhyscyplys ha leverel, 2"Yma'n scrîbys ha'n Farysys a'ga eseth in chair Moyses. 3Rag hedna gwrewgh ha gwethowgh pùptra oll a wrellens comondya dhywgh—mès na wrewgh warlergh aga oberow, rag nyns yw aga fara warlergh aga dyscans. 4Ymowns y ow kelmy warbarth sawghyow poos rag aga settya wàr dhywscoth an bobel,

mès ny vydnons y lyftya bës kyn fe rag aga scafhe.

5“Ymowns y ow cul pùptra may halla an bobel aga gweles. Rag hedna y a wra ledan aga fylacterys ha hir aga fylednow. 6Ass yw dâ gansans an tyleryow moyha wordhy i'n bankettys ha'n esedhow gwella oll i'n synagys! 7Aga desîr yw dhe vos dynerhys i'n tyleryow marhas ha bos gelwys ‘Raby’ gans an bobel.

8“Mès ny dal dhywgh why bos gelwys ‘Raby’, rag why oll a'gas beus udn descador, ha why oll yw breder. 9Naneyl na wrewgh gelwel den vëth agas tas, rag why a'gas beus udn Tas, usy yn nev. 10Naneyl na vedhowgh gelwys descadoryon, rag yma udn descador dhywgh, hèn yw an Crist. 11An den brâssa intredhowgh a vëdh agas servont. 12Neb a wrella exaltya y honen, a vëdh uvlys, ha seul a wrella uvla y honen, a vëdh exaltys.

13“Gowhy, why scrîbys ha Farysys, fekyl agas cher! Why a wra alwhedha daras gwlascor nev warbydn an dus, rag nyns esowgh why owth entra inhy agas honen, saw pàn eus re erel owth entra, why a wra aga lettya. 14Gowhy, why scrîbys ha Farysys, fekyl agas cher! Yth esowgh why ow tevorya treven gwedhwesow; why a wra pejadow hir may halla an bobel agas gweles—rag hedna agas pùnyshment a vëdh dhe voy sherp!

15“Gowhy, why scrîbys ha Farysys, fekyl agas cher! Why a wra mos dres an mor dhe gafos udn dyscypyl nowyth, mès pàn wrellowgh why y gafos, why a wra mab an pla anodho—dywweyth lacka agesowgh agas honen!

16“Gowhy, why gedyoryon dhall! Rag why a lever, ‘Mar teu nebonen ha tia re'n sentry, ny amownt an ty tra vëth, saw mar teu va ha tia re owr an templa, kelmys ywa der y dy.’ 17Ass owgh why gocky ha dall! Pyneyl yw an moyha anodhans—an owr pò an sentry a wra dhe'n owr bos sans? 18Ha why a lever, ‘Mar teu nebonen ha tia re'n alter, ny amownt y dy màn; mès mar teu va ha tia re'n offryn usy wàr an alter, ev yw kelmys der y dy.’ 19Ass owgh why dall! Pyneyl anodhans yw an moyha, an offryn pò an alter a wra dhe'n offryn bos sans? 20Seul a wrella tia re'n alter, yma va ow tia re'n alter, ha re'n dra a vo warnedhy. 21Seul a wrella tia re'n sentry, yma va ow tia re'n sentry ha re hedna usy tregys ino. 22Seul a wrella tia re'n nev, yma va ow tia re'n tron a Dhuw, ha re hedna usy a'y eseth warnodho.

23“Gowhy, why scrîbys ha Farysys, fekyl agas cher! Rag why a wra dega a venta, dyll ha cùmyn ha gasa dhe goll i'n laha taclow yw moy aga bry: ewnder, mercy ha lendury. Y talvia dhywgh practycya an re-na heb unweyth ankevy an taclow erel. 24Ass owgh why dall avell gedyoryon! Rag yth esowgh why ow crodra gwybesen in mes, hag ow lenky cawrvargh!

25“Gowhy, why scrîbys ha Farysys, fekyl agas cher! Yth esowgh why ow pùrjya an tu avês a'n hanaf hag a'n scudel, saw an tu aberveth yw leun a goveytys hag omjersyans dyrewl. 26Why Farysys dall! Kyns oll y tal dhywgh glanhe an tu aberveth a'n hanaf, may fo glân an tu avês kefrës.

27“Gowhy, why scrîbys ha Farysys, fekyl agas cher! Why yw kepar ha bedhow gwydngalhys. Teg yns y wàr ves, saw wor'an tu aberveth ymowns y leun a eskern hag a bùb lastethes.

28Indelma kefrës yth esowgh why
owth apperya dhe'n bobel kepar ha
tus wiryon, saw wor'an tu aberveth
why yw leun a fâlsury ha fara dylaha.

29"Gowhy, why scrîbys ha Farysys,
fekyl agas cher! Why a wra byldya
bedhow an profettys ha tekhe meyn
cov an re gwiryon, 30ha why a lever,
'Mar teffen ny ha bewa in dedhyow
agan tasow, ny vynsen bythqweth
cowethya gansans, pàn wrussons
scùllya goos an profettys.' 31Indelma
yth esowgh ow testa wàr agas pydn
agas honen, fatell owgh why issyw a'n
re-na a ladhas an profettys. 32Ea,
lenwowgh musur an trespassys a
wrug agas tasow!

33"Why serpons! Why broud a
nedras! Fatell yllowgh why fia
dhyworth breus iffarn? 34Rag hedna
yth esof ow tanvon dhywgh profettys,
tus fur ha descadoryon. Why a vydn
ladha radn anodhans ha'ga crowsya,
ha radn aral why a vydn scorjya i'gas
synagys ha'ga chacya a cyta dhe cyta,
35may whrella dos warnowgh oll an
goos gwiryon a veu scùllys wàr an
norvës, dhyworth goos Abel, an den
ewnhensek, bys in goos Zacarias mab
Baracky, a wrussowgh why ladha
inter an sentry ha'n alter. 36In gwir
me a lever dhywgh, fatell wra oll an
taclow-ma wharvos dhe'n heneth-
ma.

37"A Jerùsalem, a Jerùsalem—an
cyta usy ow ladha an profettys, hag a
wra labedha an re-na hag a veu
danvenys dhedhy! Pana lies torn a
wrug avy desîrya cùntell dha flehes,
kepar dell usy yar ow cùntell hy
ÿdhnygow in dadn hy eskelly, saw
why ny vynsowgh alowa hedna!
38Mir, agas chy yw gesys dhywgh yn
tianeth! 39Rag me a lever dhywgh, na
wrewgh why ow gweles arta, erna
wrellowgh why leverel, 'Benegys yw
ev usy ow tos yn hanow an Arlùth'."

24

Ha Jesu a asas an templa, ha
mos wàr y fordh, ha'y
dhyscyplys a dheuth ha dhysqwedhes
dhodho byldyansow an templa. 2Ev a
wovydnas ortans, "A nyns esowgh
why ow qweles oll an re-ma? In gwir
me a lever dhywgh, na vëdh gesys
obma men wàr ven heb bos dysevys."

3Ha pàn esa va a'y eseth in Meneth
Olyvet, y dhyscyplys a dheuth dho-
dho yn pryva ha leverel, "Derif
orthyn pana dermyn a wra oll an
taclow-ma wharvos, ha pana sin a
vëdh gwelys pàn dhyffy in finweth an
oos."

4Ev a worthebys, "Bedhowgh war
na vewgh tùllys, 5rag lies huny a vydn
dos i'm hanow vy ha leverel, 'Me yw
an Crist,' hag y a wra tùlla meur a
dus. 6Ha why a glôwvyth a vreselyow
ha son a vreselyow. Gwaityowgh na
gemerowgh own, rag res yw an
taclow-ma dhe wharvos, mès ny vëdh
an dyweth whath. 7Rag nacyon a
vydn sevel warbydn nacyon, ha
gwlascor warbydn gwlascor, hag y
fëdh nown brâs ha dorgis in tyleryow
dyvers. 8Saw ny vëdh hedna mès
dallath an golovas.

9"Nena y a vydn agas delyvra dhe
vos tormentys, hag a wra agas ladha,
hag oll an nacyons a vydn agas casa
why awos ow hanow vy. 10Nena lies
huny a wra forsâkya aga fëdh, ha
traita an eyl y gela, ha hâtya an eyl y
gela. 11Ha lies fâls profet a vydn
sordya, ha dysseytya lowr a dus.
12Dre rêson pùb sort a gabmweyth
dhe encressya, kerensa lies huny a
wra yeynhe. 13Mès seul a wrella durya

bys i'n dyweth, ev a vëdh selwys.
14Hag awayl an wlascor a vëdh
pregowthys dres oll an bës yn
dùstuny dhe oll an nacyons, ha wosa
hedna an dyweth a vydn dos.

15"Pàn welowgh ytho an 'Sacrylych
a Wastyans' a'y sav i'n tyller sans, an
dra-na campollys gans an profet
Danyel (gwrêns an redyor y gon-
vedhes), 16nena an re-na neb a vo
tregys yn Jûdy a res fia bys i'n
menydhyow, 17ha'n den a vo wàr do
an chy, bydner re wrello skydnya rag
don taclow mes a'n chy; 18ha neb a vo
i'n gwel, bydner re wrello dos tre rag
kerhes y vantel! 19Ellas, an benenes
neb a vëdh gans flogh i'n dedhyow-
na ha'n mamethow a vëdh ow prodna
re munys, goy! 20Pesowgh na vo agas
fo i'n gwâv na jorna an sabot. 21Rag y
fëdh painys brâs i'n termyn-na, na
veu aga eqwal dhia dhallath an bës
bys i'n jëdh hedhyw, na ny vëdh nefra
namoy. 22Na ve an dedhyow-na
gwrës cot, ny vynsa den vëth scappya,
mès rag kerensa y gothmans Duw re
wrug cot an dedhyow-na solabrës.
23Mar lever nebonen dhywgh i'n
termyn-na, 'Ot obma Crist,' pò 'Otta
va ena,' na gresowgh dhodho màn.
24Rag Cristow gow ha fâls profettys a
vydn spryngya in bàn, hag y a wra
dysqwedhes sînys brâs ha marthùj-
yon, rag tùlla an re dêwysys kyn fe,
mar kyllons. 25Merowgh, me re'gas
gwarnyas arag dorn.

26"Mar towns y ha leverel ytho,
'Mir! Yma va i'n gwylfos,' na wrewgh
mos in mes; pò 'Otta va i'n chy,' na
gresowgh hedna na hen. 27Rag kepar
dell dheu an luhesen in mes a'n ÿst ha
golowy bys i'n west, in ketella y fëdh
devedhyans Mab an Den. 28Pyle
pynag a vo an corf marow, ena an
bryny kig a vydn cùntell.

29"Dystowgh wosa anken an
dedhyow-na

"'an howl a vëdh tewlhës,
ha ny vydn an loor ry hy golow;
an ster a vydn codha dhe'n dor mes
a'n nev, ha potestas an nevow a
vëth cryhyllys.'

30"Ha sin Mab an Den a wra
apperya i'n nev, ha nena pùb nacyon
an bës a wra mùrnya, pàn wellens y
Mab an Den ow tos wàr gloudys an
nev gans gallos ha gordhyans brâs.
31Hag ev a vydn danvon y eleth gans
son uhel an trompa, hag y a vydn
cùntell warbarth y bobel dhêwysys
dhia an peswar gwyns, dhyworth a'n
eyl pedn a'n nev dh'y gela.

32"Lebmyn descowgh parabyl
dhyworth an wedhen fyges: kettel vo
hy branchys tender, ha pàn wrella hy
delyowa, nena why a wor bos an hâv
ow nessa. 33In ketelma inwedh, pàn
wrellowgh why gweles oll an taclow-
ma, why a wor y vosa ogas hag orth
an daras. 34In gwir me a lever
dhywgh, na wra an heneth-ma
tremena, erna vo wharvedhys oll an
taclow-ma. 35An nev ha'n nor a wra
tremena, mes ow geryow vy a wra
durya bys venary.

36"Saw ow tùchya an jëdh ha'n our-
na, ny wor den vëth, ny wor naneyl
eleth an nev na'n Mab saw unsel an
Tas. 37Rag devedhyans Mab an Den
a vëdh kepar ha dedhyow Noy. 38Rag
i'n dedhyow-na kyns an liv, yth esa an
dus ow tebry hag owth eva, ow
temedhy, bys i'n jëdh mayth entras
Noy i'n gorhal. 39Ny wrussons y
godhvos tra vëth, erna dheuth an liv

ha dystrêwy pùbonen anodhans.
Indella y fëdh devedhyans Mab an
Den. 40I'n termyn-na y fëdh dew
dhen i'n gwel, an eyl a vëdh kemerys
ha'y gela gesys. 41Y fëdh dyw venyn
ow melyas orth an udn vrow, an eyl a
vëdh kemerys ha gesys vëdh hy ben.

42"Gwrewgh golyas ytho, rag ny
wodhowgh pana dhëdh a vydn dos
agas Arlùth. 43Mès godhvedhowgh
hebma: mar teffa den an chy godhvos
pana dermyn i'n nos a vynsa an lader
dos, ev a via yn tyfun, ha ny vynsa
alowa dhodho terry aberth in y jy.
44Bedhowgh why ytho parys inwedh,
rag Mab an Den a wra dos, pàn na
vewgh why orth y wetyas.

45"Pyw yw an servont lel ha
dywysyk dhana, neb a ros y vêster an
charj a'y veyny dhodho, may halla va
ry dhedhans aga alowans a sosten i'n
termyn ewn? 46Benegys a vëdh an
servont mar teu y vêster ha'y gafos
indelma pàn dheffa ev. 47In gwir me
a lever dhywgh, fatell wra y vêster y
settya a-ugh oll y bosessyon. 48Saw
mar teu an tebel-servont ha leverel in
y golon, 'Yma ow mêster pell heb
dos,' 49ha mar teu va ha cronkya y
gowetha, an servysy erel, ha wosa
hedna dallath debry hag eva gans
pednow medhow, 50nena y vêster a
vydn dos i'n jorna na vëdh ev orth y
wetyas, hag i'n our na vëdh ev ow
qwetyas. 51Ev a wra y drehy dhe
dybmyn ha'y settya gans an ipocrytys,
le may fëdh olva ha scrynva dens.

25 "Gwlascor nev a yll bos
hevellys orth deg maghteth
brias. Y a gemeras aga lùgern ha mos
in mes dhe vetya orth an gour prias.
2Fol o pymp anodhans ha'n pymp
erel o fur. 3An re fol a gemeras aga
lùgern heb kemeres oyl gansans.
4Mès an meghtythyon fur a gemeras
lestry oyl. 5Ha pàn wrug an gour
prias dylâtya heb dos, hun a dheuth
warnodhans hag y a gùscas.

6"Mès in prës hanter-nos y feu
clôwys cry, 'Ot obma an gour prias!
Kewgh in mes dhe vetya ganso.'

7"Nena oll an meghtythyon-na a
dhyfunas ha tacla aga lùgern. 8Ha'n
re fol a leverys dhe'n re fur, 'Rewgh
dhyn radn a'gas oyl, rag yma agan
lùgern ow tyfudhy.'

9"Mès an re fur a worthebys, 'Mar
teun ny ha ry oyl dhywgh, ny vëdh
oyl lowr dhyn ny agan honen. Nâ,
kewgh dhe'n wycoryon ha prenowgh
oyl ragowgh why agas honen.'

10"Gyllys êns dhe brena oyl, pàn
dheuth an gour prias. An meghtyth-
yon, neb o parys, a entras ganso in
banket an demedhyans, ha'n daras a
veu degës wàr aga lergh.

11"Pols wosa hedna an meghtyth-
yon erel a dheuth arta ha leverel,
'Arlùth, arlùth, egor dhyn an daras.'

12"Saw ev a's gorthebys, 'In gwir
me a lever dhywgh, nag esof orth
agas aswon.'

13"Bedhowgh yn tyfun ytho, rag ny
wodhowgh naneyl an jëdh na'n prës
y teu Mab an Den.

14"Yma an câss kepar ha den esa ow
mos wàr viaj in mes a'y bow y honen.
Ev a elwys y wesyon ha trestya y bëth
dhedhans. 15Dhe onen anodhans ev a
ros pymp talent, ha dh'y gela dew, ha
dhe dhen aral whath udn talent, dhe
bùbonen warlergh y deythy. Nena ev
a dhybarthas. 16An gwas, neb a
recêvas an pymp talent, êth in kerdh
whare ha gul negys gansans, may
whrug ev gwainya pymp talent moy.
17Yn kepar maner an gwas, neb a

recêvas an dhew dalent, a spêdyas y
negys ha gwainya dew moy. 18Saw an
gwas, na recêvas mès udn talent, êth
ha palas toll i'n dor ha cudha mona y
vêster ino.

19"Termyn hir wosa hedna mêster
an wesyon a dheuth tre dhe vos
aqwytys gans y wesyon. 20Ha gwas an
pymp talent a dheuth in rag ha ganso
pymp talent moy. Ev a leverys, 'A
vêster, te a dhelyvras dhybm pymp
talent. Ot obma pymp talent moy, a
wrug avy gwainya dhis.'

21"Y vêster a leverys dhodho,
'Gwrës dâ, te was vas ha lel! Te re
beu lel in nebes. Me a vydn dha settya
a-ugh lies tra. Enter lebmyn aberth
in joy dha vêster.'

22"Ha'n gwas, neb a gafas an dhew
dalent, a dheuth dhyragtho ow
leverel, 'Te a ros dhybm dew dalent.
Mir! Me re wainyas dew dalent moy
ragos.'

23"Y vêster a worthebys, 'Gwrës dâ,
te was vas ha lel! Y feus lel in nebes.
Me a vydn ry charj dhis a lowr a
daclow. Enter lebmyn aberth in
lowena dha vêster.'

24"Nena an gwas, na wrug recêva
saw udn talent, a dheuth dhyrag y
vêster ha leverel, 'A vêster, me a
wodhya te dhe vos den cales, ha fatell
wrêta mejy heb gonys ha cùntell heb
hasa, 25ha me a'm beu own. Rag
hedna me êth ha cudha dha dalent i'n
dor. Ot obma lebmyn dha vona dha
honen.'

26"Y vêster a worthebys, 'Te
dhrog-was diek! Te a wodhya yn tâ,
fatell wrama mejy heb gonys ha
cùntell heb hasa. 27Y talvia dhis mos
ha gorra ow mona in arhow gans
arhansoryon. Nena, pàn wrellen
dewheles, me a vynsa cafos ow fëth
ow honen warbarth gans oker.

28"'Rag hedna kemerowgh dhy-
worto an talent, ha rewgh ev dhe
hedna a'n jeves deg talent. 29Rag an
re-na a's teffa pëth, dhedhans y fëdh
rës, hag y fëdh dhedhans lowr ha
plenty. Saw an re na vo tra vëth
dhedhans, kemerys vëdh dhywortans
a vo dhedhans kyn fe. 30Ow tùchya an
gwas cog-ma—tôwlowgh ev in mes
i'n tewolgow pella, may fëdh olva ha
scrynva dens.'

31"Pàn dheffa Mab an Den in y
splander, hag oll an eleth ganso, nena
ev a vydn esedha wàr dron y
wordhyans. 32Hag oll nacyons an bës
a vëdh cùntellys dhyragtho, hag ev a
vydn dyberth an eyl radn dhyworth
hy ben, kepar dell eus bugel ow
tyberth an deves dhyworth an gyfras.
33Ev a vydn settya an deves a'y barth
dyhow, ha'n gyfras a'y barth cledh.

34"Nena an mytern a vydn leverel
dhe'n re-na a'y barth dyhow, 'Why
neb yw benegys gans ow Thas,
dewgh rag eryta an wlascor, re beu
parys dhywgh dhyworth dallath an
bës. 35Rag me a'm beu nown, ha why
a ros dhybm dhe dhebry; sehes a'm
beu ha why a ros dhybm dhe eva;
estren en vy ha why a'm recêvas.
36Me o yn noth, ha why a worras
dyllas i'm kerhyn; clâv en, ha why a
gemeras with ahanaf; yth esen i'n
pryson, ha why a dheuth rag ow
vysytya.'

37"Nena an re gwiryon a vydn
gortheby, 'Pana dermyn a wrussyn ny
dha weles gwag ha ry boos dhis, pò
ow sùffra sehes ha ry dhis dhe eva?
38Pana dermyn a wrussyn dha weles
yn estren, ha dos ha'th recêva, pò yn
noth ha gorra dyllas adro dhis?

39 Pana dermyn a wrussyn ny dha weles clâv pò prysonys, ha dos dhe'th vysytya?'

40 "Ha'n mytern a vydn gortheby, 'Ea, in gwiryoneth me a lever dhywgh, kepar dell wrussowgh why dhe'n onen lyha a'm breder vy, dhybmo vy why a'n gwrug.'

41 "Nena ev a vydn leverel dhe'n re-na a'y barth cledh, 'Kewgh dhyworthyf, a dus velegys, dhe'n tan dyvarow, re beu darbarys dhe'n jowl ha'y eleth. 42 Rag nown a'm beu, ha ny wrussowgh why ry dhybm tabm vëth dhe dhebry; sehes a'm beu ha ny wrussowgh ry dhybm badna dhe eva. 43 Me o estren, ha ny wrussowgh ow recêva, yn noth ha ny wrussowgh gorra dyllas i'm kerhyn. Me o clâv hag yth esen in pryson, ha ny dheuthowgh unweyth dhe'm vysytya.'

44 "Nena y inwedh a vydn leverel, 'Arlùth, pana dermyn a wrussyn dha weles gwag pò sëgh pò estren pò yn noth pò clâv pò in pryson heb dos ha'th socra?'

45 "Nena gortheby a wra va, "In gwir me a lever dhywgh why: in mar veur na wrussowgh why tra vëth rag onen a'n re lyha a'm breder, ny'n gwrussowgh dhybmo vy.'

46 "Ha'n re-ma a wra dyberth bys i'n pùnyshment heb dyweth, mes an re gwiryon bys in bêwnans nefra a bës."

26 Ha Jesu, pàn worfednas oll an lavarow-ma, a leverys dh'y dhyscyplys, 2 "Why a wor y teu an Pask kyns pedn dew jorna, ha nena Mab an Den a vëdh delyvrys dhe vos crowsys."

3 Ena an uhel prontyryon ha tus hen an bobel a dheuth warbarth in palys an uhel pronter, neb o henwys Cayfas, 4 hag omgùssulya a wrussons, fatell yllens sêsya Jesu dre gast ha'y dhystrêwy. 5 Mès y a leverys, "Ny yll tra vëth bos gwrës jorna an gool, rag dowt an bobel dhe wul deray."

6 Yth esa Jesu in Bethany in chy Sîmon leper, 7 pàn dheuth dhodho benyn ha gensy box alabauster a onyment ker, ha hy a wrug y dhenewy wàr y bedn hag ev a'y eseth orth an bord.

8 Pàn welas an dyscyplys hedna, y a sorras ha leverel, "Pëth o an othem a scùllya an onyment ker? 9 Rag ev a alsa bos gwerthys a sùm brâs, ha'n mona rës dhe'n vohosogyon."

10 Jesu a gonvedhas aga brës ha leverel, "Prag yth esowgh why ow trobla an venyn-ma? Hy re wrug servys dâ ragof. 11 Why a gav bohosogyon pùb eur warnowgh ow carma, mès me ny vedhaf vy genowgh pùpprës. 12 An keth onyment-ma hy a scùllyas warnaf rag ow encledhyas. 13 In gwir me a lever dhywgh, pynag oll le may fo pregowthys an awayl-ma in oll an bës, leverys vëdh inwedh adro dhe'n pëth a wrug hy in remembrans anedhy."

14 Yn eur-na onen a'n dewdhek, henwys Jûdas Scaryot, êth dhe'n uhel prontyryon 15 ha leverel, "Pandra vydnowgh why ry dhybm, mar teuma ha gul dhywgh spêdya orth y gafos?" 16 Y a wrug tylly dhodho deg warn ugans a vona, hag alena rag yth esa va ow whelas chauns dâ rag y draita.

17 Ha'n kensa dëdh a'n Bara heb Gwel an dyscyplys a dheuth dhe Jesu

ha govyn, "Ple fia dâ dhis ny dhe
barusy soper an Pask ragos?"
18Ev a worthebys, "Ewgh ajy dhe'n
cyta dhe certan den ha derivowgh
orto, 'An Descador a lever bos ogas y
dermyn. Dâ via ganso sensy an Pask
gans y dhyscyplys i'th chy jy.'" 19Ha'n
dyscyplys a wrug kepar dell erhys
Jesu dhedhans, ha dyghtya soper an
Pask.
20Pàn veu gordhuwher, ev a
gemeras y blâss orth an bord gans an
dewdhek dyscypyl. 21Pàn esens ow
tebry, ev a leverys, "Me a lever
gwiryoneth—onen ahanowgh re'm
gwerthas dhe'm eskerens."
22Hag y a veu pòr drist ha dallath
côwsel orto ha govyn, "Arlùth, yw me
hedna?"
23Ev a worthebys, "Ow tebry genef
yma a'n tallyour neb re'm gwerthas
solabrës. 24Mab an Den a dremen a'n
bës, kepar dell yw screfys anodho,
mes goev bëth neb a'n gwerthas. Mil
well via, na ve va genys i'n bës-ma."
25Jûdas, neb a'n traitas a leverys
dhodho, "Raby, oma neb a'th
werthas?"
Ev a worthebys, "Te re'n leverys."
26Ha pàn esens y whath ow tebry,
Jesu a gemeras bara hag a'n sonas,
ha'y derry ha'y ry dhe'n dhyscyplys
ha leverel, "Kemerowgh, debrowgh,
ow horf avy yw hebma."
27Ha wosa kemeres an hanaf ha'y
sona, ev a'n ros dhedhans ha leverel,
"Evowgh why oll a hebma, 28rag
hebma yw ow goos a'n kevambos
nowyth, neb a vëdh scùllys rag lies
huny i'n remyssyon a behosow. 29Me
a lever dhywgh why, alebma rag na
wrama eva a frût an wedhen grappys
bys i'n jorna, may whrellen y eva
nowyth in gwlascor ow Thas."
30Ha wosa cana hympna, y êth in
mes dhe Veneth Olyvet.
31Ena Jesu a leverys dhedhans,
"Kyns bos udn nos tremenys, why a
vëdh sclandrys ahanaf kettep mab
brodn, rag screfys yw,

"'Me a vydn gweskel an bugel,
ha deves an bugel a vëdh scùllys
alês.'

32Mès wosa me dhe dhasserhy, me
a vydn mos dhyragowgh dhe Alyle."
33Peder a leverys dhodho, "Kyn
fowns y oll sclandrys ahanas, nefra ny
wrav dha dhyvlasa."
34Jesu a leverys dhodho, "Yn tefry
me a lever dhis, an nos-ma kyns ès
bos an culyak kenys, tergweyth y
whreth ow naha."
35Yn medh Peder, "Kyn fena vy
ledhys marow, ny'th tenahaf benary."
Indella inwedh oll an dyscyplys a
gowsas.
36Ena Jesu êth gansans dhe dyller
henwys Gethsemane, hag ev a leverys
dhe'n dhyscyplys, "Esedhowgh obma
ha me a wra mos in hans dhe besy."
37Ev a gemeras ganso Peder ha dew
vab Zebedy, ha tristans ha fienasow a
dhalathas y gompressa. 38Nena ev a
leverys dhedhans, "Yma i'm enef
tristans fast bys in ancow. Gortowgh
obma ha golyowgh genef."
39Ev êth dhywortans udn labm
bian, ha codha wàr an dor ha pesy ow
leverel, "A Das, mar kylla possybly
bos, gas an hanaf-ma a vernans dhe
vos dhyworthyf vy, ha mar ny yll bos
na hen, dha volùnjeth jy re bo gwrës,
ha not ow bolùnjeth vy."
40Ev a drailyas dh'y dhyscyplys, hag
a's cafas oll ow cùsca, hag ev a leverys
dhe Beder, "A ny yllowgh udn pols

golyas dhe'm confortya? 41 Golyowgh
whath ha pesowgh, na wrellowgh
why entra in temptacyon. Parys fèst
yw an spyrys saw an kig yw gwadn."

42 Arta an secùnd treveth ev a
omdednas, ha pesy ow leverel, "A
Das, mar ny yll hebma passya dhy-
worthyf, marnas me a'n êv, dha
volùnjeth re bo gwrës."

43 Ha pàn dheuth ev arta dhedhans,
ev a's cafas ow cùsca, rag poos o aga
lagasow. 44 Hag ev a's gasas arta, ha
mos ha pesy an tressa treveth, ow
leverel an keth lavarow.

45 Nena ev a dheuth dhe'n dys-
cyplys hag ev a leverys dhedhans
"Esowgh why whath in cùsk hag ow
powes? Merowgh, re dheuva an prës
may fo Mab an Den delyvrys inter
dewla pehadoryon. 46 Sevyn in bàn,
deun alebma, rag ogas yma neb a'm
gwerthas."

47 Pàn esa whath ow côwsel, Jûdas,
onen a'n dewdhek, a dheuth dy ha
warbarth ganso bùsh brâs ow ton
cledhydhyow ha fustow. Y re bia
danvenys dhyworth an uhel prontyr-
yon ha tus hen an bobel. 48 Ha'n
traitour a ros dhedhans sin, ow
leverel, "Me a wra abma dhe'n den,
may hallowgh y aswonvos. Sett-
yowgh dalhen ino." 49 Hag ev a
dheuth dhe Jesu ha leverel, "A raby
ker, dhis lowena!" hag abma dhodho.

50 Jesu a leverys dhodho, "A
gothman dâ, prag y whrusta dos?"

Nena y a dheuth in rag ha gorra
aga dewla wàr Jesu ha'y sêsya. 51 Ha
dystowgh onen a gowetha Jesu a
dednas y gledha, ha gweskel servont
an uhel pronter, ha trehy y scovarn
ryb an pedn dhyworto.

52 Nena Jesu a leverys, "Gorr dha
gledha in y woon, rag neb a vewo dre
gledha, dre gledha y fëdh ledhys.
53 Pò esta ow tyby, na alsen pesy ow
Thas heb let dhe danvon dhybm moy
ages dewdhek lyjyon a eleth? 54 I'n
eur-na fatell via collenwys an
scryptour, a lever bos res porres an
dra dhe wharvos indelma?"

55 Nena Jesu a leverys dhe'n bùsh a
dus, "A dheuthowgh dhybm gans
cledhydhyow ha fustow rag ow sêsya,
kepar ha dell vena lader? Yth esen
i'gas mesk ow tesky i'n templa pùb
jorna oll, ha ny wrussowgh ow sêsya.
56 Mès oll an dra-ma re hapnyas may
fe collenwys scrivadhow an
profettys." Nena oll y dhyscyplys a'n
forsâkyas ha fia dhe'n fo.

57 An re-na, neb a sêsyas Jesu, a'n
dros dhe Cayfas, an uhel pronter, hag
y feu cùntellys an scrîbys ha'n dus
hen in y jy. 58 Ha Peder a'n folyas
abell bys in lës chy an uhel pronter.
Ev a entras hag esedha gans an
wethysy, may halla va gweles fatell
wre taclow gorfedna.

59 Hag yth esa an uhel prontyryon
hag oll an consel ow whelas fâls
dùstuny warbydn Jesu, may hallens y
worra dhe'n mernans. 60 Mès ny
gafsons tra vëth, kyn whrug lies huny
desta gowegneth wàr y bydn.

Wàr an dyweth dew dhen a dheuth
in rag 61 ha leverel, "An den-ma a
leverys, 'Me a yll dystrêwy templa
Duw, ha'y vyldya arta in bàn kyns
pedn try dëdh'."

62 Ena an uhel pronter a savas ha
leverel dhe Jesu, "A nyns eus gorthyp
vëth genes? Pëth yw an dùstuny-ma
a wrowns y desta wàr dha bydn?"
63 Saw Jesu a dewys.

An uhel pronter a leverys dhodho,
"Dha gonjorya a wrav re'n Duw a

vêwnans dhe veneges dhyn osta Crist
Mab Duw pò nag osta."
64Jesu a worthebys, "Te re'n
leverys. Mès me a lever dhywgh
hebma: kyns pell why a welvyth Mab
an Den a'y eseth adhyhow dhe'n
Power hag ow tos wàr gloudys an
nev."
65Nena an uhel pronter a sqward-
yas y dhyllas ha leverel, "Yma va ow
cably Duw. Pana othem a'gan beus a
dhùstuny moy? 66Lebmyn why re
glôwas y vlasfemy. Pandra wrewgh
why tyby anodho?"
Y a worthebys, "Ev yw wordhy a
vernans."
67Nena y a wrug trewa in y fâss ha'y
gronkya. Hag yth esa radn anodhans
68orth y frappya hag ow leverel, "Te
Grist, gwra profusy dhyn pyw re
wrug dha weskel!"
69Hag yth esa Peder a'y eseth war
ves i'n lës, ha maghteth a dheuth
dhodho ha leverel, "Te inwedh y feus
gans Jesu a Alyle."
70Mès ev a nahas an dra dhyrag oll
an dus esa i'n tyller-na, hag ev a
leverys, "Ny wòn màn pandr'esta ow
côwsel adro dhodho."
71Ha wosa ev dhe vos in mes dhe'n
portal, mowes aral a'n gwelas hag a
leverys dhe'n re esa gensy, "Y feu an
den-ma in mesk cowetha Jesu a
Nazare."
72Hag arta Peder a wrug y dhenaha
gans ty ha leverel, "Ny aswonaf an
den."
73Pols wosa hedna certan re a
dheuth ha sevel ogas dhe Peder ha
leverel dhodho, "In gwir te yw onen
anodhans. Yma ton dha gows orth
dha dhyskevra."
74Nena Peder a dhalathas tia ha
cùssya ha leverel, "Nyns esof orth y
aswon màn!"
Desempys an culyak a ganas. 75Ha
Peder a remembras geryow Jesu, pàn
leverys, "Kyns ès bos an culyak kenys,
tergweyth y whreth ow naha." Ha
Peder êth in mes ha devera dagrow
wherow.

27 Pàn dheuth an myttyn, oll
uhel prontyryon ha tus hen
an bobel a omgùssulyas warbydn Jesu
may hallens y worra dhe'n mernans.
2Y a wrug y gelmy, y lêdya in kerdh
ha'y dhelyvra dhe Pylat an govern-
our.
3Pàn welas Jûdas, traitour Jesu,
fatell veu va dampnys, ev a repentyas
ha dry arta an deg warn ugans a
arhans dhe'n uhel prontyryon ha'n
dus hen. 4Ev a leverys, "Me re behas
pàn wrug avy traita goos inocent."
Mès y a leverys, "Nyns yw hedna
bern dhyn ny. Gwra avîsya anodho
dha honen."
5Jûdas a dowlas an arhans wàr leur
an templa. Nena ev a voydyas alena,
ha mos ha cregy y honen.
6Mès an uhel prontyryon a
gemeras an bathow ha leverel, "Ny
via lafyl aga gorra i'n arhow sans, rag
mona goos yns." 7Wosa omgùssulya
y a brenas gans an mona gwel an
gweythor pry avell ancladhva estren-
yon. 8Rag hedna an gwel-na yw
henwys, Gwel an Goos bys i'n jëdh
hedhyw. 9Nena y feu collenwys an
pëth a veu campollys gans an profet
Jeremy, pàn leverys, "Hag y a
gemeras an deg darn warn ugans a
arhans, pris an den talvedhys gans
mebyon Israel, 10hag y a's ros rag

gwel an gweythor pry, kepar dell
wrug an Arlùth comondya dhybm."
11Jesu a sevys dhyrag an governour
hag ev a wovydnas orto, "Osta
mytern an Yêdhewon?"
Jesu a worthebys, "Te a'n lever."
12Mès pàn veu va cùhudhys gans an
uhel prontyryon ha'n dus hen, ny
leverys tra vëth. 13Nena Pylat a
leverys dhodho, "A ny ylta clôwes
pygebmys dùstuny a wrowns y wàr
dha bydn?" 14Mès ev ny wrug
gortheby ger vëth oll, ma'n jeva an
governour marth brâs.
15Ûsadow a'n jeva an governour
jorna an degol, dhe relêssya neb
prysner dhe'n bobel, pynag oll a
wrellens dêwys. 16Yth esa i'n termyn-
na prysner drog-gerys neb o gelwys
Barabas. 17Rag hedna, awos y dhe
gùntell, Pylat a wovydnas ortans,
"Pyneyl a vydnowgh why me dhe
dhelyvra dhywgh, Barabas pò Jesu,
yw henwys an Crist?" 18Rag ev a
wodhya Jesu dhe vos drës rag ewn
atty.
19Ha pàn esa Pylat a'y eseth in cort
an vreus, y wreg a dhanvonas ger
dhodho dhe leverel, "Bydner re
wrylly tra vëth dhe'n den inocent-na,
rag me a sùffras lowr hedhyw awos
hunros re'm beu adro dhodho."
20Saw an uhel prontyryon ha'n dus
hen a inias an bobel dhe wovyn, may
fe Barabas relêssys, ha Jesu ledhys.
21An governour a leverys dhedhans
arta, "Pyneyl a'n dhew a vydnowgh
me dhe relêssya dhywgh?"
"Barabas," y a leverys.
22Pylat a leverys dhedhans, "Pan-
dra wrama dhe Jesu, yw gelwys an
Crist?"
Y oll a leverys, "Bedhens ev
crowsys!"
23Nena Pylat a wovydnas, "Praga?
Pana dhrog re wruga gul?"
Mès y a grias dhe voy uhel,
"Bedhens ev crowsys!"
24Pàn welas Pylat na ylly gul tra
vëth a vry, mès lacka whath bos
tervans ow tallath, ev a gemeras dowr
ha golhy y dhewla ino dhyrag an
bobel ow leverel, "Glân oma a woos
an dremas-ma. Merowgh dhe'n dra
agas honen."
25Ha'n bobel a worthebys, "Mar
teu venjons vëth rag y woos, warnan
ny re wrello codha ha wàr oll agan
flehes!"
26Nena ev a relêssyas Barabas
dhedhans, mès Jesu ev a scorjyas ha'y
dhelyvra dhe'n soudoryon dhe vos
crowsys.
27Nena soudoryon an governour a
dhros Jesu bys in caslës an governour
hag oll an ost a gùntellas in y gerhyn.
28Y a dhystryppyas y dhyllas dhy-
worto, ha'y wysca in mantel gogh.
29Ha plethy dreyn a wrussons rag gul
cùrun, ha'y settya wàr y bedn. Y a
worras corsen in y dhorn dyhow ha
mos wàr bedn dewlin dhyragtho ha
gul ges anodho ow leverel, "Hayl
dhis, mytern an Yêdhewon!" 30Y a
wrug trewa warnodho ha kemeres an
gorsen ha'y weskel wàr an pedn
gensy. 31Wosa gul ges anodho y a
gemeras dhyworto an vantel, ha'y
wysca in y dhyllas y honen. Nena y
a'n hùmbroncas in kerdh dh'y
growsya.
32Pàn esens y ow mos in mes, y a
gafas den dhia Cyrene gelwys Sîmon,
hag y a'n constrînas dhe dhon crows
Jesu. 33Ha pàn dheuthons bys in
tyller henwys Golgotha (hèn yw dhe
styrya Tyller Crogen an Pedn), 34y a
offras dhodho dhe eva gwin kemyskys

gans bystel. Mès wosa y dastya, ny
vydnas Jesu y eva. 35Ha pàn wrussons
y growsya, y a radnas y dhyllas
intredhans ow tôwlel predn (may feu
collenwys an dra menegys gans an
profet, 'Y a radnas intredhans ow
dyllas, ha wàr ow gwysk y a dowlas
predn'). 36Nena y a esedhas rag y
wetha. 37Hag y a settyas a-ughto an
lîbel wàr y bydn, "HÈM YW JESU
MYTERN AN YÊDHEWON." 38Nena y
feu crowsys ganso dew lader, an eyl
a'y barth dyhow, ha'y gela a'y barth
cledh. 39An re-na esa ow tremena a
wrug y gably, ow shakya aga fednow
40hag ow leverel, "Te neb a vydna
dystrêwy an templa, ha'y dherevel
arta kyns pedn try dëdh, gwra sawya
dha honen! Mars osta mab Duw,
gwra skydnya dhywar an grows!"

41In kepar maner an uhel
prontyryon, an scrîbys ha'n dus hen
a wrug ges anodho ow leverel, 42"Ev
a allas sawya bêwnans tus erel.
Lebmyn y honen ny yll ev omsawya.
Ev yw mytern Israel. Deuns ev dhe'n
dor lebmyn dhywar an grows, ha ny
a vydn cresy dhodho. 43Yma va ow
trestya in Duw. Re wrello Duw y
sawya i'n tor'-ma, rag ev a leverys y
dhe vos Mab Duw." 44Yth esa an
ladron neb a veu crowsys ganso orth
y vockya inwedh.

45Dhia hanter-dëdh bys teyr eur
dohajëdh y feu tewolgow wàr oll an
norvës. 46Ogas dhe'n tressa eur Jesu
a grias gans lev uhel, "*Ely, Ely, lama
sabacthani*!" hèm yw dhe styrya, "A
Dhuw, a Dhuw, prag y'm gysta vy?"

47Pàn glôwas hedna radn an dus esa
a'ga sav in nes, y a leverys, "Yma
hebma ow cria wàr Elias."

48Dystowgh onen anodhans a
bonyas, ha kemeres spong ha'y
lenwel a aysel ha'y settya orth gwelen
ha'y ry dhodho dhe eva. 49Saw an re
erel a leverys, "Gorta pols! Aspiowgh
lebmyn bysy, mara teu Elias dh'y
dhelyvra."

50Nena Jesu a armas arta gans lev
uhel, ha dascor y enef.

51I'n very prës-na veyl an templa a
sqwardyas intra dew dhia an top bys
i'n goles. An dor a grenas ha'n
carrygy a veu felsys. 52An bedhow
inwedh a veu egerys, ha meur a
gorfow an sens esa a'ga groweth a
dhassorhas. 53Wosa y dhasserghyans
y a dheuth in mes a'n bedhow, hag
entra i'n cyta sans hag apperya dhe
lies huny.

54Yth esa centùry gans y soudoryon
ow qwetha Jesu. Pàn wrussons gweles
an dorgis hag oll an taclow a hapnyas,
y fowns y diegrys ha leverel, "In
gwiryoneth Mab Duw o an den-ma."

55Yth esa ena lies benyn i'n tyller-
na hag y ow meras orth Jesu abell. Y
a sewyas Jesu dhia Alyle rag y servya.
56I'ga mesk yth esa Maria Maudlen,
Maria mabm Jamys ha Josef, ha
mabm mebyon Zebedy.

57Ha pàn dheuth an gordhuwher,
den rych dhyworth Baramathia
henwys Josef (onen a dhyscyplys
Jesu) 58êth dhe Pylat ha govyn corf
Jesu orto. Pylat a ordnas may fe va rës
dhodho. 59Josef a gemeras an corf
ha'y vailya in sendal glân 60ha'y settya
in y vedh nowyth, o trehys mes a'n
garrek. Nena ev a rolyas men uthyk
brâs adreus toll an bedh ha dyberth.
61Yth esa ena Maria Maudlen ha'n
Varia aral a'ga eseth adâl an bedh.

62Ha ternos, an jëdh wosa prepara-
cyon an sabot, an uhel prontyryon
ha'n Farysys a dheuth warbarth
dhyrag Pylat 63ha leverel, "Arlùth,

yth eson ny ow remembra fatell
leverys an faitour-na hag ev whath yn
few, 'Wosa try dëdh me a wra
dasserhy.' 64Rag hedna comond may
fo an bedh diogelys bys i'n tressa
dëdh. Poken martesen y dhyscyplys
a alsa mos ha'y ladra ha'y dhon in
kerdh, ha derivas dhe'n bobel ev dhe
vos dasserhys a'n re marow. Indelma
lacka via an dysseytyans dewetha ès
an kensa dysseytyans."

65Pylat a leverys dhedhans,
"Kemerowgh soudoryon avell
gwethysy genowgh, ha gwrewgh
fastya an bedh gwella gallowgh."
66Rag hedna y êth dy gans an
wethysy, ha selya an men rag fastya
an bedh.

28 Wosa an sabot ha kensa
dëdh an seythen ow tardha,
Maria Maudlen ha'n Varia aral êth
dhe veras orth an bedh.

2Saw dhesempys y feu dorgis brâs,
rag el an Arlùth a skydnyas mes a'n
nev ha dos dhe rolya an men wàr
dhelergh hag esedha warnodho.
3Kepar ha luhes o y semlant ha'y
dhyllas o maga whydn avell an ergh.
4Ha'n wethysy, pàn wrussons meras
orto, y a grenas rag ewn own, hag y
fowns y kepar ha tus varow.

5Saw an el a gowsas orth an
benenes ha leverel, "Na berthowgh
own! Me a wor a whelowgh why,
Jesu neb a veu crowsys. 6Obma nyns
usy ev màn. Dasserhys yw, poran
kepar dell leverys ev. Dewgh ha
gwelowgh an le mayth esa va a'y
wroweth. 7Nena kewgh heb let dhe
dherivas orth y dhyscyplys, fatell ywa
dasserhys a'n re marow. Ea, yma va
ow mos dhyragowgh bys in Galyle.
Ena why a'n gwelvyth. Hèm yw ow
messach ragowgh."

8Rag hedna y a asas an bedh yn
uskys gans own ha gans lowena vrâs,
ha ponya rag derivas an mater dh'y
dhyscyplys. 9Ha dhesempys y a
vetyas orth Jesu hag ev a leverys
dhedhans, "Lowena dhywgh why!"
Hag y a dheuth nes dhodho, sensy y
dreys ha codha wàr bedn dewlin
dhyragtho. 10Nena Jesu a leverys
dhedhans, "Na berthowgh own!
Kewgh ha leverowgh dhe'm breder
dhe dravalya dhe Alyle. Ena y a'm
gwelvyth."

11Pàn esens y wàr aga fordh, re a'n
wethysy êth dhe'n cyta, ha derivas
dhe'n uhel prontyryon pùptra oll a
wharva. 12Wosa an uhel prontyryon
dhe omgùssulya warbarth gans an
dus hen, y a erviras ry sùm lowr a
vona dhe'n soudoryon 13ha comond-
ya dhedhans, "Leverowgh, 'Y dhys-
cyplys a dheuth i'n nos ha don an
corf in kerdh ha ny in cùsk.' 14Mar
teu an mater-ma dhe scovornow an
governour, ny a vydn gul dhodho
cresy dhyn, ha'gas gwetha why rag
trobel." 15Rag hedna an soudoryon a
gemeras an mona ha gul kepar dell
veu comondys dhedhans. Hag yma
an whedhel-ma plontys whath in
mesk an Yêdhewon bys i'n jëdh
hedhyw.

16An udnyk dyscypyl êth dhe Alyle,
dhe'n meneth ordnys dhedhans gans
Jesu. 17Ha pàn wrussons y weles, y a
godhas wàr bedn dewlin dhyragtho.
Saw radn anodhans a dhowtyas.
18Saw Jesu a dheuth nes dhedhans
hag a leverys, "Pùb auctoryta i'n nev
ha wàr an nor re beu rës dhybm.
19Ewgh ytho ha descowgh oll an
nacyons, orth aga besydhya in hanow

an Tas, ha'n Mab ha'n Spyrys Sans.
20 Gwrewgh aga desky dhe wetha
pùptra a wrug avy comondya
dhywgh. Merowgh, otta vy genowgh
pùb eur oll bys gorfen an bës."

An Awayl warlergh Mark

1 Dallath awayl Jesu Crist Mab
Duw. 2Kepar dell yw screfys i'n
profet Esay,

"Ot, yth esof ow tanvon ow
messejer arag dha fâss,
hag ev a vydn darbary dha fordh
dhyragos;
3lev onen ow cria i'n gwylfos:
'Darbarowgh fordh an Arlùth,
gwrewgh compes y hensy.'"

4Yth esa Jowan ow pesydhya i'n
gwylfos hag ow progeth an besydh-
yans a edrek rag remyssyon a
behosow. 5Hag yth êth in mes
dhodho oll pow Jûdy hag oll tus
Jerùsalem. Y fowns besydhys ganso in
dowr Jordan, ow meneges aga
fehosow. 6Ha gwyskys o Jowan in
blew cawrvargh ha grugys a grohen
adro dhodho. Locùstys ha mel gwyls
o y sosten. 7Progeth a wre ow leverel,
"Yma ow tos wàr ow lergh onen yw
moy galosek agesof vy, nag oma
wordhy dhe blegya ha dygelmy
cronow y eskyjyow ev. 8Me re wrug
agas besydhya in gwir gans dowr; saw
gans an Spyrys Sans ev a wra agas
besydhya."
9Hag y wharva i'n dedhyow-na
Jesu dhe dhos a Nazare in Galyle,
may halla va bos besydhys gans
Jowan i'n Jordan. 10Ha dhesempys,
pàn esa va ow tos in bàn mes a'n
dowr, ev a welas an nev egerys ha'n
Spyrys kepar ha colom ow skydnya
warnodho. 11Hag y teuth lev mes a'n
nev ow leverel, "Te yw ow mab kerys
usy ow joy ino."
12Heb let an Spyrys a'n helghyas
bys i'n gwylfos. 13Hag yth esa ena i'n
gwylfos temptys gans Satnas dew
ugans jorna. Yth esa gans an bestas
gwyls ha'n eleth a wrug menystra
dhodho.
14Ha wosa Jowan dhe vos prysonys,
Jesu a dheuth dhe Alyle, ow progeth
an awayl a wlascor Duw 15hag ow
leverel, "Collenwys yw an termyn;
ogas yw gwlascor Duw. Repent-
yowgh ha cresowgh i'n awayl."
16Pàn esa Jesu ow kerdhes ryb mor
Galyle, ev a welas Sîmon hag Androw
y vroder ow tôwlel roos i'n mor, rag
pùscadoryon êns y. 17Jesu a leverys
dhedhans, "Sewyowgh vy, ha me a
vydn gul ahanowgh pùscadoryon a
dus." 18Ha dystowgh y asas aga rosow
ha'y sewya ev.
19Ha pàn o va gyllys pols alena, ev
a welas Jamys mab Zebedy, ha Jowan
y vroder. Yth esens i'ga scath owth
êwna aga rosow. 20Heb let Jesu a's
gelwys, hag y a forsâkyas aga sîra
Zebedy i'n scath gans an wesyon
gober, ha dos wàr y lergh.
21Y êth bys in Capernaùm, ha pàn
dheuth jorna an sabot, Jesu a entras
i'n synaga ha desky. 22Ha marth o
dhedhans a'y dhyscas, rag yth esa va
ow tesky kepar hag onen a'n jeva
auctoryta. Nyns o va kepar ha'n
scrîbys. 23I'n termyn-na yth esa i'ga
synaga den hag a'n jeva tebel-spyrys.
24Ev a grias, "Pandra vynta jy gul
genen ny, te Jesu a Nazare? Osta
devedhys rag agan dystrêwy? Me a'th
aswon pyw osta, an Den Sans a
Dhuw!"
25Saw Jesu a'n rebûkyas ha leverel,
"Taw dhybmo ha deus mes anodho!"

26Wosa an tebel-spyrys dh'y shakya
hag uja gans lev uhel, ev a dheuth
mes anodho.
27An bobel a's teva marth yn kettep
pedn, hag yth esens ow covyn an eyl
orth y gela, "Pandr'yw hebma? Pana
dhyscas nowyth yw hebma? Rag gans
auctoryta yma va ow comondya dhe'n
debel-spyrysyon kyn fe, hag ymowns
y owth obeya dhodho." 28Ha heb let
an nowodhow anodho êth in mes der
oll an pow adro dhe Alyle.
29Whare wosa y dhe dhos mes a'n
synaga, y a entras in chy Sîmon hag
Androw, gans Jamys ha Jowan. 30Yth
esa dama dhâ Sîmon grêvys der an
fevyr ha hy i'n gwely. Dystowgh y a
dherivas dhodho adro dhedhy. 31Jesu
a dheuth ha'y hemeres er an dorn
ha'y derevel in bàn. Gans hedna an
fevyr a's forsâkyas ha hy a dhalathas
menystra dhedhans.
32Dyworenos, pàn o sedhys an
howl, y a dhros dhodho oll an glev-
yon, ha'n re-na o kemerys gans
dewolow. 33Yth o oll an cyta cùntell-
ys orth an daras. 34Jesu a sawyas lies
huny o clâv a glevejow a bùb, sort ha
tôwlel in mes lies tebel-spyrys. Ny
wre va godhaf an tebel-spyrysyon dhe
gôwsel, drefen y dhe aswon pyw o va.
35Ternos vyttyn, pàn o va stella
tewl, ev a savas in bàn hag omdedna
bys in tyller dianeth, may halla va ena
pesy. 36Saw Sîmon ha'y gowetha a
dheuth wàr y lergh. 37Pàn wrussons y
gafos, y a leverys dhodho, "Yma pùb
huny orth dha whelas."
38Ev a worthebys, "Deun ny bys i'n
trevow nessa, may hallen progeth an
nowodhow dâ ena kefrës. Rag dhe
wul indella yth oma devedhys."
39Hag ev êth der oll Galyle ow
progeth i'ga synagys hag ow tôwlel in
mes drog-spyrysyon.
40Nena y teuth dhodho leper ha'y
besy wàr bedn dewlin, "Mar mynta,
te a yll ow glanhe."
41Jesu a gemeras trueth anodho ha
dry in mes y dhorn, y dùchya ha
leverel, "Manaf. Bëdh glân!" 42Dys-
towgh an cleves a'n gasas hag y feu
glân.
43Jesu a'n inias yn freth ha'y
dhanvon in kerdh dyson, 44ha leverel,
"Gwait na wrylly leverel ger a'n
mater dhe dhen vëth. Kê ha dysqwa
dha honen dhe'n pronter hag offryn
an pëth a wrug Moyses comondya yn
dùstuny dhedhans." 45Saw ev êth in
mes ha dallath derivas an dra adro,
ma na ylly Jesu entra in opyn in cyta
vëth na fella—saw yth esa va ow
cortos i'n tyleryow pell dhyworth tus.
Bytegyns yth esa an bobel ow tos in
mes dhodho dhia bùb parth oll.

2 Arta ev a entras in Capernaùm
wosa nebes dedhyow, hag y feu
derivys y vos in tre. 2Hag yn scon
kebmys tus a gùntellas, ma nag esa le
dh'aga sensy, naneyl nyns esa tyller
lowr ragthans adro dhe'n daras kyn
fe, hag ev ow progeth an ger dhe-
dhans. 3Nena tus a dheuth dhodho ha
paljy gansans degys gans peswar a'ga
nùmber. 4Abàn na yllens dos nes dhe
Jesu awos an rûth, y a dhyscudhas an
to a-ugh y bedn. Wosa y dhe derry
dredho, y a wrug iselhe dhe'n dor an
grava ha'n paljy a'y wroweth
warnodho. 5Pàn welas aga crejyans,
Jesu a leverys dhe'n paljy, "Mab, dha
behosow yw gyvys dhis."
6Saw yth esa radn a'n scrîbys a'ga
eseth i'n tyller-na hag yth esens ow
tyspûtya i'ga holon, 7"Prag yma

hebma ow côwsel i'n vaner ma?
Cabel Duw ywa! Pyw a yll gava
pehosow saw unsel Duw?"
8Desempys Jesu a aswonas in y
spyrys aga bos ow tyspûtya an taclow-
ma intredhans, hag ev a leverys
dhedhans, "Prag yth esowgh why ow
resna i'gas colon adro dhe'n maters-
ma? 9Pyneyl ywa êsya dhe leverel
dhe'n paljy, 'Pardonys yw dha
behosow dhis,' pò dhe leverel,
'Sa'bàn, kebmer dha wely ha kê wàr
dha fordh'? 10May hallowgh why
godhvos bos auctoryta dhe Vab an
Den wàr an norvës dhe bardona
pehosow...." Ev a leverys dhe'n paljy,
11"Me a lever dhis: sa'bàn, kebmer
dha wely ha kê tre." 12Heb let ev a
savas in bàn, kemeres y wely ha mos
in mes dhyragthans oll, may feu
amays kenyver onen anodhans. Y a
wrug praisya Duw ha leverel,
"Bythqweth ny wrussyn ny gweles tra
vëth a'n par-ma!"
13Jesu êth in mes arta ha kerdhes
ryb an mor. Oll an rûth a dheuth
dhodho, hag yth esa orth aga desky.
14Pàn esa Jesu ow passya wàr y fordh,
ev a welas Levy mab Alfeùs a'y eseth
orth an dollva, ha Jesu a leverys
dhodho, "Gwra ow sewya vy." Hag
ev a savas in bàn ha'y sewya.
15Y wharva pàn esa Jesu a'y eseth
orth an bord in chy Levy, meur a
doloryon hag a behadoryon dhe vos
a'ga eseth warbarth ganso ha'y dhys-
cyplys—rag brâs o nùmber an re-na
esa ow sewya Jesu. 16Pàn welas an
scrîbys ha'n Farysys fatell wre va
debry gans toloryon ha pehadoryon,
y a leverys dh'y dhyscyplys, "Prag
yma va ow tebry hag owth eva gans
toloryon ha pehadoryon?"
17Pàn glôwas Jesu hedna, ev a
leverys dhedhans, "An re-na hag yw
yagh ny's teves othem vëth a vedhek,
mes an glevyon. Nyns oma devedhys
rag gelwel an dus wiryon, mès an
behadoryon dhe edrek."
18Yth esa dyscyplys Jowan ha'n
Farysys ow penys. Tus a dheuth dhe
Jesu ha leverel dhodho, "Prag yma
dyscyplys Jowan ha'n Farysys ow cul
penys, saw dha dhyscyplys jy, ny
wrowns y penys màn?"
19Jesu a leverys dhedhans, "A yll
kyffewy an prias gul penys, hadre vo
an prias gansans? Hadre vo an prias
i'ga mesk, ny wodhons y gul penys
vëth. 20Yma an dedhyow ow tos may
fëdh an prias kemerys dhywortans, ha
nena y a wra penys i'n dedhyow-na.
21"Naneyl ny wra den vëth gwrias
darn a badn nowyth wàr wysk coth.
Poken an darn nowyth a vydn tedna
dhyworth an gweth goth ha lacka
vëdh an sqward. 22Naneyl nyns usy
den vëth ow corra gwin nowyth in
crehyn coth. Poken an gwin nowyth
a vydn sqwattya an crehyn, ha'n gwin
a vëdh scùllys ha'n crehyn dyswrës.
Nâ, res yw gorra gwin nowyth in
crehyn nowyth."
23Hag y wharva ev dhe vos ow
kerdhes der an ÿsegow jorna an
sabot. Y dhyscyplys wàr aga fordh a
dhalathas terry an pednow ÿs. 24An
Farysys a leverys dhodho, "Mir, prag
ymowns y ow cul an pëth nag yw lafyl
jorna an sabot?"
25Jesu a worthebys dhedhans, "A
ny wrussowgh redya bythqweth an
pëth a wrug Davyth, pàn o va gwag
hag ewl boos dhodho, ev ha'y
gowetha kefrës? 26Davyth a entras in
chy Duw in dedhyow Abiathar, an
uhel pronter, ha debry Bara an

Presens, nag o lafyl rag den vëth y dhebry marnas rag an brontyryon only. Ha Davyth a ros radn anodho dh'y gompany."

27Nena Jesu a leverys dhedhans, "An sabot a veu gwrës rag les mab den. Ny veu mab den formys rag kerensa jorna an sabot. 28Rag hedna Mab an Den yw Arlùth a'n sabot kefrës."

3

Ev a entras arta i'n synaga, hag yth esa den ena hag o gwedhrys y leuv. 2Y a aspias glew orto, mar mydna y sawya dëdh sabot, may hallens y acûsya. 3Hag ev a leverys dhe'n den o gwedhrys y leuv, "Deus nes."

4Nena ev a leverys dhe'n re erel, "Pyneyl ywa lafyl gul dâ jorna an sabot, poken gul drog? Sawya bêwnans pò ladha?" Saw y a dewys.

5Ha wosa ev dhe veras warnodhans gans sorr, hag ev grêvys awos caletter aga holon, ev a leverys dhe'n den, "Doroy in mes dha leuv." Ev a's dros in mes ha'y leuv a veu mar yagh avell hy ben. 6An Farysys êth in mes, ha dyson y a omgùssulyas gans an Erodyans wàr y bydn, fatell yllens y dhystrêwy.

7Jesu a omdednas gans y dhyscyplys tro ha'n mor, ha rûth vrâs dhyworth Galyle a'n sewyas. 8Pàn glôwsons an taclow brâs a veu gwrës ganso, meur a dus a dheuth dhodho dhia Jûdy, Jerùsalem, Idùmea, an pow dres dowr Jordan ha dhia gôstys Tir ha Sîdon. 9Ev a leverys dh'y dhyscyplys ytho, may fe scath vian orth y wortos awos an rûth, ma na wrellens y wasca; 10rag lies onen re bia sawys ganso, may whre gwasca warnodho kenyver onen a'n jeva cleves rag y dava. 11Tebel-spyrysyon, pàn wrêns y weles, a blegyas dhe'n dor dhyragtho ha garma ow leverel, "Te yw Mab Duw." 12Saw ev a erhys dhedhans na wrussens y dheclarya alês.

13Jesu êth in bàn i'n menydhyow ha gelwel warbarth an dus a vydnas, hag y a dheuth dhodho. 14Ev a wrug ordna dewdhek, may fêns ganso, may halla aga danvon in kerdh rag progeth, 15may hallens cafos gallos dhe sawya clevyon a bùb sort, ha may whrellens tôwlel in mes tebel-spyrysyon: 16Sîmon (a ros ev an hanow Peder dhodho), 17Jamys mab Zebedy, ha Jowan broder Jamys (ev a's henwys Boanerges, hèn yw dhe styrya Mebyon Taran), 18hag Androw, ha Felyp, ha Bertyl, ha Mathew, ha Tobmas, ha Jamys mab Alfeùs, ha Thadeùs, ha Sîmon Zelotes, 19ha Jûdas Scaryot, ev neb a wrug inwedh y draita.

Ena y êth tre 20hag yth esa an rûth ow cùntell, arta ma na yllens kebmys ha debry. 21Ha pàn glôwas y gerens hedna, y êth in mes rag y sêsya, drefen y dhe leverel, "Yma va mes a'y rewl."

22Ha'n scrîbys, neb a dheuth wàr nans dhia Jerùsalem a levery, "Yma ganso Belsebùk ha dre bryns an dhewolow yma va ow tôwlel in mes tebel-spyrysyon."

23Jesu a's gelwys dhodho ha côwsel ortans dre barabyl, "Fatell yll Satnas tôwlel mes Satnas? 24Mar pëdh gwlascor rydnys wàr hy fydn hy honen, ny yll sevel an wlascor-na. 25Ha mar pëdh chy rydnys wàr y bydn y honen, ny ylla sevel. 26Ha Satnas, mars ywa sevys in bàn wàr y bydn y honen, mars ywa rydnys, ny

wor ev sevel màn. Re dheuva y
dhyweth. 27Ny yll den vëth entra in
chy den crev ha pylla y bëth, marnas
ev a wra kensa kelmy an den crev.
Nena ev a wra pylla y jy. 28In gwir me
a lever dhywgh: oll aga fehosow a
vëdh gyvys dhe vebyon tus, ha
kenyver cabel Duw a wrellens ùttra.
29Saw neb a wrella cably an Spyrys
Sans, ny'n jevyth ev gyvyans rag
nefra. Yma va in peryl a begh nefra a
bës."

30Hèm o drefen y dhe leverel,
"Yma tebel-spyrys ino."

31Nena y teuth y vreder ha'y vabm.
Yth esens ow sevel wàr res hag a
dhanvonas ger dhodho orth y elwel.
32Ha'n rûth o esedhys adro dhodho
hag y a leverys, "Otta dha vabm ha'th
vreder a'ga sav avês hag ymowns y
orth dha whelas."

33Hag ev a's gorthebys ha leverel,
"Pyw yw ow mabm, ha'm breder?"

34Ev a veras adro orth an re-na esa
a'ga eseth ader dro hag ev a leverys,
"Ot obma ow mabm ha'm breder!
35Seul a wrella bodh Duw, an keth yw
ow broder, ha'm whor, ha'm mabm."

4 Ev a dhalathas desky arta ryb an
mor, hag yth o cùntellys adro
dhodho rûth mar vrâs may whrug ev
entra in gorhal hag esedha ena. Hag
yth esa oll an rûth wàr an tir ryb an
mor. 2Hag ev a dheskys meur a
daclow dre barabyl dhedhans ha
leverel in y dhyscas, 3"Goslowowgh!
Yth êth in mes gonador rag gonys
has. 4Hag y wharva, pàn esa va ow
conys, radn a'n greun a godhas ryb an
fordh, hag y teuth an ÿdhyn ha'y
lenky. 5Ha radn a godhas wàr dir
meynek, le nag esa meur a dhor. Heb
let an has a egynas, drefen nag esa
dhodho downder dor. 6Saw pàn savas
an howl, y feu scaldys, ha drefen na'n
jeva gwredhyow, an has a dhesehas.
7Ha radn a godhas in mesk dreyn,
ha'n dreyn a devys ha'y daga, ha ny
dhug hy frût vëth. 8Ha radn aral a
godhas in dor dâ, hag a wrug don frût
esa ow tevy hag ow cressya—radn a
dhug degplek warn ugans, radn try
ugansplek ha radn aral whath
cansplek."

9Ha Jesu a leverys, "Seul a'n jeffa
scovornow rag clôwes, gwrêns ev
clôwes!"

10Ha pàn esens aga honen, an re-na
esa in y gerhyn gans an dewdhek a
wovydnas orto adro dhe'n parabyl,
11hag ev a leverys, "Grauntys yw
dhywgh why godhvos mystery a
wlascor Duw, saw dhe'n re-na usy
war ves, y fëdh gwrës pùptra dre
barablys,

12"'May whrellens gweles heb
aswonvos
ha clôwes heb convedhes,
rag own y dhe drailya, ha'ga fehos-
ow dhe vos gyvys dhedhans.'"

13Leverel a wrug ev dhedhans, "A
ny wodhowgh why an parabyl-ma?
Fatell ytho a vydnowgh why con-
vedhes kenyver parabyl? 14Yma an
gonador ow conys an ger. 15Hag
awotta an re-na usy ryb an fordh, le
may ma hesys an ger. Wosa y dh'y
glôwes, Satnas a dheu heb let ha
kemeres dhe ves an ger re bia hesys
i'ga holon. 16Hag awotta an re kefrës
yw hesys in dor meynek. Whare wosa
y dhe glôwes an ger, y a'n degebmer
gans lowena. 17Ny's teves gwredhyow
down, hag indella ny wrowns pêsya
mès pols bian. Nena pàn dheffa

anken ha tormens awos an ger, y a
wra codha adenewen heb let. 18 Hag
otta an re-na yw hesys in mesk dreyn,
neb a glôw an ger, 19 hag yma
prederow an bës-ma ha tenvos a
rychys ha whans a bosessyon ow tos
ajy hag ow taga an ger, hag ymowns
y ow fyllel dhe dhon frût vëth. 20 Otta
an re-na yw hesys in dor dâ. Y yw an
re-na a glôw an ger hag a'n degeb-
mer, hag a dheg frût, radn degblek
warn ugans, radn try ugansplek ha
radn cansplek."

21 Dhedhans ev a leverys, "Yw drës
lùgarn i'n chy may hyller y worra in
dan vùshel pò in dan wely? A nyns
ywa settys wàr an coltrebyn? 22 Rag
nyns eus tra vëth cudh-na vëdh
dysqwedhys, ha ny veu gwethys tra
vëth in dadn gel na wrella dos bys i'n
golow. 23 Mara'n jeves den scovornow
rag clôwes, gwrêns ev clôwes!"

24 Hag ev a leverys dhedhans,
"Bedhowgh war a'n pëth a glôw-
owgh. Gans an musur a wrellowgh
musura, y fëdh musurys dhywgh why,
hag yn certan moy a vëdh rës
dhywgh. 25 Rag neb a bewfo, dhodho
ev y fëdh rës, ha neb na bewfo, y fëdh
kemerys dhyworto an pëth a bew kyn
fe."

26 Ena ev a leverys, "Yth yw
gwlascor Duw kepar ha den ow conys
has i'n dor; 27 yma va ow cùsca hag ow
sevel, nos ha dëdh, hag yma an has
owth egyna hag ow tevy, ny wor ev
pàn vaner. 28 Rag an dor a dheg trevas
anodho y honen, an welsen
wostalleth, ena an pedn ÿs ha wosa
hedna an ÿs leun i'n pedn. 29 Saw pàn
vo athves an drevas, dhesempys ev a
wra gorra an crobman inhy, awos bos
devedhys an kynyaf."

30 Jesu a leverys inwedh, "Dhe
bandr'a wren ny hevelly gwlascor
Duw? Dre bana parabyl a yllyn hy
styrya?" 31 Yth yw hy kepar ha
greunen a has kedhow, ha pàn vo hy
gorrys i'n dor, biadnha yw hy ages oll
an has usy in dor. 32 Saw wosa hy bos
hesys, hy a dev in bàn, hag yw brâssa
ages oll an losow hag a dheg
scorednow brâs, may halla ÿdhyn
trega in dadn hy goskes."

33 Dre lies parabyl a'n par-na ev a
dherivas an ger dhedhans warlergh
aga gallos a'y gonvedhes. 34 Heb
parablys ny gowsas ortans, saw pàn
esens aga honen oll, ev a styryas
kenyver tra dh'y dhyscyplys.

35 Ha'n keth dëdh, ha'n gordhu-
wher devedhys, ev a leverys dhe-
dhans, "Gesowgh ny dhe vos dhe'n
tenewen aral." 36 Ha wosa y dhe
dhanvon an rûth in kerdh, y a'n
kemeras ev, kepar dell esa, i'n gorhal.
Yth esa inwedh gorholyon bian erel
ganso. 37 Nena hager-awel vrâs a
dherevys. Yth esa an todnow ow
tôwlel aga honen warbydn an gorhal,
mayth esens prèst orth y lenwel gans
dowr. 38 Yth esa Jesu i'n delergh hag
ev in cùsk wàr bluvak. Y a'n dyfunas
ha leverel dhodho, "Mêster, a ny'th
teur màn ny dhe vos dhe goll?"

39 Ev a savas ha rebûkya an gwyns
ha leverel dhe'n mor, "Gas cres ha
bëdh cosel!" An gwyns a cessyas hag
y feu calmynsy brâs.

40 Ev a leverys dhedhans, "Prag yth
esowgh why ow kemeres own? Fatell
yw nag eus dhywgh fëdh?"

41 Saw own brâs a's sêsyas, hag y a
leverys an eyl dh'y gela, "Py par den
yw hebma, pàn usy an gwyns ha'n
mor owth obeya dhodho?"

5 Y a dheuth dhe du aral an mor,
in pow an Gadarenas. 2Ha
kettel wrug ev skydnya mes a'n
gorhal, den hag a'n jeva tebel-spyrys
a dheuth wàr y bydn mes a'n bedhow.
3Yth esa an den-na tregys in mesk an
bedhow, ha ny ylly den vëth unweyth
y gelmy gans chainys. 4Yn fenowgh
ev re bia kelmys gans carharow ha
chainys, saw ev a derry an carharow
inter dew ha sqwattya an chainys dhe
dybmyn; ha nyns o den vëth crev
lowr rag y dempra. 5Nos ha dëdh yth
esa va i'n bedhow ha i'n menydhyow
ow carma hag ow prêwy y honen dre
veyn.

6Saw pàn welas ev Jesu polta
dhyworto, ev a bonyas ha'y wordhya.
7Ev a grias gans lev uhel ow leverel,
"Pandra wrama genes dhejy, Jesu, te
Vab a'n Duw Uhella? Me a'th pës rag
kerensa Duw na wrylly ow thor-
mentya." 8Rag Jesu a leverys dhodho,
"Deus in mes a'n den, te debel-
spyrys."

9Nena Jesu a wovydnas orto, "Pëth
yw dha hanow?"

Ev a worthebys ha leverel, "Ow
hanow yw Lyjyon, rag ny yw lies
huny." 10Hag ev a'n pesys yn fen na
wrella aga danvon in kerdh mes a'n
pow.

11Yth esa i'n tyller-na ogas dhe'n
menydhyow gre vrâs a vogh ow pory.
12Hag oll an dhewolow a'n pesys ha
leverel, "Gwra agan danvon ny bys
i'n mogh, may hallen entra inhans."
13Jesu a ros dhedhans cubmyas, ha'n
debel-spyrysyon êth in mes hag entra
i'n mogh, ha'n gre (neb dyw vil
anodhans) a bonyas gwyls an lêder
serth wàr nans bys i'n mor, hag y
fowns budhys i'n dowr.

14Bugeleth an mogh a fias dhe'n fo,
ha derivas an dra i'n dre hag i'n pow
adro. An dus a dheuth in mes rag
gweles an pëth o wharvedhys. 15Y a
dheuth dhe Jesu, ha gweles an sagh
dyowl mayth esa an lyjyon ino a'y
eseth, dyllas adro dhodho hag ev in y
skians ewn, hag own a's teva. 16Ha'n
re-na neb a'n gwelas, a dherivas
ortans pëth a wharva dhe'n sagh
dyowl hag adro dhe'n mogh inwedh.
17Nena y a dhalathas y besy may
whrella voydya mes a'ga thireth.

18Ha pàn o Jesu devedhys i'n
gorhal, an den re bia an tebel-spyrys
ino, a'n pesys dhe ry dhodho
cubmyas a'y sewya. 19Saw Jesu a'n
sconyas ha leverel dodho, "Kê dhe
dre dhe'th kerens ha derif dhedhans
pygebmys re wrug an Arlùth ragos,
hag ev dhe gemeres trueth ahanas."
20Ha'n den a dhybarthas ha dallath
derivas in Decapolys pyseul a wrug
Jesu ragtho. Hag amays veu pùb
huny orth y glôwes.

21Pàn veu Jesu tremenys arta i'n
gorhal bys i'n tu aral, meur a dus a
gùntellas in y ogas, hag yth esa ev ryb
an mor. 22Ha mir, onen a rewlysy an
synaga, Jayrùs y hanow, a dheuth, ha
pàn welas ev Jesu, ev a godhas orth y
dreys, 23ha'y besy in fen, ow leverel,
"Yma ow myrgh vian ow crowedha in
newores. Me a'th pës a dhos ha settya
dha dhewla warnedhy, may fo hy
sawys ha bewa." 24Jesu êth ganso.

Ha meur a dus a'n sewyas ha'y
wasca. 25Hag yth esa benyn, hag a veu
clâv gans issyw a woos nans o
dewdhek bledhen. 26Hy a wodhevys
lowr gans lies medhek, ha spêna oll
hy fëth heb cafos gweres vëth. Dhe'n
contrary hy o dhe lacka. 27Pàn wrug
hy clôwes a Jesu, hy a dheuth adrëv

dhodho i'n rûth ha tùchya y bows.
28 Rag hy a leverys dhedhy hy honen,
"A callen unweyth y dùchya, kyn na
ve mès y dhyllas, me a vëdh saw."
29 Hag adhesempys fenten hy goos a
veu desehys, ha godhvos a wrug hy in
hy horf hy bos sawys a'y dysês.

30 Ha Jesu, ow codhvos strait ino y
honen an gallos dhe vos gyllys mes
anodho, a drailyas i'n wask ha leverel,
"Pyw a davas ow dyllas?"

31 Y dhyscyplys a leverys dhodho,
"Yth esta ow qweles an rûth orth dha
wasca, hag a vynta govyn, 'Pyw a
wrug ow thùchya?'"

32 Hag ev a veras a bùb tu dhodho
rag gweles pyw a wrug an dra-ma.
33 Saw an venyn, pàn wrug hy con-
vedhes an pëth re bia gwrës dhedhy,
ha hy ow trembla rag ewn own, a
dheuth ha codha dhe'n dor dhyrag-
tho, ha derivas dhodho oll an gwir-
yoneth. 34 Ha Jesu a leverys dedhy,
"Myrgh, dha fëdh re'th sawyas. Kê in
cres ha bëdh saw a'th tysês."

35 Hadre veu va whath ow côwsel,
tus a dheuth mes a jy rewler an
synaga ha leverel, "Dha vyrgh yw
marow. Na wra ancombra an
Descador na fella."

36 Jesu, kettel glôwas an geryow-
ma, y leverys dhe rewler an synaga,
"Na borth awher, mès crës."

37 Ha ny wrug ev alowa dhe dhen
vëth y sewya, saw unsel Peder, Jamys
ha Jowan broder Jamys. 38 Y a dheuth
dhe jy an rewler, ha gweles an deray
ha tus owth ola hag ow kyny yn frâs.
39 Pàn entras Jesu i'n chy, ev a leverys
dhedhans, "Prag yth esowgh why ow
cul tros hag olva? Marow nyns yw an
vowes màn—in cùsk yma hy." 40 Hag
y a'n scornyas gans wharth.
Saw wosa ev dh'aga gorra in mes
yn kettep pedn, ev a gemeras tas ha
mabm an vowes, ha'n re-na esa
ganso, hag entra i'n rom mayth esa an
vowes a'y groweth. 41 Ena ev a
gemeras an vowes er an eyl dorn ha
leverel dhedhy, "*Talitha cùmi*!" Hèn
yw dhe styrya, "A vowes, sa'bàn!"
42 Ha'n vowes a savas in bàn heb let
ha kerdhes, rag dewdhek bloodh o
hy. Ha diegrys vowns hag amays.
43 Saw ev a erhys dhedhans na wrella
den vëth godhvos a'n dra, hag ev a's
comondyas dhe ry nebes sosten
dhedhy.

6 Ev a asas an pow-na ha dos bys
in y dre enesyk y honen ha'y
dhyscyplys a'n sewyas. 2 Pàn o
devedhys dëdh an sabot, ev a
dhalathas progeth i'n synaga hag yth
o marth dhe lies huny orth y glôwes.

Y a leverys, "Ple cafas hedna an
furneth-ma? Pana skians yw hebma
re beu rës dhodho? Ass yw barthusek
an oberow gwrës gans y dhewla! 3 A
nyns yw hebma an ser predn, mab
Maria, broder Jamys ha Jose ha Jûda
ha Sîmon? A nyns usy y wheryth
obma genen?" Hag y a veu offendys
in y gever.

4 Jesu a leverys dhedhans, "Ny vëdh
profet heb onour, saw unsel in y bow
y honen, hag in mesk y gerens y
honen, hag in y jy y honen." 5 Ha ny
ylly gul ober galosek vëth oll i'n
tyller-na, marnas settya y dhewla wàr
nebes clevyon ha'ga sawya. 6 Marth
brâs a'n jeva a'ga dyscrejyans.

Yth esa va ow mos adro i'n trevow
ow tesky. 7 Ev a elwys dhodho an
dewdhek ha dallath aga danvon in
mes, dew ha dew; hag ev a ros dhe-
dhans gallos wàr debel-spyrysyon.

8Ev a's dyfednas na wrellens
kemeres tra vëth rag an fordh saw
lorgh—naneyl bara, na sagh, na
mona i'ga fors. 9Ev a gomondyas
dhedhans gorra sandalys adro dh'aga
threys, ha sevel orth gwysca dyw
bows. 10Ev a leverys, "Pyle pynag y
whrellowgh why entra in chy, ena
tregowgh bys pàn wrellowgh dyberth
alena." 11Mar qwra tus in neb tyller
agas sconya heb goslowes orthowgh,
pàn wrellowgh why mos alena,
shakyowgh an doust dhyworth agas
treys yn dùstuny wàr aga fydn."

12Gans hedna an dyscyplys êth in
mes, ha progeth y resa dhe bùbonen
repentya. 13Y a dowlas in mes lies
tebel-spyrys, hag ùntya lies onen o
clâv, ha'ga sawya.

14Mytern Erod an a glôwas adro
dhe Jesu, rag y hanow o aswonys i'n
pow. Yth esa radn ow leverel, "Jowan
Baptyst re beu derevys a'n bedh. Dre
hedna yma an gallos-ma owth obery
ino."

15Yth esa ken re ow leverel, "Elias
ywa."

Radn aral arta a levery, "Profet yw
an den kepar hag onen a'n profettys
coth."

16Saw pàn glôwas Erod anodho, ev
a leverys, "Hèm yw Jowan, neb a
wrug avy dybedna. Dasserhys ywa a'n
mernans." 17Rag Erod y honen a
dhanvonas tus dhe sêsya Jowan, y
gelmy ha'y dôwlel dhe bryson awos
Erodyas, gwreg y vroder Felyp, rag
Erod a wrug hy demedhy. 18Ha
Jowan a leverys dhe Erod, "Nyns yw
lafyl te dhe gemeres gwreg dha
vroder." 19Rag hedna Erodyas a
sorras orto ha whelas y ladha, mès ny
ylly hy poynt, 20rag Erod a'n jeva
own a Jowan, hag a wodhya y vos den
ewnhensek ha sans, hag ev a'n
gwethas. Pàn wre Erod goslowes orth
Jowan, ev a vedha ancombrys brâs.
Bytegyns dâ o ganso y glôwes.

21Saw y teuth chêson dâ jorna y
bedn bloodh, may ros Erod banket
rag y arlydhy, rag y offycers, ha rag
rewlysy Galyle. 22Pàn entras myrgh
Erodyas hy honen ha dauncya, hy a
blêsyas Erod ha'y ôstysy.

Ha'n mytern a leverys dhe'n vowes,
"Govyn orthyf a vo dâ genes, ha me
a vydn y ry dhis." 23Ev a dos dhedhy
yn solem ha leverel, "Pynag oll tra a
wrelles govyn orthyf, me a'n re dhis
bys in hanter ow gwlascor."

24Hy êth in mes ha leverel dh'y
mabm, "Pandra wrama govyn orto?"

Hy a worthebys, "Pedn Jowan
Baptyst."

25Nena hy a dheuth gans toth
dhe'n mytern ha leverel, "Dâ via
genef te dhe ry dhybm pedn Jowan
Baptyst wàr dallyour."

26Grêvys fèst veu an mytern, saw
dre rêson a'y dy hag awos y ôstysy, ny
vydnas hy sconya. 27An mytern a
dhanvonas soudor a'n wethysy whare
ha'y gomondya dhe dhry pedn
Jowan. Ev êth ha'y dhybedna i'n
pryson, 28dry an pedn wàr dallyour
ha'y ry dhe'n vowes. Nena an vowes
a'n ros dh'y mabm. 29Pàn glôwas
dyscyplys Jowan anodho, y a dheuth
ha kemeres y gorf ha'y settya in bedh.

30An abosteleth a gùntellas adro
dhe Jesu, hag a dherivas orto oll an
taclow o gwrës ha deskys gansans.
31Ev a leverys dhedhans, "Deun
alebma bys in tyller cosel rag powes
pols." Rag yth esa cals a dus ow tos
hag ow mos, ha ny's teva termyn lowr
rag debry kyn fe.

32Y a voydyas in pryva bys in tyller
dianeth in gorhal. 33An bobel a's
gwelas ow tyberth ha lies anodhans a
aswonas Jesu, hag a bonyas dhia bùb
tre ha mos dhyragthans ha dos
warbarth. 34Pàn wrug Jesu tira, ev a
welas bùsh brâs a dus. Ev a gemeras
trueth anodhans, rag y o kepar ha
deves heb bugel. Ev a dhalathas desky
lies tra dhedhans.

35Pàn o gyllys meur a'n jëdh, y
dhyscyplys a dheuth dhodho ow
leverel, "Tyller dianeth yw hebma
ha'n jorna yw pell tremenys. 36Dan-
von an re-ma in kerdh, may hallens
aga honen mos i'n pow adro hag i'n
trevow, rag prena sosten dhedhans."

37Saw ev a's gorthebys, "Rewgh
agas honen dhedhans neppyth dhe
dhebry."

Y a leverys dhodho, "A dal dhyn ny
mos rag prena dew ugans dynar a
vara rag y ry dhedhans dhe dhebry?"

38Ev a leverys dhedhans, "Pana lies
torth usy genowgh? Ewgh dhe
weles."

Pàn wrussons aga rekna, y a
leverys, "Ny a'gan beus pymp torth a
vara ha dew bysk."

39Nena Jesu a gomondyas, may
whrellens erhy dhe'n dus esedha in
bagasow wàr an gwerwels. 40Rag
hedna, y oll a esedhas in bagasow, in
cansow hag in hanter-cansow. 41Ha
wosa ev dhe gemeres an pymp torth
ha'n dhew bysk, ev a veras wàr vàn
dhe'n nev ha'ga benega, ha terry an
torthow, ha'ga ry dh'y dhyscyplys
dhe settya dhyrag an dus. Ha'n dhew
bysk ev a's radnas intredhans oll.
42Kenyver onen a dhebras ha cafos
lùk. 43Hag y a gemeras in bàn
dewdhek canstel leun a'n brewyon
hag a'n pùscas. 44An re-na neb a
dhebras o pymp mil in nùmber.

45Jesu whare a gomondyas y
dhyscyplys dhe gemeres an gorhal ha
mos dhe'n tu aral, bys in Besseda,
hadre ve va y honen ow tanvon an
bobel in kerdh. 46Ha wosa ev dh'aga
danvon dhe ves, ev a omdednas bys
i'n meneth rag pesy.

47Pàn dheuth an gordhuwher, yth
esa an gorhal in cres an mor, hag ev
y honen oll wàr an tir. 48Ev a's
gwelas, fatell êns y lavurys dre rêvya
awos bos an gwyns wàr aga fydn.
Adro dhe beswora golva an nos ev a
dheuth dhedhans in udn gerdhes wàr
an mor. Ev o porposys passya
drestans. 49Saw pàn wrussons y weles
ow kerdhes wàr an mor, y a gresys y
vos tarosvan hag a grias in mes, 50rag
y oll a'n gwelas ha kemeres scruth.

Dhesempys ev a gowsas ortans ha
leverel, "Bedhowgh a gonfort dâ. Me
yth ywa. Na berthowgh own."
51Nena ev a entras i'n lester ha'n
gwyns a cessyas. Ha marth brâs a's
teva, 52rag ny wodhyens convedhes
merkyl an torthow dre rêson aga
holon dhe vos cales.

53Pàn wrussons y passya dres an
mor, y a diras in Genesaret ha kelmy
an gorhal. 54Dystowgh an bobel a
wrug y aswonvos, 55ha ponya dres oll
an pow ader dro ha dallath don an re-
na o clâv wàr ravadhow dhe ble bynag
a glôwens Jesu dhe vos. 56Ple pynag
oll a wrella va mos, in tre, cyta pò
bargen tir, y a settya an glevyon i'n
marhasow, ha'y besy may hallens
tùchya pyllen y bows kyn fe. Kenyver
onen a wrella indelma a vedha sawys.

7 Nena an Farysys ha radn a'n
scrîbys a dheuth dhia Jerùsalem
ha cùntell adro dhe Jesu. 2Y a welas
radn a'y dhyscyplys dhe dhebry bara
gans dewla mostys, hèn yw dhe styrya
heb aga golhy. 3(Rag an Farysys hag
oll an Yêdhewon, marnas y a wolgh
aga dewla yn tâ, ny vydnons y debry.
Indelma ymowns y ow qwetha tradycyon an dus hen.
4Ha pàn wrowns y
dos dhia an varhas, marnas y a wra
glanhe aga honen, ny wrowns y debry
màn. Hag yma lies tradycyon erel a
wrowns y sensy, rag ensampel golhy
hanavow ha sethow ha lestry a vrest.)

5Rag hedna an Farysys ha'n scrîbys
a wovydnas orto ev, "Prag na wra dha
dhyscyplys jy sewya tradycyon an dus
hen, saw debry bara, mostys aga
dewla?"

6Ev a worthebys, "Yn ewn Esay a
wrug profusa ahanowgh why, feclor-
yon, kepar dell yw screfys:

"'Yma an bobel-ma orth ow
gordhya gans aga gwessyow,
mès pell dhyworthyf yma aga
holon.
7Yn uver ymowns y orth ow
gordhya, ow tesky
comondmentys mebyon tus
kepar ha dyscans Duw.'

8Yth esowgh why ow forsâkya
arhadow Duw hag ow corra tradycyon tus in y le."

9Ev a bêsyas ha leverel, "Ass yw
bryntyn agas fordh dhe sconya
arhadow Duw, may hallowgh why
sensy agas tradycyon agas honen!
10Rag Moyses a leverys, 'Gwra onora
dha das ha'th vabm; ha neb a wrella
molethy tas na mabm, yn sur ev a dal
merwel.' 11Saw yth esowgh why ow
tyby, mar teu den ha leverel dh'y das
pò dh'y vabm, 'Pynag oll tra a alses
gwetyas dhyworthyf avell scodhyans
yw Corban' (hèn yw ro dhe Dhuw),
12nena ev dhe gafos an cubmyas a
sevel orth gul tra vëth moy rag y das
pò y vabm. 13Indelma der agas
hengof agas honen, a wrussowgh why
recêva, yth esowgh why ow cul ger
Duw dhe vos gwag hag uver. Ha why
a wra meur a daclow a'n par-na."

14Wosa ev dhe elwel oll an bobel
dhodho, ev a leverys, "Goslowowgh
orthyf yn kettep pedn, ha con-
vedhowgh 15nag eus tra vëth wàr ves
owth entra i'n den a alsa y vostya,
mès an taclow a dheu in mes anodho,
yth yw an re-na a wra y vôstya. 16Seul
an jeffa scovornow rag clôwes,
gwrêns ev clôwes."

17Ha pàn entras ev i'n chy
dhyworth an bobel, y dhyscyplys a
wovydnas orto adro dhe'n parabyl.
18Ev a leverys dhedhans, "Owgh why
inwedh heb skians kepar ha'n re-na?
A ny welowgh why na yll tra vëth
mostya nebonen, mars usy hedna
owth entra ino dhia an tu wàr vès?
19Rag ny wra an dra-na entra in y
golon, saw yma va owth entra in y
bengasen ha wosa hedna yth â mes
a'y gorf bys i'n caughty." (Indelma ev
a dheclaryas bos glân pùb sort a
vytel.)

20Ha Jesu a leverys, "An pëth usy
ow tos mes a'n den, hedna a wra y
vostya, 21rag yma pùb sort a dhrog-
whans ow tos dhia an tu aberveth,
hèn yw dhe styrya mes a'y golon, rag
ensampel, harlotry, ladrynsy, mold-
rans, 22avoutry, crefny, sherewynsy,
dysseyt, mostethes, envy, cabel, goth
ha folneth. 23Yma oll an drog-
oberow-ma ow tos dhia an tu aber-

veth, hag yma an re-na ow mostya an
den."
24Ha Jesu a savas ha dyberth alena,
ha mos dhe gôstys Tir ha Sîdon. Ev
a entras in chy ha ny vydnas ev may
fe hedna godhvedhys gans den vëth,
saw ny ylly an dra bos kelys. 25Rag
benyn neb a's teva myrgh ha tebel-
spyrys inhy, a glôwas yn scon a Jesu,
ha dos ha codha orth y dreys. 26Grêk
o hy a nacyon an Syrofenycyans. Hy
a'n pesys may whrella tôwlel an tebel-
spyrys mes a'y myrgh.
27Jesu a leverys dhedhy "Bedhens
an flehes lenwys kyns, rag ny dal
kemeres bara an flehes rag y dôwlel
dhe'n keun."
28Ha hy a worthebys ha leverel
dhodho, "Gwir yw hedna, a arlùth,
saw otta an keun ow tebry brewyon
an flehes usy ow codha dhywar an
bord."
29Hag ev a leverys dhedhy, "Awos
an lavar-na, kê wàr dha fordh—gallas
an tebel-spyrys mes a'th vyrgh."
30Gans hedna hy êth tre, ha pàn
dheuth hy dh'y chy, hy a gafas hy
myrgh a'y groweth wàr an gwely ha'n
tebel-spyrys gyllys mes anedhy.
31Nena ev êth dhyworth côstys Tir
ha Sîdon ha dos arta tro ha mor
Galyle, dre gres an tireth a
Decapolys. 32Hag y a dhros dhodho
den bodhar ha stlav ha'y besy a settya
y dhewla warnodho.
33Jesu a'n kemeras adenewen in
pryva ha gorra y vesias in y scovorn-
ow ha trewa ha tùchya y davas. 34Jesu
a veras wàr vàn tro ha'n nev ha hanaja
yn cosel ow leverel, "*Effatha*!" hèn yw
dhe styrya "Bëdh egerys!" 35Dys-
towgh y scovornow a veu egerys, ha
colm y davas lowsys, ha côwsel
dyblans a wre.
36Jesu a erhys na wrellens derivas
an cas orth den vëth, mès dhe voy y
whre va inia, dhe voy yth esens ow
terivas an mater. 37Y a's teva marth
pòr vrâs ha leverel, "Ev re wrug
pùptra yn tâ. Ea, ev a wra dhe'n dus
vodhar clôwes kyn fe, ha côwsel
dhe'n re omlavar."

8 I'n dedhyow-na, pàn esa rûth
fèst brâs i'n tyller hag y heb
tabm vëth dhe dhebry, Jesu a elwys y
dhyscyplys dhodho ha leverel
dhedhans, 2"Trueth a'm beus gweles
an rûth, drefen y dhe vos genama try
jorna, ha ny's teves tra vëth dhe
dhebry. 3Mar teuma ha'ga danvon tre
heb sosten, y a wra clamdera rag
nown ryb an fordh, rag lies onen
anodhans re dheuth abell."
4Y dhyscyplys a'n gorthebys, "Ple
halsa bos kefys obma i'n dyveth bara
lùk rag oll an re-ma?"
5Ev a wovydnas ortans, "Pyseul
torth eus genowgh?"
"Seyth," y a leverys.
6Ev a gomondyas an dus dhe
esedha wàr an dor. Nena ev a gemer-
as an seyth torth, ry grâss, aga therry,
ha'ga ry dh'y dhyscyplys dhe radna
intredhans. Y a's radnas inter an dus.
7Yth esa gansans inwedh nebes
pùscas munys, ha wosa aga benega,
Jesu a erhys aga settya dhyragthans
magata. 8Indella an bobel a dhebras
hag a veu lenwys. Y feu kemerys in
bàn a'n brewyon o gesys, seyth
canstel leun. 9An re-na neb a dhebras
o adro dhe beder mil. Ha Jesu a wrug
aga danvon in kerdh. 10Heb let wosa
hedna, ev a entras in lester gans y
dhyscyplys ha mos dhe gôstys
Dalmanùtha.

11 An Farysys a dheuth in mes dhodho ha dallath dyspûtya ha govyn neb sin dhia nev orto, may hallens y brevy. 12 Hag ev a hanasas down in y spyrys ha leverel, "Prag y fëdh an heneth-ma ow whelas sin? In gwir me a lever dhywgh, na vëdh vossawys sin vëth oll dhe'n heneth-ma." 13 Hag ev a dhybarthas dhywortans hag entra i'n gorhal arta, ha mos dhe'n tenewen aral.

14 An dyscyplys a ancovas dry gansans bara, hag y ny's teva i'n gorhal mès udn dorth. 15 Jesu a's gwarnyas ha leverel, "Kemerowgh wyth a wel an Farysys hag a wel Erod."

16 An dyscyplys a leverys an eyl dh'y gela, "Hèm yw drefen na'gan beus bara."

17 Jesu a wrug godhvos an dra ha leverel, "Prag yth esowgh why ow côwsel adro dh'agas fowt a vara? A ny yllowgh why percêvya na gweles whath? Yw agas colon whath mar gales? 18 Eus lagasow dhywgh ha why heb gweles? Eus scovornow dhywgh ha why heb clôwes? A nyns esowgh why ow perthy cov? 19 Pàn wrug avy terry an pymp torth, pana lies canstel leun a'n brewyon a wrussowgh why cùntell?"

"Dewdhek," yn medhons y.

20 "Ha pàn esa seyth torth rag peder mil dhen, pana lies canstel a vrewyon a wrussowgh why cafos?"

"Seyth," yn medhons y.

21 Ev a leverys dhedhans, "A ny yllowgh why convedhes whath?"

22 Y a dheuth dhe Besseda, ha tus a dhros dhodho den dall orth y besy dh'y dùchya. 23 Ev a gemeras an den dall er an dorn ha'y hùmbronk mes a'n bendre. Pàn wrug ev trewa wàr y dhewlagas ha settya y dhewla warnodho, ev a wovydnas orto, "A ylta jy gweles tra vëth?"

24 An den a veras wàr vàn ha leverel, "Me a wel tus avell gwëdh ow mos adro."

25 Wosa hedna ev a settyas y dhewla arta wàr y dhewlagas ha meras stark orto, hag y wolok a veu restorys dhodho yn leun. 26 Jesu a'n danvonas in kerdh dh'y jy ha leverel, "Na wra entra i'n dre, naneyl na wra y dherivas orth den vëth ena."

27 Nena Jesu ha'y dhyscyplys êth wàr aga fordh bys in trevow Cesaria Fylyppy. I'n fordh ev a wovydnas orth y dhyscyplys, "Pyw usy tus ow leverel ow bosaf?"

28 Y a leverys dhodho, "Jowan Baptyst—saw yma radn ow leverel te dhe vos Elias, ha radn aral onen a'n profettys."

29 Jesu a leverys dhedhans, "Saw pyw a leverowgh whywhy ow bosaf?"

Peder a worthebys, "Te yw an Crist."

30 Gans hedna Jesu a erhys na wrellens côwsel a'n dra dhe dhen vëth oll.

31 Ev a dhalathas aga desky fatell o res dhe Vab an Den godhaf lies tra, ha bos sconys gans an dus hen, an uhel prontyryon ha'n scrîbys, ha bos ledhys ha wosa try dëdh dasserhy. 32 Ev a gowsas dhe blebmyk, saw Peder a'n kemeras adenewen ha'y rebûkya.

33 Saw wosa trailya ha meras orth y dhyscyplys, ev a'n rebûkyas ev ha leverel, "Kê adrëv dhybm, Satnas! Rag yth esta ow settya dha vrës wàr an taclow a vab den, kyns ès wàr an taclow a Dhuw."

34Ev a elwys an bobel ha'y dhys-
cyplys warbarth, ha leverel dhedhans,
"Mars eus den vëth whensys dhe vos
ow dyscypyl, res yw dhodho naha y
honen, derevel y grows ha'm sewya
vy. 35Rag seul a vo ow tesîrya dhe
sawya y vêwnans, ev a wra y gelly,
ha'n re-na a wrella kelly aga bêwnans
rag ow herensa vy ha rag kerensa an
awayl, y a wra y selwel. 36Pana brow
a vëdh dhe dhen vëth, mar teu va ha
gwainya oll an bës, saw kelly y
vêwnans? 37Ea, pandra vydn ev ry yn
chyffar rag y vêwnans? 38Pynag oll a
wrella kemeres meth ahanaf vy hag
a'm geryow vy i'n heneth dysonest ha
camhensek-ma, in kepar maner Mab
an Den a vydn kemeres meth anodho
ev, pàn dheffa va gans an eleth sans in
glory y Das."

9 Hag ev a leverys dhedhans, "In
gwir me a lever dhywgh, ny wra
radn a'n re-na, usy ow sevel obma
perthy mernans, erna wellons gwlas-
cor Duw ow tos gans nerth."

2Whegh jorna wosa hedna Jesu a
gemeras Peder, Jamys, ha Jowan,
ha'ga hùmbronk in bàn bys in
meneth uhel aga honen oll. Ha'y
dremyn a veu chaunjys dhyragthans,
3ha'y dhyllas êth maga whydn avell
an ergh, in maner na alsa troghyor
vëth i'n bës aga gwydnhe. 4Elias gans
Moyses a dhysqwedhas dhedhans hag
y ow kestalkya gans Jesu.

5Nena Peder a leverys dhe Jesu,
"Raby, dâ yw genen bos obma.
Gesowgh ny dhe wul teyr scovva,
onen ragos jy, hag onen rag Moyses
ha'y ben rag Elias." 6Ny wodhya
pandra dalvia dhodho leverel, rag
own brâs a's teva.

7Nena cloud a dheuth ha tôwlel
skeus warnodhans. Ha lev a dheuth
mes a'n cloud ow leverel, "Hèm yw
ow Mab meurgerys. Goslowowgh
orto."

8Dhesempys, pàn wrussons y meras
ader dro, ny welsons den vëth ena
marnas Jesu y honen.

9Ha pàn esens ow tos dhe'n dor
dhywar an meneth, ev a erhys
dhedhans, na wrellens derivas dhe
dhen vëth an pëth a welsons, erna ve
Mab an Den dasserhys a'n re marow.
10Rag hedna y a wethas an lavar-na
i'ga holon, hag y a wovydnas an eyl
orth y gela, pëth o an styr a dhas-
serghyans an re marow.

11Y a wovydnas orto ha leverel,
"Prag yma an scrîbys ow teclarya bos
res dhe Elias dos kyns oll?"

12Ev a worthebys, "Yn certan yma
Elias ow tos rag restorya pùptra.
Pandr'yw styr an pëth yw screfys
ytho, bos res dhe Vab an Den godhaf
lies tra ha bos despîtys? 13Me a lever
dhywgh, Elias dhe vos devedhys, hag
y dhe wul dhodho warlergh aga
bolùnjeth, poran kepar dell veu
screfys anodho."

14Ha pàn dheuth ev dh'y dhys-
cyplys, ev a welas rûth vrâs adro
dhedhans, ha'n scrîbys owth argya
gansans. 15Pàn wrug an bobel y
weles, y a's teva marth brâs, ha ponya
dhodho rag y dhynerhy.

16Ev a wovydnas orth an scrîbys,
"Pëth esowgh why ow tyspûtya
gansans?"

17Onen i'n rûth a worthebys,
"Descador, me a dhros dhis ow mab,
rag ev a'n jeves spyrys omlavar, 18ha
ple pynag y whrella y sêsya, yma va
orth y dôwlel dhe'n dor, ha'm mab a
wra ewony ha scrynkya ha serthy y

gorf. Me a besys dha dhyscyplys a'y
dôwlel in mes, saw ny wodhyens
poynt."

19Jesu a worthebys ha leverel, "A
heneth dyslel, pana bellder whath a
res dhybm agas perthy? Drewgh e
dhybm."

20Hag y a dhros an maw dhodho.
Pàn wrug an spyrys y weles, whare ev
a wrug dhe'n maw deglena, hag ev a
godhas dhe'n dor ha rolya adro owth
ewony.

21Jesu a wovydnas orth y das, "Pana
bellder ywa abàn dheuth hebma
dhodho?"

Ev a worthebys, "Dhia bàn veu va
flogh. 22An spyrys re wrug y dôwlel
i'n tan yn fenowgh hag i'n dowr rag
y dhyswul. Saw mar kylta jy gul tra
vëth, kebmer pyteth ahanan, ha'gan
gweres."

23Jesu a leverys dhodho "Mar
callaf! Y hyll pùptra bos gwrës rag
hedna a'n jeffa crejyans."

24Dystowgh tas an maw a grias,
"Me a grës! Gwra gweres ow dys-
crejyans!"

25Pàn welas Jesu bos bùsh brâs a dus
ow tos warbarth yn uskys, ev a
rebûkyas an tebel-spyrys ha leverel
dhodho, "Te spyrys omlavar ha
bodhar, me a gomond dhis! Deus mes
anodho ha na wra entra ino na moy!"

26Wosa uja ha shakya an maw yn
uthyk, an spyrys a dheuth mes
anodho. Y feu an maw kepar ha corf
marow, ha'n radn vrâssa anodhans a
leverys, "Marow ywa." 27Saw Jesu a'n
kemeras er an dorn ha'y dherevel in
bàn, ha'n maw a allas sevel.

28Pàn wrug Jesu entra i'n chy, y
dhyscyplys a wovydnas orto yn pryva,
"Prag na yllyn ny poynt y dôwlel in
mes?"

29Ev a worthebys, "Cabmen ny yll
an sort-na bos gorrys in mes, marnas
dre bejadow."

30Y êth alena ha passya der Alyle.
Saw ny vydna Jesu den vëth dhe
wodhvos hedna, 31rag yth esa va ow
tesky y dhyscyplys hag ow leverel
dhedhans, "Y fëdh Mab an Den
delyvrys inter dewla tus, hag y a wra
y ladha. Mès try dëdh wosa y vernans,
dasserhy ev a wra." 32Saw ny wruss-
ons convedhes an pëth esa va ow
leverel, ha ny vydnens govyn orto,
dre rêson y dhe gemeres own.

33Nena y a dheuth dhe Caper-
naùm. Pàn esa va i'n chy, ev a
wovydnas ortans, "Pëth esewgh ow
tyspûtya intredhowgh i'n fordh?"
34Saw tewel a wrussons, rag i'n fordh
yth esens owth ow tyspûtya pyw
anodhans a vedha an moyha.

35Jesu a esedhas ha gelwel an
dewdhek dhodho ha leverel, "Seul a
vydna bos an kensa, res yw dhodho
bos an dewetha oll, ha servont dhe
genyver onen."

36Nena ev a gemeras flogh ha'y
settya i'ga mesk. Wosa ev dh'y
gemeres inter y dhywvregh, ev a
leverys dhedhans, 37"Pynag oll a
wrella recêva onen a'n flehes-ma i'm
hanow vy, yma va orth ow recêva vy,
ha neb a wrella ow recêva, a wra
recêva hedna a'm danvonas."

38Ha Jowan a'n gorthebys ha
leverel, "Descador, ny a welas onen
ow tôwlel in mes tebel-spyrysyon i'th
hanow jy, saw abàn nag usy va orth
agan sewya ny, ny a wrug y dhyfen."

39Saw Jesu a leverys, "Na wrewgh
y dhyfen badna. Mar teu den vëth ha
gul merclys i'm hanow vy, ny ylla
pols wosa hedna leverel drog ahanaf.
40Seul na vo wàr agan pydn ny, ragon

ny yth yw. 41In gwir me a lever dhywgh hebma: seul a wrella ry dewas a dhowr dhywgh dhe eva i'm hanow vy, drefen why dhe berthy hanow Crist, bëth ny wra va kelly y wober.

42"Pynag oll a wrella cabm warbydn onen an flehes-ma, usy ow cresy inof vy, gwell via dhodho men melyn dhe vos cregys adro dh'y godna, hag ev tôwlys i'n mor. 43Mar teu dha dhorn ha gul dhis trebuchya, trogh ev dhyworthys. Gwell vëdh dhis entra i'n bêwnans, ha te mans, ages mos dhe'n iffarn ha dewla genes, bys i'n tan dyvarow—44le na wra merwel an prëv lenky, ha na vëdh nefra dyfudhys an tan. 45Mar teu dha droos ha gul dhis trebuchya, trogh ev dhyworthys. Gwell vëdh dhis dos dhe'n bêwnans yn evredhek, ages bos tôwlys, ha'th tewdros genes, aberth in iffarn, 46le na wra merwel nefra an prëv lenky, ha na vëdh nefra dyfudhys an tan. 47Ha mar teu dha lagas ha gul dhis trebuchya, tedn ev in mes. Gwell vëdh dhis entra i'n gwlascor Duw unlagajek, ages bos tôwlys, ha'th dewlagas i'th pedn, aberth in tan iffarn, 48le

"'na wra merwel nefra an prëv lenky
ha na vëdh nefra dyfudhys an tan.'

49In gwir pùbonen a vëdh sellys gans tan.

50"Holan yw dâ; saw mar teu an holan ha kelly y sawour, fatell ylla bos saworys? Bedhens holan inowgh why, ha bedhens cres intredhowgh, an eyl gans y gela."

10 Jesu a voydyas alena, ha mos bys in côstys Jûdy wàr an tenewen aral a dhowr Jordan. An bobel a gùntellas adro dhodho arta, hag yth esa orth aga desky, kepar dell o y ûsadow.

2An Farysys a dheuth dhodho ha govyn rag y demptya, "Ywa lafyl dhe dhen gorra y wreg dhyworto?"

3Ev a's gorthebys ha leverel, "Pandra wrug Moyses comondya dhywgh?"

4Y a leverys, "Moyses a alowas dhe dhen screfa lyther dydhemedhyans ha gorra y wreg dhyworto."

5Jesu a leverys dhedhans, "Dre rêson bos cales agas colon, Moyses a screfas ragowgh an arhadow-na. 6Saw dhyworth dallath an creacyon 'gorow ha benow ev a's gwrug'. 7Ytho den a vydn gasa y das ha'y vabm, ha glena orth y wreg, 8hag y a vëdh udn kig an eyl ha'y gela. Indelma nyns yns dew na fella mès udn kig. 9Rag hedna, an pëth a jùnyas Duw, na wrêns den vëth dyberth."

10Pàn esens i'n chy, y dhyscyplys a wovydnas orto arta ow tùchya an mater-ma. 11Ev a leverys, "Pynag oll a wrella gorra y wreg dhyworto, ha demedhy benyn aral, a wra avoutry wàr hy fydn. 12Ha mar teu gwreg ha gasa hy gour, ha demedhy gour aral, avoutry a wra hy."

13Tus a dhros dhodho flehes yonk, may whrella ev settya y dhewla warnodhans, saw y dhyscyplys a's rebûkyas. 14Saw Jesu, pàn welas hedna, ev a sorras ha leverel dhedhans, "Gesowgh an flehes vian dhe dhos dhybmo vy, ha na wrewgh aga lettya. Rag yma gwlascor Duw ow longya dhe'n re-na yw kepar ha'n flehes-ma. 15In gwir me a lever

dhywgh, pynag oll na wrella recêva
gwlascor Duw avell flogh bian, na yll
nefra entra inhy." 16Hag ev a's
kemeras in bàn in y dhywvregh ha
settya y dhewla warnodhans ha'ga
benega.

17Pàn esa Jesu ow tallath wàr y
fordh, den a dheuth dhodho in udn
bonya. Ev a godhas wàr bedn y
dhewlin dhyragtho ha govyn orto,
"Descador dâ, pandra dal dhybm gul
rag eryta an bêwnans heb dyweth?"

18Jesu a leverys dhodho, "Prag yth
esta orth ow gelwel dâ? Nyns yw dâ
saw unsel Duw. 19Te a wor an
comondmentys: 'Na wra ladha, na
wra avoutry, na wra ladra, na wra don
dùstuny cabm, na wra tùlla, onor dha
das ha'th vabm.'"

20Ev a worthebys, "Descador, oll
an re-na me re wethas dhia bàn
veuma maw."

21Nena Jesu a veras orto ha'y gara
ha leverel, "Te a'th eus othem a udn
dra whath. Kê, gwerth pynag oll tra
a vo genes, ha roy e dhe'n vohosog-
yon, ha te a gav tresour i'n nev. Nena
deus ha gwra ow sewya vy."

22Pàn wrug ev clôwes hedna, ev a
gemeras anken hag a voydyas grêvys
brâs. Rag ev o pòr rych.

23Ha Jesu a veras ader dro ha
leverel dh'y dhyscyplys, "Assa vëdh
cales dhe'n dus rych entra in gwlascor
Duw!"

24Marth a's teva y dhyscyplys a'n
geryow-ma, saw Jesu a leverys dhe-
dhans arta, "A flehes, an dus rych usy
ow trestya i'ga sùbstans, cales yw
dhedhans bos selwys. 25Êsya vëdh
dhe gawrvargh passya dre grow
nasweth, ès dhe dhen rych entra in
gwlascor Duw."

26Y a's teva marth ha leverel an eyl
dh'y gela, "Pyw ytho a yll bos
selwys?"

27Jesu a veras ortans ha leverel,
"Ùnpossybyl yw hedna dhe vab den,
saw nyns ywa ùnpossybyl dhe Dhuw.
Rag Duw a yll gul pùptra oll."

28Nena Peder a dhalathas leverel
dhodho, "Otta ny, ny re forsâkyas
pùptra rag dha sewya jy."

29Jesu a leverys, "In gwir me a lever
dhywgh, nag eus den vëth re wrug
forsâkya chy, na breder, na wheryth,
na tas, na mabm, na gwreg, na flehes,
na tiryow rag ow herensa vy hag awos
an awayl, 30na'n jevyth canqweyth
moy i'n tor'-ma treven, breder,
wheryth, mabmow, flehes ha tiryow
ha tormens warbarth gansans—hag
i'n bës a dheu bêwnans heb dyweth.
31Saw lies huny i'n kensa le a vëdh
dewetha, ha'n re dewetha i'n kensa
le."

32Yth esens wàr an fordh ow mos
bys in Jerùsalem, hag yth esa Jesu ow
mos dhyragthans ha marth a's teva.
Ha'n re-na esa orth aga sewya a's teva
own. Ev a gemeras an dewdhek
adenewen arta ha dalathas derivas
dhedhans an taclow a vydna wharvos
dhodho. 33Ev a leverys, "Merowgh,
yth eson ny ow mos in bàn dhe
Jerùsalem, ha Mab an Den a vëdh
dhelyvrys dhe'n uhel prontyryon ha
dhe'n scrîbys. Y a wra y dhampnya
dhe'n mernans. Nena y a vydn y ry
dhe'n Jentylys. 34Gul ges anodho a
wrowns, ha trewa warnodho, ha'y
scorjya, ha'y ladha. Ha wosa try dëdh
ev a wra dasserhy."

35Jamys ha Jowan, mebyon
Zebedy, a dheuth in rag dhodho ha
leverel dhodho, "Descador, dâ via

genen te dhe wul ragon pynag oll tra
a wrellen ny govyn."
36Ev a leverys dhedhans, "Pandra
vydnowgh why me dhe wul
ragowgh?"
37Y a leverys dhodho, "Graunt
dhyn ny dhe esedha rybos in glory an
wlascor, onen adhyhow dhis ha'y gela
agledh."
38Saw Jesu a leverys dhedhans, "Ny
wodhowgh pëth esowgh why ow
covyn. A yllowgh whywhy eva a'n
hanaf a wrama eva anodho, pò bos
besydhys gans an besydhyans may
fedhaf vy besydhys?"
39Y a leverys, "Gyllyn."
Nena Jesu a leverys dhedhans, "An
hanaf a wrama eva anodho, why a wra
eva anodho. Ha'n besydhyans a
vedhaf vy besydhys ganso, why a
vëdh besydhys ganso. 40Saw esedha
rybof adhyhow hag agledh, hèn yw
neppyth na sev y'm gallos dh'y ry.
Hèn yw rag an re-na may feu va parys
ragthans."
41Pàn glôwas an deg dyscypyl aral
an dra-na, y a dhalathas serry orth
Jamys hag orth Jowan. 42Saw Jesu a's
gelwys dhodho hag a leverys dhe-
dhans, "Why a wor in mesk an
Jentylys, an re-na yw aswonys avell
rewlysy, dhe lordya warnodhans ha
bos aga brâsyon, turons a-ughtans.
43Ny vëdh indella intredhowgh
whywhy. Saw seul ahanowgh a vo
whensys dhe vos brâs i'gas mesk, res
yw dhodho bos agas servont. 44Neb a
vydna bos an kensa intredhowgh, ev
a dal bos kethwas dhywgh why oll.
45Rag ny dheuth Mab an Den dhe
gafos servys, saw dhe servya, ha dhe
ry y vêwnans in raunson rag lies
huny."
46Y a dheuth dhe Jeryco. Pàn esa
Jesu ha'y dhyscyplys ha rûth vras ow
tyberth dhia Jeryco, yth esa Barty-
meùs dall, mab Tymeùs, esedhys ryb
an fordh ow pesy alusenow. 47Pàn
glôwas ev Jesu a Nazare dhe vos i'n
tyller, ev a dhalathas cria ha leverel,
"Jesu, Mab Davyth, kebmer pyteth
ahanaf!"
48Lies huny a'n rebûkyas ha
comondya dhodho tewel, saw ev a
grias dhe voy uhel, "Te Vab Davyth,
kebmer pyteth ahanaf!"
49Jesu a savas in nes ha leverel,
"Gelwowgh e bys dhybm obma."
Y a elwys an dall ha leverel dhodho,
"Kebmer colon. Sa'bàn. Yma va orth
dha elwel." 50Hag ev a dowlas y
vantel dhyworto ha sevel ha dos dhe
Jesu.
51Nena Jesu a leverys dhodho,
"Pandra vynta jy me dhe wul ragos?"
An dall a worthebys, "Descador,
gas vy dhe weles arta."
52Jesu a leverys dhodho, "Kê, dha
fëdh re wrug dha sawya." Dystowgh
ev a dhascafas y wolok, ha sewya Jesu
wàr an fordh.

11 Pàn esens y ow tos nes dhe
Jerùsalem in Bethfage ha
Bethany ogas dhe Veneth Olyvet, ev
a dhanvonas dew a'y dhyscyplys 2ha
leverel dhedhans, "Kewgh aberth i'n
dre dhyragowgh. Pàn wrellowgh why
entra inhy, dystowgh why a gav ena
ebol, na wrug den bythqweth
marhogeth warnodho. Gwrewgh y
dhygelmy ha drewgh e dhybm. 3Mar
teu den vëth ha leverel dhywgh, 'Prag
yth esowgh why ow cul hebma?'
leverowgh bos othem dhe'n Arlùth
anodho, ha dhesempys ev a wra y
dhanvon obma."

4Y êth in kerdh ha cafos an ebol yn
kelmys orth an daras wàr ves, in tyller
mayth esa fordh dybarth. Pàn esens y
orth y dhygelmy, 5radn a'n dus esa
a'ga sav in nes a leverys dhedhans,
"Prag yth esowgh why ow tygelmy an
ebol?" 6Y a worthebys, kepar dell
wrug Jesu comondya, ha'n dus a ros
cubmyas dhedhans. 7Nena an dys-
cyplys a dhros an ebol dhe Jesu ha
tôwlel aga dyllas warnodho. Ev a
esedhas wàr an ebol. 8Meur a dus a
lêsas aga dyllas wàr an fordh, ha re
erel a dorras branchys, ha delyow
warnodhans, dhywar wëdh an
gwelyow ha'ga lêsa wàr an fordh. 9I'n
tor'-na an re-na esa ow mos dhyrag-
tho ha'n re-na esa orth y sewya, yth
esens y oll ow cria,

"Hosana!"

"Benegys yw ev usy ow tos in
hanow an Arlùth intredhon!"

10"Benegys yw gwlascor agan tas
Davyth, usy ow tos."

"Hosana i'n nev uhella!"

11Nena Jesu a dheuth dhe
Jerùsalem hag entra i'n templa. Wosa
ev dhe veras ader dro orth pùptra,
ha'n gordhuwher lebmyn devedhys,
ev êth in mes dhe Bethany gans an
dewdhek.

12Ha ternos pàn esens y ow tos dhia
Bethany, ev o gwag. 13Ev a welas
gwedhen fyges pols dhyworto ha hy
in dan dhelyow. Ev êth dhe weles esa
frût vëth warnedhy. Pàn dheuth Jesu
dy, ny gafas tra vëth saw only del, rag
nyns o an prës-na sêson an fyges.
14Jesu a leverys dhedhy, "Bydner re
wrella den vëth debry frût dhywarnas
alebma rag." Ha'y dhyscyplys a'n
clôwas.

15Whare y a dheuth dhe Jerùsalem,
ha Jesu a entras i'n templa, ha dallath
tôwlel in mes an re-na esa ow
qwertha hag ow prena i'n templa, hag
ev a dhysevys tablys an arhansoryon
ha chairys an re na esa ow qwertha
kelemy. 16Ny vydna ev alowa dhe
dhen vëth dry tra vëth der an templa.
17Yth esa va ow tesky hag ow leverel,
"A nyns yw screfys,

'Ow chy a vëdh gelwys chy a
bejadow rag oll an nacyons'?

Saw why re wrug anodho fow dhe
ladron."

18Pàn glôwas an scrîbys ha'n uhel
prontyryon hedna, y a whelas prèst
fordh rag y dhyswul. Rag y a's teva
own anodho, drefen oll an bobel dhe
vos in dadn hus y dhyscans.

19Pàn dheuth an gordhuwher, Jesu
ha'y dhyscyplys êth mes a'n cyta.

20Ternos vyttyn pàn esens ow mos
wàr aga fordh, y a welas an fyg-
wedhen ha hy desehys dhyworth an
gwredhyow. 21Nena Peder a remem-
bras an dra, ha leverel dhe Jesu,
"Raby, mir, an fygwedhen a wrusta
melega. Desehys in tien yw hy."

22Jesu a worthebys, "Re'gas bo fëdh
in Duw. 23In gwir me a lever dhywgh
hebma: pynag oll a wrella leverel
dhe'n meneth-ma, 'Bëdh removys ha
bëdh tôwlys i'n mor,' ha na wrella
dowtya in y golon, saw cresy an dra a
leverys dhe wharvos, y whyrvyth
dhodho in gwiryoneth. 24Rag hedna
me a lever dhywgh: pynag oll dra a
wrellowgh why govyn i'gas pejadow,
cresowgh why dh'y recêva ha why a'n

recef. 25Peskytter may whrellowgh
why sevel dhe besy, pardonowgh,
mara's bëdh tra vëth wàr bydn den
vëth, may whrella agas Tas usy i'n
nev gava agas pehosow why. 26Saw
mar ny wrewgh why gava, naneyl ny
wra agas Tas usy i'n nev gava dhywgh
why agas pehosow."

27Y a dheuth arta dhe Jerùsalem.
Pàn esa Jesu ow kerdhes i'n templa,
an uhel prontyryon ha'n scrîbys a
dheuth dhodho 28ha govyn orto,
"Pëth yw an auctoryta esta ow cul an
taclow-ma dredho? Pyw a ros dhis an
auctoryta a'ga gul?"

29Jesu a worthebys dhedhans, "Me
inwedh a vydn govyn orthowgh
qwestyon. Gorthebowgh ha me a
vydn leverel dhywgh pana auctoryta
esof vy ow cul an taclow-ma dredho.
30Besydhyans Jowan—o va a'n nev pò
a vab den? Gorthebowgh dhybmo."

31Y a omgùssulyas an eyl gans y
gela ha leverel intredhans, "Mar teun
ny ha leverel 'A'n nev,' ev a vydn
govyn prag na wrussyn ny cresy
dhodho. 32Saw mar teun ny ha
leverel, 'A vab den,'"—yth esens ow
perthy own a'n rûth, rag oll an bobel
a sensy Jowan dhe vos profet in very
gwiryoneth.

33Rag hedna y a worthebys, "Ny
wodhon ny."

Ha Jesu a leverys dhedhans,
"Naneyl ny vanaf vy leverel dhywgh
dre bana auctoryta esof vy ow cul an
taclow-ma."

12 Nena ev a dhalathas côwsel
ortans dre barablys ha
leverel, "Den a wrug plansa vynyard
ha gorra kê adro dhodho, ha palas pyt
rag gwask an gwin, ha derevel tour
ino, ha'y settya dhe wonesyjy, ha mos
dhe bow esa pell alena. 2Pàn dheuth
an sêson, ev a dhanvonas kethwas
dhe'n wonesyjy, may halla va recêva
dhywortans a frût an vynyard. 3Saw y
a'n sêsyas ha'y gronkya, ha'y dhanvon
in kerdh gwag y dhewla. 4Hag arta ev
a wrug danvon dhedhans kethwas
aral, hag y a dowlas meyn orto ha'y
wolia i'n pedn, ha'y dhanvon in kerdh
tebel-dhyghtys. 5Unweyth arta ev a
dhanvonas den aral, saw hedna y a
ladhas. Indella y feu gans kethwesyon
lowr erel. Radn y a gronkyas, ha radn
y a ladhas.

6"Saw ev a'n jeva den aral whath, y
unvab meurgerys. Wàr an dyweth ev
a wrug y dhanvon dhedhans ow
leverel, 'Heb dowt y a vydn dys-
qwedhes revrons dhe'm mab.'

7"Saw an wonesyjy a omgùssulyas
ha leverel, 'Hèm yw an er. Deun,
gesowgh ny dh'y ladha ev ha'n
erytans ny a'n cav.' 8Rag hedna y a'n
sêsyas, ha'y ladha, ha'y dôwlel mes
a'n vynyard.

9"Pandra vydn Arlùth an vynyard
gul ytho? Ev a vydn dos ha dystrêwy
an wonesyjy, ha ry an vynyard dhe
gen re. 10A ny wrussowgh why redya
an scryptour:

'An men hag a veu sconys gans an
weythoryon re beu gwrës pedn
an gornel.
11Ober an Arlùth yw hebma, ha tra
varthys i'gan golok ny'?"

12Pàn wrussons y convedhes ev dhe
dherivas an parabyl-ma wàr aga fydn
aga honen, y o whensys dh'y sêsya,
saw own a's teva a'n bobel. Rag
hedna y a'n gasas ha voydya alena.

13Termyn cot wosa hedna y a
dhanvonas dhodho re a'n Farysys hag

a'n Erodyans, may hallens y vagledna
in y lavarow. 14Y a dheuth ha leverel
dhodho, "Descador, ny a wor dha
vosta gwiryon, ha nag esta ow favera
den vëth moy es y gela. Ny a wor na
vern dhis degrê na roweth, saw te dhe
dhesky fordh Duw yn ewn ha gans
gwiryoneth. Ywa lafyl ry trubyt dhe
Cesar pò nag ywa? 15A dal dhyn pe an
trubyt pò sevel orth y be?"

Saw ev a wodhya aga fekyl cher ha
leverel dhedhans, "Prag yth esowgh
why orth ow frevy? Drewgh dhybm
deneren may hallen hy gweles."
16Hag y a's dros dhodho. Ev a leverys
dhedhans, "Pyw yw hebma usy y
bedn ha'y dîtel warnedhy?"

Y a worthebys, "Cesar."

17Jesu a leverys dhedhans, "Rewgh
dhe Cesar ytho a vo dhe Cesar, ha
dhe Dhuw a vo dhe Dhuw."

Ha marth brâs a's teva a'y worthyp.

18Re a'n Sadûkys a dheuth dhodho.
Ymowns y ow cresy nag eus das-
serghyans vëth. Y a wovydnas qwes-
tyon orto ha leverel, 19"Descador,
Moyses a screfas ragon, mar teu den
ha merwel ha gasa y wreg heb flehes,
y coodh dh'y vroder hy hemeres yn
gwreg ha derevel issyw dh'y vroder.
20Yth esa seyth broder. An kensa
anodhans a dhemedhas gwreg, ha pàn
wrug ev merwel, ny asas flogh vëth
wàr y lergh. 21An secùnd a's kemeras
ha merwel heb issyw magata. 22Ha'n
tressa broder in kepar maner, hag oll
an seyth anodhans a's kemeras yn
gwreg heb cafos flogh vëth oll. Wàr
an dyweth an venyn hy honen a
verwys. 23I'n dasserghyans dhe byw a
vëdh hy yn gwreg—rag oll an seyth
broder a's kemeras yn gwreg?"

24Jesu a leverys dhedhans, "A nyns
yw hebma an rêson, why dhe vos
myskemerys, drefen na wodhowgh
why naneyl an scryptours na gallos
Duw? 25Rag pàn wrellons y dasserhy,
ny vedhons y ow temedhy, rag y
fedhons kepar ha'n eleth usy in nev.
26Hag ow tùchya dasserghyans an re
marow, a ny wrussowgh why redya in
Lyver Moyses, fatell gowsas Duw
orth Moyses mès a'n bùsh ha leverel,
'Me yw Duw dha dasow, Abraham,
Isak ha Jacob kefrës'? 27Nyns ywa
Duw an re marow, mès Duw an re
bew. Ass owgh why myskemerys!"

28Onen a'n scrîbys a dheuth nes.
Ev a woslowas ortans ow tyspûtya
warbarth, ha gweles fatell wrug Jesu
aga gortheby yn tâ. Rag hedna ev a
wovydnas orto, "Pyneyl yw an kensa
gorhebmyn oll?"

29Jesu a'n gorthebys ha leverel, "An
kensa comondment yw, 'Clêw, a
Israel, an Arlùth agan Duw, an Arlùth
yw Onen. 30Te a wra cara dha Arlùth
Duw gans oll dha golon, gans oll dha
enef ha gans oll dha nerth.' 31An
secùnd yw haval dhe hebma: 'Te a dal
cara dha gentrevak kepar ha te dha
honen.' Nyns eus gorhebmyn vëth
brâssa es an re-ma."

32An scrîba a leverys dhodho, "Yn
tâ, Descador, te re gowsas an
gwiryoneth fatell ywa onen ha nag
eus Duw aral marnas ev y honen. 33Y
gara ev 'gans oll dha golon, gans oll
dha vrës ha gans oll dha nerth,' ha
dhe 'gara dha gentrevak kepar ha te
dha honen'—moy yw bry an re-ma es
losk-offrydnow ha sacryfîcys."

34Pàn welas Jesu ev dhe wortheby
yn fur, ev a leverys dhodho, "Nyns
esta pell dhyworth gwlascor Duw."
Wosa hedna nyns esa den vëth ow
lavasos govyn qwestyon vëth orto.

35Pàn esa Jesu ow tesky i'n templa, ev a leverys, "Fatell yll an scrîbys leverel an Crist dhe vos mab Davyth? 36Davyth y honen der an Spyrys Sans a dheclaryas,

"'An Arlùth a leverys dhe'm Arlùth
vy,
"Eseth a'n barth dyhow dhybm,
erna wryllyf gorra dha eskerens in
dadn dha dreys."'

37Rag hedna yma Davyth orth y elwel Arlùth. Fatell ylla ytho bos y vab ev?"

Yth esa rûth vras ow coslowes orto hag y pòr lowen.

38Pàn esa va ow tesky, ev a levery, "Bedhowgh war a'n scrîbys, neb a gar kerdhes adro in dyllas hir ha bos dynerhys i'n marhasow, 39ha cafos an esedhow gwella i'n synagys ha'n plassyow a onour i'n bankettys! 40Ymowns y ow lenky treven gwedhwesow hag a lever lies pejadow hir, may halla bos gwelys aga sansoleth. Y a gav dhe voy dampnacyon."

41Yth esa Jesu a'y eseth adâl tresourva an templa hag ow meras orth an dus ow tôwlel mona i'n argh. Lies den rych a dheuth ha tôwlel mona brâs aberveth. 42Gwedhowes vohosak a dheuth ha tôwlel dew vyta i'n argh (an re-na a dal deneren).

43Jesu a elwys dhodho y dhyscyplys ha leverel dhedhans, "In gwir me a lever dhywgh fatell worras an wedhowes vohosak-ma moy aberveth ages oll an re-na, esa ow tôwlel aga royow i'n argh. 44Rag kenyver onen anodhans re ros a'y lanwes. Mès hy a'y bohosogneth re worras ino oll a's teva, oll hy fegans kyn fe!"

13 Pàn esa va ow tos mes a'n templa, onen a'y dhyscyplys a leverys dhodho, "Mir, Descador, pana veyn ha pana dreven eus obma!"

2Jesu a worthebys, "Gweles a wrêta an treven brâs-ma? Ny vëdh gesys men wàr ven obma na vëdh dysevys."

3Ha pàn esa a'y eseth in Meneth Olyvet adâl an templa, Peder, Jamys, Jowan, hag Androw a wovydnas orto yn pryva ha leverel, 4"Lavar dhyn, pana dermyn a vëdh an taclow-ma? Ha pandra vëdh an sin pàn vowns y ow tegensewa?"

5Jesu a dhalathas leverel dhedhans, "Gwaityowgh na wrella den vëth agas tùlla. 6Rag lowr a dus a dheu i'm hanow vy ha leverel, 'Me yw an Crist,' ha tùlla lies huny. 7Pàn glôwowgh a werryans, na berthowgh awher. Hedna a res bos, saw ny vëdh an dyweth whath. 8Rag nacyon a vydn sordya warbydn nacyon, ha gwlascor sevel warbydn gwlascor, hag y fëdh dorgis in lies tyller; y fëdh dyvotter hag anken—dallath an galarow a vëdh an re-na.

9"Saw bedhowgh avîsys ahanowgh agas honen. Rag y a wra agas delyvra dhe gonsels, hag i'n synagys why a vëdh cronkys, hag y a vydn agas don dhyrag rewlysy ha myterneth rag ow herensa vy yn dùstuny wàr aga fydn. 10Rag kyns dos an dyweth, res yw progeth an awayl in mesk oll an poblow. 11Pàn wrellons agas dry ha'gas delyvra, na ombrederowgh kyns a'n pëth a dalvyth dhywgh leverel, saw pynag oll dra a vo rës dhywgh i'n termyn-na, hedna leverowgh, rag ny vedhowgh whywhy ow côwsel, mès an Spyrys Sans.

12"An broder a wra delyvra y vroder dhe'n mernans, ha'n tas y vab, ha flehes a wra omsevel warbydn tas ha mabm, ha gul dhedhans bos ledhys. 13Ha why a vëdh hâtys gans pùbonen rag kerensa ow hanow vy. Saw neb a wrella godhaf bys i'n dyweth, ev a vëdh selwys.

14"Saw pàn wellowgh why an 'Sacrylych a Wastyans' a'y sav i'n tyller na dhegoth dhodho, nena gwrêns an re-na a vo in Jûdy fia dhe'n menydhyow. 15Kenyver onen a vo wàr bedn an chy, na wrella skydnya hag entra ino rag kemeres tra vëth mes a'y jy. 16Pynag oll a vo i'n gwel, na dhewhelens arta dhe gemeres in bàn y bows. 17Saw goy an benenes gans flogh i'n dedhyow-na, ha goy an mamethow! 18Pesowgh na vo i'n gwâv. 19Rag i'n dedhyow-na y fëdh anken, kepar na veu bythqweth dhia bàn wrug Duw an nev ha'n nor. Nâ, ny vëdh anken a'n par-na nefra arta. 20Na ve an Arlùth dhe wul cot an dedhyow-na, ny via den vëth i'n bës selwys. Saw rag kerensa an re-na re wrug ev dêwys, ev re wrug cot an dedhyow-na. 21Mar teu den vëth ha leverel dhywgh i'n termyn-na, 'Merowgh! Ot obma an Crist!' bo 'Merowgh! Otta va ena!'—na wrewgh y gresy màn. 22Fâls Cristow ha profettys gow a vydn apperya, ha gul merclys ha sînys, rag sowthanas an re dêwysys, mar pëdh possybyl. 23Bedhowgh war. Me re dherivas pùptra dhywgh dhyrag dorn.

24"Saw i'n dedhyow neb a vydn dos wosa an anken-na,

"'an howl a vëdh tewlhës
ha ny wra an loor ry hy golow,
25ha'n ster a wra codha mes a'n nev
ha'n nerthow usy i'n nev a vëdh
shakys.'

26"Ha nena y a welvyth Mab an Den ow tos i'n cloudys gans gallos brâs ha glory. 27I'n termyn-na ev a wra danvon in mes y eleth, hag y a gùntell warbarth oll y re dêwysys dhyworth an peswar gwyns, dhyworth pednow pella an norvës bys in pednow pella an nev.

28"Lebmyn descowgh parabyl dhyworth an fygwedhen. Kettel vo hy branchys medhel hag ow tallath delya, why a wor bos ogas an hâv. 29Indella kefrës, pàn wellowgh why an taclow-ma ow wharvos, why a wodhvyth an dra dhe vos ogas, dhyrag an daras. 30In gwir me a lever dhywgh, na wra an heneth-ma tremena, erna vo wharvedhys oll an taclow-ma. 31An nev ha'n nor a wra tremena dhe ves, saw ow geryow vy a wra durya bys venary.

32"Saw ow tùchya an jëdh-na ha'n eur-na, ny wor den vëth, naneyl an eleth usy i'n nev, na'n Mab, saw an Tas in udnyk. 33"Bedhowgh war, golyowgh ha pesowgh. Rag ny wodhowgh pana dermyn a dheu an jëdh. 34An dra a vëdh kepar ha den ow mos wàr viaj hir. Ev a asas y jy hag a ros charj dh'y servysy, ha dhe genyver onen anodhans ev a ros y whel y honen. Ev a gomondyas an porthor dhe gemeres with.

35"Bedhowgh dyfun, rag ny wodhowgh màn pana dermyn a vydn mêster an chy dos tre, gordhuwher pò hanternos, pò orth terry an jëdh pò myttyn. 36Bedhowgh dyfun rag own ev dhe dhos dhesempys ha'gas cafos why in cùsk. 37An pëth esof vy ow leverel dhywgh why, me a'n lever dhe genyver onen: bedhowgh dyfun."

14 Yth esa gool an Pask ha'n Bara heb Gwel ow tos kyns pedn dew jorna. Yth esa an uhel prontyryon ha'n scrîbys ow whelas fordh dhe sêsya Jesu in dadn gel ha'y ladha, 2rag y a levery, "Ny yllyn y sêsya in termyn an degol, rag dowt an bobel dhe wul deray."

3Pàn esa Jesu in Bethany in chy Sîmon leper, hag ev a'y eseth orth an bord, benyn a entras neb a's teva lester alabauster a spîknard precyùs. Hy a dorras an lester hag ùntya y bedn ganso.

4Yth esa certan re i'n tyller, hag y a veu serrys orty ha leverel, "Prag y feu an onyment indelma gesys dhe goll? 5Rag an onyment-ma a alsa bos gwerthys a dryhans dynar pò moy, ha'n mona rës dhe'n vohosogyon." Hag y a's cablas.

6Saw Jesu a leverys, "Gesowgh dhedhy cres. Prag yth esowgh why orth hy throbla? Hy re wrug ragof servys vas. 7Rag why a gav an vohosogyon genowgh pùb eur oll. Pynag oll termyn a vydnowgh why, why a yll dysqwedhes cheryta dhedhans. Saw me ny vedhaf genowgh rag nefra. 8Hy re wrug warlergh oll hy gallos dhybm. Hy re ùntyas ow horf dhyrag dorn rag y encledhyas. 9In gwir me a lever dhywgh, ple pynag a vo pregowthys an awayl in oll an norvës, an pëth a wrug hy, a vëdh derivys in cov anedhy."

10Jûdas Scaryot, onen a'n dewdhek, êth dhe'n uhel prontyryon may halla va dyskevra Jesu dhedhans. 11Pàn wrussons y glôwes, y a veu fèst plêsys ha promyssyas ry mona dhodho. Rag hedna ev a whelas chauns dh'y draita.

12An kensa jorna a'n Bara heb Gwel, pàn vo ôn Pask offrydnys, dyscyplys Jesu a leverys dhodho, "Ple fynta jy ny dhe vos rag parusy soper an Pask dhis?"

13Rag hedna Jesu a dhanvonas dew anodhans ow leverel, "Ewgh ajy dhe'n cyta, hag ena den a vydn dos wàr agas pydn ha pycher dowr wàr y scoodh. Holyowgh ev. 14Hag i'n le may whra va entra ino, leverowgh dhe vêster an chy, 'Yma an Descador ow covyn: Ple ma ow gwestva, may hallaf vy debry an Pask gans ow dyscyplys?' 15Ev a vydn dysqwedhes dhywgh skyber efan avàn ha hy dyghtys ha parys. Ena darbarowgh ragon."

16Y dhyscyplys êth in rag hag entra i'n cyta, ha cafos kenyver tra, poran kepar dell wrug Jesu leverel dhedhans. Hag y a breparyas soper an Pask.

17Gordhuwher ev a dheuth gans an dyscyplys. 18Pàn wrussons y esedha, hag y ow tebry, Jesu a leverys dhedhans, "In gwir me a lever dhywgh, fatell wra onen ahanowgh ow thraita, onen usy ow tebry genef."

19Grêvys vowns pàn glôwsons hedna, ha leverel dhodho an eyl wosa y gela, "In gwir nyns oma hedna."

20Jesu a worthebys, "Onen a'n dewdhek yw, onen eus ow troghya bara i'n scudel genef. 21Rag yma Mab an Den ow mos, poran kepar dell yw screfys anodho, saw hedna may fëdh Mab an Den traitys dredho, goev! Goev bëth pàn veu va genys!"

22Pàn esens y ow tebry, Jesu a gemeras bara, ha wosa y venega, ev a'n torras ha'y ry dh'y dhyscyplys ow leverel, "Kemerowgh, debrowgh. Hèm yw ow horf vy, a vëdh rës ragowgh why."

23Nena ev a gemeras an hanaf, ha
wosa ry grassow, ev a'n ros dhedhans
ha pùbonen a'n dyscyplys a evas
anodho.
24Jesu a leverys dhedhans, "Hèm
yw ow goos vy, goos an kevambos,
neb yw scùllys rag lies huny. 25In gwir
me a lever dhywgh, na vanaf vy na
fella eva a frût a'n wedhen grappys
bys i'n jorna may whrama y eva in
gwlascor nowyth Duw."
26Wosa cana hympna, y êth in mes
bys in Meneth Olyvet.
27Jesu a leverys dhedhans, "Why
oll a wra ow forsâkya, rag yma
screfys,

"'Pàn vo gweskys an bugel, an
deves a wra fia abell
hag oll an flock a dhybarth.'

28Saw me, warlergh dasserhy, me a
vydn agas metya why oll in Galyle."
29Peder a leverys dhodho, "Kyn
fowns y oll sclandrys, nefra ny wrama
dha dhyvlasa."
30Jesu a leverys dhodho, "In gwir
me a lever dhis hebma: hedhyw, an
very nos-ma, kyns es an culyak dhe
gana dywweyth, te a wra ow denaha
tergweyth." 31Saw ev a leverys in
freth, "Kyn fena ledhys marow, ny'th
tenahaf benary." Kenyver onen
anodhans a leverys an keth tra.
32Ha mos a wrussons bys i'n tyller
henwys Gethsemane; hag ev a leverys
dh'y dhyscyplys, "Esedhowgh obma
hadre ven ow pesy." 33Ev a gemeras
ganso Peder, Jamys ha Jowan, ha
dallath bos anês ha grêvys brâs. 34Ev
a leverys dhedhans, "Grêvys brâs ov,
ea, bys in ancow. Remainyowgh
obma ha gortowgh in tyfun."
35Ev êth pols bian in rag, ha codha
wàr an dor ha pesy, mar pe va
possybyl, an prës-na dhe vos dhy-
worto. 36Ev a leverys, "Abba, a Das,
possybyl yth yw pùptra dhis. Mar
kylla bos, gas an hanaf-ma a vernans
dhe bassya dhyworthyf vy. Bytegyns
re bo gwrës dha volùnjeth jy, adar ow
bolùnjeth vy."
37Pàn dheuth ev, ev a's cafas in cùsk
hag a leverys dhe Beder, "Sîmon, esta
ow cùsca? Dar, a ny wodhyes udn
pols golyas genef? 38Golyowgh ha
pesowgh, na vedhowgh temptys
dygnas. Parys fèst yw an spyrys, mès
gwadn yw an kig."
39Hag arta ev êth in kerdh dhe
besy, ha leverel an keth geryow.
40Pàn wrug ev dewheles dhedhans
arta, ev a's cafas arta in cùsk, rag poos
o aga lagasow, ha ny wodhyens y
wortheby ev.
41Ev a dheuth dhedhans an tressa
treveth ha leverel dhedhans,
"Esowgh why whath ow cùsca hag
ow powes? Lowr! Re dheuva an prës.
Otta Mab an Den delyvrys inter
dewla pehadoryon! 42Sevowgh in bàn
ha deun alebma. Merowgh, ogas yw
hedna usy orth ow thraita."
43Kettoth ha'n ger Jûdas, onen an
dewdhek, a dheuth dy ha ganso bagas
gwethysy, gans cledhydhyow ha
fustow, dhyworth an uhel prontyr-
yon, an scrîbys ha'n dus hen.
44An traitour a ros dhedhans tôkyn
dhyrag dorn ha leverel, "Ev neb a
wrellen abma dhodho, hedna yw ev.
Sêsyowgh ev ha'y dhon in kerdh in
dadn with." 45Kettel dheuth ev, Jûdas
êth dhe Jesu ha leverel, "Lowena
dhis, a Raby," hag abma dhodho.
46Gans hedna y a settyas aga dewla
warnodho ha'y sensy. 47Nebonen,

neb esa a'y sav in nes, a dednas cledha
ha gweskel servont a'n uhel pronter
hag a drohas y scovarn dhywar y
bedn.
48Jesu a leverys dhedhans, "A
wrussowgh why dos wàr ow fydn,
kepar ha pàn vena lader, gans fustow
ha cledhydhyow rag ow sêsya. 49Y
fedhen pùb jorna oll yn apert
genowgh ow tesky i'n templa, ha ny
wrussowgh why ow sensy. Saw res yw
dhe'n scryptours bos collenwys."
50Oll y dhyscyplys a'n forsâkyas ha fia
dhe'n fo.
51Yth esa den yonk orth y sewya,
nag esa tra vëth adro dhodho marnas
ledn in udnyk. Y a'n sêsyas, 52saw ev
a asas an lien wàr y lergh, ha fia yn
noth dhywortans.
53Hag y a dhros Jesu in kerdh bys
i'n uhel pronter, ha ganso yth o
cùntellys warbarth oll an uhel pron-
tyryon, ha'n dus hen, ha'n scrîbys.
54Peder a'n sewyas abell bys in cort
an uhel pronter, hag yth esa va a'y
eseth gans an wethysy ow tobma y
honen orth an tan.
55An uhel prontyryon hag oll an
conslers a whelas dùstuny warbydn
Jesu rag y ladha, saw ny gafsons tra
vëth. 56Rag lies huny a dhug dùstuny
cabm wàr y bydn, saw nyns o unver
aga dùstuny.
57Radn a savas in bàn ha desta
fâlslych wàr y bydn ow leverel, 58"Ny
a'n clôwas ow leverel fatell vydna
dyswul an templa gwrës gans dewla
tus, ha kyns pedn try dëdh derevel
templa aral, na vo gwrës gans dewla."
59Saw ow tùchya hedna kyn fe nyns
esa aga dùstuny owth agria.
60Nena an uhel pronter a savas in
bàn i'ga mesk ha govyn orth Jesu, "A
nyns eus gorthyp vëth genes? Pëth
yw an taclow-ma usons y ow testa
wàr dha bydn?" 61Saw tewel a wrug.
Arta an uhel pronter a wovydnas
orto, "Osta an Crist, Mab an Duw
Benegys?"
62Jesu a worthebys, "Ov. Ha why a
welvyth Mab Den a'y eseth adhyhow
dhe'n Power, hag ow tos gans
cloudys an nev."
63Nena an uhel pronter a sqward-
yas y dhyllas ha leverel, "Pëth yw an
othem dhyn a voy dùstuniow? 64Why
re'n clôwas ev dhe gably Duw.
Pandr'yw ervirys genowgh?"
Ha pùbonen a'n dampnyas avell
den wordhy a vernans. 65Ha radn
anodhans a dhalathas trewa warno-
dho. Cudha y dhewlagas y a wrug, ha
ry dhodho whaffys ha leverel, "Gwra
profusa!" An soudoryon inwedh a'n
kemeras ha'y weskel.
66Pàn esa Peder awoles i'n lës,
onen a veghtythyon an uhel pronter
a dheuth. 67Pàn welas hy Peder ow
tobma y honen, hy a veras orto ha
leverel, "Te inwedh, yth eses gans
Jesu a Nazare."
68Saw ev a'n nahas ha leverel,
"Naneyl ny wòn na ny gonvedhaf an
pëth esta ow leverel." Ev êth in mes
bys i'n portal. Nena an culyak a
ganas.
69An vowes a'n gwelas arta ha
dallath leverel dhe'n re-na esa a'ga
sav in nes, "An den-ma yw onen
anodhans." 70Saw arta ev a'n nahas.
Pols wosa hedna an dus esa i'n
tyller a leverys dhe Peder, "Heb dowt
vëth te yw onen anodhans rag
Galylean osta."
71Saw ev a dhalathas cùssya ha
leverel, "Ny aswonaf màn an den-ma,
esowgh why ow côwsel anodho."

72Dhesempys an culyak a ganas an
secùnd treveth, ha Peder a borthas
cov a'n ger a leverys Jesu dhodho,
"Kyns ès an culyak dhe gana dyw-
weyth, te a wra ow naha tergweyth."
Hag y golon a godhas, hag ola a wrug
ev.

15 Ha ternos avarr an uhel
prontyryon a omgùssulyas
gans an dus hen, gans an scrîbys, ha
gans oll an consel. Y a golmas Jesu
ha'y lêdya in kerdh ha'y dhelyvra dhe
Pylat.

2Pylat a gowsas dhe blebmyk ha
govyn, "Osta Mytern an Yêdh-
ewon?"

Ev a worthebys, "Te a'n lever."

3Ha'n uhel prontyryon a'n acûsyas
a lies tra, saw ev ny worthebys tra
vëth. 4Pylat a wovydnas orto arta ha
leverel, "A ny wrêta gortheby tra
vëth? Mir, pana lies tra usons y owth
inia warnas."

5Saw Jesu ny worthebys tra vëth,
ha Pylat a'n jeva marth brâs anodho.

6Orth an gool-na y ûsadow o
delyvra dhedhans neb prysner, pynag
oll a vedhens y ow tesîrya. 7Hag yth
esa den, Barabas y hanow, in pryson
warbarth gans an omsevysy a wrug
moldra i'n rebellyans. 8Ha'n rûth a
dheuth ha dallath pesy Pylat, may
whrella ragthans warlergh y ûsadow.

9Nena ev a's gorthebys ha leverel,
"A vydnowgh why me dhe fria
Mytern an Yêdhewon?" 10Rag ev a
wodhya, fatell wrug an uhel
prontyryon delyvra Jesu dhodho rag
ewn avy. 11Saw an uhel prontyryon a
sordyas an bobel dhe besy, may fe
Barabas delyvrys dhedhans in le Jesu.

12Gans hedna Pylat a leverys arta
dhedhans, "Pandra vydnowgh ytho
me dhe wul dhe hedna yw gelwys
Mytern an Yêdhewon?"

13Y a grias, "Bedhens ev crowsys!"

14Pylat a wovydnas ortans, "Pana
dhrog yw gwrës ganso?"

Saw y a grias dhe voy uhel,
"Bedhens ev crowsys!"

15Rag hedna Pylat, dre rêson ev
dhe vos whensys dhe gontentya an
bobel, a frias Barabas dhedhans. Saw
Jesu ev a scorjyas ha'y dhelyvra dhe'n
soudoryon dhe vos crowsys.

16An soudoryon a'n lêdyas in kerdh
bys in hel an palys (hèn yw caslës an
governour). Y a elwys warbarth oll
an company a soudoryon. 17Y a'n
gwyscas in pùrpur rych, ha wosa
gruthyl garlont spern, y a'n settyas
wàr y bedn. 18Nena y a dhalathas y
salujy, "Mytern Yêdhewon, hayl
dhis!" 19Y a wrug cronkya y bedn
gans gwelen, ha trewa warnodho ha
mos wàr bedn dewlin dhyragtho ha'y
wordhya. 20Wosa gul ges anodho, y
a dhystryppyas dhyworto an pùrpur,
ha gorra y dhyllas y honen adro
dhodho arta. Nena y a'n hùmbroncas
in mes rag y growsya.

21Yth esa den ow tos dhyworth an
gwelyow hag ev ow tremena der an
tyller, hag y a'n constrînas dhe dhon
crows Jesu. Sîmon dhia Cyrene o va,
tas Alexander ha Rûfùs. 22Nena y a
dhros Jesu bys i'n tyller henwys
Golgotha (hèn yw dhe styrya Tyller
an Grogen Pedn). 23Hag y a offras
dhodho dhe eva gwin ha myrr
kemyskys, saw ny wrug Jesu aga
hemeres. 24Ha wosa y dh'y growsya,
y a radnas intredhans y dhyllas, ow
tôwlel predn dhe dhetermya pandra
vydna cafos pùbonen anodhans.

25Yth o an tressa eur pàn wrussons
y growsya. 26An lîbel a-ugh y ben o

hebma: MYTERN AN YÊDHEWON.
27Ha ganso y a growsyas dew rafnor,
an eyl adhyhow dhodho ha'y gela
agledh. 28Hag y feu collenwys in y
gever an scryptour a lever, "Ev a veu
nyverys in mesk an re dylaha." 29Ha'n
dus esa ow passya, y a wre ges ano-
dho, ow shakya aga fedn hag ow
leverel, "Ea, te neb a vynsa dystrêwy
an templa ha'y dherevel arta kyns
pedn try dëdh, 30gwra sawya dha
honen. Deus dhe'n dor dhywar an
grows!"

31In kepar maner yth esa an uhel
prontyryon ha'n scrîbys ow cul ges
anodho intredhans, hag ow leverel,
"Ev a sawyas y hynsa, saw ny yll ev
sawya y honen. 32Deuns an Crist,
mytern Israel, heb let dhe'n dor
dhywar an grows, may hallen ny
gweles ha cresy." An re-na hag a veu
crowsys ganso, yth esens y inwedh
orth y scornya.

33Pàn dheuth an wheffes eur, y feu
tewolgow dres oll an tir bys i'n
nawves eur. 34Hag i'n nawves eur
Jesu a grias uhel y lev, "*Eloy, Eloy,
lama sabacthani*?" Hèn yw dhe styrya,
"Ow Duw, ow Duw, prag y whrusta
ow forsâkya?"

35Pàn glôwas radn a'n dus esa i'n
tyller an lavar-na, y a leverys, "Gos-
lowowgh, yma va ow cria wàr Elias."

36Ha den a bonyas, hag a lenwys
spong a aysel, y settya wàr welen ha'y
offra dhodho dhe eva ha leverel,
"Gortowgh, merowgh mar teu Elias
ha derevel dh'y dhelyvra."

37Nena Jesu a grias, uhel y lev, ha
dascor y enef.

38Ha veyl an templa a veu sqwardys
inter dyw radn dhia an top dhe'n
goles. 39Pàn welas an centùry, esa a'y
sav adâl dhodho Jesu dhe gria yn uhel
ha dascor y enef, ev a leverys, "In
gwiryoneth an den-ma o Mab Duw."

40Yth esa kefrës benenes ow meras
orto abell. Yth esa i'ga mesk Maria
Maudlen, ha Maria mabm Jamys an
Le ha Jose, ha Salome. 41Yth esa an
re-ma orth y sewya ha'y servya, pàn
esa va in Galyle. Hag yth esa ena
inwedh lies benyn aral, neb a dheuth
in bàn dhe Jerùsalem ganso.

42Pàn dheuth an gordhuwher, dre
rêson an jorna dhe vos Preparacyon
an Degol (hèn yw an jorna kyns an
sabot), 43Josef Baramathia, esel
wordhy a'n consel, neb esa y honen
ow qwetyas gans govenek gwlascor
Duw, êth in colodnek dhe Pylat ha
pesy corf Jesu dhyworto. 44Yth esa
Pylat owth omwovyn mars o Jesu
marow in gwiryoneth. Ev a somonas
dhodho an centùry ha govyn orto o
va marow nans o pols. 45Pàn glôwas
Pylat gans an centùry Jesu dhe vos
marow, grauntya a wrug an corf dhe
Josef. 46Nena Josef a dhros sendal
teg, ha kemeres an corf dhywar an
growspredn, ha'y vailya i'n sendal ha
settya in bedh re bia trehys mes a'n
garrek. Nena ev a rolyas men brâs
warbydn daras an bedh. 47Maria
Maudlen ha Maria mabm Jose a
welas ple feu settys corf Jesu.

16 Ha pàn o passys jorna an
sabot, Maria Maudlen, ha
Maria mabm Jamys, ha Salome, a
brenas spîcys wheg, may hallens mos
ha'y ùntya. 2Ha pòr avarr myttyn an
kensa jorna an seythen y êth dhe'n
bedh ha'n howl ow terevel. 3Yth
esens y ow covyn an eyl orth y ben,
"Pyw a wra trailya ragon ny an men
adenewen dhyworth daras an bedh?"

4Pàn wrussons y meras, y a welas
fatell o an men rolys solabrës wàr
dhelergh, kynth o va pòr vras. 5Y a
entras i'n bedh ha gweles den yonk
a'y eseth a'n barth dyhow, hag ev
gwyskys in pows wydn. Marth a's
teva.

6Saw ev a leverys dhedhans, "Na
berthowgh own. Yth esowgh why ow
whelas Jesu a Nazare, neb a veu
crowsys. Nyns usy Jesu obma, rag
sevys yw. Merowgh, hèm yw an tyller
may whrussons y settya. 7Saw ewgh
in rag ha derivowgh dh'y dhyscyplys
ha dhe Peder ev dhe vos dhyragowgh
dhe Alyle. Ena why a'n gwelvyth,
poran kepar dell leverys ev dhywgh."

8Gans hedna y êth in mes yn uskys
ha fia dhyworth an bedh, rag sowthan
ha scruth a's sêsyas. Ny wrussons y
leverel badna dhe dhen vëth, drefen
y dhe gemeres own.

9Pàn wrug Jesu dasserhy avarr an
kensa jorna a'n seythen, ev a apperyas
kensa dhe Maria Maudlen, hodna a
wrug ev tôwlel seyth tebel-spyrys mes
anedhy. 10Hy êth ha'y dherivas dhe
an re-na re bia ganso, rag yth esens
ow mùrnya hag owth ola. 11Saw pàn
glôwsons ev dhe vos yn few ha hy
dh'y weles, ny wodhyens cresy an
mater.

12Wosa hedna ev a omdhysqwedh-
as in ken tyller dhe dhew anodhans,
pàn esens y ow kerdhes i'n pow. 13Y
êth ha'y dherivas dhe'n re erel, mès
bëth moy ny vynsens y gresy.

14Wosa hedna ev a omdhysqwedh-
as dhe'n udnek hag y a'ga eseth orth
an bord rag debry. Ev a's rebûkyas
awos aga dyscrejyans ha gorthter, dre
rêson na wrussons y cresy dhe'n re-
na, a wrug y weles wosa ev dhe
dhasserhy.

15Hag ev a leverys dhedhans,
"Ewgh ha pregowthowgh an awayl
dhe oll mebyon tus dres oll an bës.
16Pynag oll a wrella cresy hag a vo
besydhys a vëdh selwys. Saw seul na
wrella cresy, dampnys a vëdh. 17Ha'n
sînys-ma a wra sewya kenyver onen a
gressa: i'm hanow vy y a wra tôwlel in
mes tebel-spyrysyon. Y a wra côwsel
in tavosow nowyth. 18Y a vydn
kemeres in bàn nedras i'ga dewla, ha
mar towns y hag eva tra vëth
venymys, ny wra hedna aga shyndya
màn. Settya a wrowns aga dewla wàr
an glevyon hag indella aga sawya."

19Indelma an Arlùth Jesu wosa ev
dhe gôwsel ortans, a veu degemerys
in bàn i'n nev hag esedha a'n barth
dyhow dhe Dhuw. 20Hag y êth in
mes ha progeth an nowodhow dâ in
pùb tyller. Yth esa an Arlùth ow
kesobery gansans, hag a wrug fastya
an ger der an merclys esens y ow cul.
Amen.

An Awayl warlergh Lûk

1 Abàn wrug lies huny whelas dhe ry acownt a'n taclow a veu cowlwrës i'gan mesk ny, [2]poran kepar dell vowns y delyvrys dhyn dhyworth an dallath gans an re-na, a welas pùptra gans aga lagasow aga honen, hag o menysters a'n ger, [3]me ow honen kefrës a gonsydras y vos dâ, Theofilùs, ow arlùth uhella, settya in mes derivadow compes ragos, awos me dhe whythra an maters-ma yn tywysyk termyn hir, [4]may halles godhvos an gwiryoneth ow tùchya an taclow, a wrussys desky adro dhedhans.

[5]In dedhyow Erod, mytern Jûdy, yth esa pronter henwys Zacarias, a veyny Abija; hag ev a'n jeva gwreg a vyrhas Aron, hag Elisabet o hy hanow hy. [6]Tus wiryon êns y aga dew dhyrag Duw, hag y a sewya heb nàm comondmentys ha gormynadow an Arlùth. [7]Saw ny's teva flogh vëth, rag Elisabet o anvab, hag avauncys i'ga oos êns y aga dew.

[8]Pàn esa Zacarias ow servya avell pronter dhyrag Duw warlergh devar y goscar, [9]kepar dell o gis an brontyryon, an predn a godhas warnodho dhe entra in templa an Arlùth ha lesky incens; [10]hag yth esa rûth oll an bobel wàr ves, hag y ow pesy Duw in termyn an incens.

[11]El an Arlùth a dhysqwedhas dhodho hag ev a'y sav a'n barth dhyhow a alter an incens. [12]Pàn wrug Zacarias y weles, ev a veu troblys brâs hag own a godhas warnodho. [13]An el a gowsas orto ha leverel, "Na gebmer own, a Zacarias, rag dha bejadow re beu clôwys, ha'th wreg a wra omdhon ha denethy mab dhis, ha te a'n gelow Jowan, [14]ha te a gav lowena ha joy, ha lies huny a vydn rejoycya orth y enesygeth, [15]rag ev a vëdh brâs dhyrag an Arlùth; nefra ny wra va eva naneyl gwin na dewas crev hag y fëdh ev lenwys a'n Spyrys Sans dhyworth an very brës a'y vabm. [16]Ev a wra trailya meur a vebyon Israel tro ha'n Arlùth, aga Duw, [17]ha mos dhyragtho in spyrys hag in gallos Esay, rag trailya colon an tasow tro ha'n flehes, ha'n dus dhywostyth dhe skians an re jùst, rag darbary dhe'n Arlùth pobel ewn barys."

[18]Ha Zacarias a leverys dhe'n el, "Fatl'allaf vy godhvos hebma? Rag me yw coth ha'm gwreg avauncys in hy dedhyow."

[19]An el a'n gorthebys ha leverel, "Me yw Gabriel, ha me a vëdh a'm sav dhyrag Duw, hag y feuma danvenys rag derivas an nowodhow dâ-ma dhis. [20]Ha mir, te a vëdh omlavar, ha ny vedhys abyl dhe gôwsel bys i'n jorna, may whra an taclow-ma hapnya, dre rêson na wrusta cresy dhe'm geryow—mès y a vëdh collenwys i'ga thermyn ewn."

[21]Hag yth esa an bobel ow cortos Zacarias, ha marth a's teva fatell wre va dylâtya i'n templa. [22]Pàn dheuth ev in mes, ny ylly côwsel, hag y a gonvedhas ev dhe weles vesyon i'n templa; hag ev a wre sînys dhedhans ha gortos omlavar.

[23]Hag y wharva, pàn veu collenwys dedhyow y servys, ev dhe dhewheles dh'y jy. [24]Wosa an dedhyow-na y wreg Elisabet a omdhuk in hy brës, ha cudha hy honen pymp mis ow leverel, [25]"Indelma re wrug an Arlùth

genef, pàn wrug ev ow gweles, rag
kemeres in kerdh dhyworthyf ow
meth dhyrag an dus."

26I'n wheffes mis y feu Gabriel el
danvenys dhyworth Duw dhe cyta a
Alyle henwys Nazare, 27dhe vaghteth
o ambosys dhe wour henwys Josef, a
jy Davyth, ha Maria o hanow an
vaghteth. 28Hag ev a entras bys dh-
edhy ha leverel, "Hayl dhis, te voren
faverys brâs! Yma an Arlùth genes."

29Hy a veu amays fèst orth an
geryow-ma, ha govyn orty hy honen
pana vaner a vedneth a veu hedna.
30Saw an el a leverys dhedhy, "Na
gebmer own, Maria, rag te re gafas
favour in golok Duw. 31Hag awot,
omdhon a wreth i'th vrës ha denethy
mab ha'y elwel Jesu. 32Den brâs a
vëdh, ha Mab an Duw Uhella a'n
gelwyr, ha'n Arlùth Duw a vydn ry
dhodho tron y das Davyth. 33Ev a
vëdh rainys in chy Jacob bys vycken,
ha'y wlascor a wra durya rag nefra
heb dyweth."

34Saw Maria a leverys dhe'n el,
"Fatell yll hedna bos, abàn oma
gwerhes?"

35An el a worthebys ha leverel
dhedhy, "An Spyrys Sans a wra
skydnya warnas, hag y fëdh gallos an
Duw Uhella yn goskes a-uhos; rag
hedna, an flogh a wrêta denethy a
vëdh henwys sans ha'n Mab a Dhuw.
36Mir, Elisabet, neb yw nessevyn
dhis, hy re omdhuk mab in hy henys
ha hebma yw an wheffes mis dhe'n
venyn a veu gelwys anvab, 37rag
ùnpossybyl nyns yw tra vëth dhe
Dhuw."

38Maria a leverys, "Awotta vy,
kethes an Arlùth. Re bo an dra genef
warlergh dha eryow." Ha'n el a
dhybarthas dhyworty.

39I'n dedhyow-na Maria a savas in
bàn ha mos gans toth brâs dhe bow
an brynyow, dhe cyta a Jûdy, 40hag
entra in chy Zacarias, ha dynerhy
Elisabet. 41Pàn glôwas Elisabet
dynargh Maria, an flogh a labmas in
hy brës; hag Elisabet a veu lenwys a'n
Spyrys Sans 42ha garma yn uhel,
"Benegys osta jy inter benenes ha
benegys yw frût dha vrës! 43Prag yma
hebma grauntys dhybm, mabm ow
Arlùth dhe dhos dhybm? 44Mir, pàn
dheuth lev dha dhynargh bys i'm
scovornow, an flogh i'm brës a
labmas rag ewn lowena. 45Benegys
yw hodna a gresys, y fedha collenwys
an taclow re bia promyssys dhedhy
gans an Arlùth."

46Ha Maria a leverys,

"Yma ow enef ow moghhe an
Arlùth,
47ha'm spyrys re rejoycyas in Duw
ow Savyour,
48drefen ev dhe veras orth uvelder
y vowes.
Rag mir, alebma rag pùb heneth
a'm gelow benegys,
49rag an Galosek re wrug ow
moghhe
ha sans yw y hanow ev.
50Ha'y dregereth a vëdh wàr an re-
na usy ow kemeres own anodho
dhia heneth dhe heneth.
51Ev re dhysqwedhas gallos der y
vregh,
ha scùllya alês an dus prowt in
desmyk aga holon.
52Ev re iselhas an vrâsyon dhywar
aga se
hag exaltya an re uvel ha clor.
53Ev re lenwys an nowncgyon a
daclow dâ

ha'n dus rych ev a's danvonas gwag
in kerdh.
54Ev a remembras y vercy
ha socra Israel y servont,
55kepar dell bromyssyas dh'agan
hendasow,
dhe Abraham ha dh'y issyw bys
vycken."

56Ha Maria a dregas gensy neb try
mis, ha dewheles arta tre.
57Y teuth an prës may codhvia dhe
Elisabet denethy ha hy a dhug mab.
58Ha'n gentrevogyon ha'n nessevyn a
glôwas fatell wrug an Arlùth dys-
qwedhes mercy dhedhy, ha lowen
vowns gensy.
59Hag yth hapnyas, i'n jëdh may
talvia dhe'n maw bos cyrcùmcîsys, y
dhe ervira y elwel Zacarias, warlergh
hanow y das. 60Saw y vabm a's
gorthebys ha leverel, "Nâ, nâ, Jowan
a vëdh y hanow."
61Saw y a leverys dhedhy nag esa
den vëth a'y herens ha'n hanow-na
dhodho. 62Y a wrug sînys dh'y das,
dhe wodhvos pana hanow a vydna va
ry dhe'n maw. 63Ev a dhemondyas
lehen ha screfa warnedhy, "Jowan yw
y hanow ev." Ha marth a'n jeva pùb-
onen anodhans. 64Dystowgh ganow
Zacarias a veu egerys ha'y davas
lowsys, hag ev a gowsas in udn
braisya Duw. 65Hag own a skydnyas
wàr oll aga hentrevogyon. Ha'n
taclow-ma a veu debâtys dres oll
tireth uhel Jûdy; 66ha pynag oll a's
clôwas, a wrug aga sensy in y golon
ha leverel, "Dar, pana vaner a flogh a
vëdh an maw-ma?" Rag yth esa leuv
an Arlùth warnodho.
67Ha'y das Zacarias a veu lenwys
a'n Spyrys Sans ha profusa ow
leverel,

68"Benegys re bo Arlùth Duw
Israel,
rag ev re vysytyas y bobel ha'ga
dasprena;
69hag ev re dherevys ragon sylwans
brâs
in chy y servont Davyth.
70Ev a dhedhewys i'n dedhyow
coth wàr anow y brofusy sans,
71y whre va agan selwel dhyworth
agan envy,
ha mes a dhewla oll agan eskerens.
72Ev a bromyssyas fatell wre va
kemeres trueth wàr agan tasow,
ha remembra y ambos sans;
73hèm o an ty a dos ev dhe Abra-
ham agan tas:
74y fydna agan delyvra mes a
dhewla agan eskerens
may fen ny frank dh'y wordhya heb
own
75in ewnder hag in sansoleth oll
dedhyow agan bêwnans.
76Ha te, ow flogh, a vëdh gelwys
profet an Duw Uhella,
drefen te dhe gerdhes dhyragtho
ha parusy y fordh,
77may halles ry dh'y bobel godhvos
a salvacyon rag gyvyans oll aga
fehosow;
78in tregereth clor agan Duw terry
an jëdh a vydn dos warnan
dhyworth nev awartha,
79may halla golowy an re-na, esa
tregys in tewolgow hag i'n skeus
a vernans,
ha gedya agan treys i'n fordhow a
gosoleth."

80Ha'n flogh a devys ha crefhe i'n
spyrys, hag i'n gwylfos yth esa, erna
wrug ev omdhysqwedhes dhe bobel
Israel.

2 Y wharva i'n dedhyow-na,
ordenans dhe dhos adro dhy-
worth Cesar Augùstùs, y talvia dhe
oll an bës bos reknys. 2Cyrenyùs o
governour Syry pàn wharva an kensa
reknans-ma. 3Ha pùb huny i'n bës a
dravalyas dhe vos nyverys, kenyver
onen dh'y dre y honen.

4Ha Josef êth in bàn inwedh dhia
Alyle dhyworth Nazare bys in Jûdy,
ha dhe cyta Davyth, o gelwys
Bethlem, awos ev dhe vos a deylu hag
a lynaja Davyth, 5may halla va bos
nyverys gans Maria y wreg ambosys,
ha gans flogh o hy. 6Y wharva pàn
esens y i'n tyller-na, may teuth prës
hy golovas. 7Hy a wrug denethy hy
kensa mab, ha hy a'n mailyas in
lystednow hag a'n settyas in presep in
stabel, dre rêson nag esa tyller
ragthans i'n gwesty.

8Yth esa bugeleth i'n keth pow-na
hag y i'n gwel ow qwetha aga flockys
i'n nos. 9El an Arlùth a dhysqwedhas
dhedhans ha glory an Arlùth a wrug
dywy oll adro, hag own brâs a's teva.
10Ha'n el a leverys dhedhans, "Na
berthowgh own; rag merowgh, yth
esof ow try dhywgh messach a
lowena vrâs rag oll an bobel; 11rag
hedhyw re beu genys dhywgh in cyta
Davyth Sylwyas, hèn yw an Arlùth
Crist. 12Ha helma a vëdh sin
ragowgh: why a gav an flogh bian
mailys fast gans lysten, hag ev a'y
wroweth in presep." 13Ha dystowgh
y feu gwelys warbarth gans an el
nyver brâs a lu nev ow praisya Duw,
hag ow leverel,

14"Glory dhe Dhuw avàn, ha wàr
an norvës cres dhe'n re-na usy
orth y blêsya!"

15Pàn wrug an eleth dyberth
dhywortans bys in nev, an vugeleth a
leverys an eyl dh'y gela, "Deun ny
bys in Bethlem, may hallen gweles an
wharvedhyans-ma, re wrug an Arlùth
declarya dhyn."

16Y êth dy gans toth brâs, ha cafos
Maria ha Josef ha'n flogh a'y
wroweth i'n presep. 17Pàn welsons an
flogh, y a dherivas an dra o côwsys
ortans adro dhodho. 18Kettel glôwas
pùbonen hedna, y a gemeras marth
brâs a whedhel an vugeleth. 19Saw
Maria a sensys an taclow-ma yn town
in hy holon, hag ombredery
anodhans. 20Nena an vugeleth a
dewhelas tre arta, hag y ow praisya
Duw, hag orth y wordhya, awos oll
an maters a wrussons clôwes ha
gweles, poran kepar dell vowns y
derivys arag dorn dhedhans.

21Y teuth an êthves jorna may talvia
an flogh bos cyrcùmcîsys hag ev a veu
henwys Jesu, hanow o rës dhodho
gans an el, kyns ès dh'y vabm y
omdhon in hy brës.

22Pàn veu collenwys an dedhyow
rag glanhe mabm ha flogh warlergh
laha Moyses, y a'n dros bys in
Jerùsalem rag y bresentya dhe'n
Arlùth, 23(kepar dell yw screfys in
laha an Arlùth: "Pùb gorow usy owth
egery an brës, a vëdh gelwys sans
dhe'n Arlùth"), 24ha rag gul an
sacryfîs warlergh geryow laha an
Arlùth, hèn yw dhe styrya, dyw dùren
pò dyw golom yonk.

25Ha mir, yth esa den in Jerùsalem
gelwys Symeon, ha gwiryon hag
ewngryjyk o va, hag ev ow qwetyas
salvacyon Israel, rag yth esa an Spyrys
Sans warnodho. 26Re bia dysqwedhys
dhodho gans an Spyrys Sans, na wre
va merwel, erna wella an Arlùth

Crist. 27Ev a entras i'n templa dre iny
an Spyrys, ha pàn dhros y das ha'y
vabm an flogh ajy rag gul dhodho
warlergh ordenans an laha in y gever,
28Symeon a'n kemeras in y dhewla ha
gormel Duw ha leverel,

29"Lebmyn, a Arlùth, yth esos ow
tanvon dha servont in kerdh
in cosoleth, warlergh dha lavar.
30Rag ow dewlagas vy re welas dha
sylwans
31a wrussys parusy dhyrag fâss oll
an poblow;
32may halla va bos golow dhe
wolowy an Jentylys,
ha glory dhe'th pobel Israel."

33Saw y das ha'y vabm a veu amays
awos an taclow a veu leverys adro
dhodho. 34Ha Symeon a wrug aga
fraisya ha leverel dhe Varia y vabm,
"Mir, yma an flogh-ma destnys rag
codha ha rag derevel lies huny in
Israel, ha rag bos sin a dhyspûtyans
35(ha cledha a wra dewana dha enef jy
kefrës) may fo egerys preder lies
colon."

36Hag yth esa ena Ana profuses,
myrgh Fanùel, a deylu Asher ha pòr
goth o hy. Hy a gesvewas seyth
bledhen gans hy gour wosa demedhy
37hag yth o hy gwedhowes warlergh
hedna, ha hy i'n termyn-na peswar ha
peswar ugans bloodh; ny wre hy gasa
an templa saw gordhya Duw gans
penys ha pejadow dëdh ha nos. 38An
very termyn-na, hy a dheuth in bàn
ow praisya Duw, ha côwsel a wrug hy
a'n flogh orth pùb huny esa ow
qwetyas sylwans Jerùsalem.

39Pàn wrussons y collenwel pùptra
warlergh laha an Arlùth, y a dhe-
whelys dhe Alyle, dhe Nazare, aga
thre aga honen. 40Yth esa an maw ow
tevy hag ow crefhe, hag ev leun a
skentoleth, hag yth esa grâss Duw
warnodho.

41Y das ha'y vabm a wre travalya
pùb bledhen dhe Jerùsalem rag degol
an Pask. 42Pàn o va dewdhek bloodh,
y êth in bàn rag an degol warlergh
aga ûsadow. 43Wosa spêna dedhyow
an degol ena, y a drailyas tre, saw an
maw Jesu a wortas in Jerùsalem, ha'y
das ha'y vabm, ny wodhyens badna.
44Yth esens ow cresy ev dhe vos i'n
company, hag y a dravalyas dres an
jorna ha nena y whelas in mesk aga
nessevyn ha cothmans. 45Abàn na
wrussons y gafos, y a dheuth arta dhe
Jerùsalem ha'y whelas. 46Hag y
wharva wosa try jorna y dh'y gafos i'n
templa, hag ev esedhys i'n cres an
dhescadoryon ow coslowes wortans
hag ow covyn qwestyonow. 47Pynag
oll a'n clôwas y'n jeva marth brâs a'y
worthebow fur. 48Amays veu y das
ha'y vabm pàn wrussons y weles, ha'y
vabm a leverys, "A vab, prag y
whrusta hebma dhyn? Lo, yth eson
ny, me ha'th tas, orth dha whelas ha
ny troblys brâs."

49Saw ev a worthebys, "Prag y
whrussowgh why ow whelas? A ny
wodhyowgh why, y resa dhybm bos
in chy ow Thas?" 50Saw ny wrussons
y convedhes an pëth a leverys ev
dhedhans.

51Hag ev êth gansans dhe Nazare,
ha bos sojeta dhedhans. Ha'y vabm a
sensys oll an taclow-ma in hy holon.
52Hag yth esa Jesu owth encressya in
furneth ha brâster, hag in grâss
dhyrag Duw ha den.

3 I'n pymthegves bledhen a rain
Tyber Cesar, pàn o Pontyùs
Pylat governour a Jûdy, pàn o Erod
mytern a Alyle ha'y vroder Felyp
mytern a bow Itùrea ha Tracony, ha
pàn esa Lysanyas ow rewlya in
Abilene, [2]in termyn an uhel prontyr-
yon Anas ha Cayfas, y teuth ger Duw
dhe Jowan mab Zacarias i'n gwylfos.
[3]Y whre Jowan mos der oll tireth
dowr Jordan ow progeth besyth
edrek rag remyssyon pehosow,
[4]kepar dell yw screfys in lyver geryow
an profet Esay:

"Lev onen ow cria i'n gwylfos,
'Parusowgh fordh an Arlùth,
êwnowgh y fordhow!'
[5]'Pùb nans a vëdh lenwys
ha pùb bryn ha pùb meneth a vëdh
iselhës;
an cabm a vëdh composys,
an fordhow garow a vëdh gwrës
smoth,
[6]ha pùb kig oll a welvyth sylwans
Duw."

[7]Jowan a leverys ytho dhe'n rûthow
esa ow tos in mes dhodho may fowns
besydhys ganso, "Why broud a
nedras! Pyw a wrug agas gwarnya dhe
fia dhyworth an sorr usy ow tos?
[8]Drewgh in rag frûtys gwyw a edrek,
ha na wrewgh leverel dhywgh why
agas honen, 'Ny a'gan beus Abraham
avell agan tas ny,' rag me a lever
dhywgh, fatell alsa Duw derevel in
bàn mes a'n very meyn-ma flehes rag
Abraham. [9]Ea, solabrës an vool re
beu settys dhe wredhen an gwëdh;
rag hedna kenyver gwedhen na
dhocka frût dâ, a vëdh trehys dhe'n
dor ha tôwlys i'n tan."

[10]Ha'n rûth a wovydnas orto,
"Pandra dal dhyn gul ytho?"

[11]Ev a's gorthebys ha leverel, "Seul
a'n jeffa dew gôta, gwrêns ev radna
ganso ev na'n jeves saw onen; pynag
oll a'n jeffa sosten, gwrêns ev an keth
tra."

[12]Y teuth dhodho toloryon kefrës,
may halla va aga besydhya hag y a
leverys dhodho, "Descador, pëth yw
res dhyn ny y wul?"

[13]Ev a leverys dhedhans, "Na
wrewgh cùntell moy ès dell yw erhys
dhywgh."

[14]Ha soudoryon a wovydnas orto
ha leverel, "Ha nyny, pandra res
dhyn ny gul?"

Y leverys dhedhans, "Na gemer-
owgh mona dre nerth na dre fâls
cùhudhans dhyworth den vëth, saw
bedhowgh pës dâ a'gas gober."

[15]Abàn esa an bobel ow qwetyas
hag ow tyspûtya i'ga holon ow tùchya
Jowan, o va martesen an Crist pò nag
o va, [16]Jowan y honen a leverys
dhedhans oll, "Mir, yth esof vy orth
agas besydhya dre dhowr; saw yma
ow tos wàr ow lergh onen creffa
agesof, nag oma wordhy dhe vocla y
eskyjyow ev, hag ev a wra agas
besydhya gans an Spyrys Sans ha dre
dan. [17]Yma y wynsel in y dhorn, hag
ev a vydn glanhe y leur drùshya, ha
cruny an gwaneth in y ÿsla; saw an
usyon, ev a wra aga lesky gans tan na
vëdh dyfudhys." [18]Indelma ytho ha
gans lies ger erel, ev a dheclaryas an
nowodhow dâ dhe'n bobel.

[19]Saw an mytern Erod re bia
rebûkys gans Jowan awos Erodyas,
gwreg y vroder, hag awos oll an
gwadn-oberow o gwrës ganso. [20]Ev a
wrug trespas moy whath, ha tôwlel
Jowan dhe bryson.

21Ha pàn o oll an bobel besydhys,
ha Jesu inwedh o besydhys, hag yth
esa va ow pesy, an nev a egoras, 22an
Spyrys Sans a skydnyas warnodho in
form hewel kepar ha colom, hag y feu
clôwys voys mes a'n nev, "Te yw ow
mab meurgerys, ha pës dâ oma
genes."

23Jesu o adro dhe dheg bloodh
warn ugans pàn dhalathas y oberow,
ha mab Josef mab Hely o va,
warlergh tybyans an bobel.

24Hely o mab Mathat, mab Levy,
mab Melhy, mab Janay,
mab Josef, 25mab Matathias, mab
Amos, mab Nahùm,
mab Esly, mab Naggay,
26mab Maath, mab Matathias,
mab Semein, mab Josek,
mab Jôda,
27mab Joanan, mab Resa,
mab Zerùbbabel, mab Shealtiel,
mab Nery, 28mab Melhy,
mab Addy, mab Cosam,
mab Elmadam, mab Er,
29mab Josùe, mab Eliezer,
mab Jorym, mab Mathat,
mab Levy, 30mab Symeon,
mab Jûda, mab Josef,
mab Jonam, mab Eliakim,
31mab Melea, mab Mena,
mab Matatha, mab Nathan,
mab Davyth, 32mab Jesse,
mab Obed, mab Boaz, mab Sala,
mab Nahshon,
33mab Amynadab, mab Admyn,
mab Arny, mab Hezron,
mab Perez, mab Jûda,
34mab Jacob, mab Isak,
mab Abraham, mab Tera,
mab Nahor, 35mab Serùg,
mab Rew, mab Peleg,
mab Eber, mab Shela,
36mab Caynan, mab Arfaxad,
mab Sèm, mab Noy,
mab Lamec, 37mab Mantùsale,
mab Enok, mab Jared,
mab Mahalalel, mab Caynan,
38mab Enosh, mab Seth,
mab Adam, mab Duw.

4 Jesu, leun a'n Spyrys Sans, a
drailyas dhyworth dowr Jordan
hag y feu hùmbrynkys gans an Spyrys
bys i'n gwylfos, 2le may feu va
temptys gans an tebel-el dew ugans
jorna. Ny dhebras tra vëth i'n
dedhyow-na, ha pàn vowns y passys,
ev o gwag.

3An tebel-el a leverys dhodho,
"Mars osta mab Duw, argh dhe'n
men-ma bos bara."

4Jesu a'n gorthebys, "Screfys yw,
'Heb ken ès bara ny'n jeves mab den
y vêwnans.'"

5Wosa y lêdya in bàn, an tebel-el a
dhysqwedhas dhodho in udn prÿj-
weyth oll gwlascorow an norvës, 6ha
leverel dhodho, "Dhyso jy me a vydn
ry oll an gallos-ma ha'n glory
anodhans, rag pùptra re beu delyvrys
dhybm, ha me a's re dhe bynag oll a
vydnyf. 7Rag hedna, mar teuta ha
plegya dhyragof, te a bewyth oll an
re-ma." 8Saw Jesu a'n gorthebys ha
leverel, "Yth yw screfys, 'Te a wra
gordhya dha Arlùth Duw hag ev y
honen ty a wra servya.'"

9An tebel-el a'n dros bys in
Jerùsalem, ha'y settya wàr bynakyl an
templa, ha leverel dhodho, "Mars
osta mab Duw, towl dha honen dhe'n
dor, 10rag yth yw screfys,

"'Ev a vydn erhy dh'y eleth dha
wetha, 11hag y a wra dha
dherevel in bàn i'ga dewla

rag own dha droos dhe bystyga
worth men.'"

12Saw Jesu a'n gorthebys, "Re beu
leverys 'Dha Dhuw ny dal dhis
temptya.'"

13Ha pàn wrug an tebel-el gorfedna
oll y demptacyon, dyberth a wrug
dhyworto bys i'n prës ewn.

14Ha Jesu in gallos an Spyrys Sans
a dheuth arta bys in Galyle, ha'y
hanow êth in mes der oll an pow
adro. 15Yth esa ow tesky i'ga synagys
ha pùbonen a wre y braisya.

16Jesu êth bys in Nazare, le may feu
va megys, hag entra i'n synaga jorna
an sabot, kepar dell o y ûsadow, ha
sevel in bàn rag redya. 17Lyver an
profet Esay a veu rës dhodho, hag ev
a'n egoras ha cafos an tyller mayth
esa an geryow-ma:

18"Warnaf vy yma Spyrys an
Arlùth,
rag hedna ev re wrug ow ùntya
dhe brogeth dhe'n vohosogyon;
ev a'm danvonas dhe dherivas
lyfrêson dhe'n prysners,
dhe restorya aga golok dhe'n
dhellyon,
dhe dhelyvra an dus compressys
19ha dhe dherivas an nowodhow a
vledhen blegadow dhe'n Arlùth."

20Jesu a rolyas an lyver in bàn, y ry
dhe was an synaga hag esedha. Yth
esa pùb lagas i'n tyller ow meras orto.
21Ev a dhalathas côwsel ortans in-
delma, "Collenwys yw an scryptour-
ma hedhyw i'gas scovornow why."

22Pùb huny a'n praisyas hag y a's
teva marth a'n geryow grassyùs esa
ow tos mes a'y anow. "A nyns yw
hebma mab Josef?" yn medhons y.

23Ev a leverys dhedhans, "Heb mar
why a wra alejya dhybm an lavar coth
'Te vedhek, saw dha honen.' Ha why
a vydn leverel 'Gwra obma i'th pow
genesyk dha honen oll an taclow a
wrussys in Capernaùm.'"

24Hag ev a addyas, "In gwir me a
lever dhywgh, na gav profet vëth
wolcùm in y bow genesyk y honen.
25Ea, yth esa lies gwedhowes in Israel
in dedhyow an profet Elias, pàn veu
an nev degës teyr bledhen ha hanter,
hag yth esa nown brâs in oll an pow,
26saw ny veu Elias danvenys dhe onen
vëth a'n re-na, marnas dhe Zarefath,
gwedhowes a Sîdon. 27Yth esa lies
leper yn Israel in termyn an profet
Eliseùs, mès den vëth anodhans ny
veu sawys marnas Naaman Syryan."

28Pùbonen i'n synaga a sorras brâs
orth y glôwes, 29hag y a savas in bàn
ha'y herdhya mes a'n dre, ha'y lêdya
bys in top an bryn, esa aga thre a'y sav
warnedhy, may hallens y dôwlel
dhe'n dor dhywar an cleger, 30saw ev
êth dredhans ha mos wàr y fordh.

31Ev êth wàr nans bys in Caper-
naùm, cyta a Alyle, hag yth esa orth
aga desky dëdh an sabot. 32Marth
brâs a's teva an dus a'y dhyscans, rag
yth esa va ow côwsel gans auctoryta.

33Yth esa den i'n synaga ha tebel-
spyrys ino. Ev a grias gans garm vrâs,
34"A, gas cres dhyn, te Jesu a Nazare.
Devedhys os obma rag agan dys-
trêwy. Me a wor pyw osta, Dremas
Sans Duw."

35Jesu a'n rebûkyas ow leverel,
"Taw tavas, ha deus mes anodho!"
Wosa y dôwlel aberth i'ga mesk, an
tebel-spyrys a dheuth mes anodho
heb y shyndya màn.

36Marth a's teva pùbonen ano-
dhans, ha kenyver onen a levery an

eyl dh'y gela, "Pana lavar yw hebma? Rag gans auctoryta ha gallos ev a gomond an spyrysyon avlan, hag y a dheu in mes." 37Hag yth esa ger anodho ow mos bys in pùb tyller i'n pow adro.

38Jesu a wrug gasa an synaga hag entra in chy Sîmon. Dama dhâ Sîmon o grêvys dre fevyr brâs, hag y a wovydnas orto adro dhedhy. 39Jesu a savas a-uhy ha rebûkya an cleves, ha'n fevyr a's gasas. Dystowgh hy a savas in bàn, hag yth esa hy orth aga servya.

40Pàn sedhas an howl, kenyver onen hag a'n jeva clevyon a glevejow dyvers a's dros dhodho, may halla va settya y dhewla warnodhans ha'ga sawya. 41Y teuth dewolow mes a lies huny anodhans kefrës, hag y owth uja, "Te yw Mab Duw!" Saw Jesu a's rebûkyas, ha ny sùffras dhedhans côwsel, dre rêson y dhe aswon y vosa an Crist.

42Pàn dorras an jëdh, Jesu a dhybarthas hag omdedna bys in tyller dianeth. Saw yth esa an rûthow orth y whelas, hag y a'n cafas ha'y sensy, ma na wrella omdedna dhywortans. 43Ev a leverys dhedhans, "Me a res mos dhe'n cytas erel inwedh rag progeth dhedhans nowodhow dâ gwlascor Duw. Rag an porpos-ma me a veu danvenys." 44Indelma ev a bêsyas ha progeth y vessach in synagys Jûdy.

5 Yth esa Jesu a'y sav udn jorna ryb logh Genesaret hag yth esa an rûth ow herdhya wàr y bydn, hag y whensys dhe glôwes ger Duw. 2Jesu a welas dew gôk orth an ladn ha'n bùscadoryon gyllys mes anodhans, rag yth esens ow colhy aga rosow. 3Jesu a entras in onen a'n cûcow (Sîmon o y berhen), ha govyn orth Sîmon y worra nebes dhia an ladn. Nena esedha a wrug ev ha desky an rûth dhyworth an côk.

4Pàn o gorfednys y eryow, ev a leverys dhe Sîmon, "Gorrowgh an côk in mes bys i'n downder, ha settyowgh agas rosow i'n dowr rag cachya pùscas."

5Sîmon a'n gorthebys, "A vêster, yth esen ny ow lavurya dres nos, saw ny wrussyn ny cachya pysk vëth! Saw mar teuta ha'y leverel, me a vydn tôwlel ow rosow."

6Pàn wrussons y gul indella, y a gachyas kebmys pùscas, mayth esa an rosow ow terry. 7Rag hedna y a ros sînys dh'aga howetha i'n côk aral dhe dhos ha'ga gweres. Y a dheuth ha lenwel an dhew gôk, ha'n cûcow a dhalathas budhy.

8Pàn welas Sîmon Peder hedna, ev a godhas wàr y dhewlin dhyrag Jesu ha leverel, "Voyd dhyworthyf, Arlùth, rag me yw pehador!" 9Rag amays veu oll y gowetha gans nùmber an pùscas o kechys gansans. 10Y feu amays Jamys ha Jowan, mebyon Zebedy, ha cowetha a Sîmon êns y aga dew.

Nena Jesu a leverys dhe Sîmon, "Na borth own; alebma rag te a vëdh ow cachya tus." 11Pàn wrussons y dry aga hûcow bys i'n tir, y a forsâkyas pùptra ha sewya Jesu.

12Yth esa va treveth aral in onen a'n trevow ha mir, yth esa leper i'n tyller. Pàn welas ev Jesu, ev a godhas wàr y fâss dhyragtho ha'y besy, "Arlùth, mar mynta, te a yll ow glanhe."

13Nena Jesu a istynas in mes y dhorn ha'y dùchya ha leverel, "Indelma me a vydn. Bëdh glân!" Ha dystowgh an lovryjyon êth qwit dhe ves.

14Ha Jesu a gomondyas dhodho na wrella y dherivas dhe dhen vëth. "Kê," yn medh ev, "ha dysqwa dha honen dhe'n pronter, ha gwra offryn rag dha vos sawys, kepar dell wrug Moyses comondya yn dùstuny dhedhans."

15Saw an nowodhow a Jesu a lêsa dhe voy oll adro, hag yth esa rûthow brâs ow cùntell rag y glôwes, ha may halla va sawya aga clevejow. 16Saw omdedna a wre dhe'n tyleryow dianeth rag pesy.

17Treveth aral pàn esa Jesu ow tesky, yth esa Farysys ha descadoryon a'n laha a'ga eseth in y ogas (yth êns y devedhys dy mes a bùb cyta a Alyle hag a Jûdy ha dhyworth Jerùsalem); hag yth esa gallos an Arlùth ganso rag sawya clevejow. 18I'n very termyn-na y teuth tus ow ton grava, esa paljy a'y wroweth warnodho. Y a vydnas y dhry aberth i'n chy ha'y settya dhyrag Jesu. 19Saw ny yllens y entra awos an rûth. Rag hedna, y a ascendyas dhe'n to, ha gasa an paljy dhe'n dor der an lehednow bys in cres an rûth dhyrag Jesu.

20Pàn welas ev aga crejyans, ev a leverys, "A dhen, pardonys yw dha behosow."

21Nena an scrîbys ha'n Farysys a dhalathas govyn, "Pyw yw hebma, usy ow sclandra Duw? A yll den vëth gava pehosow saw unsel Duw?"

22Saw Jesu a gonvedhas aga brës ha gortheby, "Prag yth esowgh why ow covyn taclow a'n par-na i'gas colon? 23Pyneyl yw an dra moy êsy: boken leverel 'Gyvys yw dha behosow,' pò leverel 'Sa'bàn ha kerdh!'? 24Saw may hallowgh why convedhes fatell y'n jeves Mab an Den auctoryta dhe bardona pegh"—ev a leverys dhe'n paljy, "Me a lever dhis: sa'bàn, kebmer dha wely ha mos tre." 25Adhesempys ev a savas in bàn dhyragthans, kemeres an grava esa a'y wroweth warnodho, ha mos tre ow praisya Duw. 26Marth brâs a godhas wàr genyver onen anodhans, hag y fowns lenwys a own brâs. Gormel Duw a wrêns, ow leverel, "Taclow barthusek a welsyn ny hedhyw."

27Wosa hedna ev êth in mes, ha gweles tollor esedhys orth an dollva, ha Levy o y hanow ev. Jesu a leverys dhodho, "Gwra ow sewya vy!" 28Ev a savas in bàn, gasa pùptra, ha sewya Jesu.

29Levy a wrug banket brâs rag Jesu in y jy hag yth esa bùsh brâs a doloryon hag a dus erel esedhys warbarth ganso i'n tyller. 30An Farysys ha'n scrîbys a groffolas dhe dhyscyplys Jesu ha leverel, "Prag yth esowgh why ow tebry hag owth eva warbarth gans toloryon ha pehadoryon?"

31Jesu a's gorthebys, "Ny's teves an re yagh othem vëth a vedhek, mès an glevyon. 32Ny wrug avy dos dhe elwel an dus ewn dhe edrek, mès an behadoryon."

33Y a leverys dhodho, "Dyscyplys Jowan a wra penys yn fenowgh, hag ymowns y pùpprës owth offrydna pejadow, mes otta dha dhyscyplys jy ow tebry hag owth eva."

34Jesu a's gorthebys, "Ny yllowgh why constrîna mebyon an gour prias dhe wul penys, hadre vo an gour prias gansans. 35An jorna a dheu, may fëdh an gour prias kemerys in kerdh dhy-

wortans. Penys a wrowns y i'n
dedhyow-na."
[36]Hag ev a dherivas dhedhans an
lavar-ma, "Nyns eus den vëth ow
trehy clowt mes a gweth nowyth, rag
y wrias wàr glowt coth. Poken an
gweth hy honen a wra sqwardya, ha
ny wra an clowt nowyth servya an
gweth goth. [37]Ha ny vydn den vëth
na whath gorra gwin nowyth in
crehyn coth; poken an gwin nowyth
a wra tardha an crehyn coth, an gwin
a vëdh scùllys ha'n crehyn dystrêwys.
[38]Gwin nowyth a res bos gorrys in
crehyn nowyth. [39]Wosa eva gwin
coth, ny vydn den vëth eva gwin
nowyth, nâ, saw ev a lever 'Dâ yw an
dra goth.'"

6 Udn sabot pàn esa Jesu ow mos
der an ÿsegow, terry a wrug y
dhyscyplys an pednow ÿs ha'ga rùttya
i'ga dewla ha debry an greun. [2]Radn
a'n Farysys a leverys, "Prag yth
esowgh why ow cul pëth nag yw lafyl
dëdh an sabot?"
[3]Jesu a worthebys, "A ny wruss-
owgh why redya an dra a wrug
Davyth, pàn o va gwag, ev ha'y
gowetha? [4]Ev a entras in chy Duw, ha
kemeres ha debry Bara an Presens, an
pëth nag yw lafyl dhe dhebry, saw
unsel dhe'n brontyryon, ha Davyth
a'n ros magata dhe'n re-na esa
ganso?" [5]Nena ev a leverys dhedhans,
"Mab an Den yw Arlùth an sabot."
[6]Sabot aral Jesu a entras i'n synaga
ha desky, hag yth esa den i'n tyller,
ha'y leuv dhyhow gwedhrys. [7]Yth esa
an scrîbys ha'n Farysys orth y
whythra glew, dhe weles a wre va
sawya jorna an sabot pò na wre, rag
dâ via gansans cafos ken wàr y bydn.
[8]Jesu a wodhya yn tâ pandr'esens y
ow tyby; ev a leverys bytegyns dhe'n
den a'n jeva an leuv wedhrys, "Deus
ha sav obma." An den a savas in bàn,
ha dos dhe Jesu.
[9]Nena Jesu a leverys dhedhans,
"Me a vydn govyn orthowgh, pyneyl
ywa lafyl dhe wul dâ dëdh an sabot pò
dhe wul drog, dhe sawya bêwnans pò
y dhystrêwy?"
[10]Wosa meras orth kenyver onen
anodhans, ev a leverys dhe'n den,
"Doroy in mes dha leuv." Ev a wrug
indella, ha'y leuv a veu sawys stag
ena. [11]Saw y a sorras brâs ha dyspûtya
an eyl gans y gela pandra alsens y gul
gans Jesu.
[12]Treveth aral ev êth in mes bys i'n
meneth rag gul pejadow, hag yth esa
va ow pesy dhe Dhuw dres nos.
[13]Ternos vyttyn ev a elwys dhodho y
dhyscyplys, ha dêwys dewdhek
anodhans, ha'n re-na ev a henwys
abosteleth: [14]Sîmon, may ros Jesu an
hanow Peder dhodho, hag Androw y
vroder, ha Jamys ha Jowan ha Felyp
ha Bertyl, [15]ha Mathew ha Tobmas
ha Jamys mab Alfeùs, ha Sîmon
les'henwys Zelotes, [16]ha Jûdas mab
Jamys, ha Jûdas Scaryot (ev a veu
traitour).
[17]Jesu a dheuth dhe'n dor gansans,
ha sevel in tyller leven. Yth esa ganso
bùsh brâs a'y dhyscyplys, ha rûth vrâs
dhyworth oll pow Jûdy, Jerùsalem ha
côstys Tir ha Sîdon. [18]Devedhys êns
rag y glôwes, ha rag may halla va
sawya aga dysêsys; ha'n re-na o
troblys gans spyrysyon avlan a veu
sawys. [19]Hag yth esa pùbonen i'n
rûth ow whelas y dùchya, rag yth esa
nerth ow tos mes anodho hag ow
sawya kenyver onen anodhans.
[20]Nena ev a veras orth y dhyscyplys
ha leverel:

"Benegys owgh why, why
bohosogyon, rag dhywgh why
yma gwlascor Duw.
21 Benegys owgh why, why neb yw
gwag i'n tor'-ma, rag lenwys
vedhowgh.
Benegys owgh why, why neb usy
owth ola lebmyn, rag wherthyn
why a wra.
22 Benegys owgh why, pàn wra an
dus agas hâtya ha'gas degea in
mes, agas despîtya, ha'gas
sclandra awos Mab an Den.

23 "Gwrewgh rejoycya i'n jorna-na
ha lebmel rag ewn lowena, rag brâs
yn certan a vëdh agas weryson in nev;
rag indella y whre aga hendasow gans
an profettys.

24 "Saw gowhy, why tus rych, rag
why re gafas agas solas solabrës.
25 Gowhy, why usy leun i'n tor'-ma,
rag why a vëdh gwag.
Gowhy, mars esowgh ow wherthyn
i'n tor'-ma, rag why a wra ola ha
mùrnya.
26 Gowhy pàn usy pùb huny orth
agas praisya, rag indella y whre
aga hendasow gans an fâls
profettys.

27 "Saw me a lever dhe bùbonen
ahanowgh, usy ow coslowes orthyf,
Gwrewgh cara agas eskerens,
gwrewgh dâ dhe'n re-na usy orth
agas hâtya why, 28 côwsowgh dâ a'n
re-na a wra agas molethy, pesowgh
rag an re-na usy orth agas abûsya.
29 Mar qwra nebonen dha weskel wàr
dha vogh, gwra offra dhodho an vogh
aral kefrës; ha mar teu nebonen ha
kemeres dhyworthys dha vantel, bëth
na sens dhyworto dha gris. 30 Ro dhe
bynag oll a wrella govyn orthys, ha na
wra demondya tra vëth arta dhyworth
an den a'n kemerra dhyworthys.
31 Gwrewgh dh'agas hynsa, poran
kepar dell vynsowgh ynsy dhe wul
dhywgh why.

32 "Mar tewgh why ha cara an re
usy orth agas cara why, pana reward
a vedhowgh why? Rag yma an
behadoryon ow cara an re-na usy
orth aga hara y. 33 Ha mar tewgh why
ha gul dâ dhe'n re-na usy ow cul dâ
dhywgh why, pana reward a vedh-
owgh why? Rag an behadoryon a wra
indelma. 34 Ha mar tewgh why ha
lendya dhe'n re-na esowgh why ow
qwetyas recêva dhywortans, pana
reward a vedhowgh why? Yma an
behadoryon ow lendya, rag may
whrellens dascafos kebmys arta.
35 Nâ, gwrewgh cara agas eskerens, ha
gwrewgh dâ ha lendya dhedhans heb
gwetyas cafos tra vëth arta; weryson
brâs why a's bëdh, ha why a vëdh
flehes a'n Duw Uhella, rag ev yw cuv
dhe'n dus ùnkynda ha dhe'n debel-
wesyon. 36 Bedhowgh mercyabyl,
kepar dell yw mercyabyl an Tas
dhywgh why.
37 "Na wrewgh brusy, ha ny
vedhowgh why brusys. Na wrewgh
dampnya, ha ny vedhowgh whywhy
dampnys. Pardonowgh ha why a
vëdh pardonys. 38 Rewgh hag y fëdh
rës dhywgh—why a gav i'gas ascra
musur dâ crunys, shakys dhe'n dor ha
gorlenwys. Rag an musur a wrell-
owgh why musura in mes, hèn yw an
musur a vëdh rës dhywgh arta."

39 Ev a dherivas ortans an parabyl
ma, "A yll an dall gedya an dall? A ny
wrowns y aga dew codha aberth i'n
pyt? 40 Nyns usy an dyscypyl a-ugh y
dhescador. Saw pynag oll a vo leun-

dheskys, ev a vëdh haval dhe’n
descador.
41“Prag yth esta owth attendya an
motta usy in lagas dha vroder, pàn na
vynta gweles an jist usy i’th lagas dha
honen? 42Fatell ylta jy leverel dhe’th
vroder, ‘A vroder, gas vy dhe dedna
in mes an motta usy i’th lagas jy,’ pàn
nag esta ow qweles an jist i’th lagas
dha honen? Faintys! Kyns oll tedn
mes a’th lagas jy dha honen an jist usy
ino. Nena te a yll kemeres an motta
mes a lagas dha vroder.
43“Rag naneyl ny wra gwedhen dhâ
dry in rag frût pedrys, na ny wra
gwedhen bedrys dry in rag frût dâ.
44Y fëdh pùb gwedhen aswonys dre
hy frût hy honen. Rag ny wra tus
cùntell fyges wàr dhreyn, naneyl ny
wrowns cruny grappys dhyworth
spern. 45Mes a dresourva dhâ y golon
yma an dremas ow try in mes an dâ,
ha mes a’y debel-golon yma an drog-
was ow provia drog. Rag warlergh
gorlanwes y golon yma y anow ow
côwsel.
46“Prag yth esowgh why orth ow
gelwel ‘Arlùth, arlùth,’ pàn nag
esowgh why ow cul an pëth a lavaraf?
47Pynag oll a dheffa dhybm ha cola
orth ow geryow rag aga gul, me a
vydn dysqwedhes dhywgh pana sort
den ywa: 48haval yw ev dhe nebonen
esa ow terevel chy. Ev a wrug palas
ha mos down i’n dor ha settya y
fùndacyon wàr an garrek. An liv a
dheuth ha’n dowrow a wrug gweskel
warbydn an chy-na, saw ny yllens y
shakya, dre rêson y vosa byldys mar
fast. 49Saw an den usy ow coslowes
orthyf heb obeya dhe’m geryow, ev
yw haval dhe’n den a dherevys y jy
heb fùndacyon vëth. An ryver a wrug
gweskel warbydn y jy, hag adhe-
sempys an chy a godhas dhe’n dor, ha
brâs veu an dystrùcsyon anodho.”

7 Wosa ev dhe gowlwul oll an
geryow-ma in clôwans an bobel,
ev a entras in Capernaùm. 2Yth esa
centùry i’n tyller a’n jeva kethwas
meurgerys hag ev o clâv hag in
newores. 3Pàn glôwas an centùry
adro dhe Jesu, ev a dhanvonas dho-
dho tus hen an Yêdhewon orth y besy
dhe dhos ha sawya an gwas. 4Y a
vetyas orth Jesu ha’y gonjorya yn
tywysyk ha leverel, “Wordhy yw an
den a wrêta grauntya an dra-ma
dhodho, 5rag yma va ow cara agan
nacyon hag ev a dherevys synaga
ragon.” 6Jesu êth gansans, saw pàn
nag esa ma’s pols bian dhyworth an
chy, an centùry a dhanvonas coth-
mans dhe Jesu ow leverel, “Arlùth, na
wra trobla dha honen, rag nyns oma
wordhy te dhe dhos in dadn ow tho
vy. 7Rag hedna ny wrug avy lavasos
dhe dhos ha metya orthys. Saw lavar
an ger ha’m kethwas a vëdh sawys.
8Me ow honen yw den a’n jeves
auctoryta hag yma soudoryon in
dadnof. Me a lever dhe’n den-ma,
‘Kê!’ hag ev â, ha dhe dhen aral me a
lever ‘Deus!’ hag ev a dheu; ha me a
lever dhe’m kethwas ‘Gwra hedna’
hag otta va orth y wul.”
9Pàn glôwas Jesu oll an geryow-na,
ev a’n jeva marth brâs ha trailya dhe’n
rûth esa orth y sewya ha leverel, “Me
a lever dhywgh, na wrug avy byth-
qweth cafos kebmys crejyans in oll
Israel.” 10Pàn wrug an messejers
dewheles dhe’n chy, y a gafas an
kethwas in yêhes dâ.
11Ternos yth esa Jesu ow kerdhes
bys in cyta henwys Naym, ha’y dhys-
cyplys ha rûth vrâs ow kerdhes

warbarth ganso. 12Pàn dheuth Jesu
ogas dhe yet an cyta, yth esens ow try
den marow mes anodho. Unvab y
vabm o an den tremenys. Gwedh-
owes o an venyn, hag yth esa gensy
bùsh brâs a dus a'n cyta. 13Pàn welas
an Arlùth an venyn, ev a gemeras
pyteth anedhy ha leverel, "Na wra
ola."

14Ev a dheuth nes ha tùchya an
eler. Powes a wrug an dhegoryon. Ev
a leverys, "Sa'bàn dhybm, te dhen
yonk!" 15An den yonk a esedhas in
bàn ha dallath côwsel, ha Jesu a'n
delyvras dh'y vabm.

16Own a godhas wàr bùbonen
anodhans hag y a wordhyas Duw ha
leverel "Yma profet brâs derevys
i'gan mesk!" ha "Duw re veras gans
favour orth y bobel!" 17Ha'n son
anodho êth bys in oll Jûdy hag i'n
pow ader dro.

18Dyscyplys Jowan a dherivas
dhodho oll an maters-ma. Rag hedna
Jowan a elwys dhodho dew a'y dhys-
cyplys, 19ha'ga danvon dhe'n Arlùth
dhe leverel, "Osta jy an den usy ow
tos, pò a res dhyn gwetyas ken
onen?"

20Pàn wrug an dhew dhen dos
dhodho, y a wovydnas orto ow
leverel, "Jowan Baptyst re'gan dan-
vonas obma dhe wovyn, 'Osta jy ev
usy ow tos, pò a res dhyn gwetyas
nebonen aral?'"

21Termyn cot kyns ès hedna Jesu a
sawyas lies huny a'ga clevejow, a
blagys hag a debel-spyrysyon, ha
restorya aga golok dhe lies den dall.
22Ev a worthebys dhedhans ha
leverel, "Kewgh ha derivowgh dhe
Jowan an taclow re wrussowgh
gweles ha clôwes: yma an dhellyon
ow recêva aga golok, an re mans ow
kerdhes, y fëdh an lepers glanhës, an
re bodhar a yll clôwes, y fëdh derevys
an re marow ha'n vohosogyon a glôw
an nowodhow dâ pregowthys
dhedhans. 23Benegys yw pynag oll na
vo sclandrys dredhof vy."

24Pàn esa an messejers dhia Jowan
ow tyberth, Jesu a dhalathas côwsel
orth an rûth ow tùchya Jowan,
"Pandra vydnowgh why gweles pàn
êthowgh why i'n mes bys in gwylfos?
Brodnen shakys gans an gwyns?
25Pandr'ewgh why whensys dhe
weles? Den ha dyllas medhel adro
dhodho? Merowgh, tus gwyskys in
dyllas gloryùs, plesont hag êsy aga
bêwnans—i'n palycys why a gav an
re-na. 26Saw pëth esewgh why ow
qwetyas gweles? Profet? Ea, me a
lever dhywgh why, ha den moy ès
profet. 27Jowan yw ev may feu screfys
anodho:

"'Mir, yth esof vy ow tanvon ow
  messejer dhyragos,
hag ev a wra darbary dha fordh
  dhyrag dha fâss.'

28Me a lever dhywgh, nag eus i'n
mesk pùbonen genys a venyn den
vëth yw brâssa ès Jowan. Saw an den
a'n vry lyha oll in gwlascor Duw yw
brâssa agesso ev."

29(Ha pùb huny neb a glôwas
hedna, an doloryon kefrës, a aswonas
jùstys Duw, dre rêson y dhe vos
besydhys gans besydhyans Jowan.
30Saw an Farysys ha descadoryon an
laha, drefen y dhe sconya besydhyans
Jowan, y a sconyas kefrës porpos
Duw ragthans aga honen.)

31"Pandra allaf vy comparya tus an
heneth-ma dhodho ha pana sort yns
y? 32Haval yns y dhe flehes a'ga eseth

i'n varhasva hag y ow kelwel an eyl
dh'y gela,

"'Ny a wrug piba ragowgh, saw ny
wrussowgh why dauncya;
kynvan a wrussyn ny,
saw ny olas den vëth ahanowgh.'

33 "Rag y teuth Jowan Baptyst heb
debry bara ha heb eva gwin, hag otta
why ow leverel, 'Drog-spyrys a'n
jeves.' 34 Devedhys yw Mab an Den
ow tebry hag owth eva, ha why a
lever, 'Gargasen ywa, ha pedn
medhow, ha cothman dhe doloryon
ha dhe behadoryon!' 35 Saw sken-
toleth re beu prevys gwir gans oll hy
flehes."

36 Onen a'n Farysys a wrug y besy
dhe dhebry ganso, ha Jesu a entras in
y jy hag esedha. 37 Hag yth esa benyn
i'n cyta-na o pehadores, ha pàn wrug
hy godhvos bos Jesu esedhys orth an
bord in chy an Farysy, hy a dhros box
alabauster a onyment wheg, 38 ha mos
ha sevel adrëv dhodho orth y dreys
owth ola. Dallath a wrug hy golhy y
dreys gans hy dagrow, ha'ga deseha
gans hy blew. Wosa hedna yth esa hy
owth abma dh'y dreys hag orth aga
ùntya gans an onyment.

39 Pàn welas hedna an Farysy hag a
wrug gelwel Jesu dh'y jy, ev a leverys
dhodho y honen, "Profet a pe va, ev
a wodhya pyw yw hobma, ha pana
venyn usy orth y dùchya—hy bos hy
pehadores."

40 Jesu a gowsas orto gans an
geryow ma: "Sîmon, me a'm beus
neppyth dhe leverel dhis."

"Descador," yn medh ev, "lavar e!"

41 "Yth esa dew gendonor dhe udn
dettor. An eyl a della pymp cans
dynar dhodho, ha hanter-cans y gela.
42 Rag ny's teva màn dh'y be, an
dettor a's gavas dhedhans kefrës.
Lavar dhybmo, pyneyl o moyha
sensys dhe gara an keth den-ma?"

43 Sîmon a worthebys, "An den a
veu an gendon vrâssa gyvys dhodho,
dell gresaf."

Jesu a leverys dhodho, "Te re
jùjyas yn ewn."

44 Nena ev a drailyas tro ha'n venyn
ha côwsel orth Sîmon indelma, "Te a
wel an venyn-ma? Whath abàn
dheutha i'th chy, golhy ow threys ny
erghsys, mès hobma gans dagrow re's
golhas, ha gans hy blew re's sehas.
45 Bythqweth ny ryssys bay dhybm,
mes hobma, abàn dheutha i'n chy
dhis, bëth ny cessyas abma dhe'm
treys. 46 Ny wrusta ùntya ow fedn
gans oyl, mes hobma re ùntyas ow
threys gans onyment. 47 Rag hedna yn
certan oll hy fehas a vëdh gyvys glân
dhedhy, kyn fe mar vrâs aga nyver—
rag kebmys hy dhe gara. Saw seul na
veu nameur gyvys dhodho, ny vëdh
meur y gerensa."

48 Nena Jesu a leverys dhe'n venyn,
"Pardonys yw oll dha behosow."

49 Saw an re-na o esedhys ganso
orth an bord a dhalathas leverel an
eyl dh'y gela, "Pyw yw hebma hag a
wra gava pehosow kyn fe?"

50 Ha Jesu a leverys dhe'n venyn,
"Dha fay re wrug dha sawya. Kê in
cres."

8 Whare wosa hedna ev êth der
an cytas ha'n trevow ow progeth
hag ow teclarya gwlascor Duw.
Warbarth ganso yth esa an dewdhek,
2 ha certan benenes neb re bia sawys a
debel-spyrysyon ha clevejow: Maria,
les'henwys Maudlen, may teuth seyth
spyrys mes anedhy, 3 ha Jowana,

gwreg Couza, styward Erod, ha
Sùsana, ha lies huny aral; hag yth
esens ow provia rag an dyscyplys mes
a'ga sùbstans aga honen.

4Pàn wrug rûth vrâs cùntell, ha pàn
dheuth tus mes a lies tre dhodho, ev
a gowsas ortans dre barabyl: 5"An
gonador êth in mes rag gonys has.
Kepar dell wre va gonys, radn ano-
dho a godhas wàr an fordh; y feu va
trettys in dadn dreys hag ÿdhyn an air
a dheuth ha'y dhebry. 6Radn aral a
godhas wàr an garrek ha tevy in bàn,
saw gwedhra a wrug rag fowt glebor.
7Radn aral a godhas in mesk an
dreyn, ha pàn devys an dreyn, an has
a veu tegys. 8Saw radn moy a godhas
wàr an dor dâ, ha tevy a wrug ha don
frût cansplek."

Pàn leverys Jesu hedna, ev a grias,
"Seul a'n jeves scovornow rag clôwes,
gwrêns ev goslowes!"

9Saw y dhyscyplys a wovydnas orto
pëth o styr an parabyl. 10Ev a leverys,
"Dhywgh why re beu grauntys dhe
wodhvos mysterys gwlascor Duw.
Saw orth an re erel me a gows in
parablys,

"'ma na wrellens y percêvya, kyn
fowns ow meras,
ha ma na wrellens y convedhes,
kyns fowns ow coslowes.'

11"An parabyl yw kepar dell sew:
ger Duw yw an has. 12An re-na usy
wàr an fordh, an dus yns y re glôwas
an ger. Nena y teu an tebel-el ha
kemeres an ger mes a'ga holon, ma
na wrellens cresy ha bos selwys. 13An
re-na wàr an garrek yw an dus usy ow
recêva an ger gans lowena. Dre rêson
na's teves gwredhyow, ymowns y ow
cresy rag pols, saw in prës an
temptacyon y a wra codha dhe ves.
14Ow tùchya an re-na usy ow codha
in mesk an dreyn, y yw an re-na a
glôw an ger, mes kepar dell usons y
ow mos i'ga fordh, y a vëdh tegys
gans prederow, gans rychys ha fancys
an bêwnans, ha ny wrowns don frût
dâ vëth. 15Saw an has usy ow codha
i'n dor dâ, yth yw hedna an re-na usy
ow clôwes an ger hag orth y sensy fèst
i'ga holon lel ha dâ. Y a dheg frût dâ
gans perthyans stedfast.

16"Nyns usy den vëth a wrella
anowy lantern orth y gudha gans
canstel, naneyl orth y worra in dadn
an gwely. Nâ, yma va orth y settya
wàr goltrebyn rag may halla pùbonen
usy owth entra gweles an golow.
17Rag nyns eus tra vëth kelys na vëdh
dyscudhys, naneyl sêcret na wra dos
dhe'n golow ha bos dyskevrys.
18Waryowgh ytho fatell wrewgh why
goslowes. Rag seul a'n jeffa, dhodho
y fëdh rës. Saw seul na'n jeves, y fëdh
kemerys dhyworto an pëth a hevel
bos dhodho."

19Y teuth dhodho y vabm ha'y
vreder, saw ny yllens y dos nes dre
rêson a'n rûth. 20Y feu derivys dho-
dho, fatell esa y vabm ha'y vreder a'ga
sav war ves, hag y whensys dh'y
weles.

21Saw Jesu a leverys, "Ow mabm
ha'm breder yw an re-na a wra clôwes
ger Duw ha'y berformya."

22Treveth aral Jesu a entras in côk
gans y dhyscyplys ha leverel dhe-
dhans, "Gesowgh ny dhe vos dres an
mor dhe'n tenewen aral." Dyberth a
wrussons. 23Pàn esens y ow colya,
cùsk a godhas warnodho. Y teuth
hager-awel ha gwyns dres an logh.
Hag yth esa an côk ow lenwel a
dhowr, hag yth esens y in peryl brâs.

24Y a dheuth nes dhodho ha'y
dhyfuna ow leverel, "A vêster, a
vêster, kellys on!"

Dyfuna a wrug ha rebûkya an
gwyns ha'n todnow esa ow terevel
fol. An hager-awel a cessyas, hag y
feu calmynsy. 25Jesu a leverys dhe-
dhans. "Ple ma agas crejyans?"

Own ha marth a's teva hag y a
leverys an eyl dh'y gela, "Pyw yw
hebma ytho, usy owth erhy dhe'n
gwyns ha dhe'n dowr kyn fe, hag
obeya a wrowns?"

26Y a wolyas i'n côk bys in pow an
Gadarenas usy adâl Galyle. 27Pàn esa
Jesu ow tira, y teuth wàr y bydn den
a'n cyta hag a'n jeva dewolow. Ny
wre va gwysca dyllas vëth nans o
termyn hir, ha nyns o va tregys in chy
naneyl, mes i'n ancladhva. 28Pàn
welas ev Jesu, ev a godhas wàr an dor
dhyragtho ha garma yn uhel, "Prag
yth esta orth ow throbla, a Jesu, Mab
an Duw Awartha? Na wra ow thor-
mentya, me a'th pës." 29Rag Jesu a
erhys solabrës dhe'n spyrys avlanyth
dos mes anodho. (An spyrys a'n sêsya
yn fenowgh; ev a vedha gwethys ha
kelmys gans chainys ha carharow,
mès y whre va terry an colmow, ha'n
tebel-el a'n lêdya bys i'n gwylfos.)

30Nena Jesu a wovydnas orto,
"Pëth yw dha hanow?"

"Lyjyon," yn medh ev, rag ev a'n
jeva lies tebel-spyrys, 31hag y a'n
pesys na wrella aga erhy dhe vos in
kerdh bys i'n islonk.

32Yth esa gre vrâs a vogh ow pory
wàr an bryn; ha'n dhewolow a besys
Jesu may whrella alowa dhedhans
entra i'n mogh; hag ev a ros cubmyas
dhedhans. 33Pàn dheuth an dhewol-
ow mes a'n den, y a entras i'n mogh,
ha'n bagas anodhans a wrug fysky an
lêder wàr nans bys i'n mor ha budhy.

34Pàn welas bugeleth an mogh an
pëth a wharva, y a wrug fysky in
kerdh, ha derivas an dra i'n cyta hag
i'n pow adro. 35Nena an bobel a
dheuth in mes rag gweles an câss. Pàn
dheuthons dhe Jesu, y a gafas an den
may teuth an dhebel-spyrysyon mes
anodho, y dhyllas adro dhodho hag
ev in y ewn-skians. Y a gemeras own.
36An re-na a welas an pëth a wharva,
a dherivas ortans fatell veu sawys an
sagh dyowl. 37Nena oll an dus a bow
an Gadarenas a besys Jesu dhe
dhyberth dhywortans; rag own brâs a
godhas warnodhans. Ev a entras ytho
i'n scath ha dewheles.

38An den a veu an spyrysyon tôwlys
mes anodho, yth esa va ow pesy Jesu
ma halla va bos ganso. Jesu a'n
danvonas in kerdh ha leverel, 39"Kê
dhe'th tre arta, ha derif pygebmys re
wrug Duw ragos." Gans hedna ev a
dhybarthas ow teclarya der oll an cyta
pyseul a wrug Jesu ragtho.

40Pàn dheuth Jesu arta, an rûth a'n
wolcùbmas, dre rêson y dhe vos orth
y wetyas. 41Ha mir, y teuth dhodho
i'n eur-na den henwys Jayrùs, hùm-
brynkyas a'n synaga. Ev a godhas
dhe'n dor orth treys Jesu ha'y besy
may whrella entra in y jy, 42drefen y
udn vyrgh, ha hy neb dewdhek
bloodh, dhe vos in newores.

Pàn esa Jesu ow kerdhes bys in chy
Jayrùs, an rûth a'n gwasca a bùb tu.
43Yth esa benyn i'n tyller-na ha hy
clâv a issyw a woos nans o dewdhek
bledhen; kyn whrug hy spêna wàr
vedhygyon oll hy fëth, ny ylly den
vëth hy sawya. 44Hy a dheuth ogas
adrëv dhe Jesu ha tùchya lysten y

bows, ha strait an issyw a woos a cessyas.

45Nena Jesu a wovydnas, "Pyw a'm tùchyas?"

Pàn wrug kenyver onen y naha, Peder a leverys, "Mêster, yma an rûth oll adro dhis hag y orth dha wasca a bùb tu."

46Mès Jesu a leverys, "Nebonen a wrug ow thùchya; rag me a verkyas bos an vertu gyllys mes ahanaf."

47Pàn welas an venyn na ylly hy gortos in dadn gel na fella, hy a dheuth in rag ow trembla ha codha wàr bedn dewlin dhyragtho. Hy a dherivas in golok oll an bobel prag y whrug hy y dùchya, ha fatell veu hy strait sawys. 48Ev a leverys dhedhy, "Myrgh, dha grejyans re'th sawyas. Kê wàr dha fordh in cres."

49Pàn esa va whath ow côwsel, y teuth nebonen dhia jy hùmbrynkyas an synaga ha leverel, "Tremenys yw dha vyrgh. Na wra trobla an descador na fella."

50Pàn glôwas Jesu hedna, ev a leverys, "Na borth awher. Na wra mès cresy ha hy a vëdh sawys."

51Pàn dheuth ev bys i'n chy, ny alowas ev dhe nagonen entra ganso marnas Peder, Jowan, Jamys, ha tas ha mabm an vowes. 52Yth esens y oll orth hy mùrnya hag owth ola, saw ev a leverys dhedhans, "Na wrewgh ola, rag marow nyns yw hy màn. In cùsk yma hy."

53Ges a wrussons anodho, drefen y dhe wodhvos hy bos marow. 54Jesu a's kemeras er an leuv ha garma, "Flogh, sa'bàn!" 55Hy anal a dhewhelys dhedhy, ha strait hy a savas in bàn. Nena ev a's comondyas dhe ry dhedhy nebes sosten. 56Amays veu hy thas ha'y mabm, saw ev a erhys dhedhans na wrellens campolla an mater dhe dhen vëth.

9 Jesu a elwys dhodho an dewdhek, ha ry dhedhans gallos hag auctoryta wàr oll an dhewolow, ha rag sawya clevejow. 2Hag ev a's danvonas in mes dhe brogeth gwlascor Duw ha dhe sawya an glevyon. 3Ev a leverys dhedhans, "Na dhrewgh tra vëth genowgh rag an fordh, naneyl lorgh, na pors, na bara, na mona—naneyl na dhrewgh genowgh moy ès udn bows. 4An chy a wrellowgh why entra ino, ena tregowgh bys pàn vewgh why ow voydya. 5Pynag oll na wrella agas wolcùbma, pàn vewgh why ow tyberth dhia an dre-na, shakyowgh an doust dhywar agas treys yn dùstuny wàr aga fydn." 6An dyscyplys êth in kerdh ha mos adro i'n trevow ow progeth an nowodhow dâ, hag ow sawya clevejow in kenyver plâss.

7Saw Erod mytern a glôwas pùptra a wharva, ha troblys brâs veu, rag yth esa tus ow leverel bos Jowan dasserhys mes a'n bedh. 8Y levery radn aral fatell o Elias, neb a omdhysqwedhas. Ken re whath a levery onen a'n profettys coth dhe vos sevys a'n re marow. 9Erod a leverys, "Me a dhybednas Jowan. Pyw ytho yw hebma, esof vy ow clôwes kebmys adro dhodho?" Whensys o va a'y weles.

10Pàn wrug an dyscyplys dewheles, y a dherivas orto kenyver tra a wrussons gul. Jesu a gemeras y dhyscyplys ganso hag omdedna yn pryva bys in tre henwys Besseda. 11Pàn wrug an rûth godhvos hedna, y a'n sewyas. Jesu a's wolcùbmas ha côwsel ortans ow tùchya gwlascor

Duw, hag ev a sawyas pynag oll
anodhans a'n jeva othem a ely.

12Pàn esa dyweth an jorna ow tos,
an dewdhek a dheuth dhodho ha
leverel, "Danvon an bobel in kerdh
bys i'n trevow ha bys i'n pow ader
dro, may hallens ostya ena ha cafos
sosten, rag yth eson ny obma in tyller
dianeth."

13Ev a leverys "Rewgh agas honen
sosten dhedhans dhe dhebry."

Y a worthebys, "Ny ny'gan beus
saw pymp torth a vara ha dew bysk—
marnas ny a wra mos dhe brena
sosten rag oll an dus-ma." 14Rag yth
esa ogas dhe bymp mil dhen i'n
tyller-na.

Jesu a leverys dh'y dhyscyplys,
"Gwrewgh dhedhans esedha in
cowethasow, hag adro dhe hanter-
cans den in kenyver bagas." 15Y a
wrug indella, ha pùbonen a esedhas.
16Jesu a gemeras in y dhewla an pymp
torth ha'n dhew bysk. Wosa derevel
y lagasow, ev a's benegas ha'ga
therry, ha'ga ry dh'y dhyscyplys dhe
radna inter an bobel. 17Pùbonen a
dhebras ha cafos lowr, hag y feu
cùntellys dewdhek canstel a'n
brewyon gesys.

18Pàn esa Jesu udn jorna ow pesy,
ha nag esa ganso mès y dhyscyplys, ev
a wovydnas ortans, "Pyw a lever an
bobel ow bosa vy?"

19"Jowan Baptyst," y a worthebys,
"pò Elias warlergh radn erel—mes
radn erel arta a lever bos dasvewys
onen a brofettys an dedhyow coth."

20Ev a leverys dhedhans, "Saw pyw
a lever whywhy y bosama?"

Peder a worthebys, "An Crist a
Dhuw."

21Ev a wrug comondya hag erhy
straitly dhedhans, na wrellens derivas
an dra-ma dhe dhen vëth, 22rag ev a
leverys, "Res yw dhe Vab an Den
sùffra lies tra, ha bos sconys gans tus
hen an Yêdhewon, gans an chif
prontyryon ha'n scrîbys, ha bos
ledhys ha dassevel an tressa jorna."

23Jesu a leverys dhedhans, "Mar
mydn nebonen ow sewya, gwrêns ev
kenyver jorna derevel y grows, naha
y honen ha dos wàr ow lergh. 24Rag
neb a vydna selwel y vêwnans, a wra
y gelly, saw neb a wrella kelly y
vêwnans rag ow herensa vy, ev a wra
y selwel. 25Py prow a'n jevyth neb-
onen, mar teu va ha gwainya oll an
bës, mès kelly pò hepcor y honen?
26Rag pynag oll a gemerra meth
ahanaf hag a'm geryow vy, Mab an
Den a vydn perthy meth anodho ev,
pàn dheffa gans glory ha gans
gordhyans an Tas ha'n eleth sans.
27In gwir me a lever dhywgh, fatell
usy re a'ga sav obma na wra tastya
mernans, erna wrellens gweles
gwlascor Duw ow tos."

28Adro dhe eth jorna wosa an
geryow-ma Jesu a gemeras ganso
Peder, Jowan ha Jamys hag ascendya
i'n meneth, may halla va ena pesy.
29Pàn esa va ow cul pejadow, y feu
chaunjys semlant y fâss hag yth esa y
dhyllas ow spladna pòr wydn.
30Dystowgh y a welas dew dhen ow
kestalkya gans Jesu. Moyses hag Elias
êns y. 31Y a omdhysqwedhas in glory
ha côwsel orto adro dh'y dhybarth, a
resa Jesu collenwel yn scon in
Jerùsalem. 32Yth esa cùsk poos wàr
Peder ha wàr y gowetha; saw dre
rêson y dhe vos dyfun, y a welas y
glory ha'n dhew dhen ow sevel
warbarth ganso. 33Pàn esens y ow
tyberth dhywortans, Peder a leverys
dhe Jesu, "A vêster, dâ yw genen bos

obma. Gesowgh ny dhe wul teyr
scovva, onen ragos jy, onen rag
Moyses hag onen rag Elias." Rag ny
wodhya pëth esa va ow leverel.

34I'n prës-na hag ev whath ow
côwsel, y teuth cloud ha'ga hudha.
Ha pàn esens owth entra i'n cloud, y
a gemeras own brâs. 35Hag y teuth
lev mes a'n cloud ow leverel, "Hèm
yw ow Mab, re beu dêwysys genef.
Goslowowgh orto!" 36Pàn dewys an
lev, y a gafas Jesu a'y honen oll. Ha
ny wrussons derivas an taclow a
welsons dhe dhen vëth, saw tewel yn
tien adro dhedhans.

37Ternos, pàn wrussons skydnya
dhywar an meneth, rûth vrâs a
dheuth wàr y bydn. 38Ha mir, den i'n
rûth a grias warnodho ow leverel,
"Descador, me a'th pës a veras orth
ow mab—ow unvab ywa. 39Y fëdh
spyrys orth y sêsya dhesempys, ha
dystowgh uja a wra. An spyrys a wra
y shakya erna dheffa ewon mes a'y
anow. Y debel-dhyghtya a wra, ha
scant ny vydn ev y asa in cres. 40Me a
besys dha dhyscyplys a'y dôwlel in
mes, saw ny yllens poynt."

41Jesu a'n gorthebys ha leverel, "A
heneth treus ha heb crejyans vëth,
pana bellder a res dhybm bos
genowgh ha'gas perthy? Dro dha vab
obma."

42Pàn esa an mab ow tos dhodho,
an tebel-spyrys a wrug y dhehesy
dhe'n dor ha'y shakya yn freth. Saw
Jesu a rebûkyas an spyrys avlan, hag
a sawyas an maw ha'y ry arta dh'y das.
43Pùbonen a'n jeva marth a vrâster
Duw.

Marth a'n jeva pùb huny a oll an
taclow esa Jesu ow cul, hag ev a
leverys dh'y dhyscyplys, 44"Deuns an
geryow-ma bys i'gas scovornow.
Traitys vëdh Mab an Den inter dewla
tus." 45Saw ny wrussons y convedhes
an lavar-ma; kelys veu y styr dhy-
wortans, ma na yllens y bercêvya.
Hag y a veu own a wovyn orto tra
vëth adro dhe'n lavar.

46Strif a sordyas i'ga mesk pyneyl
anodhans a vedha an brâssa. 47Pàn
wrug ev convedhes preder aga brës,
Jesu a gemeras flogh ha'y settya
dhyragtho. 48Ev a leverys dhedha,
"Pynag oll a wrella recêva an flogh
ma i'm hanow vy, yma va orth ow
recêva vy. Ha pynag oll a wrella ow
recêva vy, yma va ow recêva hedna a
wrug ow danvon. Rag an lyha oll
ahanowgh a vëdh an brâssa."

49Jowan a worthebys, "Mêster, ny
a welas nebonen ow tôwlel in mes
dewolow i'th hanow jy, ha ny a
whelas y lettya, dre rêson nag usy va
orth agan sewya."

50Saw Jesu a leverys dhodho, "Na
wrewgh y lettya nes. Pynag oll na vo
wàr agas pydn, ragowgh why yth yw."

51Pàn dheuth nessa an dedhyow,
may fedha derevys in bàn, ev a settyas
y fâss yn colodnek dhe dravalya bys
in Jerùsalem. 52Ha danvon a wrug
messejers dhyragtho. Wàr aga fordh
y a entras in tre a'n Samarytans, may
hallens y parusy taclow ragtho. 53Saw
ny wrussons aga wolcùbma, dre rêson
y fâss dhe vos settys tro ha Jerùsalem.
54Pàn welas y dhyscyplys, Jamys ha
Jowan, hedna, y a leverys, "Arlùth, a
vynta jy ny dhe erhy tan dhe skydnya
mes a'n nev dhe'n dor ha'ga lesky?"
55Saw ev a drailyas ha'ga rebûkya.
56Nena y êth dhe gen tre.

57Pàn esens ow kerdhes i'n fordh,
nebonen a leverys dhodho, "Me a
vydn dha sewya pynag oll fordh may
whrelles mos."

58Jesu a leverys dhodho, "An
lewern a's teves tell, ha'n ÿdhyn aga
neythow—mes ny'n jeves Mab an
Den tyller vëth dhe bowes y bedn."
59Dhe dhen aral Jesu a leverys,
"Gwra ow sewya vy." Saw ev a
leverys, "Arlùth, gas vy kyns dhe vos
hag encledhyas ow thas."
60Saw Jesu a leverys "Gesowgh an
re marow dhe encledhyas an re
marow; saw te, kê ha progeth gwlas-
cor Duw."
61Nebonen aral a leverys, "Dha
sewya me a vydn, saw gas vy kyns dhe
vos ha gasa farwèl gans ow meyny."
62Saw ev a leverys dhodho, "Den
vëth a wrella settya y dhorn wàr an
ardar ha meras wàr dhelergh, wordhy
nyns ywa màn a wlascor Duw."

10 Wosa an taclow-ma an
Arlùth a appoyntyas deg ha
try ugans, ha'ga danvon dew ha dew
dhyragtho bys in kenyver tre ha tyller
mayth o va ervirys mos y honen. 2Ev
a leverys dhedhans, "Brâs yw an
drevas, mès tanow yw an vejoryon.
Rag hedna pesowgh Arlùth an drevas
dhe dhanvon gonesyjy in mes dhe
vejy. 3Kewgh wàr agas fordh. Mer-
owgh, yth esof orth agas danvon in
mes kepar hag ên in mesk bleydhas.
4Na dhegowgh genowgh naneyl pors,
na sagh, na sandalys. Na wrewgh
dynerhy den vëth i'n fordh.
5"Pynag oll chy a wrellowgh entra
ino, kyns oll leverowgh, 'Cres Duw
aberth i'n chy-ma!' 6Mar pëdh den a
gres i'n plâss-na, agas cres a wra
remainya ganso. Mar ny vëdh,
dewheles a wra agas cres dhywgh.
7Tregowgh i'n keth chy, ha
debrowgh hag evowgh a wrellens ry
dhywgh, rag wordhy yw an gonesyas
a'y wober. Na wrewgh chaunjya dhia
jy dhe jy.
8"Pàn wrellowgh why entra in tre
ha'n dregoryon dh'agas wolcùbma,
debrowgh a vo settys dhyragowgh.
9Sawyowgh an glevyon usy i'n tyller,
ha leverowgh dhedhans, 'Re dheuth
gwlascor Duw ogas dhywgh.' 10Saw
bëth pàn wrellowgh why entra in chy,
ha na wra an dus agas wolcùbma,
kewgh in mes i'n strêtys ha lever-
owgh, 11'An very doust a'n dre-ma
usy ow clena orth agan treys, yth
eson ny orth y shakya dhywarnan yn
dùstuny wàr agas pydn. Saw godh-
vedhowgh hebma: ogas yw gwlascor
Duw.' 12Me a lever dhywgh: i'n
jorna-na y fëdh moy plesont dhe
Sodom kyn fe ès dhe'n keth tyller-na.
13"Gojy, Corosaym! Gojy,
Besseda! Oll an oberow galosek
gwrës inowgh, a pêns y gwrës in Tir
ha Sîdon, aga thregoryon a wrussa
kemeres edrek termyn pell alebma,
hag esedhys viens lebmyn in iscar ha
lusow. 14Êsya vëdh dëdh breus rag
Tir ha Sîdon ès ragowgh why. 15Ha
te, Capernaùm, a vedhys jy exaltys
bys in nev? Na vedhys, te a vëdh drës
dhe'n dor bys in pyt iffarn.
16"Neb a wrella agas clôwes why,
ev a'm clôw vy, ha neb a wrella agas
despîsya why, yma orth ow despîsya
vy, ha neb a wrella ow despîsya vy,
yma ow tespîsya hedna a wrug ow
danvon vy."
17An deg ha try ugans a dhewhelys
dhodho gans joy ha leverel, "Arlùth,
i'th hanow jy yma an dhewolow aga
honen gostyth dhyn ny!"
18Ev a leverys dhedhans, "Me a
welas Satnas ow codha mes a'n nev
kepar ha luhesen. 19Merowgh, me re
ros dhywgh auctoryta dhe drettya

wàr nedras ha scorpyons, ha wàr oll
gallos agas eskerens; ha ny wra tra
vëth oll agas shyndya. 20Bytegyns na
gemerowgh joy dre rêson an
dhewolow dhe obeya dhywgh, mes
rejoycyowgh kyns drefen bos agas
henwyn screfys in nev."

21I'n keth prës-na Jesu a rejoycyas
i'n Spyrys Sans ha leverel, "A Das,
Arlùth an nev ha'n bës, me a aswon
grâss dhis awos te dhe gudha an
taclow-ma dhyworth an re skentyl
ha'n dus fur, ha'ga dysqwedhes dhe'n
re munys. Ea, a Das, rag indella y feu
dha volùnjeth leun a râss.

22"Yma pùptra grauntys dhybm
gans ow Thas; ha ny wor nagonen
saw an Tas pyw yw an Mab; naneyl
ny wor den vëth pyw yw an Tas, saw
an Mab, ha neb a vydna an Mab y
dhysclôsya dhodho."

23Nena Jesu a drailyas dhe'n dys-
cyplys ha leverel, "Benegys yw an
lagasow usy ow qweles pùptra a
welowgh why! 24Me a lever dhywgh,
fatell esa lies profet ha lies mytern ow
tesîrya gweles a welsowgh why, mes
y ny'n gwelsons poynt, ha whensys
êns dhe glôwes a wrussowgh whywhy
clôwes, mès ny wrussons bythqweth
y glôwes."

25Mir, den a'n laha a savas in bàn
may halla va prevy Jesu. "Descador,"
yn medh ev, "pëth a res dhybm gul
rag eryta an bêwnans nefra a bys."

26Ev a leverys dhodho, "Pandr'yw
screfys i'n laha? Pëth esta ow redya
ino?"

27Ev a worthebys, "'Te a dal cara
an Arlùth dha Dhuw gans oll dha
golon, ha gans oll dha enef, ha gans
oll dha nerth, ha gans oll dha vrës';
ha 'Te a dal cara dha gentrevak kepar
ha te dha honen.'"

28Ev a leverys dhodho, "Te re
worthebys yn ewn. Gwra indella ha
bewa te a wra."

29Saw ev a vydnas jùstyfia y honen,
ha rag hedna ev a wovydnas orth
Jesu, "Pyw yw ow hentrevak?"

30Jesu a worthebys, "Yth esa den
ow mos dhyworth Jerùsalem wàr
nans dhe Jeryco ha ladron a lenas
orto. Y a'n stryppyas yn noth, y a'n
cronkyas ha scant ny wrussons gasa
dhodho y vêwnans, kyns ès voydya
alena. 31Dre hap yth esa pronter ow
skydnya i'n fordh-na, ha pàn wrug ev
y weles wàr an fordh, ev a bassyas
dresto wàr an tenewen pell. 32In-
delma inwedh y teuth Levîta dhe'n
tyller, ha pàn welas ev an den, ev
kefrës a dremenas dresto wàr an tu
aral. 33Saw Samarytan a dheuth ogas
dhodho hag ev ow travalya; ha pàn
wrug y welas, ev a gemeras pyteth
anodho. 34Dos nes a wruga, ha devera
oyl ha gwin wàr y woliow ha'ga
helmy in bàn. Nena ev a'n settyas wàr
y asen y honen, y dhry dhe ostel ha
kemeres with anodho. 35Ternos ev a
gemeras in mes dyw dheneren, ha'ga
ry dhe ost an chy, ha leverel, 'Kebmer
with a'n den-ma, ha pàn dheffen ha
dewheles, pynag oll dra moy a wrelles
spêna worto, me a be an scot.'

36"Pyneyl a'n try na esta ow tyby
dhe vos kentrevak dhe'n den a godhas
inter dewla an ladron?"

37Ev a leverys, "Hedna neb a wrug
dysqwedhes tregereth dhodho." Jesu
a leverys dhodho, "Kê ha gwra
indella."

38Pàn esens y ow mos wàr aga
fordh, ev a entras in certan tre, le may
whrug benyn henwys Martha y
wolcùbma aberth in hy chy. 39Whor
a's teva henwys Maria, a wre esedha

orth treys an Arlùth rag clôwes y
eryow. 40Saw Martha o ancom-
brynsys gans hy lies dûta, ha dos dhe
Jesu ha leverel, "Arlùth, a nyns yw
bern dhis ow whor dhe'm gasa dhe
wul oll an ober ow honen oll? Lavar
dhedhy ow gweres!"

41Saw an Arlùth a's gorthebys,
"Martha, Martha, te yw prederys a
lies tra, 42mes nyns eus res saw unsel
udn dra. 43Maria re wrug dêwys an
radn wella, na vëdh nefra kemerys
dhyworty."

11 Yth esa va ow pesy in certan
tyller, ha wosa ev dhe
dhewedha, onen a'y dhyscyplys a
leverys dhodho, "Arlùth, dysk dhyn
pesy, kepar dell wrug Jowan desky
pejadow dh'y dhyscyplys."

2Ev a leverys dhedhans, "Pàn
vewgh why ow pesy, leverowgh,

"'A Das, re bo benegys dha hanow.
Re dheffa dha wlascor.
3Ro dhyn hedhyw agan bara a bùb
dëdh oll.
4Ha gav dhyn agan pehosow,
kepar dell eson ny ow pardona an
re-na usy in kendon dhyn.
Ha na wra agan dry bys in termyn
an prevyans.'"

5Ev a leverys dhedhans, "Pyw
ahanowgh a vynsa mos i'n nos dhe
onen a'y gothmans ha leverel, 'A
vroder, gwra prestya dhybm teyr
thorth a vara, 6rag coweth re dheuva
dhybm dhyworth an fordh, ha ny'm
beus tra vëth dhe settya dhyragtho'?

7"Nena an den i'n chy a vydn
gortheby ha leverel, 'Na wra ow
throbla. Yma an daras degës solabrës
ha'm flehes genef vy i'n gwely. Ny
allama sevel ha ry dhis.' 8Me a lever
dhywgh, kyn na vynsa sevel ha ry
dhodho tra vëth, dre rêson y vos y
gothman, dhe'n lyha ev a vynsa sevel
in bàn ha ry dhodho pynag oll tra a
wrella desîrya awos y dhuryans hir.

9"Me a lever dhywgh: govyd-
nowgh, hag y fëdh rës dhywgh;
whelowgh, ha why a gav; knouk-
yowgh, hag y fëdh egerys dhywgh.
10Rag pynag oll a wrella govyn, a wra
recêva; pynag oll a vo ow whelas, a
wra cafos, ha pynag oll a wrella
knoukya, dhodho y fëdh egerys.

11"Eus den vëth ahanowgh, pàn
wrella y vab erhy pysk dhyworto, a
vynsa ry serpont dhodho? 12Pò a rosa
scorpyon dhodho in le oy? 13Mar
kyllowgh whywhy ry royow dâ
dh'agas flehes, kynth owgh why
ùnperfeth, pygebmys dhe voy a vydn
agas Tas in nev ry an Spyrys Sans
dhe'n re-na usy orth y whelas?"

14Yth esa Jesu ow tôwlel in mes
tebel-spyrys omlavar. Pàn wrug y
dôwlel in mes, an den omlavar a
gowsas, hag amays veu an rûth. 15Saw
yth esa radn anodhans ow leverel,
"Dre Belsebùk, rewler an dhewolow,
yma va ow tôwlel in mes dewolow."
16Re erel, rag y brevy, a dhemondyas
dhyworto sin mes a nev.

17Saw ev a wodhya aga brës ha
leverel dhedhans, "Pùb gwlascor, neb
a vo rydnys wàr hy fydn hy honen, a
vëdh wastys, ha kenyver chy inhy a
wra codha wàr jy aral. 18Mar pëdh
Satnas rydnys wàr y bydn y honen,
fatell yll y wlascor sevel? Rag why a
lever, me dhe dôwlel dewolow in mes
in hanow Belsebùk. 19Mar teuma ha
tôwlel tebel-spyrysyon in mes in
hanow Belsebùk, in hanow pywa usy
agas mebyon why orth aga thôwlel in

mes? Y a vëdh agas brusysy ytho.
20Saw mar teuma ha'ga thôwlel in
mes der an bës a Dhuw, nena gwlas-
cor Duw re dheuth dhywgh solabrës.
21"Pàn vo den crev cowl-ervys ow
qwetha y gastel y honen, diogel yw y
bosessyon. 22Saw mar teu nebonen
creffa agesso ha'y assaultya ha'y gon-
qwerrya, an den-na a gebmer qwit
dhe ves y arvow, esa va ow trestya
inhans, ha radna y bray.

23"Pynag oll na vo genama, yma va
wàr ow fydn, ha neb na vo ow cùntell
genef, scùllya a wra.

24"Pàn vo an tebel-spyrys gyllys
mes a'n den, mos a wra adro i'n
tyleryow sëgh ow whelas powesva,
mes ny's cav màn. Nena an spyrys a
lever, 'Me a vydn dewheles dhe'm
chy, a wrug avy dos mes anodho.'
25Pàn dheffa va tre, ev a gav an chy
scubys ha restrys. 26An spyrys a wra
dyberth i'n tor'-na, ha dry ganso
seyth spyrys erel, hag y lacka agesso
y honen, hag y oll a wra entra i'n
plâss ha bewa ino; ha plît dewetha an
den yw gweth ès i'n dallath."

27Pàn esa va ow côwsel indelma,
benyn i'n rûth a dherevys hy lev ha
leverel, "Benegys yw an brës a wrug
dha dhon, ha benegys an dhywvron a
wrug dha vaga!"

28Saw ev a leverys dhedhy, "Nâ,
benegys yw an re-na a wrella clôwes
geryow Duw ha gul wàr aga lergh!"

29Pàn esa rûth an dus owth en-
cressya, ev a dhalathas leverel, "Drog
yw an heneth-ma, rag ymowns y ow
whelas sin, saw onen vëth ny vëdh rës
dhedhans, marnas sin Jônas. 30Rag
kepar dell veu Jônas sin dhe
dregoryon Nyneve, in kepar maner
Mab an Den a vëdh yn sin dhe'n
heneth-ma. 31Myternes an Soth a wra
sevel dëdh breus warbarth gans an
heneth-ma, ha hy a wra aga dampnya,
rag hy a dheuth dhyworth pednow an
bës rag goslowes orth furneth
Salamon, hag ot obma neppyth
brâssa ès Salamon. 32Tus Nyneve a
wra sevel dëdh breus warbarth gans
an heneth-ma, hag y a wra aga
dampnya, dre rêson tus Nyneve dhe
godha in edrek pàn glôwsons progeth
Jônas. Hag awot neppyth brâssa ès
Jônas.

33"Ny wra den vëth anowy lantern
ha'y worra in tyller cudh, nag in dadn
vùshel, mès yma va orth y settya wàr
goltrebyn, may halla seul a wrella
entra gweles an golow. 34Dha lagas
yw lantern dha gorf. Pàn yw dha lagas
salow, golowys vëdh oll dha gorf. Saw
mar pëdh an lagas anyagh, dha gorf a
vëdh leun a dewolgow. 35Rag hedna
gwra consydra mars yw tewl an
golow usy inos, pò nag ywa. 36Mars
yw dha gorf glân ilyn in pùb poynt, y
fëdh ev mar spladn avell lantern usy
ow tewynya warnas gans oll y
wolowyjyon."

37Pàn esa va whath ow côwsel,
Farysy a dheuth ha'y elwel dhe gona
ganso. Rag hedna ev a entras in y jy
ha kemeres y dyller orth an bord.
38Marth a'n jeva an Farysy pàn welas,
na wrug Jesu golhy y honen kyns ès
debry.

39Nena an Arlùth a leverys dhodho,
"Yth esowgh, why Farysys, ow pùrjya
an tu avês a'n hanaf hag a'n scudel,
saw leun owgh wàr jy a goveytys hag
a dhrog. 40Why fôlys! Ev neb a wrug
an tu avês, a ny wrug ev an tu wàr jy
kefrës? 41Rag hedna rewgh yn alusen-
ow an taclow-na usy wàr jy, ha
merowgh, pùptra a vëdh glân
ragowgh.

42"Saw gowhy, why Farysys! Rag
yth esowgh why ow tegevy menta,
rûta, ha pùb losowen aral, mes yth
esowgh ow tysprêsya jùstys ha
kerensa Duw. An re ma a dalvia bos
practycys genowgh, heb dysprêsya an
taclow erel.

43"Gowhy, why Farysys! Rag dâ yw
genowgh esedha in esedhva a onour
i'n synagys, ha bos dynerhys gans
revrons brâs i'n marhasow.

44"Gowhy! Rag yth owgh why
kepar ha bedhow diarweth—hag y
fëdh an dus ow kerdhes warnodhans
heb y wodhvos."

45Onen a dus an laha a'n gorthebys
ha leverel, "Descador, pàn wrêta
leverel an taclow ma, yth esta orth
agan dysprêsya ny kefrës."

46Jesu a leverys, "Gowhy kefrës,
why dus an laha, rag yth esowgh why
ow corra beghyow cales ha poos wàr
an bobel, ha ny wrewgh why unweyth
derevel bës rag aga scafhe.

47"Gowhy, rag byldya a wrewgh
why meyn bedhow an profettys, kyn
fowns y ledhys gans agas hendasow.
48Dùstuny owgh why ytho, ha why
acordys gans obereth agas hendasow.
Rag y a wrug ladha an profettys, hag
yth esowgh whywhy ow pyldya aga
meyn bedhow. 49Rag hedna Skians
Duw a leverys, 'Me a vydn danvon
dhedhans profettys hag abosteleth,
hag y a wra ladha ha tormentya radn
anodhans,' 50rag may fo an heneth-
ma cablus a woos pùb profet dhia
fùndacyon an bës, 51dhia bàn ledhys
Abel, bys in goos Zacarias, hag a veu
moldrys inter an alter ha'n sentry. Ea,
an taclow-na oll a vëdh i'n lîbel
warbydn heneth an dedhyow-ma.

52"Gowhy, why dus an laha, rag
why re gemeras dhe ves alwheth an
skentoleth. Ny wrussowgh why agas
honen mos ajy, mes why a lettyas an
re-na esa owth entra."

53Pàn êth ev in mes a'n chy, an
scrîbys ha'n Farysys o serrys brâs wàr
y bydn, hag y a wrug y whythra glew
ow tùchya lies tra, 54ha'y aspia
hardlych, may hallens y vlâmya awos
neppyth a wrella va leverel.

12 Pàn wrug an rûthow cùntell
i'ga milyow, mayth esens ow
trettya an eyl wàr y gela, Jesu a
dhalathas côwsel orth y dhyscyplys,
"Bedhowgh war a wel an Farysys, hèn
yw, a'ga fekyl cher. 2Nyns eus tra
vëth kelys na vëdh dyscudhys, naneyl
tra vëth sêcret na vëdh dysclôsys.
3Rag hedna pynag oll dra a vo côwsys
genowgh in dadn gel, an keth a vëdh
clôwys orth golow dëdh. Kenyver tra
a wrussowgh whystra yn pryveth, a
vëdh declarys dhywar dohow an
treven.

4"Me a lever dhywgh, ow hoth-
mans, na dal dhywgh kemeres own
a'n re-na a ladh an corf. Rag wosa
hedna ny yllons y gul namoy. 5Me a
lever dhywgh pyw a dal dhywgh bos
war anodho. Kemerowgh with a'n re-
na a's teves power, wosa ladha den,
dh'y dôwlel dhe'n dor bys in iffarn.
Ea, perthowgh own a'n re-na! 6A ny
wrowns y gwertha pymp golvan a
dhyw dheneren? Bytegyns ny wra
Duw aga ankevy màn. 7Reknys yw oll
blew agas pedn! Na berthowgh
awher. Why a dal moy ès lies golvan.

8"Me a lever dhywgh: kenyver
onen a wrella ow avowa dhyrag tus,
Mab an Den a vydn y aswon dhyrag
eleth Duw. 9Saw pynag oll a wrella
ow denaha dhyrag tus, ev a vëdh
denahys yn golok eleth Duw. 10Pynag

oll a lavarra ger warbydn Mab an
Den, pardonys vëdh dhodho; mès
pynag oll a wrella cably an Spyrys
Sans, ny gav ev gyvyans benytha.

11“Pàn wrellons y agas dry dhyrag
an synagys, an rewlysy ha’n auctory-
tas, na vedhowgh prederys, naneyl
fatell wrellowgh why defendya agas
honen na pandra gotha dhywgh
leverel. 12Rag an Spyrys Sans a wra
agas desky an geryow compes
dhywgh i’n very termyn-na.”

13Nebonen i’n rûth a leverys
dhodho, “Descador, comond dhe’m
broder radna erytans agan meyny
intredhon agan dew.”

14Saw ev a leverys dhodho, “A
gothman, pyw a’m settyas vy yn jùj
pò yn brusyas a-uhowgh?” 15Hag ev
a leverys dhedhans, “Bedhowgh war!
Kemerowgh with a bùb sort coveytys,
rag moy yw bêwnans nebonen ès
posessyon ha rychys.”

16Nena ev a dherivas dhedhans an
whedhel ma: “Den rych a’n jeva
bargen tir ha meur a drevas ino. 17Ev
a leverys dhodho y honen, ‘Pandra
dal dhybm gul, rag ny’m beus tyller
vëth rag gwetha oll an drevas?’

18“Nena ev a leverys, ‘Ot an dra a
wrama: me a vydn dysevel oll ow
skyberyow ha byldya moy, hag y a
vëdh brâssa agessans. Hag inhans y
me a vydn gorra oll ow threvas ha’m
pëth. 19Ha me a vydn leverel dhe’m
ena, Ena, yma genes i’th withva lowr
ha plenty bys pedn lies bledhen. Te a
yll omjersya lebmyn; gwra debry
tabm, eva badna ha bëdh mery.’

20“Saw an keth nos na Duw a
leverys dhodho, ‘Te bedn cog! An
very nos-ma y fëdh dha vêwnans
reqwîrys dhyworthys. Oll an taclow
neb a veu parys genes, pyw a’s
pewvyth i’n tor’-ma?’

21“Indelma y fëdh an câss gans an
re-na, usy ow cùntell hag ow qwetha
rychys ragthans aga honen, mès nag
yw rych tro ha Duw.”

22Ev a leverys dh’y dhyscyplys,
“Rag hedna me a lever dhywgh: na
berthowgh preder a’gas bêwnans,
pandra wrewgh why debry pò ow
tùchya agas corf ha pëth a wrewgh
gwysca. 23Moy yw an bêwnans ès
sosten, ha ha moy a vry yw an corf ès
an dyllas adro dhodho. 24Merowgh
orth an bryny: ny wrowns y naneyl
hasa na mejy. Ny’s teves creunjy na
skyber, mès yma Duw orth aga maga.
Pyseul dhe voy yw agas bry why ès
valew an ÿdhyn! 25A yll den vëth
ahanowgh der y brederow addya our
kyn fe dhe dhedhyow y oos? 26Rag
hedna, mar ny yllowgh why gul
unweyth tra vunys kepar ha hedna,
prag yth esowgh why prederus adro
dhe’n taclow erel?

27“Merowgh orth lyly an pras,
fatell usons ow tevy. Ny wrowns y
naneyl lavurya na nedha. Me a lever
dhywgh bytegyns, nag o Salamon in
oll y splander bythqweth mar brecyùs
gwyskys avellons y. 28Saw mar teu
Duw ha gwysca gwels an pras, yw yn
few hedhyw, mès a vëdh tôwlys
avorow aberth i’n tan, pyseul dhe voy
a wra va agas gwysca why—why dus
bohes agas crejyans. 29Na vedhowgh
pùpprës ow strîvya adro dhe sosten
ha dewas, ha sevowgh orth codha in
prederow. 30Rag yma nacyons an bës
ow strîvya awos oll an taclow-na, saw
agas Tas a wor yn tâ bos othem
dhywgh anodhans. 31In le an re-ma,
gwrewgh strîvya rag gwlascor Duw,

ha'n taclow-ma a vëdh rës dhywgh
kefrës.
32“Na berthowgh own, a flock
bian, rag yth yw plesour dâ agas Tas
ry dhywgh why y wlascor. 33Gwerth-
owgh agas pëth ha rewgh alusyon.
Gwrewgh porsys dhywgh why agas
honen na wra nefra fyllel, tresour bys
venary in nev, le na wra lader dos nes
ha na wra gowdhan dystrêwy. 34Rag
le may fo agas tresour, ena y fëdh
agas colon kefrës.
35“Bedhowgh grugysys rag lavurya,
ha bedhens anowys agas lùgern.
36Bedhowgh kepar ha'n re-na, usy ow
cortos aga mêster dhe dhewheles tre
dhyworth banket an demedhyans,
may hallons egery an daras dhodho,
pàn whrella va knoukya. 37Benegys yw
an gethwesyon-na a vëdh kefys yn
tyfun gans aga mêster, pàn wrella va
dos. In gwiryoneth me a lever
dhywgh hebma: ev a wra grugysa y
honen ha gul dhedhans esedha rag
debry, ha dos ha'ga servya. 38Mar teu
va orth golow nos pò orth terry an
jëdh ha'ga hafos i'n stât-na, benegys
vëdh an wesyon-na. 39Saw godhvedh-
owgh hebma: mar qwrussa mêster an
chy godhvos pana dermyn a vydna
dos an lader, ny vynsa gasa dhodho
terry aberth in y jy. 40Why kefrës a res
bos parys, rag yma Mab an Den ow
tos, pàn na vewgh why orth y wetyas.”
41Peder a leverys, “Arlùth, ywa
ragon ny te dhe dherivas an parabyl-
ma pò rag kenyver onen?”
42An Arlùth a worthebys, “Pyw yw
ytho an styward lel ha fur, a vydn y
vêster y settya a-ugh oll y gethwes-
yon, may halla va radna intredhans
aga sosten i'n prës ewn? 43Benegys
yw an kethwas a vëdh ow lavurya, pàn
dheffa y vêster tre. 44In gwiryoneth
me a lever dhywgh, dhe hedna ev a
wra ry an charj a oll y bosessyon.
45Saw mar teu an gwas-na ha leverel
dhodho y honen, ‘Lettys re beu ow
mêster hag ev ow tos,’ ha mar teu va
ha dallath cronkya an gethyon erel,
gwesyon ha mowysy, ha mar teu va
ha debry hag eva ha medhowy,
46mêster an kethwas-na a wra dos
jorna, na wor ev màn, hag ev a vydn
y bùnyshya, ha'y worra warbarth gans
an re dyslel.
47“An kethwas neb a wodhya
pandra vydna y vêster, saw na wrug
parusy y honen, naneyl gul an pëth
esa othem anodho, ev a gav stewan.
48Saw an den na wodhya badna, ha na
wrug an dra esa othem anodho, ny
vëdh ev cronkys mès yn scav. Seul a
vo meur rës dhodho, y fëdh meur
reqwîrys dhyworto; ha pynag oll a
veu meur trestys dhodho, y fëdh
demondys dhyworto moy whath.
49“Me re dheuth rag dry tan dhe'n
norvës, hag assa via dâ genef an tan
dhe vos anowys solabrës! 50Me a'm
beus besydhyans dhe vos besydhys
ganso. Ass yw chêson a fienasow
dhybm, erna vo va collenwys!
51Esowgh why ow tyby ow bosaf ow
try cosoleth dhe'n bës? Nag esof in
gwiryoneth, mès strif! 52Alebma rag
y fëdh rydnys pymp den in udn
meyny, dew dhen warbydn try dhen,
ha try dhen warbydn dew. 53Y a vëdh
owth omlath, tas warbydn mab, ha
mab warbydn tas, mabm warbydn
myrgh ha myrgh warbydn mabm,
dama dha warbydn hy gùhyth ha
gùhyth warbydn hy dama dhâ.”
54Ev a leverys kefrës dhe'n rûthow,
“Pàn esowgh why ow qweles cloud
ow sevel i'n west, dystowgh why a
lever, ‘Yma glaw ow tos.’ Hag

indelma y fëdh. 55Ha pàn welowgh
why gwyns soth ow whetha, why a
lever, 'Y fëdh potvan i'n pow.' Hag
indelma y fëdh. 56Ass yw fekyl agas
fara! Why a wor yn tâ fatell styrya
semlant an dor ha'n ebron. Prag na
wodhowgh why styrya an present
termyn?

57"Ha prag nag esowgh why ow
jùjya ragowgh agas honen an pëth a
vo ewn? 58Indelma pàn esta ow mos
gans dha gùhudhor dhyrag an jùstys,
whela yn fen dhe vos assoylys ganso
i'n fordh. Boken martesen te a vëdh
tednys dhyrag an brusyas, ha'n
brusyas a vydn dha worra in dewla an
offycer, hag ev a vydn dha dôwlel dhe
bryson. 59Me a lever dhis, na wrêta
nefra dos mes a'n tyller-na, erna
wrelles tylly dha dheneren dhe-
wetha."

13

Yth esa ena i'n tor'-na bùsh
a dus a dherivas orth Jesu
adro dhe'n Galyleans, fatell wrug
Pylat kemysky aga goos gans an
sacryfîcys esens y ow cul. 2Jesu a
worthebys dhedhans, "Esowgh why
ow soposya, dre rêson y dhe vos
ledhys indella, yth êns pehadoryon
lacka ès oll an Galyleans erel? 3Nâ,
nâ! Me a lever hebma dhywgh: mar
ny wrewgh why trailya dhyworth
agas pehosow, why oll a verow kepar
dell wrussons y. 4An êtek den-na neb
a veu ledhys pàn godhas warnodhans
tour Siloam—esowgh why ow
predery y dhe vos pehadoryon lacka
ès kenyver onen aral esa tregys in
Jerùsalem? 5Nag êns. Saw me a lever
dhywgh: marnas why a goodh in
edrek, why a wra merwel kepar ha'n
re-na."

6Nena ev a dherivas ortans an
parabyl-ma: "Yth esa den hag ev a'n
jeva fygwedhen in y vynyard, hag ev
a dheuth rag cafos frût dhyworty.
Saw ny gafas frût vëth. 7Rag hedna ev
a leverys dhe'n lowarthor, 'Mir, yth
esof vy ow tos obma nans yw teyr
bledhen rag cafos frût dhyworth an
fygwedhen-ma, saw ny wrug avy
cafos tra vëth whath. Trogh hy dhe'n
dor! Prag y fëdh an wedhen ow
wastya an dor?'

8"An lowarthor a worthebys, 'Syra,
gwra hy sparya bys pedn bledhen
moy, erna wryllyf palas adro dhedhy
ha'y theyla. 9Mar teu hy ha don frût
an vledhen a dheu, dâ lowr—saw mar
ny dheg hy frût vëth, te a yll hy
threhy dhe'n dor.'"

10Yth esa Jesu ow tesky in onen a'n
synagys jorna an sabot. 11Ha mir,
benyn a omdhysqwedhas neb a's teva
spyrys mans, ha hy re bia evredhek
nans o êtek bledhen. Cabmys dobyl o
hy, ma na ylly sevel serth in bàn.
12Pàn wrug Jesu hy gweles, ev a's
gelwys dhodho ha leverel, "A venyn,
delyvrys os a'th tysês." 13Hag ev a
settyas y dhewla warnedhy, ha heb let
hy a savas serth in bàn ha dallath
praisya Duw.

14Saw rewler an synaga a sorras,
drefen Jesu dhe sawya jorna an sabot,
hag yth esa va ow leverel dhe'n rûth,
"Yma whegh dëdh i'n seythen, pàn
godhvia bos lavur gwrës. Dewgh
obma onen an dedhyow-na kyns ès
dëdh an sabot."

15Saw an Arlùth a'n gorthebys,
"Ass yw fekyl agas gnas! A nyns usy
kenyver onen ahanowgh ow lowsya y
ojyon pò y asen jorna an sabot
dhyworth an presep, may halla va y
lêdya in kerdh ha ry dowr dhodho?

16A ny godhvia an venyn-ma, myrgh
dhe Abraham, a ny godhvia hy bos
fries jorna an sabot a'n wasonieth-
ma, esa hy strothys inhy gans Satnas
nans yw êtek bledhen?"

17Pàn wrug ev leverel hedna, oll y
eskerens a veu shâmys; saw yth esa oll
an rûth ow rejoycya orth an taclow
marthys a wre ev.

18Rag hedna ev a leverys, "Pana dra
yw gwlascor Duw, ha pëth a allama
hy homparya dhodho? 19Kepar ha
hasen gedhow yth yw. Nebonen a's
kemeras ha'y gorra in dor an lowarth.
Tevy a wrug an kedhow hag ÿdhyn
an air a dheuth ha gul aga neythow in
y varrow."

20Ev a leverys arta, "Pëth a wrama
comparya gwlascor Duw dhodho?
21Kepar ha gwel yw, a gemeras benyn
ha kemysky gans try musur a vleus
gwaneth, erna veu an toos derevys
ahës."

22Jesu êth der an cytas ha'n trevow
ow tesky hag ev ow travalya bys in
Jerùsalem. 23Nebonen a wovydnas
orto, "Arlùth, yns y nebes an re-na a
vëdh sawys?"

Ev a leverys dhedhans, 24"Strîv-
yowgh dhe entra der an daras strait,
rag me a lever dhywgh hebma: lies
huny a wra whelas entra, mès ny
vedhons abyl. 25Wosa den an chy dhe
sevel in bàn ha degea an daras, ha
why dhe vos a'gas sav orth an daras
ow knoukya hag ow kelwel, 'Arlùth,
egor an daras dhyn,' ev a vydn agas
gortheby ha leverel, 'Ny wòn poynt
a bleth esowgh why ow tos.'

26"Nena why a wra dallath cria,
'Ny a wrug debry hag eva warbarth
genes, hag yth eses ow tesky i'gan
strêtys ny.'

27"Saw ev a lever, 'Ny wòn an tyller
esowgh why ow tos anodho. Voyd-
yowgh dhyworthyf, oll why drog-
oberoryon!'

28"In eur-na y fëdh olva ha scrynva
dens, pàn wrellowgh why gweles
Abraham hag Isak ha Jacob hag oll an
profettys in gwlascor Duw, ha why
agas honen a vëdh tôwlys in mes.
29I'n termyn-na y teu an bobel
dhyworth an ÿst ha'n west, dhyworth
an north ha'n soth, hag y a wra debry
in gwlascor Duw. 30Hag awot, yma re
i'n tyller dewetha neb a vëdh kensa,
ha'n re kensa a vëdh dewetha."

31I'n very termyn na y teuth
dhodho certan a'n Farysys ha leverel
dhodho, "Voyd alebma, rag yma
Erod ow whelas dha ladha."

32Ev a leverys dhedhans, "Kewgh
ha leverowgh ragof vy dhe'n lowarn-
na, 'Mir, yth esof vy ow tôwlel in mes
tebel-spyrysyon hedhyw hag avorow,
hag ow sawya clevejow an dus, ha'n
tressa dëdh me a wra gorfedna ow
lavur. 33Saw hedhyw, avorow ha
trenja me a res mos wàr ow fordh, rag
ny yll profet vëth bos gorrys dhe'n
mernans marnas in Jerùsalem.'

34"Jerùsalem, Jerùsalem, an cyta
usy ow ladha an profettys hag ow
labedha an re-na a vëdh danvenys
dhedhy! Pana lowr torn a wrug avy
desîrya cùntell warbarth dha flehes,
kepar dell usy yar ow cruny hy
mebyon yar in dadn hy askelly, saw
nyns eses orth y dhesîrya màn! 35Mir,
agas chy re beu gesys dhywgh. Ha me
a lever dhywgh, na vydnowgh why
ow gweles, erna wrellowgh why
leverel, 'Benegys yw hedna usy ow
tos in hanow an Arlùth.'"

14 Yth hapnyas dhe Jesu entra
in chy onen a rewlysy an
Farysys jorna an sabot rag debry prës,
hag yth esens y orth y aspias glew.
2Ha mir, yth esa dhyragtho den clâv
a'n cleves dowr. 3Jesu a wovydnas
orth tus an laha ha'n Farysys, "Ywa
lafyl pò nag ywa sawya tus jorna an
sabot?" 4Saw y a dewys. Rag hedna
Jesu a'n kemeras ha'y sawya ha'y
dhanvon in kerdh.

5Nena ev a leverys dhedhans, "Mar
pëdh flogh pò ojyon dhe nebonen
ahanowgh hag ev codhys aberth in
pith dowr, a ny wrewgh why strait y
dedna in mes jorna an sabot kyn fe?"
6Saw ny alsens y wortheby.

7Pàn verkyas Jesu fatell wre an
ôstysy dêwys an tyleryow a onour, ev
a dherivas dhedhans an parabyl ma:
8"Pàn wrêta cafos galow dhe vanket
demedhyans, na wra esedha in plâss a
onour, rag dowt nebonen moy
wordhy agesos dhe vos gelwys dy
gans dha ost. 9Nena an ost, hag a
elwys an dhew ahanowgh, a vydn dos
dhis gans an geryow ma, 'Ro dha
blâss dhe'n den-ma.' Nena te a vëdh
shâmys ha dallath esedha i'n plâss
isella oll. 10Nâ, pàn vesta gelwys, kê
ha sedha i'n se isella, rag may halla
dha ost leverel dhis pàn dheffa,
'Cothman, kê in bàn dhe se uhella ès
hebma.' Nena onour a'th fëdh in
golok oll an re-na eus esedhys genes.
11Rag an re-na, usy owth exaltya aga
honen, a vëdh drës dhe'n dor, ha'n
re-na, usy owth hùmblya aga honen,
exaltys y a vëdh."

12Jesu a leverys dhe'n den a wrug y
elwel, "Pàn dheffesta ha ry con pò
soper, na wra gelwel dha gothmans,
dha vreder, dha nessevyn pò dha gen-
trevogyon rych, rag dowt y dhe'th
elwel jy arta ha te dhe vos rewardys.
13Pàn dheffes ha ry banket, galow
dhis an vohosogyon, an evredhygyon,
an re mans ha'n dhellyon. 14Benegys
vedhys rag ny yllons y dha
rewardya—mès te a gav dha weryson
orth dasserghyans an re gwiryon."

15Pàn glôwas onen a'n ôstysy an
ger-na, ev a leverys, "Benegys yw
hedna a wrella debry bara in gwlascor
Duw!"

16Nena Jesu a leverys dhodho, "Yth
esa den neb a ros con vrâs ha gelwel
lies huny dhedhy. 17Pàn dheuth
termyn an gon, ev a dhanvonas y was
dhe leverel dhe'n re-na o gelwys,
'Dewgh i'n tor'-ma, rag yma pùptra
parys.'

18"Saw pùbonen anodhans a
dhalathas ascûsya aga honen. An
kensa a leverys dhodho, 'Me re
brenas bargen tir, ha res yw dhybm
mos ha'y weles. Praydha, gav dhybm
na allama dos.'

19"Den aral a leverys, 'Me re
brenas pymp yew a ohen, ha me a
vydn mos dh'aga assaya. Gav dhybm
na allama bos ena.'

20"Den aral a leverys, 'Me a
dhemedhas agensow. Rag hedna ny
allaf dos.'

21"An gwas a dhewhelys ytho ha
derivas pùptra dh'y vêster. Den an
chy a sorras, ha leverel dh'y gethwas,
'Kê in mes bys in strêtys hag in
scochfordhow an dre, ha droy obma
an vohosogyon, an evredhygyon, an
dhellyon ha'n re mans.'

22"Ha'n gwas a leverys, 'Syra,
gwrës yw an pëth a wrussys comond-
ya, hag yma whath spâss i'th chy.'

23"Nena an mêster a gomondyas
dh'y servont ha leverel, 'Kê in mes
bys i'n fordhow hag i'n bownderyow,

ha gwra constrîna an bobel dhe entra,
may halla ow chy bos lenwys. 24Rag
yth esof ow teclarya dhis, na wra
tastya ow boos den vëth a'n re-na a
veu gelwys.'"

25Yth esa bùsh pòr vrâs a dus ow
travalya ganso. Jesu a drailyas ha
leverel dhedhans, 26"Pynag oll a
dheffa dhybm, saw na wrella hâtya tas
ha mabm, gwreg ha flehes, breder ha
wheryth, ea, ha'n bêwnans y honen,
ny yll ev bos ow dyscypyl vy. 27Seul
na wrella don y grows ha'm sewya vy,
ny yll ev bos ow dyscypyl.

28"Pyw ahanowgh why, pàn vo va
porposys dhe dherevel tour, na vynsa
kyns oll esedha rag acowntya an cost,
may halla va gweles eus dhodho
mona lùk rag y gollenwel? 29Poken,
pàn vo an fùndacyon settys ganso,
hag ev heb an pegans dh'y gowlwul,
pynag oll a'n gwella, a vydn gul ges
anodho. 30Leverel a wra pùbonen,
'An pollat-ma a dhalathas byldya, saw
ny ylly collenwel an ober!'

31"Pana vytern hag ev ow whelas
mos ha gwerrya warbydn mytern
aral, na wra kyns esedha ha consydra,
a yll ev y honen, gans y dheg mil, mos
in mes warbydn escar a'n jeves ugans
mil? 32Mar ny yll ev assaultya y escar,
yma va ow tanvon messejers dhodho,
hag ev whath pell dhyworto, rag
govyn ambosow cres. 33Rag hedna,
ny yll den vëth ahanowgh why bos
ow dyscypyl erna wrella hepcor oll y
bosessyon.

34"Dâ yw holan—mes mar teu va
ha kelly y sawour, fatell yll an sawour
bos restorys? 35Gwyw nyns ywa
naneyl dhe'n dor na dhe'n deylek.
Tus a wra y dôwlel dhe ves.

"Seul a'n jeffa scovornow rag
clôwes, gwrêns ev goslowes orthyf!"

15 Now, yth esa oll an dolor-
yon ha'n behadoryon ow tos
bys dhodho rag y glôwes. 2Hag yth
esa an Farysys ha'n scrîbys ow
croffolas hag ow leverel, "Yma an
pollat-ma ow wolcùbma pehadoryon
hag ow tebry gansans."

3Rag hedna Jesu a dherivas dhe-
dhans an parabyl ma, 4"Pyw ahan-
owgh, neb a'n jeves cans davas, na
wra gasa an nawnjek ha peswar ugans
i'n gwylfos, ha mos warlergh an
dhavas yw kellys, erna wrella hy
hafos? 5Kettel y's cav, ev a's set wàr y
dhywscoth ha rejoycya. 6Ha pàn dheu
va tre, gelwel a wra y gentrevogyon
ha'y gothmans ha leverel dhedhans,
'Rejoycyowgh genama, rag me re
gafas ow davas o kellys.' 7In kepar
maner, me a'n lever dhywgh, y fëdh
moy joy in nev adro dhe udn pehador
repentys, ès adro dhe'n nawnjek ha
peswar ugans na's teves othem vëth a
edrek.

8"Pò pana venyn, neb a's teves deg
deneren a arhans, mar teu hy ha kelly
onen anodhans, na vydn anowy
lantern, scubya an chy ha whelas glew
erna wrella hy hy hafos? 9Pàn wra hy
hy hafos, yma hy ow kelwel warbarth
hy hothmans ha'y hentrevogyon ow
leverel, 'Gwrewgh lowenhe genef vy,
dre rêson me dhe gafos an dheneren
o kellys.' 10Me a lever dhywgh: in
keth maner y fëdh lowena vrâs in
mesk eleth Duw adro dhe udn
pehador usy ow kemeres edrek."

11Nena Jesu a leverys, "Yth esa den
ha dhodho dew vab. 12An mab yonca
a leverys dh'y das, 'A das, ro dhybm
an radn a'n erytans a vydn codha
dhybm.' Y das ytho a wrug radna
intredhans y bëth.

13“Nebes dedhyow awosa an mab
yonca a gùntellas warbarth myns a’n
jeva, ha viajya bys in pow abell—hag
ena ev a wastyas oll y vona gans
harlotry. 14Pàn wrug ev spêna oll y
sùbstans, nown brâs a godhas wàr an
pow-na, hag ev a dhalathas bos in
esow. 15Gans hedna ev êth ha whelas
servys gans onen a cytysans an pow,
ha’n den a’n danvonas in mes dh’y
vargen tir dhe gemeres with a’y
borhelly. 16Whensys o va dhe lenwel
y bengasen a’n cûthow a dhebry an
mogh, saw ny wre den vëth aga ry
dhodho.

17“Pàn dheuth ev dh’y skians, ev a
brederys, ‘Pana lies servont in chy ow
thas a’s teves bara lowr ha plenty, hag
otta vy obma ow merwel rag ewn
nown! 18Me a vydn sevel in bàn, ha
mos dhe’m tas ha leverel dhodho, “A
das, me a behas warbydn gwlas nev
ha wàr tha bydn jy. 19Rag hedna me
nyns ov wordhy dhe vos gelwys dha
vab. Gwra ow dyghtya kepar hag
onen a’th servysy gober.”’ 20Rag
hedna ev a dhalathas wàr y fordh ow
mos dh’y das.

“Pàn esa va whath pell dhyworto, y
das a’n gwelas ha kemeres pyteth
anodho. Ev a bonyas dhodho, gorra
y dhywvregh adro dhe godna y vab
hag abma dhodho.

21“Nena y vab a leverys dhodho, ‘A
das, me re behas warbydn gwlas nev
ha dhyragos jy. Rag hedna nyns oma
wordhy dhe vos consydrys dha vab.’

22“Saw y das a leverys dhe’n
servysy, ‘Qwyk! Drewgh mantel—an
onen gwella oll—ha’y wysca inhy.
Settyowgh besow wàr y dhorn, ha
sandalys adro dh’y dreys.
23Kemerowgh an leugh peskys ha’y
ladha, may hallen ny debry ha
rejoycya! 24Rag ow mab obma o
marow, hag otta va lebmyn yn few.
Kellys o, mes ev re beu kefys.’ Hag y
a dhalathas rejoycya.

25“Yth esa an mab cotha war ves i’n
gwel. Pàn dheuth ev ogas dhe’n chy,
ev a glôwas menestrouthy ha tus ow
tauncya. 26Gelwel a wrug ev dhodho
onen a’n servysy, ha govyn orto
pandr’esa ow wharvos. 27An gwas a’n
gorthebys, ‘Agas broder re dheuth tre
ha’gas tas re ladhas an leugh peskys,
dre rêson ev dh’y gafos arta saw.’

28“Serrys veu an mab cotha i’n tor’-
na hag ev a sconyas entra i’n chy. Y
das a dheuth in mes dhodho ha
dallath plêdya ganso. 29Saw ev a
worthebys, ‘Goslow orthyf! Yth esof
vy ow lavurya ragos kepar ha keth
dres lies bledhen. Ny wrug avy dha
dhysobeya udn treveth kyn fe. Ha ny
wrusta unweyth ry dhybm myn. may
hallen omjersya gans ow howetha.
30Saw pàn dhewhelys tre dha vab jy,
wosa spendya oll dha rychys wàr
hôrys—te a ladhas ragtho an leugh
peskys!’

31“Nena y das a leverys dhodho,
‘Nâ, nâ, a vab—yth esta jy sùpprës
genef, hag a vo dhybm, dhis yma.
32Saw yma rêson dhyn ny dhe vos
lowen awos dha vroder. Marow o va
hag yma va lebmyn yn few. Kellys o
ha ny re’n cafas arta.”’

16

Jesu a gowsas indella orth y
dhyscyplys: “Yth esa den
rych neb a’n jeva styward. Y feu
dyskevrys dhodho y styward dhe
wastya posessyon y vêster. 2Rag
hedna ev a’n somonas dhodho ha
leverel, ‘Pandr’yw hebma esof vy ow
clôwes adro dhis? Ro dhybm acownt

a’th offys, rag ny ylta jy pêsya i’m
servys.’

3“Nena an styward a leverys dho-
dho y honen, ‘Pëth a wrama lebmyn,
pàn vydn ow mêster ow removya
dhyworth ow offys? Nyns oma crev
lowr dhe balas, ha meth a’m bia mos
dhe vegya. 4Me a wor pëth a wrama,
ma’m boma wolcùm in treven tus ha
me heb soodh.’

5“An styward a elwys dhodho oll
kendonoryon y vêster an eyl wosa y
gela. Dhe’n kensa ev a leverys,
‘Pygebmys yw dha gendon dhe’m
mêster?’

6“Ev a worthebys dhodho, ‘Cans
pycher oyl.’

“An styward a leverys, ‘Tan dhis
dha recken. Eseth qwyk ha scrif han-
tercans in le cans.’

7“Nena ev a wovydnas orth ken-
donor aral, ‘Pygebmys esta in
kendon?’

“‘Cans bùshel gwaneth,’ yn medh
ev.

“An styward a leverys, ‘Ot obma
dhis dha recken. Scrif yn uskys pes-
war ugans.’

8“An mêster a gomendyas an
styward dyslel dre rêson ev dhe wul
furneth—rag yma flehes an oos ma
furra ès flehes an golow in negys gans
aga fobel aga honen. 9Me a lever
dhywgh: gwrewgh cothmans a’n dus
rych, pàn wrella mona fyllel, may
whrellens agas wolcùbma ajy i’n
treven nefra a bës.

10“Neb yw lel ow tùchya nebes, ev
a vëdh lel adro dhe lowr, ha neb yw
dyslel ow tùchya nebes, ev a vëdh
dyslel adro dhe lowr. 11Mar ny vewgh
why lel ow tùchya rychys an bës, pyw
a vydn trestya dhywgh an rychys
gwir? 12Mar ny vewgh why lel gans
pëth agas hynsa, pyw a vydn ry
dhywgh agas posessyon agas honen?

13“Ny yll gwas vëth servya dew
vêster. Rag ev a wra casa an eyl, ha
cara y gela. Poken ev a vydn ry
worshyp dhe’n eyl, ha dysprêsya y
gela. Ny yllowgh why servya Duw ha
mona.”

14Yth esa an Farysys ow coslowes
orto ha brâs o aga hoveytys. Gul ges
anodho a wrêns y. 15In medh Jesu
dhedhans, “Why yw an re-na usy ow
jùstyfia aga honen in golok an dus.
Saw Duw a wor agas colon—rag an
dra acowntys a valew brâs in mesk
mab den, casadow ywa in golok Duw.

16“Yth esa an laha ha’n profettys
gerys dâ bys i’n termyn may teuth
Jowan. Dhia an termyn-na yma
gwlascor Duw pregowthys hag yma
kenyver onen exortys dhe entra inhy.
17Saw êsya via dhe’n nev ha dhe’n
norvës mos qwit in kerdh, ès dhe udn
jet kyn fe dhe vos kellys dhyworth an
laha.

18“Seul a wrella dydhemedhy y
wreg ha demedhy benyn aral, yma va
ow cul avoutry wàr hy fydn, ha mar
teu an venyn dhydhemedhys ha
demedhy gour aral, hy yw gwadn-
wre’ty magata.

19“Yth esa den rych gwyskys in
pùrpur hag in sendal, ha golya a wre
hag omjersya pùb jorna oll. 20Yth esa
den bohosak orth yet y jy. Ev o
henwys Lasser, ha podrethek o y
grohen. 21Y fedha Lasser prèst
whensys dhe lenwel y bengasen a’n
tybmyn a godha dhywar vord an den
rych; saw yth esa an keun ow tos rag
lyckya y bodrethes.

22“An den bohosak a verwys, hag y
feu degys in kerdh gans an eleth hag
Abraham a’n recêvas in y ascra. An

den rych a verwys kefrës hag a veu
encledhys. 23Pàn esa va in iffarn in
tormens glew, ev a veras in bàn ha
gweles Abraham abell ha Lasser in y
ascra. 24'A Abraham, a das,' ev a grias,
'Kebmer trueth warnaf vy! Danvon
dhybm Lasser, may halla va troghya
bleyn y vës in dowr ha yeynhe ow
thavas, rag tormentys tydn ov i'n tan
ma!'

25"Saw Abraham a leverys dhodho,
'Porth cov, ow flogh, pàn es yn few,
te dhe recêva oll dha daclow dâ, hag
in kepar maner na wrug Lasser cafos
tra vëth mès drog. Saw i'n tor'-ma
confortys yw Lasser, ha te a'th eus
painys sherp. 26Ha pella, yma islonk
brâs settys intredhos jy ha ny, ma na
alsa passya alebma dhis den vëth, kyn
fia dâ dhodho. Naneyl ny yll nagonen
dos dhyn ny dhyworth dha denewen
jy.'

27"Ev a leverys, 'Rag hedna, a das,
me a'th pës a'y dhanvon dhe jy ow
thas avy—28rag me a'm beus pymp
broder—may halla va aga gwarnya,
rag dowt ynsy kefrës dhe dhos dhe'n
tyller-ma, yw leun a dormens.'

29"Abraham a leverys dhodho, 'Y
a's teves Moyses ha'n profettys. Y tal
dhedhans goslowes ortans y.'

30"Ev a leverys, 'Nâ, a Abraham, a
das, saw mar teu nebonen ha dos
dhedhans dhyworth an re marow, y a
vydn repentya.'

31"In medh Abram dhodho, 'Mar
ny wrowns y goslowes orth Moyses
ha'n profettys, ny vynsens cresy, kyn
whrella nebonen dasserhy mes a'n
bedh.'"

17 Jesu a leverys dh'y dhyscyp-
lys, "Ùnpossybyl ywa om-
wetha rag ocasyons a begh, mès goev
a wrellens y dos dredho. 2Gwell via
dhodho ev, a pe men melyn cregys
adro dh'y godna, hag ev tôwlys in
cres an mor, ès ev dhe vos chêson a
onen a'n flehes-ma dhe drebuchya.
3Bedhowgh war!

"Mar qwra dha vroder peha, gwra
y rebûkya. Ha mar qwra va codha in
edrek, gav dhodho. 4Mar teu va ha
peha seyth treveth i'n jorna, ha trailya
dhis seyth treveth ha leverel, 'Drog
yw genef,' gwra y bardona."

5Ha'y dhyscyplys a leverys dhe'n
Arlùth, "Ro dhyn crejyans."

6An Arlùth a leverys, "A pe crejyans
dhywgh why, why a vynsa leverel
dhe'n vorwedhen-ma, 'Bëdh dyw-
redhys ha plynsys in cres an mor',
ha'n wedhen a wrussa obeya dhywgh.

7"Pyw ahanowgh why a vynsa
leverel dh'y gethwas, pàn dheffa y
was tre wosa aras pò bugelya i'n gwel,
'Deus nes whare ha kebmer dha
dyller orth an bord'? 8A ny vynsowgh
why kyns leverel dhodho, 'Gwra
parusy ow soper dhybm! Gwysk dha
apern adro dhis, ha gwra ow servya,
may hallen debry hag eva; wosa
hedna te a yll debry hag eva dha
honen'? 9Esowgh why ow ry grassow
dhe'n gwas rag ev dhe wul an pëth a
veu comondys dhodho? 10Whywhy
kefrës, pàn wrellowgh why pùptra a
veu erhys dhywgh why, why a lever,
'Ny yw kethwesyon dhybrîs. Ny
wrussyn ny mès an pëth a godhvia
dhyn y wul.'"

11Wàr y fordh bys in Jerùsalem yth
esa Jesu ow mos der an pow inter
Samarya ha Galyle. 12Pàn wrug ev
entra in tre vian, deg leper a vetyas
orto hag y ow sevel pols dhyworto.
13Y a grias warnodho, "A Jesu, a
vêster, kebmer trueth warnan!"

14Pàn wrug ev aga gweles, ev a leverys dhedhans, "Ewgh ha dysqwedhowgh agas honen dhe'n brontyryon." Kettel wrussons y dyberth dhyworto, y a veu glanhës.

15Nena onen anodhans, pàn welas y vos yaghhës, a drailyas arta ow praisya Duw a lev uhel. 16Ev a dowlas y honen wàr an dor orth treys Jesu, ha ry grassow dhodho. Samarytan o va.

17Jesu a wovydnas, "A ny veu deg den sawys? Saw an naw erel, ple mowns y? 18A ny veu den vëth anodhans kefys dhe dhewheles dhe braisya Duw mès an alyon ma?" 19Nena Jesu a leverys dhodho, "Sa'bàn ha kê wàr dha fordh. Dha grejyans re wrug dha sawya."

20Unweyth y feu govydnys orth Jesu gans an Farysys pana dermyn a vydna gwlascor Duw dos, hag ev a worthebys, "Nyns usy gwlascor Duw ow tos gans taclow a alsa bos gwelys. 21Na ny vydnons y leverel, 'Ot obma hy,' naneyl 'Yma hy ena,' rag in gwiryoneth yma gwlascor Duw i'gas mesk."

22Nena ev a leverys dh'y dhyscyplys, "Yma an dedhyow ow tos may fedhowgh why whensys dhe weles onen a dhedhyow Mab an Den, saw ny wrewgh why y weles. 23Y a vydn leverel dhywgh why, 'Merowgh ena,' bo 'Merowgh obma.' Na wrewgh dyberth naneyl dallath wàr agas fordh rag whelas. 24Kepar dell usy an luhesen ow terlentry hag ow colowy an ebron dhia denewen dhe denewen, in kepar maner y fëdh Mab an Den in y jorna. 25Saw kensa, res yw dhodho godhaf lowr, ha bos sconys gans an heneth-ma.

26"Poran kepar dell o in dedhyow Noy, indella kefrës y fëdh in dedhyow Mab an Den. 27Yth esens y ow tebry, owth eva, hag ow temedhy, bys i'n jorna may whrug Noy entra i'n lester. An liv a dheuth ha dystrêwy pùbonen anodhans.

28"In kepar maner, poran kepar dell o va in dedhyow Lot, yth esens y ow tebry hag owth eva, ow prena hag ow qwertha, ow plansa hag ow terevel, 29saw an jorna may whrug Lot forsâkya Sodom, y codhas glaw a dan hag a loskven mes a'n ebron, ha ladha pùbonen anodhans.

30"Y fëdh kepar ha hedna pàn vo Mab an Den dyscudhys. 31I'n jornana, mar pëdh nebonen wàr an to hag aparell dhodho i'n chy, na wrêns ev skydnya rag y gemeres in kerdh ganso. Hag in kepar maner, seul a vo i'n gwel, ny dhal dhodho trailya wàr dhelergh. 32Remembrowgh gwreg Lot. 33An re-na usy ow whelas selwel aga bêwnans, a vydn y gelly. Ha'n rena a vydn kelly aga bêwnans, a wra y wetha. 34Me a lever dhywgh: i'n nosna y fëdh dew dhen i'n gwely. Onen anodhans a vëdh kemerys, ha'y gela gesys. 35Y fëdh dyw venyn ow melyas bleus warbarth. Onen anodhans a vëdh kemerys ha'y ben gesys. 36Y fëdh dew dhen i'n gwel. Onen anodhans a vëdh kemerys, ha gesys y gela."

37Nena y a wovydnas orto, "Pana dyller, Arlùth?"

Ev a leverys, "Le may fo an corf marow, ena y fëdh cùntellys an bryny kig."

18

Jesu a dherivas dhedhans parabyl, fatell resa dhedhans pesy pùpprës ha sevel orth kelly colon: 2“Yth esa brusyas in certan cyta, na’n jeva own vëth a Dhuw nag a dhen. 3I’n keth cyta na yth esa gwedhowes, ha hy pùpprës ow tos dhodho ow leverel, ‘Graunt dhybm jùstys warbydn ow escar.’

4“Rag pols hy sconya a wre, saw wàr an dyweth ev a leverys dhodho y honen, ‘Kyn nag eus own vëth oll dhybm naneyl a Dhuw nag a dhen vëth, 5bytegyns, drefen an wedhowes dhe vos pùpprës orth ow ania, me a vydn grauntya dhedhy jùstys, ma na wrella hy ow sqwitha, ha hy pùb jorna ow tos dhybm.’”

6An Arlùth a leverys “Goslowowgh orth an pëth a leverys an jùj anewn. 7A ny vydn Duw grauntya jùstys dh’y re dêwysys, usy ow cria warnodho dëdh ha nos? A vydn ev dylâtya pell kyns ès aga gweres? 8Me a lever dhywgh, fatell wra va grauntya jùstys strait dhedhans. Bytegyns, pàn dheffa Mab an Den, a vydn ev cafos crejyans i’n norvës?”

9Ev a dheclaryas kefrës an parabylma dhe certan tus, esa ow trestya inhans aga honen, fatell êns y ewnhensek hag y ow meras orth aga hynsa gans dysprêsyans. 10“Yth êth dew dhen in bàn dhe’n templa rag pesy. An eyl o Farysy, ha tollor y gela. 11Yth esa an Farysy a’y sav ganso y honen hag ev a besys indelma, ‘A Dhuw, yth esof ow ry dhis meur ras nag oma kepar ha tus erel: ladron, atlion, avoutrers, pò kepar ha’n tollor-ma kyn fe. 12Penys a wrav dywweyth kenyver seythen; yth esof ow ry dega a’m pegans oll.’

13“Saw yth esa an tollor a’y sav abell, ha ny vydna unweyth meras in bàn orth nev, mes yth esa ow qweskel y vrest ow leverel, ‘A Dhuw, kebmer trueth warnaf, pehador!’

14“Me a lever dhywgh, fatell êth hedna wàr nans dh’y jy jùstyfies, kyns ès an den aral. Rag kenyver onen usy owth exaltya y honen a vëdh hùmblys, saw seul a wrella hùmblya y honen, a vëdh exaltys.”

15Yth esa tus ow try dhodho aga flehes vian may halla va aga thùchya. Pàn welas y dhyscyplys hedna, y a erhys strait na wrellens indella. 16Saw Jesu a’s gelwys ha leverel, “Gesowgh an flehes dhe dhos dhybmo vy, ha na wrewgh aga lettya. Rag seul a vo haval dhe’n re-na, ev a bewvyth gwlascor Duw. 17In gwiryoneth me a lever dhywgh: seul na wrella recêva gwlascor Duw kepar ha flogh bian, ny yll nefra entra inhy.”

18Yth esa certan rewler hag ev a wovydnas orth Jesu, “Descador dâ, pandra dal dhybm gul rag eryta an bêwnans nefra a bës?”

19“Jesu a leverys dhodho, “Prag yth esta orth ow henwel vy ‘dâ’? Nyns yw den vëth dâ, mès Duw only. 20Te a wor oll an comondmentys: ‘Ny dal dhis gul avoutry, ny dal dhis moldra, ny dal dhis ladra, ny dal dhis ry fâls dùstuny, gwra onora dha das ha’th vabm.’”

21Ev a worthebys, “Oll an re-na me re sensys, dhia bàn veuma maw.”

22Pàn glôwas Jesu hedna, ev a leverys dhodho, “Yma othem whath a udn dra. Gwerth a vo dhis, ha roy an mona dhe’n vohosogyon, ha te a’fëdh tresour i’n nev. Nena deus, gwra ow sewya.”

23Saw pàn glôwas ev hedna, ev a skydnyas in tristans, rag pòr rych o va. 24Jesu a veras orto ha leverel, “Ass yw cales dhe’n dus rych entra in

gwlascor Duw! 25Ea, moy êsy vëdh
dhe gawrvargh mos dre grow
nasweth ès dhe nebonen rych entra
in gwlascor Duw."

26An re-na a'n clôwas a leverys,
"Pyw ytho a yll bos selwys?"

27Ev a worthebys, "An pëth a vo
ùnpossybyl dhe vab den, possybyl
ywa dhe Dhuw."

28Nena Peder a leverys, "Mir, ny re
wrug forsâkya agan treven rag dha
sewya jy."

29Ha Jesu a leverys dhedhans, "In
gwir me a lever dhywgh, nag eus den
vëth, a wrug forsâkya chy, gwreg,
breder, kerens pò flehes awos gwlas-
cor Duw, 30na wra dascafos arta lies
gweyth moy i'n oos-ma, hag i'n oos
dhe dhos an bêwnans nefra a bës."

31Nena Jesu a gemeras an dewdhek
adenewen ha leverel dhedhans,
"Merowgh, yth eson ny ow mos in
bàn dhe Jerùsalem, ha pùptra screfys
gans an profettys ow tùchya Mab an
Den a vëdh collenwys. 32Rag ev a
vëdh delyvrys inter dewla an Jentylys.
Scornys vëdh ha despîtys, hag y a wra
trewa warnodho. 33Wosa y dh'y
scorjya, y ladha a wrowns, ha'n tressa
jorna ev a wra dasserhy."

34Saw ny wrug y dhyscyplys con-
vedhes tra vëth adro dhe oll an
taclow-na. In gwiryoneth, kelys veu
dhywortans an pëth a leverys
dhedhans, ha ny wodhyens ùnder-
stondya y eryow.

35Pàn wrug Jesu dos nes dhe
Jeryco, yth esa den dall esedhys ryb
an fordh ow pesy alusyon. 36Pàn
glôwas ev an rûth ow mos dresto, ev
a wovydnas pandr'esa ow wharvos.
37Y a dherivas dhodho Jesu a Nazare
dhe vos ow passya.

38Nena ev a grias, "Jesu, Mab
Davyth, kebmer trueth warnaf!"

39An re-na esa in voward an rûth a
erhys strait dhodho tewel. Saw ev a
grias dhe voy uhel, "A Vab Davyth,
kebmer trueth warnaf!"

40Jesu a savas, ha comondya dhe-
dhans y dhry dhodho. Pàn dheuth ev
nes, Jesu a wovydnas orto, 41"Pandra
vynta me dhe wul ragos?"

Ev a leverys, "Arlùth, te dhe vydnas
gul dhybm gweles."

42Jesu a leverys dhodho, "Recef
dha wolok. Dha grejyans re'th
sawyas." 43Whare ev allas gweles, ha
sewya Jesu a wrug ow praisya Duw.
Hag oll an bobel, pàn welsons an dra,
gordhya Duw a wrussons.

19 Jesu a entras in Jeryco, hag
yth esa ow kerdhes der an
cyta. 2Yth esa den i'n tyller-na
henwys Zakeùs. Chif tollor o va ha
pòr rych. 3Yth esa ow whelas gweles
pleth esa Jesu, mès ny ylly màn der an
bùsh brâs a dus, rag den bian o va.
4Ev a bonyas arag ha crambla in bàn
wàr wedhen wydhyol, may halla va y
weles, rag apert o Jesu dhe dhos an
fordh-na.

5Pàn dheuth Jesu dhe'n tyller, ev a
veras in bàn ha leverel dhodho,
"Zakeùs, deus dhe'n dor whare, rag
me a res trega i'th chy jy hedhyw."
6Rag hedna ev a wrug fysky dhe'n
dor, hag a'n jeva meur joy orth y
wolcùbma.

7Kenyver onen, neb a welas hedna,
a dhalathas croffolas ow leverel, "Ev
res êth dhe ostya in chy pehador."

8Zakeùs a savas i'n tyller ha leverel
dhe Jesu, "Lo, Arlùth, hanter ow
fosessyon me a vydn radna inter an
vohosogyon, ha mar qwruga kemeres

tra vëth dhyworth nebonen dre
dholos, me a wra y aqwytya peder
gweyth."
9Nena Jesu a leverys dhodho, "Re
dheuva sylwans dhe'n chy ma
hedhyw, rag ev kefrës yw mab a
Abraham. 10Rag Mab an Den a
dheuth dhe whelas ha dhe selwel an
re kellys."
11Pàn esens ow coslowes orth
hebma, Jesu a bêsyas gans parabyl,
dre rêson ev dhe vos ogas dhe Jerù-
salem, hag y dhe soposya fatell o
gwlascor Duw parys dhe omdhys-
qwedhes yn scon. 12Ev a leverys
dhedhans ytho: "Yth esa den nobyl
hag ev êth dhe bow abell, dhe gafos
gwlascor ragtho y honen ha dewheles
tre. 13Ev a somonas dhodho deg a'y
servysy, ha ry dhedhans deg besont,
udn besont an den. Ev a leverys
dhedhans, 'Gwrewgh negys gans an
mona-ma, erna dhyffyf tre.'
14"Saw yth esa cytysans y bow orth
y hâtya, hag y a dhanvonas canasow
wàr y lergh dhe leverel, 'Nyns eson
ny ow tesîrya an den-ma dhe rewlya
warnan.'
15"Pàn wrug ev dewheles, wosa
degemeres gallos mytern, ev a elwys
dhodho an servysy a gafas an mona
dhyworto, may halla va godhvos pana
jyffar a wrussons ganso.
16"An kensa a dheuth in rag ha
leverel, 'Arlùth, agas besont re
wainyas deg besont moy.'
17"Ev a leverys dhodho, 'Gwrës dâ,
te servont vas. Dre rêson te dhe vos
lel in tra vunys, kebmer power leb-
myn wàr dheg cyta.'
18"Nena an secùnd servont a
dheuth ha leverel, 'Arlùth, agas
besont re wainyas pymp besont.'
19"Ev a leverys dhodho, 'Te, te a
wra governa pymp cyta.'
20"Nena y teuth servont aral ha
leverel dhodho, 'Arlùth, ot obma
dhywgh agas besont. Me a'n mailyas
in lien, 21rag me a'm beu own
ahanowgh, drefen why dhe vos den
asper. Why a gebmer an pëth na
wrussowgh gorra in arhow, ha mejy
le na wrussowgh gonys.'
22"Ev a leverys dhodho, 'Me a wra
dha jùjya warlergh dha eryow dha
honen, te debel-servont! Te a
wodhya ow bosaf asper, ha me dhe
gemeres heb gorra in arhow, ha dhe
vejy heb gonys. 23Prag ytho na wrusta
gorra ow mona aberth i'n arhanty?
Nena, pàn wrussen dewheles, me a
alsa y dhaskemeres gans oker?'
24"An mêster a leverys dhe'n re-na
esa ow sevel ryptho, 'Kemerowgh
dhyworto an besont, ha'y ry dhe
hedna a'n jeves deg besont.'
25"Y a leverys dhodho, 'Saw,
Arlùth, deg besont a'n jeves solabrës.'
26"Me a lever dhywgh: dhe hedna
a'n jeves tra, y fëdh rës moy, saw
dhyworth an re-na na's teves tra vëth,
y fëdh kemerys dhe ves dhywortans
myns a vo dhedhans. 27Saw an
eskerens-na dhybm, nag esa whensys
me dhe vos mytern warnodhans—
drewgh y obma, may hallowgh why
aga ladha dhyrag ow lagasow.'"
28Wosa Jesu dhe leverel an geryow
ma, ev êth wàr y fordh ow mos in bàn
bys in Jerùsalem. 29Pàn dheuth ev
ogas dhe Bethfage ha dhe Bethany,
yth esa i'n tyller henwys Meneth
Olyvet. Nena ev a dhanvonas dew a'y
dhyscyplys dhyragtho 30ow leverel,
"Entrowgh i'n dre usy dhyragowgh,
ha pàn vedhowgh why entrys inhy,
why a gav ena ebol, na wrug marhak

bythqweth esedha warnodho.
Gwrewgh y dhygelmy ha'y dhry
obma. 31Mar teu den vëth ha govyn,
'Prag yth esowgh why orth y dhy-
gelmy?' ny res dhywgh mès leverel,
'Dhe'n Arlùth yma othem dhe
wruthyl ganso.'"

32Gans hedna an re-na, re bia
danvenys, a dhybarthas ha cafos an
ebol, kepar dell wrug Jesu declarya
dhedhans. 33Pàn esens y orth y
dhygelmy, an berhenogyon a wovyd-
nas ortans, "Prag yth esowgh why ow
tygelmy an ebol?"

34An dyscyplys a worthebys, "An
Arlùth a'n jeves othem anodho."

35Nena y a'n dros dhe Jesu. Wosa
tôwlel aga mentylly wàr an ebol, y a
settyas Jesu wàr y geyn. 36Ha pàn esa
Jesu ow marhogeth in rag, an bobel a
lêsas aga mentylly dhyragtho wàr an
fordh.

37Pàn esa va ow tos nes dhe'n
fordh, usy ow skydnya dhywar
Veneth Olyvet, rûth vrâs a'n dys-
cyplys a dhalathas praisya Duw yn
lowenek, uhel aga voys, drefen Duw
dhe wul an oberow galosek, a
wrussons y gweles. An bobel a grias,

38"Benegys yw an mytern in hanow
an Arlùth devedhys!"

"Cres i'n nev ha glory i'n nevow
uhella!"

39Certan a'n Farysys i'n rûth a
leverys dhodho, "Descador, argh
dhe'th tyscyplys cessya."

40Jesu a worthebys dhedhans, "Mar
teffa an re-ma ha tewel, an veyn aga
honen a vynsa cria in mes."

41Pàn dheuth ev ogas dhe'n cyta, ev
a olas rygthy, 42ha leverel, "Soweth,
na wrusta jy dha honen aswon an
taclow usy owth avauncya cres! Saw
kelys yns dhyworth dha dhewlagas.
43Ea, an dedhyow a vydn dos, may
whra dha eskerens derevel fosow i'th
kerhyn, hag omsettya adro dhis ha
dha gompressa a bùb tu. 44Y a vydn
dha sqwattya dhe'n dor, te ha'th
flehes aberth inos. Ny wrowns y gasa
inos men kyn fe a'y wroweth wàr y
gela—dre rêson na wrusta aswon
termyn Duw, pàn esa va ow tos."

45Nena ev a entras i'n templa ha
dallath tôwlel in mes an re-na esa ow
qwertha taclow ino. 46Ev a leverys
dhedhans, "Screfys yw 'Ow chy a
vëdh chy a bejadow,' mès 'fow
ladron' re wrussowgh anodho."

47Yth esa va pùb jorna ow tesky i'n
templa. An chif prontyryon, an
scrîbys ha rewlysy an bobel a vydna
cafos fordh rag y ladha, 48saw ny
yllens y gul tra vëth wàr y bydn, dre
rêson an comen tus dhe gemeres delît
in y eryow ev.

20 Udn jorna yth esa Jesu ow
tesky an bobel i'n templa
hag ow progeth an nowodhow dâ. An
chif prontyryon ha'n scrîbys a dheuth
dhodho warbarth gans tus hen an
Yêdhewon. 2Y a leverys dhodho,
"Derif orthyn ny, gans pana auctory-
ta esta ow cul an taclow-ma? Pyw a
ros an auctoryta dhis?"

3Ev a worthebys dhedhans, "Me
kefrës a vydn govyn qwestyon
orthowgh why. Leverowgh dhybm
hebma: 4besydhyans Jowan—o va
dhyworth nev pò dhyworth mab
den?"

5Y a dhyspûtyas an eyl gans y gela
ow leverel, "Mar teun ny ha leverel
'Dhyworth nev,' ev a vydn govyn

prag na wrussyn ny cresy ino. 6Saw
mar teun ha leverel 'Dhyworth mab
den,' oll an bobel a wra agan labedha,
rag ymowns y ow cresy fèst, yth o
Jowan profet."

7Rag hedna y a worthebys Jesu, na
wodhyens màn a bleth esa besydh-
yans Jowan.

8Nena Jesu a leverys dhedhans,
"Naneyl ny vanaf vy leverel dhywgh,
gans pana auctoryta esof vy ow cul an
taclow-ma."

9Nena Jesu a dhalathas derivas
parabyl dhedhans: "Yth esa den hag
ev a blansas vynyard, ha'y settya gans
kemeroryon ha mos dhe gen pow, ha
trega ena termyn hir. 10Pàn dheuth
an kydnyaf, ev a dhanvonas servont
bys i'n gemeroryon, may hallens ry
dhodho y radn a'n drevas. Saw an
gemeroryon a gronkyas an servont,
ha'y dhanvon in kerdh, gwag y
dhewla. 11Nessa, ev a dhanvonas
servont aral. Y a'n cronkyas ev in-
wedh, ha'y dhespîtya ha'y dhanvon
dhywortans gwag. 12Danvon a wrug
an tressa servont whath, saw y a'n
cronkyas ha'y bystyga, ha'y dôwlel in
mes.

13"Nena perhednak an vynyard a
leverys, 'Pandra wrama? Me a vydn
danvon dhedhans ow mab meur-
gerys. Martesen y a vydn dysqwedhes
revrons dhodho ev.'

14"Saw pàn wrug an gemeroryon y
weles, y a dhyspûtyas an eyl gans y
gela ha leverel, 'An er yw hebma.
Gesowgh ny dh'y ladha, may fo an
erytans dhyn ny.' 15Rag hedna y a'n
towlas in mes a'n vynyard, ha'y ladha.

"Rag hedna pandra wra perhednak
an vynyard gansans? 16Ev a vydn dos
ha dystrêwy an gemeroryon-na, ha ry
an vynyard dhe gen re."

Pàn wrussons y clôwes hedna,
"Duw dyfen!" yn medhons y.

17Saw Jesu a veras ortans ha leverel,
pëth yw ytho styr an desten ma:

"'An men hag a veu sconys gans an
weythoryon chy,
re beu gwrës men an gornel'?

18Kenyver onen a wrella codha wàr
an men-na a vëdh terrys dhe dybmyn;
ha mar teu an men ha codha wàr
nebonen, ev a vëdh brêwys dredho."

19Pàn wrug an scrîbys ha'n chif
prontyryon convedhes ev dhe
dherivas an parabyl wàr aga fydn y, y
a dhesîryas settya dalhen ino stag ena,
mes own a's teva a'n bobel.

20Rag hedna yth esens orth y
whythra glew. Y a dhanvonas aspior-
yon, fekyl aga cher, rag y vagledna
der y eryow y honen, may hallens y
dhelyvra dhe auctoryta ha dhe bower
an governour. 21Rag hedna y a
leverys dhodho, "Descador, ny a wor
fatell osta compes i'th lavarow hag
i'th tyscans, ha na wrêta plegya dhe
dhen vëth. Ny a wor te dhe dhesky
fordhow Duw warlergh an gwir-
yoneth. 22Ywa lafyl dhyn pò nag ywa
pe trubyt dhe Cesar?"

23Saw ev a bercêvyas aga sleyneth,
ha leverel dhedhans, 24"Dysqwedh-
owgh deneren dhybm. Dhe bywa usy
an pedn ha'n tîtel warnedhy?"

25"Dhe Cesar," yn medhons y.

Ev a leverys, "Rendrowgh ytho dhe
Cesar taclow Cesar, ha dhe Dhuw
taclow Duw."

26Ny yllens y vagledna der y eryow
y honen in golok oll an bobel, saw
ancombrys vowns gans y worthyp ha
tewel a wrussons.

27 Y teuth dhodho certan a'n
Sadûkys, usy ow tenaha dasserghyans
an re marow. 28 Y a wovydnas orto
qwestyon: "Descador, Moyses a
screfas dhyn laha, mar teffa broder
nebonen ha tremena ha gasa wàr y
lergh gwedhowes heb flogh, y codh-
via dhe'n broder demedhy gwedh-
owes y vroder, ha derevel in bàn
issyw dhodho. 29 Yth esa seyth broder.
An kensa anodhans a dhemedhas
benyn ha merwel heb flogh. 30 Nena
an secùnd 31 ha'n tressa a wrug hy
demedhy, hag indelma in rag, erna
wrug pùbonen a'n seyth hy demedhy
ha merwel heb issyw. 32 Wàr an
dyweth an venyn hy honen a verwys.
33 I'n dasserghyans an re marow, dhe
bywa a vëdh hy yn gwreg? Rag hy a
veu demedhys dhe genyver onen
anodhans."

34 Jesu a leverys dhedhans, "An re-
na usy ow longya dhe'n oos ma, y a
wra demedhy. 35 Saw an re-na a vo
consydrys wordhy a dyller i'n oos-na,
hag in dasserghyans an re marow, ny
wrowns y demedhy màn. 36 In gwir ny
yllons y namoy merwel, dre rêson y
dhe vos haval dhe eleth Duw. Flehes
Duw yns, ha flehes an dasserghyans.
37 Moyses y honen a dheclaryas an re
marow dhe dhasserhy in whedhel an
bùsh gans tan, le may ma va ow
côwsel a Dhuw avell Duw Abraham,
Duw Isak ha Duw Jacob. 38 Duw an re
bew ywa, adar Duw an re marow, rag
yma pùb huny anodhans yn few
dhodho."

39 Nena y leverys radn anodhans,
"Descador, te re worthebys pòr dhâ."
40 Rag own a's teva govyn moy qwest-
yonow orto.

41 Nena ev a leverys dhedhans,
"Fatell yllons y leverel bos an Crist
mab Davyth? 42 Rag yma Davyth y
honen i'n Salter ow leverel,

"'An Arlùth a leverys dhe'm Arlùth
vy,
"Eseth a'm barth dyhow
43 erna wryllyf scavel dros a'th
eskerens."'

44 Davyth a'n gelow Arlùth. Fatell
ylla ytho bos y vab?"

45 In clôwans oll an bobel Jesu a
leverys dh'y dhyscyplys, 46 "Bedh-
owgh war a'n scrîbys. Dâ yw gansans
kerdhes adro ha powsyow hir adro
dhedhans. Mal yw gansans bos
dynerhys gans revrons i'n marhasow,
hag esedha i'n tyleryow gwella i'n
synagys, hag i'n plassyow a onour in
bankettys. 47 Ymowns y ow teyorya
treven gwedhwesow, ha gans faintys
y a wra paderewa termyn hir. Dhe
voy y fedhons y dampnys."

21 Jesu a veras in bàn ha gweles
an dus rych ow tôwlel aga
royow aberth i'n dresourva. 2 Ev a
welas gwedhowes vohosak kefrës, ha
hy owth offrydna dew dhebma. 3 Ev a
leverys, "In gwir me a lever dhywgh,
an wedhowes vohosak-ma dhe ry
moy ages pùbonen aral, 4 rag in mes
a'ga lanwes y re ros aga royow, saw in
mes a'y bohosogneth hy re worras
aberveth oll hy fegans."

5 Pàn esa radn anodhans ow côwsel
adro dhe'n templa, fatell o va afînys
gans meyn deg, ha gans royow sacrys
dhe Dhuw, Jesu a leverys, 6 "Ow
tùchya oll an taclow-ma esowgh why
ow meras ortans—yma an dedhyow
ow tos, pàn na vëdh men vëth gesys
wàr y gela. Y fëdh kenyver onen ano-
dhans tôwlys dhe'n dor."

7Y a wovydnas orto, “Descador, pana dermyn a vëdh hedna? Pandra vydn leverel bos an taclow-ma parys dhe wharvos?”

8In medh ev dhedhans, “Bedhowgh war na vewgh why lêdys wàr stray. Y teu lies huny i’m hanow vy ha leverel, ‘Me yw ev,’ hag ‘Ogas yw an termyn.’ Na wrewgh aga sewya. 9Pàn wrellowgh clôwes a vatalyow hag a sordyansow, na gemerowgh scruth, rag res yw an taclow-ma dhe wharvos. Saw ny dheu an dyweth heb let.”

10Nena ev a leverys dhedhans, “Nacyon a wra sevel warbydn nacyon ha gwlascor warbydn gwlascor. 11Y fëdh dorgisyow brâs, nown brâs ha plagys in tyleryow dyvers, hag y fëdh gwelys ragarwedhyow ha tôknys uthyk mes a’n nev.

12“Saw kyns ès dhe’n taclow-na hapnya, y a wra agas sêsya ha’gas tormentya. Delyvrys vedhowgh dhe’n synagys, ha tôwlys dhe bryson. Why a vëdh drës dhyrag myterneth ha governours awos ow hanow vy. 13Hedna a re dhywgh chauns dhe desta. 14Rag hedna, na wrewgh parusy agas defens dhyrag dorn, 15rag me a vydn ry dhywgh geryow ha skians, na yll nagonen a’gas contrarys naneyl denaha na conclûdya. 16Why a vëdh traitys gans kerens, gans breder, gans nessevyn ha gans cothmans. Ledhys vëdh radn ahanowgh. 17Pùbonen a wra agas casa awos ow hanow vy. 18Saw ny wra mos dhe goll blewen kyn fe a’gas pedn. 19Der agas duryans y fydnowgh why gwainya agas enevow.

20“Pàn wrellowgh why gweles Jerùsalem omsettys adro gans ôstys brâs, why a wodhvyth i’n eur-na bos ogas hy desolacyon. 21Seul a vo in Jûdy i’n tor’-na, res vëdh dhodho fia bys i’n menydhyow, ha’n re-na a vo i’n cyta, res vëdh dhedhans hy forsâkya. An re-na a vo i’n pow, res vëdh dhedhans omwetha dhyworth entra i’n cyta. 22Rag an dedhyow-ma yw dedhyow a venjons, hag y teu keweras a bùb scryptour inhans. 23Goy, an re-na a vo gans flogh, pò a vo mamethow i’n dedhyow-na! Rag y fëdh grêf brâs wàr an norvës, ha sorr warbydn an bobel. 24Tus a vydn codha gans an cledha, pò y a vëdh drës in kerdh avell kethyon in mesk oll an nacyons. Jerùsalem a vëdh trettys in dadn dreys gans an Jentylys, erna vo termyn an Jentylys collenwys.

25“Y fëdh gwelys sînys i’n howl, i’n loor hag i’n ster, ha grêf in mesk an nacyons, hag y muskegys gans uja an mor ha’n todnow. 26Tus a wra clamdera rag ewn dowt, ha rag own a’n pëth usy ow tos wàr an norvës, rag shakys vëdh powers an nev. 27I’n tor’-na y a welvyth Mab an Den ow tos in cloud gans gallos ha glory brâs. 28Pàn wrella an taclow-ma dallath, derevowgh agas pedn, drefen bos agas redempcyon ow tos nes.”

29Nena ev a dheclaryas parabyl dhedhans, “Merowgh orth an fygwedhen, hag orth oll an gwëdh. 30Kettel wrêns y delya, why a yll gweles ragowgh agas honen, hag apert yw, bos ogas an hâv. 31Indelma kefrës, pàn wellowgh an taclow-ma ow wharvos, why a wodhvyth bos ogas gwlascor Duw.

32“In gwir me a lever dhywgh, na wra an heneth-ma tremena, erna vo an taclow-ma wharvedhys. 33Y whra an nev ha’n norvës tremena, mes ow geryow vy a wra durya rag nefra.

34“Bedhowgh war, na vo agas colon
grêvys naneyl gans harlotry ha
medhêwnep, na gans fienasow an
bêwnans. Waryowgh na wrella an
jorna-na agas contraweytya 35kepar
ha maglen. Rag an jëdh-na a vydn dos
wàr genyver onen, usy ow pewa wàr
fâss an norvës ahës. 36Bedhowgh
dyfun pùpprës, ha pesowgh ma'gas
bo nerth dhe scappya dhyworth oll an
taclow a whyrvyth, ha dhe sevel
dhyrag Mab an Den.”

37Yth esa Jesu ow tesky i'n templa
kenyver jorna, hag orth golow nos
yth esa va ow mos in mes rag spêna
an nos in Meneth Olyvet (kepar dell
o an tyller henwys). 38Hag oll an
bobel a sevy pùb myttyn avarr rag
goslowes orto i'n templa.

22 Ogas o gool an Bara heb
Gwel (hèn yw dhe styrya an
Pask). 2Whensys o an chif prontyr-
yon ha'n scrîbys dhe gafos fordh rag
gorra Jesu dhe'n mernans, saw own
a's teva a'n bobel. 3Satnas a entras in
Jûdas, henwys Scaryot, onen a'n
dewdhek. 4Ev a dhybarthas hag om-
gùssulya gans an chif prontyryon, ha
gans an offycers a wethysy an templa,
fatell ylly traita Jesu dhedhans.
5Hedna a's plêsyas, hag acordys veu
intredhans ry mona dhodho. 6Ev a
agrias, ha dallath whelas ocasyon rag
traita Jesu dhedhans, pàn na vedha
bùsh brâs a dus i'n tyller.

7Nena y teuth jorna an Bara heb
Gwel, may feu res offrydna an Ôn
Pascal. 8Rag hedna Jesu a dhanvonas
Peder ha Jowan ow leverel, “Kewgh
ha parusowgh soper an Pask dhyn,
may hallen ny y dhebry.”

9Y a wovydnas, “Ple fynta ny dhe
barusy an soper?”

10In medh ev dhedhans, “Goslow-
owgh, pàn vewgh ajy dhe'n cyta, why
a dhyerbyn whare den ow ton pycher
dowr. Pypynag oll mayth ella, i'n
keth chy-na ewgh ganso, 11ha lever-
owgh dhe wour an chy agas mêster
dhe wovyn py plâss yth hylla debry an
Pask, ev hag oll y dhyscyplys. 12Ev a
dhysqwa dhywgh why udn rom efan
avàn. Gwaityowgh dyghtya bos ino
lowr dh'agan soper ragon.”

13Gans hedna y êth, ha cafos pùptra
poran kepar dell leverys ev dhedhans.
Hag y a wrug parusy soper an Pask.

14Pàn dheuth an prës, Jesu a
gemeras y dyller orth an bord, ha'n
abosteleth ganso. 15Ev a leverys
dhedhans, “Me re dhesîryas fèst meur
debry genowgh why boos Pask, kyns
ow bos tormentys. 16Rag yth esof ow
leverel dhywgh, na wrama y dhebry
erna vo collenwys in gwlascor Duw.”

17Nena ev a gemeras hanaf ha wosa
ry grassow, ev a leverys, “Tanowgh
hebma, ha gwrewgh y radna intre-
dhowgh agas honen. 18Rag me a lever
dhywgh: alebma rag ny wrama eva
frût a'n wedhen grappys bys mayth
yllyf in ow gwlas.”

19Nena ev a gemeras torth a vara,
ha pàn wrug ev ry grassow, ev a's
torras, ha'y ry dhedhans ow leverel,
“Hòm yw ow horf vy, yw rës
ragowgh why. Gwrewgh hebma in
remembrans ahanaf.”

20Hag ev a wrug an keth tra gans an
hanaf wosa soper, ow leverel, “An
hanaf-ma, neb yw scùllys in mes
ragowgh, yw an kevambos nowyth
i'm goos vy. 21Saw gwelowgh, yma
genef obma hedna a wra ow thraita,
hag yma y dhorn wàr an bord. 22Rag
yma Mab an Den ow mos poran
kepar dell veu determys, mès hedna

may fëdh ev traitys dredho, goev!"
23Nena y a dhalathas govyn an eyl
orth y gela, pyw anodhans a ylly bos
an den a wrella an dra.

24Argùment a sordyas i'ga mesk
kefrës: pyw anodhans a'n jevia an
roweth brâssa. 25Saw Jesu a leverys
dhedhans, "Y fëdh myterneth an
Jentylys ow lordya warnodhans; ha
seul a vo in auctoryta intredhans, y
a'n gelow masoberor. 26Bëth nyns
owgh why indella. Ahanowgh neb yw
moyha ha'n brâssa gallos dhodho,
bedhens kepar ha'n lyha, ha neb a
dheppro kensa, kepar ha neb a
servyo. 27Pyw yw brâssa, ev usy a'y
eseth orth an bord, pò hedna usy ow
servya? A nyns ywa an den orth an
bord? Saw me, yth esof vy i'gas mesk
kepar hag onen usy ow servya. 28Yth
owgh why an re-na, re beu stedfast
genef i'm prevyans, 29hag yth esof vy
ow ry dhywgh gwlascor, kepar dell
ros ow thas gwlascor dhybmo vy,
30may hallowgh why debry hag eva
orth ow bord i'm gwlascor; ha why a
vëdh esedhys wàr drônys, ha jùjya an
dewdhek trib a Israel.

31"Sîmon, Sîmon, goslow orthyf!
Satnas yw ervirys dh'agas crodra avell
ÿs in nothlednow, 32saw me re besys,
na wrella fyllel dha fëdh jy. Ha te, pàn
wrelles trailya arta, crefha dha
vreder."

33Peder a leverys dhodho, "Arlùth
cuv, me yw parys godhaf genes bos
gorrys fast in pryson ha bos ledhys!"

34Jesu a leverys, "Peder, me a lever
dhis, kyns ès bos culyak kenys an nos-
ma, tergweyth y whreth ow naha."

35Ev a leverys dhedhans, "Pàn
wrug avy agas danvon in mes heb
pors, sagh, na sandalys, esa othem
dhywgh a dra vëth?"

Y a worthebys, "Nag esa a dra
vëth."

36Ev a leverys dhedhans, "Lebmyn
res yw dhe hedna a'n jeves pors, y
gemeres ganso, ha sagh inwedh. A'n
jeffa mantel, a's gwerthens, ha
prenens cledha dhodho y honen.
37Rag me a lever dhywgh: an scryp-
tour-ma a dal bos collenwys inof vy:
'Hag in mesk an dus dylaha ev a veu
nyverys.' Ea, an pëth re beu screfys
i'm kever, yma hedna collenwys
lebmyn."

38Y a leverys, 'Arlùth, yma obma
dew gledha.'

Ev a leverys, 'Lowr yw an re-na.'

39Ev a dheuth in mes ha kerdhes,
kepar dell o y ûsadow, dhe Veneth
Olyvet, ha'y dhyscyplys a'n sewyas.
40Pàn wrug ev drehedhes an tyller, ev
a leverys dhedhans, "Pesowgh na
vewgh why drës dhe dermyn an
prevyans." 41Nena omdedna a wrug
ev, ogas dhe dowl men dhywortans.
Ev eth wàr bedn dewlin ha pesy
indelma, 42"A Das, mar kylla bos
possybly, gas an hanaf-ma a vernans
dhe vos dhyworthyf vy, ha mar ny yll
bos nahen, dha volùnjeth jy re bo
gwrës, ha not ow bodh vy." 43Gans
hedna, y feu danvenys dhodho el a'n
nev dh'y gonfortya. 44In y anken ev a
besys dhe voy freth, hag ev a whesa
dowr ha goos yn kemyskys, ow codha
dhe'n dor in dagrow brâs.

45Pàn savas Jesu in bàn wosa y
bejadow, ev a dheuth bys in y
dhyscyplys, ha'ga hafos in cùsk awos
aga grêf. 46Ev a leverys dhedhans,
"Prag yth esowgh why ow cùsca?
Sevowgh in bàn, ha pesowgh na
vewgh why drës dhe dermyn an
prevyans."

47Hag ev whath ow côwsel, y teuth
dhesempys bùsh a dus, ha'n den
henwys Jûdas, onen a'n dewdhek,
orth aga hùmbronk. Ev a dheuth nes
dhe Jesu rag abma dhodho, 48saw
Jesu a leverys, "Jûdas, ywa gans abm
a vynta traita Mab an Den?"

49Pàn welas an re-na esa ganso, an
pëth esa ow wharvos, y a wovydnas
orto, "Arlùth, lavar mars yw dha vodh
ny dh'y weskel gans cledha." 50Nena
onen anodhans a weskys servont a'n
uhel pronter, ha trehy dhe ves y
scovarn dhyhow.

51Saw Jesu a leverys, "Cessyowgh
hedna!" Hag ev a dùchyas y scovarn
ha'y sawya.

52Nena Jesu a leverys dhe'n uhel
prontyryon, dhe'n offycers a wethysy
an templa ha dhe'n dus hen, a dheuth
rag y sêsya, "Owgh why devedhys in
mes gans cledhydhyow ha battys,
kepar ha pàn ven lader? 53Pàn esen
kenyver jorna i'n templa genowgh
why, ny wrussowgh why settya dewla
warnaf. Saw hèm yw agas prës why,
ha gallos an tewolgow!"

54Nena y a settyas dalhen ino ha'y
lêdya in kerdh, ha'y dhry bys in chy
an uhel pronter. Saw yth esa Peder
orth y sewya pols wàr dhelergh.
55Pàn wrussons y anowy tan in cres
cort an chy, hag esedha adro dhodho
warbarth, Peder a esedhas gansans.
56Nena maghteth, pàn wrug hy y
weles orth golow an tan, hy a veras
glew orto ha leverel, "Yth esa an den-
ma ganso kefrës."

57Saw ev a wrug y naha ha leverel,
"A venyn, nyns esof orth y aswon."

58Prës wosa hedna nebonen aral a
leverys, "Te kefrës, yth osta onen
anodhans."

Saw Peder a leverys, "A dhen, nag
ov!"

59Nena, ogas dhe our awosa,
nebonen aral a leverys, "Certan yw
fatell esa hebma ganso, rag den a
Alyle ywa."

60Saw Peder a leverys, "A dhen, ny
wòn màn pëth esta ow côwsel adro
dhodho!" An very prës-na, ha Peder
ow côwsel, an culyak a ganas. 61An
Arlùth a drailyas ha meras orth
Peder. Nena Peder a borthas cov a er
an Arlùth, pàn leverys dhodho, "Kyns
ès bos culyak kenys an nos-ma,
tergweyth y whreth ow naha." 62Hag
ev êth in mes ha scùllya dagrow
duwhan.

63Ha'n dus esa ow sensy Jesu, a
dhalathas gul ges anodho ha'y
gronkya. 64Y a gudhas y dhewlagas
kefrës, ha govyn orto lies gweyth,
"Gwra profusa! Pyw a wrug dha
weskel?" 65Y a sewyas orth y dhespît-
ya in lies maner aral kefrës.

66Pàn dorras an jëdh, cùntelles tus
hen an bobel, an dhew uhel pronter
ha'n scrîbys a dheuth warbarth, hag y
a dhros Jesu dh'aga honsel. 67Y a
leverys, "Mars osta an Crist, lavar
dhyn."

Ev a worthebys, "Mar teuma ha
leverel dhywgh, ny vydnowgh why
cresy. 68Ha mar qwrama govyn
qwestyonow orthowgh, ny vydnowgh
why gortheby. 69Saw alebma rag y
fëdh Mab an Den esedhys abarth
dyhow a bower Duw."

70Pùbonen anodhans a wovydnas,
"Osta jy ytho Mab Duw?"

Ev a leverys dhedhans, "Why a
lever ow bosaf."

71Nena y a leverys, "Pana dhùstuny
pella eus othem dhyn anodho? Ny

agan honen re'n clôwas dhyworth y wessyow y honen."

23

Kenyver onen i'n gùntelles a savas in bàn warbarth, ha dry Jesu dhyrag Pylat. 2Y a dhalathas y gùhudha ow leverel, "Ny re gafas hebma ow trailya agan nacyon, orth agan dyfen na wrellen pe trubyt dhe Cesar, hag ow leverel y honen dhe vos Crist Mytern."

3Nena Pylat a wovydnas orto, "Osta mytern an Yêdhewon?"

Ev a worthebys, "Te a'n lever."

4Nena Pylat a leverys dhe'n chif prontyryon ha dhe'n rûth a dus, "Ny gafaf chêson vëth may fe an den-ma cùhudhys."

5Saw y a levery heb hedhy, "Yma va ow sordya an bobel gans y dhyscas dres oll Jûdy dhyworth Galyle, le may whrug ev dallath, bys i'n tyller-ma."

6Pàn glôwas Pylat hedna, ev a wovydnas mars o Jesu Galylean. 7Pàn wrug ev convedhes Jesu dhe vos in dadn arlottes Erod, ev a'n danvonas strait dhe Erod, rag yth esa Erod y honen in Jerùsalem i'n termyn-na.

8Pàn welas Erod Jesu, ev a rejoycyas, rag yth esa ow tesîrya y weles nans o termyn hir. Ev a glôwas adro dhodho, ha govenek a'n jeva, y whre Jesu neb sin ragtho. 9Ev a wrug y examnya pols dâ, saw ny wrug Jesu gortheby dhodho. 10Yth esa an chif prontyryon ha'n scrîbys ow sevel ryptho, hag y orth y gùhudha yn freth. 11Erod y honen ha'y soudoryon a dhespîtyas Jesu ha gul ges anodho. Nena Erod a settyas pows afînys adro dhodho ha'y dhanvon arta dhe Pylat. 12An keth jorna-na y feu Erod ha Pylat cothmans. Kyns ena eskerens êns, an eyl dh'y gela.

13I'n eur na Pylat a elwys warbarth an chif prontyryon, an rewlysy, ha'n bobel 14ha leverel dhedhans, "Why a dhros dhybm hebma avell onen esa ow sordya an dus. Obma me re wrug y examnya i'gas golok why, ha ny'n kefys ev cablus a radn vëth kyn fe a'gas acûsacyon. 15Ny'n cafas Erod dhe vlâmya naneyl, rag ev re dhanvonas Jesu wàr dhelergh dhyn. In gwir ny wrug an den-ma tra vëth a vynsa dendyl mernans. 16Me a vydn gul dhodho ytho bos scorjys ha'y asa dhe vos." 17Res o dhodho delyvra nebonen dhedhans orth an degol.

18Nena y oll a grias warbarth, "In kerdh ganso! Relêssyowgh Barabas ragon! Relêssyowgh Barabas ragon!" 19(Barabas o den re bia tôwlys dhe bryson awos sordyans ha denlath).

20Whensys o Pylat dhe fria Jesu. Rag hedna ev a gowsas ortans arta. 21Saw yth esens y pùpprës ow cria, "Crowsyowgh ev! Crowsyowgh ev!"

22Ev a gowsas ortans an tressa treveth ha leverel, "Praga? Pana dhrog re wrug ev? Me ny allaf cafos rêson ino prag y res dhodho merwel. Me a wra y scorjya ytho ha nena y relêssya."

23Saw y a bêsyas gans lev uhel ha demondya yn freth may fe va crowsys. Aga lev a brevailyas. 24Rag hedna Pylat a ros y vreus y fedha grauntys aga whans. 25Pylat a relêssyas an den aral warlergh aga bodh—hedna re bia prysonys awos gul sordyans ha denlath—ha Pylat a dhelyvras Jesu dhedhans dhe wul dhodho kepar dell vydnens.

26Pàn esens y ow lêdya Jesu in kerdh, y a settyas dalhen in den,

Sîmon dhia Cyrene y hanow, esa ow
tos dhyworth an pow, hag y a worras
an growspredn warnodho ha gul
dhodho y don warlergh Jesu. 27Yth
esa bùsh brâs a dus orth y sewya, hag
i'ga mesk benenes esa ow qweskel aga
brest hag owth ola warnodho. 28Saw
Jesu a drailyas tro hag y ha leverel,
"Myrhas a Jerùsalem, na olowgh
warnaf vy, saw warnowgh agas honen
ha wàr agas flehes. 29Rag certan y teu
dedhyow, may fenegowgh an re
anvab, ow leverel 'Gwydn aga bës an
torrow na's teva bythqweth flehes, ha
kekefrës an brodnow na dhenas
flehesygow.' 30I'n eur na y a wra
pejadow may cotha an menydhyow
warnodhans, hag y a bës an brynyow
dh'aga gorhery. 31Mars usons y ow
cul hebma ha'n predn gwer, pandra
wrowns y pàn vo va sëgh?"

32Y feu dew dhen erel, drog-ober-
oryon, lêdys in kerdh gans Jesu, dhe
vos gorrys dhe'n mernans warbarth
ganso. 33Pàn dheuthons bys i'n plâss
henwys Tyller an Grogen Pedn, ena
y a growsyas Jesu warbarth gans an
dhrog-oberoryon, an eyl a'y barth
dyhow ha'y gela a'n barth cledh.
34Yth esa Jesu ow leverel, "A Das, gav
dhedhans, rag ny wodhons y màn
pandr'usons ow cul." Ha tôwlel
predn a wrussons rag radna y dhyllas.

35Yth esa an bobel ow sevel in y
ogas ow meras orto. Saw an rewlysy
a wre ges anodho ha leverel, "Sawya
y hynsa a wrug ev. Gwrêns ev sawya
y honen, mars ywa an Crist, den
dêwysys Duw!"

36An soudoryon kefrës a wre ges
anodho. Y a dheuth dhodho hag offra
in bàn aysel dhodho, 37ha leverel,
"Mars osta Mytern an Yêdhewon,
saw dha honen!"

38Yth esa lîbel a-ugh y bedn in
Latyn, Grêk, hag Ebrow, "Hèm yw
Mytern an Yêdhewon."

39Onen a'n dhrog-oberoryon, esa
in crog ganso, a wrug y dhespîtya: "A
nyns osta an Crist? Omsaw dha
honen ha saw ny genes inwedh!"

40Saw y gela a'n rebûkyas ow
leverel, "A nyns usy own Duw dhis,
abàn osta in dadn an keth breus a
vernans? 41Ny re beu jùjys dre wir-
vreus ha gallas agan ewn-wober
genen, mès ny wrug an den-ma
drockoleth vëth i'n bës."

42Nena ev a leverys, "Jesu, gwra
predery ahanaf, pàn dhyffy dhe'th
pow."

43Jesu a leverys dhodho, "Pòr wir a
lavaraf dhis: te a vëdh genef hedhyw
in Paradîs."

44Yth o lebmyn ogas dhe hanter-
dëdh, hag y teuth tewolgow wàr oll
an pow bys in teyr eur dohajëdh.
45Fyllel a wrug golow an howl. Veyl
an templa a sqwardyas intra dew.
46Nena Jesu a grias, uhel y lev, "A
Das, intra dha dhewla gwrav kemyna
ow spyrys." Wosa leverel an geryow-
na, ev a dremenas.

47Pàn welas an centùry an pëth o
wharvedhys, ev a braisyas Duw ha
leverel, "Heb cabm o an den-ma yn
tefry!" 48Yth esa rûth vrâs i'n tyller-
na, a dheuth rag gweles pùptra a
vydna wharvos, mès pàn welsons oll
an câss, y a dhewhelys tre ow qweskel
aga brest. 49Saw yth esa y gowetha
ha'n benenes, a dheuth ganso dhy-
worth Galyle, yth esens oll ow sevel
pols alena, hag y ow meras orth an
taclow-ma.

50Yth esa den ewnhensek gwiryon
ena, Josef y hanow, ha kynth o va esel
a gùntelles an Yêdhewon, 51ny wruga

assentya poynt naneyl dh'aga thowl
na dh'aga oberow. Dhyworth tre a
Jûdy henwys Baramathia o va, hag
yth esa va gans govenek ow cortos
gwlascor Duw. 52Josef êth dhe Pylat
ha govyn corf Jesu orto. 53Ev a
gemeras an corf dhe'n dor dhywar an
growspredn, y vailya in lien, ha'y
settya in bedh men, na veu den vëth
gorrys ino bys i'n eur-na. 54Dëdh an
Preparacyon o, hag yth esa an sabot
ow tallath.

55An benenes neb o devedhys
ganso dhyworth Galyle a'n sewyas. Y
a welas an bedh men, ha fatell veu
corf Jesu gorrys ino. 56Nena y a
dhewhelys ha parusy spîcys hag
onymens. Jorna an sabot y a bowesas
warlergh an comondment.

24 Kensa jorna an seythen, pòr
avarr orth terry an jëdh, y a
dheuth dhe'n bedh ow try gansans an
spîcys a wrussons parusy. 2Y a gafas
an men rolys dhe ves dhyworth an
bedh, 3saw pàn wrussons entra, ny
gafsons an corf. 4Amays vowns awos
hebma, saw whare dew dhen in dyllas
ilyn a dheuth ha sevel rypthans. 5An
benenes a gemeras uth, ha plegya aga
fassow dhe'n dor. Saw an dus a
leverys dhedhans, "Prag yth esowgh
why ow whelas an den bew in mesk
an re marow? Obma nyns usy ev, rag
sevys yw. 6Perthowgh cov ev dhe
dherivas dhywgh, pàn esa whath in
Galyle, 7y talvia dhe Vab an Den bos
delyvrys dhe behadoryon ha gorrys
i'n growspredn, mès y whre va
dasserhy an tressa dëdh."

8Nena y a remembras y eryow, 9ha
wosa dewheles dhyworth an bedh, y
a dherivas oll an mater-ma dhe'n
dewdhek, ha dhe'n remnant. 10Y feu
Maria Maudlen, Jowana, Maria
mabm Jamys ha'n benenes erel, neb
a dheclaryas hebma dhe'n abosteleth.
11Saw aga geryow a hevelly dhedhans
bos whedhel uver, ha ny wodhyens
cresy dhedhans. 12Saw Peder a savas
in bàn, ha ponya bys i'n bedh. Ev a
blegyas, ha meras ajy ha gweles an
lienyow aga honen. Nena ev êth tre
hag ev amays der an pëth a wharva.

13An keth jorna-na yth esa dew
anodhans ow travalya dhe dre vian
henwys Emaùs, neb seyth mildir dhy-
worth Jerùsalem. 14Yth esens y ow
kescôwsel, an eyl gans y gela, adro
dhe oll an taclow-ma o wharvedhys.
15Pàn esens ow côwsel hag ow tys-
pûtya, Jesu y honen a dheuth nes
dhedhans, ha kerdhes warbarth gans-
ans, 16saw lettys veu aga lagasow, ma
na wrellens y aswon.

17Hag ev a leverys dhedhans, "Pan-
dr'esowgh why ow tyspûtya intre-
dhowgh ha why ow kerdhes war-
barth?"

Y a savas stag ena, trist aga semlant.
18Nena onen anodhans, henwys
Cleopas, a worthebys, "Osta den
astranj in Jerùsalem, ma na wodhes
ow tùchya an taclow, re wharva ena
agensow?"

19"Pana daclow?" yn medh ev
dhedhans.

Y a worthebys, "An maters ow
tùchya Jesu a Nazare. Ev o profet,
galosek y obereth ha'y eryow dhyrag
Duw, ha dhyrag oll an bobel. 20Agan
chif prontyryon ha rewlysy a'n
delyvras dhe vos dampnys dhe'n mer-
nans, ha crowsys veu. 21Saw govenek
a'gan beu y fedha va hedna a wre
dasprena Israel. Ea, ha moy ès hebma
oll, nans yw try dëdh abàn wharva an
taclow-ma. 22Ha whath nebes

benenes ahanan re worras marth
inon. Y fowns y orth an bedh hedhyw
myttyn avarr, 23ha pàn na wrussons y
cafos y gorf ena, y a dhewhelys ha
leverel dhyn, fatell wrussons y gweles
vesyon a eleth, a dheclaryas dhedhans
ev dhe vos yn few. 24Radn a'n re-na
esa genen, êth dhe'n bedh ha cafos an
mater poran kepar dell leverys an
benenes, saw ny wrussons y weles
ev."

25Nena ev a leverys dhedhans, "Ass
owgh gocky ha tewl i'gas colon, rag
fowt cresy oll an taclow re beu
declarys gans an profettys! 26A ny
resa dhe'n Crist godhaf oll an taclow-
ma kyns ès entra in y glory?" 27Nena,
ow tallath gans Moyses hag oll an
profettys, ev a styryas dhedhans
pùptra i'n scryptours adro dhodho y
honen.

28Pàn esens y ow tos nes dhe'n dre,
esens y ow mos dhedhy, ev a gerdhas
arag, kepar dell ve va whensys dhe
dravalya pella. 29Saw y a wrug y inia
crev ha leverel, "Trig genen ny, rag
re dheuth an gordhuwher ha namnag
yw passys an jëdh." Rag hedna ev a
dregas gansans.

30Pàn esa va orth an bord gansans,
ev a gemeras bara, y venega ha'y
derry ha'y ry dhedhans. 31Nena aga
lagasow a veu egerys, hag y a'n
aswonas, hag ev êth qwit in kerdh
mes a'ga golok. 32Y a leverys an eyl
dh'y gela, "A nyns esa agan colon ow
lesky inon, hag ev ow côwsel orthyn
i'n fordh hag owth egery dhyn an
scryptours?"

33An very prës-na y a savas in bàn,
ha dewheles dhe Jerùsalem, hag y a
gafas an udnek ha'ga howetha
cùntellys warbarth. 34Y a levery,
"Dasserhys in gwir yw an Arlùth, hag
ev re omdhysqwedhas dhe Sîmon!"
35Nena y a dheclaryas an pëth a
wharva i'n fordh ha kepar dell veu va
aswonys dhedhans dre derry bara.

36Pàn esens y whath ow côwsel
adro dhe'n mater-ma, Jesu y honen a
dheuth ha sevel i'ga mesk ha leverel
dhedhans, "Cres dhywgh why!"

37Y a veu amays hag a gemeras uth,
ow cresy y dhe weles spyrys. 38Jesu a
leverys dhedhans, "Prag yth esowgh
why ow perthy own, ha prag yma
dowt ow sordya i'gas colon? 39Mer-
owgh orth ow dewla ha'm treys.
Gwelowgh, me ywa. Tùchyowgh vy
ha merowgh, rag ny'n jeves spyrys
kig hag eskern kepar ha me."

40Pàn wrug ev leverel hedna, ev a
dhysqwedhas dhedhans y dhewla ha'y
dreys. 41Pàn êns y whath dowtys hag
ancombrys der aga joy brâs, ev a
leverys dhedhans, "Eus tra vëth dhe
dhebry genowgh obma?" 42Y a ros
dhodho tabm a bysk dyghtys. 43Ev
a'n kemeras ha'y dhebry i'ga golok.

44Nena ev a leverys dhedhans, "An
re-ma yw ow geryow a wrug avy
côwsel orthowgh, ha me whath gen-
owgh—fatell resa bos collenwys pùp-
tra screfys adro dhybm in laha
Moyses, i'n profettys hag i'n
salmow."

45Nena ev a egoras aga brës dhe
gonvedhes an scryptours, 46ha leverel
dhedhans, "Indella yth yw screfys, y
res dhe'n Crist sùffra ha dasserhy an
tressa dëdh dhyworth an re marow,
47hag yth yw res progeth edrek ha
gyvyans pehosow in y hanow ev dhe
oll an nacyons, ow tallath in Jerù-
salem. 48Why yw dùstuniow a'n
taclow ma. 49Ha merowgh, yth esof
vy ow tanvon warnowgh hedna re beu
promyssys gans ow Thas. Tregowgh

obma ytho i'n cyta, erna vewgh why
gwyskys in power dhyworth nev
avàn."
50Nena ev a's lêdyas in mes bys in
Bethany, hag ow terevel y dhewla, ev
a's benegas. 51Pàn esa va orth aga
benega, ev a omdednas dhywortans
hag y feu degys in bàn in nev. 52Y a
wrug y wordhya, ha dewheles dhe
Jerùsalem gans lowena vrâs. 53Hag
yth esens i'n templa pùb jorna oll ow
praisya Duw.

An Awayl warlergh Jowan

1 I'n dalathfos yth esa an Ger, hag yth esa an Ger gans Duw ha Duw o an Ger. 2Yth esa an keth i'n dalathfos gans Duw.

3Dredho y feu formys pùptra; ha heptho ny veu formys tra vëth a vyns a veu gwrës. 4Ino ev yth esa an bêwnans ha'n bêwnans o golow an dus. 5Hag yma an golow ow tewynya i'n tewolgow, saw ny wodhya an tewolgow y dhyfudhy màn.

6Y feu den danvenys gans Duw ha Jowan o y hanow. 7Ev a dheuth in dùstuny rag dùstunia a'n golow, may halla pùbonen cresy dredho ev. 8Nyns o va an golow na, mès y feu va danvenys rag dùstunia anodho. 9Hèn o an golow gwir usy ow tewynya wàr bùbonen a dheffa aberth i'n bës.

10I'n bës yth esa ev ha ganso an bës o creatys, saw ny wrug an bës y aswon. 11Ev a dheuth dh'y dus y honen, saw ny wrussons y recêva màn. 12Saw dhe bùbonen a wrug y recêva, ev a ros gallos dhe vos mebyon Duw, dhe neb a wrella cresy in y hanow ev, 13dhe'n dus na veu genys naneyl dre woos na dre volùnjeth an kig na dre volùnjeth den, mès dre Dhuw.

14An ger a veu gwrës kig hag ev a dregas i'gan mesk ny, ha ny a welas y wordhyans, glory Unvab an Tas, leun a râss hag a wiryoneth.

15(Jowan a ros dùstuny anodho hag a grias, "Hèm yw an den-na hag a leverys vy adro dhodho: 'Ev, usy ow tos wàr ow lergh, a wra mos dhyragof, rag ev dhe vos kyns ès me.'") 16Hag a'y lanwes ev ny oll re recêvas grâss wàr râss. 17Rag an laha a veu rës dre Moyses, mès grâss ha gwiryoneth a dheu dre Jesu Crist. 18Ny wrug den vëth bythqweth gweles Duw. Saw an Unvab, usy in ascra an Tas, ev re wrug y dheclarya.

19Hèm yw dùstuny Jowan, pàn wrug an Yêdhewon danvon prontyryon ha Levîtys dhia Jerùsalem rag govyn orto, "Pyw osta?" 20Ev a'n avowas ha ny wrug y naha saw y avowa, "Nyns oma an Crist."

21Hag y a wovydnas arta, "Pyw osta ytho? Osta Elias?"

Ev a leverys, "Nag ov."

"Osta an profet-na?"

Hag ev a worthebys, "Nag ov."

22Nena y a leverys, "Pyw osta? May hallen ny ry gorthyp dhe'n rena a wrug agan danvon. Pandr'esta ow leverel ahanas dha honen?"

23Ev a leverys, "Me yw lev onen eus ow carma i'n gwylfos, 'Gwrewgh compes fordhow an Arlùth,' dell leverys Esay an profet."

24Ha'n re-na, neb re bia danvenys gans an Farysys, 25y a wovydnas orto ow leverel, "Prag y whrêta besydhya, mar nyns osta an Crist, nag Elias na'n profet-na?"

26Jowan a worthebys dhedhans ha leverel, "Me a wra besydhya gans dowr, saw yma onen a'y sav i'gas mesk nag yw aswonys dhywgh. 27Ev yw neb usy ow tos wàr ow lergh, ha nyns oma wordhy dhe dhygelmy cronow y eskys."

28An taclow-ma a wharva in Bethany in hans dhe dhowr Jordan, an tyller mayth esa Jowan ow pesydhya.

29Ternos Jowan a welas Jesu ow tos wàr y bydn hag ev a leverys,

“Awot On Duw usy ow kemeres in
kerdh pehosow an bës. 30Hèm yw
hedna, neb a leverys vy anodho, bos
nebonen ow tos wàr ow lergh hag ev
uhella agesof, awos y vos kyns ès me.
31Ny wrug avy y aswon ev. Saw me a
dheuth ow pesydhya gans dowr, rag
may fe va dyscudhys dhe Israel.”

32Ha Jowan a ros dùstuny ha
leverel, “Me a welas an Spyrys ow
skydnya mes a’n nev in form a golom
hag ow remainya warnodho. 33Me ow
honen ny wrug y aswon, mès hedna
neb a’m danvonas dhe vesydhya gans
dowr a leverys dhybm, ‘Neb a welles
an Spyrys Sans ow skydnya warnodho
hag ow remainya warnodho, ev yw
hedna a wra besydhya gans an Spyrys
Sans.’ 34Ha me ow honen re’n gwelas,
hag yth esof ow testa bos hebma Mab
Duw.”

35Ternos arta yth esa Jowan a’y sav
gans dew a’y dhyscyplys. 36Pàn welas
ev Jesu ow passya, ev a leverys, “Awot
Ôn Duw!”

37Ha’n dhew dhyscypyl a’n clôwas
ha sewya Jesu. 38Nena Jesu a drailyas
ha’ga gweles orth y sewya ha leverel
dhedhans, “Pandr’esowgh why ow
whelas?”

Y a leverys dhodho, “Raby” (hèn
yw dhe styrya Descador), “pleth esta
tregys?”

39Ev a worthebys, “Dewgh ha
gweles.”

Y êth ha gweles an tyller mayth esa
va tregys, hag y a remainyas ganso an
jëdh-na. Yth o ogas dhe beder eur
dohajëdh.

40Onen a’n dhew, neb a glôwas
lavar Jowan ha sewya Jesu, o Androw,
broder Sîmon Peder. 41Kyns oll ev
êth ha cafos y vroder ha leverel
dhodho, “Ny re gafas an Messias”
(hèn yw dhe styrya an Crist).

42Hag ev a dhros Sîmon dhe Jesu.
Jesu a veras orth Sîmon ha leverel,
“Te yw Sîmon mab Jowan. Te a vëdh
henwys Cefas.” (Hèn yw dhe styrya
Peder.)

43Ternos Jesu a erviras mos in rag
dhe Alyle, hag ev a gafas Felyp ha
leverel dhodho, “Gwra ow sewya vy.”

44Ha Felyp a dheuth dhia Besseda,
tre Androw ha Peder. 45Felyp a gafas
Nathanael ha leverel dhodho, “Ny re
gafas hedna may feu screfys anodho
gans Moyses i’n laha ha gans an
profettys—Jesu a Nazare, mab Josef.”

46Ha Nathanael a leverys, “A yll tra
vëth vas dos mes a Nazare?”

Felyp a leverys dhodho, “Deus ha
gweles.”

47Jesu a welas Nathanael ow tos ha
leverel, “Otta Israelyas in gwir nag
eus drockoleth vëth ino.”

48Nathanael a leverys dhodho,
“Fatell esta orth ow aswon?”

Jesu a worthebys dhodho ha
leverel, “Me a’th welas in dadn an
fygwedhen kyns ès Felyp dhe’th
elwel.”

49Nathanael a worthebys dhodho,
“Raby, te yw Mab Duw. Te yw
mytern Israel.”

50Jesu a worthebys ha leverel,
“Drefen me dhe leverel dhis fatell
wruga dha weles in dadn an fyg-
wedhen, dre hedna esta ow cresy? Te
a welvyth taclow brâssa es hedna.”
51Hag ev a leverys dhodho, “In gwir
hag in gwiryoneth me a lever dhis,
fatell wrêta gweles an nev opyn hag
eleth Duw owth ascendya hag ow
skydnya wàr Vab an Den.”

2 Dhe bedn try dëdh y feu
demedhyans in Cana a Alyle,
hag yth esa mabm Jesu ena. 2Ha Jesu
ha'y dhyscyplys a veu gelwys dhe'n
maryach kefrës. 3Pàn fyllys an gwin,
mabm Jesu a leverys dhodho, "Nyns
eus gwin vëth dhedhans."

4Jesu a worthebys, "A venyn, fatell
yw hedna bern dhyso pò dhybmo?
Nyns yw devedhys ow thermyn vy
whath."

5Y vabm a leverys dhe'n servysy,
"Pypynag a wrella va leverel dhywgh,
gwrewgh e."

6Yth esa i'n tyller whegh dowr-
lester rag gis pùrgacyon an Yêdhew-
on, ha dew pò try fyrkyn in kenyver
onen anodhans.

7Jesu a leverys dhedhans,
"Gwrewgh lenwel an lestry a dhowr."
Ha'ga lenwel a wrussons byṣ i'n min.

8Jesu a gomondyas dhedhans,
"Lebmyn deverowgh e, ha'y dhry
dhe'n pedn-styward."

Y a'n dros dhodho. 9Pàn wrug an
pedn-styward tastya an gwin re bia
gwrës a'n dowr, ny wodhya ev a ble
dheuth ev (mès an servysy neb a
dhros an gwin dhodho a wodhya yn
tâ), hag ev a elwys dhodho an gour
prias 10ha leverel dhodho, "I'n dallath
yma pùbonen ow ry in mes gwin dâ,
ha warlergh an dus dhe eva yn town,
nena ev a re an gwin a vo gweth. Saw
te re wethas an gwin dâ bys i'n eur-
ma."

11Jesu a wrug hebma, an kensa oll
a'y sînys, in Cana a Alyle, hag indella
ev a dhyscudhas y wordhyans. Ha'y
dhyscyplys a gresys ino.

12Wosa hedna Jesu êth wàr nans
dhe Capernaùm gans y vabm, y vred-
er ha'y dhyscyplys, hag y a remainyas
i'n tyller-na nebes dedhyow.

13Yth o ogas Pask an Yêdhewon ha
Jesu êth in bàn dhe Jerùsalem. 14Ev a
gafas i'n templa tus esa ow qwertha
gwarthek, deves ha kelemy, ha tus ow
chaunjya mona hag y a'ga eseth orth
aga thablys. 15Ev a wrug whyppa a
gerdyn bian ha helghya mes a'n
templa an deves ha'n gwarthek, ha
scùllya mona an arhansoryon hag
omwheles aga mosow. 16Hag ev a
leverys dhe'n re-na esa ow qwertha
kelemy, "Kemerowgh an taclow-ma
mes alebma ha na wrewgh marhasva
a jy ow Thas!"

17Y dhyscyplys a remembras an
pëth o screfys, "Dywysycter rag dha
jy a wra ow honsûmya."

18Nena an Yêdhewon a worthebys
dhodho ha leverel, "Pana sin a ylta
dysqwedhes dhyn avell dha auctoryta
dhe wul an taclow-ma?"

19Jesu a worthebys ha leverel,
"Dyswrewgh an templa-ma ha kyns
pedn try dëdh me a vydn y dherevel
arta."

20Nena in medh an Yêdhewon,
"Whegh bledhen ha dew ugans
ymowns y ow terevel an templa-ma
hag a ylta jy y vyldya in try dëdh?"
21Adro dh'y vody y honen yth esa va
ow côwsel. 22Wosa ev dhe dhasserhy
a'n re marow, y dhyscyplys a remem-
bras ev dhe gôwsel indella ortans, hag
y a gresys i'n scryptour hag in geryow
Jesu.

23Pàn esa va in Jerùsalem orth prës
an Pask, dëdh an gool, lies huny a
gresys in y hanow, pàn welsons an
merclys a wre va. 24Saw ny vydna Jesu
trestya dhedhans, awos ev dhe aswon
pùbonen, 25ha ny'n jeva othem vëth
a dhùstuny ow tùchya den vëth—rag
ev y honen a wodhya an pëth esa in
kenyver den.

3 Yth o onen a'n Farysys, Nyco-
dêmùs y hanow, hag o hùm-
brynkyas a'n Yêdhewon. 2Ev a
dheuth dhe Jesu orth golow nos ha
leverel dhodho, "Raby, me a wor te
dhe vos descador a dheuth dhyworth
Duw, rag ny alsa den vëth gul an
merclys esta ow cul marnas Duw a vo
ganso."

3Jesu a worthebys ha leverel dho-
dho, "In gwir hag in gwiryoneth me
a lever dhis, marnas den a vo genys
arta, na ylla gweles gwlascor Duw."

4Nycodêmùs a wovydnas, "Fatell
yll den bos genys arta hag ev tevys? A
yll ev arta entra in torr y dhama ha
bos daskenys?"

5Jesu a worthebys, "In gwir me a
lever dhis, marnas den a vo genys dre
dhowr ha der an Spyrys, na ylla entra
in gwlascor Duw. 6Ev neb a vo genys
der an kig, kig ywa, saw ev a vo genys
der an Spyrys, ev yw spyrys. 7Na
gebmer marth me dhe leverel dhis
fatell yw res bos genys arta. 8Yma an
gwyns ow whetha le may fydna, ha te
a glôw an son anodho, saw ny wodh-
esta a ble ma va ow tos na ple ma va
ow mos. Indelma yw kenyver onen a
vo genys der an Spyrys."

9Nycodêmùs a worthebys ha
leverel, "Fatell yll an taclow-ma bos?"

10Jesu a worthebys dhodho, "Osta
hùmbrynkyas in Israel ha ny wodh-
esta an taclow-ma? 11In gwir hag in
gwiryoneth me a lever dhis hebma:
yth eson ny ow côwsel ow tùchya an
pëth a wodhon, hag ow testa adro
dhe'n pëth a wrussyn ny gweles. Saw
nyns esowgh why ow recêva agan
dùstuny ny. 12Mar qwrug avy côwsel
orthowgh a daclow a'n bës-ma heb
why dhe gresy, fatell yllowgh why
cresy, mar teuma ha côwsel a daclow
i'n nev? 13Ny wrug den vëth byth-
qweth ascendya dhe'n nev, saw hedna
neb a skydnyas mes a'n nev, hèn yw
Mab an Den. 14Kepar dell wrug
Moyses derevel an serpont i'n
gwylfos, indella kefrës Mab an Den a
res bos derevys in bàn, 15ma halla
kenyver onen a gressa ino cafos an
bêwnans heb dyweth.

16"Yth esa Duw kebmys ow cara an
bës, may ros ev y Unvab, ma na wrella
mos dhe goll den vëth a gressa ino,
mès cafos an bêwnans heb dyweth.
17Ea, ny wrug Duw danvon y Vab
aberth i'n bës rag dampnya an bës,
saw may halla an bës bos selwys
dredho ev. 18Ny vëdh dampnys an re-
na usy ow cresy ino, saw an re-na nag
usy ow cresy ino, y re beu dampnys
solabrës, dre rêson na wrussons y
cresy in hanow Unvab an Tas. 19Hèm
yw an brusyans wàr aga fydn: an
golow dhe entra i'n bës, saw an dus
dhe gara an tewolgow moy ès an
golow, drefen aga oberow dhe vos
mar dhrog. 20Rag seul a wrella drog,
cas yw an golow dhodho, ha ny vydn
ev dos dhe'n golow, ma na vo rebûkys
y oberow. 21Mès seul a wrella an pëth
a vo dâ, yma va ow tos bys i'n golow,
may halla bos apert y oberow dhe vos
gwrës in Duw."

22Wosa hedna Jesu ha'y dhyscyplys
êth dhe bow Jûdy. Ena ev a dregas
nebes dedhyow gansans ha besydhya
a wre. 23Yth esa Jowan inwedh ow
pesydhya in Aenon ogas dhe Salym,
awos bos meur a dhowr i'n tyller-na.
Yth esa lowr a dus ow tos dhodho dhe
vos besydhys—24rag i'n eur na ny veu
Jowan whath tôwlys dhe bryson.
25Nena y feu dyspûtyans ow tùchya
pùrgacyon inter udn Yêdhow ha radn
a dhyscyplys Jowan. 26Y a dheuth dhe

Jowan ha leverel dhodho, "Raby, ev
neb esa genes jy in hans dhe dhowr
Jordan, may whrusta desta adro dho-
dho, awotta va obma ow pesydhya,
hag yma pùb huny ow mos dhodho."
27Jowan a worthebys ha leverel,
"Ny yll den recêva tra vëth, mar ny
vëdh an dra rës dhodho dhyworth
nev. 28Why agas honen yw ow
dùstuny, me dhe avowa nag oma an
Crist, saw me dhe vos danvenys
dhyragtho. 29Ev neb a'n jeves an
venyn brias yw an gour prias. Coth-
man an gour prias usy a'y sav hag ow
coslowes orto, yma va ow rejoycya
pàn glôwa lev an gour prias. Rag an
rêson-ma collenwys yw oll ow joy.
30Ev a dal encressya ha me a dal lehe.
31"Ev usy ow tos dhyworth an le
avàn, yma va dres pùptra. Ev neb yw
a'n nor, yth ywa kepar ha'n nor, hag
a daclow an nor y fëdh ev ow côwsel.
Neb a dheu dhyworth nev, yma va a-
ugh pùptra. 32Yma ev ow testa adro
dhe bùptra a wruga gweles ha clôwes,
saw ny vydn den vëth recêva y
dhùstuny. 33Kenyver onen hag a
recêvas y dhùstuny, yma va ow testa
fatell yw Duw gwir. 34Ev neb re beu
danvenys gans Duw a gôws an
geryow a Dhuw, rag yma va ow ry an
Spyrys heb musur. 35Yma an Tas ow
cara an Mab hag ev re ros pùptra
inter y dhewla ev. 36Seul a gressa i'n
Mab, ev a'n jeves an bêwnans heb
dyweth. Seul na wrella obeya dhe'n
Mab, ny wra va gweles bêwnans, saw
ev a res godhaf sorr Duw."

4 Pàn wrug an Arlùth godhvos
fatell glôwas an Farysys Jesu dhe
vos ow pesydhya moy dyscyplys ès
Jowan 2(kyn na wre Jesu besydhya y
honen mès y dhyscyplys), 3Jesu a asas
Jûdy ha dewheles dhe Alyle.
4Saw res o dhodho passya dre
Samarya. 5Ena ev a dheuth dhe cyta
Samarytan henwys Sycar, ogas dhe'n
tireth re bia rës gans Jacob dh'y vab
Josef. 6Yth esa pith Jacob i'n tyller-
na. Jesu o sqwith dhyworth an viaj
hag esedha wàr vin an pith. Yth o an
termyn adro dhe'n wheffes our.
7Benyn Samarytan a dheuth dy rag
tedna dowr ha Jesu a leverys dhedhy,
"Ro dhybm dha eva." 8(Rag gyllys o
y dhyscyplys bys i'n cyta rag prena
boos.)
9Nena an Samarytanes a leverys
dhodho, "Fatell wher hebma, ha te
Yêdhow, dhe besy dowr dhyworthyf
vy, Samarytanes?" (Nyns usy an
Yêdhewon ow radna taclow gans an
Samarytans.)
10Jesu a leverys dhedhy, "Mar teffes
ha godhvos ro Duw ha pyw ywa usy
orth dha besy dhe ry dewas dowr
dhodho, te a vynsa govyn orto hag ev
a vynsa ry dowr bew dhis."
11An Samarytanes a worthebys,
"Syra, nyns eus kelorn genes ha pòr
dhown yw an pith-ma. Pleth esta ow
cafos an dowr-na? 12Osta brâssa ages
agan tas ny Jacob, a ros an pith-ma
dhyn, rag ev, y vebyon ha'y flockys a
wre eva anodho?"
13Jesu a worthebys ha leverel
dhedhy, "Neb a wrella eva a'n pith-
ma, ev a'n jevyth sehes arta, 14mès
pynag oll a wrella eva a'n dowr esof
vy ow ry dhodho, ny vëdh sehes
dhodho nefra namoy. An dowr, neb
a wrama ry dhodho, a vydn gul ino
fenten ow tardha rag bêwnans a bës
nefra."
15An venyn a leverys dhodho,
"Syra, ro dhybm a'n dowr-na, ma na

vo sehes dhybm namoy, naneyl na vo
res dhybm dos arta in fenowgh rag
tedna dowr."

16Jesu a leverys dhedhy, "Kê ha
galow dha wour ha deus obma arta."

17An venyn a worthebys ha leverel,
"Me ny'm beus gour vëth."

Jesu a leverys dhedhy, "Te a gowsas
an gwiryoneth, pàn leversys nag eus
gour dhis. 18Rag te re'th feu pymp
gour ha hedna usy genes i'n tor'-ma,
dha wour jy nyns ywa màn. Te re
leverys an gwiryoneth."

19An venyn a leverys dhodho,
"Syra, yth esof vy ow percêvya te dhe
vos profet. 20Agan tasow a wordhya
Duw i'n meneth-ma, mès yth esowgh
whywhy ow leverel fatell yw res y
wordhya in Jerùsalem."

21Jesu a leverys dhedhy, "A venyn,
crës dhybm bos an termyn ow tos na
wrewgh why gordhya an Tas naneyl
i'n meneth-ma nag in Jerùsalem.
22Yth esowgh why ow cordhya an
pëth na wodhowgh, mès yth eson
nyny orth y wordhya ev eus aswonys
dhyn, rag dhia an Yêdhewon y teu
salvacyon. 23Saw yma an prës ow tos,
ea, re dheuva an prës solabrës, may
whra an wir-wordhyoryon gordhya
an Tas in spyrys hag in gwiryoneth.
Rag yma an Tas ow whelas tus kepar
ha'n re-na rag y wordhya. 24Duw yw
spyrys ha pynag oll a vydna y
wordhya, res yw dhodho y wordhya
in spyrys hag in gwiryoneth."

25An venyn a leverys, "Me a wor
bos an Messias ow tos." (Hèn yw an
Crist). "Pàn wrella va dos, ev a vydn
declarya pùptra oll dhyn."

26Jesu a leverys dhedhy, "An den
usy ow côwsel orthys, me yw ev."

27Nena y dhyscyplys a dheuth ha
marth brâs a's teva ev dhe gôwsel orth
an venyn, saw den vëth ny leverys
"Pandr'esta ow whelas?" pò "Prag yth
esta ow côwsel orth hodna?"

28Nena an venyn a asas hy fycher
ha mos bys i'n cyta ha leverel dhe'n
dus, "Dewgh ha gweles den a
dherivas orthyf kenyver tra re wrug
avy bythqweth! A nyns yw ev an
Crist?" 30Nena y êth mes a'n cyta ha
dos dhodho.

31I'n kettermyn yth esa y
dhyscyplys orth y besy ow leverel,
"Raby, deber tabm."

32Mès ev a leverys dhedhans, "Me
a'm beus boos dhe dhebry, na wodh-
owgh why anodho."

33Rag hedna an dyscyplys a leverys
an eyl dh'y gela, "A wrug den vëth
dry dhodho neppyth dhe dhebry?"

34Jesu a leverys dhedhans, "Ow
boos yw dhe wul an bolùnjeth a
hedna re wrug ow danvon, ha dhe
gowlwul y ober ev. 35A ny leverowgh
why, 'Yma whath peswar mis kyns
dos an drevas'? Ot, me a lever
dhywgh hebma: derevowgh agas
lagasow ha merowgh orth an ÿsegow.
Rag gwydn yns y solabrës rag an
drevas. 36Seul a wrella mejy, ev a gav
wajys hag a gùntell frût rag an
bêwnans heb dyweth—may halla
hedna usy ow conys has ha hedna usy
ow mejy rejoycya warbarth. 37Indel-
ma gwir yw an lavar coth: 'Yma an eyl
ow conys has ha'y gela ow mejy.'
38Me a wrug agas danvon dhe vejy an
dra na wrussowgh why spêna lavur
warnodho. Ken re a lavuryas ha why
a entras i'ga lavur ynsy."

39Ha lies Samarytan i'n cyta-na a
gresys ino awos geryow an venyn, neb
a leverys, "Ev a dherivas orthyf ken-
yver tra a wrug avy bythqweth gul."
40Rag hedna pàn dheuth an

Samarytans bys dhodho, y a'n pesys
may whrella va trega i'ga mesk, hag
ev a remainyas dew jorna ena. 41Ha
meur moy anodhans a gresys awos y
eryow y honen, 42ha leverel dhe'n
venyn, "Yth eson ny ow cresy i'n tor'
ma awos an taclow a glôwsyn agan
honen, kyns ès awos dha lavarow jy.
Ha ny a wor bos hedna an Crist,
Savyour oll an bës."

43Wosa dew jorna ev a dhybarthas
ha mos dhe Alyle. 44Ha Jesu y honen
a destas na'n jeva profet onour in y
bow y honen. 45Pàn wrug ev dos dhe
Alyle, an Galyleans a'n recêvas,
drefen y dhe weles oll an taclow a
wrug ev orth an degol in Jerùsalem.
Rag y êth dy kefrës.

46Gans hedna Jesu a dheuth arta
bys in Cana in Galyle, le may whrug
ev gwin a'n dowr. Hag yth esa den
nobyl i'n tyller-na ha'y vab o clâv in
Capernaùm. 47Pàn glôwas ev Jesu
dhe dhos mes a Jûdy dhe Alyle, ev êth
dhodho ha'y besy may whrella va
skydnya ha sawya y vab, rag yth esa
va in newores.

48Nena Jesu a leverys dhodho,
"Marnas why a wel sînys ha tôknys,
ny vydnowgh why cresy."

49An den nobyl a leverys dhodho,
"Syra, deus wàr nans kyns ès ow flogh
dhe verwel."

50Jesu a leverys dhodho, "Kê wàr
dha fordh. Yma dha flogh yn few."

Ha'n den a gresys an ger re bia
côwsys orto gans Jesu hag ev a
dhybarthas. 51Pàn esa va ow skydnya
wosa hedna, y servysy a vetyas orto ha
leverel dhodho, "Yma dha vab yn
few." 52Nena ev a wovydnas ortans
ow tùchya an prës may whrug y vab
dallath amendya, hag y a leverys
dhodho, "De dhe'n seythves our an
fevyr a'n gasas."

53Rag hedna an tas a wrug
convedhes fatell veu hedna an keth
prës may leverys Jesu dhodho, "Yma
dha flogh yn few." Hag ev y honen a
wrug cresy hag oll y veyny.

54Hebma arta yw an secùnd
marthus a wrug Jesu pàn dheuth ev
mes a Jûdy bys in Galyle.

5 Wosa hedna y feu degol an
Yêdhewon, ha Jesu êth in bàn
dhe Jerùsalem. 2Hag yma poll in
Jerùsalem in marhas an deves,
henwys i'n yêth Ebrow Bethesda, neb
a'n jeves pymp colovenva. 3Yth esa
a'ga groweth i'n tyller-na bùsh brâs a
dus dyspusant—dellyon, evredhyg-
yon ha paljion hag y ow cortos
gwayans an dowr. 4Rag el an Arlùth
a skydnya warlergh an termyn dhe'n
poll dhe drobla an dowr. Seul a wrella
entra ino kensa, warlergh an dowr
dhe vos troblys, y fedha hedna sawys
a'y dhysês, pynag oll a ve. 5Hag yth
esa ena udn den i'n tyller-na hag a'n
jeva dysês êtek bledhen warn ugans.
6Pàn wrug Jesu y weles a'y wroweth
ena ha godhvos fatell esa va termyn
hir i'n plît-na, ev a leverys dhodho,
"A vynta jy bos sawys?"

7An den dyspusant a worthebys
dhodho, "Syra, ny'm beus den vëth
rag ow settya i'n dowr pàn vo va
troblys. Mès pàn vedhaf ow tos, den
aral a wra mos dhyragof."

8Jesu a leverys dhodho, "Sa'bàn,
kebmer in bàn dha wely ha kerdh!"
9Ha strait an den a veu yaghhës, ha
kemeres in bàn y wely ha kerdhes.

Ha'n jëdh-na o an sabot. 10Rag
hedna an Yêdhewon a leverys dhe'n

den o yaghhës, "An sabot yw. Nyns yw lafyl dhis don dha wely."

11Ev a worthebys ha leverel dhedhans, "Ev neb a'm sawyas a leverys dhybm, 'Kebmer in bàn dha wely ha kerdh.'"

12Rag hedna y a wovydnas orto, "Pyw yw an den-na a leverys dhis, 'Kebmer in bàn dha wely ha kerdh'?"

13Saw ny wodhya an den o sawys pyw o va, rag Jesu a voydyas alena, drefen bos bùsh brâs a dus i'n tyller.

14Wosa hedna Jesu a'n cafas i'n templa ha leverel dhodho, "Awotta jy sawys. Na wra namoy peha, rag dowt lacka tra dhe dhos warnas." 15An den a dhybarthas ha declarya dhe'n Yêdhewon Jesu dh'y sawya.

16Rag hedna an Yêdhewon a wre helghya Jesu ha whelas y dhystrêwy, drefen ev dhe wul an taclow-ma jorna an sabot. 17Mès Jesu a wrug aga gortheby ha leverel dhedhans, "Yma ow Thas ow lavurya bys lebmyn, hag yth esof vy ow lavurya kefrës." 18Rag hedna, yth o an Yêdhewon dhe voy whensys dh'y ladha, dre rêson ev dhe derry dëdh an sabot, ha lacka whath, dre rêson ev dhe leverel Duw dhe vos y Das, ha dhe wul y honen eqwal dhe Dhuw.

19Nena Jesu a worthebys ha leverel dhedhans, "In gwir hag in gwiryoneth me a lever dhywgh, na yll an Mab gul tra vëth anodho y honen, marnas ev a wel an Tas orth y wul. Rag pynag oll tra a wrella an Tas, an mab a'n gwra kefrës. 20Rag yma an Tas ow cara an Mab hag ev a dhysqwa dhodho oll an taclow usy ev ow cul. Hag ev a vydn dysclôsya dhodho oberow brâssa es an re-ma, ma'gas bo marth. 21Rag kepar dell wra an Tas derevel an re marow ha'ga bewhe, indelma an Mab a wra bewhe pynag oll a vydna. 22Rag nyns usy an Tas ow jùjya den vëth, mès ev re gomyttyas pùb jùjment oll dhe'n Mab, 23may whrella kenyver onen onora an Mab, kepar dell usons y owth onora an Tas. An re-na nag usy owth onora an Mab, ny wrowns y naneyl onora an Tas, neb a wrug y dhanvon.

24"In gwir hag in gwiryoneth me a lever dhywgh hebma: seul a wrella clôwes ow geryow ha cresy in hedna a wrug ow danvon, bêwnans heb dyweth a'n jevyth ev. Rag ny wra ev dos in dadn jùjment, saw ev re bassyas solabrës dhia vernans dhe vêwnans. 25In gwir hag in gwiryoneth me a lever dhywgh bos an prës ow nessa, ea ha'y vos obma solabrës, may whra an re marow clôwes lev Mab Duw, ha pynag oll a glôwa, a wra bewa. 26Rag kepar dell eus bêwnans i'n Tas y honen, in kepar maner ev re wrauntyas bêwnans ino y honen dhe'n Mab. 27Ha'n Tas re ros dhodho auctoryta dhe gollenwel brusyans, drefen ev dhe vos Mab an Den.

28"Na gemerowgh marth a hedna, rag yma an prës ow tos may clôwvyth y voys oll an re-na usy i'n bedh, 29hag y a wra dos in mes—an re-na neb a wrug dader bys i'n dasserghyans dhe vêwnans, ha'n re-na a wrug drog bys i'n dasserghyans dhe dhampnacyon. 30Tra vëth ny allaf vy ahanaf ow honen. Kepar dell esof vy ow clôwes, indelma me a vydn brusy, hag ewn yw ow brusyans vy. Ny whelaf vy gul ow bolùnjeth ow honen, saw an bolùnjeth a hedna a wrug ow danvon.

31"Mar qwrama desta ahanaf ow honen, nyns yw gwir ow dùstuny. 32Yma onen aral usy ow testa ahanaf, ha me a wor bos gwir an dùstuny usy va ow ry adro dhybm.

33“Why a wrug danvon messejers dhe Jowan hag ev a dhestas a’n gwiryoneth. 34Saw nyns esof vy ow tegemeres dùstuny mab den; nâ, me a lever an taclow-ma dhywgh, may hallowgh why bos selwys. 35Ev o kepar lantern spladn ow lesky, ha pës dâ vowgh dhe rejoycya pols in y wolow ev.

36“Saw me a’m beus dùstuny brâssa es dùstuny Jowan. An oberow neb a ros an Tas dhybm dhe wul, an very oberow esof vy orth aga gul, ymowns y ow testa ragof, fatell wrug an Tas ow danvon. 37Ha’n Tas y honen neb a’m danvonas, ev a ros dùstuny abarth dhybm. Ny wrussowgh why bythqweth naneyl clôwes y lev na gweles y shâp, 38ha nyns usy y lavar tregys inowgh, rag nyns esowgh why ow cresy ino ev a wrug ev danvon. 39Yth esowgh why ow sarchya an scryptours, rag why dhe gresy fatell yllowgh why dredhans y obtainya an bêwnans heb dyweth. Hag y yw an taclow usy ow testa ahanaf vy. 40Saw yth esowgh ow sconya dhe dhos dhybmo vy ha cafos bêwnans.

41“Ny vanaf vy recêva gordhyans dhyworth mab den. 42Saw me a wor nag usy kerensa Duw inowgh why. 43Me re dheuth in hanow ow Thas, ha nyns esowgh why orth ow recêva vy. Mar teu den aral in y hanow y honen, why a vydn y recêva ev. 44Fatell yllowgh why cresy, whywhy usy ow recêva glory an eyl dhyworth y gela, pàn na vydnowgh why recêva an glory usy ow tos dhyworth an udn Duw y honen?

45“Na brederowgh fatell vanaf vy agas acûsya why dhyrag an Tas. Moyses yw neb a wra agas acûsya, kynth ywa ev mayth esowgh why ow trestya ino. 46Mar teffowgh why ha cresy dhe Moyses, why a vynsa cresy dhybmo vy kefrës, rag Moyses a screfas adro dhybm. 47Mès mar nyns esowgh why ow cresy dhe’n pëth a screfas ev, fatell yllowgh why cresy dhe’m lavarow vy?”

6 Wosa an taclow-ma Jesu a bassyas dhe’n tenewen aral a Vor Galyle, hèn yw Mor Tyberyas. 2Rûth vrâs a’n folyas awos y dhe weles an merclys a wrug ev dhe’n glevyon. 3Ha Jesu a ascendyas dhe’n meneth hag esedha i’n tyller-na gans y dhyscyplys. 4Ogas o an Pask, degol an Yêdhewon.

5Pàn dherevys Jesu y lagasow ha gweles rûth vrâs ow tos dhodho, ev a leverys dhe Felyp, “Ple hyllyn ny prena sosten, may halla oll an re-ma debry?” 6Jesu a gowsas indelma rag y brevy, rag ev y honen a wodhya yn tâ pandra vydna va gul.

7Felyp a worthebys ha leverel, “Bara a valew dew cans dynar kyn fe, ny via lowr may halla pùbonen anodhans cafos nebes.”

8Androw, broder Sîmon Peder, onen a’y dhyscyplys a leverys, 9“Yma maw obma hag ev a’n jeves pymp torth a vara barlys ha dew bysk bian—mès pandra via an re-na inter kebmys tus?”

10Jesu a leverys, “Comondyowgh dhe’n dus esedha wàr an grownd.” Yth esa i’n tyller-na meur a wels hag y oll a esedhas warnodho, adro dhe bymp mil yn tien. 11Nena Jesu a gemeras an torthow, ha wosa ry grassow, ev a’s radnas inter an re-na esa a’ga eseth. In kepar maner ev a radnas an pùscas, mer veur dell esens y ow tesîrya.

12Wosa kenyver onen dhe dhebry lùk, Jesu a leverys dh'y dhyscyplys, "Cùntellowgh warbarth an brewyon re beu gesys, ma na vo kellys tra vëth." 13Gans hedna y a wrug aga hùntell ha lenwel dewdhek canstel a vrewyon an torthow barlys gesys wosa pùbonen dhe dhebry.

14Pàn welas an bobel an merkyl re bia gwrës, y a leverys, "Hèm yw in gwiryoneth an profet usy ow tos aberth i'n bës." 15Pàn wrug Jesu convedhes fatell esa an dus ow tos rag y gemeres dre nerth ha gul mytern anodho, ev a voydyas alena hag ascendya i'n meneth y honen oll.

16Pàn dheuth an gordhuwher, y dhyscyplys a skydnyas dhe'n mor 17hag entra in scath ha dallath golya dres an mor dhe Capernaùm. Yth o tewl i'n tor'-na ha nyns o Jesu devedhys dhedhans whath. 18An mor êth garow, drefen gwyns crev dhe vos ow whetha. 19Warlergh y dhe rêvya neb teyr pò peder mildir, y a welas Jesu ow kerdhes wàr an dowr hag ev ow tos nes dhe'n scath. Y a gemeras own brâs. 20Mès ev a leverys dhedhans, "Me ywa. Na berthowgh own." 21Nena y a dhesîryas y gemeres aberth i'n scath, ha strait an scath a dhrehedhas an tir esens y ow golya tro hag ev.

22An rûth a remainyas wàr an tu aral, ha ternos vyttyn y a welas nag esa i'n tyller-na saw unsel udn scath. Y a welas kefrës fatell entras Jesu i'n scath gans y dhyscyplys, saw an dyscyplys dhe dhyberth aga honen oll. 23Nena nebes scathow dhia Tyberyas a dheuth nes dhe'n tyller, may whrussons y debry an bara, wosa an Arlùth dhe ry grassow. 24Rag hedna, pàn welas an rûth nag esa naneyl Jesu nag y dhyscyplys ena, y aga honen a entras i'ga scathow ha mos dhe Capernaùm ow whelas Jesu.

25Pàn wrussons y gafos, y a wovydnas orto, "Raby, pana dermyn a wrusta dos obma?"

26Jesu a worthebys ha leverel, "In gwir hag in gwiryoneth me a lever dhywgh hebma: yth esewgh why orth ow whelas awos why dhe dhebry gwalgh, kyns ès dre rêson why dhe weles merclys. 27Na wrewgh lavurya rag an sosten a yll pedry, saw rag an sosten usy ow turya bys i'n bêwnans heb dyweth—ha hedna Mab an Den a vydn ry dhywgh. Rag warnodho ev Duw an Tas re settyas y sel."

28Nena y a leverys dhodho, "Pandra dal dhyn gul may hallen performya oberow Duw?"

29Jesu a worthebys ha leverel, "Hèm yw ober Duw: why dhe gresy ino ev neb a wrug Duw y dhanvon."

30Rag hedna y a leverys dhodho, "Pana sin a wrêta dysqwedhes dhyn, may hallen ny gweles ha cresy inos? Pana weyth esta ow cul? 31Agan hendasow a dhebras mana i'n gwylfos, kepar dell yw screfys, 'Ev a ros dhedhans dhe dhebry bara dhia nev.'"

32Nena Jesu a leverys dhedhans, "In gwir hag in gwiryoneth me a lever dhywgh hebma: ny ros Moyses an bara dhia nev dhywgh, saw yma ow Thas vy ow ry dhywgh an gwir vara dhia nev. 33Rag yma bara Duw ow skydnya dhia nev, hag yma va ow ry bêwnans dhe'n bës."

34Nena y a leverys dhodho, "Arlùth, ro dhyn an bara na bys vycken ha bys venary."

35Ha Jesu a leverys dhedhans, "Me
yw an bara a vêwnans. Seul a dheffa
dhybm, ny vëdh gwag nefra namoy,
ha seul a gressa inof vy, ny'n jevyth
nefra namoy sehes. 36Saw me a
leverys dhywgh fatell wrussowgh why
ow gweles heb cresy inof. 37An Tas a
vydn ry dhybm pùptra oll ha pùptra
a wra dos dhybm, ha mar teu den
vëth dhybm, ny vanaf vy nefra y
herdhya in mes. 38Rag me re dheuth
dhe'n dor dhia nev rag gul an bolùn-
jeth a hedna re wrug ow danvon, kyns
ès ow bolùnjeth ow honen. 39Ha hèm
yw an bolùnjeth a hedna re'm dan-
vonas: na wrellen kelly nebonen vëth
a'n re-na a ros ev dhybm. Nâ, mès
aga derevel in bàn i'n jëdh fin. 40In
gwir hèm yw bolùnjeth ow Thas:
kenyver onen a wella an Mab hag a
gressa ino, dhe gafos an bêwnans heb
dyweth. Ha me a vydn y dherevel in
bàn i'n jëdh fin."

41Nena an Yêdhewon a wrug crof-
folas awos ev dhe leverel, "Me yw an
bara a skydnyas dhia nev." 42Yth
esens y ow leverel, "A nyns yw hebma
Jesu mab Josef? A nyns yw y vabm
ha'y vreder aswonys dhyn? Fatell ylla
leverel ev dhe skydnya dhia nev?"

43Jesu a worthebys ha leverel dhe-
dhans, "Na wrewgh croffolas intre-
dhowgh agas honen. 44Den vëth oll
ny yll dos dhybm mar ny wra an Tas,
neb a'm danvonas, y dedna ev. Ha me
a vydn y dherevel in bàn i'n jëdh fin.
45Screfys yw i'n profettys, 'Hag y oll
a vëdh deskys gans Duw.' Yma ow tos
dhybm kenyver onen a wrug clôwes
ha desky gans an Tas. 46Mès ny welas
den vëth an Tas bythqweth, saw
unsel hedna usy ow tos dhyworth
Duw. Ev re welas an Tas. 47In gwir
hag in gwiryoneth me a lever dhywgh
hebma: ev neb a gressa, a wra cafos
bêwnans heb dyweth. 48Me yw an
bara a vêwnans. 49Agas hendasow a
dhebras mana i'n gwylfos ha merwel.
50Hèm yw an bara usy ow skydnya
dhia nev, may halla nebonen debry
anodho heb merwel benytha. 51Me
yw an bara bew a wrug skydnya dhia
nev. Seul a wrella debry an bara-ma,
ev a wra bewa bys vycken. Ha'n bara,
neb a vanaf vy ry rag bêwnans an bës,
yw ow hig ow honen."

52Rag hedna an Yêdhewon a
dhyspûtyas an eyl gans y gela ow
leverel, "Fatell yll an den-ma ry dhyn
y gig dhe dhebry?"

53Jesu a leverys dhedhans, "In gwir
hag in gwiryoneth me a lever dhywgh
hebma: marnas why a dheber kig
Mab an Den hag eva y woos, ny vëdh
bêwnans vëth inowgh. 54An re-na a
wrella debry ow hig hag eva ow goos,
y a's tevyth an bêwnans heb dyweth,
ha me a vydn aga derevel in bàn i'n
jëdh fin. 55Rag ow hig yw veryly bos
hag ow goos yw veryly dewas. 56Neb
a dheffa debry ow hig hag eva ow
goos, yma ev ow trega inof vy ha me
ino ev. 57Drefen an Tas bew dhe'm
danvon vy ha drefen me dhe vewa dre
wrians an Tas, seul a wrella ow debry
a gav bêwnans dredhof vy. 58Hèm yw
an bara a skydnyas dhia nev—saw
nyns ywa kepar ha'n bara-na a
dhebras agas hendasow—rag y a
verwys wosa hedna. Saw seul a wrella
debry an kig ma, a wra bewa bys
vycken." 59Ev a leverys an taclow-ma,
pàn esa va ow tesky i'n synaga in
Capernaùm.

60Pàn wrug lies huny a'y dhys-
cyplys clôwes hedna, y a leverys,
"Cales yw an lavar-ma. Pyw a yll y
recêva?"

61Pàn wrug Jesu percêvya fatell esa y dhyscyplys ow croffolas adro dhe'n dyscans, ev a leverys dhedhans, "Owgh why offendys dre hebma? 62Fatell via ytho, mar teffowgh why gweles Mab an Den owth ascendya dhe'n le may feu va kyns? 63Yma an spyrys ow pewhe, mès tra vëth ny amownt an kig. Spyrys ha bêwnans yw an geryow a lavaraf dhywgh. 64Saw yma re i'gas mesk nag eus ow cresy badna." Rag Jesu a wodhya i'n dallath pyw o an re-na na wre cresy, saw a wre y draita. 65Hag ev a leverys, "Rag an rêson me re leverys dhywgh na yll den vëth dos dhybm, mar ny vëdh hedna grauntys dhodho gans an Tas."

66Alena rag lies huny a'y dhyscyplys a drailyas wàr dhelergh, ha ny wrêns y namoy kerdhes warbarth ganso.

67Rag hedna Jesu a wovydnas orth an dewdhek, "Owgh whywhy kefrës whensys dhe voydya dhyworthyf?"

68Sîmon Peder a worthebys, "Arlùth, pëth av vy dhyworthys? Yma genes jy geryow bêwnans heb dyweth. 69Ny re gresys ha ny a wor fatell osta Den Sans Duw."

70Jesu a leverys, "A ny wrug avy agas dêwys why? Mès dyowl yw onen ahanowgh." 71Yth esa va ow côwsel a Jûdas Scaryot, mab Sîmon. Kynth o hedna onen a'n dewdhek, ervirys o y draita.

7 Wosa hedna Jesu a wre trega in Galyle. Ny vydna mos adro in Jûdy awos an Yêdhewon dhe whelas chauns dh'y ladha. 2Ow nessa yth esa degol Tyldys an Yêdhewon. 3Rag hedna y vreder a leverys dhodho, "Voyd alebma ha kê dhe Jûdy, may halla dha dhyscyplys inwedh gweles an oberow esta ow cul. 4Rag ny wra den vëth obery in dadn gel, mar myn ev bos aswonys alês. Mar qwrêta an taclow-ma, dysqwa dha honen dhe'n bës." 5Rag ny wrug y vreder kyn fe cresy ino.

6Nena Jesu a leverys dhedhans, "Nyns yw ow thermyn vy devedhys whath, saw y fëdh agas termyn why obma pùpprës. 7Ny yll an bës agas hâtya why, mès yma va orth ow hâtya vy, awos me dhe desta wàr y bydn, fatell yw drog y oberow. 8Kewgh agas honen dhe'n gool ma, rag ny dheuth whath ow thermyn vy. Ny vanaf vy mos dhe'n gool-ma." 9Wosa leverel an taclow-ma ev a remainyas in Galyle.

10Saw pàn êth y vreder dhe'n gool, ev êth dy kefrës. Ny êth in golok an dus, mès yn pryva. 11Nena an Yêdhewon a'n whelas orth an gool ha leverel, "Ple ma va?"

12Hag y feu meur a groffal adro dhodho in mesk an dus, rag radn anodhans a levery ev dhe vos dremas, ha radn a levery ev dhe dhysseytya an bobel. 13Bytegyns ny vydna den vëth côwsel yn egerys anodho rag own a'n Yêdhewon.

14Pàn o an gool hanter passys, Jesu êth in bàn dhe'n templa rag desky. 15Ha marth a's teva an Yêdhewon hag y a leverys, "Fatell yll an den-ma bos lettrys, pàn na wruga bythqweth studhya?"

16Jesu a worthebys dhedhans ha leverel, "Dhyworthyf vy ny dheu ow dyscans, saw dhyworto ev neb a'm danvonas. 17Mars yw den vëth whensys dhe wul bolùnjeth Duw, ev a vydn godhvos usy an dyscans dhia Dhuw, hag inwedh esof vy ow côwsel an gwiryoneth, pò nag esof. 18Seul a

wrella côwsel anodho y honen, yma
va ow whelas y glory y honen. Saw
neb a whella an glory anodho ev a
wrug y dhanvon, gwir ywa. Ha nyns
eus tra vëth fâls ino. 19A ny ros
Moyses an laha dhywgh? Saw nyns
usy den vëth ahanowgh ow qwetha an
laha. Prag yth esowgh why ow whelas
chauns dhe'm ladha vy?"

20An rûth a worthebys, "Te a'th
eus tebel-spyrys! Pyw usy ow whelas
dha ladha jy?"

21Jesu a worthebys ha leverel dhe-
dhans, "Me a berformyas udn ober
brâs ha why oll a'gas beus marth.
22Moyses a ros an cyrcùmcisyon
dhywgh (ny wrug Moyses y ry, mès
agas hendasow) ha why a wra
cyrcùmcîsya flogh jorna an sabot.
23Mars eus den ow recêva cyrcùm-
cisyon jorna an sabot, ma na vo terrys
laha Moyses, owgh why serrys orthyf,
drefen me dhe sawya pùb part a gorf
nebonen jorna an sabot? 24Na
jùjyowgh warlergh an wolok, mès
gwrewgh brusyans gwir."

25I'n tor'-na yth esa radn a
dregoryon Jerùsalem ow leverel, "A
nyns yw hebma an den usons ow
whelas y dhystrêwy? 26Hag awotta va
obma ow côwsel yn opyn, saw nyns
usons y ow leverel tra vëth dhodho.
Ywa possybyl an rewlysy dhe wodh-
vos ev dhe vos an Crist in gwir-
yoneth? 27Bytegyns ny a wor yn tâ a
ble ma va ow tos. Saw pàn dheffa an
Crist, ny wodhvyth den vëth i'n bës a
ble fëdh ev ow tos."

28Nena Jesu a grias i'n templa hag
ev ow tesky, "Yth esowgh why orth
ow aswon vy ha why a wor a ble
whrug avy dos. Nyns ov vy devedhys
ow honen oll. Saw ev neb a'm dan-
vonas, ev yw gwiryon, mès why ny'n
aswonowgh màn. 29Yth esof vy orth
y aswon, drefen me dhe dhos dhy-
worto, ha dre rêson ev dhe'm
danvon."

30Nena y a assayas y sêsya, saw ny
wrug den vëth settya dalhen ino, dre
rêson nag o y dermyn devedhys
whath. 31Saw lies huny i'n rûth a
gresys dhodho ha leverel, "Pàn dheffa
an Crist, a alsa ev gul moy merclys
ages an den-ma?"

32An Farysys a glôwas bos an bobel
ow croffolas hag ow leverel anodho
taclow a'n par-na. An uhel prontyr-
yon ha'n Farysys a dhanvonas
offycers rag y sêsya.

33Nena Jesu a leverys dhedhans,
"Pols bian whath me a vëdh genowgh
why, ha nena me a vydn mos dhe
hedna a'm danvonas. 34Why a wra ow
whelas, saw ny wrewgh why ow
hafos, ha'n tyller may fedhaf ow mos,
ny yllowgh why ow sewya dy."

35Nena an Yêdhewon a leverys an
eyl dh'y gela, "Ple ma va ow mos, ma
na yllyn y gafos? Ywa porposys dhe
vos dhe'n Yêdhewon usy scùllys alês
in mesk an Grêkys? A vydn ev desky
an Grêkys? 36Pandr'usy va ow styrya
pàn lever ev 'Why a wra ow whelas,
saw ny wrewgh ow hafos,' hag 'An
tyller may fedhaf ow mos, ny yllowgh
why ow sewya dy'?"

37An jorna dewetha a'n gool, an
jorna brâs, Jesu a savas in bàn ha cria,
"Kenyver onen a vo sehes dhodho,
deuns ev dhybmo vy, 38ha neb a
gressa inof vy, gwrêns ev eva. Kepar
dell lever an scryptour, 'An den a
gressa, ryvers a dhowr bew a wra
resek mes anodho.'" 39Hedna ev a
leverys ow tùchya an Spyrys, a wre
recêva oll an re-na a wrella cresy ino
ev. Rag i'n tor'-na nyns esa Spyrys

vëth i'n bës, dre rêson na veu Jesu
gloryfies whath.
40Pàn glôwas radn a'n bobel an
taclow-ma, y a leverys, "In gwir hèm
yw an profet-na."
41Radn aral a leverys, "Hèm yw an
Crist."
Saw radn aral whath a leverys, "A
gotha dhe'n Crist dos dhyworth
Galyle?" 42A ny lever an scryptour
fatell dheu an Crist a has Davyth ha
dhia Bethlem, an dre may feu Davyth
tregys?" 43Indelma argùment a sord-
yas in mesk an bobel adro dhodho.
44Radn anodhans a vydna y sêsya, saw
ny wrug den vëth settya y dhewla
warnodho.
45Nena an offycers a dhewhelys
dhe'n uhel prontyryon ha'n Farysys.
An Farysys a wovydnas ortans, "Prag
na wrussowgh why y sêsya?"
46An offycers a worthebys, "Byth-
qweth ny wrug den vëth oll côwsel
kepar ha hebma!"
47Nena an Farysys a worthebys, "A
vewgh why dysseytys ganso magata?
48A wrug den vëth a'n rewlysy pò a'n
Farysys cresy ino? 49Saw ny wor an
bobel-ma an laha ha melegys yns y."
50Nycodêmùs, neb êth dhe Jesu
orth golow nos hag o onen anodhans,
a wovydnas, 51"Dar, a wra agan laha
ny dampnya den vëth kyns y assaya ha
godhvos pandr'usy ow cul?"
52Y a worthebys dhodho, "Osta jy
dhyworth Galyle? Gwra sarchya an
scryptours ha te a welvyth na wra
profet vëth dos mes a Alyle."
53Y a dhybarthas alena, kenyver
onen anodhans dh'y jy y honen.

8 Saw Jesu êth dhe Veneth Olyv-
et. 2Myttyn avarr ev a dheuth
arta dhe'n templa. Oll an bobel a
dheuth dhodho, hag ev a esedhas
ha'ga desky. 3Ha'n scrîbys ha'n
Farysys a dhros dhodho benyn re bia
kechys in avoutry ha'y settya
dhyragtho 4ha leverel dhodho,
"Descador, an venyn-ma a veu kechys
i'n very gwythres a avoutry. 5I'n laha
Moyses a gomondyas benenes a'n
par-ma dhe vos labedhys. Saw
pandr'esta ow leverel dha honen?" 6Y
a gowsas indelma rag y demptya, may
hallens y gùhudha.
Saw Jesu a inclînyas, hag yth esa ow
screfa wàr an dor gans y vës, kepar ha
pàn na's clôwas. 7Mès y a dhuryas ha
govyn orto arta. Nena ev a savas in
bàn ha leverel, "Mars yw den vëth
ahanowgh why heb pegh, gwrêns ev
tôwlel an kensa men." 8Arta ev a
inclînyas ha screfa wàr an dor.
9Pàn wrussons y clôwes hedna, y a
omdednas an eyl wosa y gela, ow
tallath gans an dus hen. Ha Jesu a veu
gesys y honen oll gans an venyn.
10Pàn wrug Jesu sevel a'y sav, ny
welas den vëth mès an venyn only. Ev
a leverys dhedhy, "A venyn, py ma
neb a vydn dha gùhudha? A ny wrug
den vëth dha gùhudha?"
11"Den vëth nyns eus, Arlùth," yn
medh hy.
Jesu a gowsas arta, "Me ny'th
tampnyaf iredy. Kê wàr dha fordh ha
na wra namoy peha."
12Nena Jesu a gowsas ortans arta ha
leverel, "Me yw golow an bës. Seul a
wrella ow sewya, ny vydn ev nefra
kerdhes i'n tewolgow, mès ev a gav an
bêwnans heb dyweth."
13Nena an Farysys a leverys
dhodho, "Yth esta ow testa ahanas
dha honen ha nyns yw vas dha
dhùstuny."

14Jesu a worthebys ha leverel dhe-
dhans, "Kyn whrellen desta ahanaf
ow honen, ow dùstuny yw gwir, rag
me a wor a bleth esof ow tos ha pleth
esof ow mos. Saw ny wodhowgh why
a bleth esof ow tos na pleth ama.
15Yth esowgh why ow jùjya warlergh
brusyans mab den. Ny wrama jùjya
den vëth. 16Ha kyn whrellen jùjya, ow
brusyans yw gwir, dre rêson na
wrama breus ow honen oll, saw me a
wra jùjya warbarth gans an Tas neb
re'm danvonas. 17Screfys yw i'gas
laha bos vas an destans a dhew
dhùstuny. 18Yth esof ow testa ahanaf
ow honen hag yma an Tas neb a'm
danvonas ow testa adro dhybm
kefrës."

19Nena y a leverys dhodho, "Ple
ma dha Das?"

Jesu a worthebys, "Nyns yw onen
vëth ahanan aswonys dhywgh, naneyl
me nag ow Thas. Mar teffowgh why
ha'm aswon vy, why a wrussa aswon
an Tas kefrës." 20Ev a leverys an
geryow-ma pàn esa va ow tesky in
tresourva an templa, saw ny wrug den
vëth y sêsya, dre rêson nag o
devedhys y dermyn.

21Nena Jesu a leverys arta dhe-
dhans, "Yth esof ow tyberth alebma,
ha why a vydn ow whelas, saw why a
verow i'gas pehosow. An le mayth
esof ow mos, ny yllowgh why dos."

22Nena an Yêdhewon a leverys,
"Ywa porposys dhe ladha y honen?
Yw hedna an pëth usy ev ow styrya,
pàn lever na yllyn ny y sewya dhe'n le
mayth usy ev ow mos?"

23Ev a leverys dhedhans, "Yth
esowgh why ow tos dhyworth an
barth awoles. Mès me, yth esof vy ow
tos dhyworth an barth avàn. Nyns ov
vy dhia an bës-ma. 24Me a leverys
fatell wrewgh why merwel i'gas
pehosow. Ea, why a wra merwel i'gas
pegh, marnas why a grës me dhe vos
an den-na."

25Y a leverys dhodho, "Pyw osta?"

Jesu a leverys dhedhans, "Prag y
whrama unweyth côwsel orthowgh?
26Me a'm beus lowr dhe leverel adro
dhywgh, ha lowr dhe dhampnya, mès
gwir yw ev neb a'm danvonas."

27Ny wrussons y convedhes ev dhe
gôwsel ortans ow tùchya an Tas.
28Rag hedna Jesu a leverys, "Pàn vo
Mab an Den derevys in bàn
genowgh, nena why a wra convedhes
ow bos avy ev, ha nag esof vy ow cul
tra vëth ahanaf ow honen, saw me
dhe leverel an taclow-ma kepar dell
usy an Tas ow comondya dhybm.
29Hag ev neb a'm danvonas, yma va
genama. Ny wruga ow gasa ow
honen oll, rag yth esof vy ow cul
pùpprës an dra a vo dâ in y wolok ev."
30Kepar dell esa va ow leverel an
taclow-ma, lies huny a gresys ino.

31Nena Jesu a leverys dhe'n Yêdh-
ewon a gresys ino, "Mar qwrewgh
pêsya i'm geryow vy, nena why yw ow
dyscyplys in gwir, 32ha why a wodh-
vyth an gwiryoneth ha'n gwiryoneth
a wra agas fria."

33Y a worthebys dhodho, "Ny yw
issyw a Abraham ha ny veun ny byth-
qweth kethyon dhe dhen vëth. Pëth
esta ow styrya pàn leverta, 'Why a
vëdh fries'?"

34Jesu a worthebys, "In gwir hag in
gwiryoneth me a lever dhywgh
hebma: pynag oll a wrella pegh, yw
keth dhe begh. 35Ny'n jeves an
kethwas tyller fast i'n meyny. An mab
a'n jeves plâss ino bys vycken. 36Rag
hedna mars usy an Mab orth agas
fria, why a vëdh frank in very

gwiryoneth. 37Me a wor yn tâ why dhe vos issyw a Abraham, saw yth esowgh why ow whelas chauns dhe'm ladha vy, rag nyns eus tyller vëth inowgh why rag ow geryow vy. 38Yth esof vy ow teclarya an taclow-ma in golok an Tas. Saw why, y talvia dhywgh gul an pëth a wrussowgh why clôwes dhyworth an Tas."

39Y a worthebys ha leverel dhodho, "Abraham yw agan tas ny."

Jesu a leverys dhedhans, "A pewgh why mebyon Abraham, why a wrussa an pëth a wrug Abraham, 40saw lebmyn yth esowgh why ow whelas ow ladha vy, ha den ov a wrug derivas dhywgh an taclow a glôwys vy dhyworth Duw. Nyns yw hedna an pëth a wrug Abraham. 41An taclow a wrug agas tasow, yth esowgh why ow cul an re-na."

Y a leverys dhodho, "Flehes bastard nyns on ny màn. Ny a'gan beus udn Tas, hèn yw Duw y honen."

42Jesu a leverys dhedhans, "A pe Duw agas Tas why, why a vynsa ow hara vy, awos me dhe dhos dhyworth Duw, hag awotta vy obma. Ny wrug avy dos ahanaf ow honen, saw ev a'm danvonas. 43Prag na yllowgh why convedhes an pëth a lavaraf? Rag ny yllowgh why recêva ow geryow vy. 44Yth esowgh why ow tos dhyworth agas tas why, an tebel-el, ha dâ yw genowgh why bolùnjeth agas tas why. Ev o moldror dhia an dallath, ha nyns usy ev ow sevel i'n gwiryoneth, dre rêson nag eus gwiryoneth vëth ino. Pàn lever ev gow, yma va ow côwsel warlergh y natur y honen, rag ev yw mingow ha tas pùb gow. 45Saw awos me dhe leverel an gwiryoneth dhywgh, ny wrewgh why ow cresy. 46Pyw eus ahanowgh why a yll ow reprôvya vy rag pegh? Mars esof vy ow leverel an gwiryoneth, prag na vydnowgh why cresy inof? 47Seul a dheffa dhyworth Duw, a vydn clôwes geryow Duw. Prag nag esowgh why ow coslowes ortans? Dre rêson nag owgh why dhia Dhuw."

48An Yêdhewon a wrug y wortheby ha leverel, "A nyns usy an gwir genen, pàn leveryn te dhe vos Samarytan ha tebel-spyrys inos?"

49Jesu a worthebys, "Me ny'm beus tebel-spyrys, saw yth esof vy owth onora ow Thas, saw why a wra ow dysonora. 50Saw ny vanaf vy whelas ow glory ow honen. Yma onen orth y whelas hag ev yw an brusyas. 51In gwir hag in gwiryoneth me a lever dhywgh hebma: seul a wrella gwetha ow geryow vy, ny vydn ev nefra tastya mernans."

52Nena an Yêdhewon a leverys, "Lebmyn ny a wor bos tebel-spyrys inos. Abraham a verwys ha'n profettys kefrës ha te a lever, 'Seul a wrella gwetha ow geryow, ny vydn ev nefra tastya mernans.' 53Osta jy brâssa es agan tas ny, Abraham, neb yw marow? An profettys a verwys magata. Pyw esta ow leverel te dhe vos?"

54Jesu a worthebys, "Mar qwrama gloryfia ow honen, nyns yw tra vëth ow glory vy. Ow Thas a wra ow gloryfia. Ev yw hedna esowgh why ow leverel anodho, 'Ev yw agan Duw ny,' 55kyn nag esowgh why orth y aswon. Mar teffen ha leverel nag esof orth y aswon, me a via gowek kepar ha why. Mès aswonys ywa dhybm, hag yth esof ow qwetha y eryow ev. 56Agas hendas Abraham a rejoycyas ev dhe weles ow jorna vy. Ev a'n gwelas ha joy brâs a'n jeva."

57Nena an Yêdhewon a leverys
dhodho, "Nyns osta hanter-cans
bloodh whath; a wrusta gweles Abra-
ham?"

58Jesu a leverys, "In gwir hag in
gwiryoneth me a lever dhywgh heb-
ma: kyns ès Abraham dhe vos, yth ov
vy." 59Rag hedna y a dherevys meyn
may hallens y labedha, mès Jesu a
wrug keles y honen ha mos mes a'n
templa.

9 Pàn esa Jesu ow kerdhes, ev a
welas den o dall dhyworth torr
y dhama. 2Y dhyscyplys a wovydnas
orto, "Raby, pyw a behas, an den-ma
pò y gerens, may feu va genys dall?"

3Jesu a worthebys, "Ny behas
naneyl an den-ma nag y gerens. Ev a
veu genys dall, may halla oberow
Duw bos dysclôsys ino. 4Res yw
dhybm gul an bolùnjeth a hedna neb
a'm danvonas, hadre vo dëdh. Yma
an nos ow tos na yll den vëth lavurya
inhy. 5Hadre ven i'n bës, me yw
golow an bës."

6Pàn wrug ev leverel hedna, ev a
drewas wàr an dor, gul lis gans y
drew, ha'y lêsa wàr dhewlagas an den.
7Ev a leverys dhodho, "Kê ha golgh
dha honen in poll Siloam" (hèn yw
dhe styrya Danvenys). Nena an den
êth ha golhy y honen ha dewheles,
hag ev abyl dhe weles.

8Y gentrevogyon ha'n re-na neb
a'n gwely kyns hedna avell begyer
desedhys, y a leverys, "A nyns yw
hebma an den esa a'y eseth ow pesy
alusyon?"

9Yth esa radn ow leverel, "Ea, yth
yw ev."

Saw re erel a leverys, "Nag yw, mès
nebonen pur haval dhodho."

Ev y honen a leverys, "Me yw an
den."

10Saw y a wovydnas orto, "Fatell
wrusta cafos dha wolok?"

11Ev a worthebys ha leverel, "An
den henwys Jesu a wrug lis, ha'y lêsa
wàr ow lagasow, ha leverel dhybm,
'Kê dhe Siloam ha golgh dha honen.'
Nena me êth dy ha golhy ow honen
ha recêva ow golok."

12Y a leverys dhodho, "Py ma va?"

Ev a worthebys, "Ny wòn màn."

13Y a dhros an den re bia dall dhe'n
Farysys. 14Dëdh sabot o pàn wrug
Jesu lis hag egery y lagasow. 15Nena
an Farysys a dhalathas govyn orto in
pana vaner a wrug ev recêva y wolok.
Ev a leverys dhedhans, "Ev a worras
pry wàr ow lagasow. Nena me a
wolhas ow honen ha lebmyn me a wel
yn tâ."

16Rag hedna re a'n Farysys a
leverys, "Nyns usy an den-ma dhy-
worth Duw, rag nyns usy ev ow
qwetha an sabot."

Mès re erel a leverys, "Fatell alsa
pehador gul sînys a'n par-na?" Hag y
feu strif intredhans.

17Rag hedna y a leverys arta dhe'n
den dall, "Pëth esta dha honen ow
leverel adro dhodho? Dha lagasow jy
a veu egerys."

Ev a leverys, "Profet ywa."

18Saw ny wrug an Yêdhewon cresy
ev dhe vos dall ha dhe recêva y wolok,
erna wrussons y gelwel tas ha mabm
an den-na a wrug recêva y wolok,
19ha govyn ortans ow leverel, "Yw
hebma agas mab why, a leverowgh
why anodho fatell veu va genys dall?
Fatell wher ytho ev dhe weles
lebmyn?"

20Y das ha'y vabm a worthebys ha
leverel, "Ny a wor bos hebma agan

mab ny, hag ev a veu genys dall.
21Saw ny wodhon màn fatell wharva
ev dhe weles lebmyn, naneyl ny
wodhon ny pyw a egoras y lagasow.
Govydnowgh orto ev y honen. Ev yw
coth lowr rag hedna." 22Y das ha'y
vabm a gowsas indella dre rêson y dhe
berthy own a'n Yêdhewon, rag an
Yêdhewon o acordys solabrës y fedha
nebonen gorrys mes a'n synaga, mar
teffa va hag avowa Jesu dhe vos an
Crist. 23Rag hedna y das ha'y vabm a
leverys adro dhodho, "Ev yw coth
lowr. Govydnowgh orto ev y honen."

24Nena y a elwys dhedhans an
secùnd treveth an den re bia genys
dall ha leverel dhodho, "Ro glory dhe
Dhuw! Ny a wor bos an den-ma
pehador."

25Ev a worthebys ha leverel, "Ny
wòn vy ywa pehador pò nag ywa.
Udn dra me a wor yn tâ: kynth en
dall, me a wel lebmyn."

26Y a leverys dhodho, "Pandra
wrug ev dhis? Fatell wrug ev egery
dha lagasow?"

27Ev a worthebys dhedhans, "Me re
leverys dhywgh solabrës, saw ny vyd-
nowgh why goslowes. Prag yth
esowgh why ow wheles y glôwes arta?
Owgh why whensys dhe vos y
dhyscyplys ev?"

28Nena y a'n rebûkyas ha leverel,
"Te yw y dhyscypyl, mès ny yw dys-
cyplys a Moyses. 29Ny a wor fatell
gowsas Duw orth Moyses, saw
hebma—ny wodhon poynt a ble ma
va."

30An den a worthebys, "Ass yw
marthys an dra-ma! Ny wodhowgh
why a ble ma va, saw ev a egoras ow
lagasow. 31Ny a wor na vëdh Duw ow
coslowes orth pehadoryon, saw yma
va ow coslowes orth an re-na a wra y
wordhya hag obeya y volùnjeth. 32Ny
veu bythqweth clôwys, dhia bàn veu
formys an bës, den vëth dhe egery
lagasow nebonen a veu genys dall.
33Na ve an den-ma dhyworth Duw,
ny alsa ev gul tra vëth."

34Y a worthebys, "Te a veu genys
in pegh yn tien hag esta ow whelas
agan desky ny?" Y a'n herdhyas in
mes.

35Jesu a glôwas y dh'y herdhya in
mes, ha pàn wruga y gafos, ev a
leverys dhodho, "Esta ow cresy in
Mab an Den?"

36Ev a worthebys ha leverel, "Pyw
yw hedna, Arlùth? Lavar dhybm may
hallen cresy ino."

37Jesu a leverys dhodho, "Te re'n
gwelas, ha'n den usy ow côwsel
orthys yw ev."

38Ev a leverys, "Arlùth, me a grës."
Hag ev a'n gordhyas.

39Jesu a leverys, "Me a dheuth
aberth i'n bës-ma rag y jùjya, may
halla gweles an dhellyon, ha ma
whrella dellny dos wàr an re-na a's
teves aga golok."

40Re a'n Farysys esa in nes a glôwas
hebma ha leverel dhodho, "Esta ow
leverel ny dhe vos dall kefrës?"

41Jesu a leverys dhedhans, "A
pewgh why dall, ny'gas bia pegh. Saw
abàn esowgh why ow leverel why dhe
weles, yma agas pegh ow trega gen-
owgh.

10 "In gwir hag in gwiryoneth
me a lever hebma dhywgh:
seul na wrella entra i'n gorlan der an
daras, mès crambla aberth neb fordh
aral, ev yw lader ha robber. 2Hedna
neb usy owth entra der an yet, ev yw
bugel an deves. 3Yma an porthor
owth egery an yet dhyragtho, ha'n

deves a wra aswon y lev ev. Yma va
ow kelwel y dheves y honen er aga
henwyn, hag ev a wra aga hùmbronk
in mes. 4Pàn wra va hùmbronk in mes
oll y dheves y honen, ev â dhyrag-
thans, ha'n deves a vydn y sewya, dre
rêson y lev dhe vos aswonys dhe-
dhans. 5Ny vydnons sewya den stranj,
saw y a wra ponya dhyworto, rag
nyns usons y owth aswon an dus
stranj." 6Jesu a ûsyas an parabyl ma
gansans, saw ny wrussons convedhes
pandra leverys dhedhans.

7Jesu a leverys dhedhans arta, "In
gwir hag in gwiryoneth me a lever
hebma dhywgh: me yw an yet rag an
deves. 8Oll an re-na a dheffa dhyragof
yw robbers ha ladron. Saw ny wra an
deves goslowes ortans. 9Me yw an
yet. Seul a wrella entra dredhof, a
vëdh sawys hag a vydn entra, ha mos
in mes, ha cafos porva. 10Ny dheu an
lader marnas rag ladra ha ladha ha
dystrêwy. Me a dheu may hallens
cafos bêwnans, ea, ha'y gafos lowr
plenty.

11"Me yw an bugel vas. An bugel
vas a vydn dascor y vêwnans rag y
dheves. 12Nyns yw an gwas gober an
bugel ha ny bew ev an deves. Pàn wra
va gweles an bleydh ow tos, ev a wra
scappya alena. Nena an bleydh a wra
sêsya an deves ha'ga scùllya alês. 13An
gwas gober a wra ponya in kerdh,
drefen ev dhe vos gwas gober, ha
nyns yw bern dhodho an deves.

14"Me yw an bugel vas. Aswonys
dhybm yw ow deves vy ha me yw
aswonys dhedhans, 15poran kepar dell
ov vy aswonys dhe'n Tas ha'n Tas yw
aswonys dhybm. Ha me a wra dascor
ow bêwnans rag an deves. 16Me a'm
beus deves erel nag eus i'n gorlan-
ma, ha res yw dhybm aga dry y
aberveth kefrës, hag y a wra goslowes
orth ow lev vy. Indelma y fëdh udn
flock hag udn bugel. 17Rag an rêson
ma yma an Tas orth ow hara vy,
drefen me dhe dhascor ow bêwnans,
may hallen y gemeres in bàn arta.
18Ny wra den vëth y gemeres dhy-
worthyf, saw me a vydn y dhascor oll
a'm bodh ow honen. Me a'm beus an
gallos dh'y dhascor ha dh'y gemeres
in bàn arta. An gorhebmyn-ma me re
recêvas dhyworth ow Thas."

19Hag arta y feu strif inter an
Yêdhewon awos an geryow-ma.
20Yth esa lies huny anodhans ow
leverel, "Ev a'n jeves tebel-spyrys hag
yma va mes a'y rewl. Prag y whrewgh
why goslowes orto?"

21Re erel a leverys, "Nyns yw an re-
ma an geryow a sagh dyowl. A yll
tebel-spyrys vëth egery lagasow an
dhellyon?"

22I'n tor' na yth esa degol an
Sacrans ow kemeres le in Jerùsalem.
23Gwâv o hag yth esa Jesu ow kerdhes
i'n templa in Porth Salamon. 24Rag
hedna an Yêdhewon a gùntellas adro
dhodho ha leverel, "Pana bellder a
vynta jy gwetha agan brës in dowt?
Mars osta an Crist, lavar hedna yn
tyblans."

25Jesu a worthebys, "Me re'n
derivas dhywgh ha ny gresowgh why
màn. An oberow esof vy ow cul in
hanow ow Thas, ymowns y ow testa
ahanaf. 26Saw why ny gresowgh inof,
rag nyns owgh why a'm deves vy.
27Ow deves vy a glôw ow voys. Me a's
aswon hag y a wra ow sewya vy. 28Me
a re dhedhans an bêwnans heb
dyweth ha ny wrowns nefra mos dhe
goll. Ny yll den vëth aga sêsya mes
a'm dewla vy. 29An pëth re beu rës
dhybm gans ow Thas yw brâssa es

pùptra aral, ha ny yll den vëth y gybya
mes a leuv an Tas. 30Me ha'n Tas,
onen yth on ny."

31Nena an Yêdhewon arta a
gemeras in bàn meyn, may hallens y
labedha. 32Jesu a worthebys, "Me re
dhysqwedhas dhywgh meur a oberow
dâ an Tas. Prag y fydnowgh why ow
labedha?"

33An Yêdhewon a worthebys, "Ny
vydnyn ny dha labedha awos ober dâ,
mès awos blasfemy. Kyn nag osta mès
mab den, yth esta ow cul dha honen
haval dhe Dhuw."

34Jesu a worthebys, "A nyns yw
screfys i'gas laha why, 'Me a lever
why dhe vos duwow'? 35Mar peu an
re-na gelwys 'duwow' may teuth ger
Duw dhedhans—ha ny yll an scryp-
tour bos defendys dhe ves—36a lever-
owgh why dhe hedna neb a veu sacrys
gans an Tas ha danvenys ganso dhe'n
bës, 'Yth esta ow cably Duw,' drefen
me dhe leverel, 'Mab Duw oma'?
37Mar nyns esof vy ow cul oberow an
Tas, na wrewgh cresy inof. 38Saw mar
teuma ha'ga gul, nena kyn na wrewgh
why ow cresy, cresowgh an oberow,
may hallowgh why godhvos ha con-
vedhes bos an Tas inof vy ha me dhe
vos i'n Tas." 39Nena y a whelas y
sêsya arta, mès ev a wrug scappya mes
a'ga dewla.

40Jesu êth alena arta ha mos dres
dowr Jordan dhe'n tyller may fedha
Jowan ow pesydhya i'n dedhyow
kyns, ha Jesu a dregas ena. 41Lies
huny a dheuth dhodho hag yth esens
ow leverel, "Ny wrug Jowan gul
marthus vëth oll, saw pùptra a leverys
Jowan ow tùchya an den-ma yw
gwir." 42Ha lies huny a gresys ino i'n
tyller-na.

11 Yth o certan den clâv, Lasser
y hanow, a Bethany, tre
Martha ha Maria hy whor. 2Maria o
hodna a ùntyas an Arlùth gans on-
yment ha seha y dreys gans hy blew.
Hy broder Lasser o clâv. 3Rag hedna
an wheryth a dhanvonas messach dhe
Jesu, "Arlùth, clâv yw neb esta ow
cara."

4Mès pàn glôwas Jesu hedna, ev a
leverys, "Nyns yw marwyl an cleves-
ma. Nâ, rag glory Duw yth ywa, may
halla Mab Duw bos gloryfies
dredho." 5Ytho, kyn whre Jesu cara
Martha ha'y whor ha Lasser, 6ev a
dregas dew jorna pella i'n tyller
mayth esa, wosa clôwes fatell o Lasser
clâv.

7Wosa hedna ev a leverys dh'y
dhyscyplys, "Deun ny dhe Jûdy arta."

8An dyscyplys a leverys dhodho,
"Raby, yth esa an Yêdhewon ow
whelas agensow dha labedha, hag a
vynta arta mos dy?"

9Jesu a worthebys, "A nyns eus
dewdhek our i'n jëdh? An re-na usy
ow kerdhes pàn vo golow an jëdh, ny
wrowns y trebuchya, drefen y dhe
weles golow an bës-ma. 10Saw an re-
na usy ow kerdhes orth golow nos,
trebuchya a wrowns, dre rêson nag
usy an golow inhans."

11Wosa côwsel an geryow na, ev a
leverys dhedhans, "Yma agan coth-
man Lasser in cùsk, saw me a dhodho
rag y dhyfuna."

12An dyscyplys a leverys dhodho,
"Arlùth, mars usy in cùsk, ev a vëdh
dâ lowr." 13Saw Jesu a gowsas a'y
vernans, mès y a gresys ev dhe vos ow
côwsel adro dh'y gùsk.

14Nena Jesu a gowsas dhe blebmyk,
"Marow yw Lasser. 15Rag kerensa
ahanowgh lowen ov na veuma ena,

may hallowgh why cresy. Saw deun
bys dhodho."

16Tobmas, neb o henwys Dydymùs,
a leverys dh'y gescowetha, "Deun ny
kefrës, may hallen ny merwel ganso
ev."

17Pàn dheuth Jesu dhe'n tyller, ev
a gafas Lasser a'y wroweth i'n bedh
nans o peswar jorna. 18Bethany o neb
dyw vildir dhyworth Jerùsalem, 19ha
meur a'n Yêdhewon a dheuth dhe
Martha ha dhe Maria rag aga hon-
fortya awos aga broder. 20Pàn glôwas
Martha Jesu dhe vos ow tos, hy êth in
mes dhe vetya orto ha Maria a
remainyas in tre.

21Nena Martha a leverys dhe Jesu,
"Arlùth, a pesta obma, ny wrussa ow
broder merwel. 22Saw me a wor
lebmyn kefrës, fatell vydn Duw ry
dhis pynag oll tra a wrelles govyn
orto."

23Jesu a leverys dhedhy, "Dha
vroder a wra dasserhy."

24Martha a worthebys, "Me a wor
fatell wra va dasserhy orth an das-
serghyans dëdh breus."

25Jesu a leverys dhedhy, "Me yw an
dasserghyans ha'n bêwnans. Kenyver
onen a gressa inof, kyn fo marow,
bewa a wra, 26ha kenyver onen a
wrella bewa ha cresy inof vy, ny wra
va tastya mernans. Esta ow cresy
hedna?"

27Hy a leverys dhodho, "Ea,
Arlùth, me a grës te dhe vos an Crist,
Mab Duw, hedna usy ow tos aberth
i'n bës."

28Wosa hy dhe leverel an geryow-
ma, hy a dhewhelys ha gelwel hy
whor Maria ha leverel dhedhy in
pryva, "Yma an Descador obma hag
ev orth dha elwel." 29Kettel wrug
Maria clôwes hedna, hy a savas in bàn
yn uskys ha mos dhodho. 30Ny wrug
Jesu dos dhe'n dre, mès yth esa va
whath i'n tyller may whrug Martha
metya ganso. 31An Yêdhewon, esa
gensy i'n chy orth hy honfortya, y a's
gweles ow sevel in bàn yn uskys hag
ow mos in mes. Y a's sewyas, dre
rêson y dhe bredery fatell esa hy ow
mos dhe'n bedh, may halla hy ena
ola.

32Pàn dheuth Maria dhe'n tyller
mayth esa Jesu, hy a'n gwelas ha
codha orth y dreys ha leverel dhodho,
"Arlùth, a pes jy obma, ny wrussa ow
broder merwel."

33Pàn welas Jesu hy dhe ola ha'n
Yêdhewon o devedhys gensy dhe ola
kefrës, ev a veu troblys brâs in y
spyrys ha movys yn town. 34Ev a
leverys, "Ple whrussowgh why y
settya?"

Y a leverys, "Deus, Arlùth, rag
gweles."

35Jesu a olas.

36Rag hedna an Yêdhewon a
leverys, "Otta, ass o brâs y gerensa
ragtho!"

37Re anodhans a leverys, "An den-
ma neb a egoras lagasow an dall, a ny
ylly ev gwetha hebma rag merwel?"

38Nena Jesu a entras i'n bedh hag
ev owth ola y honen. Cav o an bedh
hag yth esa men a'y wroweth wàr y
bydn. 39Jesu a leverys, "Kemerowgh
an men dhe ves."

Martha, whor an den marow, a
leverys, "Arlùth, yma sawour poos
ganso solabrës, rag ev a verwys
peswar jorna alebma."

40Jesu a leverys dhedhy, "A ny
wrug avy leverel dhis te dhe weles
glory Duw, mar teffes ha cresy?"

41Nena y a gemeras an men dhe
ves. Ha Jesu a veras in bàn ha leverel,

"A Das, me a aswon ras dhis dre rêson
te dhe woslowes orthyf. 42Me a wor
te dhe'm clôwes pùpprës, saw me re
leverys hebma abarth an bobel usy
a'ga sav obma in nes, may hallens ow
clôwes ha cresy te dhe'm danvon."

43Pàn wrug ev leverel hedna, ev a
grias, uhel y lev, "Lasser, deus in
mes!" 44An den marow a dheuth in
mes, hag ev mailys leuv ha troos gans
lienyow, hag yth esa qweth wàr y fâss.

Jesu a leverys dhedhans, "Gwrewgh
y dhygelmy ha'y dhelyvra dhe wary."

45Meur a'n Yêdhewon o devedhys
gans Maria, ha pàn wrussons y gweles
an pëth re bia gwrës gans Jesu, y a
gresys ino. 46Mès radn anodhans êth
wàr aga fordh dhe'n Farysys ha
derivas ortans an taclow a wrug Jesu.
47Nena an uhel prontyryon ha'n
Farysys a gùntellas in consel ha
leverel an eyl dh'y gela, "Pandra dal
dhyn ny gul? Yma an den-ma ow
performya meur a verclys. 48Mar teun
ny ha gasa dhodho pêsya indelma,
pùbonen a vydn cresy ino, ha'n
Romans a dheu ha dystrêwy agan
tyller sans ha'gan nacyon kefrës."

49Onen anodhans henwys Cayfas,
uhel pronter an vledhen-na, a leverys
dhedhans, "Ny wodhowgh why tra
vëth oll! 50Nyns esowgh why ow
convedhes fatell res dhe udn den
merwel, rag dowt oll an nacyon dhe
vos dystrêwys."

51Ny leverys ev hebma a'y honen,
saw awos ev dhe vos uhel pronter an
vledhen-na. Ev a brofusas fatell wre
Jesu merwel rag les oll an nacyon,
52ha na wre va merwel rag an nacyon
yn udnyk, mès may fe cùntellys
warbarth flehes Duw re bia scùllys
alês dres oll an bës. 53Alena rag yth
esens y prèst ow cùssulya fatell yllens
y worra dhe'n mernans.

54Rag hedna, ny wre Jesu kerdhes
in mesk an Yêdhewon na fella, saw ev
êth alena dhe'n tireth ogas dhe'n
gwylfos, dhe dre henwys Efrayim,
hag ena ev a dregas gans y dhyscyplys.

55Hag yth esa Pask an Yêdhewon
ow tos nes ha lies huny êth in bàn
dhia an pow dhe Jerùsalem dhyrag an
Pask rag pùrjya aga honen. 56Yth
esens ow whelas Jesu hag ow covyn
an eyl orth y gela hag y a'ga sav i'n
templa, "Pëth esowgh why ow
predery? Sur ny dheu va dhe'n gool."
57An uhel prontyryon ha'n Farysys a
gomondyas kenyver onen a wodhya
pleth esa Jesu, dh'y dheclarya dhe-
dhans, rag y o whensys dh'y sêsya.

12 Whegh jorna kyns an Pask
Jesu a dheuth dhe Bethany,
tre Lasser neb o derevys dhyworth an
re marow ganso. 2Ena y a wrug
parusy con ragtho, ha Martha a
servyas. Yth esa Lasser in mesk an dus
esa esedhys orth an bord. 3Maria a
gemeras pens a spîknard precyùs hag
ùntya treys Jesu ganso ha'ga seha gans
hy blew. An chy a veu lenwys a
sawour an onyment.

4Saw Jûdas mab Sîmon, onen a'y
dhyscyplys ha'n den a wre y draita, a
leverys, 5"Prag na veu an onyment ma
gwerthys a dry hans dynar, ha'n mona
rës dhe'n vohosogyon?" 6Ny wrug ev
leverel hedna awos ev dhe gara an
vohosogyon, mès drefen y vos lader.
Yth esa va ow sensy an pors kebmyn,
hag a wre ladra mes anodho an pëth
a vedha gorrys ino.

7Jesu a leverys, "Gesowgh cres
dhedhy. Hy a'n prenas, may halla hy
y wetha bys in jorna ow encledhyas.

8Why a'gas beus an vohosogyon
genowgh why pùpprës, mès ny
vedhaf vy genowgh why bys vycken."
9Pàn glôwas rûth vrâs an Yêdhew-
on Jesu dhe vos ena, y a dheuth bys
dy may hallens gweles Jesu ha Lasser
kekefrës—hedna re bia derevys gans
Jesu dhyworth an re marow. 10Rag
hedna ervirys o an uhel prontyryon
ladha Lasser inwedh, 11dre rêson bos
meur a'n Yêdhewon orth aga for-
sâkya hag ow cresy in Jesu.

12Ternos vyttyn an rûth vrâs, neb o
devedhys dhe'n gool, a glôwas fatell
esa Jesu ow tos dhe Jerùsalem. 13Rag
hedna y a gemeras palmys ha mos in
mes dhe vetya ganso hag y ow cria,

"Hosana!"

"Benegys yw ev neb a dheu in
hanow an Arlùth!"

"Benegys yw Mytern Israel!"

14Jesu a gafas asen yonk hag esedha
warnodho; kepar dell yw screfys,

15"Na borth awher, a vyrgh Sion.
Awot dha vytern ow tos dhis
a'y eseth wàr ebol asen!"

16Ny wrug y dhyscyplys convedhes
an taclow-ma i'n dallath, mès pàn veu
Jesu gloryfies, nena y a remembras oll
an taclow-ma o screfys adro dhodho
hag o gwrës dhodho.

17Gans hedna an rûth esa ganso,
pàn wrug ev gelwel Lasser mes a'n
bedh, ha'y dherevel dhyworth an re
marow, y a bêsyas ow testa adro dho-
dho. 18An rûth êth in mes dh'y weles
inwedh, drefen y dhe glôwes fatell
wrug ev an merkyl brâs-na. 19An
Farysys a levery an eyl dh'y gela,
"Awot! Ny yllyn ny gul tra vëth.
Merowgh, yma oll an bës orth y folya
ev!"

20In mesk an re-na neb o devedhys
in bàn dhe wordhya i'n gool yth esa
certan Grêkys. 21Y a dheuth nes dhe
Felyp (neb a dheuth dhia Besseda)
ha'y besy ow leverel, "Syra, dâ via
genen ny gweles Jesu." 22Felyp êth
ha'y dheclarya dhe Androw, hag arta
Androw ha Felyp a'n declaryas dhe
Jesu.

23Ha Jesu a worthebys ha leverel,
"Re dheuva an prës may fëdh res dhe
Vab an Den bos gloryfies. 24In gwir
hag in gwiryoneth me a lever dhywgh
hebma: marnas hasen ÿs a wra codha
dhe'n dor ha merwel, ny vëdh hy mès
hasen. Saw mar qwra hy merwel, hy
a dheg meur a frût. 25Seul a wrella
cara y vêwnans, a wra y gelly, saw
kenyver onen a wrella hâtya y vêw-
nans i'n bës-ma, a wra y sensy i'n bës
usy ow tos. 26Mars eus den orth ow
servya, res vëdh dhodho ow sewya
ha'n le may fedhaf vy, i'n tyller-na an
servont a dal bos kefrës. Seul a wrella
ow servya vy, an Tas a wra y onora
ev.

27"Troblys brâs yw ow enef i'n tor'
ma. Pandra allaf vy leverel?—'A Das,
gwith vy rag an termyn-ma'? Nâ, nâ!
Rag an termyn-ma me re dheuth. 28A
Das, gwra gloryfia dha hanow jy."

Nena lev a dheuth mes a'n nev,
"Ow hanow re beu gloryfies genef, ha
gloryfies vëdh genef arta." 29An rûth
esa a'ga sav in nes a'n clôwas ha
leverel fatell veu taran. Re erel a
leverys, "El re gowsas orto."

30Jesu a worthebys, "Rag agas
kerensa why re dheuva an lev-ma. Ny
dheuth rag ow herensa vy. 31Lebmyn

y fëdh jùjyans an bës-ma; lebmyn y
fëdh herdhys in mes rewler an bës-
ma. 32 Mar pedhaf vy lyftys in bàn
dhyworth an nor, me a vydn tedna
pùptra oll dhybmo vy ow honen."
33 Dre hebma ev a wrug sygnyfia pana
sort a vernans a wre va godhaf.

34 An rûth a worthebys dhodho,
"Ny re glôwas i'n laha fatell wra an
Crist remainya bys vycken ha rag
nefra. Fatell ylta jy leverel y res dhe
Vab an Den bos derevys in bàn? Pyw
yw Mab an Den esta ow côwsel adro
dhodho?"

35 Jesu a leverys dhedhans, "Y fëdh
an golow genowgh pols bian whath.
Kerdhowgh hadre vo an golow
genowgh, rag dowt an tewolgow
dh'agas budhy. Mars esowgh why ow
kerdhes i'n tewolgow, ny wodhowgh
why pleth esowgh why ow mos.
36 Hadre vo an golow genowgh, cres-
owgh i'n golow, may hallowgh why
bos flehes a'n golow." Warlergh Jesu
dhe leverel an geryow-ma, ev a
voydyas alena ha cudha y honen
dhywortans.

37 Kyn whrug ev performya meur a
sînys i'ga golok, ny wrussons y cresy
ino. 38 Y feu hedna may halla bos
collenwys an lavar côwsys gans an
profet Esay:

"Arlùth, pyw re gresys agan
messach, ha dhe byw re beu
dyscudhys bregh an Arlùth?"

39 Rag hedna ny yllens y cresy, rag
Esay dhe leverel inwedh:

40 "Ev re wrug dallhe aga dewlagas
ha cales'he aga holon,
ma na wrellens meras gans aga
lagasow, na convedhes gans aga
holon ha trailya—ha me a vynsa
aga sawya."

41 Esay a leverys hebma rag ev dhe
weles y glory ha côwsel anodho.

42 Bytegyns meur a'n rewlysy a
gresys ino. Saw ny wrussons y avowa
dre rêson a'n Farysys, rag dowt y dhe
vos herdhys mes a'n synagys. 43 Rag
moy yth esens ow cara glory mab den
ès an glory usy ow tos dhyworth
Duw.

44 Nena Jesu a grias in uhel, "Neb a
gressa inof vy, nyns usy ev ow cresy
inof vy, mès ino ev a'm danvonas.
45 Neb a wrella ow gweles vy, yma va
ow qweles hedna re wrug ow danvon.
46 Me re dheuth avell golow aberth i'n
bës, ma na wrella kenyver onen a
gressa inof gortos i'n tewolgow.

47 "Ny wrama jùjya den vëth usy ow
clôwes ow geryow vy heb aga sensy,
rag ny wruga dos aberth i'n bës rag
jùjya an bës, mès may hallen y selwel.
48 Seul a wrella ow sconya vy ha na
wrella recêva ow geryow, ev a'n jeves
brusyas. An ger re wrug avy côwsel a
vydn servya avell jùj i'n jëdh fin, 49 rag
ny wrug avy côwsel ahanaf ow honen,
saw an Tas neb a wrug ow danvon, ev
y honen re ros dhybm comondment
adro dhe'n taclow a resa dhybm
leverel ha côwsel. 50 Ha me a wor bos
an comondment-na an bêwnans heb
dyweth. Pùptra a wrellen côwsel
ytho, me a'n lever poran kepar dell
erhys an Tas dhybm."

13 Kyns degol an Pask Jesu a
wodhya fatell o devedhys an
prës may talvia dhodho dyberth mes
a'n bës-ma, ha mos dhe'n Tas. Ev a
garas y dus y honen hag ev a's caras
bys i'n dyweth.

2An tebel-el solabrës a worras in
colon Jûdas Scaryot mab Sîmon dhe
draita Jesu. 3Jesu a wodhya fatell
vedha pùptra delyvrys gans an Tas
inter y dhewla hag ev y honen dhe
dhos dhyworth Duw, ha dhe vos ow
tewheles dhe Dhuw, hag in termyn
an soper 4ev a savas in bàn dhyworth
an bord, disky y bows ha kelmy towal
in y gerhyn. 5Nena ev a dheveras
dowr in bason ha dallath golhy treys
y dhyscyplys, ha'ga seha gans an
towal esa adro dhodho.

6Ev a dheuth dhe Sîmon Peder hag
ev a leverys dhodho, "Arlùth, a vynta
golhy ow threys vy?"

7Jesu a worthebys ha leverel, "Ny
wodhes whath pandra wrav, saw te
a'n godhvyth i'n dyweth, wosa ow
mos ahanan."

8Peder a leverys dhodho, "Arlùth,
ny wrêta golhy ow threys nefra."

Jesu a worthebys, "Mar ny wrama
dha wolhy jy, ny vedhys kevrednek
genama."

9Sîmon Peder a leverys dhodho,
"Arlùth, dhybmo vy moy ès ow
threys, na as pedn na leuv na vo
golhys."

10Jesu a leverys dhodho, "Neb a vo
y gorf golhys, ny'n jeves othem golhy
saw y dreys, rag glân ywa yn tien. A
bùb plos yth owgh why glanhës—
mès oll nyns owgh why glân." 11Rag
ev a wodhya pyw a wre y draita. Rag
hedna ev a leverys, "Oll nyns owgh
why glân."

12Wosa ev dhe wolhy aga threys ha
gorra y bows adro dhodho arta, ev a
dhewhelys dhe'n bord ha leverel dhe-
dhans, "A wodhowgh why pëth a
wrug avy dhywgh? 13Y'm gelwyr
'Mêster' genowgh hag 'Arlùth'—ha
hèn yw gwir, rag hedna me yw.
14Ytho mar qwruga golhy agas treys,
ha me agas Arlùth ha'gas Mêster,
golhens pùb ahanowgh treys y gela
kepar ha me. 15Me re ros ensampel
dhywgh, may whrellowgh why kepar
dell wrug avy dhywgh. 16In gwir hag
in gwiryoneth me a lever hebma
dhywgh: nyns yw an servont brâssa ès
y vêster, naneyl nyns yw canasow
brâssa es an re-na a wrug aga danvon.
17Mar codhowgh why an taclow-ma,
bedneth a'gas bëdh pàn wrellowgh
why aga gul.

18"Nyns esof ow côwsel adro
dhywgh yn kettep pedn. Me a wor
pyw re wrug avy dêwys. Saw yth yw
hebma rag collenwel an scryptour,
'Neb a gevradnas ow bara, ev re
dherevys y wewen wàr ow fydn.'

19"Me a lever hebma dhywgh
lebmyn, kyns ès y wharvos, may
hallowgh why cresy me dhe vos ev,
pàn whrella an dra wharvos. 20In gwir
me a lever dhywgh why: neb a wrella
recêva hedna a wrellen vy danvon,
yma orth ow recêva vy, ha neb a
wrella ow recêva vy, ev a vëdh ow
recêva neb a wrug ow danvon vy."

21Wosa ev dhe leverel an taclow-
ma, Jesu a veu troblys brâs in y spyrys
ha declarya, "In gwir hag in
gwiryoneth me a lever dhywgh fatell
wra onen ahanowgh ow thraita."

22An dyscyplys a veras an eyl orth
y gela, rag ny wodhyens pyw esa va
ow styrya. 23Yth esa onen a'y
dhyscyplys—ev neb o meurgerys dhe
Jesu—a'y wroweth orth an bord ogas
dhe Jesu. 24Rag hedna Sîmon Peder
a wrug sin tro hag ev may wrella va
govyn orth Jesu pyw esa va ow styrya.

25Gans hedna an dyscypyl a
wovydnas, hag ev a'y wroweth orth

an bord ogas dhodho, “Arlùth, pyw a
yll hedna bos?”
26Jesu a worthebys, “Yth yw ev neb
a vanaf vy ry an sûben-ma dhodho
wosa me dh’y throghya i’n scudel.”
Ha wosa troghya an sûben, ev a’s ros
dhe Jûdas Scaryot mab Sîmon.
27Wosa Jûdas dhe recêva an sûben
dhyworto, Satnas a entras ino.
Jesu a leverys dhodho, “A vo dhis
dhe wul, gwra e yn uskys.” 28Ny
wodhya den vëth orth an bord prag y
whrug ev leverel hedna. 29Yth esa
radn anodhans ow cresy fatell esa Jesu
orth y gomondya dhe brena taclow
rag an degol, rag yth esa Jûdas ow
sensy an comen pors, pò dhe ry
neppyth dhe’n vohosogyon. 30Wosa
recêva an sûben, Jûdas êth in mes heb
let hag yth o nos.
31Wosa Jûdas dhe vos in mes, Jesu
a leverys, “Lebmyn yma Mab an Den
gloryfies, hag yma Duw gloryfies ino
ev. 32Mar pëdh Duw gloryfies ino ev,
Duw inwedh a vydn y gloryfia ino y
honen, hag ev a vydn ry an glory
dhodho heb let.
33“A flehes vian, pols bian whath
me a vëdh i’gas mesk. Why a vydn ow
whelas. Ha kepar dell wrug avy
leverel dhe’n Yêdhewon, me a lever
dhywgh why i’n tor’-ma, ‘An le
mayth esof vy ow mos, ny yllowgh
why ow sewya.’
34“Yth esof ow ry dhywgh comond-
ment nowyth—why dhe gara an eyl y
gela. Kepar dell wrug avy agas cara
why, indella y tal dhywgh cara an eyl
y gela. 35Dre hedna pùbonen a wodh-
vyth why dhe vos ow dyscyplys, mar
qwrewgh why cara an eyl y gela.”
36Sîmon Peder a leverys dhodho,
“Arlùth, pleth esta ow mos?”
Jesu a worthebys dhodho, “Ny ylta
jy ow sewya i’n tor’-ma dhe’n tyller
mayth esof vy ow mos. Saw te a wra
ow sewya wosa hebma.”
37Peder a leverys dhodho, “Prag na
allaf vy lebmyn dha sewya? Me a vydn
dascor ow very bêwnans ragos.”
38Jesu a worthebys, “A vynta jy
dascor dha vêwnans ragof? In gwir
hag in gwiryoneth me a lever dhis,
kyns ès bos culyak kenys tergweyth, y
whreth ow naha!

14

“Na vedhens agas colon why
troblys. Why a grës in Duw.
Cresowgh inof vy kefrës. 2Yma lies
mansyon in chy ow Thas. Na ve an
dra indella, me a vynsa y dheclarya
dhywgh. Yth esof ow mos dhe barusy
tyller ragowgh. 3Ha mar teuma ha
parusy tyller ragowgh, me a vydn dos
arta ha’gas recêva why dhybmo—may
hallowgh why bos le may fedhaf vy
ow honen. 4Why a wor pleth av, ha’n
fordh yw aswonys dhywgh.”
5Tobmas a leverys dhodho, “Ar-
lùth, ny wodhon ny màn pleth esta
ow mos. Fatell yllyn godhvos an
fordh?”
6Jesu a leverys, “Me yw an fordh
ha’n gwiryoneth ha’n bêwnans. Ny
dheu den vëth dhe’n Tas saw unsel
dredhof vy. 7Mar teffowgh why ha’m
aswon vy, why a vynsa aswon an Tas
kefrës. Alebma rag why a’n aswon ha
why re wrug y weles.”
8Felyp a leverys dhodho, “Arlùth,
dysqwa dhyn an Tas ha lowr vëdh
hedna dhyn.”
9Jesu a leverys dhodho, “Esof vy
kebmys termyn genowgh, ha ny
wrusta ow aswon vy, a Felyp? Hedna
neb re’m gwelas vy, ev re welas an
Tas. Fatell ylta jy leverel ytho,

'Dysqwa dhyn an Tas'? 10A nyns esta
ow cresy me dhe vos i'n Tas ha'n Tas
inof vy? An geryow esof vy ow
leverel, ny wrama aga leverel ahanaf
ow honen. Saw an Tas, usy tregys
inof, ev a wra an oberow. 11Cresowgh
dhybm, fatell esof vy i'n Tas ha'n Tas
inof vy. Poken cresowgh inof awos an
oberow. 12In gwir hag in gwiryoneth
me a lever dhywgh hebma: neb a
gressa inof vy, a vydn gul ow oberow
vy—ea, hag oberow brâssa es an re-
ma ev a wra, rag me dhe dhewheles
dhe'm Tas. 13Pynag oll tra a
wrellowgh why govyn i'm hanow vy,
hedna me a vydn gul, may fo ow
Thas gloryfies i'n Mab. 14Mar tewgh
why ha govyn tra vëth i'm hanow vy,
me a vydn y wul.

15"Mars esowgh why orth ow hara
vy, gwethowgh ow homondmentys.
16Me a vydn govyn orth ow Thas,
hag ev a re dhywgh why Confortyor
aral, may halla ev gortos genowgh
why rag nefra, 17hèn yw an Spyrys a
wiryoneth, na yll an bës recêva màn,
dre rêson nag usy an bës orth y weles
nag orth y aswon. Why a'n aswon,
drefen ev dhe vos tregys inowgh, hag
ev a vëdh genowgh why. 18Ny vanaf
vy agas gasa heb confort. Me a vydn
dos dhywgh. 19Wosa termyn ny wra
an bës ow gweles na fella, mès why
a'm gwelvyth. Awos me dhe vewa,
why a wra bewa inwedh. 20An jëdh-
na why a wodhvyth y bosama i'm Tas
ha fatell esowgh why inof vy ha me
inowgh why. 21Neb a'n jeffa ow
homondmentys hag a wrella aga
sensy, ev yw hedna usy orth ow hara
vy. An re-na usy orth ow hara vy, ow
Thas a vydn aga hara ynsy kefrës. Ha
me inwedh a vydn aga hara ha
dysclôsya ow honen dhedhans."

22Jûdas (nag o Jûdas Scaryot) a
leverys dhodho, "Arlùth, in pana
vaner a vynta jy dysclôsya dha honen
dhyn ny heb omdhysqwedhes dhe'n
bës?"

23Jesu a worthebys dhodho, "An
re-na usy orth ow hara vy, y a vydn
sensy ow geryow, ha'm Tas vy a wra
aga hara y, ha ny a wra dos dhedhans
ha gortos gansans. 24Neb na wrella
ow hara vy, ny wra va sensy ow
geryow vy. An geryow esowgh why
ow clôwes, nyns usons y ow tos
dhyworthyf vy, mès dhyworth an Tas
a wrug ow danvon.

25"Me re leverys an taclow-ma
dhywgh ha me whath i'gas mesk.
26Saw an Confortyor, an Spyrys Sans,
neb a vëdh danvenys dhywgh gans an
Tas, ev a vydn desky dhywgh pùptra,
hag ev a wra dhywgh remembra
kenyver tra re wrug avy derivas
dhywgh. 27Ow cres genowgh gasaf.
Me a re dhywgh ow cres vy. Ny
wrama ry dhywgh kepar dell usy an
bës ow ry. Na vedhens troblys agas
colon ha na berthowgh own vëth.

28"Why re glôwas me dhe leverel,
'Yth esof vy ow tyberth dhyworth-
owgh ha me a vydn dos dhywgh.'
Mar teffowgh why ha'm cara vy, why
a wrussa rejoycya awos me dhe
leverel y bosama ow mos dhe'n Tas,
drefen an Tas dhe vos brâssa agesof
ow honen. 29Ha lebmyn, me re wrug
declarya dhywgh oll an taclow-ma
dhyrag dorn, may hallowgh why
cresy pàn wrellens wharvos. 30Ny
wrama côwsel nameur orthowgh i'n
tor'-ma, rag yma rewler an bës-ma
ow tos. Ev ny'n jeves gallos vëth
warnaf. 31Saw me a wra poran kepar
dell wrug an Tas erhy dhybm, may

halla an bës godhvos me dhe gara an Tas.

"In sol! Deun ny alebma.

15 "Me yw an wedhen grappys hag ow Thas yw an trevesyk. 2Ev a dregh dhe ves pùb scoren oll na wrella don frût dâ. Saw pùb scoren a wrella don frût dâ, ev a wra hy dyvarra, may halla hy don dhe voy frût. 3Why re beu dyvarrys solabrës der an ger, a wrug avy côwsel orthowgh. 4Tregowgh inof vy, kepar dell ov vy tregys inowgh why. Ny yll an branch don frût vëth marnas ev a vo tregys i'n wedhen grappys, naneyl ny yllowgh whywhy, marnas why a vo tregys inof vy.

5"Me yw an wedhen grappys ha why yw an branchys. An re-na usy tregys inof vy ha me tregys inhans y, y fedhons y ow ton meur a frût, rag ny yllowgh why gul tra vëth hebof vy. 6Neb na vo tregys inof, ev a vëdh tôwlys dhe ves kepar ha branch, ha gwedhra ev a wra. Y fëdh branchys a'n par-na cùntellys warbarth, tôwlys i'n tan ha leskys. 7Mar qwrewgh why trega inof vy, ha mar qwra ow geryow vy trega inowgh why, govydnowgh pynag oll tra a vydnowgh, ha'n dra a vëdh gwrës ragowgh. 8Ow thas yw gloryfies dre hebma—why dhe dhon meur a frût, hag indelma dhe dhysqwedhes agas bos ow dyscyplys.

9"Kepar dell wrug an Tas ow hara vy, indelma me re wrug agas cara why. Tregowgh i'm kerensa. 10Mar qwrewgh why sensy ow homondmentys, why a wra trega i'm kerensa vy, kepar dell wrug avy sensy comondmentys ow Thas ha me tregys in y gerensa ev. 11Me re wrug côwsel an taclow-ma orthowgh, may fo ow joy vy inowgh why, ha may fo collenwys agas joy why. 12Hèm yw ow arhadow: why dhe gara an eyl y gela, poran kepar dell wrug avy agas cara why. 13Moy kerensa ny'n jeves den vëth ages ev dhe dhascor y vêwnans rag kerensa y gothmans. 14Why yw ow hothmans, mar qwrewgh why an pëth a wrama erhy dhywgh. 15Nyns esof vy na fella orth agas gelwel servysy, rag ny wor an servont an pëth a wra an mêster. Lebmyn ny vanaf vy namoy agas gelwel why servysy, mès cothmans, rag pùptra a wrug vy clôwes dhyworth ow Thas, me a wrug y dheclarya dhywgh why. 16Ny wrussowgh why ow dêwys vy, saw me a wrug agas dêwys why. Ha me a wrug agas appoyntya dhe vos in rag ha don frût, frût neb a wra durya, may halla an Tas ry dhywgh pynag oll tra a wrellowgh why govyn i'm hanow vy. 17Yth esof ow ry an comondmentys-ma dhywgh, may whrellowgh why cara an eyl y gela.

18"Mar pëdh an bës orth agas hâtya why, why a wor an bës dhe'm hâtya vy kyns ès agas hâtya why. 19Mar teffowgh why ha longya dhe'n bës-ma, an bës a vynsa agas cara why, kepar ha'y bëth y honen. Dre rêson nag esowgh why ow longya dhe'n bës-ma, saw me dh'agas dêwys mes a'n bës—rag hedna yma an bës orth agas hâtya why. 20Perthowgh cov a'n lavar a wrug avy leverel dhywgh, 'Nyns yw an servont brâssa ès y vêster.' Mar qwrussons y ow thormentya vy, y a wra agas tormentya why magata. Mar qwrussons y gwetha ow geryow vy, y a vydn gwetha agas geryow why kefrës. 21Saw y a vydn gul oll an taclow-ma dhywgh awos ow hanow vy, rag nyns usons y owth aswon hedna a wrug ow danvon. 22Na ve me dhe dhos ha côwsel ortans, ny viens y cablus a begh vëth. Saw lebmyn y ny's teves ascûs vëth rag aga fegh. 23Neb a wrella ow hasa vy, yma va ow casa ow Thas vy kefrës. 24Na ve me dhe berformya i'ga mesk an oberow-na, na wrug den vëth ken, ny viens y in pegh. Mès i'n tor'-ma y re'm gwelas ha'm casa vy, ha gweles ha casa ow Thas kefrës. 25Hedna a veu rag may fe collenwys an lavar yw screfys i'ga laha y, 'Y a'm casas heb chêson vëth.'

26"Pàn dheffa an Confortyor, a wrama danvon dhywgh why dhyworth an Tas, an Spyrys a wiryoneth usy ow tos dhyworth an Tas, ev a vydn desta ahanaf. 27Why kefrës a wra desta ahanaf, drefen why dhe vos genama dhia an dallath.

16

"Me re leverys an taclow-ma dhywgh rag dowt why dhe drebuchya. 2Y a vydn agas gorra mes a'n synaga. Ea, yma ow nessa an prës, may whra tus predery, pàn wrellons y agas ladha why, y dhe offrydna gordhyans dhe Dhuw. 3Y a vydn gul an taclow-ma, drefen na wrussons y naneyl aswon an Tas nag ow aswon vy. 4Saw me re leverys an lavarow-ma, may hallowgh why perthy cov me dhe gôwsel anodhans, pàn wrellons y wharvos. Ny wrug avy leverel an taclow-ma dhywgh i'n dallath, dre rêson me dhe vos genowgh.

5"Saw lebmyn yth esof ow mos dhodho ev a wrug ow danvon. Ny wra den vëth ahanowgh govyn orthyf, 'Pleth esta ow mos?' 6Saw awos me dhe leverel an taclow-ma dhywgh, tristans re lenwys agas colon. 7Me a lever an gwiryoneth dhywgh: yth yw rag agas les why me dhe dhyberth alebma, rag mar ny wrama dyberth, ny wra an Confortyor dos dhywgh. Ha mar teuma hag omdedna dhyworthowgh, me a vydn y dhanvon dhywgh. 8Pàn dheffa va, ev a vydn prevy an bës dhe vos camdybys ow tùchya pegh, ewnder ha brusyans—9ow tùchya pegh, drefen na gresons y inof vy; 10ow tùchya ewnder, drefen me dhe vos dhe'n Tas ha na wrewgh why ow gweles na fella; 11ow tùchya brusyans, awos rewler an bës dhe vos dampnys.

12"Me a'm beus lies tra whath dhe leverel dhywgh, mès ny yllowgh why aga ferthy i'n tor'-ma. 13Pàn dheffa an Spyrys a wiryoneth, ev a dhesk dhywgh oll gwiryoneth, rag ny vydn ev côwsel anodho y honen, saw ev a lever pùptra a glôwa ha derivas dhywgh myns a wrella wharvos. 14Ow gloryfia vy a wra va, drefen ev dhe gemeres an pëth usy dhybm ha'y dheclarya dhywgh why. 15Pùptra a vo dhe'n Tas, dhybm yma. Rag an rêson-ma, me a leverys fatell wre va kemeres a vo dhybm ha'y dheclarya dhywgh why.

16"Termyn cot whath ha ny wrewgh why ow gweles na fella. Termyn cot arta ha why a'm gwelvyth."

17Nena radn a'y dhyscyplys a leverys an eyl dh'y gela, "Pandr'usy va ow styrya, pàn lever ev dhyn, 'Termyn cot whath ha ny wrewgh ow gweles na fella, ha whath termyn cot ha why a vydn ow gweles' ha 'Drefen me dhe vos dhe'n Tas'?" 18Y a leverys, "Pandr'usy ev ow styrya gans an geryow-ma, 'Termyn cot whath'?

Ny wodhon poynt pëth usy ev ow
côwsel adro dhodho."
19Jesu a wodhya aga bos whensys
dhe wovyn orto, hag ev a leverys dhe-
dhans, "Esowgh why ow tyspûtya
intredhowgh pandr'esen ow styrya
pàn leverys, 'Termyn cot whath ha ny
wrewgh na fella ow gweles, ha termyn
cot arta ha why a'm gwelvyth'? 20In
gwir hag in gwiryoneth me a lever
dhywgh hebma: why a wra ola ha
mùrnya, mès an bës a wra rejoycya.
Why a'gas bëdh painys, saw agas
painys a wra trailya dhe joy. 21Pàn vo
benyn in golovas, hy a's teves pain,
drefen bos devedhys hy thermyn. Saw
pàn vo genys hy flogh, ny wra hy
namoy perthy cov a'n angus, drefen
hy dhe rejoycya awos den nowyth dhe
vos genys i'n bës. 22Indelma why
a'gan beus painys lebmyn, saw me a
vydn agas gweles arta ha'gas colon a
wra rejoycya, ha ny wra den vëth
kemeres agas joy in kerdh dhyworth-
owgh. 23I'n jorna-na ny wrewgh why
govyn tra vëth oll orthyf. In gwir me
a lever dhywgh hebma: mar tewgh
why ha govyn tra vëth orth an Tas
i'm hanow vy, ev a'n re dhywgh. 24Ny
wrussowgh why govyn tra vëth i'm
hanow vy bys i'n termyn-ma. Govyd-
nowgh ha why a wra recêva, may fo
leun agas joy why.
25"Me re leverys oll an taclow-ma
in parablys dhywgh. Ow nessa yma an
prës ma na wrama namoy côwsel in
parablys, saw me a vydn côwsel yn
apert adro dhe'n Tas. 26An jorna-na
why a wra govyn i'm hanow vy. Ny
lavaraf dhywgh me dhe besy an Tas
ragowgh why, 27rag an Tas y honen
a'gas car why, drefen why dhe'm cara
vy, ha why a grës fatell wrug avy dos
dhyworth Duw. 28Me re dheuth
dhyworth an Tas, ha me re entras i'n
bës. Awotta vy arta ow voydya mes
a'n bës hag ow mos dhe'n Tas."
29Y dhyscyplys a leverys, "Ea, yth
esta lebmyn ow côwsel yn apert adar
dre barablys. 30Ny a wor i'n tor'-ma
te dhe wodhvos pùptra, ha nag eus
othem dhis a dhen vëth dhe wovyn
orthys. Dre hebma ny a grës fatell
wrusta dos dhyworth Duw."
31Jesu a worthebys, "A gresowgh
why lebmyn? 32Ow nessa yma an
prës, ea, re dheuva an prës, may fedh-
owgh why scùllys alês, kenyver onen
ahanowgh dh'y dre y honen, ha why
a wra ow forsâkya. Saw nyns ov vy ow
honen oll, drefen an Tas dhe vos
genama.
33"Me re leverys hebma dhywgh,
ma'gas bo cres inof vy. Why a gav
tormens i'n bës. Saw bedhowgh a
gonfort dâ. Me re fethas an bës!"

17 Wosa Jesu dhe leverel an
taclow-ma, ev a veras in bàn
dhe'n nev ha leverel,
"A Das, re dheuva an prës. Gwra
gloryfia dha Vab, may whrella dha
Vab gul dhyso bos gloryfies, 2abàn
ressys dhodho auctoryta wàr oll pobel
an bës, dhe ry an bêwnans heb
dyweth dhe genyver onen a ressys
dhodho. 3Ha hèm yw an bêwnans heb
dyweth, may hallens y dha aswon jy,
an udn Duw gwir, ha Jesu Crist neb a
veu danvenys genes. 4Me a ros dhis
glory wàr an norvës dre gowlwrians
an lavur a ressys dhybm dhe wul.
5Rag hedna, a Das, gwra ow gloryfia
i'th presens gans an glory a'm beu
dhia bàn veu formys an bës.
6"Me re dheclaryas dha hanow
dhe'n re-na a wrusta ry dhybm mes
a'n bës. Y o dha dus jy, ha te a's ros

dhybm, hag y re wrug gwetha dha
eryow. 7I'n tor'-ma y a wor pùptra re
ressys dhybm dhe dhos dhyworthys.
8Rag an geryow a wrusta ry dhybm,
me re's ros dhedhans y, hag y re's
recêvas hag yn certan y a wor fatell
wrug avy dos dhyworthys. Hag y re
gresys te dhe'm danvon. 9Yth esof vy
ow pesy ragthans, kyns ès rag kerensa
an bës. Me a bës rag an re-na a ressys
dhybm, awos y dhe vos dha bobel jy.
10A vo dhybm te a's pew, ha me a'm
beus a vo dhis. Hag inhans y me re
beu gloryfies. 11Ha lebmyn nyns esof
vy na fella i'n bës, saw ymowns y i'n
bës, hag awotta vy ow tos dhis. A Das
Sans, gwith y i'th hanow jy, may
hallens y bos onen, kepar dell on ny
onen. 12I'ga mesk pàn esen, me a wre
gwetha i'th hanow jy an re-na a ressys
dhybm. Me a wrug aga gwetha, ha ny
veu unweyth kellys onen anodhans
saw unsel hedna neb a veu destnys
dhe vos kellys. Kellys veu may halla
an scryptour bos collenwys.

13"Mès lebmyn yth esof vy ow tos
dhis hag yth esof vy ow leverel an
taclow-ma i'n bës, may fo cowlwrës
inhans y ow joy vy. 14Me re ros dhe-
dhans dha er jy, ha'n bës re wrug aga
hâtya, drefen nag usons y ow longya
dhe'n bës kepar ha me, rag nyns esof
ow longya dhe'n bës na hen. 15Nyns
esof orth dha besy may whrelles aga
hemeres mes a'n bës, saw me a wovyn
orthys aga gwetha y rag an tebel-el.
16Nyns usons y ow longya dhe'n bës,
pàn nag esof vy naneyl ow longya
dhodho. 17Gwra aga sacra i'n gwir-
yoneth. Dha er jy yw an gwiryoneth.
18Kepar dell wrusta ow danvon
aberth i'n bës, in kepar maner me re
wrug aga danvon y aberth i'n bës.
19Hag yth esof vy ow sacra ow honen
ragthans y, may fowns y inwedh
sacrys i'n gwiryoneth.

20"Nyns esof vy ow covyn hebma
ragthans y yn udnyk, saw rag an re-
na a wra cresy inof vy der aga geryow
y—21may hallens y bos onen yn
kettep pedn, kepar dell esta inof vy, a
Das, ha me inos jy. Indelma re bowns
y inon ny, may halla an bës cresy te
dhe'm danvon. 22An glory neb a
ressys dhybm, me re'n ros dhedhans
y kefrës, may fowns y onen, poran
kepar dell on ny onen, 23me inhans y
ha te inof vy, may fowns y onen yn
parfyt, may halla an bës godhvos te
dhe'm danvon vy ha dh'aga hara y,
kepar dell wrusta ow hara vy.

24"A Das, te re ros an re-ma
dhybm, hag yth ov whensys y dhe vos
genef le may fyma, may hallens y
gweles ow glory, an glory neb a ressys
dhybm, awos te dhe'm cara vy dhyrag
fùndacyon an bës.

25"A Das ewnhensek, nyns usy an
bës orth dha aswon jy, mès me a'th
aswon. Ha'n re-ma a wor te dhe'm
danvon. 26Yth esof vy ow tysclôsya
dha hanow dhedhans, ha me a wra y
dhysclôsya, may fo inhans y an
gerensa may whrusta ow hara gensy,
ha may fen vy ow honen inhans y."

18

Warlergh Jesu dhe leverel
an geryow-ma, ev êth in mes
gans y dhyscyplys dres dowr Cedron,
dhe dyller mayth esa lowarth, hag ev
ha'y dhyscyplys a entras ino.

2Now Jûdas, neb a wre y draita, a
wodhya an tyller kefrës, drefen Jesu
dhe vetya in fenowgh gans y dhys-
cyplys ena. 3Gans hedna, Jûdas a
dhros bagas a soudoryon hag a
wethysy dhia an uhel prontyryon
ha'n Farysys, hag y a dheuth dhe'n

tyller-na hag y ow ton lanterns,
faclow hag arvow.

4Pàn wruga godhvos pùptra a
vydna wharvos, Jesu a dheuth in rag
ha govyn ortans, "Pyw yw neb a
whelowgh why?"

5Y a worthebys, "Jesu a Nazare."

Jesu a worthebys, "Me yw ev." (Yth
esa Jûdas an traitour ow sevel in nes
gansans.) 6Pàn wrug Jesu leverel
dhedhans, "Me yw ev," y a gemeras
stap wàr dhelergh ha codha dhe'n
dor.

7Arta ev a wovydnas ortans, "Pyw
yw neb a whelowgh why?"

"Jesu a Nazare," an re-na a wor-
thebys.

8Jesu a worthebys, "Me a leverys y
bosama ev. Mar qwrewgh ow whelas
vy, gesowgh an dus usy genef dhe
dremena qwit dhe ves." 9Y feu hebma
may fe collenwys an lavar re bia
leverys ganso, "Ny wrug avy unweyth
kelly onen a'n re-na a ressys dhybm."

10Nena Sîmon Peder, neb a'n jeva
cledha, a'n tednas ha gweskel servont
an uhel pronter dredho ha trehy y
scovarn dhyhow dhe ves. Malhùs o
hanow an servont.

11Jesu a leverys dhe Beder, "Gorr
dha gledha i'n woon arta. A ny res
dhybm eva a'n hanaf a ros dhybm ow
Thas?"

12Nena an soudoryon, aga offycers
ha gwethysy an templa a sêsyas Jesu
ha'y gelmy. 13Kyns oll y a'n lêdyas
dhe Anas, syra dâ Cayfas, rag ev o an
uhel pronter an vledhen-na. 14Cayfas
a veu ev neb a gùssulyas, y fedha res
dhe onen merwel rag pobel an wlas.

15Sîmon Peder ha dyscypyl aral a
folyas Jesu. Drefen an dyscypyl-na
dhe vos aswonys dhe'n uhel pronter,
ev êth gans Jesu aberth in lës an uhel
pronter, 16mès yth esa Peder a'y sav
orth an daras wàr ves. Rag hedna an
dyscypyl aral, neb o aswonys dhe'n
uhel pronter, êth in mes ha côwsel
orth an venyn esa ow qwetha an yet
ha dry Peder ajy.

17An venyn a leverys dhe Beder, "A
nyns osta jy onen a dhyscyplys an
den-ma kefrës?"

Ev a leverys, "Nag ov."

18Now an servysy ha'n wethysy a
wrug tan glow, awos an awel dhe vos
yeyn, hag yth esens y a'ga sav in nes
ow tobma aga honen. Yth esa Peder
magata ow sevel gansans ogas dhe'n
tan.

19Nena an uhel prontyryon a
wovydnas qwestyonow orth Jesu ow
tùchya y dhyscyplys ha'y dhyscans.

20Jesu a worthebys, "Me a gowsas
in apert dhe'n bës. Me a wrug desky
i'n synagys hag i'n templa, le may
whre oll an Yêdhewon cùntell. Tra
vëth ny leverys vy in dadn gel. 21Prag
yth esowgh why ow covyn orthyf
lebmyn? Govydnowgh orth an re-na
a glôwas, rag y a wor kebmys a
gôwsys dhedhans."

22Pàn wrug Jesu leverel hedna,
onen a'n wethysy esa a'y sav in nes, a
weskys Jesu dres y fâss ha leverel, "A
wrêta côwsel orth an uhel pronter
indella?"

23Jesu a worthebys, "Mar qwrug
avy côwsel yn treus, gwra desta
anodho. Mès mara côwsys yn lel, prag
y whreth ow boxesy?" 24Nena Anas
a'n danvonas in colmow dhe Cayfas,
an uhel pronter.

25Yth esa Sîmon Peder a'y sav ow
tobma y honen ryb an tan. Y a
wovydnas orto, "A nyns osta jy kefrës
onen a'y dhyscyplys?"

Ev a'n denahas ha leverel, "Nag ov
yn tefry."
26Onen a servysy an uhel pronter,
car dhe hedna a veu y scovarn trehys
dhe ves gans Peder, a wovydnas, "A
ny wrug avy dha weles jy i'n lowarth
ganso?" 27Arta Peder a'n denahas,
hag i'n very prës-na an culyak a
ganas.
28Nena y a lêdyas Jesu dhyworth
chy Cayfas bys in caslës Pylat. Yth o
avarr i'n myttyn. Ny wrussons y aga
honen entra i'n gaslës. Mar teffens
hag entra, mostys viens, ha ny alsens
debry an Pask. 29Rag hedna, Pylat êth
in mes dhedhans ha leverel, "Pahan
chêson a'gas beus why warbydn an
den-ma?"
30Y a worthebys, "Mar ny ve ev
tebel-den, ny ny'n drosen dhyso jy."
31Pylat a leverys, "Ytho, why,
kemerowgh e ha gwrewgh y jùjya
herwyth agas laha."
An Yêdhewon a worthebys,
"Ny'gan beus lecyans dhe worra den
vëth dhe'n mernans." 32(Hebma a
wharva, may fe collenwys profecys
Jesu pàn wrug ev côwsel a'n sort a
vernans a wre va godhaf.)
33Nena Pylat a entras arta i'n hel
breus ha gelwel Jesu dhodho ha
leverel, "Osta mytern an Yêdhew-
on?"
34Jesu a worthebys, "Esta ow covyn
hedna ahanas dha honen pò a wrug
tus erel côwsel orthys ahanaf?"
35Pylat a worthebys, "Oma Yêdh-
ow? Dha nacyon dha honen ha'n
uhel prontyryon re wrug dha dhe-
lyvra dhybm. Pandra wrusta gul?"
36Jesu a worthebys, "Nyns yw ow
gwlascor a'n bës-ma. A pe hy a'n bës-
ma, ow gwesyon a vynsa omlath, may
hallens y ow gwetha rag bos delyvrys
dhe'n Yêdhewon. Saw nyns yw ow
gwlascor vy a'n bës-ma."
37Pylat a leverys dhodho, "Te yw
mytern ytho?" Jesu a worthebys, "Te
a lever y bosama mytern. Rag hedna
me a veu genys. Rag hedna y teuth vy
dhe'n bës, rag don dùstuny dhe'n
gwiryoneth. An den a vo ow longya
dhe'n gwiryoneth, yma va ow cos-
lowes orth ow lev."
38Pylat a wovydnas orto, "Pan-
dr'yw gwiryoneth?" Wosa ev dhe
leverel hebma, ev êth in mes dhe'n
Yêdhewon ha meneges dhedhans,
"Ny allaf vy cafos chêson vëth wàr y
bydn ev. 39Bythqweth re beu ûs
genowgh me dhe dhelyvra wàr Bask
dhywgh udn prysner. A vydnowgh oll
assentya me dhe dhelyvra rag Pask
dhywgh Mytern Yêdhewon?"
40Y oll a grias a voys uhel, "Ny
vydnyn ny an den-ma mès Barabas!"
Lader o Barabas.

19 Nena Pylat a gemeras Jesu
ha'y scorjya. 2Ha'n soudor-
yon a blethas cùrun a spern ha'y
settya wàr y bedn, hag y a worras pall
pùrpur in y gerhyn. 3Yth esens ow tos
in bàn dhodho ow leverel, "Mytern
Yêdhewon, hayl dhis!" hag y a wre y
weskel wàr an fâss. 4Pylat êth in mes
arta ha leverel dhedhans, "Otta va
genef, may whothfowgh na gafaf vy
ken na blam ino dhe vones ledhys."
5Indelma Jesu a dheuth in mes, an
gùrun spern wàr y bedn ha'n pall
pùrpur adro dhodho. Pylat a leverys
dhedhans, "Ot obma an den!"
6Pàn wrug an uhel prontyryon ha'n
wethysy y weles, y a grias, "Crows-
yowgh e! Crowsyowgh e!"
Pylat a leverys dhedhans, "Kemer-
owgh e ha crowsyowgh e agas honen.

Me ny gafaf ken vëth i'n bës dh'y
ladha."
7An Yêdhewon a worthebys, "Ny
a'gan beus laha, ha warlergh an laha-
na y res dhodho merwel, awos ev dhe
omwul Mab Duw."
8Pàn glôwas Pylat hedna, ev a'n
jeva dhe voy own. 9Ev a entras in y
gaslës arta ha govyn orth Jesu, "A by
le osta?" Saw ny wrug Jesu gortheby.
10Rag hedna Pylat a leverys dhodho,
"Esta ow sconya côwsel orthyf? A ny
wodhesta bos gallos dhybm grauntys
dhe'th crowsya pò dhe'th relêssya?"
11Jesu a leverys, "Ny'fia gallos war-
naf, na ve y vos grauntys dhis dhy-
worth uhella Arlùth. Rag hedna dhe
voy yw pegh an re-na a wrug ow
delyvra inter dha dhewla."
12Dhia an termyn na ytho yth esa
Pylat owth assaya y relêssya, saw an
Yêdhewon a grias in mes, "Mar teuta
ha relêssya an den-ma, nyns osta
cothman dhe Cesar. Kenyver onen a
omwrella mytern, yma va ow settya y
honen warbydn Cesar."
13Pàn glôwas Pylat an geryow-ma,
ev a dhros Jesu in mes hag esedha wàr
jair an brusyans i'n tyller henwys an
Cauns Meyn, pò i'n tavas Ebrow,
Gabbatha. 14Yth o jorna an Prepara-
cyon rag an Pask hag ogas dhe
hanter-dëdh.
Pylat a leverys dhe'n Yêdhewon,
"Ot obma agas Mytern!"
15Y a grias, "In kerdh ganso! In
kerdh ganso! Crows e!"
Pylat a wovydnas ortans, "A wrama
crowsya agas Mytern?"
An uhel prontyryon a worthebys,
"Ny'gan beus mytern vëth saw Cesar
yn udnyk."
16Nena Pylat a'n delyvras dhedhans
dhe vos crowsys.
Gans hedna y a gemeras Jesu. 17Ev
êth in mes ow ton y grows y honen ha
dos dhe'n plâss henwys Tyller an
Grogen Pedn, pò i'n tavas Ebrow,
Golgotha. 18Ena y a'n crowsyas gans
dew erel, onen a bùb tu dhodho, ha
Jesu i'n cres anodhans.
19Pylat inwedh a gomondyas may
fe lîbel screfys ha settys wàr an grows.
Yth esa an geryow-ma warnodho,
"Jesu Nazare Mytern an Yêdhewon."
20Meur a'n Yêdhewon a redyas an
lîbel-ma, awos bos an tyller may feu
va crowsys ogas dhe'n cyta. Hag y feu
va screfys i'n tavas Ebrow, in Latyn
hag in Grêk. 21Nena uhel prontyryon
an Yêdhewon a leverys dhe Pylat,
"Na scrif 'Mytern an Yêdhewon', saw
scrif ino an den-ma dhe leverel 'y vos
ev mytern Yêdhewon."
22Pylat a worthebys, "An pëth a
screfys, screfys."
23Pàn wrug an soudoryon crowsya
Jesu, y a gemeras y dhyllas ha'ga
radna inter peder radn, radn rag
kenyver soudor. Y a gemeras inwedh
y bows. An bows na o heb gwry ha hy
gwies in udn darn dhia an gwartha.
24Rag hedna y a leverys an eyl dh'y
gela, "Dieth meur yw y sqwardya.
Gesowgh ny dhe dôwlel predn war-
nedhy, dhe weles pyw a's cav."
Y feu hedna may halla bos collen-
wys an scryptour, a lever,

"Y a radnas ow gwysk intredhans,
hag y a dowlas predn wàr ow
dyllas."

Ha'n soudoryon a wrug indella.
25I'n kettermyn yth esa ow sevel
ogas dhe grows Jesu y vabm, whor y
vabm, Maria gwreg Clopas, ha Maria
Maudlen. 26Pàn welas Jesu y vabm

ha'n dyscypyl a gara ow sevel rypthy,
ev a leverys dh'y vabm, "A venyn,
otta dha vab." 27 Nena ev a leverys
dhe'n dyscypyl, "Otta dha vabm."
Hag alena rag an dyscypyl a's
kemeras bys in y jy y honen.

28 Wosa hedna, pàn wrug Jesu
godhvos fatell o pùptra gorfednys,
may fe an scryptour collenwys, ev a
leverys, "Sehes dhybm yma." 29 Yth
esa seth leun a aysel ow sevel i'n
tyller. Gans hedna y a worras spong
leun a'n aysel wàr scoren a issop ha'y
sensy in bàn dh'y anow. 30 Wosa Jesu
dhe recêva an aysel, ev a leverys,
"Gorfednys yw." Nena ev a dhrop-
pyas y bedn ha dascor y enef.

31 Abàn o va dëdh an Preparacyon,
ny vydna an Yêdhewon may fe gesys
an corfow i'n grows jorna an sabot,
spessly drefen an keth sabot na dhe
vos jorna a solempnyta brâs. Rag
hedna y a besys Pylat, may fe terrys
garrow an dus crowsys ha'n corfow
drës in kerdh. 32 Nena an soudoryon
a dheuth ha terry garrow an eyl den
ha garrow y gela, hèn yw an dhew
dhen o crowsys warbarth gans Jesu.
33 Mès pàn dheuthons dhe Jesu ha
gweles fatell o va marow solabrës, ny
wrussons y terry y arrow ev. 34 Yn le
hedna, onen a'n soudoryon a wanas y
denewen gans guw, ha strait goos ha
dowr a dheuth in mes 35 (Ev neb a
welas hebma re wrug desta a'n mater,
may hallowgh why inwedh cresy.
Gwir yw y dhùstuny, hag ev a wor ev
dhe gôwsel an gwiryoneth.) 36 An
taclow-ma a wharva, may halla an
scryptour bos collenwys, "Ny vëdh
terrys onen vëth oll a'y eskern."
37 Hag yma tyller aral a'n scryptour
ow leverel, "Y a wra meras orth an
den a wrussons gwana."

38 Wosa hebma Josef Baramathia,
hag o dyscypyl a Jesu, a dheuth,—
mès in dadn gel, awos ev dhe
dhowtya an Yêdhewon—ha pesy
Pylat may rolla dhodho cubmyas a
gemeres corf Jesu. Pylat a ros an
cubmyas dhodho. Gans hedna, ev a
dheuth ha don an corf in kerdh.
39 Nycodêmùs, neb a dheuth dhe Jesu
i'n dallath orth golow nos, ev a
dheuth kefrës ha gansans kemysk a
vyrr hag a aloes—adro dhe gans pens
in poster. 40 Y a gemeras corf Jesu
ha'y vailya warbarth gans an spîcys in
lienyow warlergh ûsadow encledhyas
an Yêdhewon. 41 Yth esa lowarth i'n
tyller may feu va crowsys, hag i'n
lowarth bedh nowyth, na veu den
vëth bythqweth settys ino. 42 Ha gans
hedna, awos y vos jorna Preparacyon
an Yêdhewon ha'n bedh dhe vos
ogas, y a worras Jesu a'y wroweth
ena.

20 An kensa jorna a'n seythen,
pàn o hy whath tewl, Maria
Maudlen a dheuth dhe'n bedh ha
gweles fatell veu kemerys dhe ves an
men dhyworth an bedh. 2 Rag hedna
hy a bonyas ha dos dhe Sîmon Peder
ha dhe'n dyscypyl o meurgerys gans
Jesu. Hy a leverys dhedhans, "Y re
gemeras an Arlùth mes a'n bedh, ha
ny wodhon ny ple whrussons y
settya."

3 Nena Peder ha'n dyscyplyl aral a
dhalathas wàr aga fordh tro ha'n
bedh. 4 Yth esens y aga dew ow ponya
warbarth, saw an dyscypyl aral a
bonyas scaffa ès Peder, ha drehedhes
an bedh dhyragtho. 5 Ev a blegyas rag
meras ajy ha gweles an lienyow a'ga
groweth ena, saw ny entras ino màn.
6 Nena Sîmon Peder a dheuth dy wàr

y lergh. Ev a entras i'n bedh ha
gweles an lienyow a'ga groweth, 7ha'n
padn re bia wàr bedn Jesu a'y
wroweth rolys in bàn adenewen, rag
nyns esa gans an lienyow erel. 8Nena
an dyscypyl aral (ev neb a dhrehedhas
an bedh kensa) a entras inwedh ha
gweles ha cresy, 9rag ny wrussons y
convedhes an scryptour whath, fatell
dalvia dhodho dasserhy dhyworth an
re marow.

10Nena an dyscyplys a dhewhelys
tre. 11Saw yth esa Maria a'y sav avês
ha hy ow tevera dagrow. Kepar dell
wre hy ola, hy a blegyas ha meras
aberth i'n bedh. 12Hy a welas dew el
gwyskys in dyllas gwydn esedhys le
may fia corf Jesu, onen orth an pedn
ha'y gela orth an treys.

13Y a leverys dhedhy, "A venyn,
prag yth esta owth ola?"

Hy a leverys dhedhans, "Y re
gemeras ow Arlùth in kerdh, ha ny
wòn ple whrussons y settya." 14Pàn
leverys hy hedna, hy a drailyas ha
gweles Jesu a'y sav ena, saw hy ny'n
aswonas.

15Jesu a leverys dhedhy, "A venyn,
prag yth esta owth ola? Pyw esta ow
whelas?"

Yth esa Maria ow tyby fatell o va an
lowarthor, ha hy a leverys dhodho,
"Syra, mar qwrusta y gemeres, lavar
dhybm ple whrussys y settya ha me a
vydn y dhon in kerdh."

16Jesu a leverys dhedhy, "Maria!"

Hy a drailyas ha leverel dhodho i'n
tavas Ebrow, "Rabony!" (hèn yw dhe
styrya Descador).

17Jesu a leverys dhedhy, "Na dùch
vy nes, ernag yllyf dhe'n nev dhe'm
Tas. Saw kê dhe'm breder ha lavar
dhedhans, 'Yth esof vy ow mos in bàn
dhe'm Tas vy ha dh'agas Tas why,
dhe'm Duw vy ha dh'agas Duw
why.'"

18Maria Maudlen êth in mes ha
leverel dhe'n dyscyplys, "Me re welas
an Arlùth," ha hy a dheclaryas
dhedhans fatell leverys ev an taclow-
ma dhedhy.

19Pàn dheuth gordhuwher an
jorna-na, an kensa dëdh a'n seythen,
degës clos o darasow an chy, mayth
esa an dyscyplys cùntellys warbarth
rag own a'n Yêdhewon. Jesu a dheuth
ha sevel i'ga mesk ha leverel, "Cres
dhywgh!" 20Wosa ev dhe leverel
hedna, ev a dhysqwedhas dhedhans y
dhewla ha'y denewen. An dyscyplys a
rejoycyas pàn welsons an Arlùth.

21Jesu a leverys dhedhans arta,
"Cres dhywgh! Kepar dell wrug an
Tas ow danvon vy, indelma yth esof
vy orth agas danvon why." 22Wosa
leverel hedna, ev a anellas warno-
dhans ha leverel, "Kemerowgh an
Spyrys Sans. 23An pehosow a wrewgh
why remyttya, y a vëdh gyvys. Ha'n
pegh a wrellowgh why retainya, y a
vëdh retainys."

24Saw nyns esa Tobmas (henwys an
Gevel), onen a'n dewdhek, gansans
pàn dheuth Jesu. 25Rag hedna an dys-
cyplys erel a leverys dhodho, "Ny re
welas an Arlùth." Saw ev a leverys
dhedhans, "Marnas me a wel in y
dhewla pryk an kentrow, ha settya ow
bës in pryk an kentrow, ha gorra ow
leuv in y denewen, nefra ny vanaf
cresy."

26Seythen wosa hedna yth esa an
dyscyplys arta i'n chy ha Tobmas
gansans. Kynth o degës an darasow,
Jesu a dheuth ha sevel i'ga mesk ha
leverel, "Cres dhywgh." 27Nena ev a
leverys dhe Tobmas, "Set dha vës
obma ha mir orth ow dewla. Doro

dha leuv i'n goly, may feuma gwenys der an golon. Na dhowt poynt i'n câss, saw crës."

28 Tobmas a worthebys dhodho ha leverel, "Ow Arlùth ha'm Duw!"

29 Jesu a leverys dhodho, "Esta ow cresy drefen te dhe'm gweles? Benegys yw kekebmys na'm gwella hag a'n cressa yn perfeth."

30 Jesu a wrug lies sin aral in golok y dhyscyplys, nag yw screfys i'n lyver ma. 31 Saw yma an re-ma screfys, may hallowgh why cresy bos Jesu an Crist, Mab Duw, ha may hallowgh why cafos bêwnans in y hanow ev dre grejyans ino.

21 Wosa an taclow-ma Jesu a omdhysqwedhas arta dhe'n dyscyplys orth Mor Tyberyas. Hag indelma omdhysqwedhes a wruga. 2 Yth o cùntellys warbarth i'n tyller-na Sîmon Peder ha Tobmas henwys an Gevel, ha Nathanael a Cana in Galyle, ha mebyon Zebedy ha dew erel a'y dhyscyplys. 3 Sîmon Peder a leverys, "Me a vydn mos dhe byskessa."

Y a leverys dhodho, "Ny a dheu genes." Y êth in mes hag entra i'n scath, mès an nos-na ny wrussons cachya tra vëth.

4 Termyn cot wosa terry an jëdh, Jesu a savas wàr an treth, saw ny wodhya an dyscyplys fatell o va Jesu.

5 Jesu a leverys dhedhans, "A flehes, eus pysk vëth genowgh?"

Y a worthebys ha leverel, "Nag eus."

6 Ev a leverys dhedhans, "Tôwlowgh an roos adhyhow dhe'n scath ha why a gav pùscas." Gans hedna y a dowlas an ros in mes, ha nena ny yllens hy thedna aberveth, awos bos kebmys pùscas inhy.

7 An dyscypyl hag o meurgerys dhe Jesu a leverys dhe Peder, "An Arlùth ywa!" Pàn glôwas Peder hedna, ev a wyscas dyllas in y gerhyn, rag noth o va, ha lebmel in mes i'n mor. 8 Saw an dyscyplys erel a dheuth dhe'n tir i'n scath hag y ow traylya an roos ha hy leun a bùscas, rag nyns esens y pell dhyworth an tir—dew cans kevelyn martesen. 9 Kettel wrussons y tira, y a welas tan glow ha pùscas warnodho, ha bara.

10 Jesu a leverys dhedhans, "Drewgh radn a'n pùscas re wrussowgh why cachya."

11 Gans hedna Sîmon Peder êth i'n scath ha tedna an roos dhe'n tir. Leun o hy a bùscas brâs, neb seyth ugans ha tredhek anodhans. Ha kynth esa lowr inhy, ny veu an roos sqwardys poynt. 12 Jesu a leverys dhedhans, "Dewgh ha tanowgh haunsel." Saw ny vedhas onen vëth a'n dyscyplys govyn orto, "Pyw osta?" drefen y dhe wodhvos ev dhe vos an Arlùth. 13 Jesu a dheuth ha kemeres an bara ha'y ry dhedhans, ha gul an keth tra gans an pùscas. 14 Hebma o an tressa treveth may whrug Jesu omdhysqwedhes dh'y dhyscyplys wosa ev dhe dhasserhy a'n re marow.

15 Pàn wrussons refreshya aga honen, Jesu a leverys dhe Sîmon Peder, "Sîmon mab Jônas, esta jy orth ow hara vy moy es an re-ma?"

Ev a leverys, "Ea, Arlùth, te a wor hedna, fatell caraf vy jy."

Ev a leverys, "Gwra maga ow ên vy."

16 Nena ev a gowsas dhodho arta
hag a leverys, “Sîmon mab Jônas,
esta orth ow hara vy?”

Peder a worthebys, “Ea, Arlùth, te
a wor fatell wrav vy dha gara jy.”

Jesu a leverys dhodho, “Gwra
maga ow deves vy.”

17 Nena ev a gowsas dhodho an
tressa treveth, “Sîmon mab Jônas,
esta orth ow hara vy?”

Peder a gemeras duwhan, rag Jesu
dhe leverel dhodho ev try thorn,
“Esta orth ow hara vy?” Peder whath
a’n gorthebys hag a leverys, “Arlùth,
te a wor pùptra, ha te a wor fatell
wrav vy dha gara.”

Jesu a leverys dhe Peder, “Gwra
maga ow deves. 18 In gwir, me a lever
dhis hebma: pàn esta yonk, te a ûsyas
kelmy dha wrugys ha mos pyle pynag
oll may fydnes. Mès pàn vy coth, te
a wra dry in mes dha dhewla ha
nebonen aral a wra kelmy grugys
adro dhis, ha’th kemeres dhe’n tyller,
na vedhys whensys dhe vos.” 19 Ev a
leverys hedna rag dysqwedhes pana
vernans a wre va godhaf rag gloryfia
Duw. Wosa hebma Jesu a leverys,
“Gwra ow sewya vy.”

20 Nena Peder a drailyas ha gweles
an dyscypyl o meurgerys gans Jesu
orth aga sewya. Ev a vedha inclînys
ryb Jesu orth an soper hag ev a
wovydnas orth Jesu, “Arlùth, pyw a
wra dha draita?” 21 Pàn wrug Peder y
weles, ev a leverys dhe Jesu, “Pëth a
whyrvyth dhe hedna?”

22 Jesu a worthebys, “Mars yw ow
bodh vy ev dhe remainya erna
wrellen dos, fatl’yw bern dhis hedna?
Gwra ow sewya vy!” 23 Indelma an
whedhel a dhalathas mos adro in
mesk an dyscyplys, na wre an
dyscypyl tastya mernans. Saw ny
wrug Jesu leverel na wre va merwel,
mès “Mars yw ow bodh vy ev dhe
remainya erna dheffen, fatl’yw bern
dhis hedna?”

24 Hèm yw an dyscypyl usy ow testa
adro dhe’n taclow-ma hag ev re’s
screfas, ha ny a wor bos y dhùstuny
gwir.

25 Saw ýma lies tra aral a wrug Jesu
gul. Saw a pêns y oll screfys, yth esof
ow tyby na alsa an bës ahës sensy oll
an lyvrow a via screfys.

Actys an Abosteleth

1 Me a screfas an kensa lyver, a
Theofilùs, ow tùchya kenyver
tra a dhalathas Jesu gul ha desky,
2bys i'n jorna may feu kemerys in
bàn, wosa ev dhe ry comondmentys
der an Spyrys Sans dhe'n abosteleth
a wrug ev dêwys. 3Ev a omdhys-
qwedhas dhedhans yn few wosa y
bassyon gans lies prof diogel, hag
apperya dhyragthans dres dew ugans
dëdh ha côwsel ortans adro dhe
wlascor Duw. 4Pàn esa i'ga mesk, ev
a erhys dhedhans na wrellens gasa
Jerùsalem, mès gortos promys an
Tas. "Hèm yw," yn medh ev dhe-
dhans, "an pëth a wrussowgh why
clôwes anodho dhyworthyf. 5Rag
gans dowr Jowan a wre besydhya,
mès kyns pedn nebes dedhyow why
a vëdh besydhys gans an Spyrys
Sans."

6Pàn dheuthons y warbarth ytho, y
a wovydnas orto, "Arlùth, yw hebma
an termyn may whrêta restorya
gwlascor Israel?"

7Ev a worthebys, "I'gas gallos ny
sev godhvos an termynyow na'n
dedhyow re beu determys gans an
Tas der y auctoryta y honen. 8Saw
pàn dheffa an Spyrys Sans war-
nowgh, why a gav gallos hag a vëdh
dùstuniow ragof in Jerùsalem, in oll
Jûdy, in Samarya ha bys in pednow
an bës."

9Warlergh ev dhe leverel an
geryow-ma, y a veras hag ev a veu
lyftys in bàn, ha cloud a'n kemeras
mes a'ga golok.

10Pàn esa va ow tyberth hag y ow
meras tro ha nev, dew dhen a savas
dhesempys rypthans ha leverel,
11"Galyleans, prag yth esowgh why
ow sevel ow meras tro ha'n nev? An
den-ma, Jesu, a wrussowgh why
gweles ow mos in bàn dhyworth-
owgh, ev a dheu arta poran kepar
dell y'n gwelsowgh ow mos bys in
nev."

12Nena dewheles a wrussons dhe
Jerùsalem dhyworth an meneth
gelwys Meneth Olyvet, usy adro dhe
bellder viaj sabot dhia Jerùsalem.
13Pàn wrussons y entra i'n cyta, yth
êthons dhe'n rom avàn esens y ow
cortos ino: Peder ha Jowan, Jamys
hag Androw, Felyp ha Tobmas,
Bertyl ha Mathew, Jamys mab
Alfeùs, Sîmon Zelotes ha Jûdas mab
Jamys. 14Yth esa oll an re-ma ow cul
pejadow heb hedhy warbarth gans
certan benenes, gans Maria y vabm
ha'y vreder.

15I'n dedhyow-na Peder a savas in
bàn in mesk an bredereth (yth esa
neb whegh ugans person i'n tyller)
ha leverel, 16"Cothmans, y resa bos
collenwys an scryptour côwsys dhy-
rag dorn gans Davyth der an Spyrys
Sans ow tùchya Jûdas, a veu gedyor
dhe'n re-na a sêsyas Jesu, 17rag ev o
onen a'gan nùmber ny, hag ev a gafas
y radn a'n menystry."

18(Jûdas a brenas pastel dir gans
weryson y dhrockoleth, hag ev a
godhas alês ha cres y gorf a sqwattyas
ha'y golonyow a dardhas mes ano-
dho. 19An dra a veu aswonys dhe oll
tregoryon Jerùsalem, may feu an
bastel dir-na henwys Hakeldama i'ga
yêth y, hèn yw dhe styrya Park an
Goos.)

20"Rag yma screfys i'n Salter,

"'Re bo dianeth y dre,
bydner re bo nebonen tregys inhy'

ha

"'Gwrêns nebonen aral kemeres y
le avell hùmbrynkyas.'

21Rag hedna, onen an dus neb a veu genen dres oll an termyn, mayth esa Jesu agan Arlùth owth entra hag ow mos in mes i'gan mesk, 22ow tallath gans besydhyans Jowan, bys i'n jorna may feu va kemerys in bàn dhyworthyn—onen an re-ma a dal bos dùstuny warbarth genen ny a'y dhasserghyans."

23Y a worras henwyn dew dhen in rag ytho, Josef henwys Barsabas (ha Jùstùs o y hanow kefrës), ha Mathias. 24Nena pesy a wrussons ha leverel, "Arlùth, te a wor colon pùbonen. Dysqwa dhyn pyw re beu dêwysys genes 25rag kemeres rom i'n menystry-ma hag in mesk an abosteleth, a wrug Jûdas sconya pàn êth dh'y dyller y honen." 26Nena y a dowlas predn, ha'n predn a godhas wàr Mathias, hag ev a veu addys dhe'n nùmber a'n udnek abostel.

2 Wàr du Fencost yth esens y oll warbarth in udn tyller. 2Dystowgh y teuth son mes a'n nev kepar ha wheth gwyns uthyk brâs, ha lenwel oll an chy mayth esens y esedhys. 3Tavosow rydnys kepar ha tan a apperyas, hag esedha wàr bùbonen anodhans. 4Lenwys veu kenyver onen a'n Spyrys Sans, hag y a dhalathas côwsel in yêthow astranj, kepar dell esa an Spyrys ow ry an gallos dhedhans.

5Yth esa tregys in Jerùsalem i'n tor'-na Yêdhewon gryjyk dhyworth kenyver nacyon in dadn howl. 6Pàn veu clôwys an noys-ma, tus a gùntellas hag amays vowns, awos pùbonen anodhans dhe glôwes an abosteleth ow côwsel in y vabmyêth y honen. 7Y a veu ancombrys brâs, ha kemeres marth ha govyn, "Oll an re-ma usy ow côwsel, a nyns yns y Galyleans? 8Fatell usy kenyver onen ahanan orth aga clôwes ow côwsel i'gan yêth deythyak? 9Parthyans, Mêdys, Elamysy, tregoryon in Mesopotamya, Jûdy ha Cappadocya, Pontùs hag Asya, 10Fryjy ha Pamfylya, Ejyp ha'n parthow a Lyby adro dhe Cyrene, omweloryon dhyworth Rom, kefrës Yêdhewon ha proselîtys, 11Crêtans hag Arabs—i'gan yêth agan honen yth eson ny orth aga clôwes, hag y ow côwsel a wrians Duw ha'y bower." 12Amays veu pùbonen anodhans, ha kemeres marth, ha leverel an eyl dh'y gela, "Pëth a vydn hebma styrya?"

13Saw yth esa re erel ow cul ges anodhans ow leverel, "Leun yw aga thos a byment."

14Saw Peder, hag ev a'y sav gans an udnek, a dherevys y lev ha côwsel ortans, "A dus Jûdy, ha why oll usy tregys in Jerùsalem, godhvedhowgh hebma, ha goslowowgh orth an pëth a lavaraf. 15Medhow nyns yw an re-ma in gwir, dell esowgh why ow soposya, drefen nag yw marnas naw eur myttyn. 16Nâ, an câss-ma yw an pëth a veu côwsys anodho dre anow an profet Joel:

17'Y whyrvyth i'n dedhyow
dewetha,' dell usy Duw ow
teclarya,

'me dhe dhevera in mes ow Spyrys
wàr oll kig.
Profusa a wra agas mebyon ha'gas
myrhas;
agas tus yonk a welvyth vesyons,
ha'gas tus coth a wra hunrosa
hunrosow.
18 Wàr ow hethyon kyn fe, gwesyon
ha mowysy,
me a vydn devera in mes ow Spyrys
i'n jorna-na
ha profusa a wrowns.
19 Me a vydn dysqwedhes tôknys i'n
nev awartha,
ha sînys wàr an norvës awoles,
goos, tan ha mog nywlek.
20 Trailys vëdh an howl dhe
dewolgow,
ha dhe woos an loor,
kyns ès dos jorna brâs ha gloryùs an
Arlùth.
21 I'n tor'-na seul a wrello gelwel
wàr hanow an Arlùth, a vëdh
selwys.'

22 "A Israelysy, goslowowgh orth
ow geryow. Jesu a Nazare, den
attestys dhywgh why gans Duw der y
oberow galosek, y verclys ha'y sînys,
neb a wrug Duw dredho ev i'gas
mesk why, kepar dell wodhowgh why
agas honen—23 an den-ma a veu
delyvrys dhywgh why warlergh towl
ha ragavîs Duw, ha why a'n crowsyas
ha'y ladha dre dhewla an re-na usy
avês dhe'n laha. 24 Mès Duw a'n
derevys in bàn wosa y fria a'n mer-
nans, dre rêson na ylly ev bos sojeta
ancow. 25 Rag yma Davyth ow leverel
adro dhodho,

"'Me a welas an Arlùth dhyragof
pùpprës,
rag yma va adhyhow dhybm, ma na
vyma shakys.
26 Rag hedna ow holon a lowenhas
ha'm tavas a rejoycyas.
Ha pella, ow hig a wra bewa in
govenek,
27 rag ny vynta jy gasa ow enef dhe
Anown,
naneyl ny vydnyth dha Dhen Sans
dhe weles podrethes.
28 Te re dheclaryas dhybm fordhow
an bêwnans,
te a vydn ow gul lowenek dre dha
bresens.'

29 "A dus, a vreder, me a yll leverel
dhywgh yn certan adro dh'agan
hendas Davyth, fatell verwys, ha fatell
veu va encledhys, hag yma y vedh ev
genen bys i'n jëdh hedhyw. 30 Dre
rêson ev dhe vos profet, ev a wodhya
yn tâ Duw dhe dia dhodho, fatell wre
va gorra onen a'y lynyeth wàr y dron.
31 Davyth a welas hedna dhyrag dorn,
hag ev a gowsas a dhasserghyans an
Crist pàn leverys, 'Ny veu va gesys
dhe Anown, naneyl ny wrug y gig ev
godhaf podrethes.' 32 Duw a dherevys
in bàn an keth Jesu ma, ha hedna
pùbonen ahanan a yll desta. 33 Wosa
bos exaltys ytho adhyhow dhe Dhuw,
ha wosa recêva dhyworth an Tas
dedhewadow an Spyrys Sans, ev re'n
deveras in mes, dell yllowgh why
gweles ha clôwes. 34 Rag ny wrug
Davyth ascendya i'n nev, mès yma va
ow leverel y honen,

"'An Arlùth a leverys dhe'm Arlùth
vy,
'Eseth adhyhow dhybm
35 erna wrellen dhis scavel droos
a'th eskerens.'"

36“Rag hedna gwrêns oll chy Israel
godhvos heb dowt vëth Duw dh’y
wul ev Arlùth ha Crist inwedh, an
keth Jesu, re wrussowgh why
crowsya.”

37Pàn wrussons y clôwes hedna,
gwenys vowns bys i’n golon, hag y a
leverys dhe Peder ha’n dhe’n abos-
teleth erel, “A vreder, pandra dal
dhyn gul?”

38Peder a leverys dhedhans, “Re-
pentyowgh ha bedhowgh besydhys,
kenyver onen ahanowgh in hanow
Jesu Crist, may halla agas pehosow
bos gyvys, ha may whrellowgh why
recêva ro an Spyrys Sans. 39Rag yma
an promys ragowgh why, rag agas
flehes, ha rag kenyver onen eus abell,
pùbonen a wrella an Arlùth Duw
gelwel dhodho.”

40Ha desta a wrug gans lies argù-
ment aral ha’ga inia ow leverel,
“Gwrewgh omwetha dhyworth an
heneth pedrys-ma.” 41Gans hedna an
re-na, neb a dhegemeras y brogeth, y
oll a veu besydhys, hag y feu addys
dhedhans an jorna-na neb teyr mil.

42Yth esens y owth omry aga honen
dhe dhyscans an abosteleth, ha
dh’aga howethas, dhe dorrva an bara
ha dhe bejadow. 43Uth a’s teva
pùbonen anodhans, drefen lies sin ha
marthus dhe vos gwrës gans an
abosteleth. 44Yth esa oll an gryjygyon
warbarth, hag y a’s teva oll aga fëth
in kebmyn. 45Y a wertha aga fosess-
yon ha’ga fëth, ha radna an mona dhe
genyver onen, kepar dell y’n jeva den
vëth othem. 46Pùb jorna oll y a spêna
meur a dermyn warbarth i’n templa.
Y a wre terry bara warbarth i’ga
threven, ha debry aga boos gans joy
ha helder colon. 47Praisya Duw a
wrêns, hag yth esa bolùnjeth dâ an
bobel gansans. Pùb dëdh oll an
Arlùth a addyas dhe nùmber an re-na
o sawys.

3 Udn jorna yth esa Peder ha
Jowan ow mos in bàn dhe’n
templa in termyn an pejadow, try our
dohajëdh. 2I’n tor’-na y feu degys
aberth i’n templa den re bia evredhek
dhia y enesygeth. Y fedha va settys
dhe’n dor kenyver jorna orth yet an
templa henwys an Porth Teg, may
halla govyn alusyon orth an re-na esa
owth entra dredho. 3Pàn wrug ev
gweles Peder ha Jowan ow tos, ev a
wovydnas alusyon. 4Peder ha Jowan
a’n whythras fèst ha leverel, “Mir
orthyn ny.” 5Ev a veras glew ortans
ow qwetyas neppyth.

6Peder a leverys dhodho, “Me
ny’m beus naneyl owr nag arhans,
mès seul a vo dhybm, me a’n re dhis.
In hanow Jesu Crist a Nazare, sa’bàn
ha kerdh!” 7Hag ev a’n kemeras er an
leuv dhyhow, ha’y dherevel, ha strait
y dreys ha’y dhewufern a grefhas. 8An
den a labmas in bàn ha sevel, ha
dallath kerdhes. Ev a entras i’n
templa gansans, ow kerdhes, ow
lebmel hag ow praisya Duw. 9Pùb-
onen a’n gwelas ow kerdhes hag ow
lebmel 10hag y a aswonas fatell o va
hedna re bia esedhys ow covyn
alusyon ryb Porth Teg an templa. Y
fowns amays, ha marth a’s teva awos
a’n dra-na.

11Yth esa ev ow clena orth Peder ha
Jowan, hag oll an bobel a bonyas ha
cùntell adro dhedhans i’n golovenva
henwys Colovenva Salamon, hag yth
o marth brâs dhedhans. 12Pàn welas
Peder hedna, ev a gowsas orth an dus,
“A Israelysy, prag yth esowgh why
ow kemeres marth a’n dra-ma, pò

prag yth esowgh why ow meras orthyn obma, kepar ha pàn wrussyn dhodho kerdhes der agan gallos nyny? [13]Duw Abraham, Isak ha Jacob, ha Duw agan hendasow, re wrug gloryfia y servont Jesu, a wrussowgh why delyvra ha sconya in golok Pylat, kynth o ervirys ganso y relêssya. [14]Saw why a sconyas an Den Sans hag Ewnhensek, ha govyn may fe delyvrys denledhyas dhywgh in y le. [15]Why a ladhas Auctor an bêwnans, a wrug Duw derevel in bàn mes a'n bedh. Ny yw dùstuniow a hedna. [16]Hanow Jesu, dre fydhyans in y hanow ev, a sawyas an den-ma, esowgh why ow qweles hag owth aswon, ha fëdh in Jesu a'n restoryas dhe yêhes perfeth dhyragowgh why oll.

[17]"Lebmyn, ow hothmans, me a wor why dhe obery der ewn anwodhvos, kepar dell wrug agas rewlysy. [18]Indelma Duw a gollenwys pùptra a wrug ev leverel dhyrag dorn der oll an profettys, hèn yw, y Grist ev dhe sùffra. [19]Bedhowgh repentys ytho, ha trailyowgh dhe Dhuw, may halla agas pehosow bos defendys qwit dhe ves, [20]may teffa termyn a refreshyans dhywgh dhyworth presens an Arlùth, ha may halla va danvon an Crist appoyntys ragowgh, hèn yw Jesu. [21]Ev a dal gortos in nev bys in prës an restoracyon kebmyn, a wrug Duw derivas termyn hir alebma der y brofettys sans. [22]Moyses a leverys, 'An Arlùth a vydn derevel in bàn ragowgh dhia agas pobel agas honen profet kepar ha me. Why a dal goslowes orth pynag oll dra a lavarra ev dhywgh. [23]Ha pynag oll na wrella goslowes orto, a vëdh dywredhys yn tien mes a'n bobel.' [24]"Oll an profettys, kebmys anodhans hag a wrug côwsel, dhia Samùel ha wàr y lergh, kenyver onen a dharganas an dedhyow-ma kefrës. [25]Why yw an lynyeth a'n profettys hag a'n kevambos, a wrug Duw gans agas hendasow, ow leverel dhe Abraham, 'I'th lynyeth jy y fëdh benegys pùb teylu oll i'n bës.' [26]Pàn wrug Duw derevel in bàn y servont, ev a'n danvonas kyns oll dhywgh why, rag agas benega why, orth agas trailya dhyworth an fordhow a sherewynsy."

4 Ha pàn esa Peder ha Jowan whath ow côwsel orth an bobel, y teuth dhedhans an brontyryon, capten an templa ha'n Sadûkys. [2]Y o serrys drefen an abosteleth dhe vos ow tesky an dus, hag ow teclarya dasserghyans an re marow dre Jesu. [3]Rag hedna y a settyas dalhen inhans, ha'ga gorra in dadn with dres nos, rag devedhys o an androw solabrës. [4]Mès lies onen a gresys a'n re-na a glôwas an ger. Ha'ga nùmber o neb pymp mil.

[5]Ternos y teuth aga rewlysy warbarth in Jerùsalem, tus hen ha scrîbys [6]warbarth gans Anas an uhel pronter, Cayfas, Jowan hag Alexander, ha pùbonen a deylu an uhel prontyryon. [7]Y a settyas an prysners i'ga mesk ha govyn, "Dre bana nerth pò gans pana auctoryta a wrussowgh why hebma?"

[8]Nena Peder, leun a'n Spyrys Sans, a leverys dhedhans, "A rewlysy an bobel, hag a dus hen, [9]mars esowgh why orth agan whythra hedhyw, awos cufter tro ha den evredhek, ha mars esowgh why ow covyn in pàn vaner a veu va sawys, [10]godhvedhowgh, why hag oll pobel Israel, an den-ma usy

ow sevel dhyragowgh dhe vos in
yêhes dâ dre hanow Jesu Crist a
Nazare, a wrussowgh why crowsya—
saw Duw a'n derevys in bàn dhy-
worth an re marow. 11Hèm yw

"'an men neb a veu sconys
genowgh why,
an weythoryon chy, saw ev a veu
gwrës
pedn an gornel.'

12Naneyl nyns eus salvacyon dre
hanow vëth aral; rag nyns yw hanow
vëth aral grauntys in mesk tus may
hallen ny bos selwys dredho."

13Pàn welsons colonecter Peder ha
Jowan ha convedhes y dhe vos tus
heb lien na dyscans, y a gemeras
marth hag aswonas y dhe vos
cowetha Jesu. 14Pàn welsons an den
re bia yaghhës ow sevel gans an
abosteleth, ny yllens y ry gorthyp
vëth. 15Rag hedna y a's comondyas
dhe asa an gùntellva, ha wosa hedna
y a omgùssulyas warbarth 16ha lever-
el, "Pandra yllyn ny gul gans an dus-
ma? Rag apert yw dhe bùbonen, usy
tregys in Jerùsalem, fatell veu sin
barthusek gwrës dredhans, ha hedna
ny yllyn ny denaha. 17Saw rag dowt
an dra dhe lêsa dhe voy in mesk an
bobel, gesowgh ny dh'aga gwarnya,
na wrellens naneyl côwsel na desky
i'n hanow-ma."

18Gans hedna y a's somonas, ha'ga
homondya na wrellens namoy côwsel
na desky in hanow Jesu. 19Saw Peder
ha Jowan a's gorthebys, "Res yw
dhywgh why determya mars yw moy
ewn in golok Duw goslowes orth-
owgh why pò orth Duw, 20rag res
porres yw dhyn côwsel adro dhe
bùptra, a wrussyn ny gweles ha
clôwes."

21Wosa aga bragya arta, y a's gasas
dhe vos, drefen na gafsons fordh vëth
a'ga fùnyshya awos an dus, rag yth esa
oll an bobel ow praisya Duw awos an
pëth a wharva. 22Moy ès dew ugans
bloodh o hedna, may feu an sin a
sawment gwrës dhodho.

23Wosa an abosteleth dhe vos
delyvrys dhe wary, y êth dh'aga hoth-
mans ha declarya dhedhans an pëth
re bia leverys gans an chif prontyryon
ha'n dus hen. 24Pàn wrussons y
glôwes, y a dherevys aga lev warbarth
dhe Dhuw ha leverel, "Arlùth Duw,
formyor an nev, an norvës, an mor ha
kenyver tra usy inhans, 25te a leverys
der an Spyrys Sans gans ganow agan
hendas, dha servont Davyth,

'Prag yma an Jentylys ow conery,
ha'n poblow ow tesmygy taclow
uver?
26'Myterneth an bës re savas fast,
ha'n rewlysy re gùntellas warbarth
warbydn an Arlùth ha warbydn y
Grist.'

27Rag in gwir i'n cyta-ma Erod ha
Pontyùs Pylat kefrës, gans an Jentylys
ha poblow Israel a omunyas warbydn
dha servont sans, Jesu, a wrussys
anoyntya, 28dhe wul pynag oll dra re
bia porposys dhyrag dorn gans dha
dhorn ha dha dowl. 29Lebmyn,
Arlùth, mir orth aga bragyans, ha
graunt dhe'th servysy progeth dha er
jy gans colon stowt. 30Yma merclys
ha sînys gwrës dre hanow dha servont
sans, Jesu, ha te ow istyna in mes dha
dhorn dhe sawya."

31Wosa y dhe wul pejadow, an
tyller mayth êns cùntellys a veu

shakys. Y oll a veu lenwys a'n Spyrys
Sans ha côwsel ger Duw yn colodnek.
32Acordys an eyl orth y gela ha
kescolon o cùntelles oll an gryjygyon,
ha nyns esa den vëth anodhans ow
lavasos cafos posessyon pryva a'y
bëth, saw pùptra oll neb a's teva, dâ
kebmyn o va intredhans. 33An
abosteleth a wre dùstuny a'n das-
serghyans gans power brâs, hag yth
esa meur a râss warnodhans. 34Nyns
esa othomak vëth i'ga mesk, rag
kebmys anodhans hag a's teva tir pò
treven, y a wrug aga gwertha ha dry
dhedhans mona an werth. 35Y a
settyas an mona orth treys an
abosteleth, ha rydnys veu poran
kepar dell esa othem dhe dhen vëth
anodho.

36Yth esa Levîta, Cypryot a'y
enesygeth, Josef, may ros an
abosteleth dhodho an hanow Barna-
bas (hèn yw dhe styrya "Mab an
Confort"). 37Ev a werthas gwel a'n
jeva ha dry an mona ha'y settya dhy-
rag an abosteleth.

5 Saw den henwys Ananias, gans
agrians y wreg Safîra, a werthas
neb posessyon. 2Gans leun-wodhvos
y wreg ev a wrug sensy dhodho y
honen radn a'n valew, ha dry radn
anedhy yn udnyk bys dy ha'y settya
dhyrag an abosteleth.

3"Ananias," yn medh Peder, "Prag
y lenwys Satnas dha golon mayth esta
ow leverel gow dhe'n Spyrys Sans
hag ow qwetha dhis dha honen radn
a werth an bargen tir? 4Pàn o an tir
heb gwertha, a nyns esa va i'th
posessyon jy? Pàn veu va gwerthys, a
ny wrusta cafos oll an valew? Fatell
hapnyas dhis ytho desmygy an ober-
ma i'th colon? Ny leversys gow dhyn
ny, adar dhe Dhuw." 5Pàn wrug
Ananias clôwes an geryow-ma, ev a
godhas wàr an dor ha merwel stag
ena. Own brâs a sêsyas pùbonen a
glôwas an mater. 6An dus yonk a
dheuth ha mailya y gorf in lien ha'y
dhon in mes rag y encledhyas.

7Wosa spâss neb try our y wreg a
entras, saw ny wodhya pandr'o whar-
vedhys. 8Peder a leverys dhedhy,
"Lavar dhybm, mar qwrussowgh why
gwertha an bargen tir a gebmys
mona."

Hy a leverys dhodho, "Ea, ea, hòn
o an werth."

9Nena Peder a leverys dhedhy,
"Fatell wher dhywgh omgùssulya
warbarth dhe brevy Spyrys an
Arlùth? Mir, treys an re-na re wrug
encledhyas dha wour, orth an daras
ymowns, hag y a wra dha dhon jy in
mes kefrës."

10Strait hy a godhas dhe'n leur orth
y dreys ha merwel. Pàn dheuth an
dus yonk ajy, y a's cafas marow. Rag
hedna y a's kemeras hy in mes ha'y
encledhyas ryb hy gour. 11Hag own
brâs a skydnyas wàr oll an eglos, ha
wàr genyver onen a glôwas an dra.

12Now lies sin ha marthus a veu
gwrës in mesk an bobel der an
abosteleth. Hag yth esens oll war-
barth in Colovenva Salomon. 13Nyns
esa den vëth a'n remnant ow lavasos
omjùnya dhedhans, mès yth esa an
bobel dre vrâs ow cul revrons
dhedhans. 14Bytegyns y feu moy a
gryjygyon addys dhe'n Arlùth,
nùmber brâs a dus hag a venenes
kefrës, 15may whrêns don in mes aga
clevyon dhe'n strêtys kyn fe, ha'ga
settya a'ga groweth wàr weliow ha
straylyow may halla skeus Peder
codha warnodhans. 16Rûth vrâs

inwedh a dregoryon an trevow adro
dhe Jerùsalem a wre cùntell, ow try
gansans an glevyon, ha'n re-na o
tormentys gans spyrysyon avlan—
hag y oll a vedha sawys.

17Nena an uhel pronter ha'y
gowetha, party an Sadûkys, a veu
kentrynys der envy pur dhe wul
neppyth. 18Y a sêsyas an abosteleth
ha'ga gorra in dadn with an offycers.
19Saw orth golow nos el an Arlùth a
egoras darasow an pryson, aga dry in
mes ha leverel dhedhans, 20"Kewgh,
sevowgh i'n templa ha declaryowgh
dhe'n bobel pùptra oll ow tùchya an
bêwnans ma."

21Pàn wrussons clôwes hedna, y a
entras i'n templa orth terry an jëdh
ha pêsya gans aga dyscans.

Y teuth an uhel pronter ha'y
gowetha dhe'n tyller, ha gelwel
warbarth an consel hag oll tus hen
Israel yn kettep pedn, ha danvon
dhe'n pryson may halla an abosteleth
bos drës dhedhans. 22Saw pàn êth
gwethysy an templa dhe'n pryson, ny
gafsons prysner vëth. Rag hedna y a
dhewhelys ha derivas an câss, 23"Ny
a gafas darasow an pryson in dadn
naw alwheth ha'n wethysy a'ga sav
rypthans, mès pàn wrussyn entra, ny
gefsyn den vëth ena." 24Pàn glôwas
capten an templa ha'n chif
prontyryon an geryow-ma, y fowns
amays hag omwovyn pandr'esa ow
wharvos.

25Strait y teuth nebonen dhe'n
tyller ha leverel, "Awot an dus a
wrussowgh why prysonya! Ymowns y
ow sevel i'n templa hag ow tesky an
dus!" 26Nena an capten ha'n wethysy
êth warbarth rag aga dry dhe'n tyller,
saw heb nerth vëth oll, rag dowt y aga
honen dhe vos labedhys gans an
bobel.

27Pàn wrussons aga dry dhe'n plâss,
y a's settyas a'ga sav dhyrag an consel.
An uhel pronter a's apposyas 28ha
leverel, "Ny a'gas comondyas yn fen
na wrellowgh desky i'n hanow-ma,
mès otta why ow lenwel Jerùsalem
a'gas dyscans, hag ervirys fêst owgh
agan cùhudha a vernans an den-na."

29Peder ha'n abosteleth a
worthebys, "Ny a dal obeya dhe
Dhuw, kyns ès dhe auctoryta vëth a
vab den. 30Duw agan hendasow a
dherevys Jesu, a wrussowgh why
ladha orth y gregy i'n growspredn.
31Duw a'n exaltyas dh'y barth
dhyhow yn Hùmbrynkyas ha
Savyour, may halla va ry dhe Israel
edrek ha gyvyans aga fehosow. 32Ny
ha'n Spyrys Sans warbarth genen yw
dùstuniow a'n taclow-ma—an Spyrys
neb re ros Duw dhe'n re-na yw
gostyth dhodho."

33Pàn wrussons y clôwes hedna, y a
sorras yn frâs, ha whans a's teva a'ga
ladha. 34Saw Farysy a'n consel
henwys Gamaliel, descador a'n laha,
ha den a'n jeva revrons an bobel, a
savas in bàn ha comondya may fêns y
gorrys mes a'n consel rag spâss.
35Nena Gemaliel a leverys dhedhans,
"A Israelysy, a gowetha, prederowgh
yn tâ pandr'owgh why porposys dhe
wul gans an re-ma. 36Thewdas a savas
in bàn termyn cot alebma, hag erya y
vos nebonen wordhy. Nùmber a
dus—nebes peswar cans—a omjùnyas
ganso, mès ev a veu ledhys hag oll y
holyoryon a wrug kescar ha mos a
wel. 37Wosa hedna orth prës an
nyverans, Jûdas a Alyle a sordyas ha
gul dhe'n dus y sewya, mès ev a
verwys inwedh ha'n re-na esa orth y

sewya a veu scùllys. 38I’n present
câss-ma ytho an gùssul wella yw sevel
orth mellya gans an re-na, saw gasa
cres dhedhans. Mars usy an dra-ma
ow tos dhia vab den, fyllel a wra.
39Saw mars usy va ow tos dhyworth
Duw, ny yllowgh why y fetha—ea,
martesen why a vëdh ow strîvya
warbydn Duw y honen!”

40Unver ganso o an consel, ha wosa
somona an abosteleth, y a erhys may
fêns scorjys. Nena y a gomondyas na
wrellens côwsel in hanow Jesu, ha’ga
gasa dhe vos.

41Pàn esens an abosteleth ow
voydya dhyworth an consel, y a
rejoycyas drefen y dhe vos consydrys
wordhy dhe wodhaf bysmêr awos an
hanow. 42Pùb jorna oll i’n templa hag
in tre ny wrêns bythqweth cessya
desky ha declarya Jesu dhe vos an
Crist.

6 I’n dedhyow-na pàn esa nyver
an abosteleth prèst owth
encressya, yth esa fowt acord inter an
re-na a gôwsy Grêk ha cowsoryon
yêth an Yêdhewon. Yth esa an
Grêkys ow croffolas aga gwedh-
wesow dhe vos dysprêsys pùb jorna
pàn vedha rydnys an sosten. 2An dew-
dhek ytho a elwys warbarth oll
cùntellva an dyscyplys, ha leverel
dhedhans, “Tra ewn nyns yw ny dhe
asa dhe goll ger Duw, rag may hallen
ny servya orth an bordys. 3Rag
hedna, a vreder, dêwysowgh mes
a’gas nyver seyth den wordhy, fur ha
leun a’n Spyrys, may hallen ny aga
appoyntya dhe gollenwel an ober-ma.
4Ha ny agan honen a wra omry agan
honen dhe bejadow, ha dhe venystry
an ger.”

5An lavar ma a blêsyas pùbonen ha
dêwys a wrussons an re-ma: Stefan,
den cryjyk ha leun a’n Spyrys Sans,
Felyp, Procorùs, Nicanor, Tîmon,
Parmenas, ha Nycolas, proselîta dhia
Antiokia. 6Y a worras an re-ma
dhyragthans ha pesy, ha settya aga
dewla warnodhans.

7Yth esa ger Duw owth omlêsa dhe
voy in Jerùsalem, ha lies onen in
mesk an brontyryon a veu gostyth
dhe’n grejyans.

8Stefan o leun a râss ha gallos, hag
ev a wrug merclys brâs ha sînys in
mesk an bobel. 9Nena radn a esely
Synaga an Re Frank (kepar dell o va
henwys) a savas in bàn ha dyspûtya
ganso—Cyrenyans ha tus a Alex-
andrya êns y, warbarth gans radn aral
dhia Cylycy hag Asya. 10Ny yllens
conclûdya naneyl an furneth, na’n
Spyrys dredho mayth esa va ow
côwsel.

11Nena y a inias nebes tus dhe
leverel, “Ny re’n clôwas ow côwsel
geryow ùngrassyùs warbydn Moyses
ha warbydn Duw.”

12Y a sordyas an bobel warbarth
gans an dus hen ha’n scrîbys. Y a
settyas dalhen ino adhesempys ha’y
dhry dhyrag an consel. 13Y a wrug
darbary fâls-dùstuniow a levery, “Y
fëdh an den-ma ow côwsel heb hedhy
warbydn an tyller sans-ma ha war-
bydn an laha, 14rag ny re’n clôwas ow
leverel fatell wre Jesu a Nazare dos ha
dystrêwy an plâss-ma, ha chaunjya oll
an gîsyow a ros Moyses dhyn.”

15Hag oll esely an consel a’n
whythras glew, ha gweles bos y fâss
ev kepar ha bejeth el.

7 Nena an uhel pronter a wovyd-
nas orto, “Yw an taclow-ma
gwir?”
2Stefan a worthebys, “A vreder hag
a dasow, goslowowgh orthyf. An
Duw a glory a omdhysqwedhas
dh’agan hendas Abraham, pàn esa va
in Mesopotamya, kyns ès ev dhe
drega in Haran, 3hag ev a leverys
dhodho, ‘Gas dha bow ha’th nessevyn
ha kê bys i’n pow a vanaf dysqwedhes
dhis.’
4“Nena Abraham a forsâkyas pow
an Caldeans, ha mos ha trega in
Haran. Wosa mernans y das, Duw a
wrug dhodho dyberth alena ha dos
bys i’n pow, mayth esowgh why
tregys hedhyw. 5Ny ros Duw yn
erytans dhe Abraham radn vëth
anodho—tros’hës kyn fe, mès ev a
bromyssyas dhodho y whre y ry
dhodho yn posessyon ha dh’y lynyeth
wàr y lergh, kyn na’n jeva flogh vëth
i’n termyn-na. 6Ha Duw a leverys y
fedha y lynyeth kepar hag alyons in
pow astranj, hag y whre tregoryon an
pow-na gul kethyon anodhans ha’ga
hompressa peswar cans bledhen.
7‘Me a vydn jùjya an nacyon a
wrowns y servya,’ yn medh Duw, ‘ha
wosa hedna y a dheu mes a’n pow-na,
ha’m gordhya vy i’n tyller-ma.’
8Nena ev a ros dhodho ambos an
cyrcùmcisyon, hag Abraham a gafas
Isak yn mab, ha’y cyrcùmcîsya an
êthves jorna. Isak a veu tas Jacob ha
Jacob a veu an tas dhe’n dewdhek
patryark.
9“An patryarkys, rag ewn envy, a
werthas Josef yn keth aberth in Ejyp,
saw yth esa Duw ganso, 10ha’y
dhelyvra mes a’y droblys, ha ry dho-
dho gallos dhe dhysqwedhes furneth
ha favour, pàn esa va a’y sav dhyrag
Faro, mytern Ejyp. Ev a’n ap-
poyntyas rewler wàr Ejyp ha wàr oll
y jy.
11“Y feu nown brâs in Ejyp, hag in
Canaan ha govyjyon brâs, rag ny ylly
agan hendasow provia sosten. 12Saw
pàn glôwas Jacob bos ÿs in Ejyp, ev a
dhanvonas agan hendasow wàr aga
kensa viaj dy. 13Pàn esens y wàr aga
secùnd viaj bys i’n Ejyp, Josef a
dheclaryas y honen dh’y vreder, ha’y
veyny a veu aswonys gans Faro.
14Nena Josef a dhanvonas dh’y das
ha’y nessevyn, ha’ga gelwel dhodho
in Ejyp, pymthek ha try ugans
anodhans warbarth. 15Rag hedna
Jacob êth wàr nans dhe Ejyp. Ev a
verwys ena ha’gan hendasow kefrës,
16saw aga horfow a veu drës arta mes
a Ejyp bys in Shehem, hag a veu
gorrys i’n bedh re bia prenys a sùm a
arhans gans Abraham dhyworth
mebyon Hamor in Shehem.
17“Kepar dell esa an termyn ow tos,
may codhvia bos collenwys an
promys a wrug Duw dhe Abraham,
yth esa agan nacyon owth encressya
hag ow lies’he in Ejyp, 18erna dheuth
ha rewlya in Ejyp mytern aral, na
wrug bythqweth aswon Josef. 19Pòr
wyly o va gans agan nacyon, hag ev a
wrug dh’agan hendasow gasa aga
flehes vian in mes, may whrella
merwel kenyver onen anodhans.
20“Y feu Moyses genys i’n dedh-
yow-ma, ha sêmly o va in golok Duw.
Ev a veu megys try mis in chy y das,
21ha pàn veu va forsâkys, myrgh Faro
a’n kemeras dhedhy hy honen, ha’y
vaga kepar ha’y mab hy honen.
22Indella Moyses a veu deskys in oll
skentoleth an Ejyptyons, ha galosek
o va in ger hag ober.

23“Hag ev nebes dew ugans
bloodh, whensys o va dhe vos ha
gweles fatell o y bobel y honen, an
Israelysy. 24Pàn welas ev onen ano-
dhans tebel-dhyghtys, ev a vydnas
selwel an den compressys ha’y venjya,
ha gweskel an Ejyptyon dhe’n dor.
25Yth esa Moyses ow cresy y whre y
nacyon y honen convedhes Duw dhe
vos orth aga gweres dredho, saw ny
wrussons convedhes badna. 26Ternos
ev a dheuth dhe vùsh anodhans, hag
y ow tyspûtya an eyl gans y gela. Ev a
whelas gul acord intredhans ha
leverel, ‘A dus, breder owgh why,
prag yth esowgh why ow cul trespas
an eyl warbydn y gela?’

27“Saw an den neb esa ow cul
trespas warbydn y gentrevak a herdh-
yas Moyses adenewen ha leverel,
‘Pyw a’th wrug jy rewler ha brusyas
warnan? 28A vynta jy ow ladha vy
kepar ha de, pàn lethsys an Ejypt-
yon?’ 29Pàn glôwas Moyses hedna, ev
a fias dhe’n fo ha trega avell alyon in
pow Mydyan. I’n tyller-na y feu
genys dhodho dew vab.

30“Pàn dremenas dew ugans
bledhen, el a apperyas dhodho in
gwylfos Meneth Sinay in flàm an bos
tan. 31Y feu Moyses amays orth y
weles, ha kepar dell dheuth nes dy
dhe veras, y teuth dhodho voys an
Arlùth, 32‘Me yw Duw dha dasow,
Abraham, Isak, ha Jacob kefrës.’
Moyses a dhalathas crena heb lavasos
derevel y dhewlagas.

33“Nena an Arlùth a leverys
dhodho, ‘Disk dha skyjyow qwyk dhe
ves, rag sevel a wreth wàr dir
benegys. 34In gwir me re welas tebel-
dhyghtyans ow fobel in Ejyp ha
clôwes aga cry, ha me re dheuth
dhe’n dor rag aga gweres. Deus
lebmyn, me a wra dha dhanvon wàr
nans bys in Ejyp.’

35“Y a sconyas an den-ma Moyses,
ow leverel, ‘Pyw a’th wrug jy rewler
ha brusyas?’ Saw Duw a’n danvonas
i’n tor’-na avell rewler ha selwador
der y el, neb a dhysqwedhas dhodho
i’n bùsh. 36Moyses a’s lêdyas in mes,
wosa performya sînys ha merclys in
Ejyp, orth an Mor Rudh hag i’n
gwylfos dew ugans bledhen. 37Y feu
an den-ma Moyses neb a leverys
dhe’n Israelysy, ‘Duw a vydn derevel
profus in bàn dhywgh mes a’gas
pobel why, kepar dell wrug ev ow
derevel vy.’ 38Ev a veu hedna esa i’n
gùntellva i’n gwylfos gans an el a
gowsas orto in Meneth Sinay, ha gans
agan hendasow, hag ev a recêvas
lavarow bew Duw, may halla va aga
ry dhyn ny.

39“Poos o gans an hendasow y
obeya. In stèd a hedna y a’n herdhyas
adenewen ha dewheles i’ga holon bys
in Ejyp, 40ow leverel dhe Aron,
‘Gwra dhyn ny duwow, a vydn agan
hùmbronk i’n fordh. Mès ow tùchya
Moyses, neb a wrug agan lêdya mes a
bow Ejyp, ny wodhon ny poynt
pandr’yw wharvedhys dhodho.’ 41I’n
tor’-na y a shâpyas leugh, offrydna
sacryfîs dhe’n imach ha lowenhe in
ober aga dewla. 42Mès Duw a drailyas
dhywortans, ha’ga delyvra dhe
wordhya ost an nev, kepar dell yw
screfys in lyver an profettys:

“‘A wrussowgh why offrydna
dhybm vyctyms ha sacryfîcys
dew ugans bledhen i’n gwylfos, a jy
Israel?
43Na wrussowgh! Why a dhros
genowgh scovva Molok
ha steren agas dew Refan,

an imajys a wrussowgh rag aga
gordhya.
Rag hedna me a vydn agas removya
pella ès Babylon.’

44“Agan hendasow a’s teva scovva
an dùstuny i’n gwylfos, poran kepar
dell wrug Duw ordna dhedhans, pàn
gowsas orth Moyses hag erhy
dhodho y wul warlergh an scantlyn a
welas. 45Agan hendasow wàr aga
thorn a’s dros aberveth i’n pow gans
Josùe, pàn wrussons sêsya posessyon
an nacyons, a herdhyas Duw in mes
dhyragthans. Yth esa hy i’n tyller-na
bys in termyn Davyth. 46Davyth a
gavas favour gans Duw ha govyn
cubmyas a wul trigva rag Duw Jacob.
47Saw Salamon a dherevys chy
ragtho.
48Mès nyns usy an Duw Uhella
tregys in treven gwrës gans dewla
mebyon tus, kepar dell usy an profet
ow leverel,

49“‘An nev yw ow thron
ha’n dor ow scavel droos.
Pana jy a vynta byldya dhybm,
yn medh an Arlùth,
pò pëth yw tyller ow fowesva?
50A ny wrug ow dorn vy gul oll an
taclow-ma?’

51“Why pobel pedn cales ha heb
cyrcùmcisyon i’gas colon ha’gas
scovornow, y fedhowgh why pùpprës
ow settya orth an Spyrys Sans, kepar
dell wre agas hendasow. 52Pyw a’n
profettys na veu compressys gans
agas hendasow? Y a ladhas an re-na a
brofusas a dhevedhyans an Den Ewn-
hensek, ha lebmyn why re wrug y
draita ha’y ladha. 53Why yw an re-na
a recêvas an laha, kepar dell veu va
ordnys gans eleth, mès ny wrussowgh
why y wetha.”
54Pàn wrussons y clôwes an taclow-
ma, y a sorras fest brâs ha scrynkya
aga dens orth Stefan. 55Saw Stefan,
leun a’n Spyrys Sans, a dherevys y
lagasow dhe’n nev ha gweles glory
Duw ha Jesu a’y sav adhyhow dhe
Dhuw. 56“Merowgh!” yn medh ev,
“me a wel an nevow egerys, ha Mab
an Den a’y sav a dhyhow dhe Dhuw!”
57Saw y a gudhas aga scovornow,
ha stevya oll warbarth wàr y bydn
gans cry brâs. 58Nena y a’n tednas
mes a’n cyta, ha dallath y labedha.
Ha’n dhùstuniow a settyas aga
mentylly orth treys den yonk henwys
Sawl.
59Pàn esens y ow knoukya Stefan
gans meyn, ev a besy, “Arlùth Jesu,
recef ow enef.” 60Nena ev êth wàr
bedn dewlin ha cria gans lev uhel,
“Arlùth, na sens an pegh ma wàr aga
fydn.” Wosa leverel an geryow-na, ev
a dremenas.

8 Dâ veu gans Sawl y dh’y ladha.
An jorna-na y talathas com-
pressans cales warbydn an eglos in
Jerùsalem, hag y feu kenyver onen,
marnas an abosteleth aga honen,
scùllys alês dre bow Jûdy ha Samarya.
2Y teuth tus meur aga crejyans, hag
encledhyas Stefan, ha lamentya yn
uhel a-ugh y gorf. 3Saw yth esa Sawl
ow rafsya an eglos, owth entra i’n
treven an eyl wàr y gela, ow ton in
kerdh kefrës gwesyon ha benenes rag
aga thôwlel dhe bryson.
4Yth esa an re-na o scattrys, ow
mos adro dhia dyller dhe dyller ow
progeth an ger. 5Felyp êth wàr nans
bys in cyta a Samarya ha declarya an
Crist dhedhans. 6An bobel a

woslowas kescolon orth geryow
Felyp yn freth, hag y ow qweles hag
ow clôwes an sînys a wre va, 7rag y
teuth spyrysyon avlan gans ujow brâs
mes a lies sagh dyowl, hag y feu sawys
lies onen aral o paljies pò mans. 8Rag
hedna y feu joy brâs i'n cyta-na.

9Now yth esa certan den henwys
Sîmon, hag ev re bia ow cul pystry
kyns hedna i'n cyta hag ev a wrug
ancombra pobel Samarya, ow leverel
ev dhe vos nebonen wordhy. 10Yth
esa kenyver onen ow coslowes orto
gans mal, dhia an lyha dhe'n brâssa,
hag y a levery, "Hebma yw gallos
Duw ha brâs yw y hanow ev." 11Hag
y a wre goslowes orto gans whans
dres termyn hir, dhia bàn dhalathas
ev aga amaya der y bystry. 12Saw pàn
wrussons cresy dhe Felyp, esa ow
progeth an nowodhow dâ ow tùchya
gwlascor Duw, ha hanow Jesu, y a
veu besydhys, kefrës gwer ha
benenes. 13Sîmon y honen a gresys
hag y feu besydhys. Wosa hedna ev a
dregas heb hedhy gans Felyp, hag ev
a'n jeva marth pàn welas ev an sînys
ha merclys brâs a wre va.

14Pàn glôwas an abosteleth in
Jerùsalem fatell dhegemeras Samarya
ger Duw, y a dhanvonas Peder ha
Jowan dhedhans. 15Y êth wàr nans dy
ha pesy ragthans may whrellens
recêva an Spyrys Sans. 16(Rag ny
wrug an Spyrys Sans dos wàr dhen
vëth anodhans whath—ny vowns mès
besydhys in hanow Jesu an Arlùth).
17Nena Peder ha Jowan a settyas aga
dewla warnodhans, hag y a gemeras
an Spyrys Sans.

18Pàn welas Sîmon fatell veu an
Spyrys Sans rës dhe genyver onen re
bia settys warnodho dewla an abos-
teleth, ev a offras mona dhedhans
19ha leverel, "Rewgh dhybm inwedh
an gallos-ma, may halla kemeres an
Spyrys Sans oll an re-na a wrellen vy
settya ow dewla warnodhans."

20Saw Peder a leverys dhodho, "Re
wrella dha vona peryshya warbarth
genes jy dha honen, dre rêson te dhe
gresy fatell ylta prena ro Duw gans
mona! 21Te ny'th eus radn na part
vëth a hedna, rag nyns yw dha golon
compes in golok Duw. 22Gwra
repentya ytho a'n sherewynsy-ma ha
pesy an Arlùth may fo entent dha
golon gyvys dhis, mar kyll hedna bos.
23Rag yth esof ow qweles te dhe vos
i'n vystel a wherôwder, hag in chainys
an dewlujy."

24Sîmon a worthebys, "Pës ragof
dhe'n Arlùth, na wrella wharvos
dhybm tra vëth a'n taclow re
leversys."

25Wosa Peder ha Jowan dhe ry
dùstuny ha côwsel ger an Arlùth, y a
dhewhelys dhe Jerùsalem ow progeth
an nowodhow dâ in lies tre a'n
Samarytans.

26Nena el an Arlùth a leverys dhe
Felyp, "Sa'bàn ha kê tro ha'n soth,
dhe'n fordh usy ow mos wàr nans
dhia Jerùsalem dhe Gaza." (Fordh
gwylfos yw hodna.) 27Rag hedna ev a
savas in bàn, ha mos wàr y fordh. Yth
o spadhesyk Ethyopyan, offycer a
gort Candacê, myternes an Ethyop-
yans, esa oll hy thresorva in dadn y
jarj. Ev o devedhys dhe Jerùsalem rag
gordhya Duw, 28hag yth esa i'n tor'-
na ow tewheles tre. Yth esa va a'y
eseth in y jaret ow redya an profet
Esay. 29Nena an Spyrys a leverys dhe
Felyp, "Kê dres an fordh bys i'n
charet ha jùnya orto."

30Rag hedna Felyp a bonyas dy, ha
clôwes an spadhesyk ow redya an

profet Esay. Ev a wovydnas, "A
wodhes convedhes an pëth eses ow
redya?"
31Ev a worthebys, "Fatell allaf vy
convedhes marnas nebonen a wra y
styrya dhybm?" Hag ev a elwys Felyp
dhe entra i'n charet hag esedha
ryptho.
32Now an devyn a scryptour esa va
ow redya o hebma:

"Kepar ha davas ev a veu lêdys
dhe'n ladhva,
ha kepar hag ôn tawesek dhyrag an
knyvyor,
ny wrug ev egery y anow.
33Jùstys a veu nehys dhodho in y
sham.
Pyw a yll ry acownt a'y heneth,
rag ev re beu kemerys in kerdh
dhyworth an nor?"

34An spadhesyk a leverys, "Me a
vynsa godhvos dhyworthys pyw usy
an profet ow leverel hebma ano-
dho—adro dhodho y honen pò adro
dhe nebonen aral?" 35Nena Felyp a
dhalathas côwsel, ha dhyworth an
devyn-ma ev a dheclaryas dhodho an
nowodhow dâ ow tùchya Jesu.
36Ha pàn esens y ow mos i'n fordh,
y teuthons dhe dhowr. An spadhesyk
a leverys, "Ot obma dowr! Prag na
allama bos besydhys?" 37Felyp a
leverys, "Mars esta ow cresy gans oll
dha golon, te a yll bos besydhys." An
spadhesyk a worthebys, "Me a grës
bos Jesu Crist Mab Duw!" 38Ev a
gomondyas dhe hedhy an charet hag
y aga dew êth wàr nans i'n dowr, ha
Felyp a'n besydhyas. 39Pàn dheuth-
ons in bàn mes a'n dowr, Spyrys an
Arlùth a gybyas Felyp in kerdh, ha ny
ylly an spadhesyk namoy y weles, mès
mos wàr y fordh ow rejoycya. 40Saw
Felyp a gavas y honen in Azôtùs, ha
kepar dell esa va ow mos dres an pow,
y whre ev progeth an nowodhow dâ,
erna dheuth ev dhe Cesaria.

9

I'n kettermyn Sawl, hag ev
whath owth anella godros ha
mùrder warbydn dyscyplys an Arlùth,
êth dhe'n uhel pronter 2ha govyn
lytherow orto dhe synagys Damask,
may halla va, mar teffa ha cafos den
vëth pò benyn esa ow longya dhe'n
Fordh, aga dry kelmys dhe Jerùsalem.
3Pàn esa va ow mos wàr y fordh, hag
ow tos nes dhe Dhamask, adhesem-
pys golow dhia nev a spladnas adro
dhodho. 4Ev a godhas dhe'n dor, ha
clôwes lev ow leverel dhodho, "A
Sawl, a Sawl, prag yth esta orth ow
thormentya?"
5Ev a wovydnas, "Pyw osta, Ar-
lùth?"
Ev a worthebys, "Me yw Jesu, esta
orth y dormentya. 6Saw sa'bàn hag
entra i'n cyta, hag y fëdh leverys dhis
an taclow a res dhis gul."
7Yth esa an re-na esa ow travalya
ganso a'ga sav in nes yn tawesek, dre
rêson y dhe glôwes an lev heb gweles
den vëth. 8Sawl a savas in bàn, ha
kynth o egerys y lagasow, ny ylly
gweles tra vëth. Rag hedna y a'n
lêdyas er an dorn, ha'y dhry bys in
Damask. 9Try jorna ha teyr nos ev o
heb gweles, ha ny wrug ev naneyl
debry nag eva.
10Yth esa dyscypyl in Damask
henwys Ananias. An Arlùth a leverys
in vesyon dhodho, "A Ananias."
"Awotta vy, Arlùth," yn medh ev.
11An Arlùth a leverys dhodho,
"Sa'bàn ha kê bys i'n strêt gelwys an
Strêt Ewn, ha whela in chy Jûdas den

a Tharsys henwys Sawl. Yma va ow
pesy i'n tor'-ma, 12hag ev re welas in
vesyon den henwys Ananias owth
entra hag ow settya y dhewla warno-
dho, may halla va dascafos y wolok."
13Saw Ananias a worthebys, "Ar-
lùth, me re glôwas dhyworth lies
onen adro dhe'n den-ma, ha pàn
vaner a dhrog re wruga dhe'th sens in
Jerùsalem; 14ha power a'n jeves dhy-
worth an chif prontyryon dhe gelmy
obma seul a wrella gelwel wàr dha
hanow jy."
15Saw an Arlùth a leverys dhodho,
"Kê, rag main ywa, re beu dêwysys
genef rag dry ow hanow dhyrag an
Jentylys, dhyrag an vyterneth, ha
dhyrag pobel Israel. 16Me ow honen
a vydn dysqwedhes dhodho kenyver
tra a res dhodho godhaf rag kerensa
ow hanow vy."
17Gans hedna Ananias êth hag
entra i'n chy. Ev a settyas y dhewla
wàr Sawl ha leverel, "A Sawl, a
vroder, an Arlùth Jesu, neb a dhys-
qwedhas y honen dhis wàr dha fordh
obma, ev re'm danvonas dhis, may
halles dascafos dha wolok, ha may fy
lenwys a'n Spyrys Sans." 18Strait y
codhas dhywar y lagasow neppyth
kepar ha kenednow, ha restorys veu
y wolok. Nena ev a savas hag a veu
besydhys, 19ha wosa kemeres nebes
sosten, ev a gafas y nerth arta.

Sawl a dregas nebes dedhyow gans
an dyscyplys in Damask. 20Whare ev
a dhalathas progeth Jesu i'n synagys
ow leverel, "Mab Duw ywa." 21Seul
a'n clôwas a veu amays ha leverel, "A
nyns yw hebma neb a wre dystrêwy
in Jerùsalem an re-na esa ow kelwel
wàr an hanow-ma? A nyns ywa
devedhys obma rag aga dry i'n
colmow bys i'n chif prontyryon?"
22Sawl a veu dhe voy galosek, hag yth
esa va ow conclûdya an Yêdhewon
tregys in Damask hag ow prevy Jesu
dhe vos an Crist.
23Wosa termyn an Yêdhewon a
gùssulyas dh'y ladha, 24saw aga hùssul
a veu aswonys gans Sawl. Yth esens y
ow whythra yettys an cyta dëdh ha
nos, may hallens y ladha, 25saw y
dhyscyplys a'n kemeras orth golow
nos ha'y iselhe dre doll i'n fos, ha'y
settya dhe'n dor in cowel.
26Pàn dheuth Sawl dhe Jerùsalem,
ev a assayas jùnya orth an dyscyplys,
saw y a's teva own anodho, rag nyns
esens y ow cresy ev dhe vos dyscypyl.
27Saw Barnabas a'n kemeras, y dhry
dhe'n abosteleth ha declarya dhe-
dhans fatell welas Sawl an Arlùth i'n
fordh, ha'n Arlùth dhe gôwsel orto,
ha fatell wrug Sawl côwsel yn
colodnek in Damask in hanow Jesu.
28Rag hedna, yth esa Sawl ow mos
adro i'ga mesk in Jerùsalem, hag ev
ow côwsel yn freth in hanow an
Arlùth. 29Y whre Sawl kestalkya ha
dyspûtya gans an Yêdhewon, Grêk
aga yêth, saw y a whela y ladha. 30Pàn
wrug an gryjygyon clôwes an câss, y
a'n dros wàr nans dhe Cesaria ha'y
dhanvon dhe Tharsys.

31I'n kettermyn an eglos dres oll
Jûdy, Galyle ha Samarya a's teva
cosoleth hag y feu edyfies. Yth esa hy
ow pewa in own an Arlùth hag in
confort an Spyrys Sans, ha nùmber
an esely a encressyas.

32Pàn esa Peder ow mos obma hag
ena in mesk an gryjygyon, ev a
skydnyas dhe'n sens, esa tregys in
Lydda. 33Ev a gavas ena den henwys
Eneas, neb esa a'y wroweth wàr wely
nans o eth bledhen, rag paljies o va.
34Peder a leverys dhodho, "Eneas,

yma Jesu Crist orth dha sawya. Sa'bàn hag aray dha wely!" Strait ev a savas in bàn. 35Oll tregoryon Lydda ha Sharon a'n gwelas, ha trailya dhe'n Arlùth.

36Yth esa dyscypyl in Joppa, ha Tabytha o hy hanow (hèn yw Dorcas in Grêk). Dywysyk o hy ow cul oberow dâ ha cheryta. 37I'n termyn-na hy a godhas clâv ha merwel. Pàn wrussons hy golhy, y a's settyas in rom avàn. 38Dre rêson Joppa dhe vos ogas dhe Lydda, an dyscyplys, pàn glôwsons bos Peder ena, a dhanvonas dew dhen dhodho rag govyn orto, "Na wra strechya, saw mar pedhys plêsys, deus dhyn heb let."

39Gans hedna Peder a savas ha dos gansans. Pàn dheuthons dy, y a'n dros bys i'n rom avàn. Yth esa oll an gwedhwesow a'ga sav in nes owth ola, hag y ow tysqwedhes dhodho powsyow ha dyllas erel re bia gwrës gans Tabytha, pàn esa hy gansans.

40Peder a's gorras in mes kettep onen. Nena ev êth wàr bedn dewlin ha pesy. Ev a drailyas dhe'n corf ha leverel, "Tabytha, sa'bàn." Hy a egoras hy dewlagas. Pàn welas hy Peder, hy a savas in bàn. 41Ev a ros dhedhy y leuv ha'y gweres dhe sevel. Nena ev a somonas oll an sens, ha'n gwedhwesow, ha dysqwedhes dhedhans hy dhe vos yn few. 42Hebma a veu aswonys in Joppa, ha lies onen a gresys i'n Arlùth. 43I'n kettermyn Peder a dregas pols dâ gans den henwys Sîmon hag ev o kefeythyer crehyn.

10 Yth esa in Cesaria den henwys Cornelyùs, hag ev o centùry a gompany soudoryon gelwys an Cohort Italek. 2Den dywysyk o hag own a'n jeva a Dhuw, ev hag oll y veyny. Ev a re alusyon yn hel dhe'n bobel ha pesy dhe Dhuw pùb dëdh. 3Udn dohajëdh adro dhe deyr eur ev a welas vesyon dyblans—el Duw owth entra in y rom hag ow leverel dhodho, "A Cornelyùs!"

4Ev a veras stag orto gans uth ha leverel, "Pandra vynta, Arlùth?"

Ev a worthebys, "Dha bejadow ha dha alusyon re ascendyas i'n nev, ha Duw re's merkyas. 5Danvon lebmyn tus dhe Joppa warlergh Sîmon henwys Peder. 6Yma va tregys gans kefeythyer crehyn, usy y jy ev ryb an mor."

7Pàn o gyllys in kerdh an el, neb a gowsas orto, ev a elwys dew a'y gethyon, ha soudor dywysyk mes a'n re-na esa orth y servya, 8ha wosa derivas kenyver tra dhedhans, ev a's danvonas dhe Joppa.

9Ternos adro dhe hanter-dëdh, pàn esens y wàr aga fordh, hag ow tos nes dhe'n cyta, Peder êth in bàn dhe'n to dhe besy. 10Ev o gwag, ha mal ganso cafos neppyth dhe dhebry. Kyns ès an boos dhe vos parys, Peder a godhas in tranjyak. 11Ev a welas an nev egerys ha neppyth kepar ha lien ow skydnya, ha'n dra iselhës er y beder cornel. 12Yth esa i'n lien pùb sort a vestas peswartrosek, scantegyon hag ÿdhyn an air. 13Nena ev a glôwas lev ow leverel, "Sa'bàn, Peder, ladh ha deber!"

14Mès Peder a leverys, "Na wrav màn, Arlùth, rag ny wrug avy bythqweth debry tra vëth ansans nag avlan."

15An lev a leverys dhodho an secùnd treveth, "An pëth a wrug Duw yn lân, ny dal dhis y elwel avlan."

16Hebma a happyas tergweyth, ha
nena an lien a veu kemerys dhe-
sempys bys i'n nev.

17Y feu Peder amays ha ny wodhya
pandr'o styr an vesyon a welas. Nena
whare an dus re bia danvenys gans
Cornelyùs a apperyas. Yth esens y ow
covyn pleth esa chy Sîmon, hag y a'ga
sav orth an yet. 18Y a armas dhe
wodhvos esa Sîmon henwys Peder
tregys i'n tyller-na.

19Pàn esa Peder whath ow
consydra styr an vesyon, an Spyrys a
leverys dhodho, "Ot, yma try den
orth dha whelas. 20Sa'bàn, gwra
skydnya dhe'n dor, ha kê wàr dha
fordh gansans, rag me re's danvonas."

21Gans hedna Peder a skydnyas
dhe'n dus ha leverel dhedhans, "Me
yw neb a whelowgh why. Prag y
whrussowgh why dos obma?"

22Y a worthebys, "Cornelyùs, cen-
tùry, den ewnhensek hag a'n jeves
own a Dhuw, den gerys dâ gans oll
nacyon an Yêdhewon, ev a veu
comondys gans el sans dhe dhanvon
dhis may whrelles dos dh'y jy, rag dâ
via ganso dha glôwes." 23Peder ytho
a's pesys dhe entra in y jy, hag ev a
ros dhedhans ôstyans.

Ternos vyttyn Peder a savas ha
mos gansans, ha radn a gryjygyon
Joppa êth warbarth ganso. 24An nessa
jorna y a dheuth dhe Cesaria. Yth esa
Cornelyùs orth aga gortos, hag ev a
elwys warbarth y gerens ha'y goth-
mans. 25Pàn dheuth Peder dhe'n
tyller, Cornelyùs a vetyas orto ha
codha orth y dreys ha'y wordhya.
26Mès Peder a wrug dhodho sevel in
bàn ow leverel, "Sa'bàn. Nyns oma
mès den mortal."

27Yth esa Peder whath ow kes-
côwsel ganso, pàn entras i'n chy ha
cafos lies onen cùntellys ena. 28Ev a
leverys dhedhans, "Why agas honen
a wor nag yw lafyl rag Yêdhow
cowethya gans Jentyl; mès Duw re
dhysqwedhas dhybm na dalvia
dhybm gelwel den vëth ansans nag
avlan. 29Rag hedna, pàn veuma
somonys, me a dheuth heb danjer.
Dâ via genama lebmyn godhvos prag
y whrussowgh why ow gelwel."

30Cornelyùs a worthebys, "Yth
esen ow pesy i'm chy an very termyn-
ma peswar jorna alebma, pàn dhis-
qwedhas dhyragof den gwyskys in
dyllas ilyn. 31Ev a leverys, 'A
Cornelyùs, clôwys re beu dha bejad-
ow, ha remembrys dha alusyon
dhyrag Duw. 32Rag hedna, danvon
dhe Joppa ha whelas Sîmon henwys
Peder. Yma va owth ôstya ryb an mor
in chy Sîmon, kefeythyer crehyn.'
33Me a dhanvonas tus dhis heb let
ytho, ha te a'th cufter a dheuth obma.
Ha lebmyn yth on ny cùntellys oll
warbarth in golok Duw dhe glôwes
kenyver tra a erhys an Arlùth dhis
leverel."

34Nena Peder a dhalathas côwsel
ortans, "Me a wor yn tâ na wra Duw
dysqwedhes faverans dhe dhen vëth,
35mès plegadow dhodho yw kenyver
onen in pùb nacyon, a'n jeffa own
anodho, hag a wrella an pëth ewn.
36Why a wor an messach a dhanvonas
ev dhe bobel Israel, ow progeth cres
dre Jesu Crist—ev yw Arlùth oll an
bës. 37An messach-na a lêsas der oll
pow Jûdy, ow tallath in Galyle, wosa
an besydhyans a veu declarys gans
Jowan, 38fatell wrug Duw ùntya Jesu
a Nazare gans an Spyrys Sans ha gans
power. Jesu i'n pow adro mayth ê, ev
a wre dâ, hag a sawya an re-na oll o

compressys gans an tebel-el, rag yth esa Duw ganso.

39“Ny yw dùstuniow a genyver tra a wrug ev kefrës in Jûdy hag in Jerùsalem. Y a’n ladhas, orth y gregy wàr bredn. 40Saw Duw a’n derevys in bàn an tressa jorna ha’y alowa dhe dhysqwedhes, 41saw ny wrug ev apperya dhe oll an dus, mès dhyn ny neb o dêwysys gans Duw avell dùstuniow, ha ny a wrug debry hag eva ganso wosa y dhasserghyans. 42Ev a’gan comondyas dhe brogeth dhe oll an bobel, ha dhe dhesta bos Jesu ordnys gans Duw avell jùj a’n re bew hag a’n re marow. 43Yma pùb profet ow testyfia anodho, pynag oll a gressa in y hanow ev, dhe recêva pardon a’y behosow.”

44Ha pàn esa Peder whath ow côwsel, an Spyrys Sans a skydnyas wàr bùbonen esa ow clôwes an ger. 45Amays veu an gryjygyon cyrcùmcîsys, neb a dheuth gans Peder, an Spyrys Sans dhe vos deverys in mes wàr Jentylys kyn fe, 46rag y a’s clôwas ow côwsel gans tavosow hag ow praisya Duw.

Nena Peder a leverys, 47“A alsa den vëth naha an dowr a vesydhyans dhe’n re-ma neb a recêvas an Spyrys Sans, kepar dell wrussyn ny y recêva?” 48Rag hedna, ev a’s comondyas dhe vos besydhys in hanow Jesu Crist. Nena y a’n gelwys dhe drega gansans nebes dedhyow.

11 An abosteleth ha’n gryjygyon esa in Jûdy a glôwas fatell wrug an Jentylys inwedh degemeres ger Duw. 2Pàn ascendyas Peder dhe Jerùsalem, an gryjygyon cyrcùmcîsys a’n blâmyas 3ow leverel, “Prag y whrusta mos dhe dus nag o cyrcùmcîsys ha debry gansans?”

4Nena Peder a dhalathas styrya an câss in ordyr dhedhans, ha leverel, 5“Yth esen i’n cyta a Joppa ow pesy, ha me a godhas in tranjyak ha gweles vesyon. Yth esa neppyth kepar ha lien ow skydnya mes a’n nev, hag ev iselhës er y beder cornel. An dra a dheuth nes dhybm. 6Pàn esen ow meras glew orto, me a welas ino bestas peswartrosek, bestas pray, scantegyon hag ÿdhyn a’n air. 7Me a glôwas lev kefrës a leverys dhybm, ‘Sa’bàn, Peder; ladh ha deber.’

8“Saw me a worthebys, ‘Na wrama nes, Arlùth, dre rêson na wrug tra vëth ansans hag avlan bythqweth entra i’m ganow.’

9“Saw an lev a’m gorthebys an secùnd treveth dhyworth nev, ‘An pëth neb a wrug Duw yn lân, ny dal dhis y elwel ansans.’ 10An dra-ma a wharva try treveth. Nena y feu pùptra tednys in kerdh aberth i’n nev.

11“An very prës-na try den, danvenys dhybm dhia Cesaria, a dheuth dhe’n chy mayth esen ny tregys. 12An Spyrys a erhys dhybm mos gansans, heb gul dyffrans intredhon ny hag y. An whegh broder inwedh a dheuth genama, ha ny a entras in chy an den. 13Ev a leverys dhyn fatell welas ev el a’y sav in y jy ow leverel, ‘Danvon dhe Joppa ha droy obma Sîmon, henwys Peder. 14Ev a vydn ry dhis messach, may fedhys jy selwys dredho warbarth gans oll dha veyny.’

15“Pàn dhalathys côwsel, an Spyrys Sans a godhas wàr bùbonen anodhans, kepar dell wrug ev skydnya warnan ny wostalleth. 16Ha me a remembras geryow an Arlùth, fatell leverys dhyn, ‘Gans dowr a wre

Jowan besydhya, mès gans an Spyrys Sans why a vëdh besydhys.' 17Mar qwrug Duw ry an keth ro dhedhans y a ros ev dhyn ny, pàn wrussyn ny cresy i'n Arlùth Jesu Crist, pyw en vy ytho, may hallen lettya Duw?"

18Pàn glôwsons y hedna, y a veu conclûdys, hag a braisyas Duw ha leverel, "Duw re ros dhe'n Jentylys kyn fe an edrek usy ow lêdya dhe vêwnans."

19Now an re-na, neb a veu scùllys alês awos an tormentyans adro dhe Stefan, y êth bys in Fenycya, Cyprùs hag Antiokia, ha ny wrussons côwsel an ger dhe dhen vëth mès dhe'n Yêdhewon only. 20Mès yth esa i'ga mesk nebes Cypryots ha tus dhyworth Cyrene. Pàn dheuth an re-na dhe Antiokia, y a gowsas orth an Yêdhewon, esa ow clappya Grêk inwedh, ha declarya dhedhans an Arlùth Jesu. 21Yth esa leuv an Arlùth gansans, hag y teuth nùmber brâs anodhans dhe'n grejyans, ha trailya dhe'n Arlùth.

22Nowodhow a'n mater a dheuth dhe scovornow an eglos in Jerùsalem, hag y a dhanvonas Barnabas dhe Antiokia. 23Pàn dheuth ev bys i'n tyller, ha gweles grâss Duw, ev a rejoycyas ha'ga inia kettep onen dhe remainya lel dhe'n Arlùth gans lendury fèst dywysyk; 24rag ev o marthys densa, leun a'n Spyrys Sans hag a fëdh. Y feu lies onen drës dhe'n Arlùth.

25Nena Barnabas a viajyas dhe Tharsys rag whelas Sawl, 26ha pàn wrug y gafos, ev a'n dros dhe Antiokia. Indella yth hapnyas dhedhans ôstya gans an eglos dres bledhen ahës, ha desky meur a dus. In Antiokia kyns oll an dhyscyplys a veu gelwys "Cristonyon."

27I'n termyn-na y teuth profettys wàr nans dhia Jerùsalem dhe Antiokia. 28Onen anodhans, henwys Agabùs, a savas in bàn ha profusa der an Spyrys Sans dyvotter brâs dhe dhos wàr oll an norvës. Hedna a wharva pàn o Claudyùs rainys. 29An dhyscyplys a erviras y whre pùbonen warlergh y allos danvon socour dhe'n bredereth tregys in pow Jûdy. 30Hedna y a wrug, ow tanvon an gweres gans Barnabas ha Sawl.

12 Adro dhe'n termyn-na Mytern Erod a settyas dewla gans nerth wàr radn a esely an eglos. 2Ev a erhys may fe Jamys, broder Jowan, ledhys der an cledha. 3Pàn welas ev an dra-na dhe blêsya an Yêdhewon, ev êth in rag ha sêsya Peder inwedh. (Hedna a hapnyas orth gool an Bara heb Gwel.) 4Pàn wrug ev y sêsya, ev a'n towlas dhe bryson ha'y ry dhe beswar bagas a soudoryon dh'y wetha, hag ev porposys dh'y dhry in mes dhe'n bobel wosa an Pask.

5Pàn esa Peder i'n pryson, yth esa an eglos ow pesy Duw in tywysyk ragtho.

6An very nos-na, kyns ès Erod dh'y dhry in mes, yth esa Peder kelmys gans chainys hag in cùsk inter dew soudor i'n pryson, hag yth esa wardens ow colyas dhyrag an daras. 7Strait el an Arlùth a apperyas, hag y feu golow i'n gell. An el a weskys Peder yn scav wàr y denewen rag y dhyfuna ha leverel, "Sa'bàn yn uskys." An chainys a godhas dhywar y dhewla.

8An el a leverys dhodho, “Gorr dha
wrugys adro dhis, ha’th sandalys adro
dhe’th treys.” Ev a wrug indella.
Nena ev a leverys dhodho, “Gwysk
dha vantel adro dhis, ha gwra ow
sewya vy.” 9Peder êth in mes ha’y
sewya. Ny wodhya bos gwir an pëth
esa ow wharvos dre weres an el. Yth
esa Peder ow predery ev dhe weles
vesyon. 10Wosa y dhe bassya dres an
kensa gwethysy ha’n secùnd
gwethysy, y a dheuth warbydn yet
horn, esa owth egery wàr an cyta. An
yet a egoras dhedhans a’y vodh y
honen, hag y êth in mes, ha kerdhes
dre scochfordh ahës. Dhesempys an
el a voydyas dhyworto.

11Nena Peder a dheuth dhodho y
honen ha predery, “Lebmyn sur ov
an Arlùth dhe dhanvon y el ha’m
delyvra dhyworth Erod, ha dhyworth
pùptra esa pobel an Yêdhewon ow
qwetyas.”

12Kettel wrug Peder convedhes
hedna, ev êth dhe jy Maria, mabm
Jowan henwys Mark, le mayth esa lies
onen cùntellys hag y oll ow pesy.
13Pàn wrug ev knoukya wàr an daras,
y teuth maghteth gelwys Rhôda
dhe’n daras rag y egery. 14Pàn wrug
hy aswon voys Peder, kebmys joy a’s
teva, ma na wrug hy egery an yet,
mès ponya ajy ha declarya fatell esa
Peder a’y sav orth an yet.

15Y a leverys dhedhy, “Varyes
osta!” Mès hy a inias y bosa dell
leverys. Y a leverys, “Y el ev yw.”

16I’n kettermyn Peder a bêsyas ow
knoukya. Pàn wrussons y egery an
yet, y a’n gwelas hag a veu amays.
17Ev a wrug sînys dhedhans may
whrellens tewel, hag ev a dheclaryas
in pana vaner a wrug an Arlùth y dhry
mes a’n pryson. Hag ev a addyas,
“Rewgh acownt a hebma dhe Jamys
ha dhe’n gryjygyon.” Nena ev a
voydyas ha mos dhe gen tyller.

18Pàn dheuth an myttyn, y feu
tervans brâs in mesk an soudoryon
awos an pëth a wharva dhe Beder.
19Erod a wrug y whelas, ha pàn na’n
cafas, ev a examnyas an wardens ha
comondya aga bos gorrys dhe’n
mernans. Nena ev a skydnyas dhia
Jûdy bys in Cesaria ha trega ena.

20Erod a sorras orth tregoryon Tir
ha Sîdon. Rag hedna, y oll a dheuth
dhodho warbarth, ha wosa gwainya
Blastùs, chamberlyn an mytern
dh’aga farty, y a besys acord gans an
mytern, dre rêson aga fow dhe
scodhya wàr bow an mytern rag aga
sosten.

21An jorna appoyntys Erod a
wyscas y dhyllas rial adro dhodho,
esedha wàr an arethva ha ry areth dhe
oll an bobel. 22Yth esa an dus pùpprës
ow cria, “Lev duw yw hedna kyns ès
lev den!” 23Strait, drefen na ros ev an
glory dhe Dhuw, el an Arlùth a’n
gweskys, hag ev a veu debrys gans
preves ha godhaf mernans.

24Saw yth esa ger Duw ow tevy hag
owth encressya.

25Wosa collenwel aga hanaseth,
Barnabas ha Sawl a dhewhelys dhe
Jerùsalem, hag y ow try gansans
Jowan henwys Mark.

13

Yth esa profettys ha desca-
doryon in eglos Antiokia:
Barnabas; Symeon henwys Niger;
Lûcy dhia Cyrene; Manaen, esel a
gort an tetrark Erod; ha Sawl. 2Pàn
esens y ow cordhya an Arlùth hag ow
cul penys, an Spyrys Sans a leverys,
“Settyowgh adenewen dhybm Bar-
nabas ha Sawl rag an lavur, a wrug

avy aga dêwys dhodho.” 3Wosa gul
penys ha pejadow, y a settyas aga
dewla warnodhans, ha’ga danvon in
kerdh.

4Gans hedna, pàn vowns y dan-
venys in mes gans an Spyrys Sans, y a
skydnyas bys in Selewcya. Alena y a
wolyas dhe Cyprùs. 5Pàn dheuthons
dhe Salamys, y a dheclaryas ger Duw
in synagys an Yêdhewon. Hag yth esa
Jowan gansans rag aga gweres.

6Wosa y dhe dravalya dres oll an
enys bys in Pafos, y a vetyas orth
pystrior, fâls profet a’n Yêdhewon ha
Bar Jesu o y hanow ev. 7Yth esa va
warbarth gans an proconsùl, Serjyùs
Pawlùs, den skiansek, neb a somonas
Barnabas ha Sawl, rag whensys o va
dhe glôwes ger Duw. 8Saw an
pystrior Elymas (hèn yw trailyans y
hanow) a sordyas wàr aga fydn ha
whelas trailya an proconsùl dhyworth
an fëdh. 9Saw Sawl (o henwys Pawl
kefrës), leun a’n Spyrys Sans, a veras
glew orto 10ha leverel, “Te vab an
pla, te escar a bùb gwiryoneth, leun
os a dhysseyt hag a sherewynsy.

A ny vynta jy cessya cabma fordh-
ow ewn an Arlùth? 11Goslow orthyf
lebmyn—yma dorn an Arlùth wàr
dha bydn, ha te a vëdh dall rag pols,
heb gallos gweles an howl.” Whare
nywl ha tewolgow a dheuth warno-
dho, hag yth esa ow mos adro in udn
dava, rag cafos nebonen dh’y lêdya er
an dorn. 12Pàn welas an proconsùl an
pëth a wharva, ev a gresys, rag marth
a’n jeva a’n dyscans ow tùchya an
Arlùth.

13Nena Pawl ha’y gowetha a voras
dhyworth Pafos, ha dos bys in Perga
in Pamfylya. Saw Jowan a voydyas
dhywortans, ha dewheles dhe Jerù-
salem. 14Mès y êth pella ès Perga, ha
dos dhe Antiokia in Pysydya. Jorna
an sabot y entras i’n synaga hag
esedha. 15Pàn veu devyn redys mes
a’n laha hag a’n profettys, offycers an
synaga a dhanvonas messach dhe-
dhans ow leverel, “A vreder, mars eus
ger a iniadow genowgh rag an bobel,
rewgh e dhyn.”

16Rag hedna Pawl a savas in bàn, ha
wosa gul sin gans y dhorn, ev a
dhalathas côwsel, “A Israelysy, ha
why tus erel usy ow perthy own a
Dhuw, goslowowgh orthyf. 17An
Duw a’n bobel-ma a wrug dêwys
agan hendasow hag encressya an
bobel pàn esens y tregys in pow Ejyp,
hag ev a dherevys y vregh ha’ga lêdya
mes alena. 18Dew ugans bledhen ev
a’s sùffras i’n gwylfos. 19Warlergh ev
dhe dhyswul seyth nacyon in pow
Canaan, ev a ros aga fow dh’agan
hendasow dhe vos erytans dhedhans
20neb peswar cans bledhen.

“Wosa hedna ev a ros jùjys dhe-
dhans bys in termyn an profet
Samùel. 21Nena y a wovydnas mytern
orto, hag ev a ros dhedhans Sawl mab
Kish, den a’n trib a Benjamyn. Sawl
a veu mytern warnodhans dew ugans
bledhen. 22Wosa Duw dh’y removya,
ev a wrug mytern a Davyth mab
Jesse. In y dhùstuny adro dhodho, ev
a leverys, ‘Me re gafas Davyth mab
Jesse dhe vos den warlergh ow holon
vy, hag ev a wra collenwel bodh ow
brës.’

23“Saw a lynyeth an den-ma Duw
re dhros dhe Israel Savyour, Jesu—
poran kepar dell wrug ev dedhewy.
24Kyns ès ev dhe dhos, Jowan
solabrës a dheclaryas an besydhyans
a edrek dhe oll pobel Israel. 25Pàn esa
Jowan ow collenwel y lavur, ev a
leverys, ‘Pyw esowgh why ow

soposya ow bos avy? Nyns oma an
den-na. Nâ, saw yma nebonen ow tos
wàr ow lergh, nag oma wordhy dhe
lowsya cronow an sandalys adro dh'y
dreys.'
26"A vreder, why issyw a deylu
Abraham, ha why erel usy ow perthy
own a Dhuw, dhyn ny re beu dan-
venys an messach a'n salvacyon-ma.
27Dre rêson na wrug tregoryon Jerù-
salem na'y rewlysy y aswon, naneyl
convedhes geryow an profet hag a
vëdh redys pùb sabot, y a gollenwys
an keth geryow-na ha'y dhampnya.
28Kyn na yllens y cafos chêson vëth
oll ino a vreus ancow, bytegyns y a
besys Pylat dh'y ladha. 29Wosa gul
pùptra re bia screfys adro dhodho, y
a'n kemeres dhe'n dor dhywar an
growspredn ha'y settya a'y wroweth
in bedh men. 30Saw Duw a'n derevys
in bàn dhyworth an re marow. 31Dres
lies jorna yth esa va owth apperya
dhe'n re-na a dheuth in bàn ganso
dhia Alyle dhe Jerùsalem, ha lebmyn
y yw y dhùstuniow dhyrag an bobel.
32"Yth eson ny ow try dhywgh
nowodhow dâ: an pëth a wrug Duw
promyssya dh'agan hendasow, 33ev re
gollenwys ragon ny, aga flehes, ow
terevel Jesu in bàn, kepar dell yw
screfys i'n secùnd salm,

"'Te yw ow Mab; hedhyw me re
wrug dha dhenethy.'

34Ow tùchya y dhasserghyans dhy-
worth an re marow heb dewheles
nefra dhe bodrethes, ev re gowsas
indelma,

"'Me a vydn ry dhis an promyssyow
sans a veu rës dhe Davyth.'

35Rag hedna ev a leverys in salm aral,

"'Ny vynta gasa dhe'th Den Sans
godhevel podrethes.'

36"Rag wosa ev dhe servya towlow
Duw in y heneth y honen, Davyth a
verwys, hag a veu encledhys ryb y
hendasow ha godhevel podrethes.
37Mès hedna hag a veu derevys in
bàn, ny welas ev podrethes vëth.
38Godhvedhowgh ytho, a vreder,
bos gyvyans pehosow pregowthys
dhywgh der an den-ma. 39Dre hebma
pùbonen ahanowgh a gressa ino a
vëdh delyvrys dhyworth kenyver
pegh, na alsa bos gyvys dre vain laha
Moyses. 40Kemerowgh with ytho, na
wrella wharvos dhywgh why an pëth
a veu côwsys der an profettys:

41"'Merowgh, why gêsyoryon!
Kemerowgh marth ha kewgh
dhe goll,
rag yth esof vy ow cul ober i'gas
dedhyow why,
ober na vynsowgh why cresy, kyn
whrella nebonen y dheclarya
dhywgh.'"

42Pàn esa Pawl ha Barnabas ow
mos in mes, an bobel a's inias dhe
gôwsel arta ow tùchya an taclow-ma
an sabot nessa. 43Pàn wrug tus an
synaga dyberth, lies onen a'n Yêdh-
ewon hag a'n proselîtys dywysyk a
sewyas Pawl ha Barnabas, ha'ga inia
dhe bêsya in grâss Duw.
44An nessa sabot oll an cyta pò
ogasty a gùntellas rag clôwes ger
Duw. 45Saw pàn welas an Yêdhewon
an rûth vrâs, lenwys vowns a envy—
hag y a gontradias lavarow Pawl gans
blasfemys.

46Nena kefrës Pawl ha Barnabas a
gowsas yn hardh ha leverel, "Ger
Duw a resa bos côwsys orthowgh
why kyns oll. Abàn esowgh why orth
y sconya, hag ow jùjya nag owgh agas
honen wordhy a'n bêwnans heb
dyweth, yth eson ny ow trailya
lebmyn dhe'n Jentylys. 47Rag indel-
ma an Arlùth a'gan comondyas, ow
leverel,

"'Me re'th settyas jy avell golow
dhe'n Jentylys,
may halles dry salvacyon bys in
pednow pella an bës.'"

48Pàn wrug an Jentylys clôwes
hedna, y a rejoycyas ha praisya ger an
Arlùth; hag y cresys kebmys ano-
dhans hag o destnys dhe'n bêwnans
heb dyweth.

49Indelma ger an Arlùth a lêsas der
oll an côstys-na. 50Saw an Yêdhewon
a gentrynas an benenes wordhy ha
dywysyk i'n cyta, ha'n dus a'n roweth
brâssa, ha gul noys warbydn Pawl ha
Barnabas, ha'ga gorra mes a'n pow-
na. 51Rag hedna, y a shakyas an doust
dhywar aga threys yn croffal warno-
dhans, ha mos dhe Iconyùm. 52Ha
lenwys veu an dyscyplys a lowender
hag a'n Spyrys Sans.

14 An keth tra a wharva in
Iconyùm, le mayth entras
Pawl ha Barnabas in synaga an
Yêdhewon, ha côwsel mar dhâ, may
whrug nùmber brâs a Yêdhewon hag
a Grêkys kefrës recêva an fëdh. 2Saw
an Yêdhewon, na wrug cresy, a
sordyas an Jentylys, ha posnya aga
brës warbydn an vreder. 3Y a dregas
pols dâ ena ow côwsel yn hardh
abarth an Arlùth, hag ev a dhestas
dhe'n ger a'y râss, rag ev a wrug
grauntya dhe vos gwrës dredhans
sînys ha merclys. 4Saw rydnys veu
tregoryon an cyta; radn anodhans a
scodhyas an Yêdhewon, ha radn an
abosteleth. 5Pàn o porposys an
Jentylys ha'n Yêdhewon, warbarth
gans aga rewlysy, dhe dhrog-handla
an abosteleth ha'ga labedha, 6an
abosteleth a glôwas adro dhe'n mater,
ha diank dhe Lystra ha dhe Derbe,
cytas in Lycaonya, ha dhe'n pow ader
dro. 7Ena y a bêsyas ow progeth an
nowodhow dâ.

8In Lystra yth esa den a'y eseth, na
ylly ûsya y dreys, ha na wrug
bythqweth kerdhes, rag y feu va
genys mans. 9Yth esa va ow coslowes
orth geryow Pawl. Ha Pawl a veras
glew orto hag aswon bos y grejyans
lowr rag y sawya. 10Rag hedna Pawl
a leverys dhodho, uhel y lev, "Sa'bàn
yn serth wàr dha dreys." An den a
labmas in bàn ha dallath kerdhes.

11Pàn welas an bobel an pëth re bia
gwrës gans Pawl, cria a wrussons in
yêth an Lycaonyans, "An dhuwow re
skydnyas dhyn in semlant a vebyon
tus!" 12Y a elwys Barnabas Jùbyter ha
Pawl Merher, drefen ev dhe vos an
chif arethyor. 13Pronter Jùbyter, esa
y dempla pols bian avês dhe'n yettys,
a dhros dhe'n yettys ohen ha garlons.
Ev ha'n bobel o whensys dhe
offrydna sacryfîs.

14Pàn glôwas an abosteleth, Pawl
ha Barnabas, an dra-ma, y a sqward-
yas aga dyllas ha stevya in mes in
mesk an rûth ow carma, 15"Coth-
mans, prag yth esowgh why ow cul
hebma? A gynda mab den on ny,
poran kepar ha whywhy. Yth eson ny
ow try dhywgh nowodhow dâ: y tal
dhywgh trailya dhyworth an taclow-

ma heb bry, tro ha'n Duw a vêwnans,
a wrug an norvës ha'n mor, ha pùptra
usy inhans. 16In pùb heneth yw passys
ev a alowas oll an nacyons dhe sewya
aga fordhow aga honen. 17Bytegyns
ev ny asas y honen heb dùstuny a'y
oberow dâ, rag yma va ow tanvon
dhywgh glaw dhia nev, ha sêsons rych
gans frûtys, hag ev a'gas lenow a
sosten, ha'gas colonow a lowender."
18Scant ny veu lowr an geryow-ma
dh'aga lettya a offrydna dhedhans
sacryfîs.

19Saw y teuth Yêdhewon dhia
Iconyùm ha dynya an bobel. Nena y
a labedhas Pawl, ha'y dedna mes a'n
cyta, ow predery ev dhe vos marow.
20Saw pàn dheuth an dyscyplys ha
sevel oll adro dhodho, ev a savas in
bàn hag entra i'n cyta. Ternos Pawl
êth in rag bys in Derbe, ha Barnabas
ganso.

21Wosa y dhe dheclarya an
nowodhow dâ dhe'n cyta ha gul lies
dyscypyl, y a dhewhelys dhe Lystra,
ha wosa hedna dhe Iconyùm ha dhe
Antiokia. 22I'n tyller-na y a gon-
fortyas enef an dyscyplys, ha'ga
henertha dhe bêsya i'n fëdh, ow
leverel, "Dre lies torment y res dhyn
entra in gwlascor Duw." 23Wosa y
dhe appoyntya tus hen ragthans in
kenyver eglos, gans pejadow ha
penys, y a's comendyas dhe'n Arlùth
esens ow cresy ino. 24Nena y a
bassyas dre Pysydya ha dos dhe
Pamfylya. 25Pàn wrussons y côwsel
an ger in Perga, y a skydnyas bys in
Attalya.

26Alena golya a wrussons arta dhe
Antiokia, le may fiens comendys dhe
râss Duw, awos an lavur a wrussons
collenwel. 27Pàn dheuthons y dhe'n
cyta, y a somonas warbarth an eglos,
ha declarya kebmys a wrug Duw
dredhans, ha fatell wrug ev egery an
daras a fëdh dhe'n Jentylys. 28Y a
dregas ena pols dâ gans an dyscyplys.

15 Nena certan re a skydnyas
dhia Jûdy, ha desky an
bredereth indelma, "Marnas why a vo
cyrcùmcîsys warlergh gis Moyses, ny
yllowgh why bos selwys." 2Wosa
Pawl ha Barnabas dhe dhyspûtya yn
freth gansans, y feu dêwysys Pawl ha
Barnabas, ha tus, dhe dravalya in bàn
dhe Jerùsalem, may hallens om-
gùssulya adro dhe'n mater gans an
abosteleth ha gans an dus hen.
3Whare y fowns danvenys gans an
eglos wàr aga fordh, ha pàn esens ow
mos dre Fenycya ha Samarya, y a
dherivas trailyans an Jentylys, ha
lowenhe oll an re-na esa ow cresy.
4Pàn wrussons dos dhe Jerùsalem, y
fowns wolcùbmys gans an eglos, an
abosteleth ha'n dus hen. Hag y a
dheclaryas kenyver tra a wrug Duw
dredhans.

5Mès radn a'n gryjygyon, esa ow
longya dhe barty an Farysys, a savas
in bàn ha leverel, "Res yw dhedhans
bos cyrcùmcîsys, ha comondys dhe
wetha laha Moyses."

6An abosteleth ha'n dus hen a
gùntellas rag consydra an mater.
7Wosa meur a dhyspûtyans, Peder a
savas in bàn ha leverel dhedhans, "A
vreder, why a wor i'n dedhyow avarr,
fatell wrug Duw ow dêwys vy mes
a'gas nùmber, dhe vones hedna
dredho may whrella an Jentylys
clôwes messach an nowodhow dâ ha
cresy. 8Ha Duw, hag yw colon mab
den aswonys dhodho, a dhysqwedhas
y vos pës dâ gansans, pàn ros ev an
Spyrys Sans dhedhans, poran kepar

dell wrug ev y ry dhyn ny. 9Pàn wrug
Duw glanhe aga holon dre fëdh, ny
wrug ev dyberthva vëth intredhans ha
ny. 10Prag yth esowgh why ytho i'n
tor'-ma ow prevy Duw, hag ow settya
wàr godna an dyscyplys yew na alsa
agan hendasow unweyth hy ferthy, ha
na alsen nyny hy ferthy nahen? 11I'n
contrary part, ny a grës y fedhyn ny
selwys dre râss an Arlùth Jesu, kepar
dell vëdh an re-ma inwedh."

12Tewel a wrug oll an gùntellva, ha
goslowes orth Barnabas ha Pawl, hag
y ow teclarya dhedhans pùb sin ha
marthus a wrug Duw dredhans in
mesk an Jentylys. 13Wosa y dhe
fynyshya aga lavarow, Jamys a wor-
thebys, "A vreder, goslowowgh
orthyf vy lebmyn. 14Symeon re dhe-
claryas fatell veras Duw kensa gans
favour orth an Jentylys, rag kemeres
mes anodhans pobel rag y hanow ev.
15Yma hebma owth acordya gans
geryow an profettys, kepar dell yw
screfys,

16"'Wosa an taclow-ma, me a vydn
dewheles
ha dasterevel trigva Davyth yw
codhys dhe'n dor.
Y fanaf mes a'y magoryow
hy byldya arta ha'y dasterevel,
17may halla pùb pobel aral whelas
an Arlùth,
ea, an Jentylys may feu ow hanow
gelwys a-ugh aga fedn.
18Indelma y lever an Arlùth, hag
yma va ow teclarya an taclow-ma
dhia dermyn an dedhyow coth.'

19"Rag hedna ow thowl yw sevel
orth trobla an Jentylys-na usy ow
trailya dhe Dhuw. 20Ny res dhyn mès
screfa ha comendya dhedhans
omwetha dhyworth an re-ma: taclow
mostys gans idolys, harlotry, pypynag
oll a vo lindegys ha goos. 21I'n pùb
cyta dres pùb heneth, nans yw
termyn pell, Moyses a'n jeves an re-
na re bia orth y brogeth, dre rêson ev
dhe vos redys a lev uhel pùb sabot oll
i'n synagys."

22Nena an abosteleth ha'n dus hen,
gans acord oll an eglos, a erviras
dêwys tus mes a'ga esely, ha'ga
danvon dhe Antiokia gans Pawl ha
Barnabas. Y a dhanvonas Jûdas,
henwys Barsabas, ha Sîlas, lêders in
mesk an bredereth, 23hag y a dhros an
lyther-ma gansans,

An bredereth, kefrës abostel-
eth ha tus hen, dhe'n gryjygyon
a gynda an Jentylys in Antiokia,
in Syry hag in Cylycy: lowena
dhywgh why oll!

24Abàn wrussyn ny clôwes
certan re, neb êth mes alebma
(kynth o heb agan cubmyas ny)
dhe leverel dhywgh taclow re
wrug agas trobla ha dysêsya agas
brës, 25ny oll kescolon re erviras
dêwys canasow ha'ga danvon
dhywgh warbarth gans Pawl ha
Barnabas, tus veurgerys. 26Y aga
dew re beryllyas aga bêwnans rag
kerensa agan Arlùth Jesu Crist.
27Rag hedna, ny re dhanvonas
Jûdas ha Sîlas, hag y a vydn
leverel an keth taclow wàr anow
dhywgh. 28Yth hevel dâ dhe'n
Spyrys Sans ha dhyn ny, sevel
orth agas beghya moy ès dell yw
res. 29Why a dal ytho omwetha
dhyworth tra vëth a vo offrydnys
dhe idolys, dhyworth goos,
dhyworth kenyver tra lindegys

ha dhyworth harlotry. Mar
qwrewgh why unweyth sconya
oll an re-ma, why a vydn gul yn
tâ.

Farwèl dhywgh!

30Gans hedna y a veu danvenys wàr
aga fordh ha skydnya dhe Antiokia.
Pàn wrussons y gelwel warbarth an
gùntellva, y a dhelyvras an lyther i'ga
dewla. 31Pàn wrussons y redya ken-
yver tra esa i'n lyther, y a rejoycyas
orth an iniadow. 32Jûdas ha Sîlas a
leverys lowr rag confortya ha crefhe
an gryjygyon, rag profettys êns aga
dew. 33Wosa y dhe vos ena pols dâ, y
a veu danvenys gans an vreder in cres
arta dhe'n re-na a wrug aga gorra dy.
34Mès yth hevelly dâ dhe Sîlas gortos
ena. 35Pawl ha Barnabas a dregas in
Antiokia, hag ena, warbarth gans lies
onen aral, yth esens ow tesky hag ow
progeth ger an Arlùth.

36Wosa nebes dedhyow Pawl a
leverys dhe Barnabas, "Deun, ges-
owgh ny dhe dhewheles ha vysytya an
gryjygyon in pùb cyta, may whrussyn
ny declarya ger an Arlùth kyns, may
hallen gweles in pana vaner usons y
ow fara." 37Dâ via gans Barnabas dry
gansans Jowan henwys Mark. 38Saw
Pawl a erviras heb dry gansans hedna
a wrug aga forsâkya in Pamfylya, ha
na wrug kesobery gansans i'ga lavur.
38Y feu an strif mar sherp, may
whrussons y dyberth an eyl dhyworth
y gela. Barnabas a dhros Mark ganso
ha golya in kerdh dhe Cyprùs. 40Saw
Pawl a dhêwysas Sîlas, ha wosa an
gryjygyon dh'aga homendya dhe râss
Duw, y a dhalathas wàr aga fordh.
41Ev êth dre Syry ha dre Cylycy ow
confortya an eglosyow.

16

Pawl êth pella, ha dos dhe
Derbe ha dhe Lystra, le
mayth esa dyscypyl henwys
Tymothy. Mab Yêdhowes cryjyk o
Tymothy, saw Grêk o y das. 2Gerys
dâ o Tymothy gans an gryjygyon in
Lystra hag in Iconyùm. 3Abàn o dâ
gans Pawl Tymothy dhe viajya ganso,
ev a'n kemeras ha gul dhodho bos
cyrcùmcîsys, awos an Yêdhewon esa
i'n côstys-na, rag y oll a wodhya fatell
o Grêk y das. 4Y a dhelyvras dhe-
dhans, hag y ow mos dhia dre dhe
dre, pùb brusyans o determys gans an
abosteleth ha gans an dus hen in
Jerùsalem, may hallens y gul wàr aga
lergh. 5Indelma y feu an eglosyow
confortys i'n fëdh, ha'n nùmber an
gryjygyon inhans a encressyas
kenyver jorna.

6Y êth der an powyow a Fryjy ha
Galathya, wosa an Spyrys Sans
dh'aga dyfen, na wrellens progeth an
ger in Asya. 7Pàn dheuthons adâl
Mysya, y a assayas entra in Bytyny,
mès ny ros Spyrys Jesu dhedhans
cubmyas. 8Rag hedna y a bassyas ryb
Mysya ha skydnya bys in Troas.
9Pawl a welas vesyon i'n nos: yth esa
Macedonyan a'y sav in nes hag ev ow
plêdya ganso ow leverel, "Deus dres
an mor obma bys in Macedonya rag
gul dhyn gweres." 10Wosa ev dhe
weles an vesyon, ny a whelas strait
tremena bys in Macedonya, rag ny o
sur y whrug Duw agan gelwel dhe
brogeth an nowodhow dâ dhedhans.

11Ny a voras dhia Troas ha golya in
strait dhe Samothras, ternos dhe
Neapolys, 12hag alena dhe Fylyppy,
tyller hag yw chif cyta a bow
Macedonya, ha gwlasva Roman. Ny
a dregas i'n cyta-na nebes dedhyow.

13Jorna an sabot ny êth avês dhe'n
yet ryb an ryver, rag yth esen ow
soposya bos plâss pejadow i'n tyller-
na. Ny a esedhas, ha côwsel orth an
benenes o cùntellys ena. 14Yth esa
benyn henwys Lydya, gordhyores a
Dhuw, ow coslowes orthyn. Yth o hy
devedhys dhia an cyta Thiatîra, ha
gwycores padnow pùrpur o hy. An
Arlùth a egoras hy holon dhe
woslowes gans mal orth geryow
Pawl. 15Wosa hy ha'y meyny dhe vos
besydhys, hy a'gan inias ow leverel,
"Mars esowgh ow jùjya y bosama lel
dhe'n Arlùth, dewgh ha tregowgh i'm
chy." Ha hy a brevailyas warnan.

16Udn jorna, pàn esen ny ow
kerdhes dhe dyller an pejadow, ny a
vetyas orth kethes hag a's teva spyrys
a dhewynieth. Yth esa hy ow tendyl
meur a vona rag hy ferhenogyon dre
hy dewynyans. 17Hy a sewya Pawl
warbarth genen ny, ha hy ow carma
yn uhel, "Kethyon an Duw Uhella yw
an re-ma, hag ymowns y ow progeth
dhywgh fordh a salvacyon." 18Hy a
bêsyas indelma lies jorna. Saw Pawl,
serrys brâs, a drailyas ha leverel dhe'n
spyrys, "Me a'th comond in hanow
Jesu Crist dhe dhos mes anedhy."
Ha'n spyrys a dheuth in mes an very
prës-na.

19Pàn welas hy ferhenogyon bos
kellys aga govenek a wainya mona, y
a settyas dalhen in Pawl ha Sîlas,
ha'ga thedna bys i'n varhasva dhyrag
an rewlysy. 20Wosa aga dry dhyrag an
jùstyssyow, y a leverys, "Yma an dus-
ma ow trobla agan cyta. Yêdhewon
yns 21hag ymowns y ow comendya
gîsyow nag yw lafyl dhyn ny,
Romans, naneyl dhe dhegemeres na
dhe bractycya."

22An rûth a's gweresas owth
assaultya an abosteleth. An jùstyss-
yow a gomondyas aga dystryppya
ha'ga scorjya gans gwelyny. 23Wosa
aga stewany yn tydn, y a's towlas dhe
bryson, hag erhy dhe'n jailer aga
sensy in dadn naw alwheth. 24Ev a
obeyas dhe'n gorhebmyn-ma, aga
gorra i'n gell awoles ha fastya aga
threys i'n carharow.

25Ogas dhe hanter-nos, yth esa
Pawl ha Sîlas ow pesy hag ow cana
hympnys dhe Dhuw, ha'n prysners
ow coslowes ortans. 26Dewhans y feu
dorgis mar grev, may whrug crena
grownd an pryson. Y feu egerys
whare pùb daras ha dygelmys chainys
kenyver prysner. 27Pàn dhyfunas an
jailer ha gweles darasow an pryson
egerys alês, ev a dednas y gledha hag
a vynsa ladha y honen, rag ev a gresys
an prysners dhe vos dienkys. 28Saw
Pawl a grias a voys uhel, "Na wra
pystyga dha honen, rag yth eson ny
obma yn kettep pedn!"

29Wosa somona lanterns, an jailer
a entras yn uskys. Ev a godhas in udn
grena orth treys Pawl ha Sîlas.
30Nena ev a's dros in mes ha leverel,
"Syrys, pandra res dhybm gul rag bos
selwys?"

31Y a leverys, "Gwra cresy i'n
Arlùth Jesu ha te ha'th veyny a vëdh
sawys." 32Y a leverys ger an Arlùth
dhodho ha dhe oll y veyny. 33An keth
prës a'n nos ev a's kemeras ha golhy
aga goliow. Ev hag oll y veyny a veu
besydhys whare. 34Ev a's dros in bàn,
ha settya sosten dhyragthans. Ev ha'y
veyny oll a rejoycyas ev dhe gresy in
Duw.

35Pàn dheuth an myttyn, an
jùstyssyow a dhanvonas an greswes-
yon ha leverel, "Delyvrowgh an re-

ma dhe wary." 36Ha'n jailer a
dherivas an nowodhow dhe Bawl ha
leverel, "An jùstyssyow re dhanvonas
ger dhybm why dhe vos fries dhe vos
wàr agas fordh in cres."

37Saw Pawl a worthebys, "Y re'gan
scorjyas dhyrag an dus heb agan
brusy, kynth on ny cytysans Roman,
ha'gan tôwlel dhe bryson. Yns y
ervirys i'n tor'-ma agan delyvra dhe
wary in dadn gel? Duw dyfen! Deuns
y obma ha'gan dry in mes aga
honen."

38An greswesyon a dheclaryas an
geryow-ma dhe'n jùstyssyow, ha pàn
glôwsons y dhe vos cytysans Roman,
own a's teva. 39Rag hedna y a dheuth
dhedhans ha dyharas. Nena y a's dros
in mes ha'ga fesy dhe asa an cyta.
40Wosa gasa an pryson, y êth dhe jy
Lydya. Y a welas an vreder ha'n
wheryth ena ha'ga honfortya. Nena y
a dhybarthas.

17 Wosa passya dre Amfypolys
hag Apollonya, y teuth Pawl
ha Sîlas dhe Thessalonyca, le mayth
esa synaga a'n Yêdhewon. 2Ha Pawl
a entras, kepar dell o y ûsadow, ha try
jorna sabot wosa y gela, ev a dhys-
pûtyas gansans mes a'n scryptours,
3ow styrya hag ow prevy fatell o res
dhe'n Crist godhaf ha sevel arta
dhyworth an re marow. Ha Pawl a
levery, "Hèm yw an Crist, Jesu esof
vy orth y brogeth dhywgh." 4Y feu
radn anodhans perswadys, hag y a
jùnyas dhe Pawl ha Sîlas, kepar dell
wrug lies onen a'n Grêkys dywysyk,
ha nùmber brâs a'n benenes wordhy.

5Saw an Yêdhewon a borthas envy,
ha gans gweres tus vylen i'n varhas-
va, y a formyas rûth wyls ha sordya
tervans i'n cyta. Pàn esens ow whelas
Pawl ha Sîlas rag aga dry in mes
dhe'n bobel, y a assaultyas chy Jason.
6Dre rêson na yllens aga hafos ena, y
a dednas Jason ha radn a'n gryjygyon
dhyrag consel an cyta ow carma, "An
dus-ma re settyas an norvës awartha
dhe woles, ha lebmyn re dheuthons
obma kefrës, 7ha Jason re's wol-
cùbmas aberth in y jy. Ymowns y ow
fara warbydn ordenansow an emper-
our, hag ow leverel bos mytern ken
ès Cesar, hèn yw Jesu." 8Troblys veu
an bobel hag offycers an cyta, pàn
glôwsons hebma, 9ha wosa y dhe
gemeres gajys dhyworth Jason ha'n re
erel, y a's relêssyas.

10An very nos na an gryjygyon a
dhanvonas Pawl ha Sîlas in kerdh bys
in Berea, ha pàn dheuthons dhe'n
dre, y a entras in synaga an Yêdh-
ewon. 11Moy nobyl i'ga brës o an
Yêdhewon-ma ès an re-na in
Thessalonyca, rag y a wolcùbmas an
messach yn lowen ha whythra an
scryptours pùb jorna, may hallens
gweles o an câss gwir pò nag o.

12Rag hedna lies onen anodhans a
gresys, ha benenes ha tus Grêk meur
aga bry warbarth gansans. 13Saw pàn
glôwas Yêdhewon Thessalonyca ger
Duw dhe vos pregowthys gans Pawl
in Berea magata, y a dheuth in bàn dy
rag sordya hag inia an bobel. 14Heb
let vëth an gryjygyon a dhanvonas
Pawl dhe'n cost, mès Sîlas ha
Tymothy a dregas ena wàr y lergh.
15An re-na neb o gedyoryon Pawl a'n
dros bys in Athens, ha wosa cafos
comondment dhyworto, may whrell-
ens gul dhe Sîlas ha Tymothy jùnya
dhodho kettel ylly bos, y a's gasas.

16Pàn esa Pawl orth aga gortos in
Athens, ev a veu grêvys brâs ow
qweles bos an cyta leun a imajys.

[17]Rag hedna, ev a argyas i'n synaga
gans an Yêdhewon, ha gans an dus
dywysyk, hag i'n varhasva kenyver
jorna gans an re-na a vedha ena dre
jauns. [18]Certan fylosofers Epycùrean
ha Stoik a dhyspûtyas ganso inwedh.
Radn a levery, "Pandr'usy an tavasak
ma ow styrya?" Radn erel a levery,
"Yth hevel ev dhe vos pregowthor a
dhuwow stranj." (Hèn o drefen ev
dhe dheclarya an nowodhow dâ adro
dhe Jesu ha'y dhasserghyans.) [19]Rag
hedna y a'n kemeras, ha'y dhry dhe'n
Areopagùs ha govyn orto, "A yllyn ny
godhvos pëth yw an dyscans nowyth-
ma, esta ow teclarya?" [20]Yth eses ow
try taclow marthys dh'agan scovorn-
ow, ha dâ via genen godhvos
pandr'usons ow styrya." [21]Ny wre oll
an Athenyans, ha'n alyons tregys i'n
cyta, tra vëth ken ès spêna aga
thermyn ow ry acownt a neppyth
nowyth pò ow coslowes orto.

[22]Pawl a savas dhyrag an Areo-
pagùs ha leverel, "Athenyans, me a
wel why dhe vos pòr dhywysyk ow
tùchya pùptra usy ow longya dhe'n
dhuwow, [23]rag pàn esen vy ow mos
dres an cyta, hag ow meras glew orth
an taclow yw gordhys genowgh, me
a welas i'ga mesk alter, ha'n geryow-
ma screfys warnedhy: dhe dhuw
ùncoth. Rag hedna an pëth esowgh
why orth y wordhya heb y aswon, yth
esof vy lebmyn ow teclarya dhywgh
why.

[24]"An Duw, neb a formyas an bës
ha kenyver tra ino, ev yw Arlùth an
nev ha'n nor, mès nyns ywa tregys in
scrinyon gwrës gans dewla mab den,
[25]naneyl ny wra dewla mab den y
servya, kepar ha pàn ve othem
dhodho a dra vëth, rag yma va y
honen ow ry bêwnans dhe bùbonen
hag anal dhe genyver tra. [26]Ev a
formyas pùb nacyon a'n udn hendas,
may hallens bewa wàr fâss oll an
norvës. Ev a radnas dhedhans ter-
mynyow aga bêwnans, hag oryon an
powyow a vedhens y tregys inhans,
[27]may whrellens whelas Duw, ha
martesen palvala tro hag ev ha'y
gafos—kyn nag usy va in gwir pell
dhyworth den vëth ahanan. [28]Rag
'ino ev yth eson ny ow trega, ow
qwaya hag ow cafos agan bêwnans'—
dell leverys radn a'gas prydydhyon
why, 'Rag ny inwedh yw y issyw ev.'

[29]"Abàn on ny issyw Duw, ny dal
dhyn predery bos an duwsys kepar
hag owr, arhans pò men—imach
shâpys dre greft ha dre injyn mab
den. [30]An osow may feu mebyon tus
in anwodhvos—Duw re ascûsyas oll
an re-na. Saw lebmyn, yma va ow
comondya an dus in pùb tyller oll dhe
godha in edrek, [31]rag ev re settyas
jorna may whre va brusy an bës in
ewnder, dre vain den re beu
appoyntys ganso—ha dhe bùbonen
ev a ros dùstuny a hebma, pàn wrug
ev y dherevel dhyworth an re
marow."

[32]Pàn wrussons y clôwes a dhas-
serghyans an re marow, nebes ano-
dhans a wrug ges anodho, saw re erel
a leverys, "Ny a vydn clôwes moy
dhyworthys adro dhe'n mater ma."
[33]Nena Pawl a's gasas. [34]Mès radn
anodhans a jùnyas ganso ha cresy.
Inter an re-na y feu Dionysyùs Areo-
pagyas, ha benyn henwys Damarys,
ha ken re gansans.

18 Wosa hedna, Pawl a asas
Athens ha mos dhe Corynth.
[2]Ena ev a gafas Yêdhow henwys
Aqwyla, hag a veu genys in Pontùs.

Ev o devedhys agensow dy dhyworth
Italy gans y wreg Pryscylla, awos
Claudyùs dhe ordna may whrella oll
an Yêdhewon gasa Rom. Pawl êth
dh'aga gweles, 3ha dre rêson y dhe
vos a'n udn greft, ev a dregas gansans,
hag y a lavuryas an eyl ryb y gela—
gwrioryon tyldys êns y. 4Pùb jorna
sabot y whre Pawl dyspûtya i'n
synaga, ha whelas gul dhe'n Yêdhew-
on cresy, ha dhe'n Jentylys kekefrës.

5Pàn dheuth Sîlas ha Tymothy
dhia Macedonya, yth esa Pawl bysy
ow teclarya an ger, hag ow testa
dhe'n Yêdhewon bos Jesu an Crist.
6Pàn wrussons y sevel wàr y bydn
ha'y dhysprêsya, ev a shakyas an
doust in croffal mes a'y dhyllas ha
leverel dhedhans, "Re bo agas goos
wàr agas pedn agas honen! Gwiryon
oma. Alebma rag me a vydn mos
dhe'n Jentylys."

7Nena ev a asas an synaga, ha mos
dhe jy den henwys Tîtùs Jùstùs,
gordhyor a Dhuw. Ryb an synaga yth
esa y jy. 8Cryspùs, offycer an synaga,
a veu cryjyk, warbarth gans oll y
veyny. Ha lies onen a'n Corynthyans
a glôwas Pawl hag y a veu cryjygyon,
hag y fowns besydhys.

9An Arlùth a gowsas dhe Pawl orth
golow nos in vesyon ow leverel, "Na
borth own, mès cows ha na wra
tewel, 10dre rêson me dhe vos genes,
ha ny wra den vëth naneyl settya dorn
warnas na dha shyndya, rag yma lies
onen i'n cyta-ma, ha'm pobel yns y."
11Ev a dregas i'n tyller-na bledhen ha
hanter, ow tesky ger Duw i'ga mesk.

12Pàn o Gallyo proconsùl in Acaya,
oll an Yêdhewon a sordyas kescolon
warbydn Pawl, ha'y dhry dhyrag an
gort. 13Y a leverys, "Yma hebma
owth exortya tus dhe wordhya Duw
in fordhow nag yw warlergh an laha."

14Yth esa Pawl parys dhe gôwsel,
saw Gallyo a leverys dhe'n Yêdhew-
on, "A pe hebma mater a drespas
poos pò a vylyny brâs, me a'm bia
caus dhe dhegemeres agas plainta
why, a Yêdhewon. 15Mès abàn nag
yw mès chêson a gwestyonow ow
tùchya geryow ha henwyn, ha'gas
laha why, assoylyowgh an mater
intredhowgh agas honen. Ny vanaf
vy bos jùj a'n mater-ma." 16Hag ev a's
danvonas in kerdh mes a'n gort.
17Nena oll an Grêkys a sêsyas Sos-
thenes, offycer an synaga, ha'y
gronkya dhyrag an gort. Mès ny wrug
Gallyo vry a dra vëth a'n taclow-ma.

18Wosa trega pols dâ i'n tyller-na,
Pawl a asas farwèl gans an gryjygyon
ha golya dhe Syry, hag Aqwyla ha
Pryscylla êth ganso. In Cencrys ev a
ordnas y vlew dhe vos trehys, rag in
dadn ambos yth esa. 19Pàn dheuthons
bys in Efesùs, ev a's gasas ena, saw
kyns ès hedna ev entras i'n synaga ha
dyspûtya gans an Yêdhewon. 20Y a'n
pesys dhe drega pella, saw ev ny
vynsa. 21Pàn wrug ev dyberth dhy-
wortans, ev a leverys, "Me a vydn
dewheles dhywgh, mar mydn Duw."
Nena ev a voras dhia Efesùs. 22Wosa
tira in Cesaria, Pawl êth in bàn dhe
Jerùsalem, ha dynerhy an eglos ena,
ha skydnya wosa hedna dhe Antiokia.

23Ev a spênas pols i'n tyller-na, ha
wosa hedna ev a dhybarthas, ha mos
dhia dyller dhe dyller der oll pow
Galathya ha Fryjy ow crefhe an
dyscyplys.

24Y teuth dhe Efesùs Yêdhow
henwys Apollos, hag a veu genys in
Alexandrya. Den helavar o va ha
skentyl adro dhe'n scryptours. 25Ev

re bia deskys in Fordh an Arlùth, hag
a gôwsy yn fen hag in ewn, hag yth
esa va ow tesky yn compes an taclow
ow tùchya Jesu, kyn na wodhya mès
an besydhyans a Jowan. 26Ev a
dhalathas côwsel yn hardh i'n synaga,
saw pàn y'n clôwas Pryscylla hag
Aqwyla, y a'n kemeras adenewen ha
clerhe dhe voy compes Fordh Duw
dhodho.

27Pàn o Apollos whensys dhe
dremena bys in Acaya, an gryjygyon
a'n inias ha screfa dhe'n dyscyplys i'n
tyller-na, may whrellens y wolcùbma.
Pàn dheuth ev dy, ev a weresas yn frâs
an re-na o devedhys dhe'n grejyans
dre râss Duw, 28rag ev yn fen a
gonclûdyas an Yêdhewon dhyrag an
dus, ha dysqwedhes der an scryptours
Jesu dhe vos an Crist.

19 Pàn esa Apollos in Corynth,
Pawl a dremenas der oll an
côstys in cres Asya, ha dos dhe
Efesùs, may cafas certan dyscyplys.
2Ev a leverys dhedhans, "A wruss-
owgh why recêva an Spyrys Sans pàn
dheuthowgh why dhe'n fëdh?"

Y a'n gorthebys, "Na wrussyn, ny
wrussyn ny unweyth clôwes adro
dhe'n Spyrys Sans."

3Nena ev a leverys, "In pana dra a
vewgh why besydhys?"

Y a worthebys, "Besydhyans
Jowan."

4Pawl a leverys, "Jowan a wre
besydhya gans besydhyans edrek, hag
ev a erhy dhe'n bobel cresy i'n den a
dheffa wàr y lergh, hèn yw Jesu."
5Pàn wrussons y clôwes hedna, y
fowns y besydhys in hanow an Arlùth
Jesu. 6Wosa Pawl dhe settya
warnodhans y dhewla, an Spyrys Sans
a dheuth warnodhans, hag y a gowsas
in tavosow ha profusa—7yth esa neb
dewdhek anodhans i'n tyller-na.

8Pawl a entras i'n synaga, ha dres
nebes mîsyow yth esa va ow côwsel
yn hardh, hag owth argya yn
perswadus adro dhe wlascor Duw.
9Pàn dhenahas radn anodhans an
fëdh yn stordy, ha côwsel drog a'n
Fordh dhyrag an gùntellva, ev a's
forsâkyas ha kemeres ganso an
dyscyplys, ha dyspûtya pùb jorna in
arethlës Tyranùs dhia udnek eur
myttyn dhe beder eur dohajëdh. 10An
practys-ma ev a sewyas dyw vledhen,
may whrug oll tregoryon Asya,
Yêdhewon ha Grêkys kefrës, clôwes
ger an Arlùth.

11Duw a berformyas sînys bar-
thusek dre Pawl: 12pàn o coverchîvys
pò aprodnyow hag a dùchyas y
grohen, pàn vowns y drës dhe'n dus
clâv, aga clevejow a wre mos qwit
dhywortans, hag yth esa an debel-
spyrysyon ow tos mes anodhans.

13Yth esa dyhudoryon Ebrow ow
mos ader dro, hag y a whela banyshya
tebel-spyrysyon in hanow an Arlùth,
ow leverel a-ugh an sagh dyowl, "Me
a'th conjor re Jesu usy Pawl ow
teclarya." 14Yth esa an seyth mab a'n
uhel pronter henwys Sceva ow cul
hebma. 15Saw an debel-spyrysyon a
levery dhedhans ha gortheby, "Jesu,
me a'n aswon; Pawl, me a'n aswon,
mès te—pyw osta jy?" 16Nena an
sagh dyowl a labmas warnodhans
ha'ga overcùmya kettep onen, ha gul
mêstry warnodhans, may whrussons
y fia mes a'n chy yn noth ha brêwys.

17Pàn veu hedna godhvedhys dhe
oll tregoryon Efesùs, Yêdhewon ha
Grêkys kefrës, pùbonen a gemeras
uth ha praisya hanow an Arlùth Jesu.
18Lies onen a'n re-na neb a dheuth

dhe'n fëdh, a wrug meneges ha dys-
clôsya aga gwadn-ûsadow aga honen.
19Radn a'n bystrioryon i'ga mesk a
gùntellas aga lyvrow, ha'ga lesky in
golok an dus. Pàn veu valew an
lyvrow ma reknys, y feu va kefys dhe
vos hanter-cans mil a vathow arhans.
20Indelma ger an Arlùth a encressyas
gans gallos ha cruny nerth.

21Pàn veu oll an taclow-ma cowl-
wrës, Pawl a erviras i'n Spyrys mos
dre Macedonya hag Acaya, ha wosa
hedna dhe Jerùsalem. Ev a leverys,
"Wosa me dhe vos dy, res vëdh
dhybm gweles Rom." 22Rag hedna ev
a dhanvonas dhe Macedonya dew a'y
weresoryon, Tymothy hag Erastùs,
saw ev y honen a dregas pols pella in
Asya.

23Adro dhe'n termyn-ma, y wharva
tervans brâs ow tùchya an Fordh.
24Den henwys Demetryùs, gweythor
arhans, a wre scrinyon arhans rag
Artemys, hag indella yth esa va ow
provia negys lowr dhe'n greftoryon.
25Ev a gùntellas warbarth an re-na, ha
re erel a'n udn greft ha leverel, "A
dus, why a wor yn tâ agan bos ny ow
cafos agan mona dhia an negys-ma,
26ha why a wel hag a glôw inwedh in
Efesùs, hag in oll Asya ogasty kefrës,
Pawl dhe dedna in kerdh nùmber
brâs a dus, ow leverel nag yw duw in
gwiryoneth duw vëth, o formys gans
dewla mab den. 27Yma an peryl-ma
orth agan godros may fëdh despîsys
agan negys martesen, ha moy ès
hedna, templa an dhuwes vrâs
Artemys dhe vos dysprêsys. Martesen
hy a wra kelly oll hy roweth, usy ow
try tus obma rag hy gordhya, dhia oll
Asya ha dhia genyver tyller i'n
norvës."

28Pàn wrussons y clôwes hedna,
conar a's sêsyas, hag y a grias, "Brâs
yw Artemys an Efesyans!" 29An cyta
a veu lenwys a gedryn, ha'n bobel a
stevyas warbarth bys i'n waryva, ow
tedna gansans Gayùs hag Arystarcùs
(Macedonyans o an re-na, ha
cowetha dhe Pawl wàr y viajys).
30Whensys o Pawl mos bys i'n rûth,
saw an dyscyplys a'n lettyas. 31Radn a
rewlysy Asya o cothmans dhe Pawl,
hag y a dhanvonas dhodho ger, ow
comendya dhodho na wrella mos bys
i'n waryva.

32I'n kettermyn, yth esa radn ow
cria an eyl dra, ha radn erel y gela, rag
yth esa oll an gùntellva in deray, ha
ny wodhya an radn vrâssa anodhans
prag yth êns y oll devedhys warbarth.
33Radn a'n bobel a erhys neppyth dhe
Alexander, re bia herdhys in rag gans
an Yêdhewon. Alexander a wrug sin
gans y dhorn dhedhans dhe dewel,
hag assaya gul defens dhyrag an
bobel. 34Saw pàn wrussons y aswon y
vos Yêdhow, y oll warbarth a armas
unver gans voys uhel moy ès dew our,
"Brâs yw Artemys an Efesyans!"

35Pàn wrug scryvynyas an cyta
coselhe an bobel nebes, ev a leverys
dhedhans, "Cytysans, Efesyans, pyw
usy i'n bës na wor bos cyta an
Efesyans warden a dempla Artemys
Vrâs hag a'n imach a godhas mes a'n
nev? 36Abàn na yll an taclow-ma bos
nehys, y tal dhywgh bos cosel, heb
gul tra vëth dybreder. 37Why re
dhros obma an dus-ma, saw ny
wrussons y naneyl robbya an templa
na cably agan duwes. 38Rag hedna,
Demetryùs, ha'n weythoryon usy
ganso, mara's teves plainta warbydn
den vëth, egerys yw an breuslësyow,
hag yma dhyn proconsùlys. Gwrêns

y cùhudha an eyl y gela dhyrag an re-
na. 39Mars esowgh why ow tesîrya
godhvos tra vëth pella, res yw
assoylya an câss i'n gùntelles kebmyn.
40Yth eson ny in peryl brâs a vos
cùhudhys a dervans hedhyw rag nyns
eus ascûs vëth rag an deray ma."
41Wosa leverel an geryow-na, ev a
dhanvonas an bobel in kerdh.

20 Pàn cessyas an hùbbadùllya,
Pawl a dhanvonas dhe
gerhes an dyscyplys. Wosa aga hon-
fortya ha gasa farwèl, ev a dhybarthas
ha mos wàr y fordh dhe Macedonya.
2Ev a dremenas der an côstys-na, ow
kenertha an gryjygyon yn frâs. Nena
ev a dheuth dhe Grêss, 3ha trega try
mis ena. Parys o va dhe vora bys in
Syry, mès an Yêdhewon a wrug
plottya wàr y bydn. Rag hedna, ev a
erviras dewheles dre Macedonya. 4An
re-ma o y gowetha i'n fordh: Sopater
mab Pyrrhùs dhia Berea, Arystarcùs,
Secùndùs dhia Thessalonyca, Gayùs
dhia Derbe ha Tymothy warbarth
gans Tykycùs ha Trofymùs dhia
Asya. 5Y êth dhyragtho, hag yth esens
orth y wortos in Troas. 6Saw ny a
wolyas dhyworth Fylyppy wosa
dedhyow an Bara heb Gwel. Wosa
pymp jorna ny a vetyas gansans in
Troas, ha trega i'n tyller-na seyth
jorna.

7An kensa jorna a'n seythen, pàn
wrussyn ny dos warbarth dhe derry
bara, yth esa Pawl ow tyspûtya
gansans, rag porposys o va dhe
voydya an nessa jorna. Ev a bêsyas
gans y gows bys hanter-nos. 8Yth esa
meur a lùgern i'n rom avàn, mayth en
ny cùntellys ino. 9Yth esa den yonk,
Ewtycùs y hanow, esedhys wàr legh
an fenester, hag ev a dhalathas
skydnya in cùsk poos, ha Pawl ow
côwsel yn hir. Fethys gans hun
Ewtycùs a godhas try leur dhe'n dor,
hag y feu kefys marow. 10Mès Pawl a
skydnyas, plegya a-ughto ha'y
gemeres in y dhywvregh ha leverel,
"Na berthowgh awher, rag yma y
vêwnans ino." 11Nena Pawl êth in
bàn, ha wosa terry bara ha debry
tabm, ev a bêsyas y gescows gansans
bys tardh an jëdh. Nena ev a
dhybarthas. 12I'n kettermyn y a dhros
an maw yn few dhe ves, ha nyns o
bohes aga solas.

13Ny êth dhyragtho bys i'n gorhal,
ha golya tro hag Assos, rag ny o
porposys dhe dhegemeres Pawl i'n
gorhal i'n tyller-na. Ev a wrug restry
taclow indelma, hag ev ervirys y
honen travalya wàr dir sëgh. 14Ev a
vetyas genen in Assos, ha ny a'n
recêvas i'n gorhal ha mos dhe
Mytylene. 15Ny a wolyas alena ter-
nos, ha'n jëdh wosa hedna ny a
dheuth adâl Kios. An nessa jorna ny
a dùchyas orth Samos, ha'n jëdh
awosa ny a dheuth dhe Myletùs.
16Ervirys o Pawl golya dres Efesùs,
ma na ve res dhodho spêna termyn in
Asya. Dâ via ganso bones in Jerù-
salem du Fencost, a pe hedna
possybyl.

17Dhia Myletùs Pawl a dhanvonas
messach dhe Efesùs, ow covyn orth
tus hen an eglos dhe vetya ganso.
18Pàn dheuthons y dhodho, ev a
leverys dhedhans, "Why agas honen
a wor fatell wrug avy trega i'gas mesk,
dhia bàn wruga kensa settya troos in
Asya, 19ha me ow servya an Arlùth in
oll uvelder ha gans dagrow, ow sùffra
an troblys a'm bedha awos plottyans
an Yêdhewon. 20Ny wrug avy byth-
qweth sconya gul tra vëth a weres, ha

me ow progeth an messach dhywgh,
hag orth agas desky in golok an dus,
ha dhia jy dhe jy inwedh. 21Me a wre
testa dhe'n Yêdhewon ha dhe'n
Grêkys kefrës ow tùchya edrek tro ha
Duw, ha fëdh tro ha'gan Arlùth Jesu.

22"Lebmyn me yw kethwas a'n
Spyrys, hag otta vy ow mos dhe Jerù-
salem heb godhvos pandra whyrvyth
dhybm ena, 23mès yma an Spyrys ow
testa dhybm prysonyans ha tormens
dhe'm gortos in kenyver cyta. 24Saw
a'm bêwnans ow honen ny settyaf oy,
mar callaf unweyth collenwel ow
resegva ha'n menystry, a dhegemerys
dhyworth an Arlùth Jesu, dhe
dhùstunia a'n nowodhow dâ a râss
Duw.

25"Me a wor yn tâ i'n tor'-ma na
wra den vëth ahanowgh, ha me ûsys
dhe vos ader dro i'gas mesk, na wra
den vëth ahanowgh gweles ow fâss
nefra arta. 26Rag hedna, yth esof ow
teclarya dhywgh hedhyw, me dhe vos
inocent a woos den vëth ahanowgh,
27rag ny wruga vy sconya progeth
dhywgh oll porposys Duw. 28Kemer-
owgh with a'gas honen hag a oll agas
flock, may whrug an Spyrys Sans chif
wardens ahanowgh warnodhans, rag
bugelya eglos Duw—an eglos a wrug
ev gwainya dre woos y Vab y honen.
29Wosa me dhe dhyberth dhyworth-
owgh, me a wor y teu i'gas mesk
rampyng bleydhas, ha na vydnons
sparya an flock. 30Radn ahanowgh
why a vydn dos ha cabma an gwir-
yoneth ha dynya an dyscyplys dh'agas
sewya. 31Rag hedna na vedhowgh
dyswar, ha remembrowgh na wrug
avy cessya, naneyl dëdh na nos, dres
teyr bledhen a warnya pùbonen gans
dagrow.

32"Mès lebmyn, me a'gas comend
dhe Dhuw ha dhe vessach y râss,
messach a yll agas byldya in bàn, ha
ry dhywgh an erytans in mesk oll an
re-na a veu benegys. 33Ny wrug avy
covetya naneyl owr, nag arhans, na
dyllas den vëth. 34Why a wor agas
honen me dhe lavurya gans ow dewla
vy rag scodhya ow honen ha'm
cowetha. 35In oll an taclow-ma me re
dhysqwedhas dhywgh bos res a lavur
a'n par-na dhe ventena an dus wadn,
rag yth eson ny ow perthy cov a lavar
an Arlùth Jesu y honen, a leverys,
'Moy benegys yw ry ès recêva.'"

36Pàn wrug Pawl gorfedna y gows,
ev êth wàr bedn dewlin gansans ha
pesy. 37Y feu meur a olva i'ga mesk
oll. Y a gemeras Pawl inter aga dyw-
vregh hag abma dhodho, 38ha tristans
a's teva, spessly drefen ev dhe leverel
na wrêns y weles nefra arta. Nena y
a'n dros bys i'n gorhal.

21

Pàn wrussyn ny dyberth
dhywortans, ny a voras ha
golya strait bys in Cos, ha ternos dhe
Rodos, hag alena dhe Patara. 2Wosa
cafos gorhal, esa ow mos dhe
Fenycya, ny a entras aberth ino ha
mora. 3Ny a dheuth in golok Cyprùs,
ha wosa y asa a'gan parth cledh, ny a
wolyas dhe Syry, ha tira in Tir, awos
bos res dhe'n gorhal dyscarga i'n
tyller-na. 4Ny a whelas an dyscyplys
i'n côstys-na, ha trega gansans seyth
jorna. Der an Spyrys Sans y a leverys
dhe Pawl, na wrella mos in rag dhe
Jerùsalem. 5Pàn veu agan dedhyow
gorfednys ena, ny a dhybarthas ha
mos wàr agan fordh; hag y oll ha'ga
gwrageth ha'ga flehes a dheuth genen
mes a'n cyta. 6Ny êth wàr bedn
dewlin wàr an treth ha pesy ha gasa

farwèl an eyl gans y gela. Nena ny a
entras i'n gorhal, hag y a dhewhelys
tre.
7Pàn veu gorfednys agan viaj
dhyworth Tir, ny a dheuth dhe
Ptolemais, ha ny a dhynerhys an
gryjygyon ha trega gansans udn
jorna. 8Ternos ny a dhybarthas ha
dos dhe Cesaria, hag entra in chy
Felyp awaylor, onen a'n seyth, ha
gortos in y jy. 9Ev a'n jeva peder
myrgh wergh hag a's teva an ro a
brofusans.
10Pan esen ny ena, profet henwys
Agabùs a skydnyas dhia Jûdy. 11Ev a
dheuth dhyn, kemeres grugys Pawl
ha kelmy y dhewla ha'y dreys y honen
ow leverel, "Indelma y lever an
Spyrys Sans, 'Hèm yw fatell wra
Yêdhewon Jerùsalem kelmy an den a
vëdh an grugys-ma adro dhodho, hag
y a vydn y dhelyvra dhe'n Jentylys.'"
12Pàn wrussyn ny clôwes hedna, ny
ha'n bobel ena, a'n inias dhe sevel
orth mos in bàn dhe Jerùsalem.
13Nena Pawl a worthebys, "Pandr'es-
owgh why ow cul, ha why owth ola
hag ow terry ow holon? Rag me yw
parys dhe vos kelmys, ha dhe vos
ledhys in Jerùsalem kyn fe, awos
hanow an Arlùth Jesu." 14Abàn nag o
whensys a vos gostyth dhyn, ny a
dewys, kyn whrussyn leverel, "Re bo
gwrës bolùnjeth an Arlùth."
15Wosa an dedhyow-ma, ny a
fyttyas dhe dhyberth, ha mos wàr
agan fordh dhe Jerùsalem. 16Radn a'n
dyscyplys dhyworth Cesaria a dheuth
genen inwedh, ha'gan dry bys in chy
Mnason, an Cypryot, onen a'n
dyscyplys avarr, rag ervirys en ny
ôstya in y jy ev.
17Pàn dheuthon ny dhe Jerùsalem,
an vreder a'gan wolcùbmas yn
colodnek. 18Ternos Pawl êth genen
ny dhe vysytya Jamys, hag y feu oll an
dus hen i'n tyller. 19Wosa aga
dynerhy, Pawl a dheclaryas dhedhans
in udn rew oll an taclow a wrug Duw
in mesk an Jentylys der y venystry ev.
20Pàn wrussons y glôwes, y a
braisyas Duw. Nena y a leverys dho-
dho, "Te a wel, a vroder, pyseul mil
a gryjygyon eus in mesk an Yêdh-
ewon, hag ymowns y oll dywysyk
abarth an laha. 21Re beu derivys
dhedhans adro dhis, fatell esta ow
tesky oll an Yêdhewon yw tregys in
mesk an Jentylys dhe forsâkya
Moyses, ha fatell eses orth aga dyfen,
na wrellens naneyl cyrcùmcîsya aga
flehes na gwetha an gîsyow. 22Pandra
dal bos gwrës ytho? Yn certan y a
glôwvyth te dhe dhos. 23Rag hedna
gwra a wrellen ny leverel dhis. Ny
a'gan beus peswar den usy in dadn
ambos. 24Gwra jùnya gansans ha
performya warbarth gansans an
solempnyta a bùrgacyon, ha spêna
dha vona may halla aga fednow bos
pylys. Indella pùbonen a wra
convedhes nag eus gwiryoneth vëth
i'n whedhlow derivys adro dhis, mès
i'n contrary part te dhe sensy ha dhe
gemeres with a'n laha. 25Mès ow
tùchya an Jentylys re dheuth dhe'n
fëdh, ny re dhanvonas lyther dhe-
dhans ha leverel ino agan breus, hèn
yw bos res dhedhans sconya an re-
ma: pùptra a vo offrydnys dhe idolys,
goos, pynag oll dra a vo lindegys ha
harlotry."
26Nena Pawl a gemeras an dus ha
ternos wosa purhe y honen, ev a
entras i'n templa gansans, ha
pùblyshya an cowlwrians a'n dedh-
yow a bùrgacyon, may fedha gwrës

an sacryfîs rag kenyver onen anodhans.

27Pàn veu an seyth jorna ogas collenwys, an Yêdhewon dhia Asya, neb a wrug y weles i'n templa, a sordyas oll an bobel wàr y bydn. Y a settyas dalhen ino, 28ow carma, "A vreder, a Israelysy, gweresowgh ny! Hèm yw an den usy ow tesky pùbonen in pùb tyller warbydn agan nacyon ny, warbydn agan laha, ha warbydn an plâss-ma. Lacka ès hedna, ev re dhros Grêkys kyn fe aberth i'n templa ha defolya an tyller sans." 29Rag y a welas an Efesyan Trofymùs, gans Pawl i'n cyta, hag yth esens ow soposya Pawl dh'y dhry aberth i'n templa.

30Nena oll an cyta a veu sordys, ha'n bobel a stevyas warbarth. Y a sêsyas Pawl, ha'y dedna mes a'n templa, ha whare y feu degës an darasow. 31Pàn esens y ow whelas y ladha, y feu declarys dhe gapten an cohort bos oll Jerùsalem in deray. 32Ev a gemeras an soudoryon ha'n centurys, ha fysky wàr nans bys dy. Kettel welsons y an capten ha'n soudoryon, ny wrussons cronkya Pawl na fella.

33Nena an capten a dheuth, ha'y sêsya, ha'y gomondya dhe vos kelmys gans dew jain. Ev a wovydnas pyw o va ha pandra wrug ev. 34Radn an bobel a grias an eyl tra, ha radn y gela, ha dre rêson na ylly va godhvos an gwiryoneth, ev a erhys may fe va drës bys i'n gaslës. 35Pàn dheuth Pawl dhe'n stairys, y feu garowder an bobel mar vrâs mayth o res dhe'n soudoryon y dhon i'ga dywvregh. 36An bobel a's sewyas in udn uja, "In kerdh ganso!"

37Pàn esens y parys dhe dhry Pawl dhe'n gaslës, ev a leverys dhe'n capten, "A allama leverel neppyth dhis?"

An capten a worthebys, "Esta jy ow clappya Grêk? 38Nyns osta ytho an Ejyptyon-na, a sordyas gùstel agensow ha lêdya an peder mil atla in mes bys i'n gwylfos."

39Pawl a worthebys, "Yêdhow oma dhia Tharsys in Cylycy, ha cytysan a cyta wordhy. Me a'th pës a asa dhybm côwsel orth an bobel."

40Ev a ros dhodho cubmyas, ha Pawl a savas wàr an stairys ha gul sin dhe'n bobel dhe dewel. Pàn dheuth taw warnodhans, ev a gowsas ortans i'n yêth Ebrow kepar dell sew:

22 "A vreder, a dasow, goslowowgh orth an defens esof vy ow cul dhyragowgh." 2Pàn wrussons y glôwes ow côwsel ortans in Ebrow, y a godhas cosel.

Nena ev a leverys, 3"Yêdhow oma, genys veuma in Tharsys in Cylycy, mès me a veu megys i'n cyta-ma, orth treys Gamaliel, ha me a veu deskys yn stroth warlergh laha agan hendasow, ha dywysyk en rag Duw, kepar dell owgh why oll i'n jëdh hedhyw. 4Yth esen ow tormentya an Fordh-ma bys in mernans, ow kelmy kefrës tus ha benenes, hag orth aga thôwlel dhe bryson, 5kepar dell yll desta ahanaf an chif prontyryon hag oll consel an dus hen. Dhywortans y inwedh me a recêvas lytherow dhe'n vreder in Damask, ha me êth dy, may hallen kelmy an re-na esa i'n cyta-na, ha'ga dry arta dhe Jerùsalem dhe vos pùnyshys.

6"Pàn esen wàr ow fordh hag ow tos nes dhe Dhamask, adhesempys

adro dhe hanter-dëdh golow brâs
dhyworth nev a spladnas adro
dhybm. 7Me a godhas dhe'n dor, ha
clôwes lev ow leverel dhybm, 'Sawl,
Sawl, prag yth esta orth ow thor-
mentya?'

8"Me a worthebys, 'Pyw osta,
Arlùth?'

"Nena ev a leverys dhybm, 'Me yw
Jesu a Nazare, esta orth y dor-
mentya.' 9Now, an re-na esa genama,
a welas an golow, saw ny glôwsons an
lev a hedna esa ow côwsel orthyf.

10"Me a wovydnas, 'Pandra dal
dhybm gul, Arlùth?'

"An Arlùth a leverys dhybm, 'Sa'n
bàn ha kê dhe Dhamask. Y fëdh
declarys dhis ena kenyver tra, a vo
ordnys dhis y wul.' 11Abàn na yllyn
gweles tra vëth, awos splander an
golow, an re-na esa genama, a'm
kemeras er an dorn ha'm lêdya dhe
Dhamask.

12"Certan den henwys Ananias,
neb o dywysyk warlergh an laha, ha
gerys dâ gans oll an Yêdhewon tregys
i'n tyller, 13a dheuth dhybm hag ow
sevel in nes a leverys, 'A Sawl, a
vroder, cav dha wolok arta!' I'n very
tor'-na me a recêvas ow golok ha
strait me a'n gwelas.

14"Nena ev a leverys, 'Duw agan
hendasow re wrug dha dhêwys jy dhe
wodhvos y volùnjeth, dhe weles y
Dhen Sans, ha dhe glôwes y voys ev,
15rag te a vëdh y dhùstuny dhe oll an
bës, ow tùchya an pëth re wrussys
gweles ha clôwes. 16Lebmyn, prag
yth esta ow strechya? Sa'bàn, bëdh
besydhys, ha bedhens dha behosow
golhys dhe ves, ha te ow kelwel wàr y
hanow ev.'

17"Wosa me dhe dhewheles dhe
Jerùsalem, ha pàn esen i'n templa ow
pesy, me a godhas in tranjyak 18ha
gweles Jesu ow leverel dhybm, 'Yn
uskys gas Jerùsalem wàr hast, rag ny
vydnons y degemeres dha dhùstuny
adro dhybm.'

19"Me a leverys, 'Arlùth, y a wor
aga honen in pùb synaga, fatell wrug
avy prysonya ha cronkya an re-na a
gresy inos. 20Pàn veu scùllys goos dha
vartyr Stefan, yth esen vy ow sevel in
nes, acordys gansans hag ow sensy
mentylly a'n re-na neb a'n ladhas.'

21"Nena ev a leverys dhybm,
'Dybarth, rag me a vydn dha dhan-
von pell alebma dhe'n Jentylys.'"

22Bys i'n pryck-na y re bia ow
coslowes orto yn cosel, mès i'n tor'-
na y a grias, "In kerdh dhywar fâss an
norvës gans pollat a'n par-na! Rag ny
dal alowa dhodho bewa."

23Ha pàn esens y ow carma, ow
tisky dhe ves aga mentylly hag ow
tôwlel doust i'n air, 24an chif-capten
a gomondyas y dhry bys i'n gaslës,
ha'y vos examnys dre scorjyans rag
dyscudha prag y feu an tervans-ma
wàr y bydn. 25Wosa y dh'y gelmy
gans cronow, Pawl a leverys dhe'n
centùry, esa ow sevel in nes, "Ywa
lafyl dhywgh scorjya cytysan Roman
heb y dhampnya?"

26Pàn glôwas an centùry hedna, ev
êth dhe'n capten ha leverel dhodho,
"Pandr'osta porposys dhe wul?
Cytysan Roman yw an den-ma."

27An capten a dheuth ha govyn
orth Pawl, "Praydha, osta cytysan
Roman?"

Ev a leverys, "Ov."

28An capten a leverys, "Y costyas
showr a vona dhybm bos gwrës
cytysan."

Saw Pawl a leverys, "Me a veu
genys cytysan."

29Whare an re-na hag o porposys
dh'y examnya a omdednas dhyworto,
ha'n capten kefrës a'n jeva own, rag
ev a gonvedhas fatell o Pawl cytysan
Roman ha fatell wrug ev y honen y
gelmy.
30Abàn o va whensys dhe wodhvos
prag yth esa an Yêdhewon orth y
acûsya, ev a'n relêssyas ternos ha
comondya an chif prontyryon hag oll
an consel dhe dhos warbarth. Ev a
dhros Pawl wàr nans dhe vetya
gansans, ha gul dhodho sevel ena
dhyragthans.

23 Pawl a veras glew orth an
consel hag a gowsas
indelma: "A vreder, bys i'n jëdh
hedhyw me re vewas ow bêwnans
gans conscyans glân dhyrag Duw."
2Nena an uhel pronter a erhys may
whrella an re-na, esa ow sevel ryptho,
y weskel wàr an ganow. 3Gans hedna
Pawl a leverys dhodho, "Duw a vydn
dha weskel jy, te fos wydngalhys! Esta
a'th eseth ena rag ow brusy warlergh
an laha, ha te dhe gomondya ow bosa
gweskys warbydn an laha?"
4An re-na esa ow sevel in nes a
leverys, "A vynta lavasos dhe
dhespîtya uhel pronter Duw?"
5Pawl a leverys, "Ny wodhyen, a
vreder, fatell o va uhel pronter, rag
yma screfys, 'Ny dal dhis cably rewler
dha bobel.'"
6Pàn wrug Pawl merkya fatell o
radn anodhans Sadûkys, ha radn aral
Farysys, ev a grias in mes in mesk an
gùntellva, "A vreder, Farysy oma, ha
mab Farysys. Ymowns y orth ow
assaya awos govenek a dhasserghyans
an re marow." 7Pàn leverys hebma, y
feu strîvyans inter an Farysys ha'n
Sadûkys ha'n gùntellva a veu rydnys.
8(Yma an Sadûkys ow leverel nag usy
naneyl dasserghyans, nag el, na
spyrys; mès yma an Farysys owth
alowa oll an try anodhans.)
9Nena cry brâs a sordyas, ha certan
scrîbys a barty an Farysys a savas in
bàn hag argya indelma, "Ny yllyn ny
cafos tra vëth cabm i'n den-ma. Fatla
via mar qwrug spyrys pò el côwsel
orto?" 10An dyspûtyans a veu garow,
hag own a'n jeva an capten y dhe
sqwardya Pawl dhe dybmyn. Rag
hedna ev a gomondyas an soudoryon
dhe skydnya, y gemeres dre nerth,
ha'y dhry aberth i'n gaslës.
11An nos-na an Arlùth a savas
ryptho ha leverel, "Bëth na borth
awher! Rag kepar dell wrusta desta
dhybm in Jerùsalem, in kepar maner
y res dhis dùstunia in Rom kefrës."
12Ternos vyttyn an Yêdhewon a
gùntellas warbarth, ha kelmy aga
honen dre ly na wrellens naneyl
debry nag eva, erna ve Pawl ledhys
gansans. 13Moy ès dew ugans o an
esely a'n bras ma. 14Y êth dhe'n chif
prontyryon ha dhe'n dus hen ha
leverel, "Ny re golmas agan honen in
stroth dre ly, na wrellen tastya boos
vëth, erna wrellen ladha Pawl. 15Rag
hedna, why ha'n consel a res avîsya an
capten dh'y dhry wàr nans dhywgh,
wàr skeus why dhe vydnas examnya y
gâss ev dhe voy down. Parys on ny y
dhystrêwy kyns ès ev dhe dhos
obma."
16Now mab whor Pawl a glôwas
a'n contraweytyans. Gans hedna ev
êth ha cafos fordh aberth i'n gaslës,
ha'y dheclarya dhe Pawl.
17Pawl a elwys dhodho onen a'n
centurys ha leverel, "Kebmer genes
an den yonk-ma dhe'n capten, rag

yma ganso neppyth a vry dhe
dherivas dhodho."
18 Rag hedna ev a'n kemeras ha'y
dhry dhe'n capten ha leverel, "Pawl,
agan prysner, a'm gelwys ha'm pesy
dhe dhry an den yonk-ma dhis. Yma
ganso neppyth dhe leverel dhis."
19 An capten a'n kemeras er an
dorn, y dedna adenewen ha govyn,
"Pandra'th eus dhe leverel dhybm?"
20 Ev a worthebys, "An Yêdhewon
re omgùssulyas dhe'th pesy dhe dhon
Pawl wàr nans dhe'n consel avorow,
wàr skeus y dhe examnya y gâss ev
dhe voy down. 21 Saw na vëdh per-
swadys gansans, rag yma moy ès dew
ugans anodhans ervirys y gontra-
weytya. Y re golmas aga honen dre ly,
na wrellens naneyl debry nag eva,
erna ve va ledhys gansans. Ymowns y
parys solabrës, hag ymowns y ow
cortos dha gonsent jy."
22 Gans hedna an capten a dhan-
vonas an den yonk in kerdh ha'y
gomondya, "Gwait na wrelles leverel
dhe dhen vëth te dhe dheclarya an
mater-ma dhybm."
23 Nena ev a somonas dew a'n
centurys ha leverel, "Bedhowgh parys
dhe voydya warbydn naw our haneth
dhe nos, ha dhe vos ganso dhe
Cesaria warbarth gans dew cans
soudor, deg ha try ugans marhak ha
dew cans den spera. 24 Darbarowgh
mergh kefrës rag Pawl, ha dro va yn
saw dhe'n governour Fêlyx."
25 Ev a screfas lyther ha'n taclow-
ma ino,

26 Claudyùs Lysyas dh'y Roweth
an governour, Fêlyx, hayl ha
lowena dhis!

27 Y feu hebma sêsys gans an
Yêdhewon, hag y a vynsa y
dhystrêwy, saw pàn wrug avy
clôwes ev dhe vos cytysan
Roman, me a dheuth gans an
wethysy ha'y sawya. 28 Dre rêson
ow bosa whensys dhe wodhvos
prag yth esens y orth y gùhudha,
me a wrug dhodho bos drës
dhyrag aga honsel. 29 Me a gon-
vedhas ev dhe vos cùhudhys a
vaters ow longya dh'aga laha y,
mès ny veu va cùhudhys a dra
vëth a wrussa dendyl mernans pò
prysonyans. 30 Pàn veu derivys
dhybm ytho bos bras parys wàr y
bydn, me a'n danvonas dhis heb
let, ha me a gomondyas y gùhu-
dhoryon dhe dherivas dhyragos
pana jêson a's teves wàr y bydn.

31 Rag hedna an soudoryon war-
lergh aga arhadow a gemeras Pawl,
ha'y dhry orth golow nos dhe
Antypatrys. 32 Ternos y a asas an
varhogyon dhe vos in rag ganso, hag
y aga honen a dhewhelys dhe'n
gaslës. 33 Pàn dheuthons dhe Cesaria,
ha delyvra an lyther dhe'n governour,
y a settyas Pawl dhyragtho magata.
34 Wosa ev dhe redya an lyther, ev a
wovydnas a bana brovyns o va. Pàn
glôwas an governour ev dhe dhos
dhia Cylycy, 35 ev a leverys, "Me a
vydn goslowes orthys, pàn dheffa dha
gùhudhoryon." Nena ev a gomond-
yas may fe va sensys in dadn with in
pednplâss Erod.

24 Pymp jorna wosa hedna an
uhel pronter Ananias a
skydnyas, ha nebes a'n dus hen ganso,
ha laghyas henwys Tertùllùs. Y a
dherivas dhe'n governour an ken a's

teva warbydn Pawl. 2Wosa Pawl dhe
vos somonys, Tertùllùs a dhalathas y
gùhudha ow leverel, “Dha Roweth,
awos dha rewl jy yth eson in cosoleth
nans yw termyn hir, ha dre dha
furneth jy lies tra re beu amendys rag
les oll an bobel. 3Ass yw dâ genen
hedna in pùb fordh hag in pùb tyller,
hag yth eson ny owth aswon grâss
dhis! 4Rag dowt dha lettya na fella,
me a’th pës dhe woslowes orthyn
gans dha gufter ûsys.

5“In gwir ny re gavas an den-ma
dhe vos gwas lows, sordyor in mesk
an Yêdhewon dres oll an bës, ha
pednstrifer a barty an Nazarêns. 6Ev
a whelas defolya an templa kyn fe, ha
rag hedna ny a’n sêsyas, ha ny a vynsa
y vrusy warlergh agan laha ny. 7Mès
an chif capten Lysyas a dheuth, ha’y
gemeres dhyworthyn gans garowder
brâs, 8hag ev a gomondyas cùhudhor-
yon an den-ma dhe dhos dhyragos.
Mar qwrêta y examnya dha honen, te
a yll godhvos dhyworto ow tùchya
kenyver tra eson ny orth y gùhudha
adro dhodho.”

9An Yêdhewon kefrës a assentyas
dhe’n charj, ha leverel bos pùptra
gwir i’n câss.

10Pàn ros an governour sin dhe
Pawl dhe gôwsel, ev a worthebys,
“Gans lowender brâs yth esof vy ow
cul ow defens, rag me a wor te dhe
vos jùj wàr an nacyon-ma. 11Kepar
dell wodhes, nyns yw moy ès
dewdhek jorna abàn yth vy in bàn
dhe Jerùsalem dhe wordhya. 12Ny
wrussons y ow hafos naneyl owth
argya gans den vëth i’n templa, nag
ow sordya rûthow i’n synagys pò i’n
cyta kyn fe. 13Naneyl ny yllons y
prevy dhis an acûsacyon usons y
lebmyn ow try wàr ow fydn. 14Saw
me a avow hebma dhis: ow bosa vy
ow cordhya Duw agan hendasow
warlergh an Fordh (neb usons y ow
gelwel eresy), ha me dhe gresy pùptra
settys wàr nans warlergh an laha pò
screfys i’n profettys. 15Govenek in
Duw a’m beus—govenek usons y ow
tegemeres aga honen—y fëdh das-
serghyans kefrës a’n re ewn ha’n re
anewn. 16Rag hedna yth esof vy ow
cul oll ow ehen, may fo cler ow hon-
scyans pùpprës tro ha Duw ha tro ha
pùb den.

17“Wosa nebes bledhydnyow me a
dheuth dhe dhry alusyon dhe’m
nacyon, ha dhe offrydna sacryfîcys.
18Pàn esen vy ow cul hedna, y a’m
cafas i’n templa ow collenwel
solempnyta an pùrgacyon heb rûth
na tervans vëth. 19Saw yth esa i’n
tyller certan re a Yêdhewon Asya—y
talvia dhedhans bos obma rag ow
hùhudha dhyragos, mara’s teves
chêson vëth wàr ow fydn. 20Poken
gesowgh an re-ma obma dhe dherivas
dhis pana drespas a gafsons, pàn sevys
vy dhyrag an consel, 21marnas an udn
lavar-ma a wrug avy cria in mes, pàn
esen ow sevel dhyragthans: ‘Yth yw
adro dhe’n dasserghyans usons y orth
ow assaya dhyragowgh hedhyw.’”

22Saw Fêlyx, neb a wodhya lowr ow
tùchya an Fordh, a wrug astel an
sessyon bys termyn aral ow leverel,
“Me a vydn ervira dha gâss jy, pàn
wrella Lysyas dos in nans obma.”
23Nena ev a gomondyas an centùry
dhe sensy Pawl in dadn with, saw dhe
alowa nebes franchys dhodho, ha heb
lettya dhe dhen vëth a’y gothmans y
servya ha’y jersya.

24Nebes dedhyow wosa hedna, pàn
dheuth Fêlyx gans y wreg Drùsylla,
neb o Yêdhowes, ev a somonas Pawl

ha goslowes orto ow côwsel adro dhe
fëdh in Crist Jesu. 25Pàn esa va ow
tyspûtya adro dhe jùstys, omgon-
trollyans ha'n brusyans dhe dhos,
Fêlyx a gemeras own ha leverel,
"Voyd alebma rag pols. Pàn vo
chauns dhybm, me a vydn dha
somona." 26Bytegyns yth esa va ow
qwetyas Pawl dhe ry mona dhodho,
ha rag hedna ev a wre danvon wàr y
lergh yn fenowgh ha kestalkya ganso.
27Wosa dyw vledhen y teuth
Porcyùs Festùs in le Fêlyx. Abàn o
Fêlyx whensys dhe dhysqwedhes
favour dhe'n Yêdhewon, ev a asas
Pawl in pryson.

25 Try jorna warlergh Festùs
dhe dhos dhe'n provyns, ev
êth in bàn dhia Cesaria bys in
Jerùsalem, 2le may resa dhe'n chif
prontyryon ha rewlysy an Yêdhewon
ry dhodho avîsment a'n câss warbydn
Pawl. Y a wrug appêl dhodho 3ha'y
besy a removya Pawl dhia Cesaria
dhe Jerùsalem avell favour dhedhans.
In gwiryoneth yth esens owth om-
gùssulya dhe gontraweytya Pawl i'n
fordh. 4Festùs a worthebys y fedha
Pawl in dadn with in Cesaria, hag ev
y honen dhe settya y golon wàr vos
dy in scon. 5"Indella," yn medh ev,
"gwrêns an radn ahanowgh a's teves
auctoryta dos wàr nans genama, ha
mar pëdh tra vëth cabm, y a gav
chauns dh'y acûsya."
6Wosa Festùs dhe drega gansans
nebes êth bo deg jorna, ev a skydnyas
dhe Cesaria. Ternos vyttyn ev a
gemeras y se wàr an sedhek, ha
comondya Pawl dhe vos kerhys. 7Pàn
dheuth Pawl dy, an Yêdhewon, hag o
devedhys wàr nans dhia Jerùsalem,
a'n cùhudhas a lies trespas poos, na
yllens prevy màn.
8Pawl a leverys in y dhefens y
honen, "Ny wrug avy gul trespas vëth
oll, naneyl warbydn laha an
Yêdhewon na warbydn Cesar."
9Saw Festùs, abàn o va whensys
dhe favera an Yêdhewon, a wovydnas
orth Pawl, "A vynta jy mos in bàn dhe
Jerùsalem dhe vos assayes dhyragof
ena adro dhe'n acûsacyon ma?"
10Pawl a leverys, "Yth esof vy ow
cul appêl dhe sedhek Cesar y honen;
hèn yw an tyller may talvia dhybm
bos assayes. Ny wrug avy gul cabm
vëth warbydn an Yêdhewon, dell
wodhes pòr dhâ. 11Now, mar qwrug
avy trespas ha gul neppyth usy ow
tendyl ancow, ny vanaf vy diank
dhyworth mernans. Saw mar nyns
eus tra vëth i'ga acûsacyon wàr ow
fydn, ny yll den vëth ow delyvra i'ga
dewla y. Yth esof vy ow cul appêl dhe
Cesar."
12Nena Festùs, wosa omgùssulya
gans an consel, a leverys, "Te re wrug
appêl dhe Cesar. Dhe Cesar te a wra
mos."
13Pàn veu nebes dedhyow passys,
Agryppa an Mytern ha Bernice a
dheuth dhe Cesaria rag wolcùbma
Festùs. 14Abàn esens y ow trega ena
pols dâ, Festùs a settyas câss Pawl
dhyrag an mytern ha leverel, "Ot
obma den, neb a veu gesys in pryson
gans Fêlyx. 15Pàn esen in Jerùsalem,
an chif prontyryon ha tus hen an
Yêdhewon a dherivas dhybm adro
dhodho, ha govyn breus wàr y bydn.
16"Me a leverys dhedhans, nag o gis
an Romans dascor den vëth, kyns ès
an den acûsys dhe gafos chauns dhe
vetya gans y gùhudhoryon fâss orth
fâss, ha gul defens warbydn an

acûsacyon. 17Pàn wrussons y cùntell obma, ny esys termyn vëth dhe goll, mès kemeres ow flâss i'n sedhek, hag ordna an den dhe vos kerhys. 18Pàn savas in bàn y gùhudhoryon, ny wrussons y acûsya a onen vëth a'n trespassys esen vy ow cortos. 19In le a hedna y a's teva strif ganso ow tùchya certan poyntys a dhyssentyans i'ga crejyans, hag adro dhe nebonen henwys Jesu, neb o marow, mès a veu declarys gans Pawl dhe vos yn few. 20Abàn na wodhyen màn fatla dalvia dhybm whythra an qwestyonow ma, me a wovydnas o va parys dhe vos dhe Jerùsalem, may halla va bos assayes ena. 21Saw pàn wrug Pawl appêl dhe vos sensys in dadn with rag brusyans an Emperour, me a gomondyas, y fedha gwethys erna hallen y dhanvon dhe Cesar."

22Agryppa a leverys dhe Festùs, "Dâ via genef clôwes an den-ma ow honen."

"Avorow," yn medh ev, "te a'n clôw."

23Ternos ytho Agryppa ha Bernice a dheuth dy gans meur a roweth, hag y a entras i'n woslowva gans captenow an lu, hag oll an dus a vry i'n cyta. Nena Festùs a ros an arhadow hag y feu Pawl drës ajy. 24Festùs a leverys, "Agryppa, a Vytern ha why oll usy genen obma, ot obma an den-ma a wrug oll pobel an Yêdhewon plainta dhybm adro dhodho, in Jerùsalem hag obma inwedh, hag y a grias na dalvia y asa dhe vewa na fella. 25Saw me, ny gefys ino tra vëth wordhy a vernans, ha pàn wrug ev appêl dhe Cesar, me a erviras y dhanvon dhodho. 26Saw me ny'm beus tra vëth certan dhe screfa anodho dhe Cesar, agan Arlùth. Rag hedna me re'n dros dhyragowgh why oll, hag yn arbednek dhyragos jy, Agryppa, a Vytern, may hallen cafos neppyth dhe screfa adro dhodho, wosa ny dh'y examnya—27rag yth hevel dhybm warbydn rêson danvon prysner heb gul mencyon a'n charjys wàr y bydn."

26

Agryppa a leverys dhe Pawl, "Yma genes lecyans dhe gôwsel ragos dha honen."

Nena Pawl a istynas in mes y dhorn ha dallath gul y dhefens: 2"Yth esof vy owth omsensy fortydnys me dhe wul ow defens dhyragos jy, Agryppa, a Vytern, warbydn oll acûsacyons an Yêdhewon, 3drefen te dhe vos ûsys gans oll gîsyow ha contraversytas an Yêdhewon. Rag hedna, goslow orthyf gans perthyans, me a'th pës.

4"Oll an Yêdhewon a wor maner ow bêwnans abàn veuma yonk—bêwnans re beu spênys dhia an dallath in mesk ow fobel ow honen, hag in Jerùsalem. 5Y a wor, nans yw termyn hir, mar mydnons y desta, me dhe vos esel a'n party strotha a'gan crejyans, ha dhe vewa avell Farysy. 6Lebmyn yth esof vy ow sevel obma awos ow govenek i'n promys gwrës gans Duw dh'agan hendasow, 7promys a via dâ gans agan dewdhek trib y wainya, hag y ow cordhya Duw in tywysyk dëdh ha nos. Awos an govenek-ma, a Vytern, yma an Yêdhewon orth ow acûsya! 8Prag yth hevel tra aneth dhe dhen vëth ahanowgh Duw dhe dherevel a'n re marow?

9"In gwir yth en vy sur y talvia dhybm gul meur a daclow warbydn hanow Jesu a Nazare. 10Ha hèn yw an pëth a wruga in Jerùsalem, der an auctoryta a recêvys dhyworth an chif

prontyryon. Me a brysonyas lies onen
a'n sens ha vôtya kefrës, pàn vedhens
y dampnys, may fêns y gorrys dhe'n
mernans. [11]Aga fùnyshya a wren i'n
synagys, may hallen aga honstrîna
dhe gably Duw; hag abàn en vy serrys
mar freth wàr aga fydn, me a wrug
aga helghya dhe cytas stranj kyn fe.

[12]"Gans an towl-ma i'm brës yth
esen ow travalya dhe Dhamask hag
auctoryta ha comyssyon an chif
prontyryon genama, [13]pàn welys vy
in prës hanter-dëdh i'n fordh, a
Vytern, golow dhyworth nev, spladna
ès an howl ow terlentry oll adro
dhybm hag adro dhe'm cowetha.
[14]Wosa ny oll dhe godha dhe'n dor,
me a glôwas lev ow côwsel orthyf i'n
yêth Ebrow, 'Sawl, Sawl, prag yth
esta orth ow thormentya? Cales yw
dhis potya warbydn an pigow.'

[15]"Me a wovydnas, 'Pyw osta,
Arlùth?'

"An Arlùth a worthebys, 'Me yw
Jesu esta ow tormentya. [16]Mès sa'bàn,
rag me re apperyas dhis rag an
porpos-ma, rag dha appoyntya dhe
servya, ha dhe dhesta dhe'n taclow, re
wrusta ow gweles vy inhans, ha'n
taclow a wrama omdhysqwedhes dhis
inhans. [17]Me a vydn dha selwel
dhyworth dha bobel ha dhyworth an
Jentylys—esof why orth dha dhanvon
dhedhans [18]Me a vydn dha dhanvon
rag egery aga lagasow, may whrellons
trailya dhyworth tewolgow bys i'n
golow, ha dhyworth gallos Satnas dhe
Dhuw. Indelma y a yll recêva gyvyans
pehosow ha plâss in mesk an re-na,
yw sanctyfies dre fëdh inof vy.'

[19]"Wosa hedna, Agryppa, a
Vytern, ny veuv dywostyth dhe'n
vesyon a nev, [20]saw me a dheclaryas
kyns oll dhe'n re-na in Damask, nena
in Jerùsalem ha dres oll pow Jûdy, ha
dhe'n Jentylys inwedh, y talvia
dhedhans repentya ha trailya dhe
Dhuw, ha gul oberow wordhy a
edrek. [21]Rag an chêson-ma an Yêdh-
ewon a'm sêsyas i'n templa, hag
ymowns y ow whelas ow ladha. [22]Me
re gafas gweres dhyworth Duw bys
i'n jorna-ma, ha rag hedna otta vy ow
sevel obma, ow teclarya dhe vrâs ha
dhe vian, heb leverel tra vëth mès an
pëth a leverys an profettys ha Moyses
y fydna wharvos. [23]Hèn yw dhe
styrya: y resa dhe'n Crist godhevel,
ha drefen ev dhe vos an kensa dhe
dherevel dhyworth an re marow, ev
dhe dheclarya golow kefrës dh'agan
pobel ny, ha dhe'n Jentylys."

[24]Pàn esa Pawl whath ow cul y
dhefens indelma, Festùs a grias,
"Varys osta, Pawl! Yma re a dhyscans
orth dha vuskegy!"

[25]Saw Pawl a leverys, "Nag oma
varys màn, a Festùs pòr wordhy, saw
yth esof ow leverel an very gwir-
yoneth. [26]Ea, an mytern a wor adro
dhe'n taclow-ma, ha me a vydn
côwsel yn frank. Me yw certan na
wrug onen vëth a'n taclow-ma
scappya dhyworto, rag ny veu hedna
gwrës in cornet. [27]Agryppa, a Vytern,
esta ow cresy dhe'n profettys? Me a
wor te dhe gresy."

[28]Agryppa a leverys dhe Pawl,
"Esta jy mar uskys orth ow ferswadya
dhe vos Crìstyon?"

[29]Pawl a worthebys, "Be va whare
pò na ve, me a bës Duw may whrelles
jy, ha seul a vo ow coslowes orthyf,
may fowns kepar ha me—marnas an
chainys-ma."

[30]Nena an mytern a savas in bàn ha
ganso an governour, Bernice, ha'n re-
na re bia esedhys in nes, [31]ha kepar

dell esens y ow voydya, y a levery an
eyl dh'y gela, "Nyns usy an den-ma
ow cul tra vëth wordhy a ancow nag
a brysonyans."
32Agryppa a leverys dhe Festùs, "Y
halsa an den-ma bos fries, na ve ev
dhe wul appêl dhe Cesar."

27 Pàn veu ervirys ny dhe
wolya dhe Italy, y a dhelyv-
ras Pawl ha nebes prysners erel dhe
centùry a Gohort Augùstùs henwys
Jûlyùs. 2Ny a entras in gorhal dhia
Adramyttyùm, hag o porposys dhe
vora ha mos dhe borthow oll ahës
morrep Asya. Yth esa Arystarcùs,
Macedonyan dhia Thessalonyca,
warbarth genen.
3Ternos ny a dheuth dhe Sîdon, ha
Jûlyùs a dhyghtyas Pawl gans cufter,
hag alowa dhodho mos dh'y
gothmans, may hallens y jersya. 4Ny
a voras alena, ha golya in goskes
Cyprùs, dre rêson an gwyns dhe vos
wàr agan pydn. 5Wosa ny dhe wolya
dres an mor usy ryb Cylycy ha
Pamfylya, ny a dheuth dhe Myra in
Lycya. 6I'n tyller-na an centùry a
gafas gorhal dhia Alexandrya, esa ow
mos dhe Italy, hag ev a'gan settyas
warnodho. 7Ny a wolyas in lent dres
nebes dedhyow, mès scantlowr y
hyllyn dos bys in morrep Cnîdùs, ha
dre rêson an gwyns dhe vos wàr agan
pydn, ny a wolyas in dadn woskes
Crêta, ogas dhe Salmone. 8Pòr gales
o dhyn mos dresty, saw ny a dheuth
dhe dyller henwys Porthow Teg, nag
usy pell dhyworth an cyta a Lasea.
9Meur a dermyn re bia kellys
genen, hag awos an mor dhe vos
peryllys i'n sêson-na, rag passys o
Dëdh an Penys, Pawl a gùssulyas
dhedhans 10ow leverel, "Syrys, me a
wel y fëdh agan viaj leun a beryl, ha
martesen ny a wra sùffra coll a'n
gorhal gans y garg, hag a'gan
bêwnans ny kyn fe." 11Saw an centùry
a attendyas an lewyth ha perhednak
an gorhal moy ès cùssul dhâ Pawl.
12Drefen nag o an porth na vas rag
spêna an gwâv ino, yth o dâ gans an
radn vrâssa anodhans mora alena, rag
y a dyby, fatell yllens wàr neb cor dos
dhe Fênyx, ha passya an gwâv ena.
Porth in Crêta o Fênyx, ha'y fâss
dhe'n north-ÿst ha'n soth-ÿst.
13Pàn dhalathas gwyns clor whetha
dhia an soth, y a gresys y hyllens
collenwel aga thowl. Rag hedna y a
dherevys ancar, ha dallath golya ryb
Crêta ogas dhe'n morrep. 14Saw yn
scon gwyns garow, henwys Hager-
Awel an North-Ÿst a stevyas wàr nans
orthyn dhyworth an tir. 15Y feu an
gorhal kybys in kerdh, hag abàn na
yllyn sensy y bedn arag dhe'n gwyns,
res o dhyn omry dhodho, ha bos
drîvys in rag. 16Pàn dheuthon ny in
dadn woskes enesyk henwys Cauda,
ny a ylly gans meur a ancombrynsy
controllya scath an gorhal. 17An
marners a's tednas in bàn, ha gul
devnyth a lovonow rag crefhe torr an
lester. Nena, drefen y dhe gemeres
own a resek wàr vasdowr Syrtis, y a
dednas an gool brâs dhe'n flûr, ha
gasa an gorhal dhe vos gans an liv.
18Ternos, dre rêson an hager-awel
dhe gronkya an lester mar arow, y a
dhalathas tôwlel an carg in mes i'n
mor. 19An tressa jorna an marners a
dowlas aparell an gorhal dres an
tenewen gans aga dewla aga honen.
20Dres lies jorna ny dhysqwedhas
naneyl howl na ster. Yth esa hager-
awel uthyk ow conery ha ny a
forsâkyas pùb govenek oll a sylwans.

21 Abàn na wrussons debry tra vëth
nans o termyn hir, Pawl a savas i'ga
mesk ha leverel dhedhans, "A dus, y
talvia dhywgh why goslowes orthyf
ha sevel orth mora dhyworth Crêta,
rag indella why a vynsa goheles oll an
coll ha'n damach. 22 Yth esof vy
lebmyn orth agas inia, na wrellowgh
codha in dyspêr, rag ny wra den vëth
ahanowgh kelly y vêwnans—ny vëdh
kellys mès an gorhal in udnyk.
23 Newher y savas rybof el dhyworth
an Duw, esof vy ow longya dhodho
hag orth y wordhya, 24 hag ev a
leverys dhybm, 'Na borth own, Pawl,
res yw dhis sevel dhyrag Cesar, hag
in gwir, Duw re wrauntyas sawment
dhe oll an re-na usy ow viajya genes.'
25 Rag hedna gwellowgh agas cher, a
dus, rag fydhyans a'm beus in Duw,
fatell vëdh pùptra poran kepar dell
veu declarys dhybm. 26 Bytegyns res
vëdh dhyn bos tôwlys wàr neb enys."

27 Pàn dheuth an peswardhegves
nos ha ny ow mos gans an dowr ha'n
gwyns dres Mor Adryan, an marners
a dybys adro dhe hanter-nos agan bos
ow tos nes dhe'n tir. 28 Y a dhroppyas
an plebmyk, ha cafos ugans gourhës
a dhowr. Pols pella y a gafas pymthek
gourhës. 29 Dowt a's teva an marners
ny dhe vos herdhys wàr garrygy, rag
hedna y a dhroppyas peswar ancar
dhywar aros an gorhal, ha pesy terry
an jëdh dhe dhos yn scon. 30 Saw pàn
whelas an marners scappya dhia an
gorhal, hag iselhe an scath i'n mor,
wàr skeus tôwlel ancorow in mes
dhywar an pedn arag, 31 Pawl a
leverys dhe'n centùry ha'n soudor-
yon, "Marnas an dus-ma a wra
remainya wàr an gorhal, ny yllowgh
why bos sawys." 32 Nena an soudor-
yon a drehys dhe ves lovonow an
scath ha'y gasa dhe vos gans an dowr.

33 Termyn cot kyns terry an jëdh,
Pawl a inias pùbonen dhe dhebry
neppyth, ow leverel, "Hedhyw why
re beu dyw seythen heb sosten inter
govenek ha dyspêr, rag ny wruss-
owgh why debry tra vëth. 34 Me a'gas
comend why ytho dhe gemeres nebes
boos, rag hedna a wra agas gweres ow
sawya agas bêwnans. Ny wra den vëth
ahanowgh kelly blewen a'y bedn kyn
fe." 35 Pàn leverys ev an geryow-ma,
ev a gemeras bara ha wosa ry grassow
dhe Dhuw dhyrag kenyver onen, ev
a'n torras ha debry tabm. 36 Hedna a
ros colon dhedhans oll, hag y a
gemeras sosten ragthans aga honen.
37 (Oll warbarth ny o dew cans, try
ugans ha whêtek den i'n gorhal.)
38 Wosa y dhe derry aga nown, y a
dowlas an ÿs aberth i'n mor rag
scafhe an lester.

39 Ternos vyttyn ny wrussons y
aswon an tir, mès y a verkyas camas
ha treth ino, hag ena y o porposys
dhe herdhya an gorhal wàr dir, mar
callens. 40 Rag hedna, y a relêssyas an
ancorow ha'ga gasa i'n mor. I'n keth
termyn y a lowsyas an lovonow adro
dhe'n rêvow lewyas, derevel an gool
arag dhe'n gwyns, ha golya tro ha'n
treth. 41 Saw y a gafas aga honen
kechys inter dew fros treus, ha
herdhys veu an gorhal wàr an tir, may
whrug an pedn arag glena fast heb
gwaya, mès yth esa an todnow ow
qweskel an delergh hag orth y
sqwattya dhe dybmyn gans aga nerth.

42 Porposys o an soudoryon dhe
ladha an prysners, ma na wrella den
vëth anodhans neyja dhe ves ha
diank. 43 Saw an centùry, whensys dhe
sawya Pawl, a's lettyas a gollenwel an

towl-na. Ev a gomondyas kyns oll an re-na a ylly neyja, dhe lebmel dres an tenewen ha mos tro ha'n tir; 44ha'n remnant dh'aga sewya, radn wàr blankys ha radn wàr brednyer dhyworth an gorhal. Hag indella pùbonen a scappyas bys i'n tir.

28 Pàn wrussyn ny dos dhe'n tir yn saw, ny a glôwas Malta dhe vos hanow an enys. 2Y feu pobel an enys cuv dres ehen dhyn. Awos glaw dhe vos ow codha ha'n awel dhe vos yeyn, y a wrug anowy tansys ragon ha'gan wolcùbma kettep onen adro dhodho. 3Pawl a gùntellas fardel a gunys, hag yth esa orth hy dôwlel wàr an tan, saw nader, drîvys in mes der an wres, a fastyas hy honen orth y dhorn. 4Pàn wrug an enesygyon gweles an best cregys orth y dhorn, y a leverys an eyl dh'y gela, "Hebma a dal bos moldror. Kyn whrug ev scappya dhyworth an mor, ny alowas an destnans dhodho bewa." 5Saw Pawl a shakyas an nader dhywar y dhorn aberth i'n tan heb godhevel myshyf vëth. 6Yth esens y ow qwetyas y weles ow whethfy, boneyl ow codha marow dhe'n leur, mès wosa y dhe wortos pols dâ heb gweles tra vëth ùncoth dhe wharvos dhodho, y a jaunjyas aga breus adro dhodho, ha dallath leverel ev dhe vos duw.

7Yth esa i'n pow ogas dhe'n tyller-na trevow ow longya dhe hùmbrynkyas an enys henwys Pùblyùs. Ev a'gan wolcùbmas ha'gan intertainya yn larj try jorna. 8Dell wharva, yth esa tas Pùblyùs a'y wroweth in y wely, rag ev o grêvys gans an fevyr ha'n dysentry. Pawl êth dh'y weles. Ev a besys a-ughto, ha settya y dhewla warnodho ha'y sawya. 9Pàn hapnyas hedna, remnant a bobel an enys hag a's teva clevejow, a dheuth dhodho inwedh, hag y fowns sawys. 10Y a dhysqwedhas meur revrons dhyn kefrës, ha pàn en ny parys dhe vora, y a worras i'n gorhal oll an provians a via othem dhyn anodho.

11Try mis warlergh hedna ny a voras in gorhal re bia i'n enys dres an gwâv. Ev o devedhys dhia Alexandrya ha'n Evellas o sin y bedn arag. 12Ny a entras in porth Syracûs ha gortos ena try dëdh. 13Nena ny a wrug golya ha dos bys in Regyùm. Wosa ny dhe vos udn jorna i'n tyller-na, gwyns a sordyas dhia an soth-west, ha'n secùnd jorna ny êth dhe Pùteoly. 14Ena ny a gafas cryjygyon, hag y a'gan gelwys dhe drega seythen gansans. Hag indelma ny a dheuth dhe Rom. 15Pàn glôwas an gryjygyon alena adro dhyn, y a dheuth bys in Forùm Appyùs ha dhe'n Try Thavern rag metya genen. Pàn wrug Pawl aga gweles, ev a ros grassow dhe Dhuw hag omgonfortya. 16Pàn dheuthon dhe Rom, Pawl a gavas cubmyas a drega in y dyller y honen warbarth gans an soudor esa orth y wetha.

17Try jorna wosa hedna ev a somonas warbarth lêders an Yêdhewon i'n plâss-na. Pàn wrussons y cùntelles, ev a leverys dhedhans, "A vreder, kyn na wrug avy tra vëth, naneyl warbydn agan pobel na warbydn gîsyow agan hendasow, me a veu sêsys bytegyns in Jerùsalem ha delyvrys dhe'n Romans. 18Pàn wrussons y ow examnya, dâ o gans an Romans ow fria, drefen na veu tra vëth i'm câss vy a vynsa dendyl pain mernans. 19Saw an Yêdhewon a gontradias hedna, ha me a veu

constrînys ytho dhe wul appêl dhe
Cesar—kyn na'm beu acûsacyon vëth
warbydn ow nacyon. [20]Rag an rêson-
ma ytho me a besys, may fe alowys
dhybm agas gweles ha côwsel
orthowgh, abàn yw awos govenek
Israel me dhe vos kelmys gans an
chain-ma."

[21]Y a worthebys, "Ny wrussyn ny
recêva lyther vëth oll dhia Jûdy adro
dhis, na ny wrug den vëth a'n vreder
a dheuth obma bythqweth derivas na
côwsel tra vëth a dhrog adro dhis.
[22]Saw dâ via genen ny clôwes
dhyworthys, pëth esta ow predery,
rag ow tùchya an sect-ma, ny a wor y
vos cablys in pùb tyller."

[23]Wosa y dhe appoyntya dëdh dhe
vetya ganso, nùmber brâs a dheuth
dhodho in y ôstyans. Dhia'n myttyn
bys i'n gordhuwher yth esa Pawl ow
teclarya dhedhans an mater, ow testa
adro dhe wlascor Duw, hag ow
whelas gul dhedhans cresy in Jesu
mes a laha Moyses hag a lyvrow an
profettys. [24]Radn anodhans a veu
perswadys gans y eryow, saw radn
aral a sconyas cresy. [25]Indella yth esa
fowt acord intredhans. Pàn esens y
ow tyberth dhywortans, Pawl a
leverys wàr an dyweth, "An gwir a
gowsas an Spyrys Sans, pàn leverys
dh'agas hendasow dre anow Esay an
profet,

[26]"'Kê bys i'n bobel ma ha lavar,
"Ea, why a wra goslowes heb
convedhes bys nefra,
ha why a vydn meras heb gweles
benary."
[27]Colon an bobel-ma yw gyllys
syger;
bodhar yw aga scovornow
ha'ga lagasow y re dhegeas:
ma na wrellens naneyl meras gans
aga lagasow,
na goslowes gans aga scovornow,
nag unweyth convedhes gans aga
holon, ha trailya
ha me a vynsa aga sawya.'

[28]"Godhvedhowgh ytho fatell veu
an salvacyon-ma danvenys gans Duw
dhe'n Jentylys. Y a wra goslowes."
[29]Wosa ev dhe leverel an geryow-ma,
an Yêdhewon a voydyas hag y ow
tyspûtya yn freth an eyl gans y gela.

[30]Pawl a dregas ena dyw vledhen
yn tien orth y gòst y honen ha wol-
cùbma kenyver onen a dheffa dho-
dho, [31]ow progeth gwlascor Duw,
hag ow tesky adro dhe'n Arlùth Jesu
Crist gans oll colonecter ha heb let
vëth oll.

Pystyl Pawl dhe'n Romans

1 Dhyworth Pawl, servont a Jesu Crist, gelwys dhe vos abostel ha settys adenewen rag awayl Duw. 2An awayl-ma Duw a dherivas arag dorn der y brofettys i'n scryptour sans. 3Yma va ow côwsel adro dhe Vab Duw, sevys a lynyeth Davyth warlergh an kig. 4Warlergh an Spyrys a sansoleth ev a veu declarys dhe vos Mab Duw gans power brâs pàn dhassorhas dhyworth an re marow. An awayl a gôws a'gan Arlùth, Jesu Crist, 5dredho may whrussyn ny recêva an gwir specyal a vos abostel, may hallen rag kerensa y hanow ev lêdya tus mes a bùb nacyon oll dhe grejyans hag obedyens. 6Yth esowgh why i'ga mesk, rag why a glôwas an galow dhe longya dhe Jesu Crist.

7Yth esof orth agas dynerhy why oll in Rom, why neb yw meurgerys dhe Dhuw hag a veu gelwys dhe vos y bobel sans.

Re bo grâss dhywgh ha cres dhyworth Duw agan Tas ha dhyworth Jesu Crist an Arlùth.

8Kyns oll yth esof vy ow ry grassow dhe'm Duw dre Jesu Crist ragowgh why oll, drefen bos agas fëdh declarys dres oll an bës. 9An Duw, esof vy ow servya gans ow spyrys ha me ow progeth awayl y Vab, ev yw ow dùstuny me dhe berthy cov ahanowgh prèst heb hedhy i'm pejadow. 10Me a bës may hallen, mar mydn Duw, spêdya wàr neb cor dhe dhos dhywgh.

11Me yw whensys brâs dh'agas gweles why, may hallen radna genowgh why neb ro spyrysek rag agas confortya, 12boken kyns may hallen ny oll warbarth bos kenerthys an eyl gans fëdh y gela, ow fëdh vy ha'gas fëdh whywhy. 13Dâ via genama, a vreder, why dhe wodhvos fatell wruga lies torn ervira dos dhywgh, saw me a veu lettys bys i'n eur-ma. Mar teffen dhywgh, me a alsa mejy neb trevas i'gas mesk, kepar dell wruga in mesk an Jentylys erel.

14Yth esof vy in kendon dhe'n Grêkys ha dhe dus an nacyons erel, dhe'n dus fur ha dhe'n pednow cog. 15Rag hedna yth esof vy ow tesîrya dhe brogeth an awayl dhywgh why in Rom kefrës.

16Nyns oma methek a'n awayl. An gallos a Dhuw rag sylwans ywa dhe bynag oll a'n jeffa crejyans, kensa dhe'n Yêdhow ha dhe'n Grêk kefrës. 17Rag ewnder Duw yw dyscudhys ino dre fëdh rag fëdh, kepar dell lever an scryptour, "Seul a vo ewnhensek a wra bewa dre fëdh."

18Rag yma sorr Duw dyscudhys mes a'n nev warbydn sherewynsy ha bylyny oll an re-na usy ow compressa an gwiryoneth der aga drockoleth. 19An pëth neb a yll bos godhvedhys adro dhe Dhuw yw apert dh'aga lagasow, awos Duw dh'y dhysqwedhes dhedhans. 20Kyn na yll naneyl gallos Duw na'y nas dyvarow bos gwelys, yma an dhew dra convedhys ha gwelys, dhia bàn veu creatys an bës, der an taclow re wrug ev formya. Rag hedna yth esens y heb ascûs.

21Kyn whodhyens aswon Duw, ny wrêns y onora na'y wordhya kepar ha

Duw, na ny rêns grâss dhodho a'y
royow ha'y dhader. Leun êns y a
vanyta i'ga desmyk hag y feu tewlhës
aga holon dyskians. 22Yth esens owth
omwul fur, saw y êth gocky. 23Y a
jaunjyas glory an Duw dyvarow rag
imajys haval dhe dus pò dhe ÿdhyn,
bestas peswartrosek pò scantegyon.

24Duw ytho a's delyvras dre dhrog-
whansow aga holon dhe avlanythter,
ha dhe dhefolya aga horfow intre-
dhans aga honen, 25Y a jaunjyas an
gwiryoneth a Dhuw rag gowegneth,
ha servya an dra formys adar an
formyor, neb yw benegys bys vycken
ha bys venary! Amen.

26Rag an rêson ma Duw a's
delyvras dhe bassyons avlanyth. Aga
benenes a sconyas coplans warlergh
natur, ha gul paryans dynatur in y le.
27In kepar maner yth esa aga gwer ow
lesky gans whans rag gwer erel. Y
whre gwer performya taclow dyveth
an eyl gans y gela, ha recêva i'ga
fersons an pain ewn rag aga errour.

28Abàn nag êns y parys dhe aswon
Duw, Duw a's delyvras dh'aga freder-
ow mostys aga honen, ha dhe wrians
na dalvia bythqweth bos gwrës. 29Y
fowns lenwys a sherewynsy a bùb
sort, drockoleth, coveytys ha spît.
Leun a envy, mùrder, kedryn,
dysseyt, calder, yth yns y omrës dhe
scavel an gow, 30parys dhe gably,
hâtyoryon Duw, taunt, hautyn,
bôstoryon, devisours a dhrog, leun a
rebellyans tro ha tas ha mabm,
31gocky, dyslel, heb colon hag
avlythys. 32Y a wor pëth a lever gor-
hebmyn Duw: y cotha kenyver onen
a wrella taclow a'n par-na bos gorrys
dhe'n mernans. Ymowns y bytegyns
ow cul an taclow-ma, ha lacka whath,
ow praisya aga hynsa pàn usons orth
aga gul kefrës.

2 Ny vern pyw os, a dhen, yth os
heb ascûs vëth, pàn esta ow jùjya
dha hynsa. Pàn wrêta kepar dell
wrowns y, te a wra dampnya dha
honen. 2Ny a wor bos gwiryon breus
Duw tro ha'n re-na a wra taclow a'n
par-ma. 3Kynth esta dha honen ow
cul an taclow-ma, yth esos ow jùjya
an re-na usy kefrës orth aga gul. Esta
ow tyby, a dhen, te dhe scappya
dhyworth jùjment Duw? 4Pò mar-
tesen yth esta ow tysprêsya rychys y
berthyans, y gufter ha'y hirwodhev-
yans. Te ny wodhes martesen bos
cufter Duw orth dha inia dhe godha
in edrek.

5Dre rêson bos cales dha golon hag
avlythys, yth esta ow cruny ragos sorr
brâs i'n jorna a'n anger, pàn vo
dysclôsys an vreus ewn a Dhuw. 6Ev
a vydn aqwytya kenyver onen war-
lergh y oberow. 7Ev a vydn ry bêw-
nans heb dyweth dhe'n re-na usy
gans perthyans ow cul an dâ hag ow
whelas glory, onour hag anvarwoleth.
8Yma radn aral crefny hag y ow
sconya an gwiryoneth, may hallens
gul an pëth anewn. Duw a vydn
devera wàr an re-na y sorr ha'y gonar.
9Pynag oll a wrella drog, ev a'n jevyth
angus ha grêf, an Yêdhow kyns oll
ha'n Grêk wosa hedna. 10Saw pùb-
onen a wrella dâ, a gav glory, onour
ha cosoleth, an Yêdhow kyns oll ha'n
Grêk kefrës. 11Rag nyns usy Duw ow
favera den vëth.

12Kenyver onen usy avês dhe'n laha
hag a wrug pegh, avês dhe'n laha ev a
wra merwel. Kenyver a behas in dadn
an laha, an keth a vëdh jùjys warlergh
an laha. 13Nyns yw ewnhensek dhyrag

Duw an re-na usy ow clôwes an laha. Saw an re-na usy ow cul an laha a vëdh jùstyfies. 14Pàn usy an Jentylys, na's teves an laha, ow cul dre natur warlergh arhadow an laha, laha yns y dhedhans aga honen. 15Ymowns y ow tysqwedhes bos arhadow an laha screfys i'ga holon, hag y fëdh aga honscyans ow teclarya hedna kefrës. Y fëdh aga freder y poken orth aga acûsya pò orth aga ascûsya 16dëdh breus, pàn wra Duw brusy cowsesow mab den dre Jesu Crist. Hèn yw an messach a'm awayl vy.

17Te yw Yêdhow hag yth esos ow crowedha i'n laha hag yth esos owth omvôstya in Duw. 18Te a wor y volùnjeth ha'y blesour hag yth os deskys i'n laha hag yth esos owth alowa an pëth yw dâ. 19Yth esos ow trestya fatell osta gedyor dhe'n re yw dall ha golow dhe'n re-na usy in tewolgow, 20ha descor dhe'n re nag yw fur ha mêster dhe'n sempel ha'n dydhysk. Te a wor der an laha an form a sciens ha gwiryoneth. 21Saw whath, te neb usy ow tesky re erel, esos jy ow tesky dha honen? Te neb usy ow progeth warbydn ladrans, esta ow ladra? 22Te neb usy ow progeth warbydn avoutry, osta avoutrer dha honen? Te neb usy ow tefia idolys, esta ow robbya templys? 23Te neb usy ow rejoycya i'n laha, esta dre dorrva an laha ow tysonora Duw? 24An scryptour a lever, "An hanow a Dhuw dredhowgh why yw mockys in mesk an Jentylys."

25An cyrcùmcisyon yw vas, mars esta ow cul warlergh an laha. Saw mars esta ow terry an laha, dha cyrcùmcisyon yw gwrës fowt cyrcùmcisyon. 26Mars usy an re-na nag yw cyrcùmcîsys ow sensy arhadow an laha, a ny vëdh aga fowt cyrcùmcisyon kemerys rag cyrcùmcisyon? 27Yma tus heb cyrcùmcisyon i'ga body ow sensy an laha. Te a bew an laha screfys ha'n cyrcùmcisyon. Pàn wrêta terry an laha, a ny vydn an dus heb cyrcùmcisyon dha vrusy jy? 28Rag nyns yw den vëth Yêdhow wàr ves naneyl nyns yw an gwir-cyrcùmcisyon neppyth i'n kig-na wàr ves. 29Nâ, an Yêdhow gwir yw Yêdhow wàr jy, ha'n cyrcùmcisyon gwir yw mater a'n golon, warlergh an spyrys, kyns ès warlergh an lyther. Den a'n par-na a gav prais dhyworth Duw kyns ès dhyworth y hynsa.

3

Pana brow ytho a'n jeves an Yêdhow? Pò pëth yw vertu an cyrcùmcisyon? 2Brâs ywa in pùb fordh. I'n kensa le y feu geryow Duw trestys dhe'n Yêdhewon.

3Pandra wher ytho, mars o radn a'n Yêdhewon dyslel? A wra aga dyslelder dyswul lelder Duw? 4Duw dyfen! Kynth yw pùbonen gowek, re bo Duw dysqwedhys gwiryon. Yma an scryptour ow leverel,

> "May halles bos jùstyfies i'th eryow
> ha fetha pàn ves brusys."

5Saw mar qwra agan camhenseth declarya ewnder Duw, pandra dal dhyn leverel? Duw dhe vos anewn, mar qwra va serry wàr agan pydn? (Yth esof ow côwsel kepar ha mab den.) 6Bydner re bo! Rag fatl'alsa Duw ytho brusy an bës? 7Mars usy ow gowegneth vy ow tysqwedhes dhe glerra gwiryoneth Duw hag indelma ow moghhe y glory, prag yth oma whath dampnys avell pehador? 8Prag na yllyn ny leverel (hag yma radn

orth agan cably pàn leverons ny dhe
gôwsel indelma), "Gesowgh ny dhe
wul drog may halla dâ dos anodho."
Anjùstys ny via màn, a pe dampnys
tus a'n par-na.

9Pandra yllyn ny leverel ytho? Yw
agan plît ny avell Yêdhewon bëth dhe
well? Nag yw nes, rag solabrës ny re
acûsyas kenyver onen, an Yêdhow
ha'n Jentyl kefrës, dhe vos in dadn
arlottes an pegh. 10An scryptour a
lever,

"Nyns eus onen gwiryon, na nag
eus onen;
11nyns eus onen a wra convedhes,
nyns eus onen ow sewya hag ow
folya Duw.
12Yth yns oll gyllys mes a fordh,
yth yns oll dylês;
nyns eus onen a wra dâ;
nag eus onen kyn fe."
13"Aga briansen yw sepùlcra,
gans aga thavosow y a ûs gil ha
dysseyt."
"An poyson a serpons yma in dadn
aga gwessyow."
14"Aga ganowow yw leun a
wherôwder ha parys dhe volethy
ha ty."
15"Aga threys yw parys rag scùllya
goos;
16yma dystrùcsyon hag anken i'ga
fordhow,
17ha'n fordhow a gres y ny
aswonas."
18"Nyns eus own a Dhuw dhyrag
aga dewlagas."

19Yma geryow an laha ow côwsel,
dell wodhon ny yn tâ, orth an re-na
usy in dadn an laha, may fo pùb
ganow conclûdys, ha may halla oll an
norvës bos in dadn vreus Duw. 20Rag
"ny vëdh den vëth jùstyfies in y wolok
ev" der oberow erhys gans an laha.
Der an laha y teu aswonvos pehosow.

21Saw lebmyn ewnder Duw re beu
dysclôsys avês dhe'n laha, hag yma an
laha ha'n profettys ow tùstunia
anodho. 22An ewnder a Dhuw yw
opyn dhe genyver onen a gressa in
Jesu Crist. Nyns eus dyffrans vëth
intredhon, 23rag pùbonen re behas ha
fyllel a glory Duw. 24Jùstyfies yns
lebmyn der y râss ev yn ro, der an
redempcyon usy in Jesu Crist. 25Duw
a wrug y brofya avell offryn a
amendys der y woos, usy owth obery
dre fëdh. Ev a wrug hebma rag
dysqwedhes y ewnder, rag in y
berthyans avell Duw ev a ascûsyas an
pehosow comyttys i'n dedhyow coth.
26Hèn o rag prevy i'n present
termyn-ma ev dhe vos ewnhensek,
hag ev dhe jùstyfia pùbonen a'n jeffa
fëdh in Jesu.

27Ple ma bôstow ytho? Yth yns y
degës in mes. Pana laha a wrug aga
degea in mes? An laha a oberow? Nâ,
mès an laha a fëdh. 28Rag ny a dÿb
bos den jùstyfies dre fëdh heb an
oberow comondys i'n laha. 29Pò yw
Duw Duw an Yêdhewon yn udnyk?
A nyns ywa an Duw a'n Jentylys
magata? Ea, a'n Jentylys kefrës, 30rag
Duw yw onen. Ev a vydn jùstyfia an
re cyrcùmcîsys der aga fëdh, ha'n re-
na nag yw cyrcùmcîsys der an keth
fëdh. 31Eson ny ytho ow tysevel an
laha der an fëdh-ma? Nag eson màn!
I'n contrary part, yth eson ny
tysqwedhes power an laha.

4

Pandra vydnyn ny leverel dhe
vos gwainys gans Abraham,
agan hendas, warlergh an kig? 2Rag
mara peu Abraham jùstyfies der y

oberow, ev a'n jeva chêson rag om-
vôstya, kyn na'n jeva chêson dhyrag
Duw. 3Pandr'a lever an scryptour?
"Abraham a wrug cresy i'n Arlùth,
hag y feu y grejyans reknys dhodho
avell ewnder."

4Dhe hedna usy ow lavurya, nyns
yw y wajys reknys avell ro, mès avell
tra dhendylys. 5Saw rag kenyver a
wrella trestya in Duw usy ow jùstyfia
an dus dhydhuw, crejyans a'n par-na
yw reknys avell ewnder. 6Davyth y
honen a lever an geryow-ma adro
dhe venejycter an re-na usy Duw ow
rekna ewnder dhedhans heb oberow:

7"Benegys yw an re-na yw gyvys
aga threspassys, ha'n den mayth
yw y behosow pardonys dhodho.
8Benegys yw an den na wrella an
Arlùth rekna pegh vëth dhodho."

9A vëdh an benejycter-ma declarys
dhana rag an re cyrcùmcîsys yn
udnyk, pò rag an re nag yw cyrcùm-
cîsys kefrës? Ny a lever, "Y feu
crejyans reknys dhe Abraham avell
ewnder." 10Fatell veu va reknys avell
ewnder dhodho? A veu va kyns ès y
dhe vos cyrcùmcîsys pò wosa hedna?
Ny veu va wosa ev dhe vos cyrcùm-
cîsys, mès kyns. 11Ev a recêvas sin an
cyrcùmcisyon avell tôkyn a'n ewnder
a'n jeva dre fëdh, pàn o va whath heb
cyrcùmcisyon. An porpos o rag y wul
hendas a oll an re-na a gressa heb bos
cyrcùmcîsys hag a vo ewnder reknys
dhedhans. 12Hag in kepar maner ev
yw hendas a'n re cyrcùmcîsys, nag yw
cyrcùmcîsys yn udnyk, mès usy ow
sewya kefrës an ensampel a fëdh a'n
jeva agan hendas Abraham kyns bos
cyrcùmcîsys.

13An promys neb a levery y whre
Abraham eryta an bës, ny dheuth an
promys-na dhe Abraham na dh'y
issyw der an laha, mès der ewnder
awos fëdh. 14Mars yw res dhe'n re-na
usy ow sensy an laha bos eryon
Abraham, gwag yw fëdh ha'n promys
yw heb bry. 15Rag yma an laha ow try
sorr. An le na vo laha, ny vëdh naneyl
torrva a'n laha.

16Rag hedna mater a fëdh yw, may
halla an promys powes wàr an grâss,
ha bos warrantys dhe oll y issyw,
dhe'n re-na usy ow sensy an laha, ha
dhe'n re-na yw kevrednek a fëdh
Abraham kefrës. Rag Abraham yw tas
dhyn ny oll, 17kepar dell lever an
scryptour, "Me re wrug ahanas tas
dhe boblow heb nyver." Indelma yth
yw an promys a valew i'n golok a'n
Duw a gresy Abraham ino, an Duw
usy ow ry bêwnans dhe'n re marow,
hag ow tenethy taclow na veu whath.

18Yth esa Abraham ow qwetyas
warbydn govenek y dhe vos "tas dhe
boblow heb nyver", warlergh an pëth
a veu leverys dhodho, "Mar vrâs y
fëdh nùmber dha issyw jy." 19Ny
wrug fëdh Abraham fyllel, pàn
gonsydras y gorf y honen neb o ogas
marow solabrës, rag ev o neb cans
bloodh. Naneyl ny wrug y fëdh fyllel
pàn wrug ev predery a anvabeth Sara.
20Ny wrug lack vëth a grejyans
dhodho dowtya adro dhe dhe-
dhewadow Duw. Nâ, ev o dhe voy
stedfast in y fëdh, hag ev a re glory
dhe Dhuw. 21Abraham a wodhya fèst,
fatell ylly Duw collenwel y bromys.
22Rag hedna "y grejyans a veu reknys
avell ewnder dhodho." 23Saw ny veu
an geryow "y grejyans a veu reknys
dhodho" screfys rag Abraham yn
udnyk, 24mès ragon ny kefrës. Hèn

yw dre rêson ny dhe gresy ino ev neb
a dherevys Jesu, agan Arlùth, dhy-
worth an re marow. 25Jesu a veu
delyvrys dhe ancow awos agan
pehosow ny, hag ev a veu derevys rag
agan jùstyfia.

5 Rag hedna, abàn veun ny
jùstyfies dre fëdh, ny a'gan beus
cres gans Duw der agan Arlùth Jesu
Crist. 2Dredho ev ny a gafas fordh
bys i'n grâss, eson ny a'gan sav ino,
hag yth eson ny owth omvôstya i'gan
govenek a vos kevrednek a'n glory a
Dhuw. 3Nyns yw hedna pùptra na
whath. Yth eson ny owth omvôstya
i'gan painys kefrës, rag ny a wor
painys dhe dhenethy perthyans, 4ha
perthyans vertu, ha vertu govenek.
5Ny wra govenek agan tùlla, rag
kerensa Duw re beu deverys i'gan
colon der an Spyrys Sans, ha hedna
yw ro Duw dhyn ny.

6Pàn en ny whath gwadn, Jesu i'n
termyn ewn a dhug mernans rag an
dus dhydhuw. 7Bohes venowgh in
gwir y whra den vëth don mernans
rag den ewnhensek. Nebonen mar-
tesen a vynsa merwel rag dremas.
8Saw yma Duw ow prevy y gerensa
dhyn, abàn verwys Crist ragon ny, ha
ny whath pehadoryon.

9Abàn veun ny jùstyfies der y woos,
ny a yll bos dhe voy sur ev dh'agan
gwetha ny dhyworth sorr Duw. 10Ny
a veu reconcîlys dhe Dhuw dre woos
y Vab pàn en ny whath y eskerens.
Dhe voy sur ytho y fedhyn ny sawys
der y vêwnans, ha ny reconcîlys dho-
dho. 11Moy ès hedna yth eson ny ow
rejoycya awos an taclow a wrug Duw
ragon der agan Arlùth Jesu Crist,
dredho may whrussyn ny recêva
gyvyans.

12An pegh a dheuth wàr oll an
bobel der an gwythres a udn den, ha
mernans a dheuth der y begh ev.
Indelma an mernans a lêsas in mesk
mebyon tus, dre rêson kenyver onen
dhe beha. 13Yth esa pegh i'n bës kyns
ès an laha, mès nyns yw pegh reknys
pàn nag eus laha vëth. 14Yth esa
mernans bytegyns ow cul mêstry,
dhia Adam bys in Moyses, wàr an re-
na nag o aga fegh kepar ha trespas
Adam. Adam o fygur a hedna a vynsa
dos.

15Saw nyns yw an dhew dra haval
an eyl dh'y gela. Nyns yw ro frank
Duw kepar ha trespas Adam. Gwir
yw lies huny dhe verwel dre rêson a'n
pegh a udn den. Mès moy leun yw
grâss Duw, ha'y ro frank a râss dhe
lies onen der an udn den, Jesu Crist.
16Nyns yw an ro frank haval in poynt
vëth dhe frûtys an pegh a udn den.
Rag an vreus rës wosa an trespas a
udn den a dhampnyas an lynyeth a
vab den. Saw an ro frank wosa lies
trespas a dheclaryas agan bos dybegh.
17Yth esa ancow ow cul mêstry awos
trespas udn den. Pyseul dhe voy a
vëdh frût an gwythres a udn den, Jesu
Crist! Pùbonen neb a recêvas lanwes
a râss ha'n ro frank a ewnder dre
Grist, a wra rewlya ganso ev.

18Poran kepar dell lêdyas an trespas
a udn den dhe dhampnacyon rag
pùbonen, indella kefrës yma an
gwythres ewnhensek a udn den ow
lêdya dhe bardon ha dhe vêwnans rag
pùbonen. 19Kepar dell veu lies onen
gwrës pehadoryon dre dhysobedyens
udn den, indelma y fëdh lies onen
pardonys der obedyens udn den.

20An laha a veu provies dhe en-
cressya trespas. In mar veur dell wrug
an pegh moghhe, dhe voy grâss Duw

a encressyas kefrës. 21Rag hedna,
kepar dell esa an pegh ow rewlya dre
vernans, indella yma grâss Duw ow
rewlya dre bardon. Yma hedna orth
agan lêdya bys i'n bêwnans heb
dyweth dre Jesu Crist, agan Arlùth.

6 Pëth a dal dhyn leverel ytho? A
dal dhyn pêsya gans pegh may
fo abùndans a râss? 2Duw dyfen!
Fatell yllyn ny, ha ny marow dhe
begh, fatell yllyn ny pêsya gans pegh
ha bewa ino? 3A ny wodhowgh why,
ny oll neb a veu besydhys in Crist dhe
vos besydhys in y vernans? 4Rag
hedna ny re beu encledhys ganso dre
vesydhyans bys i'n mernans. Hèn o
may hallen ny kerdhes in bêwnans
nowyth, poran kepar dell veu Jesu
derevys dhyworth mernans dre
wordhyans an Tas.

5Rag mara peun ny unys ganso in
ancow haval dh'y vernans ev, yn
certan y fedhyn ny jùnys ganso in
dasserghyans kepar ha'y dhassergh-
yans ev. 6Ny a wor y feu an den coth
inon ny crowsys ganso ev, may halla
corf an pegh bos dyswrës, ha ma na
ven ny namoy in dadn arlottes an
pegh. 7Rag pynag oll a vo marow, yw
frank a begh.

8Rag mar qwrussyn ny merwel
gans Crist, ny a grës fatell wren ny
kefrës bewa ganso. 9Ny a wor na wra
Crist merwel nefra arta warlergh y
vos derevys in bàn dhyworth an re
marow. Nyns yw ev namoy sojeta
ancow. 10An mernans a wrug ev
merwel, y feu mernans dhe begh
unweyth rag nefra. Saw an bêwnans
usy ev ow pewa, yma va yn few ino
dhe Dhuw.

11In kepar maner, res yw dhywgh
why predery agas bos marow dhe
begh, hag yn few dhe Dhuw dre Jesu
Crist. 12Rag hedna, na wrêns an pegh
lordya i'gas corf mortal, ha gul
dhywgh obeya tebel-whansow an
corf. 13Na wrewgh namoy profya
agas esely dhe'n pegh avell daffar rag
sherewynsy, saw profyowgh agas
honen dhe Dhuw avell tus re beu
drës dhia vernans dhe vêwnans, ha
presentyowgh agas esely dhe Dhuw
avell toulys a'n ewnder. 14Rag ny'n
jevyth an pegh arlottes vëth war-
nowgh, abàn nag esowgh why in
dadn an laha, adar in dadn râss.

15Pandra ytho? A dalvia dhyn peha,
dre rêson nag eson ny in dadn an
laha, mès in dadn râss? Duw dyfen!
16A ny wodhowgh why hebma: mar
tewgh why ha profya agas honen dhe
dhen vëth avell keswesyon wostyth,
why yw an wesyon a hedna esowgh
why owth obeya dhodho—poken dhe
begh, usy ow lêdya dhe'n mernans,
pò dhe obedyens, usy ow lêdya dhe
ewnder? 17Me a aswon meur râss dhe
Dhuw why dhe vos gostyth i'gas
colon dhe'n sort a dhyscans, may
fewgh why trestys dhodho, kynth
ewgh why kethwesyon kyns dhe
begh. 18Delyvrys dhyworth pegh why
re beu gwrës kethwesyon a'n ewnder.

19Yth esof vy ow côwsel in termow
a vab den, awos gwander agas kig.
Kyns lebmyn why a wre offra agas
esely avell kethwesyon dhe vostethes,
ha dhe voy ha dhe voy sherewynsy.
Saw i'n tor'-ma yth esowgh why ow
presentya agas esely avell kethwesyon
a'n ewnder, may fowns y benegys.
20Pàn esewgh why in dadn arlottes an
pegh, why o frank ow tùchya ewnder.
21Rag hedna pana wain a wrussowgh
why cafos der an taclow-na, esowgh
why lebmyn ow kemeres meth

anodhans? An frût a'n taclow-na yw
mernans. 22Saw lebmyn ha why fries
dhyworth pegh, hag yn kethwesyon
dhe Dhuw, an prow usy ow tos
dhywgh yw benejycter. An frût a
hedna yw an bêwnans heb dyweth.
23Rag ancow yw an wajys a begh, mès
ro frank Duw yw bêwnans heb
dyweth in Jesu Crist, agan Arlùth.

7 Why a wra convedhes ow
geryow, a vreder, rag why a wor
an laha. Nyns eus den vëth in dadn
arlottes an laha, saw unsel hadre vo
va yn few. 2Yma benyn dhemedhys,
rag ensampel, kelmys der an laha
dh'y gour hadre vo va yn few. Saw
mar teu hy gour ha merwel, delyvrys
yw hy a'n laha ow tùchya hy gour.
3Rag hedna, mar teu hy ha kesvewa
gans gour aral hadre vo hy gour yn
few, hy yw gelwys gwadn-wre'ty. Saw
mar teu hy gour ha merwel, frank yw
hy warlergh an laha. Nena mar teu hy
ha demedhy gans den aral, gwadn-
wre'ty nyns yw hy màn.

4In kepar maner, a vreder, why re
verwys dhe'n laha, dre rêson why dhe
vos radn a gorf Crist. Lebmyn yth
esowgh why ow longya an eyl dh'y
gela, dre hedna re beu derevys gans
Duw dhyworth an re marow, may
hallen ny bos a les dhe servys Duw.
5Pàn esen ny ow pewa warlergh an
kig, yth o agan tebel-whansow sordys
der an laha. Yth esa an whansow-na
owth obery i'gan corf dhe dhon frût
wordhy a vernans. 6Saw lebmyn, ny
yw delyvrys dhyworth an laha, rag ny
a verwys dhe'n pëth a wrug prysners
ahanan. Rag hedna nyns eson ny ow
servya na fella an laha screfys i'n
fordh goth, mès ow servya in fordh
nowyth der an Spyrys.

7Pandra dal dhyn leverel ytho? An
laha dhe vos pegh? Duw dyfen! Saw
na ve an laha, ny alsen vy godhvos
pegh. Ny wodhvien pëth yw coveyt-
ys, na ve an laha dhe leverel, "Na wra
whansa." 8Saw an pegh, ow sêsya
chauns i'n gorhebmyn, a dhros mes
ahanaf pùb sort coveytys. Marow yw
pegh heb an laha. 9Me o yn few kyns
lebmyn heb an laha. Saw pàn dheuth
an gorhebmyn, pegh a dhassorhas
10ha me a verwys. An very gorheb-
myn esa ow promyssya bêwnans
dhybm, a veu gwrës mernans ragof.
11Rag an pegh a sêsyas y jauns i'n
gorhebmyn ha'm tùlla. Der an
gorhebmyn pegh a'm ladhas. 12Rag
hedna sans yw an laha, ha'n gor-
hebmyn yw sans hag ewn ha dâ.

13A wrug an pëth, hag o dâ, ytho
dry dhybm mernans? Na wrug màn!
Pegh a'm ladhas ha dysqwedhas y
natur gwir. An pegh a ûsyas an dâ rag
ow dystrêwy ha der an gorhebmyn an
pegh a veu gwrës lacka ès bythqweth
kyns.

14Rag ny a wor bos an laha
spyrysek. Mès spyrysek nyns oma
màn. Me yw kethwas a veu gwerthys
in dadn begh. 15Ny wòn convedhes
ow gwrians ow honen. Rag ny wrama
an pëth yw dâ genef, mès me a wra an
very pëth yw cas genef. 16Now, mar
teuma ha gul an pëth nag yw mal
genef, yth ov acordys bos an laha dâ.
17Saw in gwir nyns esof vy orth y wul,
mès an pegh neb yw tregys inof.
18Rag me a wor nag eus tra vëth dâ
tregys inof, hèn yw, i'm kig vy. Me a
yll desîrya an dâ, mès y wul ny allaf.
19Rag ny wrama an dâ yw mal genef
gul. Saw an drog nag ov whensys dhe
wul, hedna a wrama. 20Mar qwrav an
pëth nag yw mal genef, nyns esof vy

na fella orth y wul, mès an pegh neb
yw tregys inof.

21Me a gav an rewl-ma ytho: pàn
yw mal genef gul an dâ, yma an drog
ogas dhybm. 22Kynth esof ow
rejoycya in laha Duw in downder ow
holon, 23me a wel i'm esely laha aral
ow qwerrya warbydn an laha i'm
brës. Hag yma hedna orth ow gul
keth dhe laha an pegh tregys i'm
esely. 24Govy! Govy! Pyw ytho a
vydn ow selwel dhyworth an corf-ma
a vernans? 25Grassow re bo dhe
Dhuw dre Jesu Crist agan Arlùth!

Rag hedna ytho me yw keth i'm
brës dhe laha Duw, kynth oma keth
i'm kig dhe laha an pegh.

8 Nyns eus dampnacyon vëth
ytho rag an re-na usy in Jesu
Crist. 2Rag in Jesu Crist an laha a
Spyrys an bêwnans re wrug agas
delyvra dhyworth laha an pegh ha'n
mernans. 3An pëth na alsa an laha
gul, drefen y vos gwadnhës der an
kig, hedna re wrug Duw. Rag Duw a
dhanvonas y Vab y honen i'n hevelep
a'n kig leun a begh hag avell offryn
rag pegh. Duw a dhampnas pegh i'n
kig, 4may halla arhadow an laha bos
collenwys inon ny, usy ow kerdhes
warlergh an Spyrys kyns ès warlergh
an kig.

5Rag an re-na usy ow kerdhes
warlergh an kig, yma aga brës rewlys
gans taclow an kig. Saw an re-na usy
ow kerdhes warlergh an Spyrys, yma
aga brës rewlys gans an pëth yw dâ
gans an Spyrys. 6Yma rewl der an kig
ow lêdya dhe'n mernans, saw rewl
der an Spyrys yw bêwnans ha
cosoleth. 7Rag hedna escar dhe
Dhuw yw an brës neb yw rewlys der
an kig. Nyns usy an brës-na owth
omry dhe laha Duw. In gwiryoneth
ny ylla gul indella, 8naneyl ny yll an
re-na usy i'n kig plêsya Duw.

9Saw whywhy, nyns esowgh why
i'n kig. I'n Spyrys yth esowgh, drefen
bos Spyrys Duw tregys inowgh.
Pynag oll na'n jeffa Spyrys Crist,
Cristyon nyns ywa màn. 10Mars yw
Crist tregys inowgh why, kynth yw
agas corf why marow awos why dhe
beha, bêwnans ragowgh yw an Spyrys
y honen, rag why re beu jùstyfies.
11Mars yw tregys inowgh an Spyrys
anodho ev, neb a dherevys Crist
dhyworth an re marow, ev neb a
dherevys Crist dhyworth mernans, a
vydn ry bêwnans kefrës dh'agas corf
mortal der y Spyrys tregys inowgh.

12Rag hedna, a vreder, kendonor-
yon on ny, mès nyns eson ny in
kendon dhe'n kig, dhe vewa warlergh
an kig. 13Mars esowgh why ow pewa
warlergh an kig, why a verow. Saw
mar tewgh why ha gorra dhe'n
mernans oberow an corf der an
Spyrys, bewa a wrewgh. 14Kenyver
onen a vo lêdys gans Spyrys Duw yw
flogh Duw. 15Rag ny wrussowgh why
recêva spyrys a gethneth rag codha
wàr dhelergh in own. Nâ, why re
recêvas spyrys kepar ha mebyon. Pàn
eson ny ow cria, "Abba! a Das!"
16yma an very Spyrys na ow jùnya
dh'agan spyrys ny dhe dheclarya agan
bos flehes Duw. 17Mars on ny flehes,
nena eryon on ny kefrës, eryon a
Dhuw ha keseryon gans Crist. Mar
pedhyn ny kevrednek a'y bainys,
nena ny a vëdh kevrednek a'y wordh-
yans magata.

18Yth hevel dhybm nag yw wordhy
painys an present termyn-ma dhe vos
comparys gans an glory a vëdh
dyscudhys dhyn. 19Yma an creacyon

ow qwetyas gans yewnadow crev an
dyscudhans a'n flehes a Dhuw. 20Y
feu an creacyon gorrys in dadn
arlottes an uvereth. Ny veu hebma
dre volùnjeth an creacyon, saw der an
bolùnjeth anodho ev a'n gwrug sojeta
uvereth. Ev a wrug hedna i'n govenek
21an creacyon dhe vos delyvrys
dhyworth danjer an dyfygyans, ha
cafos an franchys a'n glory a flehes
Duw.

22Ny a wor fatell veu an creacyon
yn tien owth hanaja in y wolovas bys
i'n termyn-ma. 23Nyns esa an
creacyon yn udnyk owth hanaja.
Kynth usy bleynfrûtys an Spyrys
genen, yth eson ny owth hanaja wàr
jy, ha ny ow cortos dhe vos recêvys
avell mebyon. Hèn yw dhe styrya, an
redempcyon a'gan corf. 24In govenek
y feun ny selwys. Rag nyns ywa
govenek, mar kyll an dra bos gwelys.
Pyw usy ow qwetyas an pëth usy ev
ow qweles? 25Saw mars eson ny ow
qwetyas an pëth na yllyn gweles, yth
eson ny orth y wortas gans perthyans.

26Indelma kefrës yma an Spyrys
orth agan gweres i'gan gwanegreth.
Ny wodhon ny in pana vaner a gotha
dhyn gul agan pejadow, saw yma an
Spyrys y honen ow pesy ragon dre
vain a hanasow stlav. 27Duw, usy ow
whythra agan côwsys, a wor yn tâ
pëth usy an Spyrys ow styrya, drefen
an Spyrys dhe besy rag pobel Duw,
warlergh bolùnjeth Duw y honen.

28Ny a wor fatell usy pùptra ow
kesobery rag an dâ dhe'n re-na a gar
Duw, hag yw gelwys dh'y borpos ev.
29An re-na a wrug ev aswon arag
dorn, ev a's ragdhestnas dhe vos
hevellys dhe imach y Vab, may fe y
Vab an kensa mab in mesk lies
broder. 30An re-na a wrug ev rag-
dhestna, ev a's gelwys kefrës. An re-
na a wrug ev gelwel, ev a's jùstyfias,
ha'n re-na a wrug ev jùstyfia, ev a ros
dhedhans glory.

31Pandra wren ny leverel adro
dhe'n taclow-ma? Mars yw Duw rag-
on ny, pyw a vëdh wàr agan pydn?
32Yn certan ny vëdh Duw wàr agan
pydn, rag ny wruga unweyth sensy y
Udn Vab, mès ev a'n offrydnas ragon
ny oll. A ny vydn ev ry pùptra oll
dhyn kefrës? 33Pyw a vydn acûsya tus
dêwysys Duw? Yma Duw y honen
orth aga declarya dybegh. 34Pyw a
vydn dampnya? Na vydn Jesu Crist.
Ev a dhug mernans, pò kyns ev a veu
derevys. Yma ev lebmyn dhe'n barth
dyhow a Dhuw, hag yma ev ow pesy
ragon. 35Pandra vydn agan dyberth
dhyworth kerensa Crist? A vydn
anken pò grêf pò compressans pò
dyvotter pò notha pò peryl pò
cledha? 36Kepar dell lever an
scryptour,

"Ragos jy yth eson ny ow pos
ledhys dres oll an jëdh.
Yth on ny reknys kepar ha deves
ow mos dhe'n ladhva."

37Nâ, in oll an taclow-ma yth on ny
moy ès conqwerrours dredho ev neb
a'gan caras. 38Rag i'n purra gwir-
yoneth me a grës na yll naneyl
mernans, na bêwnans, nag eleth, na
rewlysy, na taclow present, na taclow
dhe dhos, na potestas, 39nag uhelder,
na downder, na tra vëth ken in oll an
creacyon agan dyberth ny dhyworth
kerensa Duw usy in Jesu Crist, agan
Arlùth.

9 Yth esof ow côwsel an gwir-
yoneth in Crist. Nyns esof vy
ow leverel gow, hag ow honscyans a
lever dhybm der an Spyrys Sans nag
ywa gow. 2Yma i'm colon meur a
dristans hag anken heb cessya. 3Assa
via dâ genef bos melegys ha
dyberthys dhyworth Crist rag
kerensa ow fobel ow honen, ow
nessevyn warlergh an kig! 4Israelysy
yns y. Y a veu gwrës mebyon Duw. Y
a bew an glory a bresens Duw.
Dhedhans y yma an ambosow, an
laha, golohas Duw i'n templa ha'n
dedhewadow. 5Dhedhans y yma an
patryarkys, ha dhywortans y, war-
lergh an kig, y teu an Crist, usy a-ugh
kenyver tra. Re bo Duw benegys bys
vycken ha bys venary. Amen.

6Ny yllyn ny leverel ger Duw dhe
fyllel, rag nyns usy pùb Israelyas ow
longya in gwir dhe Israel, 7naneyl
nyns yw pùb flogh a Abraham y issyw
gwir. Saw "der Isak dha lynyeth a
vëdh henwys." 8Hèm yw dhe styrya,
nag yw flehes Duw an flehes genys
warlergh an kig, mès an flehes genys
warlergh dedhewadow Duw a vëdh
kemerys avell issyw gwir. 9An de-
dhewadow a leverys: "I'n prës ewn
me a vydn dewheles dhis ha Sara a's
tevyth mab."

10Nyns yw hedna pùptra. Duw vab
Rebecka a's teva an udn tas, Isak agan
hendas. 11Kyns ès hy mebyon dhe vos
genys ha kyns ès y dhe wul tra vëth
dâ pò drog (may halla pêsya an
porpos a Dhuw ow tùchya dêwysyans
12dredho ev usy ow kelwel, kyns ès
der oberow mebyon tus), y feu
leverys dhedhy, "An mab cotha a wra
servya an mab yonca." 13Kepar dell
lever an scryptour, "Me re garas
Jacob, mès Esaw re beu cas dhybm."

14Pandra dal dhyn leverel? Duw
dhe wul anjùstys? Bydner re bo!
15Rag ev a lever dhe Moyses,

"Me a vydn kemeres pyteth a
hedna a wrama kemeres pyteth
anodho;
ha me a vëdh mercyabyl dhe'n re-
na a vanaf vy dysqwedhes mercy
dhedhans."

16Yma an mater ytho ow powes
gans Duw ha'y dregereth, kyns ès
gans bolùnjeth pò gwythres den.
17Rag an scryptour a lever dhe Faro,
"Me a wrug mytern ahanas, may
hallen dredhos jy dysqwedhes ow
gallos, ha may fe ow hanow declarys
in oll an bës." 18Indelma yma Duw
ow kemeres pyteth a genyver onen a
vydna, hag ow calesy colon kenyver
onen a vydna.

19Te a vydn leverel dhybm ytho,
"Mars yw taclow indelma, fatell yll
Duw blâmya den vëth? Pyw a yll
sevel orth y vodh?" 20Pyw osta jy, te
dhen, dhe argya gans Duw? A vydn
an pot pry leverel dhe'n potor, "Prag
y'm gwrussys indelma?" 21A ny'n
jeves an gweythor an pry in y
dhanjer? A ny'n jeves ev an gwir dhe
wul dew seth mes a'n keth tabm a
bry, onen rag ûsadow specyal ha'y
gela rag pùb dëdh oll?

22Indelma yma an câss ow tùchya
gwythres Duw. Ev a dhesîryas dys-
qwedhes y sorr, ha derivas y allos.
Saw ev a gemeras perthyans hir gans
an vessyls a'y sorr hag y destnys dhe
dhystrùcsyon. 23Ev a dhesîryas kefrës
dhe dhysqwedhes rychys y glory
dhe'n re-na a vydna ev kemeres
pyteth anodhans, an re-na a veu
destnys dhyrag dorn rag y glory.

24Yth eson ny in mesk an re-na, ha ny
re beu gelwys mes a'n Yêdhewon hag
a'n Jentylys kefrës. 25Kepar dell lever
Duw in lyver Osê,

"An re-na nag o ow fobel vy, me a
vydn aga gelwel 'ow fobel vy',
ha hodna nag o meurgerys, me a
vydn hy gelwel 'meurgerys'."

Ha,

26"In very tyller may feu leverys
dhedhans,
'Nyns owgh why ow fobel màn,'
ena y a vëdh gelwys 'flehes a'n Duw
bew'."

27Hag yma Esay ow carma adro
dhe Israel,

"Kyn fe an nùmber a flehes Israel
kepar ha tewas an mor,
ny vëdh sawys anodhans mès
remnant,
28rag an Arlùth a vydn collenwel y
vreus yn scon ha dre nerth
warbydn an bës."

29Kepar dell lever an profet Esay,

"Na ve an Arlùth dhe alowa
remnant ahanan dhe vewa,
ny a wrussa fara kepar ha Sodom,
ha ny a via kepar ha Gomorre."

30Pandra ytho a dal dhyn leverel?
An Jentylys, na wrug strîvya dhe
wainya ewnder, y re'n cafas. Hèn yw
dhe styrya, ewnder dre fëdh. 31Pobel
Israel a wrug strîvya dhe gafos ewn-
der growndys wàr an laha, saw ny
wrussons spêdya dh'y gafos. 32Prag
nâ? Dre rêson na vowns y growndys
wàr fëdh, mès wàr oberow, dell
hevelly dhedhans. Y a omdhysevys
wàr an men a drebuchyans 33cam-
pollys i'n scryptour,

"Mir, yth esof vy ow settya men in
Sion a vydn gul dhe'n dus
trebuchya,
ha carrek a wra aga dysevel,
ha seul a wrella cresy ino ev, ny
vëdh ev shâmys màn."

10 A vreder, assa via dâ genef
ow fobel dhe vos selwys! Ass
yw ernest ow fejadow dhe Dhuw
ragthans! 2Me a yll desta dhywgh
why a'ga dywysycter tro ha Duw, saw
nyns yw an dywysycter na growndys
wàr skentoleth ewn. 3Ny wodhons an
ewnder a dheu dhyworth Duw. In le
a hedna ymowns y ow whelas byldya
fordh bys i'ga ewnder aga honen. Rag
hedna ny wrowns y plegya dhe
ewnder Duw. 4Crist yw dyweth an
laha, hag ev a dhora ewnder dhe
bynag oll a gressa ino.

5Ow tùchya an ewnder a dheu
dhyworth obedyens dhe'n laha,
Moyses a lever, "Pynag oll a wrella an
taclow-ma, a vydn bewa dredhans."
6Saw yma an ewnder a dheu dhy-
worth fëdh ow leverel: "Na wra
govyn, 'Pyw a vydn ascendya i'n
nev?'" (hèn yw, rag dry Crist dhe'n
dor) 7"naneyl na wra govyn, 'Pyw a
vydn skydnya bys i'n islonk?'" (hèn
yw, rag dry Crist in bàn dhyworth an
re marow). 8Saw pandr'usy an
ewnder ow leverel? "Ogas dhis yma
an ger. Yma va wàr dha wessyow hag
i'th colon." Hèn yw an messach a
fëdh eson ny ow progeth. 9Mar
qwrêta meneges gans dha wessyow
Jesu dhe vos an Arlùth, ha cresy i'th
colon Duw dh'y dherevel dhyworth
an re marow, te a vëdh selwys. 10Mar

teu nebonen ha cresy in y golon, ev a
vëdh jùstyfies. Mar teu va ha meneges
gans y anow, ev a vëdh selwys. 11An
scryptour a lever, "Kenyver den a
gressa ino ev, ny wra ev kemeres
meth." 12Kenyver den—rag nyns eus
dyffrans vëth inter Yêdhow ha Grêk.
An keth Arlùth yw Arlùth a bùbonen,
hag ev yw larj lowr rag pùbonen a
wrella gelwel warnodho. 13Dell lever
an scryptour arta, "Kenyver den a
wrella gelwel wàr hanow an Arlùth a
vëdh sawys." 14Fatell yllons y gelwel
warnodho ev, na wrussons y cresy
ino? In pàn vaner a yllons y cresy in
hedna na wrussons bythqweth clôwes
anodho? In pàn vaner a vydnons y
clôwes heb den vëth dh'y brogeth
dhedhans? 15Fatell yllons y brogeth
marnas y a vëdh danvenys? Dell lever
an scryptour, "Ass yw teg treys an re-
na usy ow try nowodhow dâ!"

16Saw ny wrug pùbonen obeya
dhe'n nowodhow dâ, rag Esay a lever,
"Arlùth, pyw re gresys agan
messach?" 17Rag hedna, fëdh a dheu
dhyworth an messach, ha'n messach
a dheu dhyworth an progeth a Grist.
18Dar, ny wrussons y clôwes?
Gwrussons heb mar, dell lever an
scryptour,

> "Gallas aga lev in mes bys in oll an
> nor,
> ha'ga geryow dhe bednow an bës."

19Arta govyn a wrama: dar, a ny wrug
Israel convedhes? I'n kensa le Moyses
a lever,

> "Me a vydn settya avy intredhowgh
> ha'n re-na nag yw nacyon.
> Me a wra dhywgh serry orth pobel
> wocky."

20Yma Esay moy colodnek whath pàn
lever ev,

> "Me a veu kefys gans an re-na, na
> wrug ow whelas.
> Me a omdhysqwedhas dhe'n re-na,
> na wrug govyn adro dhybm."

21Saw ow tùchya Israel ev a lever,

> "Oll an jorna me a sensys in mes
> ow dewla tro ha pobel dreus ha
> dywostyth."

11 Govyn a wrav ytho: a wrug
Duw sconya y bobel? Na
wrug màn! Me ow honen yw
Israelyas, issyw a Abraham, esel a'n
trib a Benjamyn. 2Ny wrug Duw
sconya y bobel a wrug ev aswon
dhyrag dorn. A ny wodhowgh pandra
lever an scryptour adro dhe Elias,
fatell wre va plêdya gans Duw rag
Israel? 3"Arlùth, y a ladhas dha
brofettys ha dysevel dha alteryow.
Nyns yw gesys mès me ow honen oll.
Ymowns y ow whelas ow ladha."
4Saw pëth a veu gorthyp Duw dho-
dho? "Me re sensys dhybm seyth mil
na wrug bythqweth mos wàr bedn
dewlin dhyrag Baal." 5In kepar maner
i'n present termyn yma nùmber bian
a dus, hag y a veu dêwysys der y râss.
6Growndys wàr y râss, yw y dhêwys
ev, adar wàr aga oberow y. A pe y
dhêwys growndys wàr oberow, ny via
grâss grâss in gwiryoneth. 7Pëth
ytho? Ny spêdyas Israel ha cafos an
pëth esa Israel ow whelas. Nebes tus
dhêwysys a'n cafas. An dus erel a veu
dallhës tro ha'n gwiryoneth, 8poran
kepar dell lever an scryptour,

"Duw a ros dhedhans spyrys syger,
lagasow na vydna gweles, ha
scovornow nag o whensys dhe
glôwes
bys i'n jëdh hedhyw."

9Ha Davyth a lever,

"Bedhens tabel aga bankettys kepar
ha maglen hag antel ragthans,
kepar ha men trebuchya ha venjans
diogel.
10Bedhens dallhës aga lagasow, rag
dowt y dhe weles.
Gwra beghya aga heyn der anken
pùpprës."

11Govyn a wrama rag hedna: pàn
drebuchyas an Yêdhewon, a wrussons
y codha yn tien? Na wrussons màn!
Saw der aga threspas salvacyon a
dheuth dhe'n Jentylys. Ha hedna a
wra inia an Yêdhewon dhe strîvya
gansans. 12Trespas an Yêdhewon a
dhros rychys brâs dhe'n bës, ha'ga
mothow a dhug meur a wain dhe'n
Jentylys. Py seul dhe voy a vëdh an
prow, pàn vëdh an Yêdhewon
nyverys warbarth gansans!
13Lebmyn yth esof vy ow côwsel
orthowgh why, why Jentylys. In mar
veur dell oma abostel dhe'n Jentylys,
omvôstya a wrav i'm menystry. 14Yth
esof ow cul indelma, may hallen gul
dhe'm pobel vy perthy envy. I'n
vaner-ma martesen me a yll selwel
radn anodhans. 15Pàn wrussons y
sconya, an bës a gafas redempcyon.
Pandra whyrvyth, mar towns y ha
degemeres? Tra vëth ken ès das-
serghyans dhyworth an re marow!
16Mars yw sans tabm a'n toos a vëdh
offrydnys avell bleynfrût, nena sans
yw oll an bara. Mars yw sans gwredh-
yow an wedhen, nena sans yw an
branchys kefrës.
17Radn a'n branchys a veu terrys
dhe ves, ha te, scoren a olyf gwyls, a
veu graffys i'ga thyller dhe vos
kevrednek a wredhen rych an olyf-
wedhen. 18Rag hedna, na wra om-
vôstya orth an branchys. Mar teuta ha
bôstya, porth cov nag esta jy ow sensy
an wredhen, saw an wredhen dhe'th
sensy jy. 19Te a vydn leverel, "Y feu
branchys terrys dhe ves may hallen vy
bos graffys i'ga thyller." 20Gwir yw
hedna. Y fowns y terrys dhe ves dre
rêson a'ga dyscrejyans, saw te, dre
fëdh yn udnyk yth esta ow sevel. Na
vëdh prowt ytho, mès kebmer own.
21Mar ny wrug Duw sparya an
branchys teythyak, martesen ny vydn
ev dha sparya jy.
22Rag hedna mir orth cufter ha
sevureth Duw. Ev yw sevur tro ha'n
re-na a godhas, saw caradow yw Duw
tro ha te, mar teuta ha pêsya in y
gufter. Poken te a vëdh trehys dhe
ves. 23Ha'n Israelysy, mar ny wrowns
y pêsya in dyscrejyans, y inwedh a
vëdh graffys aberth i'n wedhen. Rag
Duw a yll aga graffya aberth inhy arta.
24Mar peusta trehys dhyworth olyf-
wedhen wyls warlergh natur ha graff-
ys aberth in olyfwedhen wonedhys
warbydn natur, pyseul dhe voy a vëdh
an branchys genesyk graffys arta
aberth i'ga gwedhen deythyak?
25Dâ via genef why dhe gonvedhes
an mystery-ma, a vreder, rag dowt
why dhe facya agas bos furra ès dell
owgh why. Dellny a dheuth wàr radn
a'n Israelysy, bys may teffa ajy nùm-
ber leun a'n Jentylys. 26Pàn vo hedna
wharvedhys, oll Israel a vëdh selwys,
kepar dell lever an scryptour,

“Y teu an Sylwyas mes a Sion.
Ev a wra banyshya sherewynsy mes
a Jacob.”
27“Ha hebma yw ow ambos
gansans,
pàn wryllyf kemeres in kerdh oll
aga fehosow.”

28Ow tùchya an awayl, eskerens
Duw yw an Yêdhewon rag agas
kerensa why. Saw ow tùchya dêwys-
yans, y yw meurgerys, awos aga
hendasow. 29Rag ny yll naneyl royow
na galow Duw bos defendys dhe ves.
30Why o dywostyth dhe Dhuw, saw
lebmyn why a recêvas mercy dre
rêson a'ga dysobedyens y. 31In kepar
maner y a veu dywostyth, may hallens
recêva tregereth der an dregereth
dysqwedhys lebmyn dhywgh why.
32Duw a wrappyas pùb nacyon in
dyscrejyans, may halla ev cafos mercy
wàr oll.

33Ass yw brâs rychys Duw! Ass yw
down y furneth ha'y skentoleth!
Pyw a yll whythra y vreus ev?
Pyw a yll convedhes y fordhow?
Kepar dell lever an scryptour,
34“Pyw a aswonas brës an Arlùth?
Pyw re beu consler dhodho?”
35“Pò pyw re ros dhodho ro, ha
recêva dhyworto presont yn
weryson?”
36Dhyworto ev ha dredho ev ha
dhodho ev yma kenyver tra.
Dhodho ev re bo glory bys
vycken ha bys venary! Amen.

12 Yth esof vy ytho dre dreger-
eth Duw orth agas exortya,
a vreder, dhe brofya agas corfow avell
oblacyon bew, sans ha plegadow dhe
Dhuw. Hèn yw an golohas gwir a dal
dhywgh offra. 2Na vedhowgh kepar
ha'n bës-ma. Bedhens nowedhys agas
brës, rag indella agas natur a vëdh
chaunjys yn tien. Nena why a yll
aswon bodh Duw, ha convedhes pëth
yw dâ, plegadow ha perfëth.

3Der an grâss rës dhybmo, me a
lever hebma dhe bùbonen ahanowgh:
na wrêns den vëth predery moy
anodho ès dell goodh. Gwrewgh
predery kyns gans breus doth, pùb-
onen ahanowgh warlergh musur an
fëdh grauntys dhodho gans Duw.
4Ny a'gan beus i'gan corfow lies esel,
mès ny'n jeves kenyver esel an keth
offys. 5In kepar maner ny, hag yth on
ny lies onen, ny yw udn corf in Crist,
ha kenyver ahanan yw esel an eyl a'y
gela. 6Dyvers yw agan teythy war-
lergh an grâss grauntys dhyn. Mara'n
jeves den an ro a brofecy, gwrêns
profusa orth myns y fëdh. 7Mara'n
jeves an ro a venystry, gwrêns ev
menystra. Mara'n jeves an descador
ro, ev a dal y ûsya rag desky. 8Mara'n
jeves den an ro a exortacyon, res yw
dhodho gul devnyth anodho rag inia
tus. Mars esta ow ry larjes, roy in hel.
Mars os hùmbrynkyas, bëdh dywysyk
i'th offys. Mars esta ow confortya tus
in anken, bëdh lowenek orth y wul.

9Bedhens gwiryon agas kerensa.
Hâtyowgh an pëth a vo drog, mès
sensowgh in fast an pëth a vo dâ.
10Kerowgh an eyl y gela kepar ha kes-
Cristonyon gerensedhek. Strîvyowgh
intredhowgh dhe dhysqwedhes
onour. 11Lavuryowgh yn cales ha na
vedhowgh diek. Servyowgh an Arlùth
gans gwres i'gas colon. 12Gwrêns an
govenek agas lowenhe, godhevowgh
anken gans perthyans ha pesowgh
Duw pùb termyn oll. 13Kevradnowgh
agas pëth gans agas kes-Cristonyon

mar pedhons y in othem, hag
egerowgh agas treven dhe alyons.
14Benegowgh an re-na usy orth
agas tormentya. Ea, benegowgh ha
na wrewgh molethy. 15Bedhowgh
lowen gans an re-na a vo lowen hag
olowgh gans an re-na a vo owth ola.
16Bewowgh kescolon an eyl gans y
gela. Na vedhowgh prowt, mès bedh-
owgh caradow dhe'n re uvel. Na
facyowgh bos furra ès dell owgh.
17Mar teu nebonen ha gul drog
dhywgh, na wrewgh y aqwytya gans
drog. Whelowgh dhe wul an pëth usy
kenyver onen ow tyby y vos dâ. 18Mar
kylla bos, gwrewgh oll agas ehen dhe
drega in cosoleth gans pùbonen. 19A
vreder veurgerys, na wrewgh nefra
venjya agas honen wàr dhen vëth,
mès gesowgh sorr Duw dh'y wul,
kepar dell lever an scryptour, "Me a
bew an venjans. Me a vydn aqwytya,
yn medh an Arlùth." 20Kepar dell
lever an scryptour,

"Mar pëdh dha eskerens gwag,
ro dhedhans sosten.
Mar pëdh dhedhans sehes,
ro dhedhans dhe eva.
Indelma te a vydn berna regyth wàr
aga fedn."

21Na vedhowgh fethys der an drog,
mès fethowgh an drog der an dâ.

13 Res yw dhe bùbonen obeya
dhe rewlysy an wlas, rag nyns
eus auctoryta vëth i'n bës heb
cubmyas Duw. An auctorytas neb a's
teves gallos, y a veu settys in bàn gans
Duw. 2Rag hedna kenyver a wrella
resystens dhe'n auctorytas, yma va
owth offendya an pëth re beu
appoyntys gans Duw. An re-na a
wrella offens, y a vëdh in danjer a
vrusyans. 3Nyns yw an rewlysy ordnys
gans Duw dhe worra own i'n re-na a
vo dâ, mès dhe bùnyshya an dhrog-
pobel. Osta whensys dhe vos heb own
a'n auctorytas? Nena gwra an pëth a
vo dâ, ha te a vëdh servabyl dhed-
hans. 4Rag y yw servysy Duw dhe wul
dâ. Saw mar teuta ha gul an pëth a vo
drog, y coodh dhis kemeres own.
Cledha an governans yw neppyth
wordhy, hag yma rêson dâ rag hedna!
Servysy Duw yw an rewlysy rag
venjya wàr an dhrog-pobel. 5Yth yw
res ytho dhe bùbonen obeya dhe'n
rewlysy awos dowt bos pùnyshys, ha
dre rêson a gonscyans kefrës.
6Rag an keth rêson, res yw dhywgh
tylly tollow, abàn yw an rewlysy
servysy Duw ha'n very tra-ma yw aga
negys. 7Tellowgh dhe bùbonen an
tollow ha charjys a dal bos tyllys
dhodho, ha dysqwedhowgh revrons
ha worshyp dhe genyver onen magata.
8Na vedhowgh in kendon dhe dhen
vëth. Nyns owgh why kelmys mès
dhe gara an eyl y gela, rag pynag oll
den a garra y goweth, ev a wrug
collenwel an laha solabrës. 9Why a
wor an comondmentys, "Na wra
avoutry, na wra ladha, na wra ladra,
na wra whansa." An re-na oll ha pùb
gorhebmyn aral yw reknys i'n udn
comondment-ma: "Te a dal cara dha
gentrevak kepar ha te dha honen."
10Mars esta ow cara nebonen, ny
wrêta cabm vëth dhodho. Rag hedna
yth yw kerensa collenwel oll an laha.
11Moy ès hebma, why a wor pëth
yw an eur. Why a wor bos res
dhywgh dyfuna dhyworth agas cùsk.
Moy ogas dhyn yw agan salvacyon ès
dell o pàn wrussyn ny cresy i'n
dallath. 12Gyllys yw an radn vrâssa

a'n nos hag ogas dhyn yw terry an jëdh. Gesowgh ny ytho dhe settya adenewen oberow an tewolgow, hag omwysca in hernes an golow. 13Gesowgh ny dhe vewa kepar dell goodh, yn onest hag in golow an jëdh. Na esowgh ny omry agan honen dhe onen vëth a'n re-ma: medhêwnep, mostethes, dhysonester, strif nag envy. 14In le a hedna gorrowgh adro dhywgh an Arlùth Jesu Crist. Na wrewgh attendya agas natur leun a begh rag collenwel agas drog-whansow.

14 Rewgh wolcùm dhe'n den yw gwadn y grejyans, saw na wrewgh argya ganso ow tùchya contraversytas. 2Rag ensampel, onen a'n jevyth lowr a grejyans dhe dhebry pùptra, saw ny vydn y gela, a vo gwadnha y fëdh, debry tra vëth mès losow. 3Res yw dhe bynag oll a wrella debry pùb sort sosten sevel orth despîtya an re-na na dheppra. Ha'n re-na na dheppra, a dal sevel orth jùjya an dus erel, rag Duw a wrug aga wolcùbma. 4Pyw osta jy may halles brusy servysy den aral? Ny amownt dhis màn usy ev ow sevel pò ow codha. Mater rag y Vêster yw hedna. An re-na a wra sevel a'ga sav, rag an Arlùth a vydn aga sensy in bàn.

5Yma radn ow tyby bos gwell an jorna-ma ès an jorna-na, pàn usy re erel ow jùjya oll an dedhyow dhe vos kehaval. Bedhens pùbonen sur in y vrës y honen. 6An re-na usy owth attendya an jëdh, gwrêns y indella in onour dhe'n Arlùth. In kepar maner, an re-na usy ow tebry, y a'n gwra rag onour an Arlùth, rag y dhe ry grassow dhe Dhuw. Ha'n re-na na vydn debry, ymowns y ow sevel orth debry rag onour an Arlùth. Indelma ymowns y ow ry grassow dhe Dhuw. 7Nyns eson ny ow pewa dhyn agan honen, naneyl ny wren ny merwel dhyn agan honen. 8Mars on ny yn few, ny yw yn few rag an Arlùth. Mar teun ny ha merwel, dhe'n Arlùth ny a verow. Rag hedna ny amownt màn eson ny ow pewa pò ow merwel, an Arlùth a'gan pew.

9Hedna a veu an porpos may whrug Crist sùffra mernans ha dasserhy, may fe ev an Arlùth kefrës a'n re marow hag a'n re bew. 10Prag yth esta ow jùjya dha vroder? Pò prag yth esta orth y dhysprêsya? Yth eson ny oll a'gan sav dhyrag an sedhek a vreus Duw. 11Dell lever an scryptour,

"'Kepar dell esoma ow pewa,' in
medh an Arlùth, 'pùb glin oll a
wra plegya dhyragof,
ha pùb tavas a vydn ry prais dhe
Dhuw.'"

12Rag hedna y fëdh res dhe genyver onen ahanan gortheby dhyrag Duw.

13Na esyn ny ytho jùjya an eyl y gela. Gwren ny kyns porposya, na wrellen settya men a drebuchyans, pò ancombrynsy vëth, dhyrag agan hynsa. 14Me a wor hag yth ov certan, nag yw tra vëth avlan a'y honen i'n Arlùth Jesu. Saw mars usy nebonen orth y gonsydra avlan, avlan yth yw. 15Mars yw dha vroder pystygys der an pëth esta ow tebry, nyns esta na fella ow kerdhes in kerensa. Na wra alowa dhe'n pëth esta ow tebry shyndya nebonen a sùffras Jesu mernans ragtho. 16Bydner re bo blamys an taclow yw dâ genowgh. 17Nyns yw gwlascor Duw sosten ha dewas. Gwiryoneth yth yw hy ha cosoleth ha

lowena i'n Spyrys Sans. 18Neb a wrella
servya Crist indelma, servabyl ywa
dhe Grist ha plegadow dhe vab den.

19Gesowgh ny dhe sewya oll an
taclow usy ow provya cres hag yw vas
rag byldya in bàn an eyl ha'y gela.
20Na wra shyndya ober Duw awos
sosten. Glân yw pùptra in gwir, saw
cabm yw dhis gul dhe'th cowetha
codha der an pëth a wrêta debry.
21Dâ yw sevel orth debry kig pò eva
gwin pò gul tra vëth aral, a wrella
dhe'th vroder trebuchya.

22Mars esta ow cresy neppyth,
bedhens hedna intredhos jy ha Duw.
An den na wra dampnya y honen
awos a vo dâ ganso, gwydn y vës.
23Mar teu nebonen ha debry, kynth
ywa leun a dhowt, dampnys ywa,
drefen na wra indella awos fëdh.
Pùptra oll na dheffa dhyworth fëdh,
pegh yth yw.

15 Abàn on ny crev, y coodh
dhyn perthy dyfygyow an
dus wadn ha refrainya dhyworth
plêsya agan honen. 2Res yw dhe bùb-
onen ahanan plêsya y gentrevak rag y
dherevel in bàn. 3Rag ny wrug Crist
plêsya y honen, mès, kepar dell lever
an scryptour, "Y codhas warnaf vy oll
an despît a'n re usy ow cul bysmêr
dhis." 4Rag pùptra neb a veu screfys
i'n dedhyow coth rag agan desky ny,
screfys veu may fen ny stedfast, ha
may hallen perthy govenek dre
gonfort an scryptours.

5Re wrauntya an Duw a lendury hag
a gonfort dhywgh dhe vewa in acord
an eyl gans y gela warlergh bolùnjeth
Jesu Crist. 6Nena why oll a vëdh
kescolon hag a yll ry glory dhe Dhuw,
an Tas a'gan Arlùth Jesu Crist.

7Rewgh wolcùm ytho an eyl dh'y
gela, poran kepar dell wrug Crist agas
wolcùbma why. Mar tewgh why ha
gul hedna, Duw a gav an glory. 8Me
a lever Crist dhe vos gwrës an servont
a'n re nag o cyrcùmcîsys rag kerensa
an gwiryoneth a Dhuw. Ev a veu
gwrës servont dhe gollenwel an pro-
myssyow rës dh'agan hendasow 9ha
may halla an Jentylys praisya Duw
awos y dregereth. Dell lever an
scryptours,

"Rag hedna me a vydn dha avowa
in mesk an Jentylys,
ha cana golohas dhe'th hanow."

10Hag arta an scryptours a lever,

"Bedhowgh lowen, why Jentylys,
gans y bobel."

11Hag arta,

"Gormelowgh an Arlùth, oll why
Jentylys,
ha gwrêns oll an poblow y braisya."

12Hag arta yma Esay ow leverel,

"Gwredhen Jesse a vydn dos,
ha hedna neb a vydn sordya rag
rewlya an Jentylys.
Ino ev an Jentylys a's tevyth
govenek."

13Re wrella an Duw a wovenek agas
lenwel a bùb joy ha cosoleth in fëdh,
may hallowgh why cafos govenek
leun der allos an Spyrys Sans.

14Me yw vy certan, a vreder, why
dhe vos leun a dhader hag a sken-
toleth hag abyl dhe dhesky an eyl y
gela. 15Saw me re screfas dhywgh yn

hardh in tyleryow rag gul dhywgh
perthy cov, rag grâss Duw re'm
16gwrug an menyster a Jesu Crist
dhe'n Jentylys. Ow servys avell
pronter yw dhe brogeth awayl Duw,
may fo an Jentylys offrys avell offryn
servabyl ha sacrys der an Spyrys Sans.
17Me a'm beu caus ytho in Jesu
Crist dhe omvôstya a'm lavur rag
Duw. 18Ny vanaf vy lavasos dhe
gôwsel a dra vëth mès a'n dra re beu
cowlwrës gans Crist dredhof vy, dhe
wainya obedyens an Jentylys. Dre er
ha der ober, 19dre allos sînys ha
tôknys, dre allos an Spyrys Sans me a
bregowthas an lanwes a nowodhow
dâ Crist dhia Jerùsalem ader dro bys
in Illyrycùm. 20Ass yw mal genef
progeth an nowodhow dâ! Saw ny
vanaf vy progeth i'n tyleryow-na may
feu Crist pregowthys solabrës, rag ny
vynsen byldya wàr fùndacyon
nebonen aral. 21Kepar dell lever an
scryptour,

"An re-na na veu bythqweth
declarys dhedhans, y a welvyth
ha'n re-na na glôwas bythqweth
anodho, convedhes y a wra."

22Hèm yw an rêson me dhe vos
lettys mar lies torn a dhos dhywgh.
23Saw lebmyn, abàn nag eus spâss
vëth moy dhybm i'n côstys-ma, mal
yw genef dos dhywgh nans yw lies
bledhen. 24Me a dheu dhywgh wàr
ow viaj bys in Spain. In gwir govenek
a'm beus agas gweles why wàr ow
viaj. Why a yll ow danvon in rag wosa
me dhe vos lowen i'gas cowethas
termyn hir. 25Saw i'n tor'-ma yth esof
vy ow travalya dhe Jerùsalem avell
menyster dhe bobel Duw. 26Plêsys
veu Macedonya hag Acaya dhe
gevradna aga fëth gans an vohosog-
yon in mesk pobel Duw in Jerùsalem.
27Dâ o gansans gul indelma hag in
gwir y cotha dhedhans y wul. Mar
teuth an Jentylys ha cafos radn a'ga
benothow spyrysek, y tal dhedhans
lebmyn gweres pobel Duw ow tùchya
taclow an kig. 28Rag hedna pàn vo an
dra ma cowlwrës genama ha wosa me
dhe dhelyvra dhe bobel Duw pùptra
re beu cùntellys, me a vydn dallath
wàr ow viaj dhe Spain. Me a dheu
dhywgh wàr an fordh. 29Godh-
vedhowgh hebma: pàn dhyffyf
dhywgh, me a dheu in abùndans a'n
benothow a Grist hag a'y awayl.

30Yth esof orth agas exortya why, a
vreder, in hanow agan Arlùth Jesu
Crist hag in kerensa an Spyrys, dhe
omjùnya warbarth ha pesy Duw in
tywysyk ragof. 31Pesowgh may fen
delyvrys dhyworth an angryjygyon in
Jûdy, ha may fe ow menystry in
Jerùsalem servabyl dhe bobel Duw.
32Pesowgh may hallen gans lowena
dos dhywgh, mar mydn Duw, ha
powes i'gas mesk. 33Re bo an Duw a
gosoleth genowgh why oll.

16 Me a gomend dhywgh agan
whor ny Fêbê, diagones a'n
eglos in Cencrys. 2Rewgh wolcùm i'n
Arlùth dhedhy, kepar dell yw wordhy
dhe bobel Duw. Gweresowgh hy in
kenyver tra a vo hy ow reqwîrya
dhyworthowgh, rag hy a wrug lowr a
dhâ dhe lies onen ha dhybmo vy
kefrës.

3Gwrewgh dynerhy Prysca hag
Aqwyla, ow hesoberyon in Jesu
Crist, 4rag y a wrug peryllya aga
honen rag ow bêwnans vy. Me

hag oll eglosyow an Jentylys a dal
aswon meur ras dhedhans.
5Dynerhowgh inwedh an eglos usy
i'ga chy.
Dynerhowgh Epenetùs, ow hoth-
man meurgerys, neb a veu an
kensa trailys dhe Grist in Asya.
6Dynerhowgh Maria, re beu ow
lavurya yn pur gales i'gas mesk.
7Dynerhowgh Andronycùs ha
Jùnyas, ow goos vy. Y a veu
genama in pryson. Y yw wordhy
in mesk an abosteleth hag y
fowns in Crist kyns ès me.
8Dynerhowgh Amplyanùs, ow
hothman meurgerys i'n Arlùth.
9Dynerhowgh Ùrbanùs, agan kes-
oberor in Crist, ha Stakys, ow
hothman meurgerys.
10Dynerhowgh Apelles hag a'n
jeves worshyp in Crist.
Dynerhowgh an re-na yw esely a
veyny Arystobùlùs.
11Dynerhowgh ow nessevyn
Erodyon.
Dynerhowgh an oberoryon i'n
Arlùth usy ow longya dhe veyny
Narcyssùs.
12Dynerhowgh an wonesyjy-na i'n
Arlùth, Tryfaena ha Tryfosa.
Dynerhowgh Persys meurgerys
hag a lavuryas yn crev rag an
Arlùth.
13Dynerhowgh Rûfùs, dêwysys i'n
Arlùth; ha dynerhowgh y vabm
ev. Mabm yw hy dhybmo vy
kefrës.
14Dynerhowgh Asyncrytùs, Flegon,
Hermes, Patrobas, Hermas ha'n
bredereth usy gansans.
15Dynerhowgh Fylologùs, Jûlya,
Nereùs ha'y whor, hag Olympas,
hag oll pobel Duw gansans.
16Dynerhowgh an eyl y gela gans
bay sans. Yma oll eglosyow Crist
orth agas dynerhy.

17Yth esof vy orth agas inia why, a
vreder: na vedhowgh dyswar a'n re-
na usy ow sordya strif hag ow cul
bysmêr dhe grejyans tus, warbydn an
dyscans a wrussowgh why recêva. Na
vellyowgh gansans. 18Rag nyns usy
tus a'n par-na ow servya agan Arlùth
Jesu Crist, adar aga whansow aga
honen. Gans fekyl cher ha fug-
lavarow ymowns y ow tysseytya tus
sempel. 19Agas obedyens yw aswonys
dhe bùbonen, hag yth esof vy ow
rejoycya adro dhywgh. Dâ via
genama why dhe vos skentyl adro
dhe'n pëth a vo dâ, mès heb gil vëth
adro dhe'n pëth a vo drog.
20Heb let an Duw a gosoleth a
vydn trettya Satnas in dadn agas treys
why.
Re bo grâss agan Arlùth Jesu Crist
genowgh why.
21Yma Tymothy, ow hesoberor,
orth agas dynerhy; ha Lûcy kefrës ha
Jason ha Sosypater, ow har vy.
22Yth esof vy, Tertyùs, scryvynyas
an lyther-ma, orth agas dynerhy i'n
Arlùth.
23Yma Gayùs, ow ost vy hag ost oll
an eglos, orth agas dynerhy.
Yma Erastùs, tresoror an cyta,
ha'gan broder Qwartùs, orth agas
dynerhy. 24Re bo grâss agan Arlùth
Jesu Crist genowgh why oll.
25Gesowgh ny dhe ry glory dhe
Dhuw! Ev a yll gul dhywgh sevel fast
i'gas fëdh warlergh an awayl esof vy
ow progeth adro dhe Jesu Crist ha
warlergh an revelacyon a'n mystery a
veu kelys dres osow hir. 26Saw
lebmyn an gwiryoneth a veu

dysclôsys dre scrîvow an profettys. Der arhadow a Dhuw nefra a bës an gwiryoneth a veu derivys dhe oll an nacyons, may halla pùbonen cresy hag obeya dhodho. [27]Dhe'n Duw udnyk fur, dre Jesu Crist, re bo an glory bys vycken ha bys venary! Amen.

Kensa Pystyl Pawl dhe'n Corynthyans

1 Dhyworth Pawl, gelwys dhe vos
abostel a Jesu Crist dre volùn-
jeth Duw, ha dhyworth agan broder,
Sosthenes,

2Dhe eglos Duw usy in Corynth,
dhe'n re-na yw sacrys in Crist Jesu.
Why a veu gelwys dhe vos pobel
Duw, warbarth gans oll an re-na usy
in pùb tyller ow kelwel wàr hanow
Jesu Crist, aga Arlùth y, ha'gan
Arlùth ny kefrës.

3Re bo grâss dhywgh why ha cres
dhyworth Duw, agan Tas, ha dhy-
worth an Arlùth Jesu Crist.

4Yth esof ow ry grassow dhe'm
Duw pùpprës ragowgh why, dre
rêson a'n grâss a veu rës dhywgh in
Jesu Crist. 5In pùb maner oll why re
recêvas rychys dhyworto ow tùchya
cows ha skentoleth a bùb sort, 6kepar
dell veu dùstuny Crist fastys i'gas
mesk why. 7Rag hedna nyns eus
othem dhywgh a ro spyrysek vëth, ha
why ow cortos agan Arlùth Jesu Crist
dhe vos dysclôsys dhywgh. 8Ev a wra
agas confortya bys i'n dyweth, may
fewgh why heb blam in jorna agan
Arlùth Jesu Crist. 9Lel yw Duw,
dredho may fewgh why gelwys
aberth i'n gowethas a'y Vab, Jesu
Crist agan Arlùth.

10Lebmyn yth esof orth agas inia, a
vreder, in hanow agan Arlùth, Jesu
Crist, dhe vos unver an eyl gans y
gela. Bydner re bo strif intredhowgh,
mès bedhowgh oll kescolon hag
acordys warbarth. 11Rag y feu derivys
dhybm, a vreder, gans tus a veyny
Cloe argùmentys dhe vos i'gas mesk.
12Hèm yw dhe styrya pùbonen
ahanowgh dhe leverel, "Yth esof vy
ow sensy a Pawl," pò "Yth esof vy ow
sensy a Apollos," pò "Yth esof vy ow
sensy a Cefas," pò "Yth esof vy ow
sensy a Grist."

13Yw Crist rydnys? A veu Pawl
crowsys ragowgh? A vewgh why
besydhys in hanow Pawl? 14Gro-
mercy dhe Dhuw, na wrug avy
besydhya den vëth ahanowgh, mès
Cryspùs ha Gayùs. 15Indella ny yll
den vëth ahanowgh leverel ev dhe vos
besydhys i'm hanow vy. 16(Me a
vesydhyas meyny Stefan. Moy ès
hedna, ny wòn a wrug avy besydhya
den vëth aral pò na wruga.) 17Ny
wrug Crist ow danvon dhe vesydhya,
mès dhe brogeth an awayl, ha hedna
heb skentoleth lavar, ma na wrella
crows Crist kelly hy nerth.

18An messach adro dhe'n grows yw
foly dhe'n re-na usy ow mos dhe goll.
Saw dhyn ny, usy ow cafos sylwans,
yth yw an gallos a Dhuw. 19Dell lever
an scryptour,

"Me a vydn dystrêwy furneth an
dus fur,
ha skians an re skentyl me a vydn
lettya."

20Ple ma an den fur? Ple ma an
scryvynyas? Ple ma arethyor an oos-
ma? A ny wrug Duw foly a furneth an
bës? 21Awos furneth Duw, ny wrug
an bës aswon Duw dre furneth. Rag
hedna Duw a erviras selwel an
gryjygyon dre foly agan progeth ny.

22Y fëdh an Yêdhewon ow tervyn sînys, ha'n Grêkys ow tesîrya skentoleth. 23Yth eson ny ow progeth Crist crowsys. Hèn yw men a drebuchyans dhe'n Yêdhewon, ha dhe'n Grêkys foly. 24Saw dhe'n re-na yw gelwys, Yêdhewon ha Grêkys kefrës, Crist yw nerth Duw ha skentoleth Duw magata. 25Rag furra yw foly Duw ès furneth mab den, ha creffa yw gwander Duw ès nerth tus an bës-ma.

26Attendyowgh agas galow why, a vreder. Nyns o lies onen ahanowgh fur warlergh an kig, bohes ahanowgh o crev, bohes ahanowgh o sevys a woos uhel. 27Saw Duw a dhêwysas an pëth o gocky i'n bës rag shâmya an dus fur. Duw a dhêwysas an pëth o gwadn i'n bës rag ry meth dhe'n grevyon. 28Duw a dhêwysas an pëth isel ha dysprêsys i'n bës, taclow nag yw tra vëth, dhe dhyswul an pëth usy i'n bës. 29Ev a'n gwrug, ma na alla den vëth bôstya dhyrag Duw. 30Ev yw penfenten agas bêwnans in Jesu Crist. Crist a veu gwrës skentoleth dhyworth Duw ragon ny hag ewnder ha sansoleth ha redempcyon. 31Kepar dell lever an scryptour, "seul a wrella bôstya, gwrêns ev bôstya i'n Arlùth."

2

Pàn wrug avy dos dhywgh, a vreder, ny dheuth vy ow progeth mystery Duw dhywgh der eryow bryntyn ha dre skentoleth brâs. 2Me a erviras sevel orth godhvos tra vëth i'gas mesk saw unsel Jesu Crist, hag ev crowsys. 3Me a dheuth dhywgh in gwander, in own hag ow crena fèst. 4Nyns o ow lavarow ha'm cows gwyskys in geryow helavar na skentyl, saw me a gowsas orthowgh ow tysqwedhes an gallos a'n Spyrys a Dhuw. 5Me a wrug indella may fe fùndys agas fëdh wàr nerth Duw, kyns ès wàr skentoleth mab den.

6Ny a gôws furneth orth an dus athves, kyn nag ywa skentoleth a'n oos-ma naneyl an skentoleth a rewlysy an bës-ma, rag an re-na a wra mos dhe goll. 7Saw yth eson ny ow côwsel skentoleth kelys ha cudh Duw. An skentoleth-na a veu destnys gans Duw kyns oll an osow rag agan glory ny. 8Ny wrug rewler vëth a'n oos-ma convedhes hebma. Mar teffens unweyth ha'y gonvedhes, ny wrussens bythqweth crowsya an Arlùth a glory. 9Saw kepar dell lever an scryptour,

"An taclow na welas bythqweth lagas vëth,
naneyl na wrug colon mab den bythqweth desmygy,
y yw an taclow a wrug Duw parusy rag an re-na usy orth y gara."

10An taclow cudh-ma Duw a dhyscudhas dhyn der an Spyrys.

Yma an Spyrys ow whythra pùptra, ea, downder Duw kyn fe. 11Rag pyw a yll ùnderstondya an taclow a vab den, mès spyrys an den usy tregys ino? Indelma ny yll nagonen ùnderstondya an taclow a Dhuw, mès Spyrys Duw y honen. 12Ny wrussyn ny recêva spyrys an bës, mès an Spyrys a dheu dhia Dhuw y honen, may hallen ny convedhes an royow a wrug Duw grauntya yn larj dhyn. 13Hag yth eson ny ow côwsel a'n taclow-ma in geryow na veu deskys gans skentoleth mab den. Y a veu deskys dhyn gans an Spyrys, hag yth eson ny ow styrya dhe dus an Spyrys taclow an Spyrys. 14Nyns eus den heb an Spyrys ino ow recêva royow

Spyrys Duw, rag foly yns y dhodho,
ha ny wor aga honvedhes, drefen y
dhe vos convedhys der an Spyrys.
15Yma an den spyrysek ow jùjya an
vertu a bùb tra, saw ny yll ken onen y
jùjya ev.

> 16"Rag pyw re sarchyas brës an
> Arlùth
> may halla va bos descador
> dhodho?"

Saw ny a'gan beus brës Crist.

3 Rag hedna ny yllyn côwsel
orthowgh why, a vreder, kepar
ha tus a'n Spyrys, mès kepar ha tus
a'n kig ha flehes in Crist. 2Me a ros
levryth dhywgh why, adar boos cales,
rag i'n termyn-na nyns ewgh why
parys rag boos a'n par-na. Naneyl
nyns owgh why lebmyn parys ragtho,
3rag why yw carnal. Maga pell dell vo
i'gas mesk why envy ha strif, a nyns
owgh why carnal? A nyns esowgh
why owth ûsya agas honen warlergh
an examplys a dus? 4Pàn lever onen,
"Yth esof vy ow sensy a Pawl," ha'y
gela, "Yth esof vy ow sensy a
Apollos," a nyns esowgh why ow
longya dhe vebyon tus yn udnyk?
5Pandr'yw Apollos ytho? Pandr'yw
Pawl? Servysy yns y, ha why a dheuth
dhe'n fëdh dredhans, kepar dell wrug
Duw grauntya dhe'n dhew anodhans.
6Me a blansas, Apollos a wrug
dowrhe, saw Duw a wrug dhe'n
plansow tevy. 7Nyns yw an den, usy
ow plansa, na'n den usy ow towrhe, a
brow vëth, mès hedna usy ow cul dhe
devy. 8Kescolon i'ga forpos yw an
den usy ow plansa ha hedna usy ow
towrhe, ha pùbonen a'n dhew
anodhans a recef gober warlergh y
lavur y honen. 9Ny yw kesoberoryon
Duw, saw why yw bargen tir Duw
ha'y dherevyans.

10Warlergh an grâss o rës dhybm
me a worras an fùndacyon kepar ha
penser skentyl. Yma nebonen aral ow
terevel warnodho. Gwrêns kenyver
onen avîsya in pàn vaner a wra va
byldya. 11Rag ny yll den vëth settya
ken fùndacyon ès hedna a veu settys.
An fùndacyon-na yw Jesu Crist.
12Mar teu den vëth ha byldya wàr an
fùndacyon gans owr, arhans, jowals,
predn, gora pò cala, 13whel pùb
gweythor chy a vëdh apert. Rag jorna
an Arlùth a wra y dhysclôsya.
Dysclôsys vëdh dre dan, ha'n tan a
wra prevy pana lavur a veu gwrës
gans kenyver onen. 14Mar teu tra
vëth ha gortos, hag a veu byldys wàr
an fùndacyon, an gweythor chy a
recef y wober. 15Mar pëdh an whel
leskys, an gweythor chy a wra godhaf
coll. An gweythor y honen a vëdh
selwys, kepar ha pàn wrussa diank dre
dan.

16A ny wodhowgh why agas bos
templa Duw, ha Spyrys Duw dhe vos
tregys inowgh? 17Mar teu den vëth ha
dystrêwy templa Duw, Duw a vydn y
dhystrêwy ev. Rag sans yw templa
Duw, ha why yw hedna.

18Na wrêns den vëth tùlla y honen.
Mars eus nebonen i'gas mesk ow tyby
y vos fur warlergh sqwîrys an oos-ma,
bedhens ev pedn cog, may halla bos
fur in gwiryoneth. 19Rag furneth an
bës-ma yw foly gans Duw. Dell lever
an scryptour, "Otta va ow cachya an
dus skentyl i'ga sleyneth," 20hag arta,
"An Arlùth a wor argùmentys an dus
fur, ha cog yns y." 21Na wrêns den
vëth bôstya ytho adro dhe allos mab
den. Rag why a bew pùptra. 22Poken

Pawl pò Apollos pò Cefas pò an bës pò bêwnans pò mernans, pò an present termyn pò an termyn a dheu, why a'gas beus kenyver onen anodhans. 23Ha Crist a'gas pew why, ha Duw a bew Crist.

4 Gwrêns den ahanowgh agan consydra avell servysy a Grist, ha stywardys a vysterys Duw. 2Moy ès hedna res yw dhe stywardys bos lel. 3Ny vern mar pedhaf jùjys genowgh why, pò gans cort vëth i'n bës-ma. Ny wrav unweyth jùjya ow honen. 4Ny wòn tra vëth a acûsacyon wàr ow fydn, saw nyns oma awos hedna frank a vreus. Yth yw an Arlùth usy orth ow jùjya. 5Rag hedna, na wrewgh ow brusy kyns an prës ewn, kyns ès an Arlùth dhe dhos. Ev a vydn ry dhe'n golow taclow cudhys i'n tewolgow hag a wra dysclôsya towlow an golon. Nena pùbonen a gav dhyworth Duw an prais a vo dendylys ganso.

6A vreder, me a wrug fygur ahanaf hag a Apollos i'n mater-ma rag agas kerensa why. Dâ via genef why dhe dhesky dredhon ny styr an lavar coth, "Gwethowgh hardlych an rewlys." Na vedhens den vëth ahanowgh prowt a'n eyl warbydn y gela. 7Pandra'th wrug jy gwell pò uhella ès tus erel? Eus tra vëth dhis, na wrusta recêva yn ro? Mar qwrussys y recêva, prag y whrêta bôstya adro dhodho, kepar ha pàn ve ken ès ro?

8Why a gafas solabrës pùptra esewgh why ow tesîrya! Why res êth rych solabrës! Why yw myterneth solabrës, kyn nag on ny myterneth màn. Dâ via genama in gwir why dhe vos myterneth, may hallen ny kefrës bos myterneth genowgh. 9Rag yth hevel dhybm Duw dh'agan dysqwedhes ny, an abosteleth, i'n tyller dewetha oll kepar ha tus dampnys dhe'n mernans i'n plain omlath, gwary mir dhe vebyon tus ha dhe'n eleth kefrës. 10Pednow cog on ny rag Crist, saw in Crist why yw fur. Gwadn on ny, mès why yw crev. Why a'gas beus revrons, mès ny gefyn nyny mès despît. 11Ny yw gwag hag yma sehes dhyn bys i'n eur-ma. Pyllenek yw agan dyllas. Ny yw cronkys. Ny yw heb tre. 12Yth on ny sqwithys dre lavur agan dewla. Pàn on ny despîtys, ny a wra benega. Pàn on ny tormentys, yth eson orth y berthy. 13Pàn on ny cablys, ny a gôws yn jentyl. Ny re beu gwrës scùllyon an bës, an growjyon a bùb tra bys i'n jëdh hedhyw.

14Nyns esof vy ow screfa hebma rag agas shâmya, mès rag agas inia, kepar ha flehes veurgerys. 15Why, kyn fo dhywgh deg mil dhescador in Crist, nyns eus lies tas dhywgh. In gwir, me a veu agas tas in Crist der an awayl. 16Yth esof vy orth agas exortya, ytho, dhe vos kepar ha me. 17Rag hebma me a dhanvonas dhywgh Tymothy, rag ev yw ow flogh caradow ha lel i'n Arlùth. Ev a wra dhywgh perthy cov a'm fordhow in Jesu Crist, kepar dell esof orth aga desky in pùb eglos oll.

18Saw radn ahanowgh yw gyllys hautyn, ow soposya na vanaf vy dos dhywgh. 19Saw me a vydn dos dhywgh heb let dre volùnjeth an Arlùth, ha me a vydn godhvos adro dhe allos an dus prowt. Me ny settyaf gwel gala a'ga geryow y, 20rag yma gwlascor nev kefys in power kyns ès in geryow. 21Pyneyl a via gwell genowgh? Me dhe dhos dhywgh gans

bat i'm dorn, pò gans spyrys whar ha
clor?

5 Yma tus ow leverel bos
mostethes i'gas mesk, a'n sort
nag yw kefys in mesk an paganys kyn
fe. Yth yw leverys nebonen dhe
dhemedhy gwreg y das. 2Ass owgh
why gothys! A ny godhvia kyns
dhywgh galary, may fe an den-ma
removys mes ahanowgh? 3Kyn nag
esof vy genowgh i'm body, yth esof
i'gas mesk i'n spyrys. Kepar ha pàn
ven present i'gas mesk solabrës, me
re dheclaryas breus 4in hanow an
Arlùth Jesu warbydn an den a wrug
tra a'n par-ma. Pàn vewgh why
cùntellys warbarth ha'm spyrys vy
genowgh in gallos agan Arlùth Jesu,
5y coodh dhywgh delyvra an den-ma
dhe Satnas rag dystrêwy y gig. Indella
y fëdh sawys y spyrys i'n jorna an
Arlùth.

6Nyns yw dâ agas bôstow. A ny
wodhowgh why, fatell yll nebes gwel
derevel oll an toos? 7Tôwlowgh in
mes an gwel coth, may hallowgh why
bos bara nowyth, rag in gwir yth
owgh why heb gwel whath. Crist,
agan ôn pascal, a veu offrydnys. 8Rag
hedna gesowgh ny dhe sensy an
degol, heb an gwel coth a spît hag a
dhrog, saw gans an bara heb gwel, an
bara a lelder ha gwiryoneth.

9Me a'gas comondyas i'm lyther na
wrellowgh cowethya gans tus lewd.
10Nyns o hedna dhe styrya na gotha
dhywgh cowethya gans oll an paganys
avlan, na gans tus crefny na ladron,
na'n re-na usy ow cordhya imajys. I'n
câss-na res via dhywgh forsâkya an
bës yn tien. 11Saw lebmyn me a'gas
comond, na wrellowgh why cowethya
gans den vëth a'n jeffa hanow a
vroder genowgh, hag a vo avlan pò
crefny, pò a vo ow cordhya idolys pò
ow tespîtya, pò pedn medhow pò
lader. Na wrewgh unweyth debry
gans den a'n par-na.

12Fatell yw bern dhybm an re-na
nag usy in mesk an bredereth? A nyns
yw res dhywgh jùjya an re-na usy
i'gas mesk? 13Duw a vydn brusy an
dus-na usy avês dhe'n eglos. Kepar
dell lever an scryptour, "Herdh-
yowgh mes ahanowgh an tebel-was."

6 Eus den vëth i'gas mesk, hag a'n
jeffa ken warbydn y vroder, ow
lavasos y dhry dhyrag cort an dus
anewn, kyns ès assoylya an mater
inter pobel Duw? 2Pobel Duw a wra
jùjya an bës—a ny wodhowgh why
hedna? Mar pëdh an bës brusys
genowgh why, a ny yllowgh why agas
honen assoylya câss bian intre-
dhowgh? 3A ny wodhowgh why fatell
vydnyn ny jùjya an eleth, heb côwsel
a daclow an bës-ma? 4Mars eus câss
kebmyn intredhowgh, esowgh why
owth appoyntya rag y vrusy an re-na
na's teves roweth vëth i'n eglos? 5Me
a lever hebma rag agas shâmya. Ywa
possybyl nag eus den vëth i'gas mesk
skentyl lowr dhe dhetermya inter an
eyl Cristyon ha'y gela? 6Nâ, yma
Cristyon ow mos dhe'n gort warbydn
Cristyon aral, ha cort a baganys yw
hy!

7Dhe leverel an gwiryoneth,
dyfygyans ywa solabrës pàn vo ken
gans nebonen ahanowgh warbydn y
vroder. A ny via gwell godhaf cabm?
A ny via gwell godhaf tùll? 8Saw yth
esowgh why agas honen ow cul cabm
ha tùll, kynth owgh why Cristonyon!

9A ny wodhowgh why na wra drog-
oberoryon eryta gwlascor Duw? Na

vedhowgh tùllys! Tus lewd, gordh-
yoryon imajys, avoutrers, hôrys
gorow, sodomydhyon, 10ladron, an
dus crefny, pednow medhow, despît-
yoryon, robbers—ny wra den vëth
a'n re-na eryta gwlascor Duw. 11Ha
kyns lebmyn radn i'gas mesk why o
kepar ha'n re-na. Saw why a veu
golhys, sacrys ha sanctyfies in hanow
an Arlùth Jesu Crist hag in Spyrys
agan Duw.

12"Yma pùptra lafyl dhybm," saw
nyns yw pùptra a les. "Yma pùptra
lafyl dhybm," saw ny vëdh tra vëth
ow cul mêstry warnaf. 13"Sosten yw
destnys dhe'n bengasen, ha'n ben-
gasen dhe sosten." Ha Duw a vydn
dystrêwy an eyl ha'y gela. Ny veu an
corf destnys dhe lewdnes, mès dhe'n
Arlùth, ha'n Arlùth dhe'n corf.
14Duw a dherevys an Arlùth, hag ev a
vydn agan derevel ny der y allos
kefrës. 15A ny wodhowgh why bos
agas corfow esely a Grist? A gotha
dhybm ytho kemeres esely Crist ha
gul anodhans esely hôra? Bydner re
bo! 16Seul a wrella copla gans hôra, a
ny wodhowgh why ev dhe vos gwrës
udn kig gensy? Rag yma leverys, "An
dhew a vëdh udn kig." 17Saw seul a vo
unys gans an Arlùth, a vëdh udn
spyrys ganso.

18Gwethowgh agas honen ytho
dhyworth avlanythter! Pùb pegh oll
a wrella nebonen, avês dhe'n corf
yma—mès avlanythter yw pegh war-
bydn an corf y honen. 19A ny wodh-
owgh why bos agas corf an templa a'n
Spyrys Sans inowgh? Why a'n cafas
dhyworth Duw, ha nyns owgh why
agas posessyon agas honen. 20Why a
veu dasprenys a bris. Rewgh glory
ytho dhe Dhuw der agas corf why.

7 Ow tùchya an taclow a wruss-
owgh why screfa adro
dhedhans: "Dâ yw dhe dhen bos heb
benyn." 2Saw rag avoydya avlanythter
res yw dhe genyver onen cafos y wreg
y honen, ha dhe genyver benyn cafos
hy gour hy honen. 3Y tal dhe dhen
gul y dhûta avell gour, hag y tal dhe
venyn gul hy dûta avell gwreg. Res
yw dhe'n eyl collenwel bodh y gela.
4Nyns yw an venyn mêstres a'y body
hy honen; hy gour a'n pew. In kepar
maner, nyns yw an gour an mêster a'y
gorf hy honen, mès y wreg a'n pew.
5Na wrewgh omwetha an eyl
dhyworth y gela, mès why dhe vos
acordys indella rag spêna agas termyn
ow pesy. Wosa hedna why a yll
cowethya arta, kepar dell owgh why
ûsys, rag dowt Satnas dh'agas
temptya ha why heb an gallos dhe
gontrollya agas honen. 6Me a lever
hebma dhywgh dhe alowa spâss
dhywgh. Gorhebmyn nyns ywa màn.
7Dâ via genama bos kenyver onen
kepar ha me. Saw pùbonen a'n jeves
y ro y honen dhyworth Duw, an eyl
an ro-ma ha'y gela ro aral.

8Ow tùchya an re-na usy heb prias
ha'n gwedhwesow, me a lever bos
gwell y dhe wortos heb demedhy
kepar ha me. 9Saw mar ny yllons y
controllya aga honen, gwrêns y
demedhy. Gwell yw demedhy ès bos
consûmys dre dhrog-whans.

10Dhe'n dus demedhys me a re an
comondment-ma—nâ, an Arlùth a'n
re—na wrêns an wreg dyberth
dhyworth hy gour, ha na wrêns an
gour gorra y wreg dhyworto. 11Saw
mar teu hy ha dyberth dhyworto, ny
dhal dhedhy demedhy arta, pò
bedhens hy acordys arta gans hy
gour.

12Dhe'n remnant me a lever (me,
adar an Arlùth): mara'n jeves
Cristyon gwreg dhyscryjyk ha hy
parys dhe gesvewa ganso, ny dal
dhodho hy gorra dhyworto. 13Mara's
teves benyn gour dyscryjyk, ha mars
ywa parys dhe vewa warbarth gensy,
ny dal dhedhy dyberth dhyworto.
14Rag an gour dyscryjyk yw sanctyfies
der y wreg, ha'n venyn dhyscryjyk yw
sanctyfies der hy gour. Poken
paganys a via agas flehes, mès lebmyn
y yw plegadow dhe Dhuw.

15Mar teu an kespar dyscryjyk ha
dyberth dhyworth an kespar aral,
indella re bo. I'n câss-na nyns yw an
broder na'n whor kelmys. Duw a'gas
gelwys in cosoleth. 16Pyw a wor, a
wreg? Martesen te a wra selwel dha
wour. Pyw a wor, a wour? Parhap dha
wreg a vëdh sawys dredhos.

17Bytegyns gwrêns pùbonen ahan-
owgh lêdya an bêwnans ordnys gans
an Arlùth, an bêwnans a wrug Duw
agas gelwel dhodho. Hòm yw ow
rewl vy in oll an eglosyow. 18O
nebonen cyrcùmcîsys solabrës, pàn
recêvas ev an galow dhe vos
Cristyon? Na wrêns ev whelas dhe
removya tôknys y cyrcùmcisyon.
19Nyns yw cyrcùmcisyon tra vëth, ha
nyns yw tra vëth fowt cyrcùmcisyon.
Obeya dhe gomondmentys Duw yw
pùptra. 20Gwrêns pùbonen ahan-
owgh remainya i'n stât a veu ev
gelwys ino. 21Es jy kethwas pàn veus
gelwys? Na vedhens hedna bern dhis.
Mar kylta unweyth gwainya franchys,
gwra ûsya dha stât present moy ès
bythqweth. 22Rag kenyver onen hag
a veu gelwys dhe gresy in Crist pàn o
va keth, den frank ywa i'n Arlùth.
Kenyver hag a veu gelwys avell den
frank dhe gresy i'n Arlùth, kethwas
ywa dhe Grist. 23Why a veu prenys a
bris. Na wrêns mebyon tus lordya
warnowgh. 24Pypynag oll a veu agas
condycyon pàn vewgh why gelwys,
tregowgh ino gans Duw.

25Ow tùchya mowysy dydhemeth,
ny'm beus gorhebmyn vëth dhyworth
an Arlùth. Saw me a vydn ry dhywgh
ow hùssul ow honen, kepar ha den lel
dre vercy an Arlùth. 26Me a dÿb, awos
an troblys usy ow tos, y fedha gwell
dhywgh trega kepar dell owgh.
27Osta kelmys dhe wreg? Na whela
bos frank dhyworty. Osta frank a
wreg? Na whela gwreg dhis. 28Saw
mar teuta ha demedhy, ny wrêta pegh
vëth, ha mar teu gwerhes ha
demedhy, ny wra hy pegh vëth. Saw
an re-na a wra demedhy, y a's tevyth
anken i'n bêwnans-ma, ha dâ via
genef agas gwetha why dhyworth
hedna.

29Yth esof vy ow styrya, a vreder,
an termyn appoyntys dhe vos gyllys
cot. Alebma rag, an re-na a's teves
gwrageth, gwrêns y omwul kepar
ha'n re-na nag yw demedhys.
30Bedhens an re-na usy ow mùrnya,
kepar ha'n re-na nag usy ow mùrnya
poynt. Bedhens an re-na usy ow
rejoycya, kepar ha tus na's teves
lowena vëth, ha'n re-na usy ow prena,
kepar ha tus heb posessyon.
31Bedhens an re-na usy ow cowethya
gans an bës-ma, kepar ha'n re-na nag
yw bern dhedhans an bës. Rag ow
tremena yma an form present a'n
bës-ma.

32Dâ via genama why oll dhe vos
heb anken. Meur a les dhe'n den
dydhemeth yw maters an Arlùth, in
pana vaner a ylla plêsya an Arlùth.
33An den demedhys yw prederys a
daclow a'n bës-ma, in pàn vaner a yll

ev plêsya y wreg. [34]Rag hedna rydnys
yw y vrës. An venyn dhydhemeth
ha'n werhes, y yw prederys a vaters
an Arlùth, may hallens y bos sans in
corf hag in spyrys. Saw an venyn
dhemedhys yw prederys a vaters an
bës-ma, fatell yll hy plêsya hy gour.
[35]Me a lever hebma rag agas les why,
kyns ès dh'agas lettya. Dâ via genama
avauncya ordyr dâ i'gas mesk why, ha
dywysycter pùpprës rag an Arlùth.

[36]Mars eus den vëth ow tyby nag
usy ev ow fara yn ewn tro ha'y vowes
ambosys, mars yw crev y whansow,
ha mars yw res indelma, gwrêns ev
demedhy poran kepar dell vydna.
Pegh nyns yw hedna. Gwrêns y
demedhy. [37]Saw mars yw nebonen
certan in y vrës heb iniadow na vydn
ev demedhy an vowes hag ev abyl dhe
gontrollya y whansow, nena ev a wra
yn tâ. [38]Kenyver a wrella demedhy y
vowes ambosys, a vydn gul dâ. Y
whra gwell, kenyver a wrella refrain-
ya dhyworth hy demedhy.

[39]Kelmys yw benyn dh'y gour
hadre vo va yn few. Saw mar teu hy
gour ha merwel, frank yw hy dhe
dhemedhy den vëth a vydna hy, saw
i'n Arlùth. [40]Yth esof ow jùjya hy bos
moy benegys, mar teu hy ha gortos
dydhemeth. Hag yth hevel dhybm
bos an Spyrys a Dhuw genama kefrës.

8 Lebmyn, ow tùchya boos a veu
offrydnys dhe imajys, ny a wor
bos "skians dhe bùbonen ahanan."
"Skians" a wra den gothys, mès yma
kerensa ow terevel in bàn. [2]Mar teu
nebonen ha leverel ev dhe wodhvos
neppyth, ny wor ev tra vëth a'n skians
usy othem anodho. [3]Saw seul a wrella
cara Duw, Duw a'n aswon.

[4]Rag hedna, ow tùchya sosten a veu
offrydnys dhe idolys, ny a wor nag
eus idol vëth i'n bës, ha nag eus duw
vëth mès an Duw gwir yn udnyk. [5]Ea,
kyn fe duwow in nev pò i'n norvës—
kepar dell eus lies "duw" ha lies
"arlùth"—[6]ragon ny nyns eus mès
udn Duw, an Tas, usy pùptra ow tos
dhyworto; ha ragtho ev yth on ny yn
few. Ha nyns eus ma's udn Arlùth,
Jesu Crist, dredho may feu kenyver
tra gwrës, ha dredho mayth eson ny
ow pewa kefrës.

[7]Ny'n jeves pùbonen an skians-ma.
Abàn wre radn ahanowgh gordhya
idolys kyns lebmyn, yma an re-na
whath ow consydra an boos usons y
ow tebry dhe vos offrydnys dhe
idolys. Aga honscyans yw shyndys
drefen y vos gwadn. [8]Ny yll sosten
agan dry ogas dhe Dhuw. Nyns on ny
bëth dhe well mar ny wren ny y
dhebry, naneyl nyns on ny bëth dhe
wel mar teun ny ha'y dhebry.

[9]Saw kemerowgh with, na wrella
agas franchys gul dhe'n dus wadn
trebuchya. [10]Rag mar teu nebonen
aral ha'th weles ow tebry in templa an
idol, te neb a'th eus skians, a ny vëdh
ev martesen constrînys der y gon-
scyans gwadn dhe dhebry boos a veu
offrydnys dhe idolys? [11]Indelma y
fëdh dystrêwys dre dha skians jy an
broder gwadn a dhug Crist mernans
ragtho. [12]Saw pàn esta ow peha
warbydn dha vreder hag ow pystyga
aga honscyans gwadn, yth esta ow
peha warbydn Crist. [13]Rag hedna
mars yw sosten chêson a vyshyf
dhe'm broder, ny vanaf nefra debry
kig, ma na wrellen vy gul dhe'm
broder trebuchya.

9 A nyns oma frank? A nyns oma
abostel? A ny wrug avy gweles
Jesu agan Arlùth? A nyns owgh why
ow ober vy i'n Arlùth? 2Mar nyns
oma abostel dhe dus erel, dhe'n lyha
abostel ov dhywgh why. Why yw an
sel a'm offys avell abostel.

3Pàn usy an dus orth ow brusy,
hòm yw ow fordh vy rag dyffres ow
honen. 4A ny'm beus an gwir dhe
gafos sosten ha dewas rag ow lavur?
5A ny'm beus an gwir dhe dhry gwreg
Gristyon genama wàr ow viajys,
kepar dell wra an abosteleth erel,
breder an Arlùth ha Cefas? 6Poken
on ny, me ha Barnabas, an re-na yn
udnyk a res dhedhans lavurya rag aga
bêwnans?

7Pana soudour i'n lu a res dhodho
tylly y gostow y honen? Pyw a wra
plansa vynyard heb cafos tra vëth a'y
frût? Pyw usy ow pugelya deves heb
cafos badna vëth a'n leth? 8Ny res
dhybm lymytya ow honen dhe'n
ensamplys kebmyn-ma, rag yma an
laha ow leverel an keth tra. 9Screfys
yw in laha Moyses, "Na wra gorra
pednfron wàr an ojyon usy ow trettya
ÿs." Yw ohen a vern dhe'n Arlùth?
10A nyns usy ev ow côwsel adro dhyn
ny yn tyblans? Ahanan ny y feu hedna
leverys, rag pynag oll a wrella aras, ha
pynag oll a wrella fusta, y tal dhe-
dhans aras ha fusta i'n govenek a
gafos radn a'n drevas. 11Mar qwruss-
yn ny gonys has spyrysek i'gas mesk
why, ywa re veur mar qwren ny
enjoya a'gas dâ warlergh an kig?
12Mars yw ken re kevrednek gen-
owgh a'ga clem lafyl warnowgh, a
nyns eus dhe voy gwir dhyn ny gul
indella?

Saw ny wrussyn ny devnyth a'n
gwir ma, rag yth on ny parys dhe
berthy tra vëth, kyns ès wàr neb cor
lettya awayl Crist. 13A ny wodhowgh
why an re-na, usy ow servya i'n
templa, dhe gafos aga sosten dhy-
worth an templa? Ha'n re-na usy ow
servya orth an alter dhe gafos radn a'n
pëth a vo offrydnys ena? 14In kepar
maner, an Arlùth a gomondyas an re-
na a wre progeth an awayl, dhe gafos
aga bêwnans dhyworth an awayl.

15Saw ny wrug avy devnyth a onen
vëth a'n gwiryow-ma, naneyl nyns
esof vy ow screfa hebma may fo gwir
vëth grauntys dhybm. In gwir, gwell
via genama merwel ès hedna. Ny wra
den vëth kemeres dhyworthyf an
grownd a'm bôstow! 16Mars esof vy
ow progeth an awayl, nyns yw hedna
rêson vëth rag bôstya, rag me a'm
beus an dûta a wul indelma. Mar ny
dheuma ha progeth an awayl, govy!
17Rag mara'n gwrav a'm bodh ow
honen, me a gav weryson. Saw
mara'n gwrav a'm anvoth, nena negys
ywa, a veu trestys dhybm. 18Pëth yw
ow weryson dhana? Tra vëth mès
hebma: pàn wrama progeth an awayl,
me dh'y brogeth heb còst, ma na
wrellen prow a oll ow gwiryow i'n
awayl.

19Rag kynth oma frank dhyrag
pùbonen, me re wrug keth ahanaf ow
honen dhe bùbonen, may hallen
gwainya moy anodhans. 20Dhe'n
Yêdhewon me a veu Yêdhow, rag
gwainya an Yêdhewon. Dhe'n re-na
usy in dadn an laha, me a veu kepar
ha den in dadn an laha (kyn nag esof
in dadn an laha ow honen), may
hallen gwainya an re-na usy in dadn
an laha. 21Dhe'n re-na usy avês dhe'n
laha, me a veu kepar ha nebonen avês
dhe'n laha (kyn nag oma frank a laha
Duw, mès yth esof in dadn laha

Crist), may hallen gwainya an re-na
usy avês dhe'n laha. 22Dhe'n dus
wadn me a veu gwadn, rag gwainya
an dus wadn. Me a veu pùptra dhe
bùbonen, may hallen dre genyver
main sawya radn anodhans. 23Me a'n
gwra oll awos an awayl; may hallen
kemeres ow radn orth y brogeth.

24A ny wodhowgh why fatell wra
oll an resoryon in resegva kesstrîvya,
saw ny wra mès onen anodhans
gwainya an gober? Ponyowgh indella
may hallowgh why dendyl an gober.
25Yma athlêtys ow controllya aga
honen in pùptra. Y a'n gwra may
hallens y dendyl garlont, a wra pedry.
Saw yth eson ny ow ponya rag
gwainya garlont na wra pedry bys
vycken. 26Indelma, nyns esof vy heb
porpos ha me ow ponya. Naneyl ny
wrama boxesy in udn gronkya an air.
27Nâ, wosa progeth dhe dus erel, me
a wra pùnyshya ow horf ha'y dempra
rag dowt me dhe vos sconys.

10 Dâ via genef, a vreder, why
dhe remembra an pëth a
wharva dh'agan hendasow, esa ow
folya Moyses. Yth esens y oll in dadn
skeus an cloud, hag y oll a gerdhas yn
saw dres an Mor Rudh. 2I'n cloud
hag i'n mor y fowns y oll besydhys
avell holyoryon Moyses. 3Y oll a
dhebras an keth bara spyrysek 4hag
eva an keth dewas spyrysek. Y a evas
mes a'n garrek spyrysek esa ow mos
gansans, ha'ga harrek o Crist y
honen. 5Saw i'n tor'-na kyn fe, nyns
o Duw pës dâ gans an radn vrâssa
anodhans. Rag hedna y feu aga
horfow scùllys alês wàr fâss an
gwylfos.

6Hebma oll yw ensampel dhyn ny
rag agan gwarnya, na wrellen desîrya
droktra, kepar dell wrêns y, 7ha na
wrellen gordhya idolys, kepar dell
wre radn anodhans. Kepar dell lever
an scryptour, "An dus a esedhas dhe
dhebry ha dhe eva, saw y a savas in
bàn rag gwary lewd." 8Na esowgh ny
dhe wul mostethes, kepar dell wrug
radn anodhans—hag in udn jorna
teyr mil warn ugans a godhas marow
dhe'n dor. 9Res yw dhyn sevel orth
prevy Crist, kepar dell wrug radn
anodhans, hag a veu ledhys gans
nedras. 10Na wrewgh croffolas, kepar
dell wrug radn anodhans. Y a veu
dystrêwys gans El an Ancow.

11Oll an taclow-ma a wharva dhe-
dhans rag gwarnya tus erel. Y oll a
veu screfys in gwarnyans ragon ny.
Rag yth eson ny ow pewa orth prës
ogas dhe dhyweth an osow. 12Mars
esowgh why ow tyby, why dhe vos
fast a'gas sav, gwaityowgh na
wrellowgh codha. 13Ny dheuth
prevyans vëth dhywgh why whath,
nag yw kebmyn dhe bùbonen. Lel yw
Duw, ha ny vydn ev alowa dhywgh
bos prevys dres agas gallos. Saw
warbarth gans an prevyans, ev a vydn
provia dhywgh an main dh'y wodhaf
kefrës.

14Rag hedna, a gothmans meur-
gerys, fiowgh dhyworth gordhyans
idolys. 15Yth esof ow côwsel orth an
re fur. Jùjyowgh agas honen an pëth
a lavaraf. 16An hanaf a vedneth, neb a
wren ny benega, a nyns ywa kevran a
woos Crist? An bara eson ny ow
terry, a nyns ywa an comûnycacyon a
gorf Crist? 17Dre rêson nag eus mès
udn bara, kynth on ny lies onen, ny
yw udn corf, rag ny oll dhe vos
kevrednek a'n udn bara.

18Consydrowgh pobel Israel: an re-
na usy ow tebry an sacryficys, a nyns

yns y kevrenogyon a'n alter? 19Pan-
dr'esof vy ow leverel ytho—bos a
valew an pëth yw offrydnys dhe'n
idol, pò an idol y honen dhe vos a
valew? 20Nag yns màn! Saw me a
lever hebma: kenyver tra a vo
sacryfies wàr alteryow an paganys yw
offrydnys dhe dhewolow. 21Ny
yllowgh why eva mes a hanaf an
Arlùth, ha mes a hanaf an dhewolow.
Ny yllowgh why debry orth bord an
Arlùth, hag orth bord an dhewolow
kefrës. 22Martesen y fia dâ genowgh
gul dhe'n Arlùth kemeres envy.
Esowgh why ow predery ny dhe vos
creffa agesso ev?

23Yma an poynt a skians ow leverel:
"Lafyl yw pùptra," saw ny yll pùptra
bos consydrys benefyt. "Lafyl yw
pùptra," saw nyns yw pùptra a weres.
24Ny goodh dhe dhen vëth meras
orth y les y honen, mès orth les y
vroder.

25Deber a vo in marhas an kig, heb
govyn qwestyon wàr an grownd a
gonscyans, 26rag "dhe'n Arlùth yma
an norvës ha'y lanwes."

27Mar teu pagan ha'th elwel dhe
dhebry ganso in y jy, ha te yw pës dâ
dhe dhos, deber a vo settys dhyragos
heb govyn qwestyon wàr an grownd
a gonscyans. 28(Saw mar teu nebonen
ha leverel dhis, "Hebma a veu offryd-
nys in sacryfis," nena na wra y dhebry
awos hedna re wrug y dhysclôsya
dhis, hag awos conscyans—29hèn yw
dhe styrya conscyans an den aral,
kyns ès dha gonscyans jy.) Prag y fia
ow franchys sojeta dhe gonscyans
nebonen aral? 30Mar teuma ha debry
gans grassow, prag y fien cablys awos
an pëth a wrama ry grassow ragtho?

31Pynag oll tra a vydnowgh debry
pò eva, pynag oll tra a wrellowgh why
gul, gwrewgh pùptra rag glory Duw.
32Na rewgh offens dhe dhen vëth
naneyl dhe'n Grêk na dhe'n Yêdhow,
na dhe'th kes-Cristonyon, 33poran
kepar dell wrama ow honen whelas
dhe blêsya pùbonen in pùptra. Ny
whelaf ow les ow honen, mès an les a
lies den, may fowns y oll selwys.

11 Gwrewgh wàr ow lergh vy,
kepar dell wrama vy war-
lergh Crist.

2Yth esof vy orth agas comendya,
drefen why dhe berthy cov ahanaf in
pùptra, ha why dhe wetha an trady-
cyons, kepar dell wrug avy aga
delyvra dhywgh why.

3Saw me a garsa why dhe gon-
vedhes bos Crist pedn pùb den ha'n
gour dhe vos pedn y wreg, ha Duw
dhe vos pedn Crist. 4Den vëth a
wrella pesy pò profusa ha neppyth
wàr y bedn, ev a re bysmêr dh'y bedn.
5Benyn vëth a wrella pesy pò profusa
ha'y fedn yn noth, hy a re bysmêr
dh'y fedn—hedna yw kepar ha pàn ve
blogh hy fen. 6Mar ny vydn benyn
cudha hy blew, nena y tal dhedhy y
drehy in kerdh. Mars yw dyvlas
benyn dhe drehy hy blew dhe ves pò
dhe vos blogh, y tal dhedhy gwysca
cudhlen. 7Ny dal dhe dhen bos
gwyskys in cudhlen, rag ev yw imach
ha hevelep Duw. Saw an venyn yw
imach ha hevelep an den. 8(Hèn yw
drefen na veu an den kemerys mes
a'n venyn, mès an venyn mes a'n den.
9Naneyl ny veu an den formys rag an
venyn, mès an venyn rag an den.)
10Rag hedna y goodh dhe'n venyn
gwysca tôkyn a'n auctoryta wàr hy
fedn awos an eleth.

11(Saw i'n Arlùth nyns yw an venyn
frank a'n den, na nyns yw an den

frank a’n venyn. 12Rag kepar dell dheuth an venyn a’n den, yma an den ow tos mès a’n venyn. Saw pùptra a dheu dhyworth Duw.) 13Jùjyowgh an mater ragowgh why agas honen; ywa sêmly an venyn dhe besy dhe Dhuw heb tra vëth wàr hy fedn? 14Yma an natur y honen ow tesky hebma. Mars yw hir blew an den, bysmêr ywa dhodho. 15Mars yw hir blew an venyn, hy glory ywa. Rag hy blew a veu rës dhedhy avell gorher. 16Bytegyns, mars owgh why whensys dhe argya adro dhe’n mater, res yw dhybm agas gwarnya nag eus ûsadow a’n par-na genen ny, nag in onen vëth oll a eglosyow Duw.

17I’n lavarow-ma a sew ny wrama agas comendya, rag yth esowgh why ow cul dhe lacka kyns ès dhe well, pàn esowgh why ow tos warbarth dhe wordhya Duw. 18Kyns oll me a glôw bos dybarth i’gas mesk, pàn esowgh why ow tos warbarth. Me a grës bos gwir hedna in part. 19Ea, res yw bos dyvers parcels i’gas mesk, rag indelma y fëdh apert pyw ahanowgh yw gwiryon. 20Pàn dheffowgh why warbarth, nyns ywa rag debry soper an Arlùth. 21Pàn dheffa prës bos, pùbonen ahanowgh a dheber y soper y honen, an eyl ahanowgh yw gwag, ha medhowy a wra y gela. 22Dar! A nyns eus treven dhywgh rag debry hag eva inhans? Pò esowgh why ow tespîtya eglos Duw, hag ow cul bysmêr dhe’n re-na na’s teves tra vëth? Pandra goodh dhybm leverel dhywgh? A dal dhybm agas praisya? I’n mater-ma nyns esof vy orth agas comendya badna!

23Rag me a recêvas dhyworth an Arlùth an pëth a wrug avy delyvra dhywgh why kefrës. I’n nos may feu va traitys, an Arlùth Jesu a gemeras bara 24ha wosa ry grassow, ev a’n torras ha leverel, “Hèm yw ow horf vy, a vëdh terrys ragowgh. Gwrewgh hebma in remembrans ahanaf.” 25In kepar maner wosa an soper ev a gemeras an hanaf kefrës, ha leverel, “An hanaf-ma yw an testament nowyth i’m goos vy. Gwrewgh hebma, pesqweyth ma’n evowgh, in remembrans ahanaf.” 26Rag pesqweyth may whrellowgh debry an bara-ma, hag eva mès a’n hanaf-ma, yth esowgh ow teclarya mernans an Arlùth, erna dheffa ev arta.

27Pynag oll a wrella debry a’n bara pò eva a’n hanaf ha na vo va wordhy, yma va cablus a dhefolya corf ha goos an Arlùth. 28Gwrewgh examnya agas honen, ha na wrewgh na hens debry a’n bara nag eva a’n hanaf. 29Rag pynag oll a wrella recêva anodho heb decernya an corf, ha na vo va wordhy, yma va ow tebry hag owth eva y dhampnacyon y honen. 30Hèn yw an rêson bos lies onen ahanowgh gwadn ha clâv, ha radn ahanowgh dhe verwel. 31Saw mar teffen ny hag examnya agan honen, ny wrussen ny codha indelma in dadn vreus. 32Pàn eson ny ow codha in dadn vreus an Arlùth, yma va orth agan kesky, ma na ven ny jùjys warbarth gans an bës.

33Rag hedna, a vreder, pàn dheffowgh why warbarth dhe dhebry, gwrewgh gortos an eyl y gela. 34Mar pëdh nebonen gwag, gwrêns ev debry in y jy y honen, ma na vo cabel dhodho, pàn dheffowgh why warbarth.

Ow tùchya an taclow erel, me a vydn ry ordenans pàn dhyffyf dhywgh.

12 Ow tùchya royow an Spyrys,
a vreder, yma nebes taclow
na vynsen why dhe vos heb aga
godhvos. 2Why a wor, i'n dedhyow
coth, pàn ewgh why whath paganys,
y fedhowgh tùllys ha lêdys wàr stray
gans idolys omlavar. 3Dâ via genama
ytho why dhe gonvedhes na alsa den
vëth leverel, "Re bo Jesu melegys!"
hag ev ow côwsel der an Spyrys.
Naneyl ny alsa den vëth leverel, "Jesu
yw an Arlùth" mès der an Spyrys
Sans.

4Yma dyvers royow, mès an keth
Spyrys. 5Yma dyvers sortow a servys,
mès an keth Arlùth. 6Yma dyvers
sortow a ober, mès yma an keth Duw
orth aga sordya in kenyver onen.

7An keth Spyrys a omdhysqweth
dhe bùbonen rag an les kebmyn.
8Dhe'n eyl yma rës cows fur der an
Spyrys, ha dh'y gela, warlergh an
keth Spyrys, an gallos a gôwsel yn
skentyl. 9An eyl a gav ro an fëdh der
an keth Spyrys, ha dh'y gela yth yw
rës an ro a sawment. 10An eyl a recef
an ro a wul merclys, ha'y gela an ro a
brofecy. Dhe onen aral whath y fëdh
rës an gallos a dhecernya spyrysyon,
dh'y gela tavosow dyvers, ha dhe'n
tressa den an gallos a styrya yêthow.
11Oll an royow ma yw sordys gans an
keth Spyrys, usy ow ry yn larj dhe
genyver onen, kepar dell vo y vodh.

12Onen yw an corf, kynth usy
dhodho lies esel, hag esely oll an corf,
kynth yns y lies, y yw udn corf.
Indelma yw an câss gans Crist. 13Rag
ny oll a veu besydhys i'n udn Spyrys
aberth i'n udn corf, Yêdhewon ha
Grêkys, tus frank ha kethyon. Dhyn
ny oll y feu rës an keth Spyrys dhe
eva.

14In gwir, nyns yw an corf ow
consystya a udn esel mes a lies esel.
15Mar teffa an troos ha leverel, "Dre
rêson nag oma dorn, nyns esof ow
longya dhe'n corf," ny vynsa hedna
styrya an troos dhe vos dhe le radn
a'n corf. 16Ha mar teffa an scovarn ha
leverel, "Dre rêson nag ov vy lagas,
nyns oma radn a'n corf," ny wrussa
hedna dhe'n scovarn bos le radn a'n
corf. 17A pe lagas an corf in pùb
poynt, ple fia an sens a glôwes? A pe
scovarn an corf yn tien, ple fia an sens
a sawory? 18Dell yw taclow lebmyn,
Duw re wrug restry pùb esel a'n corf
in y dyller teythyak, warlergh y vodh.
19A pe kenyver onen anodhans esel
udnyk, ple fia an corf y honen? 20Ny
a wel ytho, bos lies esel saw udn corf
yn udnyk.

21Ny yll an lagas leverel dhe'n dorn,
"Ny'm beus othem vëth ahanas."
Naneyl ny yll an pedn leverel dhe'n
treys, "Nyns eus othem dhybm
ahanowgh." 22Dhe'n contrary part,
esely an corf neb a hevel bos gwadnha
ès re erel, ny yllyr gul hepthans.
23Yma partys a'n corf eson ny
predery dhe vos le aga bry, ha ny a re
specyal worshyp dhedhans. Dhe'n
partys a'gan corfow nag yw sêmly, ny
a re dhe voy revrons. 24Bytegyns, an
esely a'gan corfow neb yw tecka, ny's
teves othem a revrons a'n par-na.
Saw Duw re arayas an corf indella, ha
moy worshyp a vëdh rës dhe'n esely
isella. 25Hèm yw gwrës ma na vo
dyssent vëth i'n body, saw may halla
oll an esely chersya an eyl y gela.
26Mar teu esel vëth ha godhaf, yma
oll an esely ow codhaf ganso. Mar
pëdh esel vëth onorys, yma pùb esel
oll ow rejoycya ganso.

27Now, why yw corf Crist, ha kenyver onen ahanowgh yw esel anodho. 28Ha Duw re wrug i'n eglos radn dhe vos abosteleth, radn profettys, radn descadoryon—ha wosa an re-ma, merclys, sawment pò an ro dhe weres aga hynsa, pò an gallos dhe lêdya, ha'n ro a dhyvers tavosow. 29Yns y oll abosteleth? Yns y oll profettys? Yns y oll descadoryon? Usons y oll ow cul merclys? 30A's teves y oll an ro a sawment? Usons y oll ow côwsel in tavosow? A yllons y oll aga styrya? 31Strîvyowgh rag an royow brâssa.

Ha lebmyn me a vydn dysqwedhes dhywgh an fordh wella oll.

13 Kyn whrellen côwsel gans yêthow tus hag eleth, saw heb bos dhybm kerensa, gyllys ov kepar ha brest ow seny, pò cymbal ow tynkyal. 2Ha kyn fe dhybm an ro a brofecy, kyn whrellen convedhes pùb mystery ha pùb skians, ha kyn fe dhybm cowlfydhyans, may hallen removya menydhyow, saw heb bos dhybm kerensa, nyns oma tra vëth. 3Ha kyn whrellen ry oll ow fosessyon rag maga an vohosogyon, ha kyn whrellen ry ow body dhe vos leskys, saw heb bos dhybm kerensa, ny drail hedna màn dhe'm les.

4Yma kerensa pell ow perthy, ha cuv yw hy. Ny berth kerensa avy. Nyns usy kerensa owth omvôstya. Ny vëdh hy hautyn. 5Nyns usy hy ow tebel-fara. Nyns usy hy ow whelas hy fëth hy honen. Nyns yw hy êsy dhe serry. Nyns usy hy ow tyby drog vëth oll. 6Nyns usy kerensa ow rejoycya in pegh, saw i'n gwiryoneth yma hy ow lowenhe. 7Yma hy ow perthy pùptra, ow cresy pùptra hag ow qwetyas pùptra.

8Bëth ny fyll kerensa. Saw mars eus profecys, y a dremen. Mars eus tavosow, y a wra cessya. Mars eus skentoleth, hedna a vydn mos dhe ves. 9Rag in part ny a wor, hag in part yth eson ow profusa. 10Saw pàn dheffa an dra yw dien, nena an pëth usy in part a vëdh gorrys dhe ves. 11Pàn en vy flogh, yth esen ow côwsel avell flogh, avell flogh y whren convedhes, avell flogh yth esen ow predery. Saw pàn wrug avy dos dhe oos den, me a settyas adenewen an taclow a floholeth. 12Rag i'n tor'-ma ny a wel dre weder, yn tewl, saw ena fâss orth fâss. Yth esof i'n tor'-ma owth aswonvos in part. Saw ena me a wra aswon, poran kepar dell oma aswonys ow honen.

13Lebmyn ytho, yma prèst ow pêsya fëdh, govenek ha kerensa, an try-ma. Saw an brâssa anodhans yw kerensa.

14 Kerensa ytho yw an dra a dal dhywgh y sewya. Settyowgh agas colon wàr an royow spyrysek, hag yn arbednek an ro a brofecy. 2Neb a wra côwsel in tavosow stranj, ny gôws ev orth tus erel, saw orth Duw. Ny wor den vëth y gonvedhes pàn usy ev owth ùttra mysterys der an Spyrys. 3Saw neb a wra progeth messach Duw, ev a gôws dhe dus rag aga gweres ha'ga inia, ha dhe ry dhedhans confort. 4An den usy ow côwsel in tavosow, yma ev a brow dhodho y honen, mès an den usy ow profusa, ev yw a brow dhe oll an eglos. 5Dâ via genef why oll dhe gôwsel in tavosow, mès gwell yw genama why dhe brofusa. Brâssa yw neb a wra profusa ès hedna a gôws in tavosow, marnas nebonen aral a vydn

styrya y lavarow, may halla an eglos
bos crefhës.

6Lebmyn, a vreder, mar teuma
dhywgh ow côwsel in tavosow, pana
brow vëdh hedna dhywgh, marnas
me a lever dhywgh neb revelacyon,
skentoleth, profecy pò dyscas?
7Indelma kefrës yth yw an daffar
mûsyk, usy ow seny, an whybonol pò
an crowd, rag ensampel. Mar ny vëdh
cler aga nôtys, fatell yll den vëth
godhvos pana melody usy ow seny?
8Ha mar ny vëdh cân an bualgorn
cler, pyw a vydn sordya rag an gas?
9Indella yth yw an mater genowgh
why. Mar tewgh why hag ùttra cows
na yll bos convedhys, fatell yll den
vëth godhvos agas styr? Why a vëdh
ow côwsel orth an air. 10Ea, yma lies
yêth i'n bës, saw nyns eus onen vëth
anodhans heb styr. 11Mar ny wòn
convedhes an yêth clappys gans an
den aral, nena ev yw alyon dhybm, ha
me yw alyon dhodho ev. 12Abàn
owgh why whensys dhe gafos royow
an Spyrys, kyns oll y res dhywgh gul
moy devnyth a oll an royow-na usy
ow mentêna an eglos.

13Rag hedna, seul a wrella côwsel
in tavosow, y tal dhodho pesy dhe
gafos an ro a styryans. 14Mars esof vy
ow pesy in tavas, yma an Spyrys ow
pesy inof, mès syger yw ow skians.
15Pandra goodh dhybm gul ytho? Me
a vydn gul pejadow warlergh an
Spyrys inof, saw gans ow skians
inwedh. Me a vydn cana prais war-
lergh an Spyrys inof, saw me a vydn
ûsya ow skians magata. 16Poken, mar
teuta ha leverel bedneth der an
Spyrys, fatell yll an den kebmyn, a vo
i'n tyller, leverel "Amen" orth
dyweth dha rassow? Ny yll ev con-
vedhes ger vëth a'th cows. 17Ea,
martesen te a yll ry grassow, saw nyns
yw hedna a les dhe'th hynsa.

18Gromercy dhe Dhuw, me a gôws
in tavosow moy ès den vëth ahan-
owgh. 19Saw gwell via genef côwsel,
rag les ow howetha i'n eglos, ha rag
ow les vy, pymp ger a alsa bos con-
vedhys, ès milyow a eryow in tavas
tewl y styr.

20A vreder, na vedhowgh kepar ha
flehes i'gas prederow. Bedhowgh
kepar ha flehes ow tùchya an drog,
mès tus tevys i'gas prederow. 21Yma
screfys i'n laha,

"Dre nacyons stranj aga yêth
ha gans gwessyow alyons
me a vydn côwsel orth an bobel-
ma;
saw nena ny vydnons y unweyth
goslowes orthyf,"
yn medh an Arlùth.

22Rag hedna tôkyn dhe'n paganys
kyns ès dhe Gristonyon yw tavosow,
mès profecy yw sin rag Cristonyon,
adar rag paganys. 23Gwren soposya
oll an eglos dhe vos cùntellys war-
barth ha pùbonen dhe gôwsel in
tavosow. Mar teu estrenyon pò
paganys ajy, a ny vydnons y leverel
why dhe vos muscok? 24Saw mar
pëdh pùbonen ow profusa, mar teu
ajy pagan pò estren, ev a glôwvyth
dhyworth pùbonen taclow dhe byga
y gonscyans ha gul dhodho cresy.
25Wosa kevrinyow y golon dhe vos
dysclôsys, an den-na a wra plegya
dhyrag Duw ha'y wordhya, ha
leverel, "In gwir yma Duw i'gas mesk
why."

26Pandra goodh dhyn gul ytho, a
gothmans? Pàn wrellowgh why
cùntell warbarth, bedhens hympna,

dyscans, revelacyon, tavas pò styryans
gans kenyver onen. Bedhens pùptra
gwrës rag scodhya an eglos. [27]Mar
teu tus ha côwsel in tavosow, na
vedhens y moy ès dew pò try dhe'n
moyha, ha gwrêns nebonen styrya
pùb torn. [28]Saw mar ny vëdh den
vëth i'n tyller a alla styrya, gwrêns y
tewel i'n gùntellva, ha côwsel yn
tawesek ortans aga honen hag orth
Duw.

[29]Gwrêns dew pò try profusa, ha
gwrêns an remnant attendya an pëth
a vo leverys. [30]Mar pëdh revelacyon
rës dhe nebonen a'y eseth in y se,
gwrêns tewel an den a vo ow côwsel.
[31]Rag why oll a yll profusa an eyl
wosa y gela may halla pùbonen desky
ha cafos confort. [32]Res yw dhe'n
profettys aga honen rewlya an spyrys
a brofecy, [33]rag nyns yw Duw an
Duw a dheray, mès an Duw a ordyr
dâ.

Kepar hag in oll an eglosyow a
bobel Duw, [34]ny dal dhe venenes
côwsel orth an gùntellva. Y ny's teves
an cubmyas a gôwsel, mès res yw
dhedhans bos gostyth, kepar dell
lever an laha. [35]Mar pedhons y
whensys dhe wodhvos tra vëth,
gwrêns y govyn orth aga gwer in tre.
Ass yw dyvlas benyn dhe gôwsel orth
an gùntellva! [36]A wrug ger Duw
dallath genowgh why? Owgh why-
why an udn bagas yn udnyk a dheuth
an ger dhedhans?

[37]Mar teu nebonen ha declarya y
vos profet, pò an gallos a brofecy dhe
vos ino, res yw dhodho aswon bos
arhadow dhyworth an Arlùth an
taclow-ma a screfys dhywgh. [38]Mar
ny vydn ev avowa hedna, na vedhens
ev avowys y honen.

[39]Indelma, a gothmans, gwrewgh
profusa gans mal, ha na dhyfednowgh
tavosow. [40]Saw re bo pùptra gwrës in
maner sêmly hag i'n ordyr ewn.

15 Perthowgh cov, a vreder, a'n
awayl a wrug avy progeth
dhywgh. Why a'n recêvas hag yth
esowgh why ow sevel ino. [2]Dredho
kefrës yth owgh why sawys, mar
tewgh why ha sensy fast an messach
a wruga derivas dhywgh—marnas
agas crejyans a vo uver.

[3]Rag me a dhelyvras dhywgh why
avell tra a'n moyha bry an pëth a
recêvys ow honen. Hèn yw dhe
styrya, Crist dhe dhon mernans rag
agan pehosow warlergh an scryp-
tours. [4]Hag y feu va encledhys, ha
derevys an tressa dëdh herwyth an
scryptours. [5]Ev a omdhysqwedhas
dhe Cefas kyns oll, ha nena dhe'n
dewdhek. [6]Nena ev a apperyas dhe
voy ès pymp cans a'n vreder oll
warbarth, hag yma an radn vrâssa
anodhans whath yn few, kyn whrug
radn anodhans merwel. [7]Nena ev a
apperyas dhe Jamys, nena dhe oll an
abosteleth. [8]Wàr an dyweth ev a
omdhysqwedhas dhybmo vy, kepar
ha dhe onen genys mes a'y dermyn.

[9]Rag me yw an lyha a'n abosteleth,
ha nyns oma wordhy dhe vos gelwys
abostel, dre rêson me dhe dormentya
eglos Duw. [10]Saw dre râss Duw me
yw an pëth ov vy, ha ny veu uver y
râss tro ha me. Dhe'n contrary, me a
lavuryas creffa ès den vëth anodhans,
kyn nag o me, mès grâss Duw usy
genama a lavuryas. [11]Be va me pò
ynjy, indelma ny a wrug progeth hag
indelma why a dheuth dhe grejyans.

[12]Mars yw Crist pregowthys avell
hedna a veu derevys dhyworth an re

marow, fatell yll radn ahanowgh
leverel nag eus dasserghyans vëth?
13Mar nyns usy dasserghyans an re
marow, ny veu Crist derevys. 14Mar
ny veu Crist derevys, uver veu agan
progeth, hag uver yw agas fëdh why.
15Ny yw kefys inwedh dhe vos dùs-
tuny fâls a Dhuw, rag ny re dhestas a
Dhuw, ev dhe dherevel Crist. Saw ny
wrug ev y dherevel, mar ny vëdh an
re marow derevys. 16Rag mar ny vëdh
an re marow derevys, nena ny veu
Crist derevys. 17Mar ny veu Crist
derevys, ny dal agas crejyans oy, hag
yth esowgh why i'gas pegh whath.
18Nena gyllys dhe goll kefrës yw an
re-na a verwys in Crist. 19Mar nyns
eson ny ow qwetyas in Crist, mès rag
an bêwnans-ma yn udnyk, ny yw an
dus moyha truethek in oll an bës.

20Saw in gwir Crist a veu derevys
dhyworth an re marow, an bleyn-
frûtys a'n re-na a verwys. 21Abàn
dheuth an mernans der udn den, der
udn den inwedh a dheuth das-
serghyans an re marow. 22Kepar dell
wra kenyver onen merwel in Adam,
in kepar maner ny a vëdh bewhës in
Crist. 23Pùbonen in y ordyr y honen,
Crist an bleynfrûtys kyns oll, ha wosa
hedna, pàn dheffa ev, an re-na usy ow
longya dhe Grist. 24Nena an dyweth
a dheu, pàn wra Crist delyvra an
wlascor dhe Dhuw an Tas, wosa ev
dhe dhyswul pùb rewler, pùb
auctoryta ha pùb gallos. 25Res vëdh
dhodho rainya erna whrella ev settya
oll y eskerens in dadn y dreys. 26An
escar dewetha dhe vos dystrêwys yw
Ancow. 27Rag "Duw re settyas pùptra
in dadn y dreys." Saw pàn lever,
"Duw re settyas pùptra in dadn y
dreys," apert yw nag usy an lavar-ma
orth y gomprehendya ev, neb a
settyas pùptra in dadn y dreys y
honen. 28Pàn vo pùptra gwrës sojeta
dhodho, nena an Mab y honen a vëdh
sojeta dhe hedna re wrug pùptra
sojeta dhodho, may halla Duw bos
pùptra yn tien dhe bùbonen yn tien.

29Poken, pandra vydn gul an re-na
a recêvas besydhyans rag an re
marow? Mar ny vëdh an re marow
derevys poynt, prag y fëdh tus
besydhys ragthans? 30Prag yth eson
ow peryllya agan honen pùb eur oll?
31Me a verow kenyver jorna! Hedna
yw mar certan, a vreder, avell ow
bôstow ahanowgh why. Bôstow yns y
a wrama in Jesu Crist agan Arlùth.
32Me a wrug omlath gans bestas
gwyls in Efesùs. A pe gans govenek
mortal yn udnyk me dhe wul indella,
pana wain a'm bia dredho? Mar ny
vëdh an re marow derevys,

"Deun, debryn ha glebyn agan
min,
rag avorow ny a wra merwel."

33Na vedhowgh tùllys, "Tebel-
gowethas a wra shyndya conversa-
cyon dâ." 34Dewgh dhe vrës ewn ha
sad, ha na drailyowgh dhe begh
namoy. Rag yma certan tus i'n bës
na's teves godhvos vëth a Dhuw. Me
a lever hebma rag agas shâmya.

35Saw nebonen a vydn govyn,
"Fatell vëdh an re marow derevys?
Pana gorf a's tevyth, pàn wrellons y
dos?" 36Te bedn cog! An hasen a
wrêta gonys, ny yll hy bewa marnas
hy a verow kyns. 37Ow tùchya an
hasen esos ow conys, ny wrêta gonys
an corf a vëdh, mès hasen noth, a
waneth martesen pò a neb ÿs aral.
38Saw Duw a re dhodho corf war-
lergh y vodh, ha'y gorf teythyak dhe

bùb sort has. 39Nyns yw pùb kig haval
dh'y gela, mès yma udn kig rag mab
den, ken kig rag bestas, ken kig rag
ÿdhyn ha ken kig arta rag pùscas.
40Yma corfow nevek ha corfow a'n
dor. Udn dra specyal yw glory an corf
nevek, ha glory taclow an dor yw
neppyth aral. 41Udn glory a'n jeves
an howl, ken glory a's teves an loor,
ha ken glory arta a's teves an ster. Ea,
dyffrans i'ga glory yma an sterednow
an eyl dhyworth hy ben.

42Indelma yma dasserghyans an re
marow. A vo gonedhys yw leun pod-
rethes, a vëdh derevys yw dyboder.
43In dysonour yth ywa gonedhys, in
glory y fëdh derevys. In gwander yth
yw gonedhys, in power y fëdh
derevys. 44Gonedhys vëdh avell corf
genesyk.

Avell corf spyrysek y fëdh derevys.
45An scryptour a lever, "Adam, an
kensa den, a veu creatur bew." An
Adam dewetha a veu gwrës spyrys
bewek. 46Saw nyns o an pëth spyrysek
an dra a veu kyns oll, mès an pëth
genesyk. An pëth spyrysek a dheuth
wosa hedna. 47An kensa den a dheuth
mes a'n dor, ha den a dhoust o va. An
secùnd den a dheu dhyworth nev.
48Kepar dell o an den a dhoust,
indella yw an dus a dhoust. Kepar
dell yw an den a nev, indella yma oll
an re-na usy a nev. 49Dell wrussyn ny
don imach a'n den a dhoust, in kepar
maner ny a vydn don imach a'n den a
nev.

50An pëth a lavaraf, a vreder, yw
hebma: ny yll an kig-ma na'n goos-
ma eryta gwlascor Duw, naneyl ny yll
an dra poder eryta an dra dhyboder.
51Goslowowgh, me a vydn derivas
mystery orthowgh. Ny wren ny oll
merwel, mès ny oll a vëdh chaunjys,
52whare, in udn labm, pàn wrella seny
an trompa dewetha. An trompa a wra
seny, ha'n re marow a vëdh derevys
in tyboder, ha ny a vëdh chaunjys.
53An pëth poder-ma a dal gwysca an
pëth dyboder, ha'n corf mortal a res
omwysca in anvarwoleth. 54Pàn
wrella an corf poder-ma gorra adro
dhodho an pëth dyboder, ha pàn
wrella an corf mortal-ma omwysca in
anvarwoleth, nena y fëdh collenwys
lavar an scryptour, "An mernans a
veu lenkys in vyctory.

55"A vernans, ple ma lebmyn dha
vyctory?
Ple ma dha vros, a ancow?"

56Bros an mernans yw pegh, ha'n
gallos a begh yw an laha. 57Re bo
meur râss dhe Dhuw, rag ev a re
dhyn an vyctory der agan Arlùth Jesu
Crist.

58Rag hedna, a vreder veurgerys,
bedhowgh fast ha crev, rych in ober-
ow dâ an Arlùth pùpprës. Rag why a
wor nag yw uver agas lavur i'n
Arlùth.

16 Now ow tùchya an offryd-
now rag pobel Duw, y tal
dhywgh sewya an comondmentys a
wrug avy ry dhe eglosyow Galathya.
2An kensa jorna a bùb seythen ken-
yver onen ahanowgh a dal settya
adenewen hag erbysy pynag oll tra a
vo dhodho moy ès y othem. Nena ny
vëdh res dhybm cùntell mona, pàn
dhyffyf dhywgh. 3Pàn dhyffyf dhywgh,
me a vydn danvon tus a vo dâ
genowgh gans lytherow rag don agas
royow dhe Jerùsalem. 4Mar tegoth
me dhe viajya gansans, y a wra dos
warbarth genama.

5Me a vydn dos dhywgh, wosa mos
dres Macedonya. Ervirys yw genama
gul indella, 6ha martesen me a vydn
trega genowgh pò unweyth spêna an
gwâv genowgh. Indelma why a yll ow
danvon in rag wàr ow fordh, na fors
dhe byle. 7Ny via lowr dhybm agas
gweles termyn cot, ha me ow passya
der an pow. Govenek a'm beus a
spêna termyn hir genowgh, mar
mydn Duw. 8Saw me a vydn trega in
Efesùs bys de Fencost, 9rag daras efan
a veu egerys dhybm aberth in ober
wordhy, ha me a'm beus meur
eskerens.

10Mar teu Tymothy dhywgh,
kemerowgh with na'n jeffa chêson
vëth rag own i'gas mesk, rag yma va
ow cul whel an Arlùth kepar ha me.
11Na wrêns den vëth ytho y dhys-
prêsya. Danvenowgh ev in rag in
cres, may halla va dos dhybm. Yth
esof orth y wortos gans an vreder.

12Ow tùchya ow broder Apollos,
me a'n inias crev dh'agas vysytya why
gans an vreder erel, saw nyns o va
whensys dhe dhos i'n tor'-ma. Ev a
vydn dos, pàn vo an chauns dhodho.

13Bedhowgh in tyfun, sevowgh
stedfast i'gas fëdh, bedhowgh crev
hag a golon dhâ. 14A wrellowgh why,
gwrewgh e in kerensa.

15Lebmyn, a vreder, why a wor y
feu meyny Stefanas an dus kensa in
Acaya bythqweth a gresys i'n Arlùth
hag a sacras aga honen dhe servya
pobel Duw. 16Yth esof vy orth agas
inia dhe breparya agas honen dhe
servya an re-na, ha pùbonen aral a vo
ow cul whel ha lavur gansans.
17Lowen ov orth devedhyans Stefan-
as, Fortùnatùs hag Acaycùs, rag y a
lenwys agas tyller why. 18Y a wrug
confortya ow spyrys ha'gas spyrys
why. Aswonowgh grâss ytho dhe dus
a'n par-na.

19Yma eglosyow Asya orth agas
dynerhy. Yma Aqwyla ha Prysca,
warbarth gans an Gristonyon i'ga
chy, orth agas dynerhy yn colodnek
i'n Arlùth. 20Yma oll an vreder orth
agas dynerhy. Dynerhowgh an eyl y
gela gans bay sans.

21Yth esof vy, Pawl, ow screfa
hebma gans ow leuv ow honen.

22Seul na'n jeffa kerensa tro ha'n
Arlùth, re bo melegys. Deus, a
Arlùth!

23Re bo grâss an Arlùth Jesu
genowgh.

24Re bo ow herensa vy genowgh
why oll in Jesu Crist.

Secùnd Pystyl Pawl dhe'n Corynthyans

1 Pawl abostel Jesu Crist dre
volùnjeth Duw ha Tymothy
agan broder,

Dhe eglos Duw usy in Corynth,
warbarth gans oll an sens usy in
Acaya.

[2]Grâss dhywgh why ha cres dhy-
worth Duw agan Tas ha dhyworth
agan Arlùth Jesu Crist.

[3]Benegys re bo an Duw ha'n Tas
a'gan Arlùth Jesu Crist. Ev yw an Tas
a vercy ha'n Duw a bùb solas. [4]Yma
va orth agan confortya ny in oll agan
anken, may hallen ny confortya an
re-na, a vo in anken, der an solas
mayth on ny agan honen confortys
dredho gans Duw. [5]Yth on ny
kevrednek i'n lies torment a Grist,
hag in kepar maner, dre Grist, ny a
gav part i'n gweres brâs a Dhuw.
[6]Mar teun ny ha godhaf, yth yw
hedna rag agas gweres why, ha rag
agas salvacyon. Mar teun ny ha cafos
gweres, why a gav gweres inwedh,
ha'n nerth dhe berthy gans
godhevyans an keth painys eson ny
ow sùffra. [7]Indelma ny vëdh shakys in
termyn vëth agan trest inowgh. Ny a
wor why dhe vos kevrednek kefrës
a'gan painys ny, hag a'n confort eson
ny ow recêva.

[8]Dâ via genen, a vreder, why dhe
wodhvos adro dhe'n trobel a'gan beu
in Asya. Ny a veu compressys cales
dres ehen, may whrussyn kelly
govenek a'gan bêwnans kyn fe. [9]In
gwir, yth esen ny ow cresy agan bos
brusys dhe'n mernans. Hedna a veu
rag agan desky dhe sevel orth trestya
inon agan honen, mès kyns dhe
drestya in Duw, usy ow terevel an re
marow. [10]Hedna neb a wrug agan
gwetha dhyworth peryl mar dhiantel,
ev a vydn agan selwel arta. Ny a drest
ino dh'agan sawya i'n termyn usy ow
tos, [11]abàn esowgh why kefrës ow
kesobery genen ny ow pesy dhodho.
Indelma meùr a dus a vydn ry
grassow ragon ny, awos an benothow
a gefyn der an pejadow a lies onen.

[12]Ea, hèm yw agan bost, ha
dùstuny agan conscyans, ny dhe fara
i'n bës heb tùll na gil, ha gans lendury
dywysyk. Ny wrussyn ny gul indelma
dre furneth an bës, mès dre râss Duw
y honen, spessly tro ha whywhy.
[13]Nyns eson ny ow screfa dhywgh tra
vëth ken ès an pëth a wodhowgh why
redya ha convedhes. Yth esof ow
qwetyas why dh'y gonvedhes bys i'n
dyweth, [14]kepar dell wrussowgh why
convedhes part a'gan messach. Rag
why a vëdh agan bost ny in jorna an
Arlùth Jesu, kepar dell vedhyn ny
agas bost why.

[15]Me o certan a hedna, ha whensys
dhe dhos dhywgh kyns oll, may
hallowgh why cafos plesour dewblek.
[16]Whensys en agas vysytya wàr ow
fordh dhe Macedonya, ha dhe dhos
arta dhywgh dhia Macedonya. Nena
why a alsa ow gorra in rag wàr ow vias
dhe Jûdy. [17]Esen owth hockya, ha me
whensys dhe wul indelma? Esof vy
ow restry ow thowlow warlergh breus
kebmyn mebyon tus? Oma parys dhe
leverel, "Ea, ea", ha "Nâ, nâ", i'n keth
termyn?

18Re lendury Duw, nyns yw agan ger ny dhywgh why “Ea” ha “Nâ”. 19Sylvanùs, Tymothy ha me, ny a bregowthas Mab Duw i’gas mesk. Nyns yw Mab Duw “Ea” ha “Nâ”. Ino ev y kefyr “Ea” pùpprës. 20“Ea” yw pùb promys a Dhuw ino ev. Dredho ev ytho ny a lever “Amen” dhe glory Duw. 21Duw a’gan fùndyas ny genowgh why in Crist, hag a’n ùntyas inwedh. 22Ev a settyas warnan y sel, hag a dheveras an Spyrys Sans i’gan colon avell warrant a bùptra a vydn ev gul ragon.

23Wàr ow enef, Duw yn test, ny wrug avy dos arta dhe Corynth rag agas sparya why. 24Nyns eson ny ow lordya wàr agas crejyans. Nâ, yth on ny kyns kesoberoryon rag agas lowena, dre rêson why dhe sevel fast i’n fëdh.

2 Rag hedna me a erviras, na wrellen agas vysytya why, rag dowt me dh’agas grêvya. 2Mar teuma ha’gas grêvya why, pyw a alsa ow lowenhe, mès hedna a wrug avy duwhanhe? 3Ha me a screfas kepar dell wruga, ma na ven ny grêvys gans an re-na a dalvia ow lenwel a joy. Sur ov, i’gas kever why, ow joy dhe vos an joy a bùbonen ahanowgh. 4Me a screfas dhywgh gans anken, gans duwhan i’m colon ha gans dagrow. Nyns o hedna rag agas grêvya, mès dhe dhysqwedhes dhywgh, pyseul ha pygebmys yw ow herensa ragowgh.

5Saw mar qwrug nebonen hùrtya den vëth, ny wrug ev ow hùrtya vy, mès in part—heb mos re bell—pùbonen ahanowgh why. 6Lowr yw an pùnyshment, a veu determys gans an gùntellva gebmyn ragtho. 7Rag hedna y tal dhywgh lebmyn gava dhodho, ha’y gonfortya ma na vo va dystrêwys gans re a dhuwhan. 8Yth esof ytho orth agas inia dhe dhysqwedhes agas kerensa tro hag ev. 9Me a screfas dhywgh rag an rêson-ma: may hallen agas prevy, ha godhvos mars owgh why gostyth in kenyver tra. 10Pynag oll tra a wrellowgh why gava dhodho, me a vydn gava dhodho kefrës. Kenyver tra gyvys genama, mar qwruga gava tra vëth, a veu gyvys rag agas les why i’n presens a Grist. 11Ny a wra hedna, ma na wrella Satnas agan castya, rag nyns on ny dyswar a’y brattys.

12Pàn wrug avy dos dhe Troas, rag progeth an nowodhow dâ a Grist, y feu egerys dhybm daras i’n Arlùth. 13Saw ny ylly ow brës powes, dre rêson na gefys ena ow broder Tîtùs. Rag hedna me a asas farwèl gansans, ha mos in rag dhe Macedonya.

14Gromercy dhe Dhuw! In unsys gans Crist yma va pùpprës orth agan hùmbronk ny avell prysners i’n keskerth a vyctory. Dredhon ny yma Duw ow lêsa in pùb tyller an sawour wheg a dheu dhyworth aswonvos Crist. 15Ny yw kepar ha wheg smellyng a incens offrys gans Crist, in mesk an re-na yw selwys, hag in mesk an re-na usy ow mos dhe goll kefrës. 16Dhe’n eyl radn an sawour yw kepar ha flerynsy usy ow ladha. Mès dhe’n dus erel, yth ywa sawour wheg usy ow try bêwnans. Pyw yw lowr rag an taclow-ma? 17Nyns on ny gwycoryon a’n ger a Dhuw kepar ha lies onen, mès in Crist yth eson ny ow côwsel kepar ha persons a wiryoneth. Ny yw tus a veu danvenys gans Duw, hag yth on ny stedfast in y wolok ev.

3 Eson ny ow tallath bôstya arta? In gwir ny'gan beus othem vëth a lyther a gomendyans dhywgh pò dhyworthowgh, kepar dell eus othem dhe certan re. 2Why agas honen yw agan lyther, neb yw screfys i'gan colon hag aswonys ha redys gans kenyver onen. 3Yth esowgh why ow tysqwedhes agas bos an lyther a Grist, parys genen ny, screfys gans Spyrys an Duw bew, kyns ès gans ink. Ny veu va screfys wàr lehow a ven, mès wàr an lehow a golon mab den.

4Kebmys yw an trest a'gan beus in Duw dre Grist. 5Ny yllyn facya y teuth tra vëth dhyworthyn ny agan honen. Y teu oll agan teythy dhyworth Duw. 6Ev a'gan gwrug ny abyl dhe vos menysters a gevambos nowyth. Kevambos a'n lyther nyns ywa, mès kevambos a'n Spyrys, rag yma an lyther ow ladha, saw yma an Spyrys ow ry bêwnans.

7An menystrans a ancow, gravys in lytherow wàr lehow men, a dheuth in kebmys glory, ma na ylly pobel Israel meras orth Moyses dre rêson a'n glory a'y fâss. Ha'n glory-na yw settys adenewen i'n tor'-ma. 8Pyseul dhe voy ytho a vëdh an glory, pàn dheffa dhyn menystrans an Spyrys? 9Mara peu glory in menystrans an dampnacyon, kebmys dhe voy vëdh glory ha plenty in menystrans an Spyrys! 10In gwiryoneth, an pëth neb a'n jeva glory kyns lebmyn, a'n collas awos an glory brâssa esa ow tos. 11Mar teuth gans glory an pëth a veu settys adenewen, seul dhe voy a dheuth gans glory an dra a wra pêsya bys vycken!

12Dre rêson ny dhe gafos govenek a'n par-na, yth eson ny ow lavurya gans bolder brâs. 13Nyns eson ow lavurya kepar ha Moyses. Moyses a worras cudhlen adro dh'y fâss, ma na wrella pobel Israel meras orth delergh an glory esa ow mos in kerdh. 14Saw aga brës a veu calesys. In gwir bys i'n jëdh hedhyw, pàn usons y ow clôwes lesson mes a'n testament coth, y fëdh an keth cudhlen-na whath in hy thyller. Ny vëdh hy kemerys in kerdh saw dre Grist. 15Ea, bys in jëdh hedhyw, pàn vo redys lyvrow Moyses, y fëdh cudhlen a'y groweth wàr aga brës. 16Saw pàn wrella nebonen trailya dhe'n Arlùth, y fëdh an gudhlen kemerys in kerdh. 17An Arlùth yw an Spyrys, ha le may ma an Spyrys, ena y fëdh franchys. 18Yth eson ny oll, ytho, gans agan fâss dyscudhys ow tastewynya glory an Arlùth. Hag yma an keth glory-na, usy ow tos dhyworth an Arlùth, an Spyrys, orth agan trailya dhia glory dhe glory bys in y imach y honen.

4 Rag hedna, drefen ny dhe recêva an menystry-ma dre dregereth Duw, ny wren ny kemeres dyglon. 2Ny a dhenahas taclow vylen cudh. Nyns eus fâlsury vëth i'gan conversacyon, naneyl nyns eson ny ow fecla ger Duw. Pàn eson ny ow progeth an gwiryoneth yn apert, yth eson ow comendya agan honen in golok Duw dhe gonscyans pùbonen. 3Mars yw cudh agan awayl, cudh ywa dhe'n re-na usy ow mos dhe goll. 4Ow tùchya tus a'n par-na me a lever hebma: duw an bës-ma a wrug dallhe brës an paganys, ma na wrug terlentry warnodhans an splander a awayl gloryùs Crist, Crist neb yw an imach a Dhuw. 5Nyns eson ny ow progeth agan honen. Nâ, yth eson ow

progeth an Arlùth Jesu Crist, ha'gan
honen avell agas kethwesyon why rag
kerensa Jesu. 6Rag yth yw Duw a
leverys, "Bedhens golow i'n tewol-
gow," golow a wrug dewynya i'gan
colon ny, rag agan golowy gans an
aswonvos a glory Duw i'n fâss a Jesu
Crist.

7Ny a'gan beus an tresour-ma in
lestry pry, may fo declarys an gallos
marthys-ma dhe dhos dhyworth
Duw, adar dhyworthyn ny. 8Kynth
on ny ankenys in pùb fordh, com-
pressys nyns on ny màn. Amays on,
heb codha in dyspêr. 9Tormentys on,
heb bos forsâkys; dysevys on heb bos
dystrêwys. 10Yth eson pùpprës ow
ton mernans Crist i'gan corf, may fo
y vêwnans ev gwelys i'gan corf ny.
11Hadre von yn few, yth on ny pùp-
prës ow codhaf mernans rag kerensa
Jesu, may fo y vêwnans ev gwelys
i'gan mortal kig. 12Indelma yma
mernans owth obery inon ny, ha
bêwnans inowgh why.

13Saw poran kepar dell usy dhyn an
keth Spyrys a fëdh warlergh an
scryptour—"Me a gresys, ha rag
hedna me a gowsas"—yth eson ny ow
cresy inwedh hag ow côwsel kefrës.
14Ny a grës, dre rêson ny dhe wodh-
vos fatell vydn ev, neb a dherevys an
Arlùth Jesu, agan derevel ny inwedh
gans Jesu. Ny a grës ev dh'agan don,
warbarth genowgh why, aberth in y
wolok ev. 15Ea, yma pùptra rag agas
kerensa why. Kepar dell wra grâss
Duw drehedhes dhe voy tus, y a vydn
gul dhe voy pejadow grassow rag
glory agan Duw.

16Rag hedna ny vydnyn ny kelly
colon. Kynth usy agan natur mortal
ow tyfygya, yma agan natur wàr jy
owth omnowedhy kenyver jorna.
17Yma an anken scav rag pols bian
obma, orth agan preparya rag glory
brâs dres musur bys vycken ha bys
venary. 18Nyns eson ny ow meras
orth an pëth a yll bos gwelys, saw
orth an pëth na welyr. An pëth a
welyr yw rag tecken, mes an pëth na
yll bos gwelys yw rag nefra.

5 Ny a wor hebma: mar pëdh
dystrêwys an tylda ino mayth
eson ny tregys wàr an dor, ny a'gan
beus derevyans dhia Dhuw, chy na
veu byldys gans dewla, hag a wra
durya bys vycken ha bys venary i'n
nevow. 2Yth eson ny ow kyny i'n
tylda-ma, hag ow tesîrya dhe worra
i'gan kerhyn agan trigva nevek, 3ma
na von ny kefys yn noth, ha ny orth y
worra adro dhyn. 4Abàn eson ny
whath i'n tylda-ma, yth eson ny ow
kyny in dadn agan sawgh, rag dâ via
genen sevel orth bos yn noth, ha
cafos dyllas moy. Indella an dra
varwyl-ma a via lenkys der an
bêwnans. 5Duw y honen a wrug agan
parusy rag an very tra-ma, hag ev a
ros an Spyrys yn warrant dhyn.

6Ny yw heb own ytho, kyn
whodhon agan bos ny dyberthys
dhyworth an Arlùth, hadre von ny
tregys i'n corf. 7Yth eson ow kerdhes
dre fëdh, adar dre wolok. 8Ea, ny yw
heb own, ha gwell via genen bos
dyberthys dhyworth an corf hag in
tre gans an Arlùth. 9Na fors eson ny
ajy dhe'n corf, pò avês dhodho,
tôwlys on dh'y blêsya. 10Rag res vëdh
dhe bùbonen sevel dhyrag sedhek
breus a Grist, may halla kenyver onen
recêva gober rag pùptra a vo gwrës
i'n corf, be va dâ pò drog.

11Abàn wodhon ny, ytho, pandr'yw
own Duw, yth eson ny ow whelas dhe

berswadya tus erel. Saw ny agan
honen yw aswonys gans Duw, ha
govenek a'gan beus agan bos ny
aswonys inwedh dh'agas conscyans
why. 12Nyns eson ny ow comendya
agan honen dhywgh arta, mès ow ry
dhywgh chauns dhe vôstya inon, may
hallowgh why gortheby dhe'n re-na
usy ow cul bôstow wàr ves, kyns ès i'n
golon. 13Mars on ny varys, ny yw
varys rag Duw. Mars yw yagh agan
brës, yth yw hedna ragowgh why.
14Rag yma kerensa Crist orth agan
kentryna, dre rêson ny dhe gresy fèst
udn den dhe dhon mernans rag pùb-
onen. Rag hedna pùbonen a verwys.
15Ev a dhug mernans rag pùbonen,
may halla an dus vew bewa ragtho ev,
neb a verwys hag a veu derevys, kyns
ès bewa ragthans aga honen.

16Alebma rag ny vydnyn meras
orth den vëth warlergh an kig. Kyn
whrussyn ny kyns aswon Crist war-
lergh an kig, nyns eson ny orth y
aswon na fella i'n vaner-na. 17Mars
eus den vëth in Crist, ev yw creacyon
nowyth. Passys yw pùptra goth. Mir,
yma pùptra nowedhys! 18Yma hebma
oll ow tos dhyworth Duw, a wrug
agan kesseny ganso in Crist, hag a ros
menystry a gessenyans dhyn. 19Hèn
yw dhe styrya, yth esa Duw in Crist
owth unverhe an bës dhodho y
honen, heb nyvera aga threspassys
wàr aga fydn. Hag ev a drestyas dhyn
ny an messach a gessenyans. 20Rag
hedna ny yw canasow rag Crist, dre
rêson Duw dhe elwel an dus dredhon
ny. Ny a'gas pës ytho rag kerensa
Crist, dhe vos unverhës gans Duw.
21Ragon ny ev a wrug dhodho bos
pegh, ev na wodhya pegh vëth, may
hallen ny dredho ev bos gwrës
ewnder Duw.

6 Kepar dell eson ny ow kesobery
ganso ev, ny a'gas pës why, neb
a recêvas grâss Duw, na wrellowgh y
dhegemeres yn uver. 2Rag ev a lever,

> "Pàn dheuth an termyn may
> whrellen dhysqwedhes favour
> dhywgh, me a'gas clôwas.
> Pàn dheuth an jorna a'm salvacyon,
> me a'gas gweresas."

Merowgh! Hèm yw an termyn dhe
recêva grâss Duw. Merowgh!
Hedhyw yw an jorna a salvacyon!

3Ny wren ny gorra men a drebuch-
yans in fordh den vëth, ma na wrella
den vëth dysprêsya agan menystry.
4Ny yw servysy Duw, ha ny a wrug
comendya agan honen der oll an
taclow-ma: dre wodhevyans brâs, der
anken, der anwhecter hag anfusy,
5dre stewan, dre brysonyans, dre
dervansow, dre lavur, nosow dygùsk
ha nown brâs, 6dre lânder, dre
berthyans ha cufter, dre sansoleth
spyrys, der ewngerensa, 7dre lavar
gwiryon ha gallos Duw, gans an
arvow a ewnder rag an dorn dyhow,
ha rag an dorn cledh, 8in onour ha
dysonour, in worshyp hag in bysmêr.
Yth on ny dyghtys kepar ha faitours,
ken fen ny gwiryon; 9kepar hag
ùncoth, saw ny yw aswonys dâ; kepar
ha tus varow, ha merowgh, yth on ny
yn few; kepar ha tus pùnyshys, mès
ny veun ny ledhys; 10kepar ha tus
trist, mès otta ny pùpprës ow
rejoycya; kepar ha bohosogyon, mès
ny a wra lies onen rych; kepar ha'n
re-na na's teves tra vëth, mès ny a
bew pùptra.

11Ny a gowsas yn apert orthowgh,
a Gorynthyans, hag opyn yw agan
colon dhywgh why. 12Nyns eus fin

vëth dh'agan kerensa tro ha why, saw
yma fin dh'agas kerensa why. 13Avell
chyffar teg—yth esof ow côwsel orth-
owgh kepar hag orth flehes—eger-
owgh alês dhyn ny agas colon why.

14Na vedhowgh kesyewys yn cabm
gans dyscryjygyon. Pana gowethyans
a yll bos inter ewnder ha fara dylaha?
Pò pana gowethyans a yll bos inter
golow ha tewolgow? 15Pana acord a'n
jeves Crist gans Belyal? A yll Crist-
yon bos kevrednek a dra vëth gans
pagan? 16In pàn vaner a yll templa
Duw agria gans idolys? Rag ny yw
templa an Duw bew, kepar dell lever
Duw y honen, "Me a vydn trega i'ga
mesk, ha kerdhes intredhans, ha me
a vëdh aga Duw y, hag y a vëdh ow
fobel vy."

> 17"Rag hedna dewgh mes anodhans
> ha dyberthowgh dhywortans, yn
> medh an Arlùth,
> Na wrewgh tùchya tra vëth avlan.
> Nena me a vydn agas
> wolcùbma."
> 18"Me a vëdh agas tas, ha why a
> vëdh mebyon ha myrhas dhybm,
> yn medh an Arlùth Ollgalosek."

7

Drefen bos dhyn an promyss-
yow-ma, a vreder veurgerys,
gesowgh ny dhe bùrjya agan honen a
bùb tebel-vostethes a gorf hag a
spyrys, ha gesowgh ny dhe gollenwel
sansoleth i'n own a Dhuw.

2Gwrewgh spâss ragon i'gas colon.
Ny wrussyn ny cabm warbydn den
vëth; ny wrussyn ny shyndya den
vëth; ny wrussyn ny gul prow a dhen
vëth. 3Ny lavaraf hebma rag agas
dampnya. Me a leverys solabrës, me
dh'agas cara why kebmys, may fedha
dâ genef merwel genowgh pò bewa
warbarth genowgh. 4Yth esof vy ow
cul meur bôstow ahanowgh. Me yw
pòr browt ahanowgh. Leun a gonfort
oma. In oll ow anken me a'm beus
colon dhâ.

5Pàn wrussyn ny dos dhe Mace-
donya, ny gafas agan corf powes vëth,
mès ny a veu troblys in pùb maner,
dyspûtyans wàr ves ha dowtys wàr jy.
6Saw Duw, usy ow confortya an re-
na a vo trist, a wrug gwellhe agan
cher, ha danvon Tîtùs dhyn. 7Ny veu
y dhevedhyans yn udnyk a wrug
gwellhe agan cher. Ny a rejoycyas
orth an confort a'n jeva Tîtùs i'gas
kever why. Ev a dherivas dhybm a'gas
hireth, a'gas moreth, hag a'gas
dywysycter tro ha me. Ow lowena a
encressyas pàn glôwys an taclow-na.

8Mar qwruga agas trist'he gans ow
lyther, ny'm beus edrek vëth (saw
edrek a'm beu, rag me dhe weles
fatell wrug avy agas grêvya dredho
pols bian kyn fe). 9Yth esof vy ow
rejoycya i'n tor'-ma. Nyns yw hedna
awos me dh'agas grêvya why, saw dre
rêson agas grêf dhe lêdya dhe edrek.
Rag why a gafas tristans dhyworth
Duw, ha ny vewgh why shyndys in
maner vëth oll genen. 10Rag yma
tristans dhyworth Duw ow tenethy
edrek, usy ow lêdya dhe sylwans. Ha
nyns yw hedna chêson vëth rag
edrek. Saw yma tristans dhyworth
mab den ow lêdya dhe'n mernans.
11Merowgh pana frethter a dhug an
tristans sans-ma inowgh, pana whans
dhe ewnhe agas honen, pana sorr,
pana uth, pana dhesîr, pana dhy-
wysycter, pana gessydhyans! In pùb
poynt why a brovas agas honen dhe
vos dybegh i'n mater. 12Kyn screfys
dhywgh, ny veu va naneyl rag kerensa
an den a wrug cabm, na rag kerensa a

hedna o an cabm gwrës wàr y bydn,
saw may fe aswonys dhywgh agas
dywysycter tro ha ny in golok Duw.
13In hebma ny a gemeras confort.

Moy ès agan confort ny, ny a
lowenhas dhe voy orth joy Tîtùs,
drefen why dhe ry cosoleth dh'y vrës.
14Mar qwrug avy bôstya dhodho
nebes i'gas kever why, ny veuma
shâmys màn. Saw kepar dell o pùptra
gwir, a wrussyn ny leverel dhywgh,
indella kefrës agan bôstow ahanowgh
dhe Tîtùs a veu prevys gwir.
15Indelma yma y gerensa tro ha why
owth encressya, rag yma va ow perthy
cov a'gas obedyens oll, ha fatell
wrussowgh why y wolcùbma, ha why
ow crena rag ewn own. 16Lowen ov
dre rêson me dhe drestya inowgh yn
tien.

8 Dâ via genef, a vreder, why dhe
wodhvos pandra wrug grâss
Duw collenwel in eglosyow Mace-
donya. 2Y a veu prevys yn ahas der oll
an troblys a wrussons godhevel, saw
mar vrâs o aga joy, may rosons yn larj
dres ehen, kynth êns y pòr vohosak.
3Me a yll desta dhywgh, fatell
wrussons y ry warlergh aga gallos ha
dres aga gallos kyn fe. 4Y a'gan pesys
ernyssly may hallens recêva an gwir
specyal, dhe gevradna i'n menystry
dhe bobel Duw in Jûdy. 5Moy veu
hedna ès dell wrussyn ny gwetyas.
Kensa y a ros aga honen dhe'n
Arlùth, ha wosa hedna dre volùnjeth
Duw, dhyn ny kefrës. 6Indelma ny a
inias Tîtùs, neb a dhalathas an lavur-
ma, may whrella agas gweres ow
collenwel an servys specyal-ma a
gerensa. 7Ass owgh why rych in
pùptra eus genowgh—in fëdh, in
cows, in godhvos, in frethter dres
ehen hag i'gas kerensa tro ha ny! Dâ
via genen ytho why dhe vos larj i'n
servys specyal-ma a gerensa.

8Ny lavaraf hebma avell gorheb-
myn, saw yth esof ow prevy lendury
agas kerensa warbydn dywysycter tus
erel. 9Rag why a wor an grâss a'gan
Arlùth Jesu Crist. Kynth o va rych, ev
êth bohosak ragowgh why, may
hallowgh cafos rychys der y vohosog-
neth.

10Hag ot obma ow hùssul i'n
mater-ma: y tal dhywgh gorfedna
lebmyn an pëth a wrussowgh why
dallath warleny. Why a veu an dus
kensa dh'y wul, ha dhe vydnas y wul.
11Gorfednowgh e lebmyn warlergh
agas gallos, may fo haval agas
cowlwrians dh'agas bolùnjeth. 12Mar
pedhowgh whansek dhe weres,
plegadow vëdh agas ro dhe Dhuw,
warlergh an pëth a'gas beus, kyns ès
warlergh agas dyfyk.

13Nyns yw hedna dhe styrya, y tal
dhe dus erel bos attês, mès why dhe
gafos begh. Bedhens taclow eqwal
14inter an plenty a'gas beus i'n tor'-
ma ha'n othem a's teves y. In kepar
maner y fëdh aga flenty y rag agas
othem why i'n termyn a dheu. Indel-
ma y fëdh taclow eqwal. 15Kepar dell
lever an scryptour, "An eyl, neb a'n
jeva plenty, ny'n jeva re, ha'y gela,
neb a'n jeva bohes, ny'n jeva re
vohes."

16Gromercy dhe Dhuw, rag ev a
worras in colon Tîtùs dywysycter
ragowgh why, poran kepar ha'm
dywysycter vy ragowgh. 17Tîtùs a
wolcùbmas agan gorholeth, ha moy
ès hedna ev o whansek dh'agas
gweres a'y vodh y honen. 18Ganso ev
yth eson ny ow tanvon dhywgh an
broder yw gerys dâ i'n oll an

eglosyow, awos ev dhe brogeth an
nowodhow dâ. 19Moy ès hedna ev a
veu appoyntys gans an eglosyow dhe
viajya genen ha ny ow menystra an
servys-ma a gerensa. An menystry-
ma yw rag glory an Arlùth, ha may fe
apert agan bolùnjeth dâ. 20Ny a
gebmer with na wrella den vëth agan
cably ow tùchya an ro larj-ma, ha ny
orth y venystra. 21Ny re settyas agan
colon dhe wul an pëth a vo ewn i'n
golok tus, ha dhyrag Duw kefrës.

22Gans an re-na inwedh yth eson
ow tanvon dhywgh agan broder, neb
a veu prevys genen yn fenowgh, hag
ev yw dywysyk in lies tra. Ev yw
lebmyn dhe voy freth ès bythqweth,
awos y fydhyans brâs inowgh why.
23Ow tùchya Tîtùs, ev yw ow hes-
coweth ha'm kesoberor i'gas servys
why. Yth yw agan breder abosteleth
a'n eglosyow ha'n glory a Grist.
24Rag hedna yn opyn dhyrag an
eglosyow dysqwedhowgh dhedhans
prof a'gas kerensa, ha prof a'gan caus
dhe vôstya ahanowgh.

9 Nyns eus othem vëth dhybm
screfa dhywgh adro dhe'n
menystry dhe bobel Duw. 2Me a wor,
fatell owgh why whansek dhe vos a
servys, ha me a vôstyas ahanowgh
dhe'n dus in Macedonya. Me a
leverys dhedhans, fatell o an vreder
in Acaya parys dhe weres dhia an
vledhen warleny. Agas dywysycter a
sordyas an radn vrâssa anodhans.
3Yth esof ow tanvon dhywgh an
vreder-ma, ma na vo uver ow bôstow
ahanowgh i'n mater-ma. Nâ, kepar
dell leverys, why a vëdh parys gans
agas socour. 4Bytegyns, mar teu radn
an Macedonyans genama, ha
dyscudha na vëdh parys agas socour,
assa vien shâmys (ny lavaraf a'gas
sham whywhy), drefen me dhe
drestya inowgh! 5Rag hedna yth esen
ow tyby y talvia dhyn inia an vreder-
ma dhe dhos dhywgh dhyragof, ha
dhe breparya dhyrag dorn an ro
ervirys genowgh. Nena an ro a vëdh
parys pàn dhyffyf, hag apert vëdh
why dhe ry socour a'gas bodh agas
honen, kyns ès why dhe vos con-
strînys.

6Perthowgh cov a hebma: neb a
wrella gonys bohes has, nebes a vëdh
y drevas, saw neb a wrella gonys meur
a has, y drevas ev a vëdh brâs dres
ehen. 7Res vëdh dhe genyver onen
ahanowgh ry, kepar dell vo ervirys
ganso. Ny dal dhe dhen vëth ry a'y
anvoth pò awos iniadow, rag Duw a'n
car ev a rolla yn lowen. 8Ha Duw a yll
ry dhywgh dres agas othem, ma'gas
bo lowr pùpprës ragowgh agas
honen, ha lowr ha plenty rag pùb
ober dâ. 9Kepar dell lever an
scryptour,

"Yma va ow scùllya alês hag ow ry
dhe'n vohosogyon.
Y ewnder a wra durya bys vycken."

10Ha Duw, usy ow ry has dhe'n
gonador, ha bara avell sosten, a vydn
provia hag encressya agas has rag
gonys, hag encressya trevas agas
ewnder. 11Why a vëdh rych in pùb
fordh, awos agas larjes brâs, ha'gas
helder dredhon ny a wra provia meur
râss dhe Dhuw.

12Pàn wrewgh why an servys ma,
yth esowgh ow provia rag an esow
usy pobel Duw ino, ha moy ès hedna,
yma agas servys ow try in rag
abùndans a rassow dhe Dhuw.
13Awos an prof a dheu gans an servys-

ma, lies onen a vydn praisya Duw rag
agas lelder dhe awayl Crist, neb
esowgh why ow meneges, ha rag agas
larjes; rag yth esowgh why ow
kevradna gansans y, ha gans tus erel
kefrës. 14Dre hedna y a wra pesy gans
kerensa dhown dhe Dhuw ragowgh,
awos an grâss marthys a dhysqwedhas
Duw dhywgh. 15Meur râss dhe Dhuw
a'y ro dres pris!

10 Me, Pawl, me a'gas pës, dre
glorder ha wharder Crist—
me yw uvel pàn esof genowgh fâss
dhe fâss, mès hardh pàn esof pell
dhyworthowgh—2me a'gas pës na
wrellowgh ow honstrîna dhe vos
asper tro ha why, pàn vyma warbarth
genowgh, rag me a vydn côwsel
warbydn an re-na a lever me dhe
wruthyl warlergh breus mab den.
3Yth yw gwir ny dhe vos tregys i'n
bës, saw ny wren ny gwerrya war-
lergh sqwîrys mab den. 4Ny dheu
agan arvow ny dhyworth mab den,
mès y a's teves nerth Duw, hag y a yll
dhystrêwy dinasow crev. Yth eson ny
ow tyswul argùmentys, 5ha pùb
ancombrynsy prowt derevys in bàn
warbydn an aswonvos a Dhuw. Ny a
wra prysner a bùb preder, may fo va
gostyth dhe Grist. 6Parys on ny dhe
bùnyshya pùb dysobedyens, pàn vo
collenwys agas obedyens why.

7Merowgh orth an taclow usy
dhyrag agas lagasow. Mars yw den
vëth ahanowgh sur ev y honen dhe
longya dhe Grist, gwrêns ev om-
bredery arta, rag yth eson ny ow
longya dhe Grist, poran kepar dell
esowgh whywhy. 8Lebmyn, mar
teuma ha bôstya nebes re a'm
auctoryta, a veu rës dhybm gans an
Arlùth rag agas byldya why, kyns ès
rag agas dysevel, ny vanaf vy kemeres
meth anodho. 9Dâ via genef na wrell-
owgh why predery me dhe whelas
agas ownekhe der ow lytherow. 10Tus
a lever, "Crev yw y lytherow, saw pàn
vo va obma, ny wra va amowntya
màn, ha ny vëdh nerth vëth in y
eryow." 11Gwrêns an dus-na con-
vedhes hebma: an pëth a lavaraf i'm
lytherow, pàn nag esof genowgh,
hedna me a wra pàn vyma i'gas mesk.

12Ny vynsen ny lavasos dhe renkya,
na dhe gomparya agan honen gans
radn a'n re-na, usy ow sensy aga
honen yn uhel. Ass yns y gocky, hag
y ow musura aga honen an eyl orth y
gela, hag ow comparya aga honen an
eyl gans y gela! 13Ny vydnyn ny
bôstya dres certan finyow. Ny a vydn
gortos ajy dhe'n finyow a'n ober a
ordnas Duw ragon. Comprehendys
in hedna yw agan lavur i'gas mesk
why. 14Abàn esowgh why ajy dhe'n
finyow-na, ny vydhyn ny mos
drestans, pàn dheffen ny dhywgh
gans awayl Crist. 15Nyns eson ny ow
cul bôstow dres musur, hèn yw dhe
styrya, a whel tus erel. Govenek a'gan
beus agan obereth i'gas mesk why
dhe encressya dhe voy, in mar veur
dell wra moghhe agas fëdh. 16Nena
ny a vëdh abyl dhe dherivas an awayl
in powyow yw pella agesowgh why,
heb bôstya a lavur gwrës solabrës in
finyow den aral. 17"Neb a wrella
bôstya, gwrêns ev bôstya i'n Arlùth."
18Rag ny's tevyth worshyp an re-na
usy ow comendya aga honen, mès an
re a vo comendys gans an Arlùth y
honen.

11 Dâ via genef why dhe'm
perthy tecken i'm gocky-
neth. Gwrewgh ow ferthy! 2Yth esof

vy ragowgh ow kemeres avy kepar
hag avy Duw, rag me a'gas dedhewys
in maryach dhe udn gour, may hallen
agas presentya why avell gwerhes heb
spot dhe Grist. 3Saw dowtys ov agas
preder dhe vos lêdys wàr stray dhy-
worth devocyon lel ha gwiryon dhe
Grist, kepar dell wrug an hager-brëv
tùlla Eva der y sotylta. 4Rag mar teu
nebonen ha progeth ken Jesu ès an
Jesu a wrussyn ny progeth, pò mar
tewgh why ha recêva ken spyrys ès an
Spyrys, a wrussowgh why degemeres,
pò ken awayl ès an awayl a dhe-
gemersowgh, otta why owth omry
agas honen dhodho ev heb hockya!
5Me a grës nag ov vy isella in poynt
vëth oll ès an abosteleth flour-ma.
6Kyn nag oma deskys brâs in cows,
deskys ov in skentoleth. In gwir-
yoneth, in pùb poynt, hag in pùb
fordh, me re dhysqwedhas hebma
dhywgh.

7Pàn wruga progeth an nowodhow
dâ dhywgh, me a's pregowthas heb
cost vëth. Me a hùmblyas ow honen
rag agas exaltya why. A veu hedna
pegh? 8Me a robbyas eglosyow erel,
ow cafos socour dhywortans, may
hallen agas servya why. 9Ha pàn esen
i'gas mesk why, ha me in esow, ny
wruga beghya den vëth. Me a gafas
pegans dhyworth ow hothmans, a
dheuth dhia Macedonya. Indella nyns
o res dhybm agas beghya, ha bëth ny
vanaf agas beghya. 10Dell usy gwir-
yoneth Crist inof vy, ny wra den vëth
in côstys Acaya nefra conclûdya an
bost-ma esof vy ow cul. 11Ha praga?
Dre rêson nag esof orth agas cara
why? Duw a wor fatell esof orth agas
cara why. 12Ha'n pëth esof ow cul,
me a vydn pêsya orth y wul, may
hallen denaha chauns dhe'n re-na,
usy ow whelas i'ga bôstow dhe vos
comparys genef.

13Bôstoryon a'n par-na yw
abosteleth gow, fâls-wonesyjy, ow
facya y dhe vos abosteleth Crist.
14Nyns yw marth hedna. Yma Satnas
y honen owth omhevelly dhe el an
golow. 15Nyns yw aneth ytho, mars
usy servysy Satnas owth omwul
menysters a'n gwiryoneth. Y a gav
pùnyshment warlergh aga oberow.

16Me a lever arta, bydner re gressa
den vëth me dhe vos gocky. Mar
tewgh why ha cresy indella, nena
recêvowgh vy avell fol, may hallen
bôstya nebes kefrës. 17(An pëth a
lavaraf ow tùchya an fydhyans-ma,
leun a vôstow, me a'n lever heb
auctoryta vëth dhyworth an Arlùth.
Me a'n lever kepar ha pedn cog.
18Abàn eus lies onen ow cul bôstow
warlergh sqwîrys mab den, me a vydn
bôstya kefrës.) 19Yth esowgh why ow
codhaf pednow cog yn lowen, abàn
owgh why fur agas honen! 20Rag why
a wra y berthy, pàn wra nebonen
kethwesyon ahanowgh, pò agas pylla,
pò agas drog-handla, pò exaltya y
honen, pò agas gweskel i'n fâss.
21Meth a'm beus i'n mater, saw me o
re wadn dhe wul taclow a'n par-na!

Mar teu nebonen ha bôstya a dra
vëth (otta vy ow côwsel kepar ha pedn
cog!), me a vydn bôstya a'n keth tra.
22Yns y Ebrowyon? Ebrow oma
magata. 23Yns y menysters a Grist?
Menyster a Grist oma magata. Me a
gôws kepar ha den muscok—menys-
ter gwell agessans y me yw. Me a'm
beu lies lavur moy, moy prysonyans,
me re gafas scorjyansow dynyver. Yn
fenowgh me a veu ogas marow.
24Pympgweyth me a recêvas dhy-
worth an Yêdhewon an dew ugans

lash mès onen. 25 Tergweyth me a veu
cronkys gans gwelyny. Y feuv labedh-
ys unweyth. Tergweyth ow gorhal a
veu terrys. Dres nos ha jorna yth esen
wàr an mor ow mos gans an gwyns.
26 Me a wrug meur a viajys. Pòr lies
torn y feuv in peryl a ryvers, in peryl a
ladron, in peryl a'm pobel ow honen,
in peryl a'n Jentylys. Yth esen in peryl
i'n cyta, i'n gwylfos, wàr an mor, in
danjer a fâls vreder. 27 Me a'm beu
lavur, whes hag anken, lies nos dy-
gùsk, nown ha sehes, me a veu heb
sosten, yeyn hag yn noth. 28 Ha dres
taclow erel, me a'm beus troblys pùp-
prës, dre rêson ow bos in anken awos
oll an eglosyow. 29 Pyw yw gwadn? A
nyns ov vy gwadn ganso? Pyw yw
dysevys? A nyns oma serrys ragtho?

30 Mars yw res dhybm bôstya, me a
vydn gul bost a'm gwander. 31 Duw ha
Tas an Arlùth Jesu (benegys re bo ev
bys vycken!) a wor na lavaraf gow.
32 In Damask, an governour, in dadn
an Mytern Aretas, a wethas an cyta
may halla va ow sêsya, 33 saw me a veu
iselhës in canstel dre fenester in fos
an cyta, ha scappya mes a'y dhewla.

12

Me a res bôstya kyn nag ywa
a les vëth dhybm. Me a vydn
mos in rag dhe vesyons ha dhe
revelacyons a'n Arlùth. 2 Aswonys
dhybm yw nebonen, ha peswardhek
bledhen alebma ev a veu kechys in
bàn i'n tressa nev. Esa va i'n corf pò
mes a'n corf, ny wòn; Duw a wor.
3 Me a wor fatell veu an den na (esa va
i'n corf pò nag esa, ny wòn. Duw a
wor), 4 fatell veu va kechys in bàn in
Paradîs, ha clôwes taclow, na yll bos
derivys, nag yw lafyl dhe dhen mortal
vëth dasleverel. 5 Me a vydn bôstya
abarth an den-na, mès ny vanaf vy
bôstya poynt ahanaf ow honen, mès
a'm gwander vy. 6 Saw a mynsen
bôstya, ny vien fol, rag me a lavarsa
an gwiryoneth. Ny vanaf bôstya, ma
na wrella den vëth gul vry ahanaf,
moy ès dell yw gwelys pò clôwys
ahanaf—7 in despît dhe natur marthys
a'n revelacyons.

Rag hedna, ma na ven re browt a'm
bos exaltys, y feu rës dhybm dren i'm
kig, messejer dhia Satnas dhe'm
tormentya, dhe'm gwetha rag bos re
lowen. 8 Tergweyth me a besys dhe'n
Arlùth adro dhodho, ma whrella an
dra mos qwit dhyworthyf. 9 Saw ev a
leverys, "Lowr dhis yw ow grâss vy,
rag ow gallos yw dhe vrâssa pàn osta
gwadn." Dhe voy lowen ytho y fanaf
bôstya a'm gwander, may halla gallos
Crist trega inof. 10 Rag hedna me yw
pës dâ rag kerensa Crist a'n re ma oll:
gwander, despît, anken, tormens ha
drog-labmow. Rag pàn ov gwadn,
nena me yw crev.

11 Me re beu fol! Why a'm con-
strînas dhe vos indella. In gwir, y
codhvia dhywgh why ow fraisya, rag
nyns oma lacka ès an abosteleth flour-
ma, kyn nag oma tra vëth. 12 An sînys
usy ow prevy me dhe vos abostel
gwir, an merclys ha'n anethow, an
oberow brâs dres ehen, y a veu gwrës
i'gas mesk why gans meur a berth-
yans. 13 Fatell veu gweth agas câss
why ès câss an eglosyow erel, marnas
me a refrainyas dhyworth govyn
gweres mona orthowgh? Gevowgh
dhybm an cabmweyth ma!

14 Otta vy obma, parys dhe dhos
dhywgh an tressa treveth. Ny vedhaf
vy begh warnowgh, dre rêson nag yw
agas pëth why esoma ow tesîrya, mès
why agas honen. Ny dal dhe flehes
cruny posessyon rag aga thas ha

mabm, saw tas ha mabm rag aga
flehes. 15Gans lowena vrâs me a vydn
spêna, ha me a vëdh spênys ragowgh.
Mar qwrama dhe voy agas cara why,
a vedhaf vy dhe le kerys? 16Re bo
alowys, na wrug avy unweyth agas
beghya ow tùchya mona. Saw neb-
onen a vydn leverel, yth en vy sotel,
ha me dh'agas tùlla dre dhysseyt. 17A
wrug avy gul prow anewn ahanowgh
dre dhen vëth a'n re-na a dhanvenys
dhywgh? 18Me a inias Tîtùs dh'agas
vysytya, ha me a dhanvonas an broder
ganso. A wrug Tîtùs gul drog-
devnyth ahanowgh? A ny wren ny, ev
ha me, omdhon i'n kepar maner tro
ha why, ha fara in kepar maner?

19Esowgh why ow predery oll an
termyn-ma, me dhe dhyffres ow
honen dhyragowgh? Yth esof vy ow
côwsel in Crist dhyrag Duw. Nyns
eson ny ow cul tra vëth, a vreder
veurgerys, mès rag agas byldya why
in bàn. 20Dowtys ov, pàn dheffen
dhywgh, me dh'agas cafos ken ès dell
vynsen, ha why dhe'm cafos vy ken ès
agas desîr. Own a'm beus bos i'gas
mesk dyspûtyansow martesen, envy,
sorr, crefny, cabel, scavel an gow,
conseyt ha deray. 21Dowtys ov, pàn
dhyffyf dhywgh arta, Duw dhe'm
hùmblya vy dhyragowgh. Res vëdh
dhybm martesen ola adro dhe lies
onen neb a behas kyns obma, heb
kemeres edrek whath a'ga fehosow—
a'n avlanythter, mostethes ha
fornycacyon a wrussons.

13 Hèm yw an tressa treveth
me dhe dhos dhywgh. "Res
yw dhe acûsacyon bos scodhys gans
dùstuny dew dhen pò try den." 2Me
a warnyas an re-na a behas kyns
obma, hag oll an re erel. Yth esof
lebmyn orth aga gwarnya i'n tor'-ma,
ha me pell dhywortans, kepar dell
wruga wàr ow secùnd vysyt, mar
teuma arta, na vedhaf cuv in poynt
vëth. 3Why a gav oll an dùstuny
esowgh why ow tesîrya bos Crist ow
côwsel dredhof. Nyns yw ev gwadn
orth agas handla, mès galosek ywa
i'gas mesk. 4Ev a veu crowsys in
gwanegreth, saw der allas Duw yma
va yn few. Ny yw gwadn ino ev. Saw
pàn wrellen ny agas handla why, yth
on ny yn few ganso ev dre allos Duw.

5Gwrewgh examnya agas honen,
may hallowgh why godhvos, esowgh
why ow pewa i'n fëdh pò nag esowgh.
Prevowgh agas honen. A ny wodh-
owgh bos Jesu Crist inowgh?—
marnas why a wra fyllel i'n appos-
yans! 6Govenek a'm beus why dhe
gonvedhes na wrussyn nyny fyllel.
7Saw ny a bës Duw, na wrellowgh
why pegh vëth. Nyns yw hedna may
fen ny gwelys dhe spêdya i'gas kever,
mès may hallowgh why gul yn tâ i'n
apposyans, ea, kyn whrellen ny
apperya dhe fyllel! 8Ny yllyn ny gul
tra vëth warbydn an gwiryoneth, mès
rag kerensa an gwiryoneth. 9Rag pàn
on ny gwadn ha why crev, nena yth
eson ow rejoycya. Hèm yw agan
pejadow: may fewgh why perfeth.
10Rag hedna yth esof ow screfa an
taclow-ma, ha me pell dhyworth-
owgh. Poken martesen y fia res
dhybm bos re gales orthowgh, pàn
dhyffyf dhywgh. Nena me a vydn
ûsya an auctoryta a'm beus dhyworth
an Arlùth, rag agas byldya in bàn,
kyns ès agas dysevel.

11Wàr an dyweth, a vreder, farwèl.
Gwrewgh araya taclow intredhowgh;
goslowowgh orth ow galow; bedh-
owgh acordys an eyl orth y gela.

Tregowgh in cosoleth, ha re bo
genowgh an Duw a gosoleth hag a
gerensa.
12Dynerhowgh an eyl y gela gans
bay sans. 13Yma oll pobel Duw orth
agas dynerhy why.

14Re bo grâss agan Arlùth Jesu
Crist, kerensa Duw, ha cowethyans
an Spyrys Sans gans pùbonen
ahanowgh.

Pystyl Pawl dhe'n Galathyans

1 Dhyworth Pawl, na dheuth y
alow avell abostel naneyl dre
dus, na dhyworth tus, saw dre Jesu
Crist, ha dre Dhuw, an Tas, neb a'n
derevys dhyworth an re marow. 2Yma
oll an vreder usy obma ow jùnya
genama ow tanvon dynargh,

Dhe eglosyow Galathya.

3Re'gas pò grâss ha cres dhyworth
Duw agan Tas, ha dhyworth an
Arlùth Jesu Crist. 4Rag may halla
agan delyvra dhyworth bylyny an
present oos-ma, Crist a ros y honen
rag agan pehosow warlergh bolùnjeth
agan Duw ha Tas. 5Re bo glory dhe
Dhuw bys vycken ha bys venary!
Amen.

6Marth a'm beus why mar uskys
dh'y forsâkya ev, neb a'gas gelwys in
grâss Crist ha why dhe drailya dhe
gen awayl. 7Nyns ywa ken awayl, saw
yma certan re orth agas sowthanas,
hag y whensys dhe wrestya awayl
Crist. 8Mar teun nyny, pò mar teu el
dhyworth nev kyn fe, ha progeth
awayl contrary dhe'n pëth a wrussyn
ny declarya dhywgh, bedhens em-
skemunys! 9Kepar dell leverys kyns,
me a'n lever arta: mar teu den vëth ha
progeth dhywgh awayl, contrary
dhe'n awayl a wrussowgh recêva, re
bo emskemunys an keth den-na!

10Esof vy ow whelas prais dhy-
worth mab den pò dhyworth Duw?
Esof vy ow whelas plêsya tus? A pen
vy whath ow plêsya mab den, nena ny
vien servont dhe Grist.

11Dâ via genef, a vreder, why dhe
wodhvos hebma: an awayl esof orth y
brogeth, ny dheuth ev dhyworth mab
den. 12Ny wrug avy y recêva dhy-
worth tus, naneyl ny wrug den vëth y
dhesky dhybm. Nâ, me a'n cafas dre
revelacyon dhyworth Jesu Crist.

13Why a glôwas heb mar a'm
bêwnans kyns in crejyans an Yêdh-
ewon. Yth esen yn harow ow
tormentya eglos Duw hag ow whelas
hy dystrêwy. 14Me a avauncyas pella
in crejyans an Yêdhewon ès lies onen
a'm nacyon i'n dedhyow-na, rag me
o fèst dywysyk ow tùchya ûsadow
agan hendasow. 15Duw a'm settyas
adenewen kyns ès me dhe vos genys,
hag ev a'm gelwys der y râss. Pàn veu
va plêsys, 16ev a dhysclôsyas dhybm y
vab, may hallen y brogeth ev in mesk
an Jentylys. Pàn wharva hedna, ny
wrug avy omgùssulya gans den vëth,
17naneyl ny wruga mos in bàn dhe
Jerùsalem gans an re-na o abosteleth
kyns ès me. Nâ, me a dhybarthas heb
let bys in Araby, ha wosa hedna
dewheles dhe Dhamask.

18Nena wosa teyr bledhen me êth
in bàn dhe Jerùsalem dhe vysytya
Cefas, ha trega ganso dyw seythen.
19Saw ny welys abostel aral vëth, mès
Jamys, broder an Arlùth. 20Ow
tùchya an taclow esof vy orth aga
screfa dhywgh, re Dhuw nyns esof
ow leverel gow! 21Nena me a entras
in côstys a Syry ha Cylycy, 22ha ny
aswonas ow fâss whath an eglosyow a
Grist in pow Jûdy. 23Saw y a glôwas
tus ow leverel, "Ev neb esa orth agan
tormentya kyns lebmyn, yma va i'n
tor'-ma ow progeth an fëdh esa va

kyns ow whelas dystrêwy." 24Ha
praisya Duw a wrêns i'm kever.

2 Wosa peswardhek bledhen, me
êth gans Barnabas in bàn arta
dhe Jerùsalem, ha kemeres Tîtùs
warbarth genef. 2Me êth in bàn awos
Duw dhe dhysqwedhes dhybm y
cotha dhybm mos. Nena me a settyas
dhyragthans (in metyans pryva gans
hùmbrynkysy aswonys) an awayl esof
vy ow progeth in mesk an Jentylys,
may hallen bos certan, nag esen ow
ponya pò na wrug avy ponya in vain.
3Yth esa Tîtùs genama, saw ny veu va
constrînys dhe vos cyrcùmcîsys,
kynth o va Grêk. 4Mès yth esa nebes
fâls breder ow comendya hedna. Y
fowns y drës aberveth in dadn gel,
hag y a scolkyas ajy rag aspia an
franchys a'gan beu in Jesu Crist, may
hallens gul kethyon ahanan. 5Ny
wrussyn ny plegya dhedhans udn
vynysen kyn fe, may whrella gwir-
yoneth an awayl trega genowgh
pùpprës.

6Ha'n re-na a hevelly bos neppyth
(pëth êns y in gwir ny vern dhybm
màn; nyns usy Duw ow tysqwedhes
favour dhe dhen vëth)—ny ros an
lêders-na tra vëth oll dhybmo vy. 7I'n
contrary part, y a welas, fatell wrug
Duw trestya dhybmo vy an awayl
dhe'n Jentylys, poran kepar dell wrug
ev trestya dhe Peder an awayl dhe'n
Yêdhewon. 8Rag dre allos Duw me a
veu gwrës abostel dhe'n Jentylys,
kepar dell veu Peder gwrës abostel
dhe'n Yêdhewon. 9Jamys, Cefas ha
Jowan, neb o pyllars aswonys a'n
eglos, a gonvedhas fatell veu an ober
specyal-ma rës dhybm. Rag hedna y
a shakyas dewla gans Barnabas ha
genef vy, avell tôkyn a'gan bos ny oll
cowetha. Ny a acordyas, fatell wren
ny mos dhe'n Jentylys, hag y aga
honen dhe'n Yêdhewon. 10Ny wruss-
ons dervyn mès udn dra: ny dhe
remembra an vohosogyon i'ga mesk.
In gwir me o whensys dhe wul
indella.

11Saw pàn dheuth Cefas dhe
Antiokia, me a gowsas yn apert wàr y
bydn, rag ev dhe dhampnya y honen.
12Kyns ès certan re dhe dhos
dhyworth Jamys, yth esa ev ow tebry
gans an Jentylys. Saw wosa an dus-ma
dhe dhos, ev a omdednas ha gwetha
y honen dyberthys dhywortans, rag
own a'n dus a vynsa aga cyrcùmcîsya.
13Ha'n Yêdhewon erel a jùnyas ganso
i'n cowardy-ma, may feu Barnabas y
honen lêdys in stray der aga fekyl
cher.

14Pàn welys vy, nag esens y ow
kerdhes in ewn warlergh gwiryoneth
an awayl, me a leverys dhe Cefas in
golok pùbonen anodhans, "Yth esta
ow pewa kepar ha Jentyl, kyns ès
kepar ha Yêdhow, kynth osta Yêdh-
ow. Fatell ylta jy ytho constrîna an
Jentylys dhe vewa avell Yêdhewon?"

15Me ow honen yw Yêdhow war-
lergh genesygeth. Nyns ov onen a
behadoryon an Jentylys. 16Ny a wor
bytegyns bos den jùstyfies dre fëdh in
Jesu Crist, kyns ès der oberow an
laha. Ny a dheuth dhe grejyans in
Jesù Crist, may hallen ny bos jùstyfies
dre fëdh in Crist, adar der an laha.
Der oberow an laha ny vëdh den vëth
selwys.

17Saw mar peun ny agan honen
kefys dhe vos pehadoryon, awos ny
dhe whelas bos jùstyfies in Crist, yw
Crist servont a begh? Bydner re bo!
18Saw mar teuma ha dasterevel an
very taclow, a wrug avy dysevel, nena

yth esof ow tysqwedhes ow bosaf
pehador. 19Rag der an laha me a
verwys dhe'n laha, may fen yn few tro
ha Duw. Me re beu crowsys warbarth
gans Crist. 20Nyns oma namoy yn
few, saw yth yw Crist usy ow pewa
inof. Ha'n bêwnans, neb a'm beus i'n
kig, me a'n bew dre fëdh in Mab
Duw, neb a'm caras hag a ros y honen
ragof. 21Ny vanaf vy sconya grâss
Duw, rag mar teu jùstyfycacyon der
an laha, nena Crist a verwys in vain.

3 Why Galathyans, why yw fôlys
ha tus heb ùnderstondyng! Pyw
a wrug agas huda? Dhyrag agas
lagasow y feu Jesu dysqwedhys yn
apert avell onen crowsys! 2Ny vanaf
vy clôwes dhyworthowgh saw hebma:
pyneyl a wrussowgh why recêva an
Spyrys, ha why ow cul oberow an
laha, pò ow cresy an pëth a glôw-
sowgh? 3Owgh why mar wocky avell
hedna? Wosa dallath gans an Spyrys,
esowgh why ow tewedha gans an kig?
4A wrussowgh why gul experyans a
gebmys in vain—mar peu va in vain?
5Usy Duw ow ry an Spyrys dhywgh,
hag ow cul merclys i'gas mesk, dre
rêson why dhe wul oberow an laha?
A nyns ywa dre rêson why dhe gresy
an pëth a glôwsowgh?

6Kepar dell wrug Abraham "cresy
in Duw hag y feu hedna reknys dho-
dho avell ewnder," 7in kepar maner
why a wel an re-na a grës aga bos an
issyw a Abraham. 8An scryptours a
welas dhyrag dorn fatell vydna Duw
jùstyfia an Jentylys der aga fëdh. Rag
hedna an scryptours a dheclaryas an
awayl i'n dedhyow coth dhe Abraham
ow leverel, "Inos jy y fëdh oll an
nacyons benegys." 9Rag hedna oll an
re-na usy ow cresy, a's teves bedneth
der Abraham, neb a gresys.

10Neb a vo ow trestya dhe oberow
an laha yw melegys, rag yma screfys,
"Molethek yw neb na wrella gul ha
gwetha oll an taclow screfys in lyver
an laha." 11Now apert yw, na yll den
vëth bos jùstyfies dhyrag Duw der an
laha, rag "Neb a vo ewn a wra bewa
dre fëdh." 12Saw nyns usy an laha ow
powes wàr fëdh. Wàr an contrary,
"Neb a wrella oberow an laha, a vydn
bewa dredhans." 13Crist a'gan selwys
dhyworth molleth an laha, pàn veu va
gwrës molleth ragon ny, rag yma
screfys, "Melegys yw pynag oll a vo
cregys orth predn." 14Ev a wrug
indelma, may teffa bedneth Abraham
in Crist dhe'n Jentylys, ha may hallen
ny recêva promys an Spyrys dre fëdh.

15Me a vydn ry ensampel dhywgh,
a vreder, mes a vêwnans pùb dëdh oll.
Kettel vo fastys testament nebonen,
ny yll den vëth naneyl addya tra vëth
dhodho na'y dhefendya dhe ves.
16Dhe Abraham ha'y issyw an
promyssyow a veu rës. Ny lever an
scryptour, "ha dhe issyw", kepar ha
pàn vêns y lies onen, mès "dhe'th
issyw jy." Yma hedna ow styrya dhe'n
udn den, hèn yw dhe Grist. 17Ow styr
yw hebma: nyns usy an laha, neb a
dheuth peswar cans ha deg bledhen
warn ugans awosa, nyns usy ev ow
tefendya dhe ves kevambos fastys
kyns gans Duw, nyns usy ow tylea an
promys. 18Mar teu an erytans dhy-
worth an laha, nyns usy ev na fella ow
tos der an promys. Saw Duw a'n
grauntyas dhe Abraham der an
promys.

19Prag yma an laha ytho? Y feu va
addys awos transgressyon mab den. Y
resa an laha durya, bys may teffa an

issyw, a veu an promys gwrës
dhodho. Y feu an laha ordnys gans an
eleth dre dhorn den avell main. 20Res
yw cafos main, pàn eus moy ès udn
den i'n câss, mès onen yw Duw

21Yw an laha contrary dhe bro-
myssyow Duw ytho? Bydner re bo!
Rag a pe rës laha, neb a alsa ry bêw-
nans, nena y halsa an ewnder dos der
an laha. 22Saw an Scryptour a wrug
prysonya pùptra in dadn arlottes an
pegh. Hèn o may fe rës dhe'n gryjyg-
yon an pëth a veu dedhewys dre fëdh
in Jesu Crist.

23Kyns ès fëdh dhe dhos, ny o
prysners in dadn with an laha, erna ve
fëdh dyscudhys. 24Rag hedna an laha
o agan descador sevur, erna dheffa
Crist, may hallen ny bos jùstyfies dre
fëdh. 25Saw abàn dheuth an fëdh,
nyns eson ny na fella in dadn arlottes
descador sevur. 26In Jesu Crist why
oll yw flehes Duw dre fëdh. 27Ken-
yver onen ahanowgh, neb a veu
besydhys, re wyscas Crist adro dho-
dho. 28Nyns eus na fella Yêdhow na
Grêk, den frank na keth, gorow na
benow, rag why oll yw onen in Jesu
Crist. 29Ha mars esowgh why ow
longya dhe Grist, nena issyw Abra-
ham owgh why, eryon warlergh an
promys.

4 Me a lever hebma: hadre vo
eryon yonk, nyns yns gwell ès
kethwesyon, kynth yns y perhenog-
yon a'n pëth yn tien. 2Saw res yw
dhedhans gortos in dadn wardens ha
fydhyadoryon bës i'n jëdh determys
gans an tas. 3In kepar maner genen
ny: hadre veun ny yonk, yth esen in
dadn arlottes spyrysyon elvenek an
bës. 4Pàn dheuth lanwes an termyn,
Duw a dhanvonas y Vab, genys a
venyn, genys in dadn an laha, 5dhe
dhelyvra an re-na esa in dadn an laha,
may hallen ny bos degemerys avell
mebyon. 6Ha drefen why dhe vos
mebyon, Duw re dhanvonas Spyrys y
Vab aberth i'gas colon ow carma,
"Abba! A Das!" 7Rag hedna nyns osta
keth na fella mès mab, ha mars osta
mab, nena dre Dhuw te yw er
magata.

8Kyns lebmyn, pàn nag esewgh why
owth aswon Duw, yth esewgh in dadn
an mêstry a'n re-na nag o duwow dre
natur. 9Saw lebmyn, drefen why dhe
aswon Duw, pò kyns, drefen Duw
dh'agas aswon why, fatell yllowgh why
trailya arta dhe'n spyrysyon elvenek,
rag y yw gwadn ha bohosak? Fatell
yllowgh why whansa dhe vos arta in
dadn aga arlottes y? 10Yth esowgh
why ow solempnya dedhyow, mîsyow
ha sêsons specyal. 11Own a'm beus
ow lavur ragowgh dhe vos in vain.

12A vreder, me a'gas pës dhe om-
wul agas honen kepar ha me, rag me
re beu gwrës kepar ha whywhy. Ny
wrussowgh why cabm vëth dhybm.
13Why a wor, fatell wrug avy progeth
an awayl dhywgh i'n dallath, dre
rêson bos cleves i'm body. 14Kyn
whrug ow dysês agas prevy, ny wruss-
owgh why ow despîtya na scornya.
Nâ, why a wrug ow wolcùbma avell
el Duw, avell Jesu Crist. 15Pandr'yw
wharvedhys dhe'n bolùnjeth dâ a'gas
beu tro ha me? Duw yn test, me a
wor y fynsowgh why tedna in mes
agas lagasow ha'ga ry dhybm, mar
calla hedna bos. 16Oma devedhys
agas escar, dre rêson me dhe leverel
an gwiryoneth dhywgh?

17Yma an dus erel-na orth agas
chersya, mès nyns yw hedna rag agas
profyt. Dâ via gansans agas dyberth

dhyworthyf, may whrellowgh why aga
chersya y. [18]Dâ yw why dhe vos cher-
sys rag agas profyt pùpprës. Gwell yw
hedna ès me dh'agas chersya yn udnyk
pàn esof vy i'gas mesk. [19]A flehes vian,
yth esof vy arta in golovas genowgh,
erna vo Crist formys inowgh. [20]Assa
via dâ genama bos i'gas mesk i'n very
termyn-ma, may hallen chaunjya ton
ow lev, rag me a'm beus ancom-
brynsy brâs i'gas kever.

[21]Leverowgh dhybm, why usy ow
tesîrya bos in dadn an laha, a ny
vydnowgh why goslowes orth an
laha? [22]An scryptour a lever fatell o
dew vab dhe Abraham. Onen ano-
dhans o mab kethes, ha'y gela mab
benyn frank. [23]An eyl anodhans, mab
an gethes, a veu genys warlergh an
kig. Y vroder, mab an venyn frank, a
veu genys warlergh an promys.

[24]Allegory yw an whedhel-ma.
Duw gevambos yw an benenes-ma.
Benyn anodhans in gwir yw Hagar
dhia Vownt Sinay, hag yma hy ow
tenethy flehes dhe vos kethyon.
[25]Hagar yw Mownt Sinay in Araby
hag yma hedna ow cortheby dhe
Jerùsalem agan dedhyow ny, rag yma
hy in kethneth warbarth gans hy
flehes. [26]Yma hy ben ow cortheby
dhe'n Jerùsalem in nev. Hy yw frank
ha'gan mabm yw hy. [27]Rag an
scryptour a lever,

"Gwra lowenhe, te venyn anvab, te
 na'th eus flogh vëth,
dallath cana ha garma,
te na dheuth painys golovas
 warnas,
rag moy in nùmber yw flehes an
 venyn heb kespar
ès flehes hodna neb yw demedhys."

[28]A vreder, why yw flehes a'n
promys kepar hag Isak. [29]Kepar dell
wre an flogh, genys warlergh an kig,
i'n termyn-na compressa an flogh,
genys warlergh an Spyrys, indelma
yma an câss i'n tor'-ma. [30]Saw pëth a
lever an scryptour? "Gwra herdhya in
mes an gethes gans hy flogh, rag ny
wra flogh an gethes radna an erytans
gans flogh an venyn frank." [31]Rag
hedna, a vreder, ny yw flehes a'n
venyn frank, kyns ès a'n venyn geth.

5

Franchys in Crist a wrug agan
delyvra. Sevowgh in fast ytho,
ha na wrewgh omry agas honen dhe
yew an kethneth.

[2]Goslowowgh orthyf! Yth esof vy,
Pawl, ow leverel hebma dhywgh: mar
qwrewgh why alowa agas honen dhe
vos cyrcùmcîsys, ny vëdh Crist a
brofyt vëth oll dhywgh. [3]Yth esof arta
ow qwarnya den vëth a vynsa bos
cyrcùmcîsys, fatell res dhodho obeya
dhe'n laha in pùb poynt. [4]Why usy
ow tesîrya bos ewnhës der an laha,
why a dhybarthas agas honen dhy-
worth Crist, ha why a godhas in
kerdh mes a râss. [5]Rag yth eson ny i'n
Spyrys yn tywysyk ow cortos dre fëdh
an govenek a ewnder. [6]Rag in Jesu
Crist ny amownt màn naneyl cyr-
cùmcisyon na fowt cyrcùmcisyon. Ny
amownt tra vëth saw unsel fëdh owth
obery dre gerensa.

[7]Why a wre ponya yn tâ. Pyw a'gas
lettyas a sewya an gwiryoneth? Pyw a
wrug agas perswadya? [8]Ny veu va
gwrës gans Duw, usy orth agas
gelwel. [9]Y hyll nebes gwel derevel oll
an toos. [10]Me a'm beus fydhyans i'gas
kever i'n Arlùth, na wrewgh why
predery tra vëth cabm. Saw pynag oll
a wrug agas trobla, ev a res godhaf

ragtho. 11A vreder, prag y fëdh tus
orth ow thormentya whath, mars esof
whath ow progeth cyrcùmcisyon? A
pen vy ow progeth indella, ny via
offens vëth i'm progeth adro dhe'n
growspredn. 12An re-na usy orth agas
trobla, assa via dâ mar teffens ha
collenwel an dra, ha spadha aga
honen!

13Why re beu gelwys dhe franchys,
a vreder. Na ûsyowgh agas franchys
avell ascûs rag agas omry dhe'n kig.
Nâ, dre gerensa bedhowgh kethyon
an eyl dh'y gela. 14Yma pùb poynt a'n
laha comprehendys in udn gorheb-
myn, "Te a wra cara dha gentrevak
kepar ha te dha honen." 15Saw mar
qwrewgh why brathy ha devorya an
eyl y gela, kemerowgh with na vewgh
why consûmys an eyl gans y gela.

16Me a lever dhywgh hebma:
kerdhowgh ha gwandrowgh warlergh
an Spyrys, ma na wrellowgh collen-
wel tebel-whansow an kig. 17Rag an
kig a wra whansa contrary dhe'n
Spyrys, ha'n Spyrys contrary dhe'n
kig. An dhew dra yw contrary an eyl
dh'y gela. Rag hedna na wrewgh an
pëth a vydnowgh. 18Mars owgh why
lêdys der an Spyrys, nena nyns
esowgh why in dadn an laha.

19Oberow an kig yw apert; an re ma
yns y: avoutry, fornycacyon, mos-
tethes, lewdnes, 20idolatry, pystry,
cas, varyans, contencyon, sorr, strif,
sedycyon, sectys, 21envy, denlath,
medhêwnep, glotny ha re a'n par-ma.
Anodhans me a gowsas orthowgh
kyns lebmyn in termyn passys, kepar
dell wruga lebmyn. Oll an re-na a
wrella comyttya tra a'n par-ma, ny
wrowns y nefra enjoya gwlas nev.

22I'n contrary part an re-ma yw
frûtys an Spyrys: kerensa, joy, cres,
perthyans, cufter, larjes, lendury,
23clorder hag omgontrollyans. Nyns
eus laha vëth warbydn taclow an par-
na. 24An re-na usy ow longya dhe
Jesu Crist, y re growsyas an kig, y
lùstys ha'y dhrog-whansow. 25Mars
on ny yn few der an Spyrys, gesowgh
ny kefrës dhe vos lêdys der an Spyrys.
26Na esyn ny bos whethfys. Na
vedhens strif intredhon, ha na esyn
ny dhe berthy avy an eyl orth y gela.

6 A vreder, mar pëdh nebonen
dysclôsys ow cul trespas, y tal
dhywgh, neb re recêvas an Spyrys, y
restorya gans oll cufter. Kemerowgh
with na vewgh why temptys agas
honen. 2Degens an eyl ahanowgh
beghyow y gela, hag indella why a
vydn collenwel laha Crist. 3Mars eus
nebonen heb roweth ow predery y
vos neppyth, yma va ow tùlla y
honen. 4Res yw dhe bùbonen jùjya y
fara y honen. Mar pëdh dâ y fara, ev
a yll bos prowt anodho y honen, ha
ny vëdh res dhodho comparya y
honen gans y goweth. 5Res yw dhe
pùbonen don y veghyow y honen.

6An re-na usy ow tesky adro dhe'n
ger, y a dal kevradna oll taclow dâ
gans aga descador.

7Na vedhowgh tùllys. Ny yllyr gul
ges a Dhuw. Pynag oll tra a wrell-
owgh why gonys, hedna a vydnowgh
why mejy. 8Mar tewgh why ha gonys
has dh'agas kig why, nena why a vydn
mejy podrethes an kig. Saw mar
tewgh why ha gonys dhe'n Spyrys,
why a gav avell trevas i'n Spyrys an
bêwnans heb dyweth. 9Na esyn ny
ytho dhe omsqwitha ow cul an pëth a
vo ewn. Ny a vydn mejy in termyn an
drevas, mar teun ny ha durya i'n
lavur. 10Rag hedna, pynag oll termyn

a vo chauns dhyn, gesowgh ny dhe
lavurya rag les pùbonen, ha spessly
rag les a veyny an fëdh.

11Lo, ass yw brâs an lytherow a
wrama pàn esof ow screfa gans ow
dorn ow honen!

12An re-na usy orth agas constrîna
dhe vos cyrcùmcîsys, y a's teves
whans dhe vragya ha gul mêstry in
taclow an kig. Y a'n gwra bytegyns,
ma na vowns y unweyth compressys
awos crows Crist. 13Ny wra an dus
cyrcùmcîsys obeya dhe'n laha kyn fe,
mès dâ yw gansans why dhe vos
cyrcùmcîsys, may hallens y omvôstya
adro dh'agas kig why. 14Na wren ny
omvôstya a dra vëth, mès a grows
agan Arlùth Jesu Crist, dredhy may
feu an norvës crowsys dhybm—ha
me dhe'n norvës. 15Rag nyns yw
naneyl cyrcùmcisyon na fowt
cyrcùmcisyon a valew vëth oll.
Creacyon nowyth yw pùptra! 16Ow
tùchya an re-na a vo plêsys dhe sewya
an rewl-ma, re bo cres warnodhans
ha mercy, ha wàr an Israel a Dhuw.

17Alebma rag, na wrello den vëth
gul trobel ragof. Rag yth esof vy ow
ton tôknys Jesu hag y leskys i'm corf.

18A vreder, re bo grâss agan Arlùth
Jesu Crist gans agas spyrys. Amen.

Pystyl Pawl dhe'n Efesyans

1 Dhyworth Pawl, abostel a Jesu Crist dre volùnjeth Duw,

Dhe bobel Duw in Efesùs usy ow cresy in Jesu Crist.

2Grâss dhywgh why ha cres dhyworth Duw, agan Tas, ha dhyworth an Arlùth Jesu Crist.

3Benegys re bo Duw ha Tas agan Arlùth Jesu Crist. Ev a'gan benegas gans pùb bedneth spyrysek i'n nevow dre Grist. 4Ev a wrug agan dêwys in Crist, kyns ès formacyon an bës, may fen ny sans ha dyvlam dhyragtho in kerensa. 5Ev a'gan destnas warlergh bodh y vrës dhe vos degemerys avell flehes dhodho dre Jesu Crist. 6Gesowgh ny ytho dhe braisya y râss gloryùs, a wrug ev grauntya dhyn yn larj der y Vab Meurgerys. 7Ino ev ny a'gan beus redempcyon der y woos. Agan trespassys yw gyvys dhyn warlergh an rycheth a'y râss, 8neb a ros ev dhyn in plenty. Gans oll furneth ha convedhes 9ev a dhysclôsyas dhyn mystery y volùnjeth, warlergh bodh y vrës declarys in Crist. 10Hèn o y dowl ev rag lanwes an termyn, may halla va cùntell warbarth oll an creacyon, taclow in nev ha taclow wàr an nor, ha Crist orth aga fedn.

11In Crist kefrës ny re gafas erytans. Ny a veu destnys warlergh an porpos a Dhuw, usy ow collenwel pùptra warlergh y gùssul ha'y vodh y honen, 12dhe vewa rag y brais ha'y glory. Rag ny a veu an dus kensa bythqweth a settyas aga govenek in Crist. 13Why inwedh, pàn glôwsowgh why an ger a wiryoneth, an awayl a'gas salvacyon, ha cresy ino ev, why a veu merkys dre sel an Spyrys Sans, neb a veu dedhewys dhywgh. 14Yma an Spyrys ow warrantya ny dhe entra i'gan erytans, pàn wrella Duw dasprena y bobel y honen dh'y brais ha'y glory.

15Me a glôwas a'gas fëdh i'n Arlùth Jesu, hag a'gas kerensa tro hag oll pobel Duw. 16Rag hedna yth esof vy pùpprës ow ry grâss ragowgh, ha me ow perthy cov ahanowgh i'm pejadow. 17Me a bës may wrella an Duw a'gan Arlùth Jesu Crist ry dhywgh an Spyrys. An Spyrys a vydn ry skentoleth dhywgh ha revelacyon, may hallowgh why aswon Duw. 18Dre hedna pàn vo golowys lagasow agas colon, why a yll godhvos pandr'yw an govenek, may whrug ev agas gelwel dhodho, ha pandr'yw rycheth y erytans gloryùs in mesk y bobel. 19Why a wodhvyth inwedh pëth yw an brâster dyvusur a'y allos tro ha ny, tus usy ow trestya ino. Yma Duw owth obery dre nerth brâs, 20hag ev a wrug devnyth a'y nerth in Crist, pàn wrug ev y dherevel dhyworth re marow, ha'y settya a'y eseth adhyhow dhodho i'n tyleryow avàn. 21Yma ev pell a-ugh pùb auctoryta ha power hag arlottes. Yma va a-ugh pùb hanow a vëdh henwys i'n oos-ma, ea, hag i'n osow usy ow tos. 22Moy ès hedna, Duw a settyas pùptra in dadn y dreys, ha rag kerensáa an eglos ev a'n gwrug an rewler a genyver tra. 23An eglos yw y gorf ev, an lanwes a hedna usy ow lenwel pùptra in pùptra.

2 Why o marow kyns lebmyn
i'gas trespassys, hag i'gas pehos-
ow, 2esewgh why ow kerdhes inhans.
Why a sewya fordhow an bës-ma,
ha'n rewler a bower an air, an spyrys
usy i'n tor'-ma owth obery i'n dus
dywostyth. 3Yth esen ny oll ow pewa
kyns lebmyn in whansow agan kig,
ow sewya lùstys an kig ha'n sencys.
Yth esen ny, kepar ha kenyver onen
aral, in dadn vreus uthyk Duw war-
lergh natur. 4Saw Duw yw rych in
tregereth, hag awos an gerensa vrâs
a'n jeva tro ha ny, 5pàn en ny marow
der agan trespassys, ev a wrug agan
bewhe warbarth gans Crist. Dre râss
why a veu selwys. 6Duw a'gan
derevys gans Jesu Crist. Ev a'gan
settyas i'n y wolok i'n tyleryow avàn
warbarth gans Jesu Crist. 7Ev a wrug
indelma, may halla va dysqwedhes i'n
osow dhe dhos an rycheth dyvusur
a'y râss hag a'y gufter tro ha ny in
Jesu Crist. 8Rag grâss a wrug agas
selwel dre fëdh. Nyns yw hebma agas
gwrians why, mès ro Duw ywa.
9Nyns yw hedna qwestyon a oberow,
ma na wrella den vëth bôstya. 10Rag
ny yw an pëth a wrug ev ahanan,
formys in Jesu Crist dhe wul oberow
dâ. Duw a breparyas an oberow-na
ragon dhyrag dorn, may hallen
kerdhes inhans.

11Why Jentylys yw gelwys "an dus
heb cyrcùmcisyon" gans an re-na yw
henwys "an dus cyrcùmcîsys" (hèn yw
cyrcùmcisyon i'n kig gwrës dre dhorn
mab den). 12Perthowgh cov fatell
ewgh why i'n termyn-na heb Crist.
Why o alyons dhe vùrjestra Israel,
hag estrenyon dhe gevambos an
promys. Nyns esa govenek dhywgh,
rag why o heb Duw i'n bës. 13Saw
lebmyn in Jesu Crist, kynth ewgh
why abell, why a veu drës nes dre
woos Crist.

14Ev yw agan cres ny. In y gig ev re
unyas an dhew vagas, hag ev re dorras
dhe'n dor an parwys intredhon, hèn
yw dhe styrya, an envy esa intredhon.
15Crist a dhefendyas dhe ves an laha
gans oll y gomondmentys ha rewlys,
may halla va formya ino y honen udn
den nowyth, in le an dhew. I'n vaner-
ma ev re fastyas cres, 16may halla va
gul dhe'n dhew vagas bos acordys
gans Duw i'n udn corf der an grows.
Der an grows ev a ladhas an envy esa
intredhans. 17Rag ev a dheuth ha
progeth cres dhywgh why, ha why
pell dhyworto, ha cres dhe'n re-na
esa in y ogas. 18Dredho ev, ny agan
dew, ny a'gan beus fordh tro ha'n
Tas, der an udn Spyrys.

19Lebmyn rag hedna nyns owgh
why namoy stranjers ha gwandrysy,
mès yth owgh why cytysans gans an
sens, ha radn a'n chy a Dhuw. 20Chy
Duw yw byldys wàr an fùndacyon a'n
abosteleth ha'n profettys, ha Jesu
Crist y honen yw an pednmen a'n
gornel. 21Ino ev yma oll an derevyans
jùnys warbarth. Yma an derevyans ow
tevy dhe vos templa sans i'n Arlùth.
22Ino ev kefrës warlergh an Spyrys
why yw byldys warbarth dhe vos
trigva Duw.

3 Hèm yw an rêson, me, Pawl,
dhe vos prysner Crist rag agas
kerensa why, why Jentylys.

2Why a glôwas yn certan a gomyss-
yon grâss Duw rës dhybm ragowgh
why. 3Why a glôwas fatell veu an
mysterys dysqwedhys dhybm dre
revelacyon, kepar dell wrug avy screfa
wàr verr lavarow a-uhon. 4Pàn
wrellowgh why y redya, why a yll

convedhes an ùnderstondyng a'm
beus a vystery Crist. 5Ny veu an
mystery-ma dysqwedhys dhe vab den
i'n dedhyow kyns, dell veu va dys-
cudhys i'n tor'-ma dh'y abosteleth
sans, ha dh'y brofettys der an Spyrys.
6Hèn yw dhe styrya, an Jentylys dhe
vos gwrës keseryon, esely a'n keth
corf, ha kevrednek a'n promys a Jesu
Crist der an awayl.

7Me a veu gwrës servont a'n awayl-
ma warlergh ro a râss Duw, hag a veu
rës dhybm dre wrians y bower.
8Kynth oma le ès an lyha in pobel
Duw, y feu an grâss-ma rës dhybm,
may hallen dry dhe'n Jentylys an
nowodhow a rycheth dydhyweth
Crist. 9Y feu an grâss rës dhybm, may
hallen dysqwedhes dhe genyver onen
pëth yw towl an mystery kelys dres an
osow in Duw, an formyor a bùptra.
10Indelma yth yw dysclôsys, der an
eglos, furneth Duw in oll y liester,
dhe'n rewlysy ha dhe'n auctorytas i'n
tyleryow avàn. 11Hèm o warlergh an
porpos dyvarow, a wrug ev collenwel
in Jesu Crist agan Arlùth. 12Ino ev ny
a'gan beus fordh dhe Dhuw in bolder
ha fydhyans der agan fëdh. 13Me a
bës ytho na wrellowgh why kelly
colon, dre rêson a'm painys vy
ragowgh. Agas glory yns y.

14Rag hebma yth esof ow mos wàr
bedn dewlin dhyrag an Tas 15yw pùb
meyny i'n nev hag i'n nor henwys
dhyworto. 16Me a'n pës dhe wrauntya
dhywgh warlergh rycheth y glory dhe
vos crev wàr jy dre nerth y Spyrys.
17Me a bës inwedh may fo Crist
tregys i'gas colon dre fëdh, ha why
growndys ha fùndys in kerensa. 18Me
a bës may hallowgh why, warbarth
gans oll pobel Duw, convedhes
pandr'yw an les ha'n hës, an uhelder
ha'n downder a gerensa Crist. 19Me
a bës may hallowgh why aswon y
gerensa, kyn na yll hy nefra bos
aswonys yn tien, ha may fewgh why
lenwys a'n lanwes leun a Dhuw.

20Lebmyn dhe Dhuw neb a yll, der
y allos, usy owth obery inon, collen-
wel yn leun plenty moy ès dell
wodhon ny govyn pò desmygy, 21re
bo glory i'n eglos hag in Jesu Crist
bys venary, trank heb worfen. Amen.

4 Me ytho, prysner rag an Arlùth,
a'gas pës dhe lêdya bêwnans
wordhy a'n galow, may fewgh why
gelwys dhodho. 2Bedhens uvel ha
clor agas conversacyon, ha why gans
hirwodhevyans ow perthy an eyl y
gela in kerensa. 3Whelowgh pùpprës
dhe wetha ûnyta an Spyrys i'n colm a
gosoleth. 4Nyns eus mès udn corf hag
udn Spyrys, kepar dell vewgh why
gelwys dhe udn govenek a'gas galow,
5udn Arlùth, udn fëdh, udn besydh-
yans, 6udn Duw ha Tas ahanan oll,
usy a-ugh pùbonen ha dre bùbonen
hag in pùbonen.

7Grâss a veu rës dhe genyver onen
ahanan warlergh an musur a ro Crist.
8Rag hedna yma leverys,

> "Wosa ascendya in bàn, ev a
> brysonyas captyvyta, ha ry royow
> dh'y bobel."

9Pàn lever, "Wosa ascendya," pëth
usy an scryptour ow styrya, mès ev
dhe skydnya kensa bys i'n radnow
isella a'n dor? 10An keth den yw ev,
neb a ascendyas pell a-ugh an nevow,
may halla ev lenwel pùptra. 11Crist a
ros power, hag appoyntya radn dhe
vos abosteleth, radn profettys, radn
awayloryon, radn bugeleth deves ha

descadoryon, 12ha dhe dhesky dhe
voy perfeth dhe gollenwel in benejyc-
ter an oberow a venystra rag edyfia an
corf a Grist. 13Ev a wrug hedna, may
teffen ny ha dos oll warbarth in ûnyta
a grejyans ha fëdh, hag a'n godhvos a
Vab Duw, warlergh an musur a'n
leun oos a Grist.

14Indelma ny vedhyn ny alebma
rag kepar ha flehes, ow shakya gans
pùb whaf, lêdys gans pùb blast a
dhyscans in drockoleth dre wylynes a
dhrog pobel, ow qwandra alês rag
agan decêvya ny. 15Nâ, gesowgh ny
dhe leverel an gwiryoneth in kerensa.
Indelma ny a wra tevy in bàn yn tien
dhe Grist. 16Ev yw an pedn, hag yma
oll an corf ow scodhya warnodho.
Jùnys ha gwies warbarth gans pùb
jùnta oll usy i'n corf, yma oll an fram
ow tevy der an gwrians wordhy a bùb
part oll, hag indelma yma an corf ow
terevel y honen in bàn dre gerensa.

17Hèm yw ow lavar dhywgh ytho,
ha me a vydn agas kenertha in hanow
an Arlùth. Na wrewgh na moy bewa
kepar ha'n paganys, in vanyta aga
thybyansow. 18Aga brës a veu duhës,
hag alyons yns y dhe'n bêwnans usy
in Duw, awos defowt aga ùnder-
stondyng ha caletter aga holon. 19Y
yw marow dhe bùb sham hag edrek,
hag y a wrug delyvra aga honen dhe
bùb sort a dhysonester, rag ymowns
y whansek dhe wul mostethes a bùb
ehen.

20Ny wrussowgh whywhy desky
Crist i'n vaner-na! 21Rag yn certan
why a glôwas anodho, ha why a veu
deskys adro dhe'n gwiryoneth usy in
Crist. 22Deskys vewgh dhe forsâkya
agas bêwnans kyns, an den a'n
dedhyow kyns, shyndys ha dysseytys
dell o va der y lùstys. 23Deskys vewgh
dhe nowedhy an spyrys a'gas brës,
24ha dhe worra i'gas kerhyn an den
nowyth, formys warlergh hevelep
Duw in ewnder gwir hag in
sansoleth.

25Rag hedna, gesowgh ny dhe
sconya gowegneth! Gesowgh ny dhe
gôwsel an gwiryoneth orth agan
cowetha, rag ny oll yw esely an eyl a'y
gela. 26Bedhowgh serrys, saw na
wrewgh peha. Na wrêns an howl
sedhy wàr agas sorr. 27Na rewgh
chauns vëth dhe'n tebel-el. 28Res yw
dhe'n ladron sevel orth ladra. Gwrêns
y kyns gul lavur ha whel yn onest
gans aga dewla aga honen, ma's
teffons neppyth dhe radna gans an
othomogyon.

29Bydner re dheffo drog-cows vëth
mes a'gas ganow. Na leverowgh mès
a vo a les rag byldya in bàn, kepar dell
vo res, may halla agas lavarow ry
grâss dhe'n re-na a vo ow coslowes.
30Na wrewgh grêvya Spyrys Sans
Duw, a vewgh why merkys ganso dre
sel rag jorna an redempcyon. 31For-
sâkyowgh pùb wherôwder, ha sorr,
hag anger, ha strif, ha cabel. hag oll
spît kefrës. 32Bedhowgh cuv an eyl
dh'y gela, tender agas colon, ha
gevowgh an eyl dh'y gela, kepar dell
wrug Duw in Crist gava dhywgh
why.

5 Rag hedna gwrewgh omhevelly
dhe Dhuw kepar ha flehes veur-
gerys. 2Bewowgh in kerensa, kepar
dell wrug Crist agan cara ny, ha ry y
honen ragon, yn offryn saworys hag
avell sacryfis dhe Dhuw.

3Ny dal mostethes nag avlanythther
a sort vëth oll bos unweyth campollys
i'gas mesk, kepar dell dhegoth dhe
bobel Duw. 4Nyns yw wordhy i'gas

mesk naneyl cows lewd pò gocky na
ges garow. Nâ, in le a hedna re bo
clôwys grassow. 5Why a yll bos sur,
na vëdh part vëth gans gyglot na gans
den lyg pò crefny (hèn yw den usy ow
cordhya idolys) i'n erytans a'n
wlascor a Grist hag a Dhuw. 6Na
wrêns den vëth agas dysseytya der
eryow uver, rag awos an taclow-ma
sorr Duw a wra dos wàr an dus
dywostyth. 7Rag hedna na vedhowgh
kevrednek gansans y.

8Kyns lebmyn yth esewgh why in
tewolgow, saw i'n tor'-ma why yw
pobel an golow i'n Arlùth. Bewowgh
kepar ha flehes a'n golow. 9(Rag y
fëdh frût an golow kefys in pùptra a
vo dâ hag ewn ha gwir.) 10Whelowgh
dhe drouvya an pëth a vo dâ gans an
Arlùth. 11Na wrewgh mellya gans
oberow an tewolgow, rag dyfreth yns
y. Gwrewgh kyns aga dyscudha.
12Chêson a sham via mar teffen hag
unweyth campolla an taclow usy tus
a'n par-na ow cul in dadn gel. 13Saw
vysybyl vëdh pùptra a vo dysclôsys
der an golow. 14Rag golow yw pùptra
a vo vysybyl. Yth yw leverys ytho,

"Dyfun, te usy in cùsk!
Sa'bàn dhia an re marow
ha Crist a wra spladna warnas."

15Waryowgh ytho adro dh'agas
conversacyon. Na vedhowgh kepar
ha pednow cog mès kepar ha tus fur,
16ow cul prow a'n termyn, rag drog
yw an dedhyow. 17Na vedhowgh
gocky, saw gwrewgh convedhes pëth
yw bolùnjeth Duw. 18Na wrewgh
medhowy gans gwin, rag harlotry yw
hedna. Bedhowgh leun a'n Spyrys,
19ha kenowgh salmow ha hympnys ha
canow spyrysek intredhowgh, ow
cana hag ow cul menestrouthy dhe'n
Arlùth i'gas colon. 20Rewgh grassow
pùpprës dhe Dhuw, an Tas, rag
pùptra in hanow agan Arlùth Jesu
Crist.

21Bedhowgh gostyth an eyl dh'y
gela, awos agas revrons dhe Grist.

22A wrageth, obeyowgh dh'agas
gwer, kepar dell esowgh why owth
obeya dhe'n Arlùth. 23Rag an gour
yw pedn an wreg, poran kepar dell yw
Crist pedn an eglos, an corf mayth yw
ev an Savyour anodho. 24Kepar dell
yw an eglos gostyth dhe Grist, in
kepar maner y tal dhe wreg obeya
dh'y gour in kenyver tra.

25Why gwer, kerowgh agas gwrag-
eth, poran kepar dell wrug Crist cara
an eglos, ha ry y honen rygthy, 26may
halla va hy gul sans. Ev a wrug hy
glanhe, ha'y golhy gans dowr der an
ger, 27may halla presentya an eglos
dhodho y honen in splander, heb
nàm pò crigh, pò tra vëth a'n sort
na—ea, may fe hy sans ha heb nàm.
28In kepar maner, y tal dhe wer cara
aga gwrageth, kepar dell usons y ow
cara aga horf aga honen. Seul a wrella
cara y wreg, yma va ow cara y honen.
29Rag nyns eus den vëth ow casa y
gorf y honen, saw yma va orth y vaga
hag orth y jersya yn cuv kepar ha
Crist gans an eglos. 30Rag ny oll yw
esely a'y gorf. 31"Rag an rêson-ma
den a wra forsâkya y das ha'y vabm,
ha jùnya dh'y wreg, ha'n dhew
anodhans a vëdh udn kig." 32Mystery
brâs yw hebma, hag yth esof vy ow
cul mencyon anodho ow tùchya Crist
ha'y eglos. 33Pùbonen ahanowgh
bytegyns a res cara y wreg kepar hag
ev y honen, hag y tal dhe'n wreg gul
revrons dh'y gour.

6 Why flehes, obeyowgh dh'agas
tas ha dh'agas mabm, rag ewn
yw hedna. 2"Gwra onora dha das
ha'th vabm"—hèm yw an kensa
gorhebmyn mayth yw promys kelmys
orto—3"may fo dâ dha jer ha may
hylly bewa pell wàr an nor."
4Why tasow, na wrewgh serry agas
flehes, mès gwrewgh aga maga in
dyscans hag in rewlys an Arlùth.
5Why kethwesyon, obeyowgh
dh'agas mêstrysy warlergh an kig, ow
crena rag ewn own gans lendury
colon, kepar ha dhe Grist. 6Na
wrewgh hebma, may fewgh why
gwelys, ha may hallowgh why plêsya
mebyon tus, mès kepar ha keth-
wesyon Crist ow cul bolùnjeth Duw
gans oll agas colon. 7Gwrewgh agas
servys oll a'gas bodh, kepar ha dhe'n
Arlùth, kyns ès dhe dus. 8Rag ny a
wor hebma: pynag oll tra a wrellen a
dhâ, ny a wra recêva an keth tra arta
dhyworth an Arlùth, na fors on ny
keth pò frank.
9Why mêstrysy, gwrewgh an keth
tra dhedhans y. Sevowgh orth aga
bragya, rag why a wor bos an udn
Mêster in nev dhywgh why agas dew,
ha nyns usy va ow tysqwedhes favour.
10Wàr an dyweth, bedhowgh crev
i'n Arlùth hag in nerth y bower.
11Gorrowgh i'gas kerhyn cowl-
hernes Duw, may hallowgh why om-
wetha dhyworth antylly an tebel-el.
12Rag nyns yw agan strif warbydn
eskerens a gig hag a woos, mès
warbydn an rewlysy, warbydn an
auctorytas, warbydn powers an bës
tewl-ma, ha warbydn luyow an
sherewynsy spyrysek i'n tyleryow
avàn. 13Rag hedna kemerowgh in bàn
oll hernes Duw, may hallowgh why
sevel i'n jëdh-na a'n drog, ha wosa
gul pùptra, may hallowgh why sevel
stedfast. 14Sevowgh ytho, ha gwysc-
owgh an grugys a wiryoneth adro
dhywgh, ha gorrowgh i'gas kerhyn an
brestplât a ewnder. 15Avell eskyjyow
gorrowgh adro dh'agas treys pynag
oll tra a wrella agas parusy dhe
brogeth an awayl a gosoleth. 16Ha
gans oll an re-ma kemerowgh inwedh
an scoos a fëdh, rag ganso why a yll
dyfudhy pùb flamseth a'n tebel-el.
17Gorrowgh wàr agas pedn an basnet
a salvacyon, ha cledha an Spyrys, rag
hèn yw ger Duw. 18Pesowgh i'n
Spyrys dhe Dhuw pùpprës dre bùb
pejadow ha pùb govynadow. Rag
hedna bedhowgh war ha na cess-
yowgh dhe besy rag oll pobel Duw.
19Pesowgh ragof vy inwedh, may fo
grauntys geryow dhybm, pàn dheffen
ha progeth gans colonecter mystery
an awayl. 20Cadnas in chainys ov vy
rag an caus-na. Pesowgh may hallen
vy y dheclarya yn hardh pàn vo res
dhybm côwsel.
21Tykycùs a vydn derivas pùptra
dhywgh, may hallowgh why godhvos
fatell oma, ha pëth esof vy ow cul.
Broder ker ywa ha menyster lel i'n
Arlùth. 22Yth esof orth y dhanvon
dhywgh rag an very porpos-ma, dhe
leverel dhywgh fatell on ny, ha may
halla ev agas confortya.
23Re bo cres dhe'n vreder ha
kerensa, gans fëdh dhyworth Duw,
an Tas, ha dhyworth agan Arlùth
Jesu Crist. 24Re bo grâss dhe genyver
onen ahanowgh, usy ow cara agan
Arlùth Jesu Crist, gans kerensa nefra
a bës.

Pystyl Pawl dhe'n Fylyppyans

1 Dhyworth Pawl ha Tymothy,
servysy Jesu Crist,

Dhe oll pobel Duw in Crist Jesu
usy in Fylyppy, warbarth gans an
epscobow ha'n diagonas.

2Re bo grâss dhywgh why ha cres
dhyworth Duw, agan Tas, ha'n
Arlùth Jesu Crist.

3Yth esof ow ry grassow dhe'm
Duw in pùb cov ahanowgh, 4pùpprës
ow pesy gans joy in oll ow fejadow
ragowgh why yn kettep pedn, 5dre
rêson agas bos kevrednek a'n awayl
dhia an kensa jorna bys i'n jëdh
hedhyw. 6Yth esof vy ow trestya dhe
hedna neb a dhalathas ober dâ i'gas
mesk why, may halla an ober na bos
collenwys kyns ès jorna Jesu Crist.

7Yth yw compes me dhe bredery
indelma ahanowgh why oll, dre rêson
why dhe'm sensy i'gas colon. Kevred-
nek owgh why oll genama a râss Duw
ow tùchya ow frysonyans, hag a'n
gwith hag a'n mêntons a'n awayl
kefrës. 8Duw yn test, ass ov vy
hirethek wàr agas lergh oll in
tregereth Jesu Crist!

9Hèm yw ow fejadow, may fo agas
kerensa moy ès plenty gans skentol-
eth ha leun ùnderstondyng, 10may
hallowgh why decernya an pëth a vo
a'n gwella. Indelma why a vëdh glân
ha dyvlam in jorna Crist. 11I'n jëdh-
na why a dheg genowgh an drevas a
ewnder, usy ow tos dre Jesu Crist rag
an glory a Dhuw—dh'y lawa!

12A vreder, dâ via genama why dhe
wodhvos hebma: an taclow neb a
hapnyas dhybm, a wrug dhe'n awayl
avauncya in gwiryoneth. 13Y feu
aswonys der oll an pretoryùm, ha dhe
bùbonen aral, me dhe vos prysonys
rag kerensa Crist. 14Ha'n vrâssa radn
a'n vreder a veu confortys i'n Arlùth
der ow frysonyans, hag y yw dhe voy
colodnek dhe gôwsel ger Duw heb
own vëth.

15Yma certan re ow progeth Crist
rag ewn envy ha strif, mès ken re dre
volùnjeth dâ. 16Dre gerensa yma an
re-na ow progeth Crist, rag y a wor
me dhe vos gorrys obma rag scodhya
an awayl. 17Yma an radn erel ow
progeth an awayl rag ewn strif, adar
a golon dhâ, may hallens y encressya
an painys a'm beus i'm prysonyans.
18Pana goll yw hedna dhyn? Na fors
a vo gwir pò fâls aga holon, yma Crist
pregowthys in pùb fordh, ha hedna
yw rêson dhybm dhe rejoycya.

Ea, ha me a vydn rejoycya whath,
19rag me a wor fatell wra hebma
trailya dhe'm lyfrêson, der agas
pejadow, ha gans gweres Spyrys Jesu
Crist. 20Govenek bew ha trest a'm
beus na vedhaf shâmys in tra vëth.
Dre rêson me dhe gôwsel gans pùb
bolder, yth esof ow qwetyas Crist dhe
vos exaltys lebmyn i'm corf vy, kepar
ha kyns, dre vêwnans pò dre vernans
kyn fe. 21Rag bewa dhybm yw Crist
ha merwel gwain. 22Mars yw res
dhybm bewa i'n kig, yma hedna ow
styrya frûtys ow lavur. Ny wòn màn
pyneyl anodhans a via gwell genef.
23Ass esof vy in ancombrynsy inter an
dhew! Ow desîr yw dhe voydya, ha
dhe vos gans Crist, rag hèn yw polta

gwell. 24Saw yma moy res dhywgh
why, me dhe drega i'n kig. 25Abàn ov
vy certan a hedna, me a wor fatell
wrama trega ha pêsya genowgh why
oll rag agas avauncyans, ha rag agas
joy i'n fëdh. 26Indelma me a yll bos
kevrednek genowgh in pùb poynt
a'gas bôstow in Jesu Crist, pàn
dhyffyf dhywgh arta.

27Kemerowgh with a udn dra:
bedhens agas conversacyon wordhy a
awayl Crist. Indelma, mar teuma
dhywgh, ha'gas gweles, pò mar
pedhaf ow clôwes ahanowgh, ha me
pell dhyworthowgh, me a wodhvyth
why dhe sevel fast i'n udn Spyrys. Me
a wodhvyth why dhe strîvya oll
kescolon rag fëdh an awayl, 28ha nag
owgh why ownekhës poynt gans agas
eskerens. Prof yw hebma dhedhans
a'ga dystrùcsyon, saw prof a'gas
sylwans dhywgh why. Ober Duw yw
hebma. 29Rag dhywgh y feu grauntys
dhe gresy in Crist, ha moy ès hedna
dhe wodhaf rag y gerensa ev kefrës.
30Lebmyn yth esowgh genama i'n
vatal—an keth batal a welsowgh me
dhe omlath inhy. Yth esof owth
omlath inhy bys i'n eur-ma.

2 Rag hedna, mars usy agan
bêwnans kebmyn in Crist ow ry
dhyn confort, mars eus neb solas a
gerensa ino, neb kevran a'n Spyrys,
neb kescodhevyans pò tregereth,
2nena me a'gas pës indelma: len-
wowgh ow hanaf a joy dre vos
kescolon i'gas preder hag i'gas colon.
Bedhens an keth kerensa intre-
dhowgh why oll. Bedhowgh acordys
an eyl gans y gela in enef hag in brës.
3Na wrewgh tra vëth awos avy nag
awos conseyt. Bedhowgh uvel, owth
acowntya agas cowetha dhe vos gwell
agesowgh agas honen. 4Na wrêns den
vëth meras orth y brofyt y honen,
mès orth profyt y hynsa.

5Re bo agas brës why kepar ha brës
Jesu Crist.

6Kynth esa va in form Duw,
ny gresy y cotha dhodho strîvya
dhe vos kepar ha Duw,
7mès ev a omwruk voyd,
ha kemeres warnodho y honen
form a gethwas.
Y feu va genys in hevelep a vab
den,
8hag a hùmblyas y honen
may fe va sojeta ancow—
ea, ancow i'n grows.
9Rag hedna Duw a wrug fèst y
exaltya
ha ry dhodho hanow usy a-ugh pùb
hanow,
10may whrella pùb glin in nev, i'n
nor hag in dadn an nor plegya
orth hanow Jesu,
11ha may whrella kenyver tavas
meneges Jesu Crist dhe vos
Arlùth
dhe glory Duw an Tas.

12Rag hedna, a dus veurgerys,
kepar dell wrussowgh obeya dhybm
pùpprës, pàn esen i'gas mesk,
gwrewgh indelma i'n tor'-ma kefrës,
ha me pell dhyworthowgh. Pêsyowgh
ytho gans ober agas salvacyon, ha
why ow trembla rag ewn own. 13Yma
Duw owth obery inowgh why, hag ev
a vydn ry dhywgh an gallos dhe
whansa, ha dhe lavurya, rag collenwel
kenyver tra a vo orth y blêsya.

14Gwrewgh pùptra heb croffal ha
heb strif, 15may fewgh dyvlam ha
gwiryon, flehes parfyt Duw in mesk
heneth cabm ha treus. Yth esowgh

why ow spladna i'ga mesk kepar ha ster i'n bës. 16Mar tewgh why ha sensy fast dhe eryow an bêwnans, me a vëdh abyl dhe vôstya in jorna Crist, na wrug avy ponya in vain, ha na veu heb valew ow lavur vy. 17Ea, mars oma scùllys alês avell offryn dewas a-ugh sacryfîs hag a-ugh offryn agas fëdh, lowen ov, ha rejoycya a wrama genowgh. 18In kepar maner res yw dhywgh bos lowen, ha rejoycya genama.

19Govenek a'm beus i'n Arlùth Jesu dhe dhanvon Tymothy dhywgh kyns na pell, may hallen bos confortys ow clôwes nowodhow ahanowgh. 20Nyns eus den vëth genef haval dhodho, hag ev yw prederys in gwir i'gas kever why. 21Yma pùbonen aral ow whelas y les y honen, kyns ès les Crist. 22Saw aswonys dhywgh yw prow Tymothy, fatell wrug ev servya warbarth genef in lavur an awayl, kepar ha mab gans y das. 23Govenek a'm beus rag hedna y dhanvon dhywgh why, pàn vo cler dhybm fatell vëdh taclow obma genef. 24Yth esof ow trestya i'n Arlùth me dhe allos dos dhywgh yn scon.

25Yth hevel dhybm bytegyns bos res danvon dhywgh Epafrodîtùs, ow broder, kesoberor, ha kessoudor, ha'gas messejer why, ha menyster a'm othem vy. 26Rag ev a veu trist orth agas desîrya why, ha troblys o va, drefen why dhe glôwes y vos clâv. 27Ea, clâv veu va bys in ancow. Saw Duw a gemeras pyteth anodho, ea, hag ahanaf vy kefrës, ma na'm be pùb anken wosa y gela. 28Rag hedna yth ov vy dhe voy whensys y dhanvon dhywgh, may hallowgh why rejoycya orth y weles arta, ha may fe lehës ow fienasow vy. 29Gwrewgh y wolcùbma i'n Arlùth gans oll joy, ha rewgh worshyp dhe dus a'n par-na. 30Namna wrug ev merwel awos lavur Crist, hag ev y honen a beryllyas y vêwnans, ow lenwel an dyfyk i'gas servys dhybm.

3 Wàr an dyweth, a vreder, bedhowgh lowen i'n Arlùth. Nyns yw anken dhybm screfa taclow a'n par-ma, ha salow ywa dhywgh why.

2Bedhowgh war a'n keun, bedhowgh war a'n dhrog-oberoryon, bedhowgh war a'n re-na usy ow tyfacya an kig. 3Rag ny yw an gwir cyrcùmcisyon, ha ny ow cordhya in Spyrys Duw, hag owth omvôstya in Jesu Crist, rag ny'gan beus fydhyans vëth i'n kig—4kynth eus chêson genef dhe drestya dhe'n kig.

Mara'n jeves den vëth caus dhe drestya i'n kig, me a'm beus dhe voy trest. 5Otta vy, cyrcùmcîsys pàn veuma eth jorna genys, esel a bobel Israel, a drib Benjamyn, Ebrow genys a deylu Ebrow; Farysy warlergh an laha; 6ow tùchya dywysycter tormentour a'n eglos; parfyt ow tùchya ewnder in dadn an laha.

7Saw oll an taclow-na neb o dhybm gwain, ny settyaf gwel gala anodhans rag kerensa Crist. 8Moy ès hedna, certan ov na dal tra vëth oy ryb an valew dres pris a aswonvos Crist, ow Arlùth. Rag y gerensa ev me a gollas kenyver tra. Saw ny wrama vry a'n re-na, mar callaf unweyth gwainya Crist. 9Indelma me yw unys ganso ev. Nyns oma jùstyfies ahanaf ow honen dhyworth an laha, mès jùstyfies ov dre fëdh in Crist. Hèn yw an ewnder usy ow tos dhyworth Duw, ha growndys wàr fëdh yth yw. 10Me yw whensys dhe aswon Crist ha'n power a'y dhas-

serghyans. Dâ yw genef bos kevred-
nek a'y bassyon, ha gul ow honen
kepar hag ev in y vernans, 11mar
callaf wàr neb fordh gwainya an
dasserghyans dhyworth an re marow.
12Ny wrug avy solabrës cafos
hedna, naneyl nyns esof ogas dhe
bedn an fordh. Yth esof bytegyns ow
pêsya, may hallen y wainya, rag Jesu
Crist a wrug ow gwainya vy solabrës
ragtho y honen. 13A vreder, nyns esof
ow tyby me dh'y dhendyl dhybm ow
honen. Ny wrav tra vëth mès hebma:
prèst me a wra ponya in rag bys i'n
pëth usy dhyragof, heb perthy cov a'n
dra usy adrëv dhybm. 14Otta vy ow
stevya in rag dhe bedn an fordh, may
hallen gwainya an gober a alow Duw
avàn in Jesu Crist.

15Neb a vo athves i'n fëdh, bedhens
ev kescolon genef. Ha mar tewgh
why ha predery ken, hebma kefrës
Duw a wra dysqwedhes dhywgh.
16Saw gesowgh ny dhe sensy yn fast
an pëth a veu gwainys genen.

17A vreder, bedhowgh kepar ha me,
ha merkyowgh an re-na usy ow pewa
warlergh an ensampel a vêwnans, a
wrussowgh why cafos dhyworthyn.
18Rag yma lies onen ow pewa kepar
hag eskerens dhe grows Crist. Yn
fenowgh me a wrug agas gwarnya
adro dhedhans, ha lebmyn me a vydn
gul mencyon dhywgh anodhans gans
dagrow i'm lagasow. 19Y a wra tebel-
dhewedha heb dowt vëth. Aga
fengasen yw aga duw, ha'ga glory yw
aga sham. Ny vedhons y ow predery,
mès a daclow an bës ma. 20Saw ny yw
cytysans a nev, hag yth eson ny ow
cortos Savyour dhyworth nev, an
Arlùth Jesu Crist. 21Ev a vydn trailya
agan corf uvel, may fo va kehaval
dhe'n corf a splander, der an gallos
usy orth y wul abyl dhe settya pùptra
in dadn y dreys.

4 A vreder veurgerys ha caradow,
why yw ow joy ha'm cùrun. Rag
hedna sevowgh fast i'n Arlùth, ow
hothmans wheg.

2Me a bës Evodya ha Syntykê dhe
vos kescolon i'n Arlùth. 3Ea, ha me
a'th pës jy kefrës, ow hescoweth lel,
dhe weres an benenes-ma. Y a wrug
strîvya rybof in lavur an awayl, war-
barth gans Clement ha remnant a'm
kesoberoryon, usy aga henwyn i'n
lyver a vêwnans.

4Rejoycyowgh pùpprës i'n Arlùth.
Me a'n lever arta, rejoycyowgh.
5Bedhens agas perthyans aswonys
dhe bùbonen. Ogas yw an Arlùth.
6Na vedhowgh troblys ow tùchya tra
vëth, mès bedhens agas desîr in
pùptra aswonys dhe Dhuw, dre
bejadow ha govynadow gans grassow.
7Ha cres Duw, usy a-ugh pùb con-
vedhes, a wra gwetha agas colon
ha'gas brës in Jesu Crist.

8Wàr an dyweth, a vreder, pynag
oll tra a vo gwir, pynag oll tra a vo
onest, pynag oll tra a vo jùst, pynag
oll tra a vo glân, pynag oll tra a vo
plesont, pynag oll tra a alla bos
comendys, mars eus gwywder, mars
eus tra vëth dhe wormel, prederowgh
a'n taclow-ma. 9Pêsyowgh gans an
taclow a wrussowgh why desky ha
recêva, dhyworthyf, ha clôwes ha
gweles inof vy, ha'n Duw a gres a
vëdh genowgh.

10Ass yw brâs ow lowender awos
why dhe nowedhy agas preder i'm
kever! In gwiryoneth why o prederys
adro dhybm, saw ny wrussowgh why
cafos chauns dh'y dhysqwedhes. 11Ny
lavaraf ow bos in esow, rag me a

dheskys dhe vos pës dâ gans pygeb-
mys a'm bo. 12Aswonys dhybm yw
bohosogneth ha plenty kefrës. Me a
dheskys, na fors a wrella hapnya, y
hyll den bos gwag ha lenwys, cafos
plenty ha bos in othem. 13Me a yll gul
pùptra dre hedna usy ow ry confort
dhybm.

14Bytegyns, why a wrug tra hegar
pàn vewgh why kevrednek a'm
anken.

15A Fylyppyans, why a wor yn tâ in
dallath an awayl, pàn wrug avy gasa
Macedonya, nag o eglos vëth kevred-
nek genama ow tùchya ry ha recêva,
mès whywhy yn udnyk. 16Ea, pàn
esen vy in Thessalonyca kyn fe, why
a wrug danvon dhybm moy ès
unweyth socour rag ow othem. 17Ny
wrug avy whelas an ro-na. Nâ, dâ via
genef an gwain dhe encressya dh'agas
recken why. 18Y feu tyllys dhybm yn
leun, ha me yw moy ès pës dâ, wosa
me dhe recêva dhyworth Epafrodîtùs
an royow a wrussowgh why danvon
dhybm. Y yw offryn saworys, ha
sacryfîs plesont ha dâ dhe Dhuw.
19Ow Duw a wra collenwel oll agas
othem warlergh y rychys in glory dre
Jesu Crist.

20Re bo glory dh'agan Duw ha Tas
bys vycken ha bys venary. Amen.

21Dynerhowgh pùb esel a bobel
Duw in Jesu Crist. An vreder usy
genef a's dynergh. 22Yma oll pobel
Duw orth agas dynerhy, yn specyal
an re-na usy in meyny Cesar.

23Re bo grâss an Arlùth Jesu Crist
gans agas spyrys.

Pystyl Pawl dhe'n Colossyans

1 Dhyworth Pawl, abostel Jesu
Crist dre volùnjeth Duw, ha
Tymothy agan broder,

2Dhe bobel Duw ha dhe'n vreder
lel in Crist in Colossê.

Re bo grâss dhywgh ha cres
dhyworth Duw, agan Tas.

3I'gan pejadow ragowgh yth eson
ny pùpprës ow ry grassow dhe Dhuw,
Tas agan Arlùth Jesu Crist, 4Rag ny
a glôwas a'gas fëdh in Jesu Crist, hag
a'gas kerensa why tro hag oll pobel
Duw, 5awos an govenek gorrys in bàn
ragowgh in nev. Why a glôwas kyns
lebmyn adro dhe'n messach gwir a'n
govenek, hèn yw an awayl. 6Lebmyn
an messach re dheuth dhywgh. Kepar
dell usy an awayl ow ton frût hag ow
tevy in oll an bës, indelma yma va ow
ton frût i'gas mesk why, dhia bàn
wrussowgh why y glôwes, ha con-
vedhes yn tâ grâss Duw. 7Dhyworth
Epafras why a dheskys hebma. Agan
kesgwas meurgerys yw ev, ha menys-
ter lel a Grist ragowgh why. 8Ev re
dherivas dhyn a'gas kerensa i'n
Spyrys.

9Rag hedna inwedh dhia bàn
wrussyn clôwes ahanowgh, yth eson
ny pùpprës ow pesy ragowgh hag ow
covyn may fewgh why lenwys a'n
godhvos a volùnjeth Duw in pùb
furneth spyrysek hag ùnderstondyng.
10Me a bës may fo agas conversacyon
wordhy a'n Arlùth, ha plegadow
dhodho in pùb poynt, ha why ow ton
frût in kenyver ober dâ, hag ow tevy
i'n godhvos a Dhuw. 11Bedhowgh
confortys gans oll an nerth usy ow tos
dhyworth power y wordhyans. Bedh-
owgh parys dhe wodhaf pùptra gans
perthyans. Rewgh gans lowena
12grassow dhe'n Tas, rag ev re'gas
gwrug wordhy dhe gemeres radn in
erytans y bobel in gwlascor an golow.
13Ev a wrug agan delyvra mes a
bower an tewolgow, ha'gan dry
aberth in gwlascor y Vab meurgerys,
14hag ino ev ny a'gan beus redemp-
cyon ha gyvyans pehosow.

15Y Vab yw an imach a'n Duw na
yll bos gwelys. Ev yw an kensa genys
a oll creacyon, 16rag ino ev y feu
formys kenyver tra in nev hag i'n nor,
taclow dywel ha hewel, trônys ha
domynacyons, rewlysy ha potestas
kyn fe. Kenyver tra a veu formys
dredho ev ha ragtho ev. 17Kyns ès
pùptra dhe vos creatys yth esa Crist.
Ino ev yma pùptra keskelmys war-
barth. 18Ev yw an pedn a'y gorf, hèn
yw an eglos. Ev yw an dalathfos, an
mab kensa genys dhyworth an re
marow, may halla va dos ha kemeres
an kensa le in pùptra. 19Rag y feu oll
lanwes Duw plêsys dhe drega ino ev.
20Dredho ev Duw a veu pës dâ dhe
gesseny pùptra ganso y honen, i'n
nor kyn fe pò in nev. Duw a wrug
cres inter y honen ha'n bës dre woos
y Vab i'n growspredn.

21Why o alyons dhodho hag
eskerens i'gas brës, hag yth esewgh
ow cul drog-oberow. 22Saw lebmyn
ev a wrug ahanowgh cothmans dho-
dho der an mernans a Grist in y gorf,
may halla ev agas presentya why
dhodho y honen yn sans, parfyt ha

heb spot vëth—23mar tewgh why
unweyth ha pêsya stedfast ha diogel
i'n fëdh. Na wrewgh forsâkya an
govenek promyssys i'n awayl, a
glôwsowgh hag a veu pregowthys dhe
bùb creatur in dadn an nev. Me,
Pawl, a veu gwrës servont a'n awayl-
ma.

24Yth esof ow rejoycya lebmyn i'm
painys rag agas kerensa why, hag i'm
kig yth esof ow cowlwul pynag oll
lack a vo in passyon Crist in y gorf
ev—hèn yw an eglos. 25Me a veu
gwrës servont a'n eglos warlergh
galow Duw, a ros ev dhybm ragowgh
why, may hallen declarya an ger a
Dhuw. 26Mystery yw hedna hag a veu
kelys dres pùb os ha pùb heneth. Saw
i'n dedhyow-ma an mystery a veu
dysclôsys dhe dus sans Duw. 27Duw
a veu plêsys dhe dhysqwedhes dhe-
dhans pana rychys, ha pana glory, usy
i'n mystery-ma rag oll an poblow. An
mystery yw hebma: Crist inowgh
why ha govenek an glory usy dhe
dhos.

28Ev yw hedna eson ny orth y
brogeth, hag yth eson ow qwarnya
hag ow tesky pùbonen in pùb
furneth, may hallen ny presentya
kenyver onen athves in Crist. 29Rag
hebma yth esof ow lavurya hag ow
strîvya gans oll an nerth usy ev ow ry
dhybm rag ow honfortya.

2 Dâ via genef why dhe wodhvos
kebmys yw ow strif ragowgh
why, ha rag tus Laodycea, ha rag oll
an re-na na wrug bythqweth ow
gweles fâss orth fâss. 2Dâ via genef
aga holon dhe vos kenerthys hag unys
in kerensa, ma's teffa y oll an rychys
a skentoleth certan, ha ma's teffa an
godhvos a vystery Duw—hèn yw
Crist y honen. 3Ino ev yma kelys oll
an tresourys a furneth hag a skians.
4Me a lever hebma, ma na alla den
vëth agas tùlla der argùmentys teg
aga semlant. 5Kynth esof vy pell
dhyworthowgh why i'n corf, yth esof
genowgh why i'n enef, ha lowen ov
pàn welaf agas colon dhâ, ha why dhe
vos stedfast i'n fëdh a Grist.

6Rag hedna, kepar dell wrussowgh
why recêva Jesu Crist an Arlùth,
bedhowgh fast, ha why yn few ino.
7Why yw growndys ha byldys in bàn
ino ev, ha fùndys owgh i'n fëdh,
kepar dell wrussowgh why y dhesky.
Rewgh meur râss dhe Dhuw a hedna
pùb termyn.

8Bedhowgh war na wrella den vëth
agas sowthanas dre fylosofy ha der
uvereth gow, usy ow longya dhe'n
tradycyons a vebyon tus, pò a dheu
dhyworth spyrysyon elvenek an
norvës, adar dhyworth Crist.

9Ino ev hag in y dhensys yma tregys
an lanwes a Dhuw. 10Why re dheuth
dhe lanwes ino ev, neb yw pedn pùb
governans hag arlottes. 11Ino ev
kefrës why a veu cyrcùmcîsys dre
cyrcùmcisyon a'n spyrys, hag ena
why a wrug disky corf an kig, ha
gorra adro dhywgh an cyrcùmcisyon
a Grist. 12Why a veu encledhys ganso
i'n besydhyans, may hallowgh why
kefrës bos derevys ganso dre fëdh in
power Duw, a wrug y dhasterevel
dhyworth an re marow.

13Ha pàn ewgh why marow i'gas
trespassys, ha heb cyrcùmcisyon i'gas
kig, Duw a wrug agas bewhe war-
barth ganso ev. Ev a bardonas oll
agan trespassys 14ha defendya dhe ves
an lîbel esa oll an charjys wàr agan
pydn screfys ino. Ev a dhefendyas an
re-na dhe ves, pàn wrug ev gans

kentrow tackya an lîbel wàr an grows.
15Ev a gemeras aga arvow dhyworth
an auctorytas, ha dhyworth an
rewlysy, ha gul ensampel anodhans
dhyrag an bobel, kepar hag in
keskerth vyctory.

16Rag hedna na wrêns den vëth
agas dampnya why, ow tùchya boos
na dewas, naneyl adro dhe dhe-
golyow ha'n loor nowyth, pò adro
dhe jorna an sabot. 17Nyns yw an
taclow-ma mès skeus a'n re-na usy
dhe dhos. An sùbstans gwir anodhans
yw Crist. 18Bydner re wrella den vëth
agas dampnya, ha leverel bos res
dhywgh hùmblya agas honen pò
gordhya eleth. Yma den a'n par-na
ow cul vry a'y vesyons y honen, ha
whedhys ywa heb chêson vëth oll,
drefen ev dhe bredery warlergh
sqwîrys mab den. 19Ev a dalvia kyns
sensy fast dhe bedn an corf. In dan
rewl an pedn yma oll an corf megys,
ha kelmys warbarth, der an jùntys, ha
der an giew, hag yma va ow tevy
warlergh towl Duw.

20A ny wrussowgh why merwel
gans Crist, ha passya mes a arlottes
spyrysyon elvenek an ûnyvers? Prag
yth esowgh why ow fara kepar ha tus,
usy whath ow pewa warlergh gîsyow
an bës-ma? Prag y whrewgh why
obeya dhe rewlys stroth: 21"Na
wrewgh tava na tastya na handla"?
22Yma oll an re-na ow concernya
taclow a wra pedry wosa bos ûsys.
Nyns yw an rewlys-na mès gorheb-
myn ha dyscans mab den. 23Taclow
yns y in gwir a's teves an semlant a
furneth, rag ymowns y ow sordya
dywysycter, uvelder ha dhe con-
trollyans an kig. A vohes valew yns y
warbydn sensùalyta.

3 Rag hedna, mar pewgh why
derevys gans Crist, whelowgh
an taclow usy avàn, le mayth usy
Crist a'y eseth adhyhow dhe Dhuw.
2Settyowgh agas brës wàr an taclow
avàn, kyns ès wàr daclow an nor, 3rag
why re verwys, ha'gas bêwnans yw
cudhys gans Crist in Duw. 4Pàn vo
dysqwedhys Crist, hag ev yw agas
bêwnans, nena why kefrës a vëdh
dyscudhys ganso in glory.

5Rag hedna gwrewgh ladha inowgh
why pùptra a vo dhyworth an bës,
mostethes, avlanythter, passyon,
lùstys ha coveytys (gordhyans idolys
yw hedna). 6Awos oll an re-ma yma
sorr Duw ow tos wàr an dus
dywostyth. 7Yth esewgh why ow
sewya an fordhow-ma i'n dedhyow
kyns, pàn ewgh why yn few i'n
bêwnans-na. 8Saw i'n tor'-ma res yw
dhywgh defendya dhe ves taclow a'n
par-na—sorr, anger, envy, cabel ha
vilta ganow. 9Na leverowgh gow an
eyl dh'y gela, abàn wrussowgh why
gorra dhywarnowgh an den coth esa
adro dhywgh ha'n gîsyow esa
dhodho. 10Why re worras adro
dhywgh an den nowyth, neb yw
nowedhys in furneth warlergh imach
y formyor. 11I'n nowedhyans-ma
nyns eus namoy Grêk pò Yêdhow,
tus cyrcùmcîsys pò tus heb cyrcùm-
cisyon, pagan, Scythyan, keth pò
frank, mès Crist yw pùptra in
pùbonen.

12Rag hedna, abàn owgh why tus
dêwysys Duw, sans ha meurgerys,
gorrowgh i'gas kerhyn mercy,
caradôwder, uvelder, clorder ha
perthyans. 13Godhevowgh an eyl y
gela, ha mar pëdh croffal gans den
vëth warbydn y gentrevak, gwrêns ev
y bardona. Kepar dell wrug an Arlùth

agas pardona why, y tal dhywgh
pardona magata. 14Dres oll gorrowgh
kerensa i'gas kerhyn, rag yma hodna
ow kelmy pùptra warbarth in com-
poster perfeth.

15Bedhens cres Crist ow rewlya
i'gas colon, rag dhe hedna why a veu
gelwys i'n udn corf. Ha rewgh
grassow. 16Bedhens ger Crist tregys
in rych inowgh. Gwrewgh desky ha
gwarnya an eyl y gela in pùb furneth,
ow cana dhe Dhuw i'gas colon
salmow, hympnys hag antempnys
spyrysek. 17Pynag oll tra a wrellowgh
why gul, in lavar pò in ger kyn fe,
gwrewgh e in hanow an Arlùth Jesu,
ha rewgh grassow dhe Dhuw an Tas
dredho ev.

18A wrageth, bedhowgh gostyth
dh'agas gwer, dell dhegoth i'n Arlùth.

19A wer, kerowgh agas gwrageth,
ha na vedhowgh wherow dhedhans.

20A flehes, obeyowgh dh'agas tas
ha'gas mabm in pùptra, rag yma
hebma ow plêsya an Arlùth yn tâ.

21A dasow, na wrewgh provôkya
agas flehes, pò martesen y a wra kelly
colon.

22A gethwesyon, obeyowgh dh'agas
mêstrysy i'n pùptra, pàn vowns y orth
agas gweles, rag aga flêsya, ha gans
colon dhâ hag in own a'n Arlùth in
termynyow erel kefrës. 23Pynag oll
tra a wrellowgh, gwrewgh e gans
bolùnjeth dâ, kepar ha pàn vewgh
why orth y wul rag an Arlùth, kyns ès
rag agas mêstrysy. 24Why a wor why
dhe recêva dhyworth an Arlùth
erytans avell weryson. Yth esowgh
why ow servya an Arlùth Crist. 25Rag
neb a wrella cabmweyth, a vëdh
aqwytys warlergh myns y dhrog, ha
nyns usy Duw ow favera den vëth
dres y goweth.

4 A vêstrysy, bedhowgh ewn ha
gwiryon tro ha'gas kethwesyon,
rag why a wor bos Mêster dhywgh
why in nev.

2Gwrewgh pêsya in pejadow, ha
bedhowgh yn tyfun ino gans grassow.
3Pesowgh genen ny kefrës may
whrella Duw egery daras dhyn rag an
ger, may hallen ny progeth mystery
Crist, esof vy in pryson ragtho.
4Nena me a vëdh abyl dh'y brogeth
yn apert, kepar dell dhegoth dhybm.
5Kerdhowgh in furneth tro ha'n re-
na usy avês, ha gwrewgh devnyth dâ
a'n termyn. 6Bedhens agas cows
grassyùs pùpprës, ha blesys gans
holan, may hallowgh why pùb eur oll
godhvos in pana vaner a goodh
dhywgh gortheby kenyver onen.

7Tykycùs, agan broder meurgerys,
diagon lel ha keskethwas i'n Arlùth, a
wra derivas dhywgh adro dhybm.
8Rag an very porpos-ma me re'n dan-
vonas dhywgh, may hallowgh why
godhvos fatell yw genen, ha may halla
ev y honen confortya agas colon.
9Yma va ow tos gans Onecymùs, an
broder lel ha meurgerys, hag ev yw
onen ahanowgh. Y a wra derivas
dhywgh oll an nowodhow obma.

10Yma Arystarcùs, kesprysner
genef, orth agas dynerhy, ha Mark,
kenderow Barnabas. Why a recêvas
gormynadow adro dhodho. Mar teu
va dhywgh, gwrewgh y wolcùbma.
11Yma Jesu, henwys Jùstùs, orth agas
dynerhy kefrës. An dhew-ma yw an
re udnyk a'n dus cyrcùmcîsys, usy in
mesk ow hesoberoryon rag gwlascor
Duw. An dhew anodhans a veu
confort dhybm. 12Onen ahanowgh ha
kethwas a Jesu Crist yw Epafras. Yma
va orth agas dynerhy. Y fëdh ev ow
strîvya ragowgh in y bejadow, may

hallowgh why sevel yn athves ha
stedfast in pùb part a volùnjeth Duw.
13Dùstuny ov, ev dhe lavurya yn cales
ragowgh why ha rag an dus in
Laodycea hag in Hieropolys. 14Yma
Lûk, an medhek meurgerys, ha
Demas orth agas dynerhy. 15Dyner-
howgh ragof an vreder in Laodycea.
Dynerhowgh Nymfa ha'n eglos usy
in hy chy.

16Ha pàn vo redys an lyther-ma
i'gas mesk, gwrewgh may fo va redys
in eglos Laodycea kekefrës, ha
kemerowgh with may whrellowgh
why redya an lyther dhia Laodycea
magata.

17Comondyowgh indelma dhe
Arkyppùs, "Kebmer with te dhe
collenwel an ober a wrusta recêva i'n
Arlùth."

18Me, Pawl, yth esof ow screfa an
dynargh-ma gans ow leuv ow honen.
Perthowgh cov a'm chainys. Re bo
grâss genowgh why.

Kensa Pystyl Pawl dhe'n Thessalonyans

1 Dhyworth Pawl, Sylvanùs ha
Tymothy,

Dhe eglos an Thessalonyans in
Duw an Tas hag i'n Arlùth Jesu Crist:

Re bo grâss dhywgh ha cres.

2Yth eson ny pùpprës ow ry
grassow dhe Dhuw ragowgh why oll,
ha prèst ow cul mencyon ahanowgh
i'gan pejadow. 3Yth eson ny ow
perthy cov dhyrag agan Duw ha'gan
Tas a'gas lavur a fëdh, a'gas ober a
gerensa, hag a'gas perthyans ha
govenek i'gan Arlùth Jesu Crist.
4Ny a wor, a vreder, Duw dh'agas
cara ha dh'agas dêwys why. 5Ny
dheuth agan messach a'n nowodhow
dâ dhywgh i'n ger yn udnyk, mès in
power an Spyrys Sans kefrës. Why
yw certan a'y wiryoneth, kepar dell
wodhowgh why agas honen, pana dus
en ny i'gas mesk ragowgh why. 6Why
a wrug omhevelly dhyn ny, ha dhe'n
Arlùth, rag in despît dhe dormens
why a recêvas an ger gans joy. Why a
veu kenerthys gans an Spyrys Sans,
7may fewgh why ensampel dhe oll an
gryjygyon in Macedonya hag in
Acaya. 8Ger an Arlùth a wrug seny
dhyworthowgh in Macedonya hag in
Acaya. Moy ès hedna agas fëdh in
Duw a veu aswonys in pùb tyller aral
kefrës, ma nag eus othem vëth a
gôwsel anedhy. 9Yma tregoryon an
côstys-na ow teclarya adro dhyn pana
wolcùm a'gan beu dhyworthowgh, ha
fatell wrussowgh why trailya dhe
Dhuw dhyworth idolys. Why a
drailyas dhyworth idolys, may hall-
owgh why servya an Duw gwir ha
bew, 10ha may whrellowgh why
gortos y Vab dhyworth an nevow, an
Mab a wrug Duw derevel a'n re
marow—Jesu, usy orth agan delyvra
mes a'n sorr usy ow tos.

2 Why a wor, a vreder, na veu
uver agan vysyt dhywgh. 2Kyn
whrussyn godhaf solabrës, ha kyn
feun ny compressys yn tydn in
Fylyppy, why a wor fatell en ny
colodnek in Duw. Why a wor fatell
wrussyn progeth dhywgh awayl Duw
in despît dhe strif brâs. 3Rag ny dheu
agan awayl naneyl mes a dhysseyt, na
mes a rêsons dyslel, na castys tus.
4Nâ, kepar dell veun comendys gans
Duw, ha kepar dell veu progeth an
awayl delyvrys dhyn, indelma yth
eson ny ow côwsel. Nyns eson ny ow
whelas dhe blêsya mab den, mès dhe
blêsya Duw, rag yma va ow prevy
agan colon. 5Duw yn test, why a wor
na wrussyn ny bythqweth ûsya fâls-
lavarow, na facya der ewn coveytys.
6Naneyl ny wrussyn ny whelas prais
dhyworth tus, boneyl dhyworthowgh
why, pò dhyworth ken re, 7kyn fen ny
abyl dhe wovyn lowr avell abosteleth
Crist. Ny a veu clor i'gas mesk kepar
ha mabmeth whar ow chersya hy
flehes. 8Mar dhown yw agan kerensa
tro ha why, mayth en ny porposys
dhe gevradna genowgh awayl Duw,
ha'gan honen kefrës. Ass owgh why
ker dhyn! 9Yth esowgh why ow
perthy cov, a vreder, a'gan lavur hag
a'gan ober. Ny a wrug lavurya nos ha
jorna, ma na wrellen poynt agas

beghya why, ha ny ow progeth awayl
Duw dhywgh.
10Why ha Duw kefrës yw ow
dùstuniow. Dywysyk, gwiryon ha
dyvlam o agan conversacyon tro ha
why, why cryjygyon. 11Why a wor ny
dhe fara tro ha kenyver onen ahan-
owgh kepar ha tas tro ha'y flehes y
honen. 12Ny a wre agas exortya ha
kenertha. Yth esen ow tyspûtya
genowgh, may whrellowgh why bewa
in maner wordhy a Dhuw, rag yma va
orth agas gelwel bys in gwlascor y
glory.
13Yth eson ny kefrës ow ry grassow
heb hedhy dhe Dhuw rag hebma: pàn
wrussowgh why recêva ger Duw, neb
a glôwsowgh why dhyworthyn ny,
why a'n recêvas avell lavar Duw, adar
avell fug-lavar mab den. Rag lavar
Duw o va in very gwiryoneth. Yma
an ger owth obery inowgh why, a
gryjygyon. 14Why yw haval, a vreder,
dhe'n eglosyow a Dhuw usy in Jûdy,
ha why a sùffras taclow kepar, orth
dewla an dus a'gas pow why, hag a
wrussons y godhaf dhyworth an
Yêdhewon. 15An Yêdhewon a ladhas
an Arlùth Jesu Crist, ha'n profettys,
hag y a'gan herdhyas ny in mes.
Indelma ymowns y ow serry Duw,
hag y contrary dhe bùbonen. 16Yth
esens orth agan gwetha ny rag côwsel
orth an Jentylys ha'ga hùmbronk dhe
salvacyon. Yth esens y prèst ow
lenwel musur aga fegh, saw venjans
Duw a dheuth warnodhans wàr an
dyweth.
17Saw ny, a vreder, ny a veu gwrës
omdhevasow rag pols, pàn veun ny
dyberthys dhyworthowgh—i'n corf
kyns ès i'n spyrys—hag yth esen ny
ow whansa yn fèst agas gweles why
fâss orth fâss. 18Whansek en dhe dhos
dhywgh. Ea, me, Pawl, me a
dhesîryas pòr lies torn dos dhywgh,
mès Satnas a'gan lettyas. 19Pëth yw
agan govenek pò agan joy pò agan
cùrun a vôstyans dhyrag agan Arlùth
Jesu pàn dheffa va? A nyns ywa
whywhy? 20Why yw agan lowender
ha'gan glory!

3 Rag hedna, pàn na yllyn y
berthy na fella, ny a erviras
trega agan honen oll in Athens. 2Ny
a dhanvonas Tymothy, agan broder
ha kesoberor gans Duw in progeth
awayl Crist, may halla va agas
confortya why, ha kenertha agas
fëdh, 3ma na vo den vëth shakys der
an compressans-ma. In gwir, why
agas honen a wor bos hebma an pëth
a veun ny destnys dhodho. 4In
gwiryoneth, pàn esen ny genowgh,
ny a leverys dhywgh dhyrag dorn ny
dhe wodhaf compressans. Hag
indella y feu, dell wodhowgh why.
5Rag hebma, pàn na yllyn y berthy na
fella, me a dhanvonas dhe wodhvos
adro dh'agas fëdh. Own a'm beu
martesen an temptyor dh'agas
temptya why, ha'gan lavur ny dhe vos
dhe goll.
6Saw Tymothy a dheuth dhyn
agensow dhyworthowgh, hag ev a
dhros ganso an nowodhow dâ a'gas
fëdh hag a'gas kerensa. Ev re leverys
dhyn kefrës why dh'agan remembra
gans cufter, ha dhe vos whansek a'gan
gweles. Ny inwedh yw whansek a'gas
gweles whywhy. 7Rag hedna, a
vreder, der oll agan anken ha'gan
troblys, ny a veu confortys i'gas kever
der agas fëdh. 8Rag anal an bêwnans
a vëdh dhybm, mar tewgh why ha
durya ha sevel fast i'n Arlùth. 9Fatell
yllyn ny ry dhe Dhuw grassow lùk

ragowgh, may fo aqwytys oll an joy a'gan beus i'gas kever dhyrag agan Duw? 10Nos ha jorna yth eson ny ow pesy yn tywysyk, may hallen agas gweles fâss orth fâss, hag amendya agas crejyans, mar pëdh dyfyk vëth inhy.

11Lebmyn re wrella Duw agan Tas ha'gan Arlùth Jesu gedya agan fordh dhywgh. 12Ha re wrauntya an Arlùth why dhe encressya ha dhe vos leun in kerensa an eyl dh'y gela ha dhe bùbonen, kepar dell yw leun agan kerensa ny tro ha why. 13Re wrella an Arlùth crefhe agas colon in sansoleth, may fewgh why heb nàm vëth dhyrag agan Duw ha Tas, pàn dheffa agan Arlùth Jesu gans oll y sens.

4 Wàr an dyweth, a vreder, ny a vydn agas pesy ha'gas exortya i'n Arlùth Jesu, dhe wul udn dra. Ny a wrug agas desky in pana vaner a gotha dhywgh bewa rag plêsya Duw. Yth esowgh why ow pewa indelma solabrës, saw ny a'gas pës dhe wul indelma dhe voy. 2Rag why a wor pëth o an dyscans a wrussyn ny ry dhywgh in hanow an Arlùth Jesu.

3Rag hèm yw bolùnjeth Duw: agas bos why sans. Res yw refrainya dhyworth mostethes; 4pùbonen ahanowgh a dal controllya y gorf in sansoleth hag in onour. 5Na wrewgh plegya dhe drog-whansow kepar ha'n paganys. Nyns yw Duw aswonys dhedhans. 6Na wrêns den vëth ahanowgh gul cabmweyth warbydn y vroder i'n mater-ma na gul prow anodho. Kepar dell wrussyn agas gwarnya yn sevur kyns lebmyn, an Arlùth a wra pùnyshya pùb cabmweyth a'n par-na. 7Rag Duw a'gan gelwys dhe sansoleth adar dhe avlanythter. 8Mar teu nebonen ha sconya an rewlys-ma, nyns usy ev ow sconya auctoryta mab den, mès Duw y honen, Duw usy ow ry dhywgh y Spyrys Sans.

9Ow tùchya kerensa an vreder, nyns eus othem vëth dhywgh a dhen vëth dhe screfa dhywgh, rag why agas honen a veu deskys gans Duw dhe gara an eyl y gela. 10Ea, yth esowgh why ow cara an vreder in gwir dres oll Macedonya. Mès yth eson ny orth agas exortya, a dus veurgerys, dhe wul gwell whath.

11Bedhowgh porposys dhe vewa yn cosel, dhe bredery a'gas taclow agas honen. Lavuryowgh gans agas dewla kepar dell wrussyn ny comondya dhywgh, 12may fo wordhy agas conversacyon in golok an re-na usy wàr ves. I'n kettermyn ny vedhowgh why nefra in esow.

13Ny via dâ genen, a vreder, why dhe vos heb godhvos ow tùchya an re marow, ma na vewgh why grêvys kepar ha tus erel na's teves govenek vëth. 14Drefen ny dhe gresy Jesu dhe verwel ha dhe dhasserhy, in kepar maner, dre Jesu Crist, Duw a wra dasvewa an re-na usy in cùsk. 15Rag yth eson ny ow terivas hebma dhywgh dre lavar an Arlùth. An radn ahanan yw yn few ha gesys erna dheffa an Arlùth, ny wren ny dos kyns ès an re-na usy in cùsk. 16Pàn vo clôwys an ger a gomondment, galow an arghel ha'n son a drompa Duw, an Arlùth y honen a wra skydnya dhia nev. An re marow in Crist a vëdh derevys kyns. 17Nena nyny, yw yn few ha gesys, a vëdh kechys in bàn i'n cloudys warbarth gansans dhe vetya gans an Arlùth i'n air. Indella ny a vëdh gans an Arlùth bys vycken.

18Gwrewgh confortya an eyl y gela
der an geryow-ma.

5 Ow tùchya termynyow ha
sêsons, nyns eus othem vëth a
screfa tra vëth dhywgh, a vreder.
2Rag why a wor agas honen dëdh an
Arlùth dhe dhos kepar ha lader i'n
nos. 3Pàn vowns y ow leverel, "Yma
cosoleth ha cres," nena y teu dystrùc-
syon trobm warnodhans, kepar ha
painys golovas wàr venyn gans flogh.
Ny vëdh den vëth abyl dhe dhiank.
4Saw why, ow breder veurgerys,
nyns esowgh why in tewolgow, may
halla an jorna-na agas contraweytya
kepar ha lader. 5Rag why oll yw
flehes a'n golow, ha flehes a'n jëdh.
Nyns eson ny ow longya naneyl
dhe'n nos na dhe'n tewolgow.
6Bydner re dheffa cùsk warnan, ytho,
kepar ha wàr dus erel. Gesowgh ny
dhe drega dyfun ha dyvedhow. 7Rag
i'n nos y fëdh an gùscoryon in cùsk
hag orth golow nos y fëdh an pednow
medhow owth omvedhowy. 8Abàn
eson ny ow longya dhe'n jëdh,
bedhyn dyvedhow, ha gesowgh ny
dhe worra i'gan kerhyn an brestplât a
fëdh hag a gerensa hag avell basnet
an govenek a sylwans. 9Ny wrug Duw
agan appoyntya dhe wodhaf sorr, mès
dhe recêva sylwans der agan Arlùth
Jesu Crist. 10Ev a dhug mernans
ragon ny, yn tyfun pò in cùsk kyn fen,
may hallen ny bewa warbarth ganso
ev. 11Rag hedna confortyowgh an eyl
y gela ha derevowgh an eyl y gela—
neppyth esowgh why ow cul solabrës.
12Yth eson ny orth agas comondya,
a vreder, may whrellowgh why
dysqwedhes revrons dhe'n re-na usy
ow lavurya i'gas mesk, hag a's teves
charj ahanowgh rag agas kesky.
13Dysqwedhowgh meur a worshyp
dhedhans in kerensa, awos an lavur
usons y ow cul. Bedhowgh in cres an
eyl gans y gela. 14Hag yth eson ny
orth agas exortya, a vreder veurgerys,
may whrellowgh why kesky an dus
diek, confortya an dus dyglon, gweres
an dus wadn. Bedhens hir agas
perthyans tro hag oll an re-na.
15Kemerowgh with na wrella den
vëth ahanowgh aqwytya drog gans
drog, mès whelowgh pùpprës dhe
wul dâ an eyl dh'y gela ha dhe
genyver onen.
16Rejoycyowgh pùpprës. 17Pes-
owgh heb hedhy. 18Rewgh grassow in
pùptra, rag hèm yw bolùnjeth Duw
in Jesu Crist ragowgh.
19Na wrewgh dyfudhy an Spyrys.
20Na wrewgh despîtya lavarow an
profettys, 21saw prevowgh pùptra.
Sensowgh in fast dhe'n pëth a vo dâ.
22Sevowgh orth gul drog a sort vëth.
23Re wrella an Duw a gosoleth y
honen agas gul sans in kenyver poynt.
Re bo agas spyrys ha'gas enef ha'gas
corf gwethys salow ha heb fowt vëth
orth devedhyans agan Arlùth Jesu
Crist. 24Lel yw hedna usy orth agas
gelwel. Ev a vydn gul an dra.
25Pesowgh ragon, a dus veurgerys.
26Dynerhowgh oll an vreder gans bay
sans. 27Yth esof ow comondya
dhywgh yn solem in hanow an Arlùth
may fo an lyther-ma redys dhe
bùbonen.
28Re bo genowgh grâss agan Arlùth
Jesu Crist.

Secùnd Pystyl Pawl dhe'n Thessalonyans

1 Dhyworth Pawl, Sylvanùs ha
Tymothy,

Dhe eglos an Thessalonyans in
Duw agan Tas hag i'n Arlùth Jesu
Crist.

[2]Re bo grâss dhywgh ha cres
dhyworth Duw agan Tas ha'n Arlùth
Jesu Crist!

[3]Res yw dhyn grassa dhe Dhuw
pùpprës ragowgh why, a vreder. Res
yw dhybm ry grassow, drefen agas
fëdh dhe devy yn frâs hag yma an
gerensa usy gans pùbonen ahanowgh
dh'y gela prèst owth encressya. [4]Yth
eson ny agan honen ow cul bôstow
ahanowgh in mesk eglosyow Duw,
dre rêson agas fëdh dhe sevel fast in
despît dhe oll agas tormens ha dhe oll
agas troblys.
[5]Tôkyn dyblans a vreus wir Duw
yw hebma. Ev a veu porposys dh'agas
gul wordhy a wlascor Duw, mayth
esowgh why ow codhevel rygthy.
[6]Rag ewn yw pàn wra Duw rewardya
gans anken an re-na usy orth agas
tormentya why. [7]Yma va ow ry solas
dhywgh why, pàn owgh why troblys,
ha dhyn ny kefrës. I'n termyn may
fëdh dysclôsys an Arlùth Jesu dhia nev
gans y eleth galosek, [8]in flabmow a
dan, ev a wra venjya wàr an re-na na
wrug aswon Duw, ha na wrug obeya
dhe awayl an Arlùth Jesu. [9]An re-na
a wra godhaf an pùnyshment a
dhystrùcsyon heb dyweth. Y a vëdh
dyberthys dhyworth fâss an Arlùth ha
dhyworth glory y allos, [10]pàn dheffa ev
dhe vos gordhys gans y bobel y honen.
I'n jorna-na oll an re-na a gresys, a
vydn kemeres marth anodho. Why a
vëdh i'ga mesk, rag why a gresys an
messach a wrussyn ny dry dhywgh.
[11]Rag hedna yth eson ny pùpprës
ow pesy ragowgh. Yth eson ow covyn
may whrella Duw agas gul wordhy
a'y alow, ha may whrella collenwel
der y allos pùb porpos dâ, ha pùb
ober a fëdh. [12]Indelma y fëdh glory-
fies hanow agan Arlùth Jesu inowgh
why, ha why ino ev, warlergh grâss
agan Duw ha'n Arlùth Jesu Crist.

2 Ow tùchya devedhyans agan
Arlùth Jesu Crist ha'gan bos ny
cùntellys warbarth rag metya ganso:
ny a'gas pës, a vreder, [2]na vewgh why
shakys whare i'gas brës na troblys i'n
spyrys dre lavar pò dre lyther, usy ow
facya dos dhyworthyn hag ow leverel
bos jorna an Arlùth devedhys sola-
brës. [3]Na wrêns den vëth agas tùlla
màn. Ny yll an jorna-na dos erna
dheffa kyns oll an rebellyans dewetha,
hag erna vo dyscudhys an den a begh.
Ev a veu destnys dhe dhystrùcsyon.
[4]Yma va owth exaltya y honen hag ow
sevel warbydn pùptra a vo gelwys
"duw" ha warbydn pùptra a vo
gordhys gans mab den. Yma va a'y
eseth i'n very templa a Dhuw ow
teclarya y honen dhe vos Duw.
[5]Certan yw why dhe remembra
fatell wrug avy declarya hebma
dhywgh, pàn esen i'gas mesk. [6]Ha
why a wor pandr'usy orth y lettya, ma
na vo va dyscudhys erna dheffa y
dermyn. [7]Rag yma mystery an
sherewynsy owth obery solabrës, saw

ev neb usy orth y lesta a vydn gul
indelma erna wrella va voydya. 8Nena
an den dylaha na a vëdh dysclôsys. I'n
tor'-na an Arlùth Jesu a vydn y
dhystrêwy der anal y anow, ha'y
dhyswul yn tien gans splander
gloryùs y dhevedhyans. 9Ober Satnas
yw devedhyans an den dylaha-na.
Attendys vëdh gans oll sînys galosek
ha merclys an Gow, 10ha gans pùb
dysseyt a alla sherewynsy settya wàr
an re-na eus destnys dhe dhystrùc-
syon. Dyswrës y a vëdh, rag ny
wrussons y egery aga brës dhe
gerensa an gwiryoneth dhe gafos
salvacyon. 11Rag hedna yma Duw
orth aga gorra in dan hus. An hus a
wra aga honstrîna dhe gresy an gow,
12may fo drës dhe vrusyans oll an re-
na nag usy ow cresy an gwiryoneth.
Ymowns y ow preferrya an pegh avell
aga dêwys porposys.

13Saw ny a res grassa dhe Dhuw
pùpprës i'gas kever, a vreder
veurgerys gans an Arlùth, dre rêson
Duw dh'agas dêwys avell an bleynfrût
a salvacyon dre sansoleth der an
Spyrys, ha dre grejyans i'n gwir-
yoneth. 14Rag an towl-ma ev a wrug
agas gelwel der agan progeth a'n
nowodhow dâ, may hallowgh why
cafos an glory a'gan Arlùth Jesu
Crist. 15Rag hedna, a vreder, sevowgh
yn fast, ha gwethowgh an dyscans a
wrussowgh why desky dhyworthyn
dre lavar pò dre lyther.

16Agan Arlùth Jesu Crist y honen
ha Duw agan Tas (neb a'gan caras
hag a ros dhyn der y râss confort heb
dyweth ha govenek dâ), 17re wrellens
y confortya agas colon ha'gas crefhe
in pùb ober wordhy, hag in pùb lavar
dâ.

3 Wàr an dyweth, a vreder,
pesowgh ragon, may halla ger
an Arlùth omlêsa whare ha may fo ev
gloryfies in pùb tyller oll, kepar dell
ywa gloryfies i'gas mesk why. 2Pes-
owgh may fen ny gwethys rag
sherewys treus, rag ny'n jeves pùb-
onen fëdh. 3Saw lel yw an Arlùth hag
ev a wra agas confortya ha'gas gwetha
rag an tebel-el. 4Ha ny a'gan beus
fydhyans i'n Arlùth i'gas kever why,
fatell wrewgh why agan gorhemynow
ha pêsya inhans. 5Re wrella an Arlùth
lêdya agas colon dhe gerensa Duw ha
dhe vos stedfast in Crist.

6Yth eson ny owth erhy dhywgh, a
vreder, in hanow an Arlùth Jesu
Crist, dyberth dhyworth an vreder-
na usy ow pewa in sygerneth, ha
warbydn an dyscans a wrussowgh
why recêva dhyworthyn. 7Rag why
agas honen a wor in pana vaner a dal
dhywgh fara. Nyns en ny diek pàn
esen ny i'gas mesk. 8Ny wrussyn ny
debry bara den vëth heb y brena. Nâ,
gans lavur crev yth esen ny ow
lavurya dëdh ha nos, ma na wrellen
beghya den vëth ahanowgh. 9Ny veu
hedna dre rêson na'gan beu an gwir-
na, saw may hallen ny ry dhywgh
ensampel dhe wul wàr y lergh. 10Pàn
esen ny genowgh kefrës, ny a ros
dhywgh an comondment-ma: neb na
vydna lavurya, na wrêns ev naneyl
debry.

11Yth eson ny ow clôwes lebmyn
fatell eus radn ahanowgh ow pewa in
sygerneth avell mellyoryon heb gul
lavur vëth oll. 12Yth eson ny ow
comondya hag owth exortya tus an
par na i'n Arlùth Jesu Crist dhe wul
aga lavur yn cosel ha dhe dhendyl aga
bêwnans aga honen. 13A vreder, na

wrewgh kelly colon, ha why ow cul
an pëth a vo dâ.

[14]Nôtyowgh an re-na na vo parys
dhe obeya dh'agan gorhemynow i'n
lyther ma. Na wrewgh omgemysky
gansans, hag indelma y a vëdh
shâmys. [15]Na wrewgh aga dyghtya
avell eskerens, saw gwrewgh aga
rebûkya kepar ha breder.

[16]Re rolla an Arlùth a gres cosoleth
dhywgh why pùpprës hag in pùb
maner. Re bo an Arlùth genowgh
why oll.

[17]Me, Pawl, yth esof vy ow screfa
hebma gans ow leuv ow honen. Hèm
yw an merk usy in pùb lyther.
Indelma yth esof vy ow screfa.

[18]Re bo grâss agan Arlùth Jesu
Crist genowgh why oll.

Kensa Pystyl Pawl dhe Tymothy

1 Dhyworth Pawl, abostel a Jesu
Crist dre gomondment Duw
agan Savyour hag a Jesu Crist agan
govenek.

2Dhe Tymothy, ow flogh lel i'n
fëdh:

Re bo grâss, mercy ha cres dhis
dhyworth Duw an Tas, ha dhyworth
Jesu Crist agan Arlùth.

3Yth esof vy orth dha exortya,
kepar dell wruga pàn esen wàr ow
fordh dhe Macedonya, dhe drega in
Efesùs, may halles erhy certan re dhe
refrainya dhyworth desky dyscans
camgemerys. 4Comond dhedhans, na
wrellens mellya gans whedhlow hag
aghscrîvow heb worfen. Yma taclow
a'n par-na ow provôkya dowtys, saw
ny yllons y gul dhyn godhvos an towl
a Dhuw, usy owth obery dre fëdh.
5An porpos a'gan arhadow yw an
gerensa usy ow tos dhyworth colon
lân, côwsys cosel ha fëdh wiryon.
6Certan tus a gollas aga forpos ha
trailya dhe gows uver. 7Ymowns y ow
tesîrya bos descadoryon a'n laha heb
convedhes naneyl an pëth usons y ow
leverel, na'n taclow usons y ow
côwsel adro dhedhans.

8Ny a wor bos dâ an laha, mars usy
den ow cul devnyth anodho yn
compes. 9Res yw convedhes, na veu
an laha settys in mes rag an dus jùst,
mès rag an dus dylaha ha dywostyth,
an debel-wesyon dreus, an re ansans
hag ùngrassyùs, tus a vo parys dhe
ladha tas pò mabm, 10gyglos, sodom-
ydhyon, gwycoryon kethwesyon,
gowygyon, gowlioryon ha'n re-na a
wrussa tra vëth aral a vo contrary dhe
dhyscans yagh. 11Yma dyscans yagh
plegadow dhe awayl gloryùs agan
Duw benegys, hag ev a worras an
awayl-na i'm charj vy.

12Yth esof owth aswon grâss dhe
Jesu Crist agan Arlùth, a wrug ow
honfortya, rag ev a'm jùjyas lel hag
a'm appoyntyas dh'y servys ev, 13kyn
feuma i'n dedhyow kyns blasfemyor,
tormentour ha den garow, gwyls ow
fara. Me a recêvas mercy, drefen me
dhe obery kyns dre nycyta hag in
dyscrejyans. 14Dre râss an Arlùth me
a recêvas an lanwes a fëdh hag a
gerensa, usy in Jesu Crist.

15Hèm yw lavar gwir ha wordhy
dhe vos recêvys gans pùbonen: Jesu
Crist dhe skydnya dhe'n bys rag
prena pehadoryon—ha me yw an
lacka anodhans. 16Rag an very rêson-
na Duw a ros dhybm mercy, may
halla Jesu dysqwedhes pùb perthyans
tro ha me, pehador a'n gwetha. Me a
veu ensampel dhe bynag oll a dheffa
dhe gresy ino wàr ow lergh, ha dhe
gafos an bêwnans heb dyweth. 17Dhe
Vytern an osow, dyvarow, dywel, an
Duw udnyk, re bo onour ha glory bys
vycken ha bys venary! Amen.

18Yth esof ow ry dhis an gor-
mynadow-ma, Tymothy, ow flogh,
warlergh an profecy gwrës kyns adro
dhis, may halles aga sewya hag indel-
ma omlath an omlath dâ, 19dre fëdh
ha dre gonscyans cosel. Pàn wrug
certan re denaha conscyans, y feu an
gorhal a'ga fëdh terrys. 20In mesk an
re-na yma Hymeneùs hag Alexander.

Me a's delyvras dhe Satnas, may
hallens y desky fatell res dhedhans
refrainya dhyworth cably Duw.

2 Yth esof vy owth inia i'n kensa
le may fo gwrës pejadow,
govynadow, gorholeth ha grassans
rag kenyver onen, 2rag myterneth
hag oll an re-na usy in auctoryta, may
hallen ny bewa in cosoleth hag in
cres, in sansoleth hag in dynyta. 3Dâ
yw hebma ha plegadow in golok Duw
agan Savyour, 4rag yma va ow tesîrya
may fo sawys pùbonen, ha may teffa
kenyver onen dhe aswon an gwir-
yoneth. 5Yma udn Duw; hag yma
udn main kefrës inter Duw ha
mebyon tus, an den Jesu Crist. 6Ev a
ros y honen yn raunson rag kenyver
onen. Hedna a veu destys orth an
termyn ewn. 7Rag hebma me a veu
appoyntys herot hag abostel (me a
lever an gwiryoneth—ny lavaraf
gow), descador a'n Jentylys in fëdh
hag in gwiryoneth.

8Rag hedna dâ via genef an wesyon
dhe besy in pùb tyller, ow terevel in
bàn dewla sans heb strif na dys-
pûtyans.

9Yn kepar maner y tal dhe'n
benenes omwysca in dyllas onest hag
uvel, heb plethedna aga blew, heb
owr, perlys na dyllas a bris uhel. 10Res
yw dhe'n benenes gorra i'ga herhyn
oberow dâ, dell dhegoth dhe'n re-na
usy ow meneges revrons dhe Dhuw.

11Gwrêns an venyn desky yn
tawesek gans cowl-obedyens. 12Nyns
esof vy ow ry lecyans dhe venyn vëth
desky na kemeres arlottes wàr hy
gour. Res yw dhedhy tewel. 13Rag
Adam a veu gwrës kensa, hag Eva wàr
y lergh. 14Ny veu Adam dysseytys,
saw an venyn a veu dysseytys ha
codha in pegh. 15Hy a vëdh selwys
dre dhenethy flehes, mar qwra hy
trega in fëdh, in kerensa hag in
sansoleth warbarth gans onester.

3 Sur yw an lavar-ma: neb a
wrella whelas an offys a epscop,
yma va ow whelas offys uhel. 2Y tal
dhe epscop bos dyvlam, gour udn
wreg, clor, fur, jùst, larj, descador dâ.
3Na vedhens pedn medhow na rës
dhe argùmentys. Bedhens ev hegar,
den na bleg strif dhodho. Bedhens
heb coveytys vëth. 4Y tal dhodho
governa yn tâ y veyny y honen, ow
qwetha y flehes in dadn y rewl hag y
uvel in pùptra. 5Mar ny wor den
governa y veyny y honen, fatell yll ev
governa eglos Duw? 6Na vedhens ev
dyscypyl nowyth, boken ev a alsa bos
leun a woth, hag indelma codha
aberth in dampnacyon an tebel-el.
7Res yw dhodho inwedh cafos dùs-
tuny dâ dhyworth an re-na usy avês
dhe'n eglos, ma na wrella va codha in
bysmêr hag antylly an tebel-el.

8Yn kepar maner res yw dhe
dhiagonas bos dywysyk, gwiryon aga
thavas, heb medhêwnep na coveytys
warlergh pëth an bës. 9Y a res sensy
yn fast dhe vystery an fëdh gans
conscyans glân. 10Res yw aga exam-
nya kensa, ha nena mar pedhons y
kefys heb fowt vëth, gwrêns y servya
avell diagonas.

11Y tal inwedh dhe venenes bos
sad. Na vedhens tavasogesow, mès
clor ha lel in pùptra.

12Bedhens an diagon gour udn
wreg, ha gwrêns ev governa yn tâ y
flehes ha'y veyny. 13An re-na usy ow
servya avell diagonas yn tâ, ymowns
y ow qwainya revrons dhedhans aga
honen ha bolder brâs in fëdh Jesu

Crist.
[14]Govenek a'm beus dhe dhos
dhywgh kyns na pell, saw yth esof ow
screfa an comondmentys-ma dhywgh,
may hallowgh why godhvos, [15]mar
teuma ha dylâtya, fatell res fara in
meyny Duw. Hèn yw dhe styrya eglos
an Duw bewek, an pyllar ha'n grownd
a wiryoneth. [16]Heb dowt vëth oll brâs
yw mystery agan crejyans:

Ev a veu dysclôsys i'n kig,
mentenys in Spyrys,
gwelys gans eleth, pregowthys in
mesk an Jentylys,
hag y feu cresys ino ev dres oll an
bës,
hag ev a veu kemerys in bàn in
glory.

4 Yma an Spyrys ow leverel yn
tyblans, fatell wra certan re in
termynyow dewetha denaha an fëdh.
Y a vydn mos tro ha fâls spyrysyon ha
dyscans dewolow, [2]awos fekyl lavar-
ow gowygyon, neb yw aga honscyans
leskys gans horn tobm an tebel-el.
[3]Ymowns y ow tyfedna demedhyans.
Ymowns y ow sconya dhe dhebry
boos, kyn feu va creatys gans Duw
dhe vos rydnys gans grassow inter an
gryjygyon, neb a wor an gwiryoneth.
[4]Rag dâ yw kenyver tra re beu formys
gans Duw, ha ny res sconya tra vëth,
mar pëdh ev recêvys gans meur râss.
[5]Alowys ywa dre er Duw ha dre
bejadow.
[6]Mar teuta ha settya an comond-
mentys-ma dhyrag an vreder, te a
vëdh servont dâ a Jesu Crist, megys
gans lavarow an fëdh ha gans an
dyscans salow a wrusta sewya. [7]Gwra
sconya yn tien whedhlow an paganys,
hag istorys benenes coth. Dysk dha
honen in sansoleth. [8]Lafur a'n corf
yw a nebes valew, mès lavur adro dhe
sansoleth yw vas rag pùptra, hag yma
va ow ry promys rag an bêwnans-ma
ha rag bêwnans an bës usy ow tos.
[9]Lel yw an ger ha wordhy dhe vos
recêvys gans kenyver onen. [10]Rag an
rêson-ma yth eson ny ow lavurya hag
ow strîvya, rag yma agan govenek
settys wàr an Duw a vêwnans, hag ev
yw an Savyour a bùbonen, ha spessly,
an Savyour a'n re-na usy ow cresy ino.
[11]Te a res inia ha desky an taclow-
ma. [12]Bydner na wrella den vëth
dysprêsya dha yowynkneth, mès bëdh
ensampel dâ dhe'n gryjygyon i'th
lavarow hag i'th fara, in kerensa, in
fëdh hag in glânder. [13]Erna wryllyf vy
dos, gwra attendya dhe redyans
poblek an scryptour, dhe iniadow ha
dhe dhyscans. [14]Na wra kemeres in
dysdain an ro usy inos, hag a veu rës
dhis dre brofecy, pàn veu dewla settys
warnas gans an elders.
[15]Gwra obery an taclow-ma. Bëdh
dywysyk inhans may whrella tus
gweles fatell esta owth avauncya.
[16]Bëdh war adro dhis dha honen hag
ow tùchya dha dhyscans magata.
Gwra pêsya i'n taclow-ma, rag mar
teuta ha gul indelma, te a wra sawya
dha honen ha'th woslowysy kefrës.

5 Na wra rebûkya elder, mès cows
orto kepar hag orth tas. Cows
orth den yonk avell broder. [2]Lavar
dhe venenes cotha avell mabmow ha
dhe venenes yonk avell wheryth gans
oll glanythter.
[3]Gwra onora an wedhowes neb yw
gwedhowes in gwiryoneth. [4]Saw
mara's teves gwedhowes flehes pò
flehes wydn, res yw dhe'n re-na in
kensa le desky aga dûta tro ha'ga
meyny aga honen ha wosa hedna

aqwytya aga thas ha mabm. Plegadow
yw hedna in golok Duw. 5An venyn
neb yw gwedhowes wir ha hy gesys hy
honen, in Duw yma hy govenek, ha
hy a vëdh nos ha jorna ow pesy Duw,
hag ow cul govynadow dhodho.
6Mars usy gwedhowes ow pewa rag
plesour, hy yw marow solabrës, kynth
yw hy whath yn few. 7Ro dhedhans an
comondmentys-ma kefrës, may fêns y
dyvlam. 8Mar ny wra den vëth provia
rag y nessevyn, hag yn arbednek rag
y woos nessa, ev re dhenahas an fëdh,
ha lacka ywa ès pagan.

9Bedhens gwedhowes gorrys wàr
an rol, mars yw hy cotha ès try ugans
bloodh ha mar ny veu hy demedhys
saw unweyth. 10Res yw dhedhy dys-
qwedhes dùstuny a oberow dâ, kepar
hag onen a wrug an taclow-ma: maga
flehes, provia rag estrenyon, golhy
treys pobel Duw, gweres an re grêvys
ha sewya cheryta a bùb sort.

11Na wra gorra gwedhwesow yonk
wàr an rol. Pàn wra aga drog-whans-
ow aga fellhe dhyworth Crist,
ymowns y ow tesîrya demedhy arta.
12Indelma y a wra dendyl rebûk,
drefen y dhe derry an ambos a wruss-
ons y kyns. 13I'n kettermyn y a wra
desky kefrës dhe vos diek ow qwybya
dhia jy dhe jy. Ny vedhons y diek yn
udnyk, mès tavasogesow inwedh ha
mellyoryon, hag y a lever taclow na
godhvia bos leverys. 14Rag hedna
gwell via genef an gwedhwesow yonk
dhe dhemedhy, dhe dhenethy flehes
ha rewlya aga meyny, ma na'n jeffa an
escar chauns vëth dh'agan cably.
15Rag solabrës certan tus re wrug
trailya adenewen ha sewya Satnas.

16Mara's teves benyn gryjyk
gwedhwesow gwir avell nessevyn, re
wrella hy aga gweres. Na vedhens y
begh wàr an eglos, may halla an eglos
ry socour dhe'n re-na neb yw
gwedhwesow in gwiryoneth.

17Mars usy elders ow cul yn tâ avell
rewlysy, res yw aga acowntya wordhy
a wober dewblek, spessly an re-na usy
ow lavurya ow progeth an ger hag in
dyscans. 18Screfys yma i'n scryptours:
"Ny wrêta kelmy min ojyon pàn vo va
ow fusta," ha, "Wordhy yw an gones-
yas a'y wober." 19Na wra degemeres
acûsacyon vëth warbydn onen a'n
elders, saw unsel wàr dhùstuny dew
dhen pò try den. 20Ow tùchya an re-
na usy ow pêsya in pegh, gwra aga
rebûkya dhyrag pùbonen, may
whrella an remnant kemeres own.

21Abarth Duw ha Jesu Crist ha'n
eleth dêwysys, yth esof orth dha
warnya dhe wetha an comond-
mentys-ma heb ragvreus ha heb gul
tra vëth rag ewn faverans.

22Na wra fysky dhe ordna den vëth
avell menyster, pò martesen res vëdh
dhis mos rag pegh tus erel. Gwait
pùpprës dhe sensy dha dhewla glân.

23Ny res dhis na fella refrainya dhy-
worth eva tra vëth mès dowr. Ev
draght a win rag confortya dha ben-
gasen ha drefen te dhe vos clâv yn
fenowgh.

24Apert yw pehosow certan re ha'ga
fehosow a wra mos dhyragthans dhe'n
vreus. Saw pehosow tus erel a wra dos
wàr aga lergh dy. 25In kepar maner
apert yw oberow dâ. Pàn nag yns y
apert, ny yllons y bytele bos cudhys.

6 Oll an re-na ahanowgh a vo in
dadn yew an kethneth, y tal
dhedhans consydra aga mêster dhe
vos wordhy a bùb onour, ma na vo
cablys hanow Duw na'n dyscans.
2Ha'n re-na a's teves mêstrysy cryjyk,

na wrêns y aga dysprêsya, rag y yw
kesesely gansans a'n eglos—na, y tal
dhedhans aga servya dhe voy
dywysyk, dre rêson bos Cristonyon
ha tus veurgerys an re-na usons y
orth aga servya. Gwra desky an
dûtas-ma ha gwra aga inia.

3Neb a wrella desky tra vëth aral, na
vo acordys gans geryow salow agan
Arlùth Jesu Crist ha'n dyscans usy
warlergh sansoleth, 4ev yw gothys, ha
nyns usy ev ow convedhes tra vëth.
Ev a'n jeves whans clâv a gontra-
versytas hag a gwestyonow ow tùchya
geryow. Mès a'n re ma y teu envy,
strif, cabel, gorgys vylen, 5hag argù-
mentys in mesk an re-na yw poder
aga brës. Nyns usy an gwiryoneth
inhans. Y a grës nag yw an sansoleth
mès fordh dhe wainya mona.

6Heb mar ocasyon brâs rag gwain
yw sansoleth ha chêson a vrës cosel
kefrës. 7Ny wrussyn ny don tra vëth
aberth i'n bës-ma, ha ny yllyn ny don
genen tra vëth mes anodho. 8Mar
pëdh genen sosten ha dyllas, ny a
vëdh lowen gansans. 9Saw an re-na
usy ow tesîrya rychys, y a wra codha
in temptacyon ha maglednys vedhons
dre lies whans gocky ha diantel, usy
ow lêdya tus dhe vyshyf ha dhe
dhystrùcsyon. 10Coveytys yw an
wredhen a bùb drog. Der aga ewl dhe
vos rych certan tus a wrug gwandra
dhyworth an fëdh, ha gwana aga
honen gans lies pain.

11Saw te, te dhen a Dhuw, gwra
sconya oll an re-na. Gwra sewya an
taclow ma: ewnder, sansoleth, fëdh,
kerensa, duryans ha clorder. 12Gwra
omlath omlath dâ an fëdh. Set dalhen
i'n bêwnans heb dyweth a veusta
gelwys dhodho, hag a wrusta gul
avowans dâ ragtho in golok lies
dùstuny. 13Yth esof vy orth dha jarjya
in presens a Dhuw, neb a re bêwnans
dhe bùptra, hag in presens a Jesu
Crist, a wrug avowans dâ in y dhùs-
tuny dhyrag Pontyùs Pylat: 14gwra
gwetha an comondment heb nàm hag
yn parfyt, erna vo dysclôsys agan
Arlùth Jesu Crist. 15Hedna ev a wra
in y dermyn ewn—ev neb yw an
udnyk Pensevyk benegys, Pedn
Vyterneth ha Pedn Arlydhy. 16Ev y
honen a'n jeves an natur dyvarow hag
yma va tregys in golow na yll den
vëth dos nes dhodho. Ny wrug den
vëth bythqweth y weles, naneyl ny yll
den vëth y weles nefra. Dhodho ev re
bo onour hag arlottes bys vycken ha
bys venary! Amen.

17Ow tùchya an re-na yw rych i'n
present termyn, gwra erhy dhedhans
na vowns y gothys, ha na wrellens
trestya dhe vrotelsys aga rychys. Nâ,
gwrêns y trestya dhe Dhuw, usy ow
provia pùptra dhyn yn maner rych
rag agan ûsyans. 18Y tal dhedhans gul
an pëth a vo vas. Res yw dhedhans
bos rych in oberow dâ. Bedhens y larj
ha parys dhe gevradna aga rychys.
19Indelma y a wra gorra in bàn rag-
thans aga honen an tresour a fùnda-
cyon dâ rag an termyn usy ow tos.
Indelma y a yll sensy yn fast dhe'n
bêwnans neb yw bêwnans in gwir-
yoneth.

20Tymothy, gwith sur an dra eus
comyttys dhe'th cùstody ha'th with.
Gwra avoydya talys nowyth, fanglys
termys ha bôstow a sciens fâls. 21Ha'n
sciens-na, dell vo radn orth y bro-
fessya, y a wra errya dhyworth an
fëdh.

Re bo grâss genowgh why.

Secùnd Pystyl Pawl dhe Tymothy

1 Dhyworth Pawl, abostel Jesu Crist dre volùnjeth Duw awos an promys a vêwnans usy in Jesu Crist,

2Dhe Tymothy, ow flogh meurgerys:

Re bo grâss, mercy ha cres dhis dhyworth Duw an Tas ha Jesu Crist agan Arlùth.

3Yth esof vy ow cordhya Duw gans conscyans glân, kepar dell wrug ow hendasow. Me a aswon grâss dhodho, ha me prèst ow perthy cov ahanas i'm pejadow dëdh ha nos. 4Pàn esof ow remembra dha dhagrow, ass ov whensys dha weles jy, may fen vy lenwys a lowender. 5Cov a'm beus a'th fëdh berfeth, fëdh o yn few kensa i'th vabm wydn Loys hag i'th vabm Ewnys. Lebmyn yma hy yn few inos jy, dell wòn yn tâ. 6Rag hedna yth esof ow try dhe'th cov fatell res dhis anowy arta an ro a Dhuw a dheuth dhis, pàn wrug avy settya ow dewla warnas. 7Ny ros Duw spyrys a gowardy dhyn, mès spyrys a allos, a gerensa hag a omgontrollyans.

8Na gebmer meth naneyl a ry dùstuny a'gan Arlùth nag ahanaf vy, y brysner ev. Gwra omjùnya genef i'm tormens rag an awayl. Gwra scodhya wàr bower Duw, 9neb a wrug agan gelwel gans galow sans warlergh y borpos ha'y râss, adar warlergh agan oberow ny. Hedna a veu rës dhyn in Jesu Crist kyns dallath an osow. 10Saw dyscudhys veu i'n tor'-ma der apperyans agan Savyour Jesu Crist, a dhefendyas ancow dhe ves, ha der an awayl a dhros dhe'n golow an bêwnans heb dyweth. 11Me a veu appoyntys herot, abostel ha descador rag an keth awayl-ma. 12Rag hedna yth esof vy ow codhaf oll an taclow-ma, saw ny vanaf vy kemeres meth, drefen bos aswonys dhybm hedna neb esof vy ow trestya ino. Sur ov y hyll ev gwetha bys i'n jëdh-na pùptra a veu trestys dhybmo.

13Sens yn fast, dre fëdh ha der an gerensa usy in Jesu Crist, dhe'n sqwir a dhyscans dâ a wrusta clôwes dhyworthyf. 14Gwith an tresour precyùs a veu delyvrys dhis der an Spyrys Sans tregys inon.

15Te a wor fatell wrug oll an re-na usy in Asya trailya dhyworthyf, Fyjelùs ha Hermojenes i'ga mesk.

16Re wrello an Arlùth kemeres mercy wàr veyny Onecyforùs, rag lies torn ev a veu hegar dhybm, ha ny veu va bythqweth methek a'm prysonyans. 17Nâ, ev a dheuth dhe Rom, ha'm whelas yn tywysyk ha'm cafos. 18Re wrauntyo an Arlùth dhodho dhe gafos mercy i'n jëdh-na! Te a wor yn tâ pana servys a wrug ev in Efesùs.

2 Rag hedna, ow flogh, bëdh crev i'n grâss usy in Jesu Crist. 2Te a glôwas ow dyscans dhyrag lies dùstuny. Gwra delyvra an dyscans na dhe jarj tus a ylta jy trestya dhedhans, may hallens y desky tus erel. 3Bëdh kevrednek a'n troblys kepar ha soudor dâ a Jesu Crist. 4Ny wra soudor vëth, usy ow servya i'n ost,

mellya gans taclow kebmyn. Y dowl
ev yw dhe blêsya an offycer a wrug y
arfeth. 5Mars usy den ow kesstrîvya
i'n gwariow athletek, ny yll ev cafos
an gùrun a vyctory, marnas ev a wra
kesstrîvya warlergh an rewlys. 6Pyw a
dal cafos an kensa radn a'n drevas,
mès an tiak a wrug gonys an tir?
7Gwra attendya an pëth esof vy ow
leverel, rag an Arlùth a vydn grauntya
dhis an ùnderstondyng a genyver tra.

8Porth cov a Jesu Crist derevys
dhyworth an re marow, issyw a
Davyth. Hèn yw ow awayl vy. 9Rag
kerensa an awayl otta vy ow codhaf
prysonyans kyn fe, kepar ha drog-
oberor. Saw ny wor ger Duw bos
kelmys. 10Rag hedna yth esof ow
perthy pùptra rag kerensa tus
dêwysys Duw, may hallons y kefrës
cafos an sylwans usy in Jesu Crist ha
glory nefra a bës.

11Gwir yw an lavar ma:

Mar qwrussyn ny merwel ganso,
ganso ev ny a wra bewa kefrës.
12Mar teun ny ha durya, ny a wra
kesrainya ganso.
Mar teun ny ha'y dhenaha, ev a wra
agan denaha.
13Mar pedhyn ny dyslel, ev a wra
gortos yn lel, rag ny yll ev sconya
y honen.

14Gwra remembra dhedhans heb-
ma ha'ga gwarnya dhyrag Duw fatell
res dhedhans avoydya strif ow tùchya
geryow. Nyns yw strif a brow vëth.
Dhe'n contrary part, yma va ow
shyndya an woslowysy. 15Gwra assaya
gans oll dha vodh dhe dhysqwedhes
dha honen dhe Dhuw, avell onen
plegadow dhodho, oberwas nag yw
res dhodho kemeres meth, ow terivas
yn compes an ger a wiryoneth.
16Gwra avoydya lavarow uver cog,
rag ny wrowns y mès hùmbronk tus
dhe voy dhe sherewynsy. 17Aga
geryow a wra omlêsa kepar ha canker.
I'ga mesk yma Hymeneùs ha Fyletùs.
18Y a drailyas dhia an gwiryoneth, ow
leverel bos an dasserghyans whar-
vedhys solabrës. Indelma ymowns y
ow trobla crejyans lies onen. 19Saw
yma fùndyans crev Duw whath a'y
sav, hag yma an scrîf-ma warnodho,
"Yma an Arlùth owth aswon y dus y
honen," ha "Neb a wrella gelwel wàr
hanow an Arlùth, y tal dhodho trailya
dhyworth drog."

20In chy brâs yma lestry a owr hag
a arhans, a bredn hag a bry magata.
Yma re anodhans ow servya rag
ûsadow kebmyn, re erel rag ûsadow
specyal. 21Rag hedna, kenyver onen a
wrella glanhe y honen a'n taclow a
wrug avy mencyon anodhans, ev a
vëdh gwrës lester specyal, sacrys ha
meur a les dhe vêster an chy, ha parys
rag pùb ober dâ.

22Avoyd drog-whansow an yow-
ynkneth, mès gwra sewya ewnder,
fëdh, kerensa ha cres, warbarth gans
oll an re-na a vo ow kelwel gans colon
lân wàr an Arlùth. 23Gwra avoydya
contraversytas gocky ha dylês. Te a
wor contraversytas dhe dhenethy
strif. 24Ny dal dhe servont vëth a'n
Arlùth bos strîvor. Y gonversacyon a
dal bos hegar tro ha pùbonen. Ev a
res bos descador dâ hag a berthyans
hir. 25Y tal dhodho desky gans
clorder an re-na, nag yw unver ganso.
Re wrauntyo Duw martesen y dhe
godha in edrek, ha dhe aswon an
gwiryoneth. 26Indelna y a wra
scappya mes a antylly an tebel-el. An

tebel-el a’s prysonyas dhe wul y
volùnjeth.

3 Te a dal convedhes an dedhyow
dewetha dhe vos termynyow
leun a drobel. 2Tus a wra cara aga
honen, ha cara mona. Y a vëdh
gothys, y a vëdh bôstoryon hag a
lever blasfemys. Dywostyth vedhons
dhe das ha mabm, heb grassow,
ansans, 3dynatur, avlythys, ow cably
yn fâls, dyrewl, kepar ha bestas, ow
casa an dâ, 4traitours, dybreder, meur
aga honseyt, caroryon plesour moy ès
caroryon Duw, 5facyoryon a dhader,
mès ow sconya gallos an dader. Gwra
goheles oll an re-na!

6Rag i’ga mesk y fëdh an re-na usy
ow scolkya aberth in treven dhe huda
benenes gocky, benenes neb yw com-
pressys der aga fehosow, ha movys
dre whansow a bùb sort. 7Kyn fowns
y ow cafos dyscans dëdh ha nos, ny
yllons nefra dos dhe aswonvos an
gwiryoneth. 8Kepar dell wrug Janos
ha Jambres sordya warbydn Moyses,
indelma yma an re ma ow myshevya
an gwiryoneth, rag poder yw aga
brës, ha fâls aga fëdh. 9Saw ny
wrowns y spêdya badna. Aga gocky-
neth a vëdh apert dhe bùbonen,
poran kepar dell veu apert folneth an
dhew erel.

10Te re sewyas yn tywysyk ow
dyscans, ow fara, towl ow bêwnans,
ow fëdh, ow hirwodhevyans, ow
herensa, ow ferthyans, 11ow thor-
mens ha’m painys, an taclow a hap-
nyas dhybm in Antiokia, in Iconyùm,
in Lystra. Ass o brâs ow fainys! Saw
an Arlùth a wrug ow fria dhywortans
y oll. 12Ea, neb a vo whensys dhe
vewa yn sans in Jesu Crist, ev a vëdh
tormentys. 13Saw sherewys ha facyor-
yon a wra mos dhia dhrog dhe lacka.
Y a wra dysseytya hag a vëdh
dysseytys. 14Mès te, gwra jy durya
gans an pëth a wrusta desky, an pëth
esta orth y gresy yn fast. Te a wor
pyw a wrussys y recêva dhyworto.
15Yma an scryptour sans aswonys
dhis dhia bàn veusta flogh, ha te a
wor fatell ylla dha dhesky rag sylwans
dre fëdh in Jesu Crist. 16Yma pùb
scryptour inspyrys gans Duw hag a
brofyt rag dyscans, avell reprêf, rag
amendya ha rag lêdya tro ha
sansoleth, 17may fo pobel Duw
wordhy kettep onen, ha parys dhe
wul pùb ober dâ.

4 Dhyrag Duw ha dhyrag Jesu
Crist, jùj an re bew ha’n re
marow, hag awos y revelacyon ha’y
wlascor, yth esof orth dha exortya yn
solem indelma: 2progeth an messach;
bëdh dywysyk i’n prës dâ hag i’n
drog-prës kefrës. Gwra fastya tus i’n
fëdh, gwra rebûkya ha confortya.
Bedhens hir dha berthyans pàn ves
ow tesky. 3Rag ow nessa yma an prës
na wra tus alowa dyscans salow. Awos
bos debron i’ga scovornow, y a wra
cùntell dhedhans descadoryon
warlergh aga sians aga honen. 4Y a
vydn sconya goslowes orth an
gwiryoneth, ha gwandra in sowthan
bys in whedhlow an paganys. 5Saw te,
bëdh sad in pùptra. Godhaf troblys,
gwra ober an awaylor ha gwra
collenwel dha venystry in pùb poynt.

6Ha me, yth oma solabrës ow pos
scùllys in mes kepar hag offryn
dewas. Devedhys yw an prës ragof vy
dhe dhyberth. 7Me a wrug omlath an
omlath dâ ha collenwel an resegva.
Me a wethas an fëdh. 8Parys yw
dhybm alebma rag an gùrun a

ewnder, ha'n Arlùth, an brusyas jùst,
a vydn hy ry dhybm i'n jorna-na, ha
dhe radn erel kefrës, dhe oll an re-na
usy ow whansa y apperyans.

9Gwra oll dha ehen ha deus dhybm
heb let. 10Rag Demas, in kerensa
gans an present bës-ma, a'm
forsâkyas ha mos dhe Thessalonyca.
Crescens res êth dhe Galathya.
Gyllys yw Tîtùs dhe Dalmacya.
11Nyns eus genama mès only Lûk.
Kebmer Mark ha dro va genes, rag ev
yw a brow dhybm i'm menystry.
12Me a dhanvonas Tykycùs dhe
Efesùs. 13Pàn dhyffy, dro genes an
vantel a wrug avy gasa gans Carpùs in
Troas, ha'n lyvrow, ha dres pùptra,
dro genes an parchemyn.

14Alexander an gweythor cober a
wruk meur a dhrog dhybmo. An
Arlùth a vydn aqwytya dhodho y
oberow. 15Res yw dhis bos war
anodho, rag ev a savas in crev
warbydn agan messach ny.

16Pàn wrug avy côwsel i'm defens
an kensa treveth, ny dheuth den vëth
dhe'm scodhya. Y oll a'm forsâkyas.
Bydner re bo hedna reknys wàr aga
fydn! 17An Arlùth a savas rybof hag
ev a ros nerth dhybm, may fe an
messach declarys yn leun dredhof vy
avell main, ha may halla oll an
paganys y glôwes. Indella me a veu
delyvrys mes a anow an lion. 18An
Arlùth a wra ow delyvra dhyworth
pùb contraweytyans, ha'm selwel rag
y wlascor in nev. Re bo dhodho ev an
glory bys vycken ha bys venary.
Amen.

19Dynargh Prysca hag Aqwyla ha
meyny Onecyforùs. 20Erastùs a
dregas in Corynth. Me a asas
Trofymùs clâv in Myletùs. 21Gwra oll
dha ehen dhe dhos kyns gwâv. Yma
Ewbùlùs orth dha dhynerhy, ha
Pûdens, Lînùs, Claudya hag oll an
vreder kefrës.

22Re bo an Arlùth gans dha spyrys.
Grâss re'gas bo. Amen.

Pystyl Pawl dhe Tîtùs

1 Dhyworth Pawl, servont a
Dhuw hag abostel a Jesu Crist
rag kerensa an fëdh a'n dus dêwysys
a Dhuw, ha rag kerensa an godhvos
a'n gwiryoneth usy acordys gans
dader. 2An re-na yw fùndys wàr an
govenek a'n bêwnans heb dyweth.
Duw, nag eus gow vëth ino, a
bromyssyas an bêwnans-ma kyns ès
dalathfos an osow, 3hag i'n prës ewn
ev a'n dysclôsyas in y vessach. An
messach-na a veu trestys dhybmo vy,
hag yth esof orth y brogeth der
arhadow Duw agan Savyour,

4Dhe Tîtùs, ow flogh lel i'n fëdh.
Yth on ny agan dew kevrednek a'n
keth crejyans-na.

Grâss ha cres re'th fo dhyworth
Duw an Tas ha dhyworth Jesu Crist
agan Savyour.

5Me a wrug dha asa jy in Crêta, rag
may halles settya in ordyr an taclow
o whath dhe wul, hag appoyntya tus
hen in kenyver cyta, kepar dell wrug
avy comondya dhis. 6An epscop a dal
bos nebonen heb dyfowt, gour udn
wreg ha'y flehes cryjyk, heb acûsa-
cyon a dhrog vêwnans pò dyrewl wàr
y bydn. 7Rag y tal dhe'n epscop, avell
styward a Dhuw, bos heb nàm vëth.
Na vedhens ev gothys na crowsek.
Na vedhens pedn medhow na garow.
Ev a dal bos heb coveytys ow tùchya
mona. 8I'n contrary part, ev a dal bos
larj, caror a dhader, doth, gwiryon,
dywysyk hag omrewlys. 9Res yw
dhodho convedhes yn tâ an ger ewn
warlergh an dyscans. Nena ev a yll
progeth gans dyscans salow ha
conclûdya kenyver onen a wrella
côwsel wàr y bydn.

10Yma lies onen dyrewl eus ow
côwsel yn uver hag ow tysseytya, yn
arbednek party an cyrcùmcisyon.
11Res yw aga honclûdya. Pàn wrowns
y desky rag gwain plos taclow na
godhvia bos deskys, ymowns y ow
trobla lies meyny yn fen. 12Onen a'ga
frofettys a leverys, "Gowygyon yw an
Crêtans pùpprës, bestas bylen ha
glotons diek." 13Ass yw gwir an lavar-
na! Rag hedna gwra aga rebûkya yn
sherp may fowns yagh i'n fëdh, 14heb
gul vry naneyl a whedhlow an
Yêdhewon nag a gomondmentys a'n
re-na usy ow tenaha an gwiryoneth.
15Glân yw pùptra dhe'n re glân, mès
dhe'n dus pedrys ha dhe'n paganys
nyns yw tra vëth glân. Poder yw aga
very brës ha'ga honscyans. 16Y a lever
Duw dhe vos aswonys dhedhans, mès
ymowns y orth y dhenaha der aga
oberow. Casadow ha dywostyth yns.
Nyns yns y wordhy dhe wul ober dâ
vëth oll.

2 Saw te, gwra desky an pëth a vo
gwyw a dhyscans salow.
2Comond dhe'n dus cotha dhe vos
clor, sad, doth ha salow i'n fëdh, in
kerensa hag in perthyans.

3In kepar maner comond dhe'n
benenes cotha bos onest i'ga hon-
versacyon, ha sevel orth sclandra. Na
vedhens pednow medhow. Res yw
dhedhans desky an pëth a vo vas,
4may hallens y exortya an benenes
yonk dhe gara aga gwer ha'ga flehes,
5dhe rewlya aga honen ha dhe vos
chast. An benenes a dal bos mêstres-
ow dywysyk i'ga threven, ha wheg ha

gostyth tro ha'ga gwer, ma na vo
shâmys ger Duw dredhans.
6In kepar maner comond dhe'n dus
yonk controllya aga honen. 7Dysqwa
dha honen dhe vos patron a oberow
dâ a bùb sort. Dysqwa lendury i'th
tyscans, sevureth, 8ha cows dyvlam,
ma na vo chêson vëth rag rebûk kefys
ino. Nena shâmys vëdh pùb escar oll,
dre rêson na'n jevyth tra vëth dhe inia
wàr agan pydn ny.
9Comond dhe gethwesyon obeya
dh'aga mêstrysy ha dh'aga flêsya in
pùptra. Na wrêns camwortheby.
10Na wrêns manladra, saw bedhens
lel in pùb poynt oll, may whrellens in
kenyver tra afîna dyscans Duw, agan
Savyour.
11Rag grâss Duw a apperyas hag
yma an grâss-na ow try salvacyon dhe
bùbonen. 12Yma grâss Duw orth
agan desky dhe sconya sherewynsy,
ha drog-whansow an bës, ha dhe
vewa i'n present termyn in maner
omrewlys, gwiryon ha sans. 13Rag yth
eson ny ow cortos agan govenek
benegys, ha'n revelacyon a'n glory
a'gan Duw brâs, ha'gan Savyour Jesu
Crist. 14Ev a ros y honen ragon ny,
may halla agan redêmya dhyworth
pùb sherewynsy, ha pùrjya ragtho
pobel anodho y honen, pobel a vedha
dywysyk in oberow dâ.
15Gwra derivas an taclow-ma.
Gwra exortya ha reprêva gans
auctoryta. Na wrêns den vëth dha
dhysprêsya.

3 Gwra dhedhans perthy cov bos
res obeya dhe rewlysy ha dhe
auctorytas, dhe vos gostyth, dhe vos
parys rag pùb ober dâ. 2Res yw sevel
orth acûsya den vëth. Y tal dhis
goheles strif. Y tal dhis bos clor. Res
yw dhis dysqwedhes pùb cortesy dhe
bùbonen.
3Rag i'n dedhyow kyns, ny agan
honen o gocky, dywostyth, dysseytys,
keth dhe lies drog-whans ha dhe lies
plesour, ow pewa in sherewynsy hag
envy. Ny o casadow i'n tor'-na, ha ny
ow hâtya an eyl y gela. 4Saw pàn wrug
Duw agan Savyour dysqwedhes y
dhader ha'y dregereth, 5ev a'gan
delyvras warlergh y vercy ev, adar der
ober dâ vëth re bia gwrës genen ny.
Ny a veu delyvrys gans an Spyrys
Sans der an main a'n dowr a
dhaskenesygeth hag a nowedhyans.
6An Spyrys-ma Duw a dheveras in
lanwes warnan dre Jesu Crist agan
Savyour. 7Wosa bos jùstyfies der y
râss ev, y feun ny gwrës eryon a'n
govenek a'n bêwnans heb dyweth.
8Lel yw an lavar. Dâ via genama te
dhe inia an taclow-ma, may fe
dywysyk dhe wul oberow dâ an re-na
usy ow cresy in Duw. Dâ dres ehen
yw an taclow-ma hag a les dhe
genyver onen.
9Avoyd contraversytas gocky, agh-
scrîvow, argùmentys ha strif adro
dhe'n laha. Uver yw an re-na, ha nyns
eus gwain vëth inhans. 10Mar pëdh
den i'gas mesk a wrella provôkya
strif, gwra y rebûkya dywweyth, ha
wosa hedna y sconya yn tien. 11Te a
wor bos negedhys den a'n par na ha
leun a begh. Yma va ow tampnya y
honen.
12Pàn wrellen danvon dhis Artemas
pò Tykycùs, gwra oll dha ehen dhe
dhos dhe vetya genef in Nycopolys,
rag ervirys yw genef trega i'n tyller-
na dres an gwâv. 13Gwra oll dha ehen
dhe dhanvon Zenas, den an laha, hag
Apollos wàr aga fordh, ha gwait na
vo othem dhedhans a dra vëth.

[14]Gwrêns tus desky dhe omry aga
honen dhe oberow dâ, may hallens y
servya an othem brâs ha ma na vowns
y uver.

[15]Yma oll an re-na usy genef ow
tanvon dhis aga dynargh. Dynargh an
re-na usy orth agan cara i'n fëdh.

Re bo grâss genowgh why oll.

Pystyl Pawl dhe Fylemon

1 Dhyworth Pawl, prysner a Jesu
Crist, ha dhyworth Tymothy
agan broder, dhe Fylemon agan
cothman ker ha kesoberor genen,

2Dhe Appya agan whor, dhe
Arkyppùs agan kessoudor, ha dhe'n
eglos i'th chy jy.

3Re'th fo grâss ha cres dhyworth
Duw agan Tas, ha dhyworth an
Arlùth Jesu Crist.

4Pàn esof vy ow perthy cov ahanas
i'm pejadow, me a re grassow pùpprës
dhe'm Duw, 5drefen me dhe glôwes
a'th kerensa tro hag oll pobel Duw,
hag a'th fëdh jy tro ha'n Arlùth Jesu.
6Me yw kevrednek genes a'n udn
fëdh. Me a bës may whrella an fëdh-
na encressya ragos an ùnderstondyng
a bùb bedneth, usy ow tos dhyn dhy-
worth agan ûnyta gans Crist. 7Dha
gerensa a dhros dhybm meur joy ha
confort. Dredhos jy, ow broder,
colon an sens a veu kenerthys yn frâs.
8Rag hedna, kynth ov vy mar vold in
Crist dhe gomondya dhis gul dha
dhevar, 9bytegyns gwell via genef
gelwel warnas awos dha gerensa. Me,
Pawl, me a wra hebma avell elder, hag
avell prysner a Jesu Crist kefrës. 10Yth
esof vy orth dha besy abarth ow flogh,
Onecymùs, rag me a veu gwrës y das ha
me in pryson. 11Kyns lebmyn nyns o va
a les vëth dhis, saw i'n tor'-ma yma ev a
les brâs kefrës dhyso jy ha dhybmo vy.
12Yth esof orth y dhanvon, hèn yw,
ow holon vy, wàr dhelergh dhis arta.
13Me o whensys dh'y sensy obma
genama, may halla ev bos a servys
dhybm i'th tyller jy ha me prysonys
rag an awayl. 14Saw gwell o genama
refrainya dhyworth gul tra vëth heb
cafos dha acord jy, may fe gwrës dha
oberow dâ a'th vodh kyns ès a'th
anvoth. 15Hèm yw martesen an
chêson ev dhe vos dyberthys dhy-
worthys pols, may halles y gafos arta
rag nefra. 16Indelma ny vëdh ev
kethwas na fella, mès broder meur-
gerys—spessly dhybmo vy—saw
pyseul dhe voy dhyso jy magata—i'n
kig hag i'n Arlùth kefrës.
17Rag hedna, mars esta ow tyby ow
bos dha goweth, gwra y wolcùbma
ev, poran kepar dell vynses ow
wolcùbma vy. 18Mar qwrug ev gul
trespas wàr dha bydn in fordh vëth
oll, pò mars usy ev in kendon vëth
dhis, gorr an charj na wàr ow acownt
vy. 19Yth esof vy, Pawl, ow screfa
hebma gans ow leuv ow honen. Me a
vydn dha aqwytya. Nyns yw res
dhybm gul dhis perthy cov dha vos in
kendon dhybm ragos dha honen.
20Indella, a vroder, me a'th pës i'n
Arlùth, dhe wul an torn dâ dhybm.
Gwell ow cher vy in Crist! 21Yth esof
ow screfa dhis gans fydhyans i'th
obedyens, rag me a wor te dhe wul
moy ès dell lavaraf.
22Moy ès hedna, gwra restry
dhybm chambour. Govenek a'm beus
Duw dhe wortheby agas pejadow
why oll, ha dhe'm restorya dhywgh.
23Yma Epafras, usy in pryson
genama, orth dha dhynerhy, 24war-
barth gans Mark, Arystarcùs, Demos
ha Lûk, ow hesoberoryon.
25Re bo grâss an Arlùth Jesu Crist
gans dha spyrys!

An Pystyl dhe'n Ebrowyon

1 I'n dedhyow coth Duw a gôwsy
orth agan tasow in lies fordh
hag in dyvers manerow der an
profettys, 2mès agensow ev re gowsas
orthyn ny der y Vab y honen, hag ev
a'n appoyntyas er a bùb tra, ha
dredho ev kefrës Duw a formyas an
norvës. 3Ev yw an splander a glory
Duw ha'n hevelep perfeth a'y very
sùbstans. Yma va ow scodhya pùptra
dre nerth y lavar. Pàn wrug ev pùrga-
cyon rag pehosow, ev a esedhas
adhyhow dhe'n Brâster avàn. 4In mar
veur dell yw spladna y hanow ès
henwyn an eleth, kebmys uhella ywa
y honen agessans y oll.
5Rag dhe byw a'n eleth a wrug
Duw bythqweth leverel,

"Te yw ow Mab;
hedhyw me re wrug dha dhenethy"?

Pò arta,

"Me a vëdh y Das ev,
hag ev a vëdh ow Mab"?

6Hag arta, pàn usy va ow try an kensa
mab aberth i'n bës, ev a lever,

"Gwrêns oll eleth Duw y wordhya."

7Ow tùchya an eleth ev a lever,

"Ev a wra spyrysyon a'y eleth,
hag a'y servysy flabmow tan."

8Saw ow tùchya an Mab ev a lever,

"Dha dron dhejy, a Dhuw, a wra durya bys vycken ha bys venary,
ha gwelen ewn yw gwelen dha arlottes jy.
9Te re garas ewnder
ha re gasas sherewynsy;
rag hedna Duw, dha Dhuw jy, re'th ùntyas
gans an oyl a lowena dres oll dha gowetha."

10Hag arta,

"I'n dalathfos, a Arlùth, te a fùndyas an norvës,
hag obereth dha dhewla yw an nevow.
11Y â dhe goll, mès te a wra durya;
y oll a vëdh ûsys kepar ha dyllas.
12Kepar ha mantel
te a wra aga rolya in bàn,
ha kepar ha dyllas y a vëdh chaunjys.
Saw te yw an keth
ha ny wra dha vledhydnyow jy nefra dewedha."

13Dhe byw a'n eleth a leverys ev
bythqweth,

"Eseth a'm leuv dhyhow,
erna wryllyf a'th eskerens scavel dha dreys"?

14Oll an eleth, a nyns yns y spyrysyon
usy ow servya Duw bys vycken,
canasow danvenys dhe servya oll an
re-na a wra eryta salvacyon?

2 Rag hedna y coodh dhyn
attendya fèst an gwiryoneth re
glôwsyn, ma na ven ny degys in kerdh

dhyworto. 2Y feu dysqwedhys fatell o
gwir an messach, a veu rës dh'agan
hendasow ny gans an eleth, ha pynag
oll na wrug y sewya, nag obeya dho-
dho, a recêvas an pùnyshment den-
dylys ganso. 3Fatell yllyn ny scappya
ytho, mar ny wren ny attendya
salvacyon mar vrâs? An Arlùth y
honen a dheclaryas kensa an sylwans-
ma, ha'n re-na neb a wrug y glôwes a
brovas dhyn y vos gwir. 4I'n ket-
termyn Duw a addyas y dhùstuny y
honen dh'aga dùstuny y, ow per-
formya sînys ha merclys a bùb sort,
hag ow kevradna royow an Spyrys
Sans warlergh y volùnjeth.

5Ny wrug Duw settya an eleth avell
rewlysy wàr an bës nowyth usy ow
tos—an bës eson ny ow côwsel adro
dhodho. 6In le a hedna, kepar dell
lever nebonen i'n scryptour,

"Pëth yw mab den, a Dhuw, may
whrelles predery anodho;
an den mortal may fes orth y
gonsydra?
7Te re'n gwrug rag pols nebes
isella ès an eleth,
te re'n cùrunas dre worshyp hag
onour,
8ha'y wul rewler wàr bùb tra oll."

Yma va ow leverel fatell wrug Duw
dhe vab den bos rewler wàr bùb tra.
Apert yw pùptra oll dhe vos compre-
hendys obma. Ny welyr mab den i'n
tor'-ma dhe rewlya wàr genyver tra.
9Saw ny a wel Jesu, neb a veu gwrës
nebes isella ès an eleth rag pols, may
halla va dre râss Duw merwel rag
kenyver onen. Ny a'n gwel lebmyn,
hag ev cùrunys gans glory hag onour
dre rêson a'n mernans a wodhevys.

10Pòr ewn o ytho Duw, usy ow
formya hag ow sensy pùptra, dhe wul
Jesu perfeth dre wodhevyans, may
halla va dry lies mab dhe vos kevred-
nek ganso a'y glory. Rag yth yw Jesu
hedna, usy orth aga lêdya dhe
sylwans. 11Ev neb a wrug benega,
ha'n re-na neb yw benegys, yth yns y
oll onen i'ga devedhyans. Rag hedna
ny gebmer Jesu meth vëth orth aga
gelwel breder. 12Ev a lever,

"Me a vydn declarya dha hanow
dhe'm breder,
in cres an gùntellva y fanaf dha
braisya."

13Hag arta,

"Me a vydn trestya dhodho."

Hag arta,

"Otta vy obma, ha'n flehes re ros
Duw dhybm."

14Yma an flehes a udn teylu ow
kevradna kig ha goos y gela. Ev o
kevrednek genen ny a'gan kig hag
a'gan goos, may halla ev der y
vernans dystrêwy hedna a'n jeves
gallos a ancow, hèn yw, an tebel-el.
15Indelna inwedh ev a dhelyvras an
re-na o kelmys in kethneth oll aga
dedhyow der an own a vernans. 16Rag
apert yw, na dheuth ev màn dhe socra
eleth, mès issyw Abraham. 17Crist a
res in pùb poynt oll bos haval dh'y
vreder, may halla ev bos uhel pronter
lel ha mercyabyl in servys Duw.
Indelma ev o leun a vercy dhe
gemeres pyta a behosow an bobel.
18Drefen ev y honen dhe vos prevys
der y bassyon, ev a'n jeves an gallos

dhe weres an re-na usy in dadn brevyans.

3 Rag hedna, a vreder, kescowetha in galow sans, consydrowgh Jesu, an abostel ha'n uhel pronter a'gan confessyon. 2Ev o lel dhe hedna neb a'n appoyntyas, kepar dell o Moyses kefrës "lel in oll an chy a Dhuw." 3Saw Jesu yw wordhy dhe gafos moy glory ès dell yw Moyses, poran kepar dell y'n jeves penser an chy moy onour ages an chy y honen 4(rag yth yw pùb chy byldys gans nebonen, saw an byldyor a bùb tra yw Duw). 5Moyses o lel in oll an chy a Dhuw avell servont, dhe dhesta dhe'n taclow a via leverys wosa hedna. 6Saw Crist o lel wàr an chy a Dhuw avell mab. Yth on ny y jy ev, mar teun ny ha sensy fast an fydhyans ha'n uhelder usy ow longya dhe'n govenek-na.

7Rag hedna, kepar dell lever an Spyrys Sans,

> "Hedhyw mar mydnowgh clôwes y lev, 8na wrewgh calesy agas colon,
> kepar dell veu i'n rebellyans, hag i'n jorna a demptacyon,
> 9pàn veuma prevys i'n gwylfos gans agas tasow,
> kyn whrussons y gweles ow oberow vy dew ugans bledhen.
> 10Casa an heneth-na a wrug avy ytho
> ha leverel, 'Yth yns pobel usy ow cabmwul i'ga holon,
> ha ny wrussons y aswon ow fordhow.'
> 11Indella me a dos dre sorr, 'Na wrellens entra i'm powesva.'"

12Kemerowgh with, a vreder, na'n jeffa den vëth ahanowgh tebel-golon dhyscryjyk a vo ow trailya dhyworth an Duw bew. 13Saw gwrêns pùbonen exortya an eyl y gela pùb jorna oll, hadre vo va henwys "hedhyw", ma na vo den vëth ahanowgh calesys dre dhysseyt an pegh. 14Rag nyns on ny kescowetha Crist, mar ny wren ny sensy fast agan fydhyans bys i'n dyweth. 15Kepar dell yw leverys,

> "Hedhyw, mar mydnowgh clôwes y lev, na wrewgh calesy agas colon,
> kepar dell veu i'n rebellyans."

16Pyw o an re-na a glôwas hag a sordyas rebellyans bytegyns? A nyns êns y oll an re-na a dheuth mes a Ejyp, ha Moyses orth aga hùmbronk? 17Pyw êns y neb a gemeras ev sorr wàr aga fydn dres dew ugans bledhen? A nyns êns y an re-na a behas, hag a godhas aga horf i'n gwylfos? 18Dhe byw a wrug ev tia na wrêns y entra in y bowesva? A nyns êns y an re dywostyth? 19Indelma ny a wel na yllens y entra dre rêson a'ga dyscrejyans.

4 Egerys yw an promys a entra in y bowesva. Rag hedna, gesowgh ny dhe gemeres own rag dowt onen ahanowgh dhe vos gwelys dhe gelly y jauns a entra inhy. 2In gwir ny re glôwas an awayl, kepar dell wrussons y clôwes an nowodhow dâ kefrës, saw an messach a glôwsons, ny veu va rag aga les, dre rêson nag êns y unys dre fëdh gans an re-na a woslowas. 3Rag ny neb a gresys a wra entra i'n bowesva-na, kepar dell lever Duw,

"Indella me a dos dre sorr,
'Na wrellens entra i'm powesva,'

kyn feu y oberow gorfednys dhia
fùndacyon an bës. 4Rag yn certan
tyller y leveryr ow tùchya an seythves
jorna kepar dell sew, "An seythves
dëdh Duw a bowesas dhyworth an
ober oll a wrug ev." 5Hag i'n tyller-
ma arta y leveryr, "Na wrellens entra
i'm powesva."

6Yth yw possybyl ytho dhe certan
re entra inhy, saw an re-na neb a
glôwas an nowodhow dâ kyns
lebmyn, ny veu alowys dhedhans
entra dre rêson a'ga dysobedyens.
7Rag hedna, Duw a elwys certan
jorna aral Hedhyw. Termyn pòr hir
wosa hedna, ev a leverys dre anow
Davyth an geryow campollys avàn,

"Hedhyw, mar mydnowgh clôwes
y lev,
na wrewgh calesy agas colon."

8Mar teffa Josùe ha ry powesva
dhedhans, ny vynsa Duw côwsel wosa
hedna a jorna aral. 9Rag hedna, yma
powesva sabot whath ow cortos pobel
Duw. 10Rag an re-na usy owth entra
in powesva Duw, y a wra cessya dhy-
worth aga lavur, kepar dell wrug
Duw cessya dhyworth y lavur ev.
11Gesowgh ny ytho dhe assaya yn
freth dhe entra i'n bowesva-na, ma na
wrella den vëth codha dre dhys-
obedyens, kepar dell wrussons y
codha.

12In gwir, bew yw ger Duw ha
galosek, lybma ès cledha vëth dew
vin, hag yma va ow pychya erna
wrella dyberth enef dhyworth spyrys,
jùntys dhyworth marou. Ev a yll
brusy prederow ha cowsesow agan
colon. 13Dhyragtho nyns yw kelys
creatur vëth, mès yma pùbonen yn
noth ha dystryppys dhyrag y lagasow
ev. Hag y fëdh res dhyn ry acownt
dhodho.

14Abàn y'gan beus uhel pronter
brâs neb a bassyas der an nevow, Jesu
Crist, Mab Duw, gesowgh ny dhe
sensy fast agan confessyon. 15Rag
ny'gan beus uhel pronter, na yll
kescodhaf genen ny i'gan gwaneg-
reth, mès yma dhyn onen re beu
temptys in pùb fordh kepar ha ny,
saw ev a veu heb pegh. 16Deun ny
ytho yn colodnek dhe'n dregerethva,
may hallen ny recêva mercy, ha cafos
grâss rag agan gweres pàn vo othem
dhyn.

5 Pùb uhel pronter hag a vo
dêwysys i'n mesk tus a gav charj
a'n taclow usy ow longya dhe Dhuw,
may halla va abarth mab den offrydna
royow ha sacryficys rag pegh. 2Ev a
wor handla yn clor an dus dyskians
ha'n dus treus, drefen ev y honen dhe
vos sojeta dhe wanegreth; 3ha drefen
bos res dhodho sacryfia rag y behos-
ow y honen, warbarth gans pehosow
y hynsa.

4Ny vydn ev lavasos dhe gemeres
warnodho an onour-ma. Ny wra ev y
dhegemeres, saw pàn vo va gelwys
gans Duw, kepar dell veu Aron
gelwys. 5In kepar maner ny wrug
Crist exaltya y honen pàn veu va
gwrës uhel pronter, mès ev a veu
appoyntys ganso ev neb a leverys
dhodho,

"Te yw ow Mab;
hedhyw me re wrug dha
dhenethy."

6Hag yma va ow leverel in tyller aral,

"Te yw pronter rag nefra,
warlergh ordyr Melkizedek."

7In dedhyow y gig Jesu a offrydna
in bàn pejadow ha sùpplycacyon gans
dagrow ha garmow uhel dhodho ev
neb a ylly y wetha dhyworth mernans.
Hag ev a veu clôwys awos y obedyens
uvel. 8Kynth o va Mab, ev a dheskys
obedyens der y bassyon. 9Pàn veu va
gwrës perfeth, ev a veu an penfenten
a salvacyon bys vycken dhe oll an re-
na usy owth obeya dhodho, 10wosa
bos appoyntys gans Duw avell uhel
pronter warlergh ordyr Melkizedek.
11Ow tùchya an mater-ma, ny
a'gan beus lowr dhe leverel, hag yth
ywa cales dhe glerhe, rag why yw
gyllys talsogh i'gas convedhes. 12Y
talvia dhywgh warbydn lebmyn bos
descadoryon, saw yma othem dhywgh
a dhescador a alla declarya dhywgh
an penrewlys kensa a oraclys Duw.
Othem a'gas beus a leth, adar sosten
cales. 13Rag neb a'n jeffa leth avell
boos, yw flogh munys ha dygreft ow
tùchya an ger a ewnder. 14Saw y
teseth sosten cales dhe'n dus athves,
dhe'n re-na a's teves an gallos dhe
dhecernya inter drog ha dâ.

6 Rag hedna gesowgh ny dhe asa
adrëv dhyn an dyscans kensa oll
adro dhe Grist. Ny dal dhyn arta
settya fùndacyon an re ma: repent-
yans dhyworth oberow sëgh, fëdh in
Duw, 2dyscans ow tùchya besydh-
yans, imposycyon dewla, dassergh-
yans an re marow, ha dëdh breus.
Deun in rag bys i'n grejyans berfeth.
3Hedna ny a wra, mar mydn Duw.
4Ny yll tra vëth restorya dhe edrek
arta an re-na re wrug unweyth gweles
an golow, tastya ro an nev, kevradna
an Spyrys Sans, 5tastya dader ger
Duw, ha gallos an oos dhe dhos, 6mar
qwrussons y wosa hedna forsâkya aga
fëdh. Ny yll tra vëth aga dry wàr dhe-
lergh dhe repentyans, rag ymowns y
arta ow crowsya Mab Duw, hag orth
y dhespîtya dhyrag tus.
7Mars usy an dor ow sùgna an glaw
a goodh yn freth warnodho, hag ow
try in rag plansow meur aga frow
dhe'n re-na a vëdh an dor gonedhys
ragthans, nena Duw a wra y venega.
8Saw mar teu an dor ha dry in rag
dreyn ha when, nyns ywa wordhy rag
tra vëth. Yma va in peryl a vos
molethys gans Duw, ha dystrêwys dre
dan.
9Kyn whren ny côwsel indelma, a
gothmans, yth eson ny ow trestya
inowgh. Ny a wor why dhe gafos an
benothow gwell usy ow longya
dh'agas salvacyon. 10Nyns yw Duw
anewn. Ny vydn ev ankevy agas lavur
ha'n gerensa a wrussowgh why dys-
qwedhes der agas servys rag an sens,
kepar dell esowgh why ow cul whath.
11Dâ via genen why dhe dhysqwedhes
an keth dywysycter, may hallowgh
why wàr an dyweth recêva lanwes an
govenek. 12Rag hedna na vedhowgh
syger, saw bedhowgh haval dhe oll an
re-na, usy owth eryta an promyssyow
dre fëdh ha dre berthyans.
13Pàn ros Duw promys dhe Abra-
ham, abàn nag esa den vëth dhodho,
may halla va tia ren y hanow, ev a dos
ren y hanow y honen. 14Duw a lever-
ys, "Ea, me a vydn dha venega ha'th
encressya." 15Indelma Abraham,
wosa pêsya in perthyans, a recêvas
wàr an dyweth an dedhewadow.

16In gwir mab den a wra tia in hanow nebonen brâssa agesso y honen, ha'n ly, a vo rës avell surynsy, a wra defendya pùb strif. 17In kepar maner, Duw o whensys dhe dherivas dhe glerra whath dhe eryon an promys y borpos dhe vos fast ha heb chaunj vëth. Rag hedna ev a'n warrantyas dre ly. 18Duw a wrug indelma, may fen ny kenerthys yn fen dhe sêsya an govenek re bia settys dhyragon. Ny yw an re-na a gafas harber gans Duw, hag ev a'gan kenerthas dre dhew dra, na alsa Duw ombrevy fâls inhans. 19Ny a'gan beus an govenek-ma, ancar sur ha fast rag an enef, govenek usy owth entra i'n sentry sans adrëv an veyl. 20Jesu, neb o ragresor rag agan kerensa ny, a entras i'n sentry-na, rag ev a veu gwrës uhel pronter bys vycken warlergh an ordyr a Melkizedek.

7 Melkizedek, mytern Salem, uhel pronter a'n Duw Uhella, a vetyas orth Abraham pàn esa ow tos tre wosa overcùmya an vyterneth, ha Melkizedek a'n benegas. 2Dhodho ev Abraham a wrug dega a bùptra. I'n kensa le, yma y hanow ev ow styrya "mytern ewnder." I'n secùnd le, "mytern Salem" ywa, hèn yw dhe styrya "mytern a gres." 3Heb tas, heb mabm, heb aghscrîf, heb dallath dedhyow pò dyweth bêwnans, ev a vëdh pronter bys vycken, ha haval ywa dhe Vab Duw.

4Ass o brâs an den-na, Melkizedek! Hag Abraham, agan hendas y honen, a ros dhodho dega a'y bray. 5Hag issyw Levy, usy ow recêva offys avell prontyryon, y a's teves comondment i'n laha dhe gùntell dega dhyworth an bobel, hèn yw dhe styrya, dhyworth aga nessevyn aga honen, kynth yw an re-ma skydnys dhyworth Abraham kefrës. 6Saw Melkizedek, nag esa ow longya dh'aga ehen y, a gafas dega dhyworth Abraham hag a venegas Abraham—neb a recêvas an promyssyow. 7Ny yll den vëth naha bos an den isella benegys gans an den uhella. 8I'n eyl cas yma tus mortal ow recêva dega; in y gela yma hedna ow recêva dega neb yw destys adro dhodho y vos yn few. 9Y halsa bos leverys Levy, usy ow recêva dega, dhe dhegevy der Abraham, 10rag yth esa Levy whath in lonow y hendas Abraham, pàn vetyas Melkizedek orto.

11A pe va possybyl dhe dhrehedhes perfethter dre brontereth an Levîtys—rag an bobel a recêvas an laha in dadn an prontereth-ma—pàn othem a via genen a gôwsel a bronter nowyth, a vydna sordya warlergh ordyr Melkizedek, kyns ès pronter mes a lynyeth Aron? 12Pàn vo chaunj i'n prontereth, res yw bos chaunj i'n laha kefrës. 13Ev, mayth yw an taclow-ma leverys adro dhodho, yth esa va ow longya dhe ehen aral, na wrug den vëth anedhy bythqweth servya dhyrag an alter. 14Apert yw bos agan Arlùth a lynyeth Jûda. Ow tùchya Jûda ny leverys Moyses tra vëth adro dhe brontyryon. 15Pàn usy pronter nowyth ow sevel hag ev haval dhe Melkizedek, dhe voy apert yw an câss. 16Ev yw nebonen re beu gwrës pronter dre allos bêwnans, na yll bos dystrêwys, kyns ès der an laha, usy ow tervyn lynyeth warlergh an kig. 17Rag y fëdh destys anodho indelma:

"Te yw pronter rag nefra,
warlergh ordyr Melkizedek."

18Gwadn ha dyspusant o an laha, 19rag ny ylly gul tra vëth perfeth. War an eyl tu ytho, yma an gorhebmyn kensa defendys dhe ves. War y gela, yma parys ragon govenek gwell, ha dredho ny a yll dos nes dhe Dhuw.

20Hebma a veu fastys gans ty. 21Oll an re erel, pàn esens ow recêva an offys a bronter, ny wrêns y tia tra vëth, saw an den-ma a veu gwrës pronter gans ty,

"An Arlùth re dos ha ny vydn ev
chaunjya y vrës,
'Te yw pronter rag nefra.'"

22Dre hedna Jesu res a veu gwrës warrant a gevambos gwell.

23Moy whath, meur o nùmber an brontyryon i'n dedhyow coth, dre rêson an mernans dh'aga lettya dhe besya i'ga offys. 24Saw yma ev ow sensy y brontereth bys vycken, drefen ev dhe dhurya rag nefra. 25Indelma ev a yll selwel bys vycken an re-na usy ow tos nes dhe Dhuw dredho ev. Ev a vëdh yn few bys vycken, hag ev a yll pesy ragthans dhe Dhuw.

26Y talvia dhyn ny cafos uhel pronter a'n par-na, sans, dyvlam, parfyt, dyberthys dhyworth pehadoryon, hag exaltys a-ugh an nevow. 27Nyns o va kepar ha'n uhel prontyryon erel. Ev ny'n jeves othem vëth a offrydna sacryficys pùb dëdh oll, kensa rag y behosow y honen, ha wosa hedna rag pehosow an bobel. Nâ, ev a wrug hedna unweyth rag nefra, pàn wrug ev offrydna y honen. 28Yma an laha owth appoyntya avell uhel prontyryon an re-na yw aga honen sojeta dhe wanegreth. Saw ger an ty a dheuth wosa an laha, hag yma an ger-na owth appoyntya Mab, hag ev re beu gwrës perfeth bys venytha.

8 An chif poynt i'gan lavarow yw hebma: ny a'gan beus uhel pronter a'n par-ma, hag ev yw esedhys adhyhow dhe dron an Brâster i'n nevow. 2Menyster ywa i'n sentry hag i'n tylda gwir. An tylda-na re beu settys in bàn gans an Arlùth, adar gans mab den.

3Rag y fëdh pùb uhel pronter appoyntys dhe offrydna royow ha sacryficys. Res yw ytho dhe'n pronter-ma cafos neppyth dhe offrydna. 4A pe va obma wàr an norvës, ny via ev pronter màn, rag yma prontyryon owth offrydna royow warlergh an laha. 5Ymowns y owth offrydna worshyp i'n sentry, neb yw skeus ha pyctour a'n sentry in nev. Rag Moyses, pàn esa parys dhe dherevel an tylda, a veu gwarnys indelma: "Kebmer with te dhe wul pùptra warlergh an scantlyn a veu dysqwedhys dhis wàr an meneth." 6Saw Jesu lebmyn re gafas menystry moy wordhy, in mar veur dell ywa main a gevambos gwell, neb a veu determys dre bromyssyow gwell.

7A pe perfeth an kensa kevambos, ny via othem vëth a whelas ken. 8Yma Duw orth aga hably pàn lever ev,

"Yma an dedhyow ow tos yn sur,
yn medh an Arlùth, may whrama
fastya kevambos nowyth
gans chy Israel ha gans chy Jûda:
9haval ny vëdh ev in poynt vëth
dhe'n kevambos a wrug avy gans
aga hendasow,
i'n jorna pàn wruga aga hemeres er
an leuv ha'ga lêdya mes a Ejyp.

Rag ny wrussons y durya i'm
kevambos,
hag indella nyns êns y a les dhybm,
yn medh an Arlùth.
10Hèm yw an kevambos a vanaf vy
gul gans chy Israel,
wosa an dedhyow-na, yn medh an
Arlùth:
me a vydn gorra ow lahys i'ga brës,
ha'ga screfa wàr aga holon;
aga Duw y me a vëdh, hag y
fedhons y ow fobel vy.
11Ny vydnons y desky an eyl y gela,
naneyl ny vydnons y leverel,
'Aswon an Arlùth,'
rag y a wra ow aswon, dhyworth an
lyha anodhans bys i'n den brâssa.
12Rag me a vëdh mercyabyl tro hag
oll aga sherewynsy, ha ny vanaf
vy na fella remembra aga
fehosow."

13Pàn lever ev a'n kevambos
"nowyth", ev re dhyleas an kevambos
kyns. An pëth yw gyllys mes a ûs ha
gyllys coth, hedna whare a wra
voydya.

9 An kensa kevambos y honen a'n
jeva rewlys rag golohas, ha rag
an sentry wàr an norvës. 2Y feu tylda
derevys rag an kensa kevambos, hag
yth esa ino coltrebyn, an bord ha bara
an presens. Hèm o gelwys an Tyller
Sans. 3Adrëv an secùnd veyl yth esa
tylda gelwys Sentry an Sentrys. 4I'n
Sentry a Sentrys y sevy alter owrek an
enkys hag argh an kevambos, neb o
cudhys oll adro gans owr. I'n argh yth
esa vessyl owrek ha'n mana ino,
gwelen Aron, neb a egynas, ha men-
lehow an kevambos. 5A-ugh an argh
yth esa cherùbyns an glory ow cul
skeus dres an dregerethva. Ny yllyn
derivas manylyon an taclow-ma i'n
present termyn.
6Warlergh an aray-ma an brontyr-
yon a wra entra heb hedhy i'n kensa
tylda rag collenwel aga servys. 7Saw
ny wra entra i'n secùnd tylda mès an
uhel pronter y honen. Nyns â ev
aberth ino mès unweyth i'n vledhen.
Ev a dal dry ganso an goos a vydn ev
offrydna rag y behosow y honen, ha
rag an pehosow comyttys dre wall
gans an bobel. 8Dre hebma yma an
Spyrys Sans ow terivas na veu an
fordh aberth i'n sentry dysclôsys,
hadre vo an kensa tylda whath a'y sav.
9Hèm yw tôkyn a'n present termyn,
rag y fëdh royow ha sacryfîcys offryd-
nys ena na yll pùrjya côwsys an
gordhyor. 10Ny wrowns y mès restry
taclow kepar ha boos ha dewas ha
besydhyansow dyvers. Rewlys rag
taclow wàr ves yns y, hag ymowns y
ordnys, erna dheffa an prës a dhas-
formyans.
11Lebmyn Crist re dheuth avell
uhel pronter a'n taclow dâ dhe dhos.
Brâssa ha moy perfeth yw tylda y
brontereth ev. Ny veu va gwrës dre
dhewla mab den, hèn yw dhe styrya,
nyns usy ev ow longya dhe'n bës
creatys-ma. 12Goos y sacryfîs ev yw y
woos y honen. Goos gyfras ha leuhy
nyns ywa màn. Indelma ev re entras
unweyth rag nefra i'n sentry, hag ev
re wainyas redempcyon bys vycken.
13Mars usy goos gyfras ha terewy
warbarth gans scùllva a lusow lejek,
mars usy an taclow-na ow sanctyfia
an dus defolys, hag ow restorya aga
glander wàr ves, 14pyseul dhe voy yw
an gallos a woos Crist! Ev a offrydnas
y honen der an Spyrys dyvarow avell
offryn parfyt dhe Dhuw. Y woos ev a
bùrjyas agan côwsys dhia an marder

a'gan gîsyow coth. Indelma ev re'gan
gwrug gwyw dhe wordhya an Duw
bew.
15Rag hedna yma Crist ow cul kev-
ambos nowyth, may halla an re-na, a
vo gelwys, recêva an benothow heb
dyweth dedhewys gans Duw. Hebma
a yll bos, abàn wharva mernans. Yma
an mernans-na ow telyvra an dus dhia
an pehosow a wrussons y, pàn esens
in dadn arlottes an kensa kevambos.
16Ow tùchya testament, res yw bos
sur an den, neb a'n gwrug, dhe vos
tremenys. 17Nyns yw testament vëth
a bris saw wosa ev dhe verwel. Nyns
yw an testament a bris hadre vo va yn
few. 18Rag hedna, ny veu fastys heb
goos an kensa kevambos kyn fe. 19Pàn
veu pùb gormynadow declarys gans
Moyses dhe oll an bobel warlergh an
laha, ev a gemeras goos leuhy ha
gyfras gans dowr, ha gwlân cogh, hag
issop. Ev a scùllyas an goos wàr an rol
screfa hy honen, ha wàr oll an bobel
kefrës. 20Ev a leverys, "Hèm yw an
goos a'n testament re wrug Duw
ordna dhywgh why." 21In kepar
maner, ev a scùllyas an goos wàr an
tylda, ha wàr oll an lestry a vedha ûsys
i'n solempnytas. 22In gwir, in dadn an
laha y fëdh ogas pùptra pùrjys dre
woos. Heb scùllya goos ny dheu
gyvyans.
23Copiow yw an re-na a'n taclow
gwir in nev. Res o dhe'n copiow bos
pùrjys indelma. Saw yma an taclow a
nev aga honen ow terfyn sacryficys
gwell. 24Ny wrug Crist entra in
sentry gwrës gans dewla mab den,
copy a'n sentry gwir. Nâ, ev a entras
i'n nev y honen, le mayth usy ev i'n
tor'-ma owth apperya dhyrag Duw
rag agan kerensa ny. 25Y fëdh an uhel
pronter owth entra i'n Sentry a
Sentrys kenyver bledhen ha goos best
ganso. Saw ny entras Crist lies torn
rag offra y honen. 26I'n câss-na, res
via dhodho godhaf arta hag arta, dhia
bàn veu fùndys an bës. In le a hedna
ev re apperyas unweyth rag nefra i'n
tor'-ma orth dyweth an osow, may
halla va don in kerdh pegh der an
offryn anodho y honen. 27Res yw dhe
genyver onen merwel, ha wosa hedna
bos jùjys gans Duw. 28In kepar maner
Crist a veu offrys unweyth avell
sacryfîs, may halla defendya dhe ves
an pehosow a lies onen. Ev a vydn
omdhysqwedhes an secùnd treveth.
Nena an pegh a vëdh gyllys in kerdh,
ha Crist a wra selwel an re-na a vo
orth y wortos gans govenek.

10 Nyns yw an laha mès an
imach a'n taclow dâ usy ow
tos. An form gwir anodhans nyns ywa
màn. Rag hedna ny yll an laha nefra,
der an sacryficys a vëdh gwrës heb
hedhy bledhen wosa bledhen, glanhe
yn tien an re-na a vynsa dos nes dhe
Dhuw. 2Poken, a ny wrussa an
offrydnow cessya? An dus usy ow
cordhya Duw, a pêns y pùrjys a'ga
fegh unweyth rag nefra, ny vynsa aga
honscyans leverel dhedhans aga bos
pehadoryon. 3Saw yma an offryd-
now-ma ow cul dhe'n dus perthy cov
a'ga fehosow, 4rag ny yll goos terewy
pò goos gyfras don pegh in kerdh
nefra.
5Hèn yw an rêson Crist dhe leverel
dhe Dhuw, pàn wrug ev entra i'n bës,

"Nyns eses ow tesîrya sacryfîs nag
offryn,
mès te a wrug parusy corf dhybm.
6Losk-offrydnow hag offrydnow
rag pegh, ny wrusta delîtya
inhans.

7Nena me a leverys, 'Otta vy devedhys rag gul dha volùnjeth jy, a Dhuw,' kepar dell yw screfys adro dhybm in rol an lyver."

8Pàn leverys ev a-uhon, "Nyns eses ow tesîrya sacryfîs nag offryn; losk-offrydnow hag offrydnow rag pegh, ny wrusta delîtya inhans" (yma an re-ma offrydnys warlergh an laha), 9ev a addyas wosa hedna, "Otta vy devedhys rag gul dha volùnjeth jy." Yma ev ow tefendya dhe ves an eyl tra, rag fastya y gela. 10Ha warlergh bolùnjeth Duw, ny agan honen re beu sanctyfies der an offryn a gorf Jesu Crist unweyth rag kenyver onen.

11Y fëdh pùb pronter a'y sav kenyver jorna orth y servys, hag ev owth offrydna an keth sacryficys, na yll nefra defendya pegh dhe ves. 12Saw wosa Crist dhe offrydna rag nefra udn sacryfîs rag pegh, "ev a esedhas adhyhow dhe Dhuw." 13Wosa hedna yma va ow cortos "y eskerens dhe vos gwrës scavel y dreys." 14Gans udn offryn yn udnyk ev re wrug perfethhe rag nefra oll an re-na a vo sanctyfies.

15Hag yma an Spyrys Sans kefrës ow testa hedna dhyn, pàn lever,

16"Hèm yw an kevambos
a vanaf vy gul gansans wosa an dedhyow-na, yn medh an Arlùth:
me a vydn gorra ow lahys i'ga holon, ha'ga screfa wàr aga howsys."

17Wosa hedna ev a lever kefrës,

"Ny vanaf vy na fella remembra
naneyl aga fehosow
na'ga gwrians dylaha."

18Le may ma remyssyon a'n re-ma, ny vëdh na fella offrydnow rag pegh.

19Rag hedna, a vreder, yma genen ny dre woos Jesu an fydhyans dhe entra i'n sentry, 20der an fordh nowyth ha bew, an fordh a wrug ev egery dhyn der an veyl, hèn yw der an kig. 21Abàn eus dhyn uhel pronter brâs a-ugh an chy a Dhuw, 22gesowgh ny dhe dhos nes gans colon lel, gans trest leun ha fëdh. Rag agan colon re beu pùrjys a dhroggowsys ha'gan corf golhys in dowr pur. 23Gesowgh ny heb hockya dhe sensy fast an confessyon a'gan govenek, rag lel yw hedna neb re'n dedhewys dhyn. 24Gesowgh ny kefrës dhe bredery fatell yllyn ny inia an eyl y gela dhe dhysqwedhes kerensa, ha dhe wul oberow dâ. 25Na wren ny ankevy dhe gùntell warbarth, kepar dell yw an ûsadow a certan tus. Gesowgh ny kyns dhe gonfortya an eyl y gela, dhe voy ha dhe voy, rag why a wel bos an prës ow nessa.

26Wosa ny dhe recêva skians an gwiryoneth, mar teun ny ha pêsya in pegh a'gan bodh agan honen, nyns yw sacryfîs rag pegh a valew vëth na fella. 27Pëth a vëdh orth agan gortos, mès an govenek uthyk a vrusyans, ha conar an tan neb a wra cowl-lesky eskerens Duw? 28Kenyver onen a wrella defolya laha Moyses, a verow heb mercy "wàr dhùstuny dew dhen pò try den." 29Leverowgh dhybm, pyseul dhe lacka a vëdh an pùnyshment rag an re-na a dhenahas Mab Duw! Ea, y re dhefolyas goos an kevambos dredho may fowns y sanctyfies, ha gul outray dhe Spyrys an grâss. 30Ny a wor pyw a leverys, "Me a bew venjans; me a vydn aqwytya," hag arta, "An Arlùth a wra

brusy y bobel." 31Tra uthyk yw codha
inter dewla an Duw a vêwnans.

32Saw perthowgh cov a'n dedhyow
kyns. Wosa recêva an golow, res o
dhywgh godhaf gans perthyans
painys tydn. 33Traweythyow y fewgh
why despîtys ha tormentys in golok
an bobel. Traweythyow yth ewgh
why cothmans dhe'n re-na a vedha
tebel-dhyghtys indella. 34Why a
gemeras pyteth a'n re-na esa in
pryson. Yn lowen why a alowas agas
pëth dhe vos pyllys, rag why a
wodhya agas bos perhenogyon a
neppyth gwell hag a neppyth a wre
durya pella.

35Na wrewgh ytho forsâkya an trest
a'gas beus, rag hedna a dhora
weryson brâs. 36Yma othem dhywgh
a berthyans, may hallowgh why, wosa
collenwel bolùnjeth Duw, recêva an
pëth a veu dedhewys dhywgh. 37Rag
whath kyns na pell,

"Ev neb usy ow tos a dheu ha ny
wra va lettya;
38saw ow den gwiryon vy a vydn
bewa dre fëdh.
Nyns yw ow enef plêsys gans den
vëth a wrella plynchya."

39Nyns eson ny in mesk an re-na
usy ow plynchya. Nâ, yth eson ny in
mesk an re-na a's teves crejyans.
Indelna y a vëdh selwys.

11 Fëdh yw trest ow tùchya
taclow gwaitys, fydhyans
adro dhe'n pëth nag yw gwelys. 2In
gwir agan hendasow a veu comendys
gans Duw awos aga fëdh.

3Yth eson ny ow convedhes dre
fëdh fatell veu an bës formys dre er
Duw, pàn veu gwrës an pëth vysybyl
mes a'n dra invysybyl.

4Dre fëdh Abel a offras sacryfîs
moy servabyl dhe Dhuw ès sacryfîs
Caym. Awos y fëdh ev a recêvas
comendyans avell den gwiryon, rag
Duw y honen a gomendyas y royow.
Abel a verwys, mès der y fëdh yma va
whath ow côwsel.

5Dre fëdh y feu Enok kemerys. Ny
wrug ev tastya mernans, saw ev "êth
mes a wel tus dre rêson Duw dh'y
gemeres." Rag y feu declarys Enok
dhe blêsya Duw kyns y vos kemerys
in kerdh. 6Heb fëdh ùnpossybyl yw
plêsya Duw, rag neb a vydna dos nes
dhodho, y res dhodho cresy in Duw,
ha cresy Duw dhe rewardya an re-na
usy orth y whelas.

7Noy a veu gwarnys gans Duw
adro dhe daclow na wrug ev gweles
whath. Dre fëdh ev a attendyas
gwarnyans Duw, ha gul lester rag
selwel meyny y jy. Indelna an bës a
veu dampnys, ha Noy a recêvas
dhyworth Duw an ewnder yw
acordys gans fëdh.

8Dre fëdh Abraham a obeyas, pàn
veu va gelwys dhe dhallath wàr y
fordh tro ha ken pow a vydna recêva
wàr an dyweth avell erytans. Ev a
dhalathas wàr y fordh, heb godhvos
pleth esa va ow mos. 9Dre fëdh ev a
dregas termyn hir i'n pow a veu
promyssys dhodho, kynth o an pow-
na astranj dhodho. Ev o tregys in
tyldys warbarth gans Isak ha gans
Jacob, eryon ganso a'n keth promys-
na. 10Rag yth esa va ow qwetyas an
cyta tôwlys ha byldys gans Duw, an
cyta neb a's teves fùndacyon fast.

11Dre fëdh Abraham a recêvas an
gallos dhe dhenethy mab, kynth o va
re goth, ha Sara y wreg hy honen o

anvab. Rag ev a gonsydras lel hedna
neb a ros an promys dhodho.
12Kynth o Abraham ogas marow, y
feu genys dhyworth an den udnyk-
ma issyw mar vrâs aga nùmber avell
sterednow an nev ha mar dhynyver
avell tewas an treth.

13Oll an re-ma a verwys in fëdh heb
recêva an promyssyow, saw y a's
gwelas abell ha'ga dynerhy. Y a
avowa fatell êns y alyons ha tus
astranj i'n nor, 14rag apert yw, pàn
usy tus ow côwsel indelma, y dhe vos
ow whelas pow genesyk. 15A pêns y
ow predery a'n pow a wrussons for-
sâkya, y a gafsa chauns dhe dhewheles
dy. 16Saw in gwiryoneth yth esens y
ow tesîrya pow gwell, hèn yw, gwlas
nev. Rag hedna ny gebmer Duw
meth vëth a vos gelwys aga Duw y. In
gwir ev re wrug parusy cyta ragthans.

17Pàn veu va prevys, Abraham dre
fëdh a offrydnas Isak. Abraham, neb
a recêvas an promyssyow, o parys dhe
offrydna y udn vab, 18kyn feu leverys
dhodho in y gever, "Der Isak y fëdh
dha heneth henwys." 19Ev a gresys y
hylly Duw derevel nebonen dhy-
worth an re marow kyn fe—ha rag
leverel in fygur—ev a'n recêvas arta.

20Dre fëdh Isak a elwys benothow
wàr Jacob hag Esaw rag an termyn
esa ow tos.

21Pàn esa ev in newores, Jacob dre
fëdh a venegas kettep onen a vebyon
Josef, "ow plegya in gordhyans a-ugh
bleyn y welen."

22Dre fëdh Josef, pàn o va ogas
dhe'm mernans, a leverys fatell wre
an Israelysy mos mes a Ejyp, hag ev a
ros gormynadow ow tùchya y an-
cladhva.

23Dre fëdh y feu Moyses cudhys
gans y gerens try mis wosa y
enesygeth, rag y dhe weles fatell o teg
an flogh, ha ny's teva own vëth a
ordenans an mytern.

24Dre fëdh, pàn o va devedhys dhe
oos, Moyses a sconyas dhe vos gelwys
mab myrgh Faro. 25Gwell o dhodho
bos kevrednek a gompressans pobel
Duw, ès enjoya plesours brottel an
kig. 26Ev a gonsydras tebel-dhyght-
yans godhevys abarth an Messias dhe
vos moy rychys ès pethow Ejyp, rag
yth esa va ow meras in rag, hag ow
qwetyas an weryson. 27Dre fëdh
Moyses a asas Ejyp heb own vëth a
sorr an mytern. Ev a dhuryas, rag ev
a ylly gweles hedna neb yw invysybyl.
28Dre fëdh ev a wre sensy an Pask ha
scùllva an goos, ma na wrella ladhor
an kensa mab tùchya kensa mebyon
Israel.

29Dre fëdh an bobel a bassyas der
an Mor Rudh, kepar ha pàn ve tir
sëgh. Saw pàn assayas an Ejyptyons
gul indella, y a veu budhys.

30Dre fëdh y feu fosow Jeryco
dysevys wosa y dhe vos settys ader
dro an spâss a seyth jorna.

31Dre fëdh ny wrug Rahab, an
hôra, merwel gans an dus dywostyth,
dre rêson hy dhe wolcùbma an
spioryon yn cuv.

32A goodh dhybm leverel moy?
Ny'm beus termyn lùk rag gul
mencyon a'n re ma: Gydeon, Barak,
Sampson, Jeftha, Davyth, Samùel
ha'n profettys. 33Dre fëdh y a wrug
conqwerrya gwlascorow, menystra
jùstys, cafos promyssyow, stoppya
ganow lions, 34dyfudhy tan coneryak,
diank dhyworth min an cledha,
gwainya nerth mes a wanegreth,
omwul galosek in batal, ha gorra
luyow estren dhe'n fo. 35Benenes a
recêvas aga thus varow yn few. Y feu

ken re tormentys, ow sconya bos relêssys, may hallens y dhe well cafos dasserghyans. 36 Ken re arta a wodhevys ges ha scorjyans, ea, ha chainys kyn fe, ha prysonyans. 37 Y a veu labedhys erna vowns marow, y a veu trehys inter dyw radn, y a veu ledhys der an cledha. Yth esens y ow mos adro in crehyn deves ha gyfras, othomak, compressys, tormentys. 38 Nyns o an bës-ma wordhy anodhans. Y a wre gwandra i'n gwylfos hag i'n menydhyow, in cavyow hag in tell i'n dor.

39 Y feu oll an re-na comendys awos aga fëdh. Ny wrussons y bytegyns recêva an pëth re bia dedhewys. 40 Gwell o towl Duw, rag ev a erviras na wrellens y drehedhes perfethter mès i'gan company ny.

12 Abàn eus cloud mar vrâs a dhùstuniow adro dhyn, gesowgh ny dhe settya adenewen pùb sawgh ha pùb pegh, eus ow clena mar glos orthyn. Gesowgh ny dhe bonya gans perthyans an resegva usy dhyragon. 2 Gwren ny meras orth Jesu, rag ganso ev yma agan fëdh ow powes dhia an dallath bys i'n dyweth. Dre rêson a'n joy esa orth y wortos, ev a wodhevys an grows heb gul fors a'y sham, ha wosa hedna ev a esedhas adhyhow dhe dron Duw. 3 Mar tewgh why ha predery anodho ev, a wodhevys offens a'n par-na orth dewla pehadoryon, ny wrewgh why omsqwitha na kemeres dyglon.

4 I'gas strif warbydn an pegh, ny wrussowgh why whath mos mar bell avell scùllya agas goos. 5 Why re ancovas an iniadow usy ow côwsel orthowgh avell flehes:

"Ow flogh, na wra dysprêsya
kereth an Arlùth,
naneyl na gebmer dyglon pàn vy
pùnyshys ganso;
6 rag yma an Arlùth ow kesky an re-
na usy ev ow cara,
hag ev a wra keredhy pùb flogh a
wrella va degemeres."

7 Godhevowgh prevyans may hallowgh why bos kessedhys. Yma Duw orth agas dyghtya kepar ha flehes. Pana flogh eus i'n bës, na vëdh chasties gans y das? 8 Mar ny'gas bedhowgh why an kessydhyans a's teves oll an flehes, nena bastardys owgh why, ha nyns owgh why y flehes ev. 9 Ha pella, ny a'gan bedha kerens wàr an norvës rag agan kesky, ha ny a re revrons dhedhans. A ny gotha dhyn dhe voy lowen bos sojeta dh'agan Tas spyrysek, may hallen ny cafos bêwnans? 10 Rag y a wre agan chastia pols bian kepar dell hevelly dâ dhedhans, mès yma ev orth agan chastia rag agan les, may hallen ny bos kevrednek a'y sansoleth. 11 Nyns yw kessydhyans nefra plesont. Pàn ywa godhevys, yth hevel bos pòr hager. Saw moy adhewedhes, an re-na yw deskys dredho, ymowns y ow mejy an drevas a vêwnans gwiryon.

12 Rag hedna derevowgh agas dewla lows ha crefhe agas dewlin gwadn. 13 Gwrewgh fordhow compes rag agas treys, ma na vo dyskevelsys an dra a vo mans—nâ, saw may fo va sawys.

14 Sewyowgh cres gans pùbonen, ha'n sansoleth na yll den vëth heptho gweles an Arlùth. 15 Gwaityowgh na wrella den vëth ahanowgh fyllel dhe obtainya grâss Duw. Na vedhens i'gas mesk gwredhen vëth a wherôwder rag gul strif intredhowgh. Lies

onen a alsa bos shyndys dredhy. 16Waryowgh na vo nagonen ahanowgh kepar hag Esaw, den camhensek ha dydhuw. Ev a werthas y erytans a udn prës boos. 17Wosa hedna, pàn o va whensys dhe eryta an bedneth, why a wor fatell veu va sconys. Ny gafas ev chauns vëth dhe godha in edrek, kyn whrug ev whelas an bedneth gans dagrow.

18Ny dheuthowgh why, kepar dell dheuth pobel Israel, dhe neppyth a alsa bos tùchys, dhe Vownt Sinay gans an tan whyflyn, an tewolgow, an duder, an gwyns adro, 19sownd an trompa ha'n lev ow côwsel. Pàn wrussons y clôwes an lev-na, y a besys na ve ger vëth moy côwsys ortans. 20Ny yllens perthy an pëth a veu erhys: "Mar qwra best kyn fe tùchya an meneth-ma, labedhys vëdh bys in ancow." 21Mar uthyk o an wolok-na, may leverys Moyses, "Otta vy ow crena rag ewn uth."

22In le a hedna, yth esowgh why ow sevel dhyrag Mownt Sion, ha dhyrag an cyta a'n Duw a vêwnans. Hòn yw Jerùsalem in nev. Yma milyow a eleth inhy, cùntellva solem. 23Yth esowgh why ow sevel dhyrag ost an vebyon kensa genys, hag yma aga henwyn screfys in nev. Yth esowgh ow sevel dhyrag Duw, an jùj a genyver onen, ha dhyrag enevow an re-na re beu gwrës perfeth. 24Yth esowgh ow sevel dhyrag Jesu, neb yw main an kevambos nowyth, ha dhyrag an goos scùllys, usy ow promyssya taclow gwell ès goos Abel.

25Kemerowgh with na wrellowgh why sconya an lev usy ow côwsel. An re-na neb a dhenahas hedna esa orth aga gwarnya wàr an norvës, ny wrussons y scappya. Pyseul dhe le a wren nyny diank, mar teun ny ha'y sconya ev usy orth agan gwarnya dhyworth nev! 26I'n termyn-na y lev a wrug dhe'n norvës crena. Mès i'n tor'-ma ev re dhedhewys, "Unweyth arta me a vydn shakya an norvës, ea, ha'n nev kefrës." 27Yma an lavar-ma "unweyth arta" ow prevy yn tyblans, y fëdh shakys taclow creatys. Y a vëdh defendys dhe ves, may halla remainya an pëth na yll bos shakys.

28Abàn eson ny ow recêva gwlascor na yll bos shakys, gesowgh ny dhe ry grassow dhe Dhuw, ha dh'y wordhya i'n vaner usy orth y blêsya, hèn yw gans revrons ha gans own. 29Rag yn certan agan Duw yw tan, ha'n tan na a wra collenky.

13

Pêsyowgh gans kerensa an eyl tro ha'y gela. 2Na dhysprêsyowgh an spyrys a wolcùm tro hag estrenyon, rag certan tus a wolcùbmas eleth ha ny'n godhyens màn. 3Perthowgh cov a'n re-na usy in pryson, kepar ha pàn vewgh whywhy prysners gansans. Perthowgh cov a'n re-na usy ow codhaf tormens, kepar ha pàn vewgh why tormentys kefrës.

4Re bo maryach onorys i'gas mesk, ha bydner re bo defolys gwely an demedhyans. Duw a vydn brusy an gyglot ha'n avoutrer. 5Gwethowgh agas bêwnans frank a goveytys, ha bedhowgh pës dâ gans an pëth a'gas pò. Rag Duw re leverys,

> "Ny vanaf vy nefra agas gasa na'gas
> forsâkya."

6Indelma ny a yll gans fydhyans leverel,

"An Arlùth yw ow gweres; ny vanaf
vy kemeres own.
Pandra yll den vëth gul dhybm?"

7Perthowgh cov a'gas hùm-
brynkysy, an re-na a gowsas ger Duw
orthowgh. Consydrowgh in pana
vaner a wrussons y bewa ha merwel,
ha gwrewgh warlergh aga fëdh y.
8Jesu Crist yw an keth de, hedhyw,
avorow ha bys vycken.

9Na vedhowgh shakys dre bùb
whaf a dhyscans nowyth pò a
dhyscans coynt. Dâ yw dhe'n golon
bos kenerthys dre râss, kyns ès dre
rewlys ow tùchya sosten. Ny wrug an
re-na les vëth dhe'n dus a's gwethas.
10Yma dhyn ny alter, ha ny's teves
prontyryon an tylda sans gwir vëth oll
dhe dhebry anedhy.

11An bestas-na mayth yw drës aga
goos aberth i'n sentry gans an uhel
pronter avell sacryfis rag pegh, aga
horfow a vëdh leskys avês dhe'n
camp. 12In kepar maner Jesu a wodh-
evys y bassyon avês dhe'n cyta, may
halla va sanctyfia an bobel der y woos
y honen. 13Deun ny ytho dhodho
avês dhe'n camp, ha gwren ny perthy
oll an despît a wrug ev godhaf.
14Nyns eus genen ny obma cyta fast
vëth, mès yth eson ny ow qwetyas an
cyta usy ow tos.

15Dredho ev ytho gesowgh ny heb
hedhy dhe offrydna sacryfis a brais
dhe Dhuw, hèn yw an trubyt a
wessyow usy owth avowa y hanow ev.
16Kemerowgh with dhe wul dâ, ha
dhe gevradna a vo genowgh. Servabyl
dhe Dhuw yw offrydnow a'n par-na.

17Obeyowgh dh'agas hùmbrynkysy,
ha bedhowgh sojeta dhedhans, rag y
yw wardens a'gas enevow hag y a dal
ry acownt dhe Dhuw a'ga servys. Mar
tewgh why hag obeya, y a vydn gul aga
whel yn lowen. Mar tewgh why ha
dysobeya, y a'n gwra gans hanajow,
ha ny vëdh hedna a les vëth dhywgh.

18Pesowgh ragon ny. Sur on ny bos
agan côwsys glân, ha ny whensys dhe
lavurya gans onour pùpprës hag in
kenyver tra. 19Yth esof dhe voy
dywysyk orth agas inia dhe besy
Duw, may whrella ow danvon
dhywgh why arta heb let.

20Duw re dherevys dhyworth an re
marow agan Arlùth Jesu, neb yw
bugel brâs an deves, 21der an goos a'n
kevambos heb dyweth. Re wrello
Duw agas gul perfeth in pùb dader,
may hallowgh why gul y volùnjeth ev.
Re wrello ev gul ahanan ny pynag oll
tra a vo servabyl in y wolok ev dre
Jesu Crist. Re bo an glory dhodho ev
bys vycken ha bys venary. Amen.

22A vreder, yth esof orth agas pesy
dhe woslowes gans perthyans orth an
ger-ma a iniadow. Nyns yw hir an
lyther-ma, a screfys dhywgh.

23Dâ via genama why dhe wodh-
vos, agan broder Tymothy dhe vos
delyvrys mes a bryson. Mar teu va
adermyn, ev a vëdh warbarth genef,
pàn wryllyf agas gweles why.

24Dynerhowgh oll agas hùm-
brynkysy hag oll pobel Duw. Yma an
re-na a dheu dhyworth Italy orth agas
dynerhy.

25Re bo grâss Duw gans kenyver
onen ahanowgh!

Pystyl Jamys

1 Dhyworth Jamys, servont a
Dhuw hag a'n Arlùth Jesu Crist,

Dhe'n dewdhek trib usy scùllys
alês:

Bedneth re'gas bo!

2A vreder, pàn vo anken a sort vëth
ow tos warnowgh, gwrewgh omsensy
pòr lowen. 3Rag why a wor an assay
a'gas fëdh dhe dhenethy perthyans.
4Gesowgh an prevyans dhe wul oll y
ehen intredhowgh, may fewgh why
cowlwrës in athvetter heb othem a
vertu vëth. 5Mara'n jevyth den vëth
ahanowgh othem a skentoleth,
gwrêns ev pesy Duw, rag yma Duw
ow ry dhe bùbonen yn larj ha heb
coveytys. Y fëdh skentoleth grauntys
dhodho. 6Gwrêns ev pesy in fëdh,
heb dowtya in termyn vëth, rag ev
neb usy ow towtya yw kepar ha todn
a'n mor, drîvys ha shakys gans an
gwyns. 7Na wrêns an den a vo
indelma predery ev dhe recêva tra
vëth dhyworth an Arlùth, 8rag dobyl
yw y vrës, hag ev yw brottel in pùb
fordh.

9Gwrêns an broder uvel bôstya ev
dhe vos exaltys. 10Gwrêns an den
rych bôstya, dre rêson ev dhe vos drës
isel, rag an den rych a wra tremena
kepar ha flour a'n prasow. 11Yma an
howl ow terevel gans y domder pooth
hag ow lesky an pras. An flowr a
glamder ha'y thecter a goodh dhe
ves. In kepar maner y fëdh an den
rych. Ev a wra gwedhra in mesk oll
negyssyow y vêwnans.

12Benegys yw kenyver onen a
wrella perthy temptacyon. Yma va
owth omwetha dhyworth an prev-
yans, hag ev a wra recêva an gùrun a
vêwnans, promyssys gans an Arlùth
dhe'n re-na a vo orth y gara.

13Pàn vo nebonen temptys, ny dal
dhodho leverel, "Otta vy temptys
gans Duw." Ny yll Duw bos tùchys
der an drog, ha nyns usy ev ow
temptya den vëth. 14Saw y fëdh den
temptys ha dynys der y dhrog-whans-
ow y honen. 15Nena pàn vo an drog-
whans concêvys, yma va ow tenethy
pegh. Pàn vo an pegh cowldevys, yma
va ow tenethy mernans.

16Na vedhowgh dysseytys, a vreder
veurgerys. 17Pùb helder larj ha pùb ro
perfeth a dheu dhia avàn, ow skydnya
dhyworth Tas an golowys. Nyns eus
varyans vëth ino, na skeus vëth a
jaunjyans. 18Ev a'gan formyas der an
ger a wiryoneth, dhe gollenwel y
borpos y honen, ha may fen kepar ha
bleynfrûtys y greacyon.

19Why a dal convedhes hebma, a
vreder veurgerys: bedhens pùb onen
uskys dhe woslowes, lent dhe gôwsel,
ha lent dhe serry. 20Nyns usy agas
sorr why owth avauncya gwiryoneth
Duw. 21Gorrowgh dhyworthowgh
ytho pùb sort a vostethes, sherewyn-
sy, hag envy. Recêvowgh gans clor-
der an ger usy plynsys inowgh, hag a
yll sawya agas enef.

22Gwrewgh warlergh an messach a
glôwsowgh. Na vedhowgh contentys
dhe veras orto yn udnyk. Rag nena
why a via ow tysseytya agas honen
gans rêsons fâls. 23Mar teu den ha
goslowes orth an ger heb y wul, yma
va haval dhe nebonen usy ow meras

orto y honen in gweder. 24Ev a wel y
imach y honen, saw pàn usy ev ow
mos in kerdh, ny yll ev perthy cov na
fella anodho. 25Saw an re-na usy ow
meras orth an laha perfeth, an laha a
franchys, hag ow pêsya ino, y fedhons
y benegys i'ga oberow. Y yw ober-
wesyon usy ow lavurya. Nyns yns y
goslowysy, nag usy ow cul tra vëth
mès ankevy.

26Mar teu broder vëth ha predery y
vos ev cryjyk y honen, heb frodna y
davas, yma va ow tysseytya y golon,
ha heb bry yw y fëdh. 27Crejyans pur
ha heb mostethes dhyrag Duw an
Tas yw kepar dell sew: gweres an om-
dhevasow ha'n gwedhwesow i'ga
othem, hag omwetha dha honen
dhyworth podrethes an bës.

2 A vreder, mars esowgh why ow
cresy i'gan Arlùth Jesu Crist
gloryfies, res yw dhywgh sevel orth
favera nebonen dres nebonen aral.
2Rag ensampel, martesen y teu dew
dhen aberth i'gas cùntellva, an eyl
anodhans rych, besewow owr wàr y
vesias ha dyllas fin in y gerhyn, ha'y
gela bohosak ha dyllas mostys adro
dhodho. 3Mar tewgh why ha gul vry
a'n den usy an dyllas fin adro dhodho,
ha leverel, "Esedhowgh obma, mar
pleg," ha mar tewgh why ha leverel
dhe'n den bohosak, "Sav in nes," pò
"Eseth orth ow threys," 4a nyns
esowgh why ow cul dyffrans intre-
dhowgh agas honen? A nyns owgh
why ow jùjya warlergh sqwir fâls?

5Goslowowgh, a vreder veurgerys.
A ny wrug Duw dêwys an vohosog-
yon i'n bës-ma dhe vos rych in fëdh,
ha dhe vos eryon a'n wlascor a wruga
promyssya dh'y gothmans? 6Saw why
re dhysqwedhas dysonour dhe'n den
bohosak. A nyns usy an dus rych orth
agas compressa? A nyns usons y orth
agas tedna dhe gort an laha? 7A nyns
usy an dus rych ow cably an hanow
uhel a wrug Duw agas henwel ganso?

8Why a vydn gul yn tâ, mar tewgh
why ha collenwel an rewl rial war-
lergh an scryptour, "Te a dal cara dha
gentrevak kepar ha te dha honen."
9Saw mar tewgh why ha dysqwedhes
favour, why a wra pegh hag a vëdh
dampnys avell drog-oberoryon.
10Kenyver onen a wrella gwetha an
laha yn tien, saw a wrella fyllel in udn
dra, ev yw blamys in pùb poynt.
11Rag ev neb a leverys, "Te ny dal gul
avoutry," a leverys inwedh, "Te ny
dal moldra." Mar ny wrêta avoutry,
mès mar teuta ha moldra, yth esta ow
peha warbydn an laha.

12Côwsowgh ha gwrewgh kepar ha
tus a vo jùjys warlergh laha an
franchys. 13Rag ny vëdh mercy vëth
dysqwedhys i'n brusyans dhe dhen
vëth, na wrug dysqwedhes mercy y
honen. Yma mercy owth overcùmya
jùjment.

14Pëth yw an prow, a vreder, mar
tewgh why ha leverel fatell eus fëdh
genowgh, mar nyns eus oberow
genowgh inwedh? A yll fëdh agas
sawya? 15Gwren ny soposya bos agas
broder yn noth hag in esow kenyver
jorna. 16Mar teu onen ahanowgh ha
leverel dhodho, "Kê wàr dha fordh in
cres. Bëdh tobm ha deber lùk," saw
heb provia rag othem y gorf, pëth yw
an valew a hedna? 17Indelma an fëdh
gensy hy honen, mar ny's teves
oberow, marow yw hy.

18Saw nebonen a vydn leverel, "Te
a'th eus fëdh, saw me a'm beus
oberow."

Dysqwa dhybm an fëdh heb an
oberow, ha me a vydn dysqwedhes
ow fëdh der ow oberow. 19Yth esta
ow cresy bos Duw onen. Yth esta ow
cul yn tâ. An dhewolow aga honen a
grës hedna ha crena a wrowns.

20Te bedn cog, a vynta convedhes
bos uver pùb fëdh heb oberow? 21A
ny veu agan hendas Abraham jùsty-
fies gans y oberow, pàn wrug ev offra
y vab Isak wàr an alter? 22Te a wel
ytho fatell wrug y fëdh kesobery gans
y oberow, ha fatell veu an fëdh
collenwys der an oberow. 23Indelma
y feu collenwys an scryptour a lever,
"Abraham a wrug cresy in Duw ha
hedna a veu reknys dhodho avell
ewnder." Abraham a veu henwys
cothman Duw. 24Te a wel indelma
fatell vëdh nebonen jùstyfies der y
oberow, kyns ès der y fëdh gensy hy
honen.

25A ny veu Rahab an hôra jùstyfies
indelma der hy oberow, pàn wrug hy
wolcùbma an messejers ha'ga danvon
in rag wàr fordh aral? 26Rag kepar
dell yw an corf marow heb an spyrys,
indelma yw fëdh marow heb oberow.

3 Ny dal mès dhe radn ahanowgh
bos descadoryon, rag why a wor
fatell wra an dhescadoryon cafos
jùjment dhe voy sherp. 2Yth eson ny
oll ow cul lies myskemeryans. Neb na
wrella myskemeryans, pàn vo va ow
côwsel, perfeth ywa hag abyl dhe
gontrollya oll y gorf dre frodn.

3Mar teun ny ha gorra frodn in
ganow margh rag gul dhodho agan
obeya, yth eson ny ow rewlya oll y
gorf. 4Pò consydrowgh an gorholyon:
kynth yns y mar vrâs mayth yw res
gortos gwyns crev rag aga herdhya in
rag, pòr vian yw an lew a wra aga
gedya ple pynag a vo dâ gans an
lewyth. 5Kynth yw an tavas esel bian,
ev a wra bôstya a daclow brâs. Bian
yw an tan, saw ass yw brâs an forest a
vëdh leskys ganso! 6Tan yw an tavas.
Yma ev settys in mesk agan esely,
kepar hag esel leun a sherewynsy.
Yma va ow mostya oll an corf, hag ow
corra tan i'n bës a natur oll ader dro.
Saw an tavas a gav y dan dhyworth
iffarn.

7Y hyll pùb ehen best, edhen, prëv
ha mil i'n mor bos dovys gans mab
den, 8saw ny yll den vëth dova an
tavas. Bylen ywa, na yll bos temprys.
Leun yw an tavas a boyson mortal.

9Der an tavas yth eson ny ow
penega an Arlùth agan Tas, ha der an
tavas yth eson ny ow molethy an re-
na yw gwrës in hevelep Duw. 10Mes
a'n keth ganow yma ow tos bedneth
ha molleth. A vreder, ny dalvia
hebma bos. 11A wra dowr fresk ha
dowr sal dos mes a'n udn fenten? 12A
yll fygwedhen, a vreder, dry in rag
olyf, pò a yll fyges bos kefys wàr
wedhen grappys? Naneyl ny yll dowr
sal provia dowr fresk.

13Pyw ahanowgh yw fur ha
skentyl? Dysqwedhowgh der agas
conversacyon dâ, fatell wrewgh agas
mas-oberow gans an clorder usy ow
tos a furneth. 14Saw mars esowgh
why in wherôwder ow kemeres envy,
ha mars eus strîvyans i'gas colon, na
wrewgh bôstya, naneyl na gôwsowgh
gow warbydn an gwiryoneth. 15Yma
furneth a'n par na ow tos a'n dor.
Nyns usy ow longya dhe'n spyrys,
mès dhe'n tebel-el. Dhyworth nev ny
dheu va màn. 16Ple pynag a vo envy
ha strîvyans hag omgerensa, ena y
fëdh deray kefrës, ha pùb sort a
sherewynsy.

17Saw an furneth usy ow tos dhy-
worth nev, yw glân dres pùptra, cosel,
clor, parys dhe blegya, leun a dreger-
eth hag a frûtys dâ. Nyns eus spot
vëth a faverans, nag a fekyl cher ino.
18Ha'n re-na usy ow cul cres, y fëdh
gonedhys ragthans trevas a ewnder
hag a gres.

4 An strif ha'n breselyow-ma
intredhowgh, a ble mowns y ow
tos? A nyns usons y ow tos dhyworth
agas whansow, usy owth omlath
inowgh? 2Yth esowgh why ow tesîrya
neppyth na'gas beus. Why a wra
moldra rag y gafos. Whensys owgh
why a neppyth, saw ny yllowgh why
y gafos. Merowgh, omlath a wrewgh
ha dyspûtya. Why ny'gas beus agas
desîr, drefen na wrewgh why y
wovyn. 3Yth esowgh why ow covyn,
saw ny wrewgh why recêva, drefen
why dhe wovyn yn cabm, may
hallowgh why spêna a gaffowgh wàr
agas plesour.

4Tus heb lendury! A ny wodhowgh
why cothmans an bës-ma dhe vos
eskerens Duw? Pynag oll a vo ow cara
an bës-ma yw escar Duw. 5Pò esowgh
why ow predery martesen nag yw an
scryptour a vry, pàn usy ev ow leverel,
"Whansow crev a'n jeves an spyrys a
wrug Duw gorra i'gan colon"? 6Saw
ev a re dhe voy grâss; rag hedna yma
an scryptour ow leverel,

"Duw a sev warbydn an dus prowt,
mès dhe'n dus uvel ev a re y
râss."

7Rag hedna obeyowgh dhe Dhuw.
Omwethowgh dhyworth an tebel-el,
hag ev a wra fia dhe'n fo dhyworth-
owgh. 8Dewgh nes dhe Dhuw, hag ev
a vydh dos nes dhywgh why.
Gwrewgh pùrjya agas dewla, why
pehadoryon, ha golhowgh agas
colon, why neb yw fâls agas brës.
9Gwrewgh lamentya ha mùrnya hag
ola. Bedhens agas wherthyn trailys
dhe olva, ha'gas joy dhe anken.
10Gwrewgh hùmblya agas honen
dhyrag an Arlùth, hag ev a vydn agas
exaltya.

11A vreder, na gôwsowgh drog an
eyl warbydn y gela. Pynag oll a wrella
côwsel drog warbydn y gentrevak, pò
y jùjya, yma va ow côwsel drog
warbydn an laha, hag ow jùjya an
laha. Saw mar teuta ha jùjya an laha,
nyns osta den usy ow cul an laha. Nâ,
brusyas osta. 12Nyns usy mès an udn
rias a'n laha ha'n udn jùj, hag ev a yll
selwel ha dystrêwy. Pyw osta ytho,
may whrelles jùjya dha gentrevak?

13Dewgh lebmyn, why usy ow
leverel, "Hedhyw pò avorow ny a
vydn mos dhe certan cyta ha passya
bledhen ena ow cul agan negys hag
ow qwainya mona." 14Saw ny wodh-
owgh why unweyth pandra dhora an
jëdh avorow. Pëth yw agas bêwnans?
Why yw nywl, gwelys rag tecken ha
nena gyllys qwit dhe ves. 15In le a
hedna y talvia dhywgh leverel, "Mar
mydn an Arlùth, ny a wra gul hebma
pò hedna." 16Saw i'n tor'-ma yth
esowgh why ow cul bôstow i'gas goth
agas honen. Drog yw bôstow a'n par-
na. 17Rag hedna, kenyver onen a
wothfa an pëth ewn heb y wul, yma
va ow cul pegh.

5 Dewgh lebmyn, a dus rych, hag
olowgh ha lamentyowgh, awos
oll an anken ha'n troblys a wra codha
warnowgh. 2Poder yw agas rychys,
ha'n preves re wrug devorya agas

dyllas. 3Gallas cancrek agas owr
ha'gas arhans, ha'n canker-na a wra
desta wàr agas pydn ha devorya agas
kig kepar ha tan. Why re worras in
bàn rychys rag an dedhyow dewetha.
4Goslowowgh! Wajys an wonesyjy
neb a vejas agas trevas, an wajys a
wrussowgh why yn fâls gwetha
dhywortans, ymowns y ow cria in
mes warnowgh. Garmow an vejwes-
yon re dheuth bys in scovornow
Arlùth an luyow. 5Why re vewas in
plesour hag in es i'n norvës. Maga
agas colon a wrussowgh in jorna an
ladhva. 6Why re dhampnyas ha ladha
an den gwiryon, na wrug bythqweth
sevel wàr agas pydn.

7Rag hedna kemerowgh perthyans,
a vreder veurgerys, erna dheffa an
Arlùth. Merowgh, yma an tiak ow
cortos an drevas precyùs mes a'n dor,
hag yma va ow kemeres perthyans
gensy, erna wrella hy recêva an glaw
avarr ha'n glaw adhewedhes. 8Why a
res dysqwedhes perthyans. Gwrewgh
confortya agas colon, rag an Arlùth a
vydn dos yn scon. 9A vreder veur-
gerys, na wrewgh croffal an eyl war-
bydn y gela, ma na vewgh why jùjys.
Merowgh, yma an brusyas a'y sav
orth an daras!

10Kemerowgh an profettys avell
ensampel a hirwodhevyans hag a dor-
mens, rag y a gowsas in hanow an
Arlùth. 11In gwiryoneth yth eson ny
ow consydra benegys an re-na a
dhysqwedhas perthyans. Why re
glôwas a dhuryans Job, ha gweles
porpos an Arlùth—fatell ywa pyteth-
us ha leun a vercy.

12Saw dres oll, a vreder, na wrewgh
tia, naneyl re'n nev na re'n dor na
gans ken ly vëth. Bedhens "Ea" agas
"Ea" ha "Nâ" agas "Nâ", ma na
wrellowgh why codha in dadn
jùjment.

13Eus den vëth i'gas mesk ow
codhaf troblys? Gwrêns ev pesy. Eus
den vëth lowenek? Gwrêns ev cana
salm. 14Eus den vëth ahanowgh clâv?
Res yw gelwel tus hen an eglos, may
hallons y pesy a-ughto ha'y ùntya
gans oyl in hanow an Arlùth. 15An
pejadow a fëdh a wra sawya an
glevyon, ha'n Arlùth a vydn aga
derevel in bàn. Ha mar qwrug den
vëth peha, y begh a vëdh gyvys
dhodho. 16Rag hedna gwrewgh
meneges agas pehosow an eyl dh'y
gela, ha pesowgh an eyl rag y gela,
may fewgh why selwys. Galosek hag
a vry brâs yw pejadow an dus wiryon.

17Elias o den kepar ha ny, hag ev a
wrug pesy na wrella codha glaw vëth.
Ny wrug glaw vëth codha wàr an dor
teyr bledhen ha whegh mis. 18Nena
ev a besys arta, ha'n nev a ros glaw
ha'n dor a dhros in rag y drevas.

19A vreder, mar teu den vëth ahan-
owgh ha mos in sowthan dhyworth
an gwiryoneth, ha mar teu nebonen
ha'y drailya arta, 20why a dal godhvos
hebma: mar teu den vëth ha dry arta
pehador a vo gyllys wàr stray, an den-
na a vydn selwel dhyworth mernans
enef an pehador. Hedna a vydn
cudha lies pegh.

Kensa Pystyl Peder

1 Dhyworth Peder, abostel Jesu
Crist,

Dhe'n dus exîlys ha scùllys alês in
Pontùs, Galathya, Cappadocya, Asya,
ha Bytyny. 2Why re beu dêwysys ha
destnys gans Duw an Tas, ha sacrys
der an Spyrys dhe obeya Jesu Crist,
ha dhe vos golhys der y woos.

Grâss re'gas bo ha cres in plenty.

3Benegys re bo an Duw ha'n Tas
a'gan Arlùth Jesu Crist! A'y vercy
brâs dre dhasserghyans Jesu Crist
dhyworth an re marow, ev re ros
dhyn genesygeth nowyth bys in
govenek bew, 4ha bys in erytans
dyboder, heb dyfygya ha parfyt,
sensys i'n nev ragowgh why. 5Why re
beu gwethys gans gallos Duw dre
fëdh rag an sylwans a dal bos dys-
clôsys dëdh breus. 6Yth esowgh why
ow rejoycya in hebma, kynth yw res
dhywgh godhaf i'n present termyn-
ma painys dyvers rag tecken. 7An
porpos a'n painys-ma yw dhe brevy
bos gwir agas fëdh. Yma owr assayes
dre dan, kyn whrella va pedry wàr an
dyweth. In kepar maner, agas fëdh
why, liesgweyth moy precyùs ès owr,
a dal bos assayes. Nena why a gav
prais ha glory hag onour, pàn vo
dysqwedhys Jesu Crist. 8Kyn na
wrussowgh why y weles, yth esowgh
orth y gara. Kyn nag esowgh why
orth y weles lebmyn, why a grës ino,
hag yth owgh why lowen gans joy
gloryùs na yll bos desmygys. 9Rag yth
esowgh why ow cafos an frût a'gas
fëdh, hèn yw an salvacyon a'gas
enevow.
10An profettys, neb a brofusas a'n
grâss a'gas bedha, a wrug sarchya ha
whythra ow tùchya an salvacyon-ma.
11Y a wovydnas adro dhe'n person,
hag adro dhe'n termyn, esa an Spyrys
a Grist i'ga holon ow teclarya. Rag an
Spyrys a wre desta dhedhans dhyrag
dorn adro dhe bassyon Crist, hag ow
tùchya an glory a vydna dos wosa
hedna. 12Pàn esa an profettys ow
côwsel adro dhe'n maters re
glôwsowgh why lebmyn dhyworth
messejers an nowodhow dâ, Duw a
dhysclôsyas dhedhans nag o aga lavur
ragthans aga honen, mès rag agas
prow why. An messejers a dheclaryas
an awayl dhywgh der an Spyrys Sans
danvenys dhia nev. Y a dherivas
taclow a via dâ gans an eleth aga
honvedhes!
13Rag hedna preparyowgh agas
brës rag lavur. Rewlyowgh agas
honen, ha settyowgh oll agas govenek
wàr an grâss a dhora Jesu Crist
dhywgh, pàn vo va dysclôsys. 14Kepar
ha flehes gostyth, na vedhowgh
conformys dhe'n whansow a'gas beu
kyns i'gas nycyta. 15I'n contrary part,
kepar dell yw sans hedna a wrug agas
gelwel, bedhowgh sans agas honen in
oll agas fara. 16Yma screfys, "Why a
dal bos sans, rag me yw sans."
17Mars esowgh why ow kelwel
warnodho ev avell Tas, usy ow jùjya
pùbonen heb favour warlergh y
oberow, why a dal bewa gans own ha
revrons i'n termyn-ma a'gas
dyvroeth. 18Why a wor fatell vewgh
why dasprenys mes a'n gîsyow uver a
wrussowgh why eryta dhyworth agas
hendasow. Ny veu an redempcyon-

na gwrës gans taclow avell arhans hag
owr, 19mès gans goos precyùs Crist,
kepar hag ôn parfyt ha heb spot. 20Ev
a veu destnys kyns ès fùndacyon an
bës, saw ny veu va dysclôsys rag agas
kerensa why, mès orth dyweth an
osow. 21Why re dheuth dredho ev
dhe drestya in Duw. Duw a wrug y
dherevel dhyworth an re marow, hag
a ros dhodho glory, may fo settys
agas fëdh ha govenek wàr Dhuw.

22I'n tor'-ma why re bùrjyas agas
enef der obedyens dhe'n gwiryoneth,
may fe kerensa leun i'gas mesk why
oll. Rag hedna kerowgh an eyl y gela
yn town gans oll agas colon. 23Dre er
bew Duw, neb a wra durya bys
vycken, why re beu genys anowyth.
Denythyans yw hedna nag yw sojeta
ancow. 24Kepar dell lever an
scryptour:

> "Oll kig yw kepar ha gwels,
> oll an glory anodho yw kepar ha
> flourys i'n prasow.
> Pàn dheffa an welsen
> ha dallath seha, an flour a glamder,
> 25saw geryow Duw a worta rag
> nefra."

An ger yw an nowodhow dâ a veu
pregowthys dhywgh.

2 Rag hedna, gorrowgh dhe ves
pùb envy, gil, fekyl cher, spît ha
cabel. 2Kepar ha flehes nowyth genys
whansowgh an leth glân spyrysek,
may hallowgh why dredho tevy in
salvacyon—3mar qwrussowgh why in
tefry tastya an Arlùth dhe vos dâ.

4Dewgh dhodho, an men bew. Kyn
feu va sconys gans tus, dêwysys veu
va bytegyns gans Duw ha precyùs
ywa in y wolok ev. 5Kepar ha meyn
vew, gesowgh agas honen dhe vos
byldys aberth in chy spyrysek, may
hallowgh why bos prontereth sans
dhe offrydna sacryficys spyrysek,
plegadow dhe Dhuw dre Jesu Crist.
6Rag an scryptour a lever,

> "Otta vy ow settya men in Sion,
> pedn men an cornel dêwysys ha
> precyùs;
> neb a gressa ino, ny vëdh shâmys
> bys vycken."

7Precyùs ywa dhywgh why usy ow
cresy. Saw dhe'n re-na na grës màn,

> "An men neb a veu sconys gans an
> weythoryon,
> re beu gwrës an very pedn a'n
> gornel,"

8ha

> "Men eus ow cul dhedhans
> trebuchya, ha carrek neb a wra
> dhedhans codha."

Ymowns y ow trebuchya, dre rêson
nag yns gostyth dhe'n ger. Indelma o
bolùnjeth Duw ragthans.

9Saw why yw nacyon dêwysys,
prontereth rial, tus sans, pobel rag
posessyon Duw y honen. Why re beu
dêwysys, may hallowgh why derivas
an oberow galosek a hedna a'gas
gelwys mes a dewolgow aberth in y
wolow barthusek. 10Unweyth ny
vewgh why pobel, mès pobel Duw
owgh why i'n tor'-ma. Kyns lebmyn
ny wodhyowgh why mercy Duw, mès
i'n tor'-ma why re recêvas y
dregereth.

11A dus veurgerys, yth esof orth
agas exortya kepar hag alyons ha

dyvresow: gwrewgh denaha whansow
an kig usy ow qwerrya warbydn an
enef. 12Bedhens wordhy agas con-
versacyon in mesk an Jentylys, pàn
wrellons y agas sclandra avell drog-
oberoryon. Res vëdh dhedhans
bytegyns aswon agas oberow dâ, ha
praisya Duw in jorna y vysytacyon.

13Rag kerensa an Arlùth bedhowgh
gostyth dhe bùb auctoryta in mesk
mebyon tus. Obeyowgh dhe'n emper-
our, rag ev yw an auctoryta uhella.
14Bedhowgh gostyth dhe'n govern-
ours danvenys ganso dhe bùnyshya
an dhrog-oberoryon ha dhe braisya
an re-na usy ow cul an dâ. 15Bolùn-
jeth Duw ywa why dhe wul an dâ, hag
indelma dhe gonclûdya an nycyta a
fôlys. 16Bewowgh kepar ha servysy
Duw ha tus frank. Na wrewgh ascûs
a'gas franchys rag gul sherewynsy.
17Rewgh onour dhe genyver onen.
Kerowgh agas kes-Cristonyon.
Perthowgh own a Dhuw. Gwrewgh
revrons dhe'n emperour.

18A gethwesyon, obeyowgh dh'agas
mêstrysy gans oll uvelder, bedhens y
asper pò wheg ha clor. 19Duw a vydn
agas benega, mar tewgh why ha
perthy painys ha godhaf yn cabm,
drefen why dhe aswon Duw. 20Mar
tewgh why ha godhaf stewan dre
rêson why dhe wul an drog, pana
worshyp yw hedna dhywgh? Saw mar
qwrewgh y berthy, pàn esowgh why
ow cul an dâ, hag ow codhaf ragtho,
y fëdh Duw plêsys genowgh. 21Dhe
hedna why re beu gelwys, rag Crist a
sùffras ragowgh why. Ev a asas
ensampel dhywgh, may teffowgh ha
folya olow y dreys.

22"Ny wrug ev pegh vëth, naneyl
ny veu dysseyt vëth kefys in y
anow."

23Pàn veu va despîtys, ny wruga
despîtya arta. Pàn wrug ev godhaf, ny
wrug ev godros, mès ev a drestyas y
honen dhodho ev usy ow jùjya yn
ewn. 24Ev y honen a borthas agan
pehosow in y gorf i'n grows, may
hallen ny bos frank dhyworth pegh
ha bewa rag ewnder. Der y vrewyon
ev why re beu sawys. 25Yth esewgh
why ow mos wàr stray kepar ha
deves, saw lebmyn why re dhewhelys
dhe'n bugel, ha dhe warden agas
enef.

3 In kepar maner, a wrageth,
obeyowgh dh'agas gwer. Mar
ny grës radn anodhans ger Duw, agas
fara a wra aga gwainya dhe'n fëdh.
Ny vëdh res dhywgh leverel ger vëth,
2rag y a welvyth py pur ha py glân yw
agas conversacyon. 3Na wrewgh afîna
agas honen wàr ves, ow plethedna
agas blew pò ow qwysca tegydnow
owr ha dyllas teg adro dhywgh. 4Nâ,
bedhowgh afînys kyns oll wàr jy der
an tecter a wra durya. Hèn yw spyrys
clor ha cosel. Tecter a'n par-na yw
pòr brecyùs in golok Duw. 5I'n
dedhyow kyns y fedha benenes sans
ow trestya in Duw. Y a wre afîna aga
honen i'n vaner-ma wàr jy, rag y a
vedha gostyth dh'aga gwer. 6Indelma
Sara a obeyas dhe Abraham ha'y el-
wel "arlùth." Why a vëdh hy myrhas
lebmyn, mar tewgh why ha gul an dâ,
ha sevel orth kemeres own a dra vëth.

7A wer, in kepar maner why a dal
kesvewa gans agas gwrageth yn cuv.
Rewgh revrons dhe'n venyn kepar ha
dhe'n gwadnha vessyl, rag an benenes

kefrës yw eryon a'n ro grassyùs a vêwnans. Indelma ny wra tra vëth lettya agas pejadow.

8Wàr an dyweth, re bo acord i'n spyrys intredhowgh why oll, kescodhevyans, colon glor hag uvelder brës. 9Na wrewgh aqwytya drog dre dhrog na despît dre dhespît. Dhe'n contrary part, gwrewgh aqwytya gans bedneth. Dhe hebma y fewgh why gelwys—may hallowgh why eryta bedneth. 10Kepar dell lever an scryptour,

"An re-na usy ow tesîrya bêwnans
ha dhe weles dedhyow dâ,
gwrêns y gwetha aga thavas rag drog, ha'ga gwessyow rag côwsel dysseyt.
11Gwrêns y trailya dhyworth sherewynsy ha gul an dâ.
Gwrêns y whelas cres ha'y sewya.
12Rag yma dewlagas an Arlùth orth an re jùst,
hag opyn yw y scovornow dh'aga fejadow.
Saw yma fâss an Arlùth warbydn an dhrog-oberoryon."

13Pyw a wra agas pystyga, mar pedhowgh why whensys dhe wul dâ? 14Saw mar tewgh why ha godhaf awos why dhe wul an dâ, gwydn agas bës. Na berthowgh own a'n pëth usy an dus ow kemeres own anodho, naneyl na wrewgh kemeres uth. 15Saw i'gas colon benegowgh Crist avell agas Arlùth. Bedhowgh parys pùpprës dhe wul agas defens dhe dhen vëth, a wrella govyn orthowgh acownt a'n govenek a'gas beus. 16Gwrewgh hebma gans clorder ha revrons. Gwethowgh glân agas conscyans. Nena, pàn vowgh why acûsys, y fëdh shâmys an re-na a vo orth agas despîtya, awos agas oberow dâ in Crist. 17Rag gwell yw godhaf awos gul dâ, ès godhaf awos drog-oberow. 18Crist kefrës a wodhevys unweyth rag pehosow, den ewnhensek rag kerensa tebel-wesyon, may halla ev agan dry dhe Dhuw. Ev a veu ledhys i'n kig, mès drës veu dhe vêwnans i'n spyrys. 19I'n spyrys kefrës ev êth ha progeth dhe'n spyrysyon esa in pryson, 20na wrug obeya i'n dedhyow coth. Duw a wortas gans perthyans in dedhyow Noy, pàn esa ev ow terevel an gorhal. An nùmber bian a dus esa i'n gorhal-na a veu selwys der an dowr. Hèn yw dhe styrya, eth person. 21Yma an besydhyans, neb a veu ragarwedhys dre hedna, orth agas selwel why. Nyns yw mater a wolhy mostethes dhyworth an corf. Galow Duw ywa dhe gonscyans dâ dre dhasserghyans Jesu Crist. 22Jesu re ascendyas in nev. Lebmyn yma va a'y eseth adhyhow dhe Dhuw, hag yma va ow rewlya oll an eleth, an auctorytas ha potestas an nevow.

4 Rag hedna, abàn wrug Crist godhaf i'n kig, gwrewgh arva agas honen gans an keth porpos (rag pynag oll a wodhevys i'n kig, re forsâkyas pegh), 2may hallowgh why bewa alebma rag warlergh bolùnjeth Duw, kyns ès warlergh lùstys mab den. 3Why re spênas termyn lowr solabrës ow cul an taclow yw plesont dhe'n Jentylys, ow pewa in mostethes, passyons, medhêwnep, golyansow, festow hag idolatry dyrewl. 4Marth a's teves, nag esowgh why na fella owth omjùnya dhedhans i'n keth scùllva hag i'n keth bylyny. Rag hedna y a wra cably Duw. 5Saw

res vëdh dhedhans ry acownt dhodho
ev neb yw parys dhe jùjya an re bew
ha'n re marow. 6Rag hedna y feu an
awayl pregowthys dhe'n re marow
kyn fe, kyn fowns y jùjys i'n kig.
Indelma y fëdh pùbonen jùjys, may
halla pùbonen bewa i'n Spyrys kepar
ha Duw.

7Ogas yw an dyweth a bùptra. Rag
hedna, bedhowgh sad ha rewlyowgh
agas honen, may hallowgh why pesy
pùpprës. 8Dres oll, pêsyowgh gans
kerensa an eyl dh'y gela, rag yma
kerensa ow cudha bùsh brâs a
behosow. 9Bedhowgh larj an eyl dh'y
gela heb croffal vëth oll. 10Kepar ha
stywardys dâ a râss liesplek Duw,
gwrewgh servya an eyl y gela, gans
pynag oll ro a wrella kenyver onen
ahanowgh recêva. 11Mar qwra den
vëth ahanowgh côwsel, res yw dho-
dho gul indelma gans an nerth rës
dhodho gans Duw, may fo Duw
gordhys in pùptra dre Jesu Crist.
Dhodho ev yma ow longya an glory
ha'n power bys vycken ha bys venary!
Amen.

12A vreder veurgerys, yma prevyans
dre dan ow wharfos i'gas mesk rag
agas prevy. Na gemerowgh marth
anodho, kepar ha pàn ve neppyth
ùncoth ow codha warnowgh. 13Saw
rejoycyowgh, drefen why dhe vos
kevrednek a bassyon Crist, may
fewgh why lowen kefrës, ha may
hallowgh why garma rag ewn joy pàn
vo dyscudhys y glory. 14Mar pedh-
owgh why despîtys awos hanow
Crist, yth owgh why benegys drefen
bos an Spyrys a glory, hèn yw Spyrys
Duw, ow powes inowgh why. 15Na
wrêns den vëth ahanowgh godhevel
avell moldror, lader, na drog-oberor,
naneyl avell mellyor kyn fe. 16Saw
mar teu den vëth ahanowgh ha
godhaf avell Cristyon, na gemerowgh
meth anodho. Benegowgh Duw,
awos why dhe vos henwys gans an
hanow-ma. 17An termyn re dheuth,
may fëdh res dhe'n jùjment dallath
gans meyny Duw. Mar teu va ha
dallath genen ny, pandra vëdh
dyweth an re-na, na wrug obeya dhe
awayl Duw? 18Dell lever an scryp-
tour,

"Mars yw cales dhe'n re ewnhensek
dhe vos sawys, pandra whyrvyth
dhe'n re ansans ha'n behador-
yon?"

19Rag hedna, an re-na usy ow
codhaf warlergh bolùnjeth Duw,
gwrêns y fydhya aga honen dhe'n
Formyor lel, ha pêsya in pùb gwrians
dâ.

5 Me yw elder ow honen ha
dùstuny veuma a bassyon Crist.
Me a vëdh kevrednek inwedh a'n
glory a vëdh dysqwedhys. Me a bës
an dus hen i'gas mesk 2dhe vugelya
flock Duw i'ga charj ha dhe bractycya
arlottes yn lowen ha heb iniadow,
kepar dell yw bolùnjeth Duw. Bedh-
ens y dywysyk heb coveytys rag mona
plos. 3Na wrewgh lordya wàr an re-
na usy in dadnowgh, mès rewgh
ensampel dâ dhe'n flock. 4Pàn dheffa
an chif bugel hag omdhysqwedhes,
why a wra gwainya an gùrun a
splander, na wra gwedhra nefra.

5In kepar maner, a dus yonk, why a
dal bos gostyth dhe'n dus coth. Y tal
dhywgh why oll gwysca uvelder adro
dhywgh i'gas conversacyon an eyl
gans y gela. Dell lever an scryptour,

"Duw a wra sevel warbydn an re gothys, mès ev a re grâss dhe'n dus uvel."

6Gwrewgh hùmblya agas honen in dadn dhorn ollgalosek Duw, may whrella ev agas exaltya i'n termyn usy ow tos. 7Tôwlowgh warnodho ev oll agas fienasow, rag yma va orth agas cara why.

8Gwrewgh controllya agas honen, ha bedhowgh yn tyfun. Yma agas escar an tebel-el kepar ha lion owth uja hag ow mos adro ow whelas rag agas devorya. 9Sevowgh in fast wàr y bydn, stedfast i'gas fëdh, rag why a wor agas breder in oll an bës dhe wodhaf taclow a'n keth sort.

10Why a wra godhaf pols bian. Wosa hedna an Duw a râss, neb a'gas gelwys dh'y glory heb dyweth in Crist y honen, a vydn restorya, mentena, confortya ha gwetha yn fast pùb onen ahanowgh. 11Dhodho ev re bo an gallos bys vycken ha benary! Amen.

12Me re screfas an lyther cot-ma dre Sylvanùs. Yth esof orth y gonsydra broder lel. Dâ via genama agas kenertha ha desta hebma dhe vos grâss gwir Duw. Sevowgh yn fast ino.

13Yma eglos Babylon, neb a veu dêwysys warbarth genowgh why, orth agas dynerhy. Yma ow mab Mark orth agas dynerhy magata. 14Dynerhowgh an eyl y gela gans an bay a gerensa.

Why oll usy in Crist, cres re'gas bo.

Secùnd Pystyl Peder

1 Dhyworth Symeon Peder, servont hag abostel Jesu Crist,

Dhe'n re-na a recêvas fëdh, mar brecyùs avell agan fëdh ny, der an ewnder a Dhuw hag a'gan Sylwyas Jesu Crist.

2Re'gas pò lanwes a râss hag a gres i'n godhvos a Dhuw, hag a Jesu agan Arlùth.

3Y allos avell Duw re ros dhyn pùptra yw othem anodho, rag bêwnans ha rag sansoleth dre wodhvos anodho ev, neb a'gan gelwys dre vain y glory ha'y dhader. 4Ev re ros dhyn y bromys precyùs ha pòr vrâs i'n taclow-ma indelma, may hallowgh why dredhans scappya dhyworth an podrethes, usy i'n bës dre rêson a dhrog-whansow, ha may hallowgh why bos kevrednek a'y natur avell Duw.

5Rag an very rêson-ma yma res dhywgh why gul oll agas ehen dhe scodhya agas fëdh dre dhader, dader dre skentoleth, 6skentoleth dre omgontrollyans, omgontrollyans dre dhuryans, duryans dre sansoleth, 7sansoleth dre garadôwder an eyl dh'y gela ha caradôwder an eyl dh'y gela dre gerensa. 8Why a bew an taclow-ma, hag ymowns y owth encressya i'gas mesk. Y a vydn agas gwetha rag bos dyfreth ha hesk in godhvos agan Arlùth Jesu Crist. 9Neb na vo an taclow-ma dhodho, cot yw y wolok, hag ev yw dall, hag yma va owth ankevy y behosow dhe vos glanhës i'n termyn eus passys.

10Rag hedna, a vreder, bedhowgh dhe voy whensys dhe fastya agas galow ha dêwysyans. Mar tewgh why ha gul indelma, ny wrewgh why trebuchya nefra. 11Rag i'n vaner-ma y fëdh provies yn leun dhywgh entrans i'n wlascor heb dyweth a'gan Arlùth ha Sylwyas Jesu Crist.

12Rag hedna yth of vy porposys dhe remembra an taclow-ma dhywgh why pùpprës, kynth esowgh orth aga godhvos solabrës, ha kynth owgh why growndys i'n gwiryoneth neb a dheuth dhywgh. 13Yth hevel dhybm bos ewn, hadre ven i'n corf-ma, dhe nowedhy agas remembrans. 14Me a wor fatell dheu ow mernans yn scon, kepar dell wrug ow Arlùth Jesu Crist declarya dhybm. 15Me a vydn gul oll ow ehen dhe wul dhywgh perthy cov a'n taclow-ma in pùb termyn, wosa me dhe dremena.

16Rag ny wrussyn ny sewya whedhlow devîsys yn codnek, pàn wrussyn ny declarya dhywgh an gallos ha'n devedhyans a'gan Arlùth Jesu Crist. Ny a welas y splander gans agan lagasow agan honen. 17Ev a recêvas onour ha glory dhyworth Duw an Tas, pàn veu delyvrys dhodho an levna der an Glory Bryntyn ow leverel, "Hèm yw ow Mab vy, an Meurgerys, ha me yw plêsys brâs ganso." 18Ny agan honen a glôwas an lev ow tos mes a'n nev, pàn esen ny warbarth ganso i'n meneth sans.

19Rag hedna, ny a'gan beus geryow an profecy crefhës dhe surra dhyn. Mar tewgh why ha gul vry anodhans, kepar hag a wolow a wrella shînya in tyller tewl, why a wra dâ, bys may teffa an jëdh hag egery, ha'n Ver-

lewen derevel i'gas colonow. 20Kyns
oll merkyowgh hebma: nyns eus
profecy vëth i'n scryptour a'n jeves
interpretacyon pryveth, 21rag an
scryptour ny dheuth bythqweth der
an bolùnjeth a dhen, mès tus venegys
a gowsas, kepar dell vowns y movys
der an spyrys Sans.

2 Saw fâls-profettys a sordyas in
mesk an bobel, kepar dell eus
fâls-descadoryon i'gas mesk why, hag
y a dhora gansans tebel-grejyansow.
Ea, y a wra denaha an Mêster a wrug
aga frena kyn fe, hag indelma y a
dhora dystrùcsyon heb let war-
nodhans aga honen. 2Lies huny
bytegyns a vydn sewya aga fordhow
bylen, ha fordh an gwiryoneth a vëdh
cablys der an dhescadoryon-ma.
3Awos aga hoveytys y a wra agas
drog-handla dre fekyl lavarow. Ny
veu diek an vreus leverys wàr aga
fydn termyn hir alebma, ha nyns usy
in cùsk aga dystrùcsyon.

4Ny wrug Duw sparya an eleth,
pàn wrussons y peha, mes aga thôwlel
wàr nans in gwlas iffarn, ha gorra
chainys a'n tewolgow downha adro
dhedhans rag aga gwetha ena, erna
dheffa an vreus. 5Ny wrug ev sparya
an bës coth-ma, kyn whrug ev selwel
Noy, an messejer a'n gwiryoneth,
warbarth gans seyth person aral, pàn
dhros ev liv wàr norvës an dus ansans.
6Ev a loscas dhe lusow an cytas a
Sodom ha Gomorre, wosa ev dh'aga
dampnya dhe dhystrùcsyon, ha gul
anodhans ensampel a'n pëth usy ow
tos wàr an dus ansans. 7Ev a wrug
selwel Lot, den jùst, neb a veu troblys
brâs dre fara dyrewl an gyglos. 8An
den ewnhensek-na a veu tormentys
in y enef gwiryon der aga oberow
dyrewl, a wrug ev gweles ha clôwes
dëdh wosa dëdh, hag ev tregys i'ga
mesk. 9Apert yw ytho an Arlùth dhe
wodhvos an fordh dhe dhylyvra an
dus sans dhyworth assay, hag in pana
vaner a goodh gwetha an dus vylen in
dadn bùnyshment bys in dëdh
breus—10spessly an re-na usy ow
chersya aga hig dre lùstys pedrys, hag
ow tysprêsya auctoryta.

Taunt yns y ha gothys, ha ny's
teves own vëth a vlâmya an eleth.
11Mès nyns usy an eleth, kynth yw
brâssa aga nerth ha'ga gallos, owth
ûsya cabel vëth hag y ow whelas aga
dry dhe jùjment dhyrag an Arlùth.
12Saw an re-ma yw kepar ha bestas
heb skians, creaturs warlergh kynda,
genys dhe vos kechys ha ledhys.
Ymowns y ow tespîtya an pëth na
wodhons convedhes. Kepar ha bestas
y a wra mos dhe goll.

13Y a wra godhaf an pùnyshment
rag aga drog-oberow. Plesour yw
dhedhans kyffewya orth golow an
jëdh. Y yw kepar ha nabmow ha
spottys plos. Y a vëdh ow rejoycya
pùpprës i'ga harlotry, hag y ow
kyffewya genowgh. 14Leun a lùst yw
aga lagasow, ha ny yll bos dyfudhys
aga ewl rag pegh. Ymowns y ow
tynya enevow gwadn. Deskys re beu
aga holon in coveytys. Ass yns y
flehes emskemunys! 15Y re wrug
forsâkya an fordh ewn, ha mos wàr
stray, ow sewya an fordh a Balaam
mab Beor, neb a garas gober an drog,
16mes a veu rebûkys rag y drespas.
Asen omlavar a gowsas orto gans lev
den, ha lettya muscotter an profet.

17Fentydnyow heb dowr yw an re-
ma, ha nywl drîvys dhyrag an gwyns.
Ragthans re beu parys an tewolgow
downha oll. 18Ymowns y ow clattra

gerednow whethfys hag uver. Gans
oll an lùstys dygabester a'n kig
ymowns y ow slockya tus, na wrug
scant scappya dhyworth errours an
paganys. 19Ymowns y ow promyssya
franchys dhedhans, saw y aga honen
yw kethwesyon dhe harlotry; rag
kethwas yw den dhe bynag oll tra a
vo ow cul mêstry warnodho. 20Y a
scappyas dhyworth mostethes an bës
der aswon agan Arlùth ha Sylwyas
Jesu Crist. Mar qwrowns y trailya an
secùnd treveth ha bos maglednys in
taclow an bës hag overcùmys dredho,
y a wra fara lacka ès dell wrêns i'n
dallath. 21Gwell via ragthans sevel
orth godhvos bythqweth an fordh a
wiryoneth, ès y aswon ha trailya arta
dhyworth an comondment sans, a veu
delyvrys dhedhans. 22An lavar coth re
beu prevys adro dhedhans, "Dewheles
a wra an ky dh'y whejans y honen,"
ha "Kettel vo an porhel golhys, ev a
dheu rag omrolya i'n lûb."

3 A vreder veurgerys, hèm yw an
secùnd lyther a screfys dhywgh.
Yth esof ow whelas der ow lytherow
sordya porpos dâ inowgh. Res yw
dhywgh 2perthy cov a'n geryow
côwsys i'n termyn eus passys gans an
profettys sans. Res yw remembra
comondmentys agan Arlùth ha Sav-
your kefrës, neb a veu rës dhyn der
an abosteleth.

3Kyns oll, y tal dhywgh convedhes
hebma: y teu gêsyoryon i'n dedhyow
dewetha, hag y a wra ges ha chersya
aga drog-whansow. 4Y a vydn leverel,
"Ple ma an promys a'y dhevedhyans?
Abàn verwys agan hendasow, yma
pùptra ow pêsya kepar dell o dhy-
worth dalathfos an creacyon!" 5Dre
dowl ny wrowns y vry a'n dra-ma:
fatell veu an nevow gwrës dre er Duw
termyn hir alebma. An dor a veu
formys mes a dhowr, 6ha'n bës coth a
veu budhys dre dhowr ha dystrêwys.
7Saw der an keth ger an nevow ha'n
norvës a'gan dedhyow ny a veu
gwethys rag tan, hag y a vëdh
gwethys bys in dëdh breus ha bys in
dëdh dystrùcsyon an debel-wesyon.

8Saw whath, a vreder veurgerys, na
vedhowgh dyswar a'n dra-ma: udn
jëdh gans an Arlùth yw kepar ha mil
vledhen; yma mil vledhen kepar hag
udn jëdh. 9Nyns yw an Arlùth lent
ow tùchya y dhedhewadow, kepar
dell usy certan re ow tyby. In le a
hedna yma va ow kemeres perthyans
hir genowgh why, rag nyns usy ev ow
tesîrya may fo den vëth dyswrës.
Gwell via ganso kenyver den dhe
drailya dhyworth y behosow.

10Jorna an Arlùth a dheu kepar ha
lader. Nena an nevow a wra tremena
gans tros brâs. An elementys a vëdh
tedhys gans tan, ha'n nor ha kenyver
tra creatys ino a wra vanyshya.

11Abàn vëdh oll an taclow-ma
dystrêwys indelma, pana sort tus a dal
dhywgh why bos? Agas bêwnans a dal
bos glân ha sacrys dhe Dhuw, 12ha
why ow cortos hag ow tesîrya jorna
Duw. Pàn dheffa an jorna-na, an
nevow a vëdh leskys ha tedhys, ha'n
elvenow a vëdh dystrêwys gans tan.
13Saw warlergh y dhedhewadow ev,
yth eson ny ow cortos nev nowyth ha
norvës nowyth, hag y fëdh an
gwiryoneth tregys inhans.

14Rag hedna, a vreder veurgerys,
pàn esowgh why ow cortos an
taclow-ma, kemerowgh with dhe vos
kefys ganso in cres, heb spot pò nàm
vëth. 15Acowntyowgh hirwodhevyans
agan Arlùth avell salvacyon. Indelma

kefrës agan broder ker Pawl a screfas
dhywgh warlergh an furneth
grauntys dhodho. 16Ev a gowsas a
hedna, kepar dell usy ev ow cul in oll
y lytherow. Yma nebes taclow inhans
yw cales dhe ùnderstondya. Ha'n re
neb yw ùnstabyl ha neb na'n jeves
dyscans, a wra trailya an dra, kepar
dell wrowns y dhe oll an scryptours
erel, dh'aga dystrùcsyon aga honen.

17Rag hedna, ow hothmans, dre
rêson y bosowgh gwarnys dhyrag
dorn, bedhowgh war, rag dowt why
gans tus erel dhe vos tednys dhe
errour gans an dus dylaha ha gans an
drog-pobel, ha nena codha dhyworth
agas stedfastnes agas honen. 18Nâ,
tevowgh kyns in grâss hag in
aswonvos agan Arlùth ha Sylwyas
Jesu Crist. Re bo dhodho ev an glory
i'n tor-ma, ea, ha bys dëdh breus!
Amen.

Kensa Pystyl Jowan

1 Yth eson ny ow screfa dhywgh adro dhe'n Ger a vêwnans. Y feu dhia an dalathfos. Ny re wrug y glôwes ha'y weles gans agan lagasow. Ea, ny re veras orto ha'y dùchya gans agan dewla. 2An bêwnans-ma a veu dysclôsys, ha ny a'n gwelas. Indelma yth eson ny ow côwsel adro dhodho, hag ow teclarya dhywgh a'n bêwnans heb dyweth, esa gans an Tas, hag a veu dysclôsys dhyn. 3An pëth a wrussyn ny gweles ha clôwes, yth eson ny orth y dheclarya dhywgh kefrës, may hallowgh why omjùnya genen ny i'n gowethas usy dhyn gans an Tas, ha gans y Vab, Jesu Crist. 4Merowgh, yth eson ny ow screfa hebma ma'gas bo leun lowena.

5Hèm yw an messach a wrussyn ny clôwes dhyworto, hag eson ny ow progeth dhywgh: Duw dhe vos golow, ha nag eus tewolgow vëth oll ino. 6Mar teun ny ha leverel bos cowethas dhyn ganso, ha ny ow kerdhes i'n tewolgow, ny a lever gow, ha ny wren ny an gwiryoneth. 7Saw mar teun ny ha kerdhes i'n golow, kepar dell usy ev y honen i'n golow, nena ny a'gan beus cowethas an eyl gans y gela, hag yma goos Jesu Crist, y Vab ev, orth agan golhy dhyworth oll agan pegh.

8Mar teun ny ha leverel nag on ny pehadoryon, yth eson ow tecêvya agan honen, ha'n gwiryoneth nyns usy genen. 9Mar teun ha meneges agan pehosow, Duw yw leun a vercy, jùst ha lel dhe ava dhyn agan pehosow, ha dh'agan glanhe a bùb mostethes. 10Mar teun leverel na wrussyn peha, ny a wra ev gowek, ha'y er nyns usy inon ny.

2 A flehes vian, yth esof ow screfa an taclow-ma, ma na wrellowgh why pegh vëth. Saw mar teu den vëth ha peha, yma genen ny plêdyor dhyrag an Tas, Jesu Crist, an Gwiryon, 2hag ev yw an amendys rag agan pehosow. Moy ès hedna ev yw an amendys rag pehosow oll an bës.

3Ny a yll bos certan ny dh'y aswon ev, mar teun ny hag obeya dh'y gomondmentys. 4Neb a lavarra, "Me re'n caras ev," mès na wra warlergh y gomondmentys, gowek yw, ha nyns usy an gwiryoneth ino. 5Saw kenyver a wrella obeya dh'y er, in gwir kerensa Duw yw gwrës perfeth ino ev. Dre hedna ny a wor agan bos ny ino ev. 6Neb a wrella leverel, "Me yw tregys ino," y tal dhodho kerdhes kepar dell wre Crist kerdhes.

7A vreder veurgerys, nyns esof vy ow screfa comondment nowyth vëth dhywgh, saw comondment coth, usy genowgh dhia an dallath. An comondment coth yw an ger a glôwsowgh why. 8Yth yw nowyth bytele an comondment esof vy ow screfa dhywgh. Gwelys yw y wiryoneth in Crist hag inowgh why, dre rêson bos an tewolgow ow tremena, ha'n golow gwir ow spladna solabrës.

9Neb a lavarra y vos i'n golow hag ev ow hâtya y vroder, yma va i'n tewolgow whath. 10Pynag oll a garra y vroder, yma va tregys i'n golow, ha nyns eus men a drebuchyans ino ev. 11Saw pynag oll a wrella casa y ges-Cristyon, i'n tewolgow yma va. Yma va ow kerdhes i'n tewolgow ha ny

wor ev an fordh dhe dravalya, dre
rêson an tewolgow dh'y dhallhe.

12Yth esof ow screfa dhywgh, a flehes
vian, dre rêson agas pehosow dhe
vos gyvys rag y gerensa ev.
13Yth esof ow screfa dhywgh why, a
dasow, dre rêson why dhe aswon
hedna usy dhyworth an dalathfos.
Yth esof ow screfa dhywgh why, a dus
yonk, dre rêson why dhe fetha an
tebel-el.
14Yth esof ow screfa dhywgh why, a
flehes, dre rêson why dhe aswon an
Tas.
Yth esof ow screfa dhywgh why, a
dasow, dre rêson why dhe aswon
hedna, neb re beu dhyworth an
dalathfos.
Yth esof ow screfa dhywgh why, a dus
yonk, drefen why dhe vos crev, ha
ger Duw dhe drega inowgh why,
ha why dhe overcùmya an tebel-el.

15Na wrewgh cara an bës na taclow
an bës. Nyns usy kerensa an Tas i'n
re-na usy ow cara an bës. 16Rag
pùptra oll i'n bës—whansow an kig,
whansow an lagasow, goth in
rychys—ny dheu dhia an Tas, saw
dhia an bës. 17Yma an bës ha
whansow an bës ow tremena, mès an
re-na a wrella bolùnjeth Duw, y a wra
bewa rag nefra.
18A flehes, ot an prës dewetha! Dell
wrussowgh why clôwes bos an
antecrist ow tos, i'n tor'-ma re
dheuth lies antecrist. Apert yw
dhyworth hedna bos an prës pòr
ogas. 19Y êth in mes ahanan, mès
nyns esens y ow longya dhyn. A pêns
y ow longya dhyn, y a vynsa trega
genen. Saw abàn wrussons y dyberth
dhyworthyn, y a dherivas nag o den
vëth anodhans a'gan party ny.
20Why re beu anoyntys ganso ev,
neb yw sans, ha pùb onen ahanowgh
a wor an gwiryoneth. 21Nyns esof vy
ow screfa dhywgh, dre rêson na
wodhowgh why an gwiryoneth, saw
dre rêson why dh'y wodhvos, ha why
a wor na dheu gow vëth dhia an
gwiryoneth. 22Pyw yw an gowek mès
ev usy ow naha Jesu dhe vos an Crist?
Hedna usy ow tenaha an Tas ha'n
Mab, yw an antecrist. 23Ny'n jeves
den vëth an Tas, mar qwra va denaha
an Tas. Neb a wrella meneges an
Mab, ev a'n jeves an Tas kefrës.
24Gwrêns gortos inowgh an pëth a
wrussowgh why clôwes dhia an
dalathfos. Mar qwra trega inowgh an
pëth a wrussowgh why clôwes i'n
dallath, nena why a drig i'n Mab hag
i'n Tas. 25Awot an pëth a wrug ev
promyssya dhyn: bêwnans heb
dyweth.
26Yth esof ow screfa an taclow-ma
dhywgh ow tùchya an re-na a vydna
agas tùlla. 27Adro dhywgh agas
honen, an ùntyans a wrussowgh why
recêva dhyworto a drig inowgh, ma
na'gas beus othem vëth a nebonen
rag agas desky. Saw yma y ùntyans ev
orth agas desky adro dhe bùptra.
Gwir yw hedna, ha nyns eus gow vëth
ino. Kepar dell wrug ev agas desky,
tregowgh ino ev.
28Lebmyn, a flehes vian, tregowgh
ino ev, pàn vo va dysclôsys, ma'gas bo
fydhyans, ha ma na wrellowgh
kemeres meth dhyragtho pàn dheffa
ev.
29Why a wor y vos ewnhensek.
Why a yll bos certan ytho bos genys
anodho kenyver den a wrella an pëth
ewn.

3 Merowgh pana gerensa re ros
an Tas dhyn—ny dhe vos
gelwys flehes Duw. Ha ny yw flehes
Duw in gwiryoneth. Ny wra an bës
agan aswon ny, dre rêson na wrug an
bës y aswon ev. 2A dus veurgerys, ny
yw flehes Duw lebmyn. An pëth a
vedhyn ny yw whath dhe vos dys-
clôsys. Saw ny a wor hebma: pàn vo
va dysclôsys, ny a vëdh haval dhodho,
rag ny a'n gwelvyth poran kepar dell
ywa. 3Kenyver den neb a'n jeffa an
govenek-ma, a dal glanhe y honen,
kepar dell yw ev y honen glân.

4Neb a wrella pegh, yw cablus a
fara dylaha. Fara dylaha yw pegh.
5Why a wor fatell veu ev dysclôsys
rag kemeres pegh dhe ves. Ino ev
nyns eus pegh vëth oll. 6Neb a wrella
trega ino ev, ny wra va pegh. Ny
wrug an pehador naneyl y weles na'y
aswon.

7A flehes vian, na wrella den vëth
agas decêvya. Neb a wrella an pëth
ewn, yw ewn, kepar dell yw ewn Crist
y honen. 8Neb a wrella pegh, yw
flogh a'n tebel-el, rag yma an tebel-
el ow peha dhia an dallath. Y feu Mab
Duw dysclôsys rag an porpos ma: rag
dystrêwy oberow an tebel-el. 9An re-
na a veu genys a Dhuw, ny wrowns y
pegh, dre rêson an very natur a
Dhuw dhe drega inhans. Ny yllons y
peha, dre rêson aga bos genys a
Dhuw. 10Dre helma yth yw aswonys
an flehes a Dhuw dhyworth flehes an
tebel-el. Kenyver onen na wrella an
pëth ewn, dhyworth Duw ny dheu ev
màn. Pynag oll yw hedna, na garra y
vroder, nyns yw hedna flogh Duw.

11Awot an messach a wrussowgh
why clôwes dhia an dallath, fatell
goodh dhyn cara an eyl y gela. 12Ny
a dal bos ken ès Caym, rag ev a
dheuth dhyworth an tebel-el ha
moldra y vroder. Ha prag y whrug y
ladha? Drefen y oberow y honen dhe
vos drog, ha jùst oberow y vroder.
13Na gemerowgh marth, a vreder,
pàn usy an bës orth agas casa why.
14Ny a wor fatell wrussyn ny passya
dhia vernans dhe vêwnans, dre rêson
ny dhe gara an eyl y gela. Neb na
wrella cara, yma va tregys in mernans.
15Neb a wrella casa y vroder yw
denledhyas, ha why a wor nag usy an
bêwnans heb dyweth tregys i'n
dhenledhysy.

16Ny a aswon kerensa dre hebma,
ev dhe dhascor y vêwnans rag kerensa
y gothmans—hag y tal dhyn ny
dascor agan bêwnans an eyl rag y
gela. 17Fatell vëdh kerensa Duw
tregys in den vëth a'n jeffa pethow an
bës, hag a wella broder in esow, ha
sconya y weres? 18A flehes vian,
gesowgh ny dhe gara in gwiryoneth
hag in dêda, kyns ès in ger pò lavar.
19Ha dre hebma, ny a wodhvyth agan
bos gwiryon, ha ny a yll bos a golon
dhâ in golok Duw, 20peskytter may
lavarra agan colon dhyn ny dhe wul
pegh. Rag brâssa yw Duw ages agan
colon, hag ev a wor pùptra oll.

21A vreder veurgerys, mar ny lever
agan colon dhyn ny dhe wul pegh, ny
vydnyn ny perthy own i'n presens a
Dhuw. 22Ev a re dhyn pynag oll tra a
wrellen govyn orto, drefen ny dhe
gollenwel y arhadow ha'y blêsya.
23Ha hèm yw y gomondment, ny dhe
gresy in hanow y Vab, Jesu Crist, ha
dhe gara an eyl y gela, kepar dell
erhys ev dhyn. 24Neb a wrella obeya
y gomondmentys, a drig ino ev hag
ev a drig i'n den-na. Dre hebma ny a
wor y vos tregys inon ny, der an
Spyrys a wruga grauntya dhyn.

4 Na gresowgh dhe bùb spyrys,
mès prevowgh an spyrysyon,
may hallowgh why gweles usons y
dhyworth Duw pò nag usons. Rag
lies fâls profet êth in mes der oll an
bës. 2Dre hebma y hyllowgh why
aswon Spyrys Duw: an spyrys a wrella
meneges bos Jesu Crist devedhys i'n
kig, dhyworth Duw yma. 3Spyrys
vëth na wrella meneges Jesu, ny dheu
ev dhyworth Duw. Hèm yw spyrys an
antecrist, a glôwsowgh why dhe dhos.
Merowgh, yma va i'n bës solabrës!

4A flehes vian, dhyworth Duw yth
esowgh why ow tos, ha why a wrug
fetha an fâls profettys, rag brâssa yw
an Spyrys, usy inowgh why, ès an
spyrys usy i'n bës. 5Dhia an bës yma
an fâls profettys. Rag hedna yma an
pëth a leverons y ow longya dhe'n
bës, ha'n bës a wra goslowes ortans.
6Ny a dheu dhyworth Duw. Neb a
aswonha Duw, a vydn goslowes
orthyn ny. Neb na dheffa dhyworth
Duw, ny vydn agan clôwes. Dre
hebma ny a aswon spyrys an gwir-
yoneth, ha spyrys an errour.

7A vreder veurgerys, gesowgh ny
dhe gara an eyl y gela, dre rêson an
gerensa dhe dhos dhyworth Duw.
Kenyver a wrella cara, ev yw genys a
Dhuw, hag a aswon Duw. 8Kenyver
na wrella cara, nyns usy owth aswon
Duw, rag Duw yw kerensa. 9Indelma
y feu kerensa Duw dysclôsys i'gan
mesk ny: Duw a dhanvonas y udn
Vab aberth i'n bës, may hallen ny
bewa dredho. 10An gerensa esof vy
ow côwsel anedhy—nyns yw hy agan
kerensa tro ha Duw, mès y gerensa ev
tro ha ny, pàn dhanvonas y Vab dhe
wul amendys rag agan pehosow. 11A
vreder veurgerys, abàn wrug Duw
kebmys agan cara, y coodh dhyn cara
an eyl y gela magata. 12Ny wrug den
vëth bythqweth gweles Duw. Saw
mars eson ny ow cara an eyl y gela,
yma Duw tregys inon ny, hag y fëdh
kerensa collenwys inon.

13Dre hebma ny a wor ny dhe
drega ino ev, hag ev inon ny, rag ev a
ros y Spyrys dhyn. 14Ny a welas hag
yth eson ny ow testa fatell wrug an
Tas danvon y Vab avell Savyour an
bës. 15Yma Duw tregys i'n re-na usy
ow meneges Jesu dhe vos Mab Duw,
hag ymowns y tregys in Duw.
16Indelma ny a aswonas, hag yth eson
ny ow cresy an gerensa dysqwedhys
dhyn ny gans Duw.

Duw yw kerensa, ha'n re-na usy
tregys in kerensa, ymowns y tregys in
Duw, hag yma Duw tregys inhans y.
17An gerensa a veu collenwys i'gan
mesk, may hallen ny kemeres colon
dhâ i'n jëdh fin, rag poran kepar dell
yw Crist, indelma yth on ny i'n bës-
ma. 18Nyns eus own vëth in kerensa,
mès yma kerensa berfeth ow tôwlel
own in mes. Ny veu kerensa collen-
wys in den vëth a gemerra own, rag
yma own ow longya dhe gessydhyans.

19Ny a gar, dre rêson ev dh'agan
cara ny kyns. 20An re-na usy ow
leverel, "Me a gar Duw," hag y ow
casa aga breder, gowygyon yns y. Rag
an re-na na wra cara broder a welsons
y, ny yllons y cara Duw na welsons
bythqweth. 21Hèm yw an comond-
ment a wrussyn recêva dhyworto:
kenyver den a garra Duw, res yw
dhodho cara y vroder kefrës.

5 Kenyver a gressa bos Jesu an
Crist, yth yw genys a Dhuw.
Kenyver onen a garra an tas pò an
vabm, a gar an flogh kefrës. 2Dre
hebma ny a wor fatell geryn ny flehes

Duw, pàn geryn Duw hag obeya dh'y
gomondmentys. 3Rag kerensa tro ha
Duw yw hebma: ny dhe obeya y
gomondmentys. Nyns yw sawgh
poos y gomondmentys, 4rag pynag
oll a vo genys a Dhuw a wra fetha an
bës. Hèm yw an vyctory usy ow fetha
an bës: agan crejyans ny. 5Pyw usy
owth overcùmya an bës, mès ev usy
ow cresy Jesu dhe vos Mab Duw?

6Ev yw hedna a dheuth dre dhowr
ha goos, Jesu Crist. Ny dheuth ev dre
dhowr yn udnyk saw dre dhowr ha
goos. An Spyrys yw hedna usy ow
testa, rag an Spyrys yw an gwir-
yoneth. 7Yma try usy ow testa: 8an
Spyrys, an dowr ha'n goos, hag unver
yns y an eyl gans y gela. 9Yth eson ny
ow tegemeres dùstuny mab den. Saw
surly yth yw brâssa dùstuny Duw.
Hèm yw dùstuny Duw: ev dhe dhesta
ow tùchya y Vab. 10An re-na usy ow
cresy in Mab Duw, y a's teves an
dùstuny i'ga holon. An re-na nag usy
ow cresy in Duw, y a'n gwrug gowek,
abàn na wrussons y cresy an dùstuny
a veu rës gans Duw ow tùchya y Vab.
11Hèm yw an dùstuny: Duw re ros
dhyn bêwnans heb dyweth, hag yma
an bêwnans-ma in y Vab. 12Neb a'n
jeffa an Mab, ev a'n jeves bêwnans
kefrës. Neb na'n jeffa an Mab, nyns
usy an bêwnans ganso.

13Yth esof ow screfa an taclow-ma
dhywgh why, usy ow cresy in hanow
Mab Duw, may hallowgh why
godhvos why dhe gafos an bêwnans
heb dyweth. 14Hèm yw an colonecter
usy genen ny ino ev, mar teun ny ha
govyn tra vëth warlergh y volùnjeth
ev, ev a wra agan clôwes. 15Ha mar
codhon ny ev dhe woslowes orthyn,
ha ny ow covyn taclow orto, ny a wor
kefrës, ny dhe recêva dhyworto
pùptra a wrellen govyn.

16Mar teuta ha gweles dha vroder
ow cul pegh (nag yw pegh bys in
mernans), te a wra pesy dhe Duw,
hag ev a vydn ry bêwnans dhodho ev,
nag usy y behosow ow lêdya dhe
ancow. Yma pehosow i'n bës usy ow
try mernans. Ny lavaraf bos res
dhywgh pesy dhe Dhuw ow tùchya
an re-na. 17Pùb trespas yw pegh, mès
yma pehosow i'n bës, na wra
hùmbronk dhe'm mernans.

18An re-na neb yw genys a Dhuw,
ny wrowns y peha, rag yma hedna
neb a veu genys a Dhuw orth aga
dyffres, ha ny yll an tebel-el aga
thùchya. 19Ny a wor agan bos an
flehes a Dhuw, ha bos oll an norvës
in dadn arlottes an tebel-el. 20Ny a
wor kefrës Mab Duw dhe vos
devedhys, hag ev dhe ry dhyn
ùnderstondyng, may hallen ny y
aswon ev neb yw gwiryon. Yth eson
ny ino ev neb yw gwiryon, drefen
agan bos in y Vab Jesu Crist. Hèm yw
an Duw gwiryon, ha hèm yw an
bêwnans heb dyweth.

21A flehes vian, gwrewgh gwetha
agas honen rag idolys.

Secùnd Pystyl Jowan

1 Dhyworth an elder,

Dhe'n arlodhes dhêwysys ha dh'y
flehes, neb a garaf vy i'n gwiryoneth.
Ha pùbonen kefrës usy owth aswon
an gwiryoneth a's car y, 2dre rêson
a'n gwiryoneth, usy tregys inon, hag
a vëdh genen bys vycken.

3Re bo grâss, mercy ha cres genen
dhyworth Duw an Tas ha dhyworth
Jesu Crist, Mab an Tas, in gwir-
yoneth hag in kerensa.

4Ass o brâs ow joy, pàn wrug avy
clôwes radn a'th flehes dhe gerdhes
i'n gwiryoneth, kepar dell erhys an
Tas dhyn dhe wul. 5Saw lebmyn, a
arlodhes wheg, me a'th pës may
whrellen cara an eyl y gela—ha nyns
esof ow screfa dhis comondment
nowyth, mès onen a veu genen dhia
an dallath. 6Ha hòm yw kerensa, ny
dhe kerdhes warlergh y gomond-
mentys. Hèm yw an comondment,
poran kepar dell wrusta y glôwes i'n
dallath, may hallowgh why kerdhes
ino.

7Lies tùllor res êth alês i'n bës, an
re-na nag usy ow meneges Jesu Crist
dhe dhos i'n kig. Tùllor yw den vëth
a'n par-na ha'n antecrist! 8Bedhowgh
war, ma na wrellowgh why kelly an
pëth a wrussyn ny collenwel, saw may
hallowgh why recêva leun weryson.
9Neb na wrella trega in dyscans Crist,
saw a wrella mos dresto, ny'n jeves an
den-na Crist. Neb a wrella trega i'n
dyscans, ev a'n jeves an Tas ha'n Mab
kefrës. 10Mar teu den vëth dhywgh ha
na vëdh an dyscans-ma ganso, na
wrewgh naneyl y recêva i'th chy na'y
wolcùbma. 11Mar teffowgh ha'y wol-
cùbma, why a via kevrednek a'n drog-
oberow a dhen a'n sort-na.

12Kynth eus lies tra genef dhe
screfa dhywgh, gwell via dhybm
refrainya dhyworth ûsya paper hag
ink. Govenek a'm beus in le a hedna
dos dhywgh ha côwsel orth agas
ganow, may fo leun agan lowena.

13Yma flehes dha whor dhêwysys
orth dha dhynerhy.

Tressa Pystyl Jowan

1 Dhyworth an elder,

Dhe Gayùs meurgerys, neb a garaf
vy in gwiryoneth.

2A vroder meurgerys, me a bës
may whrelles spêdya in pùptra, hag
enjoya yêhes dâ, kepar dell usy dha
enef in poynt dâ. 3Assa veuma lowen,
pàn dheuth radn a'n vreder ha desta
a'th lendury dhe'n gwiryoneth, hèn
yw dhe styrya te dhe gerdhes i'n
gwiryoneth. 4Ny'm beus chêson vëth
brâssa rag lowena ès pàn glôwaf ow
flehes dhe vos ow kerdhes i'n gwir-
yoneth.

5A vroder meurgerys, pynag oll tra
a wrelles, te a'n gwra gans lelder rag
an vreder, kynth yns y alyons dhis. 6Y
a dhestas a'th kerensa jy dhyrag an
eglos. Te a wra yn tâ, mar teuta ha'ga
danvon in rag in maner wordhy a
Dhuw. 7Y a dhalathas an viaj rag
kerensa Crist, ha ny wrussons y
degemeres gweres vëth dhyworth an
paganys. 8Rag hedna y tal dhyn
scodhya tus an par-na, may fen ny
kesoberoryon gansans i'n gwir-
yoneth.

9Me re screfas neppyth dhe'n
eglos, mès ny wra Diotrefes, usy ow
tesîrya gorra y honen i'n kensa le,
nyns usy va owth aswon agan
auctoryta. 10Rag hedna, mar teuma
dhywgh, me a vydn gul dhywgh
remembra y oberow, hag ev ow lêsa
adro fâls-cabel adro dhyn. Nyns yw
hedna lowr dhodho, mès yma va
kefrës ow sconya wolcùbma an
vreder, ea, hag yma va ow lettya an
re-na a vynsa gul indelma, hag orth
aga herdhya mes a'n eglos.

11A vroder meurgerys, na wra
warlergh an pëth a vo drog, saw gwra
warlergh an pëth a vo dâ. Kenyver
den a wrella dâ, ev a dheu dhyworth
Duw. Kenyver den na wrella dâ, ny
welas ev Duw. 12Pùbonen a dhestas
gans favour a Dhemetryùs. An gwir-
yoneth a dhestas anodho kefrës. Yth
eson ny inwedh ow testa anodho, ha
te a wor bos gwir agan dùstuny.

13Me a'm beus lowr dhe screfa
dhis, saw gwell yw dhybm refrainya
dhyworth ûsya paper hag ink. 14In le
a hedna govenek a'm beus dha weles
in scon, ha ny a wra côwsel an eyl
orth ganow y gela.

15Re bo cres genes. Yma an vreder
orth dha dhynerhy. Dynargh er y
hanow pùbonen a'n vreder.

Pystyl Jûd

1 Dhyworth Jûd, servont a Jesu
Crist ha'n broder a Jamys.

Dhe'n re-na yw gelwys ha
meurgerys in Duw an Tas, ha
gwethys saw rag Jesu Crist.

2Re'gas bo mercy, cosoleth ha
kerensa lowr ha plenty!

3A vreder veurgerys, yth esof ow
fysky dhe screfa dhywgh a'n salva-
cyon on ny kevrednek anodho. Yth
hevel dhybm bos res screfa dhywgh,
may hallowgh strîvya rag an fëdh a
veu trestys dhe bobel Duw unweyth
rag nefra. 4Rag certan faitours re
scolkyas aberth i'gas mesk. Yth yns y
nans yw termyn hir dampnys avell
tus dydhuw. Ymowns y ow cam-
drailya grâss agan Duw rag gul
mostethes anodho, hag ow tenaha
agan udn Mêster hag Arlùth, Jesu
Crist.
5Dâ via genef gul dhywgh perthy
cov, kyn whodhowgh pùptra i'n
mater, fatell wrug an Arlùth dys-
trêwy an re-na na vydna cresy, wosa
ev dhe selwel y bobel mes a bow
Ejyp. 6Yma va ow sensy i'ga chainys
i'n tewolgow downha oll, rag nefra
bys i'n jëdh brâs dewetha, an eleth a
asas aga thyleryow hag a forsâkyas
aga thrigva ewn. 7In kepar maner
Sodom ha Gomorre, ha'n cytas ader
dro kefrës, abàn wrussons y prac-
tycya mostethes, ha lùstys dynatur, y
a servyas avell ensamplys. Y a veu
pùnyshys dre dan dyvarow.
8Indelma inwedh yma an re-ma
hedhyw. Yma aga hunrosow orth aga
lêdya dhe dhefolya an kig, dhe
sconya auctoryta, ha dhe dhespîtya
an eleth. 9I'n contrary part, pàn wrug
Myhal arghel strîvya gans an tebel-el
adro dhe gorf Moyses, ny wrug ev
lavasos gul cabel wàr y bydn, saw ev
a leverys, "Re wrello an Arlùth dha
rebûkya!" 10Mès yma an dus-ma ow
cably pùptra na yllons convedhes. Y
yw defolys gans an taclow a wodhons
convedhes—dre nas adar dre
skentoleth, kepar ha bestas dyskians.
11Goy! Goy! Rag ymowns y ow
kerdhes in fordhow Caym, rag ewn
goveytys ow telyvra aga honen dhe
errour Balaam. Ymowns y ow mos
dhe goll, kepar hag in rebellyans
Core.
12Bysmêr yw an re-ma dh'agas
festow kerensa. Y a wra golya gen-
owgh heb own vëth, hag y ow maga
aga honen. Y yw cloudys heb dowr,
drîvys in rag der an gwyns. Gwëdh
kydnyaf heb frût vëth yns y, marow
dywweyth ha dywredhys. 13Y yw
todnow gwyls i'n mor, ow tôwlel in
bàn an ewon a'ga sham. Y yw
sterednow gwandra, may fëdh an
tewolgow downha sensys ragthans
bys vycken ha bys venary.
14Enok, i'n seythves heneth dhia
Adam, a brofusas adro dhe'n re-ma,
pàn leverys, "Me a welas an Arlùth
ow tos ha deg mil a'y sens ganso. 15Ev
a vydn collenwel y vreus wàr bùb-
onen. Ev a wra convyctya pùbonen
a'y wadn-oberow, neb a wrug ev in
tebel-fordh, hag a'n geryow asper a
leverys pehadoryon dreus wàr y bydn
ev." 16An re-ma yw an growsegyon
ha'n vrathkeun. Ymowns owth omry

aga honen dh'aga drog-whansow.
Predhek uver yw aga lavarow, hag y
a vëdh ow flattra hag ow fecla rag aga
les aga honen.

17Saw why, a vreder veurgerys, yma
res dhywgh perthy cov a'n profecy, a
wrug an abosteleth a'gan Arlùth Jesu
Crist. 18Y a leverys dhywgh, "I'n
dedhyow dewetha y fëdh gwelys gês-
yoryon hag y a wra omry aga honen
dh'aga drog-whansow." 19An re-ma
yw an dus usy ow sordya strif. Rowtys
yns der aga whansow genesyk, rag
nyns usy an Spyrys inhans.

20Saw why, a vreder veurgerys,
gwrewgh byldya agas honen in bàn
pùpprës in sansoleth hag in fëdh.
Gwrewgh agas pejadow i'n Spyrys
Sans. 21Gwethowgh agas honen in
kerensa Duw. Gortowgh mercy agan
Arlùth Jesu Crist, usy ow lêdya dhe
vêwnans heb dyweth. 22Ha kemer-
owgh pyteth a'n re-na a wrella
hockya. 23Selwowgh ken re orth aga
sêsya mes a'n tan. Bedhowgh mercya-
byl dhe radn aral whath gans own,
owth hâtya an bows yw defolys der an
kig.

24Saw dhodho ev, neb a yll agas
gwetha rag codha, ha'gas settya a'gas
sav heb nàm, ha gans lowena in golok
y glory, 25dhe'n udn Duw agan Syl-
wyas, dre Jesu Crist agan Arlùth, re
bo glory, brâster, gallos hag auctoryta
kyns pùb termyn oll, i'n tor'-ma bys
venytha! Amen.

Revelacyon (pò Dysqwedhyans) Jowan

1 Hèm yw an revelacyon a veu rës
gans Duw dhe Jesu Crist. Y feu
va rës dhodho may halla ev dys-
qwedhes dh'y servysy an taclow a resa
wharvos yn scon. Ev a'n declaryas
dh'y servont Jowan, ow tanvon y el
dhodho. 2Ha Jowan a dherivas pùptra
a welas, hag indelma ev a destas a er
Duw hag a dhùstuny Jesu Crist.
3Benegys yw kenyver den a wrella
redya geryow an profecy, ha benegys
yw an re-na a'n clôwa, ha gwetha an
taclow usy ino, rag ow nessa yma an
prës.

4Jowan,

Dhe'n seyth eglos in Asya:

Grâss dhywgh ha cres dhyworto ev
neb yw, a veu hag a vëdh, dhyworth
an seyth spyrys usy dhyrag y dron ev,
5ha dhyworth Jesu Crist, an dùstuny
lel, kensa denethys a'n re marow ha
pedn myterneth an norvës.

Yma va orth agan cara ny, hag ev
a'gan delyvras der y woos dhyworth
agan pehosow, 6hag a wrug ahanan
gwlascor prontyryon rag servya y
Dhuw ha'y Das. Dhe Jesu Crist re bo
glory ha gallos bys venytha! Amen.

7Merowgh, yma va ow tos i'n
cloudys!
Pùb lagas a'n gwelvyth,
ea, an re-na neb a'n gwanas, ha rag
y gerensa ev y whra ola pùb
nacyon i'n norvës.
Ea, in gwir.

8"Me yw an Alfa ha'n Omega," yn
medh an Arlùth Duw, an Ollgalosek,
neb yw hag a veu hag a vëdh.
9Me, Jowan, agas broder, usy ow
kevradna genowgh why in Jesu Crist
a'n tormentyans ha'n wlascor ha'n
perthyans dov, yth esen i'n enys
gelwys Patmos awos kerensa ger
Duw ha dùstuny Jesu. 10Yth esen i'n
Spyrys jorna an Arlùth, ha me a
glôwas adrëv dhybm lev uhel kepar
ha trompa 11ow leverel, "Scrif in
lyver pynag oll tra a wrylly gweles, ha
danvon an lyver dhe'n seyth eglos,
dhe Efesùs, dhe Smyrna, dhe Perga-
mùm, dhe Thiatîra, dhe Sardys, dhe
Fyladelfya ha dhe Laodycea."
12Me a drailyas dhe weles pana lev
esa ow côwsel orthyf. Pàn drailys, me
a welas seyth coltrebyn owr, 13hag in
mesk an coltrebydnyer me a welas
onen kepar ha Mab an Den, pows hir
adro dhodho ha padn owrlyn dres y
vrest. 14Blew y bedn o maga whydn
avell gwlân wydn, maga whydn avell
ergh, ha'y dhewlagas o flàm a dan.
15Kepar ha brons bùrnsys hag afînys
in forn o y dreys. Y voys o kepar ha
son lies dowr. 16In y dhorn dyhow
yth esa ev ow sensy seyth steren. Yth
esa cledha lybm dew vin ow tos mes
a'y anow. Y fâss o kepar ha'n howl,
pàn vo va ow spladna gans oll y nerth.
17Pàn wrug avy y welas, me a
godhas orth y dreys avell den marow.
Saw ev a settyas y leuv dhyhow
warnaf ha leverel, "Na borth awher.
Me yw an kensa ha'n dewetha. 18Me
yw hedna usy ow pewa. Me a veu

marow, saw lebmyn me a vëdh yn few bys venytha. Me a'm beus alwhedhow Ancow hag Iffarn.

19“Scrif i'n tor'-ma an pëth re wrusta gweles, an dra neb yw ha'n dra a wra hapnya wosa hebma. 20Hèm yw styr sêcret an seyth steren a welsta i'm leuv dhyhow, ha styr an seyth coltrebyn owr: an seyth steren yw eleth an seyth eglos, ha'n seyth coltrebyn yw an seyth eglos.

2

“Dhe el eglos Efesùs scrif:

An re-ma yw an geryow a Hedna, usy ow sensy an seyth steren in y dhorn dyhow, hag usy ow kerdhes in mesk an seyth coltrebyn owr: 2Aswonys dhybm yw dha oberow, dha lavur ha'th perthyans. Me a wor na ylta perthy drog-oberoryon. Te re wrug prevy an re-na usy ow terivas aga bos abosteleth, mès nag yns y màn. Te re gafas y dhe vos fâls. 3Me a wor kefrës fatell esta ow pêsya hag ow perthy gans godhevyans rag kerensa ow hanow vy, ha na wrusta defygya whath.

4Saw me a'm beus hebma wàr dha bydn, te dhe forsâkya an gerensa a'th feu i'n dalathfos. 5Porth cov ytho a'n pëth osta skydnys dhyworto. Coodh in edrek, ha gwra an oberow a wrusta i'n dallath. Mar ny wrêta indelma, me a dheu ha removya dha goltrebyn mes a'y dyller—mar ny vedhyth repentys. 6Saw hebma a yll bos leverys i'th favour: cas dhis yw oberow an Nycolaytans. Casadow yns y dhybmo vy kefrës.

7Neb a'n jeffa scovornow, gwrêns ev goslowes orth an pëth usy an Spyrys ow leverel dhe'n eglosyow. Dhe genyver onen a wrella overcùmya, me a vydn ry cubmyas dhe dhebry a'n wedhen a vêwnans, usy in paradîs Duw.

8“Ha dhe el eglos Smyrna scrif:

An re-ma yw geryow an kensa ha'n dewetha, ev neb a veu marow, hag a dheuth arta dhe'n bêwnans. 9Aswonys dhybm yw dha oppressyon ha'th vohosogneth, kynth osta rych. Aswonys dhybm yw cabel an re-na a lever aga bos Yêdhewon, kyn nag yns y màn. Y yw an synaga a Satnas. 10Na gebmer own a'n pëth a wrylly sùffra. Bëdh war, an tebel-el a wra tôwlel radn ahanowgh in pryson. Why a vëdh assayes ha cafos govyjyon bys pedn deg jorna. Bëdh lel bys in mernans, ha me a re dhis an gùrun a vêwnans.

11Kenyver onen neb a'n jeffa scovarn, gwrêns ev goslowes orth an pëth usy an Spyrys ow leverel dhe'n eglosyow. Neb a wrella overcùmya, ny vëdh ev pystygys der an secùnd mernans.

12“Ha dhe el eglos Pergamùm scrif:

An re-ma yw an geryow a hedna a'n jeves an cledha lybm dew vin. 13Me a wor pleth esta tregys, le may ma tron Satnas. Yth esta bytegyns ow sensy fast dhe'm hanow vy. Ny wrussys unweyth denaha dha fëdh inof vy in dedhyow Antypas, ow dùstuny lel, pàn veu ev ledhys i'gas cyta, trigva Satnas.

14Saw me a'm beus nebes taclow wàr dha bydn. Yma genes i'n tyller-na tus usy ow sensy a dhyscas

Balaam. Y a dheskys Balak dhe
settya antylly dhyrag pobel Israel.
Y a's inias dhe dhebry kig offrydnys
dhe idolys, ha dhe wul fornyca-
cyon. [15]In kepar maner, yma radn
genes usy ow sensy a dhyscans an
Nycolaytans. [16]Gwra repentya
ytho. Mar ny wrêta codha in edrek,
me a vydn dos dhis yn scon, ha
gwerrya wàr aga fydn gans cledha
ow ganow.

[17]Pynag oll a'n jeffa scovarn,
gwrêns ev goslowes orth an pëth a
lever an Spyrys dhe'n eglosyow.
Kenyver a wrella overcùmya, me a
re an mana cudh dhodho dhe
dhebry. Y rov dhodho kefrës men
gwydn, ha hanow nowyth screfys
warnodho. Ny vëdh an hanow-na
aswonys dhe dhen vëth, mès
dhodho ev neb a vydn y recêva.

18"Ha dhe el eglos in Thiatîra scrif:

An re-ma yw geryow mab Duw,
hag a'n jeves dewlagas kepar ha
flàm a dan, hag yma y dreys kepar
ha brons bùrnsys. [19]Aswonys
dhybm yw dha oberow—dha
gerensa, dha fëdh, dha servys ha'th
perthyans dov. Me a wor bos brâssa
dha oberow dewetha ès an kensa
oberow.

[20]Saw me a'm beus hebma wàr
dha bydn: yth esta ow perthy an
venyn-na Jezebel, usy ow facya hy
bos profet. Yma hy dre hy dyscans
ow tysseytya ow servysy dhe wul
fornycacyon ha dhe dhebry boos
offrydnys dhe fâls dhuwow. [21]Me a
ros dhedhy spâss dhe repentya, mès
ny vydn hy trailya dhyworth hy
mostethes. [22]Bëdh war! Me a vydn
hy thôwlel wàr wely a bainys. An
re-na usy ow cul lewdnes gensy, me
a vydn aga thôwlel in anken brâs,
marnas y a wra repentya a'ga fegh.
[23]Me a vydn whare ladha oll hy
flehes. Gans hedna oll an eglosyow
a wra godhvos, ow bos vy hedna
usy owth examnya conscyans ha
colon, ha me dhe rewardya pùb-
onen ahanowgh warlergh y ober-
ow. [24]Saw i'n tor'-ma me a vydn
côwsel orth an radn aral ahanowgh
in Thiatîra, an re-na na wrug
degemeres an dyscans-na, ha na
wrug desky 'taclow down Satnas,'
dell lever an dus. Ny vanaf settya
warnowgh begh vëth moy, [25]mar
tewgh why ha sensy fast dhe'n pëth
usy genowgh, erna dhyffyf.

[26]Ha kenyver a wrella fetha ha
durya gans ow oberow vy bys i'n
dyweth, me a vydn ry dhodho
power wàr an nacyons—

27'An den na a wra aga rewlya dre
welen horn,
kepar dell yw lestry pry sqwattys
dhe dybmyn'—

kepar dell wrug avy recêva an keth
power dhyworth ow Thas. [28]Me a
vydn ry an verlewen dhodho in-
wedh. [29]Pynag oll a'n jeffa scovarn,
gwrêns ev goslowes orth an pëth a
lever an Spyrys dhe'n eglosyow.

3 "Ha dhe el eglos Sardys scrif:

An re-ma yw an geryow a hedna
neb a'n jeves seyth spyrys Duw,
ha'n seyth steren. Aswonys dhybm
yw dha oberow. Te yw acowntys
dhe vos yn few, mès marow osta.
[2]Dyfun ha crefha a vo gesys dhis,
kyns ès an dra dhe verwel yn tien.

Rag me a wor convedhes, nag yw
perfeth whath dhyrag Duw an pëth
yw gwrës genes. 3Porth cov a'n
pëth a wrusta recêva ha clôwes.
Gwra obeya dhe'n taclow-na ha
codha in edrek. Mar ny wrêta
dyfuna, me a dheu kepar ha lader,
ha ny wrêta unweyth godhvos pana
dermyn a wrama dos.
4Yma radn ahanowgh bytegyns
in Sardys na wrug mostya aga
dyllas. Why a wra kerdhes genef ha
gwysk gwydn adro dhywgh, rag
wordhy owgh why. 5Neb a wrella
overcùmya, a vëdh gwyskys kepar
ha'n re-na in dyllas gwydn. Ny
wrama vy defendya y hanow ev mes
a lyver an bêwnans. Me a vydn
avowa y hanow dhyrag ow Thas
ha'y eleth. 6Kenyver onen a'n jeffa
scovornow, gwrêns ev goslowes
orth an pëth a lever an Spyrys
dhe'n eglosyow.

7"Ha dhe el eglos Fyladelfya scrif:

An re-ma yw an geryow a hedna
yw sans ha gwir. Ev a'n jeves
alwheth Davyth. Pàn usy ev owth
egery, ny yll den vëth degea. Mar
teu va ha degea, ny yll den vëth
egery. 8Aswonys dhybm yw dha
oberow. Mir, me a settyas daras
opyn dhyragos, na yll den vëth y
dhegea. Me a wor nag eus dhis mès
bohes power, mès te re wrug
gwetha ow geryow, ha ny wrusta
denaha ow hanow. 9An re-na a
synaga Satnas, usy ow leverel aga
bos Yêdhewon (nag yns màn—
gowygyon yns y), me a wra dhe-
dhans dos i'th presens, ha gordhya
dhyrag dha dreys. Y a wra desky
me dhe'th cara jy. 10Dre rêson te
dhe sensy ow ger vy a berthyans
dov, me a vydn dha wetha rag an
termyn a brevyans. Pàn dheffa an
termyn-na, prevys vëdh oll tregor-
yon an bës.
11Me a dheu yn scon. Sens yn
fast dhe'n pëth usy dhis, ma na allo
den vëth ladra dhyworthys an
gober a vyctory. 12Mar teuta ha
fetha, me a wra pyllar ahanas in
templa ow Duw. Ny wrêta nefra
mos mes anodho. Me a vydn screfa
warnas hanow ow Duw, ha hanow
cyta ow Duw, Jerùsalem nowyth,
usy ow skydnya mes a'n nev dhy-
worth ow Duw, ha'm hanow
nowyth kefrës. 13Kenyver onen a'n
jeffa scovornow, gwrêns ev gos-
lowes orth an pëth a lever an
Spyrys dhe'n eglosyow.

14"Ha dhe el eglos Laodycea scrif:

An re-ma yw geryow an Amen,
an dùstuny lel ha gwir, dallath a
greacyon Duw. 15Aswonys dhybm
yw dha oberow. Nyns osta naneyl
yeyn na tobm. Gwell via dhybm te
dhe vos pò yeyn pò tobm. 16Rag
hedna dre rêson te dhe vos mygyl,
drefen nag osta naneyl yeyn na
tobm, me a vydn dha drewa mes
a'm ganow. 17Rag te a lever, 'Me
yw rych, ha me a'm beus meur a
bethow, ha ny'm beus othem a dra
vëth.' Ny wodhesta dha vos truan,
morethek, bohosak, dall hag yn
noth. 18Rag hedna yth esof vy ow
ry cùssul dhis. Gwra prena dhy-
worthyf owr afînys dre dan, may
hylly bos rych. Gwra prena dyllas
gwydn rag gorra adro dhis, ha dhe
gudha dha notha dhyvlas. Gwra

prena onyment inwedh rag ùntya dha dhewlagas, ha te a welvyth.

19 Me a vydn rebûkya ha pùnyshya pùbonen a garaf. Bëdh dywysyk ytho ha gwra repentya. 20 Goslow! Yth esof ow sevel orth an daras ow knoukya. Mar teuta ha clôwes ow lev, hag egery an daras, me a vydn entra dhis, ha debry genes, ha te a wra debry genama.

21 Kenyver a wrella overcùmya, me a vydn ry dhodho tyller genef vy wàr ow thron, kepar dell wrug avy overcùmya, hag esedha gans ow Thas wàr y dron ev. 22 Pynag oll a'n jeffa scovornow, gwrêns ev goslowes orth an pëth a lever an Spyrys dhe'n eglosyow."

4 Wosa hebma me a veras, ha mir, daras egerys i'n nev! Ha'n kensa lev, neb a glôwys ow côwsel orthyf kepar ha trompa, a leverys, "Deus in bàn obma, ha me a dhysqwa dhis an taclow a res wharvos wosa hebma." 2 Strait me a veu i'n spyrys, hag yth esa tron a'y sav i'n nev, hag onen a'y eseth warnodho. 3 An semlant a hedna esa a'y eseth wàr an tron o kepar ha men jaspys ha sardyon, hag yth esa cabmdhavas adro dhe'n tron kepar hag emerôd. 4 Adro dhe'n tron yth esa peswar tron warn ugans, ha wàr an trônys-na tus hen a'ga eseth, peswar warn ugans anodhans, gwyskys in dyllas gwydn ha cùrun owr wàr aga fedn. 5 Yth esa luhes ha tarednow ow tos mes a'n tron. Dhyrag an tron yma seyth fakel a dan ow lesky, ha'n re-na yw seyth spyrys Duw. 6 Ha dhyrag an tron yma neppyth kepar ha mor a weder, hag ev haval dhe grystal.

I'n cres hag ader dro yth esa peswar best bew, hag y a's teves lies lagas arag hag adhelergh. 7 An kensa best o kepar ha lion, an secùnd kepar ha leugh, an tressa best a'n jeva fâss den, ha'n peswora o kepar hag er ow neyja. 8 Pùbonen anodhans a'n jeva whegh askel, hag y o leun a lagasow oll adro ha wàr jy. Yth esens ow cana jorna ha nos heb cessya,

"Sans, sans, sans
yw an Arlùth Duw, an Ollgalosek,
hag ev a veu, yth ywa lebmyn
hag ev a vëdh rag nefra."

9 Hadre vo an peswar best bew ow ry glory, hag onour, ha grassow, dhodho ev usy a'y eseth wàr an tron, hag a vëdh yn few bys venytha, 10 yma an peswar elder warn ugans ow codha dhe'n dor dhyragtho ev, usy esedhys wàr an tron hag a vëdh yn few bys vycken, hag ymowns y orth y wordhya. Yma pùbonen anodhans ow tôwlel y gùrun dhe'n dor dhyrag an tron, hag ow cana,

11 "Wordhy osta jy, agan Arlùth
ha'gan Duw,
dhe recêva glory, onour ha power,
rag te a formyas pùptra, ha dre dha
volùnjeth jy y fowns y gwrës ha
creatys."

5 Ha me a welas rol screfa i'n dorn dyhow a hedna esa esedhys wàr an tron. Yth esa screfa war an dhew denewen anedhy, ha selys veu hy gans seyth sel. 2 Ha me a welas el galosek ow carma uhel y lev, "Pyw yw wordhy dhe egery an rol ha terry an selyow?" 3 Ny ylly den vëth oll naneyl i'n nev nag i'n nor nag in dadn an dor

egery an rol na meras aberth inhy.
4Me a skydnyas in olva, dre rêson na
veu kefys den vëth gwyw dhe egery
an rol, ha meras inhy. 5Nena onen a'n
dus hen a leverys dhybm, "Na wra
ola! Mir, Lion a drib Jûda, Gwredhen
Davyth a wrug overcùmya, hag ev a
yll egery an rol ha'y seyth sel."

6Nena me a aspias in mesk an
trônys, in mesk an peswar best ha'n
dus hen, Ôn a'y sav kepar ha pàn veu
va ledhys. Seyth corn a'n jeva, ha
seyth lagas, ha'n re-na yw seyth
spyrys Duw danvenys in mes in oll an
norvës. 7An Ôn êth ha kemeres an rol
mes a'n dorn dyhow a hedna esa a'y
eseth wàr an tron. 8Pàn gemeras ev
an rol, an peswar best ha'n peswar
elder warn ugans a godhas dhe'n dor
dhyrag an Ôn. Yth esa pùbonen ano-
dhans ow sensy harp owr, ha scala
owr leun a enkys, ha'n re-na yw
pejadow an sens. 9Yth esens ow cana
cân nowyth, ow leverel:

"Wordhy osta dhe gemeres an rol,
ha dhe egery an selyow,
rag te a veu ledhys, ha dre'th woos
te re dhasprenas tus rag Duw
dhyworth pùb lynyeth ha yêth,
ha dhyworth pùb pobel ha
nacyon.
10Te a wrug anodhans gwlascor ha
prontyryon dhe servya Duw, hag
y a wra rainya i'n norvës."

11Nena me a veras ha gweles eleth,
milyow ha mylyons anodhans! Yth
esens ow sevel adro dhe'n tron, hag
adro dhe'n bestas ha'n dus hen, 12hag
ow cana a lev uhel,

"Gwyw yw an Ôn neb a veu ledhys
dhe recêva power ha rychys, ha
furneth ha gallos,
hag onour ha glory ha bedneth!"

13Nena me a glôwas pùb creatur i'n
nev, hag i'n nor, hag in dadn an nor,
hag i'n mor, ha pùptra esa i'n mor ow
cana,

"Dhodho ev usy a'y eseth wàr an
tron
re bo bedneth, hag onour, ha glory,
ha gallos bys venytha!"

14Ha'n peswar best bew a leverys,
"Amen!" Ha'n dus hen a godhas
dhe'n dor ha'y wordhya.

6

Nena me a welas an Ôn owth
egery onen a'n seyth sel, ha me
a glôwas onen a'n seyth best ow cria
in mes, "Deus!" 2Me a veras, ha mir,
margh gwydn! Gwarek a'n jeva y
varhak. Cùrun a veu rës dhodho, hag
ev a dheuth in mes yn vyctoryùs dhe
fetha.

3Pàn wrug ev egery an secùnd sel,
me a glôwas an secùnd best ow cria
in mes, "Deus!" 4Ha margh aral eth
in mes, ha rudh o va. Ha'n marhak a
recêvas cubmyas dhe gemeres cres
dhyworth an norvës, rag may whrella
pobel an bës ladha an eyl y gela. Hag
y feu rës dhodho cledha brâs.

5Pàn egoras ev an tressa sel, me a
glôwas an tressa best ow cria in mes,
"Deus!" Me a welas ha mir, margh
du! Y varhak a'n jeva mantol in y
dhorn. 6Me a glôwas tra kepar ha
voys in mesk an peswar best bew ow
leverel, "Wajys udn jorna rag qwart
a waneth, ha wajys udn jorna rag try
whart a varlys. Gwra sparya an oyl
ha'n gwin!"

[7]Pàn egoras ev an peswora sel, me
a glôwas lev an peswora best bew ow
cria in mes, "Deus!" [8]Ha me a veras,
ha mir, margh glas! Hanow y varhak
o Ancow hag yth esa Iffarn orth y
sewya yn clos. Y feu rës dhedhans
auctoryta wàr an peswora radn a'n
norvës, dhe ladha der an cledha, dre
nown, dre blag ha gans bestas gwyls
an nor.

[9]Pàn egoras ev an pympes sel, me a
welas in dadn an alter enevow an re-
na re bia ledhys awos ger Duw, hag
awos an dùstuny a rosons. [10]Y a grias
uhel aga lev ha leverel, "Pana bellder
vëdh, a Arlùth sans ha gwir, erna
wrelles jùjya, ha venjya agan goos ny
wàr dregoryon an norvës?" [11]Y feu
pows wydn rës dhe bùbonen ano-
dhans, ha comondys veu dhedhans
powes pols bian whath, erna ve
collenwys nyver aga heswesyon ha'ga
breder. Rag whare y feu an re-na
ledhys, poran kepar dell vowns y
ledhys aga honen.

[12]Pàn wrug ev egery an wheffes sel,
me a veras, ha mir, y feu dorgis brâs.
An howl a veu mar dhu avell saghlen,
ha'n loor êth kepar ha goos. [13]An ster
a godhas dhe'n dor, kepar dell usy
fygwedhen ow tôwlel fyges criv dhe'n
dor, pàn vo hy shakys gans gwyns
crev an gwâv. [14]An ebron a wrug
vanyshya, kepar ha rol screfa pàn vo
hy rolys in bàn. Pùb meneth ha pùb
enys a veu removys mes a'y dyller.

[15]Nena myterneth an norvës, an
vrâsyon, an rewlysy, an dus rych ha
pusant, ha pùbonen keth ha frank, a
gudhas aga honen i'n cavyow hag in
mesk carrygy an menydhyow. [16]Yth
esens ow kelwel dhe'n menydhyow
ha dhe'n carrygy ow leverel,
"Codhowgh warnan ha kelowgh ny
dhyworth an fâss a hedna, usy a'y
eseth wàr an tron, ha dhyworth sorr
an Ôn! [17]Rag dëdh brâs aga sorr a
dheuth. Pyw a yll omwetha ragtho?"

7 Wosa hedna me a welas peswar
el a'ga sav wàr beder cornel an
dor. Yth esens ow lettya peswar
gwyns an dor, ma na alla gwyns vëth
whetha, naneyl wàr an nor na wàr an
mor, na warbydn gwedhen vëth. [2]Me
a welas ken el ow tos in bàn dhyworth
an howldrevel ha sel an Duw bew a'n
jeva, hag ev a grias, uhel y lev, dhe'n
peswar el re bia rës dhedhans gallos
dhe shyndya an dor ha'n mor. [3]Ev a
leverys, "Na wrewgh pystyga naneyl
an nor, na'n mor, na'n gwëdh, erna
wrellen ny selya servysy agan Duw
gans sel wàr aga thâl." [4]Ha me a
glôwas nùmber an re-na a veu selys:
cans, dew ugans ha peder mil a bùb
trib a Vebyon Israel.

[5]A drib Jûda y feu selys dewdhek
mil,
a drib Rewben dewdhek mil,
a drib Gad dewdhek mil,
[6]a drib Asher dewdhek mil,
a drib Nepthaly dewdhek mil,
a drib Manasse dewdhek mil,
[7]a drib Symeon dewdhek mil,
a drib Levy dewdhek mil,
a drib Issahar dewdhek mil,
[8]a drib Zebalon dewdhek mil,
a drib Josef dewdhek mil,
hag a drib Benjamyn dewdhek mil.

[9]Wosa hebma me a veras, ha mir,
rûth vrâs, na alsa den vëth nefra
nyvera, dhyworth pùb nacyon, pùb
trib, pùb pobel ha pùb yêth. Yth
esens a'ga sav dhyrag an tron, ha
dhyrag an Ôn. Yth esa dyllas gwydn

adro dhedhans, ha palmys i'ga dewla.
10Yth esens y ow cria in mes, uhel aga
lev, hag ow leverel,

"Yma sylwans ow longya dh'agan
Duw,
usy a'y eseth wàr an tron,
ha dhe'n Ôn!"

11Yth esa oll an eleth a'ga sav adro
dhe'n tron, hag adro dhe'n dus hen
ha'n peswar best bew, hag y a godhas
wàr aga fâss dhyrag an tron ha
gordhya Duw 12ha cana,
"Amen!
Bedneth, ha gordhyans,
ha furneth, ha grassow hag onour,
ha power, ha gallos,
re bo dh'agan Duw bys venytha!
Amen!"

13Nena onen an dus hen a gowsas
orthyf ha leverel, "Pyw yw an re-ma
hag yw gwyskys in dyllas gwydn, hag
a ble teuthons y?"

14Me a worthebys dhodho, ha
leverel, "Syra, te dha honen a wor yn
tâ."

Nena ev a leverys dhybm, "An re-
ma yw an dus re dheuth mes a'n tor-
mens brâs. Y a wrug golhy ha gwydn-
he aga dyllas in goos an Ôn. 15Rag
hedna,

"ymowns y dhyrag tron Duw,
orth y wordhya in y dempla ev
jorna ha nos.
Ev, usy a'y eseth i'n tron, a vydn ry
goskes dhedhans.
16Ny's tevyth namoy nown na
sehes;
ny wra an howl namoy aga gweskel,
na gwres loscus vëth.
17Rag an Ôn, usy in mesk an tron,
a vëdh aga bugel, hag ev a wra
aga lêdya bys i'n fentydnyow a'n
dowr a vêwnans,
ha Duw a vydn deseha pùb dagren
dhyworth aga lagasow."

8 Pàn egoras an Ôn an seythves
sel, y feu taw i'n nev neb hanter-
our. 2Me a welas an seyth el esa a'ga
sav dhyrag Duw, hag y feu rës
dhedhans seyth trompa.

3Ken el, ha sensour owr ganso, a
dheuth ha sevel dhyrag an alter.
Meur incens a veu rës dhodho dhe
offrydna, gans an pejadow a oll an
sens, wàr an alter a owr usy dhyrag an
tron. 4Yth esa mog an incens,
warbarth gans pejadow an sens, owth
ascendya mes a dhorn an el. 5Nena an
el a gemeras an sensour, ha'y lenwel
a dan an alter, ha'y dôwlel dhe'n dor.
Hag y feu sonow taran, levow, luhes
ha dorgis.

6Ha'n seyth el, neb a's teva an seyth
trompa, a wrug ombarusy dh'aga
whetha.

7An kensa el a whethas y drompa
ha mir, keser ha tan kemyskys gans
goos! An taclow-na a veu tôwlys
dhe'n dor. An tressa radn a'n dor a
veu leskys, ha'n tressa radn a'n gwëdh
a veu leskys, ha scaldys veu oll an
gwerwels.

8Pàn whethas an secùnd el y
drompa, neppyth kepar ha meneth
brâs ow lesky gans tan, a veu tôwlys
i'n mor. 9An tressa radn a'n mor a veu
gwrës goos. An tressa radn a'n bestas
bew i'n mor a verwys, ha'n tressa
radn a'n gorholyon a veu dystrêwys.

10Ha'n tressa el a whethas y
drompa, ha steren vrâs, ow spladna
kepar ha fakel, a godhas mes a'n

ebron, ha codha wàr an tressa radn a'n ryvers hag a'n fentydnyow a dhowr. [11]Fuelen yw hanow an steren. Y feu fuelen an tressa radn a'n dowr, ha lies onen a verwys awos an dowr, dre rêson a'y wherôwder brâs.

[12]Nena an peswora el a whethas y drompa. An tressa radn a'n howl a veu gweskys, ha'n tressa radn a'n loor, ha'n tressa radn a'n ster, may whrug an tressa radn a'ga golow kelly hy splander. Ny veu golow vëth dres an tressa radn a'n jëdh, ha dres an tressa radn a'n nos.

[13]Ha me a veras, ha clôwes er ow neyja in cres an ebron, hag ev ow cria, uhel y lev, "Gu! Gu! Goy, tregoryon an norvës, pàn vo kenys ken trompys gans an try el aral!"

9 Pàn whethas an pympes el y drompa, me a welas an steren, a godhas mes a'n ebron. Alwheth an pyt dywoles a veu rës dhe'n el, [2]hag ev a egoras an pyt dywoles, ha mog a ascendyas mes anodho, kepar ha mog forn brâs. An howl ha'n air a veu tewlhës gans mog an pyt. [3]Nena locùstys a dheuth wàr an nor mes a'n mog, hag y feu auctoryta rës dhedhans, kepar hag auctoryta scorpyons an bës. [4]Comondys veu dhedhans na wrellens shyndya gwels an dor, na tra vëth glas, na gwedhen vëth, ha na wrellens pystyga den vëth saw unsel an re-na na's teva sel Duw wàr aga thâl. [5]Y a gafas cubmyas a'ga thormentya dres pymp mis heb aga ladha. Aga fainys o kepar ha pystyk scorpyon pàn wra va pyga. [6]I'n dedhyow-na tus a vydn whelas an mernans, saw ny wrowns y gafos. Whensys vedhons dhe verwel, saw an mernans a wra fia dhywortans.

[7]Ha semlant an locùstys o kepar ha mergh hernessys rag batal. Yth esa wàr aga fedn neppyth kepar ha cùrun owr. Fassow mebyon tus a's teva, [8]ha blew kepar ha blew benyn, ha dens kepar ha dens lion. [9]Scantednow a's teva kepar ha brestplât horn. Son aga askelly o kepar ha son lies charet, ha lies margh ow ponya dhe'n vatal. [10]Kepar ha lost scorpyon o aga lost, hag yth esa gwan ino. Yma power i'ga lost dhe bystyga tus bys pedn pymp mis. [11]Y a's teves mytern warnodhans, hèn yw an el a'n pyt dywoles. Abaddon yw y hanow ev i'n tavas Ebrow, hag in tavas an Grêkys ev yw gelwys Apollyon.

[12]Tremenys yw an kensa anken, mès yma dew anken whath dhe dhos.

[13]Pàn whethas an wheffes el y drompa, me a glôwas lev dhyworth an peswar corn a'n alter owrek dhyrag Duw, [14]ow côwsel orth an wheffes el, neb a'n jeva an trompa in y dhorn. An lev a leverys, "Gwra relêssya an peswar el usy kelmys orth ryver brâs Ewfrâtes." [15]Indella y feu relêssys an peswar el. Y a veu sensys rag an very termyn-na, an jëdh, an mis, ha'n vledhen, may hallens ladha an tressa radn a vebyon tus. [16]Nùmber an varhogyon a veu derivys dhybm. Dew cans mylyon o va.

[17]I'm vesyon an vergh o kepar dell sew: pùb marhak a'n jeva brestplât a lyw tan, a lyw safir hag a lyw loskven. Kepar ha pedn lion o pednow an vergh, hag yth esa tan, ha mog, ha loskven ow tos mes a'ga ganow. [18]An try flag ma a ladhas an tressa radn a vebyon tus, hèn yw an tan, an mog ha'n loskven, esa ow tos mes a'ga ganow. [19]I'ga ganow yth esa power an

vergh hag i'ga lost. Kepar ha serpont
yw an lost, hag yma pedn warnodho
usy pystyk ino.
20An remnant a vebyon tus, na veu
ledhys gans an plagys ma, ny wruss-
ons y trailya dhyworth an taclow a
wrussons y gul. Ny wrussons y cessya
dhe wordhya dewolow hag idolys a
owr, a arhans, a vrons hag a bredn.
Ny yll an re-na naneyl gweles, clôwes
na kerdhes. 21Naneyl ny wrussons y
repentya a'ga mùrder, a'ga fystry,
a'ga mostethes nag a'ga ladrynsy.

10 Me a welas ken el, meur y
nell, ow skydnya dhyworth
an nev, ha cloud adro dhodho, ha
cabmdhavas a-ugh y bedn. Kepar
ha'n howl o y fâss ha'y arrow o pyllars
a dan. 2Yth esa in y dhorn rol screfa
vian hag opyn o hy. Ev a settyas y
droos dyhow wàr an mor, ha'y droos
cledh wàr an tir sëgh, 3ha cria in uhel,
kepar ha lion owth uja. Ha pàn grias
ev, an seyth taran a veu clôwys.
4Wosa an seyth taran dhe vos clôwys,
me a vynsa screfa, saw me a glôwas
lev dhyworth an nev ow leverel,
"Gwra selya in bàn an dra a veu
leverys gans an seyth taran, ha na wra
y screfa màn."
5Nena an el, neb a welys vy a'y sav
wàr an mor, ha wàr an tir sëgh, a
dherevys y dhorn dyhow dhe'n nev,
6ha tia dre hedna a vëdh ow pewa bys
venytha, hag a formyas an nev ha
pùptra ino, an nor ha pùptra ino ha'n
mor ha pùptra ino. An el a leverys,
"Ny vëdh namoy strech, 7saw pàn
wrella an seythves el whetha y
drompa, collenwys vëdh mystery
Duw, kepar dell wrug ev declarya
dhe'n profettys, y servysy."
8Nena an lev, neb a glôwys dhy-
worth an nev, a gowsas orthyf arta
hag a leverys, "Kê, kebmer an rol
screfa vian hag opyn mes a dhorn an
el, usy ow sevel wàr an mor ha wàr an
tir."
9Gans hedna me êth dhe'n el, ha'y
gomondya dhe ry dhybm an rol
screfa vian. Ev a leverys dhybm,
"Kebmer hy ha'y debry. Wherow y
fëdh hy dhe'th pengasen, saw sosten
mar wheg avell mel y fëdh hy rag dha
anow." 10Gans hedna me a gemeras
an rol screfa mes a dhorn an el, ha'y
debry. Maga wheg o hy avell mel i'm
ganow, saw warlergh me dh'y debry,
ow fengasen a veu gwrës wherow.
11Nena y feu leverys dhybm, "Res yw
dhis profusa arta, ow tùchya lies
pobel ha nacyon, lies yêth ha
mytern."

11 Nena gwelen musura kepar
ha lorgh a veu rës dhybm,
hag y feu leverys, "Sav in bàn ha
musur templa Duw ha'n alter, ha'n
re-na usy ow cordhya ino. 2Saw na
wra musura an gort avês dhe'n
templa. Rës yw hodna dhe'n nacyons,
hag y a wra trettya an cyta sans in
dadn dreys dew vis ha dew ugans.
3Ha me a vydn grauntya auctoryta
dhe'm dhew dhùstuny, dhe brofusa
gans iscar adro dhedhans mil, dew
cans ha try ugans jorna." 4An re-ma
yw an dhew olyfwedhen ha'n dhew
goltrebyn usy a'ga sav dhyrag Arlùth
an norvës. 5Mar pëdh den vëth
whansek dh'aga shyndya, tan a dheu
mes a'ga ganow ha lesky aga esker-
ens. Mars eus den vëth ow tesîrya aga
myshevya, ev a res bos dystrêwys
indelma. 6Y a's teves auctoryta dhe
dhegea an ebron, ma na wrella glaw

vëth codha in dedhyow aga frofecy. Y
a gav auctoryta wàr an dowrow
kefrës, rag aga thrailya dhe woos, ha
dhe weskel an dor gans plag a bùb
sort, peskytter may fo dâ gansans.

7Pàn wrellons y gorfedna aga
dùstuny, an best usy owth ascendya
mes a'n pyt dywoles, a wra gwerrya
wàr aga fydn ha'ga fetha ha ladha.
8Aga horfow marow a wra growedha
in strêtys an cyta vrâs, ha hodna yw
gelwys Sodom hag Ejyp warlergh an
spyrys. I'n tyller-na kefrës aga Arlùth
a veu crowsys. 9Try dëdh ha hanter-
dëdh an dus dhyworth oll an poblow,
an gwlasow, an tavosow ha'n nacyons
a wra meras stark orth aga horfow
marow, ha ny wrowns y alowa an
corfow dhe vos gorrys in bedh vëth.
10Tregoryon an bës a wra rejoycya a-
ughtans, ha gul degol ha ry presons
an eyl dh'y gela, rag an dhew brofet-
ma o pain brâs dhe dregoryon an nor.

11Wosa try dëdh ha hanter-dëdh
an spyrys a vêwnans a entras inhans,
hag y a savas in bàn wàr aga threys.
Seul a's gwelas, a gemeras uth.
12Nena y a glôwas lev uhel mes a nev
ow côwsel ortans, hag ow leverel,
"Dewgh in bàn obma!" Hag y a
ascendyas i'n cloud bys i'n nev, ha'ga
eskerens ow meras ortans.

13I'n very prës na y feu dorgis brâs,
ha'n degves radn a'n cyta a godhas. Y
feu ledhys seyth mil dhen i'n dorgis,
ha'n remnant a gemeras uth, hag a
ros glory dhe Dhuw an nev.

14Tremenys yw an secùnd anken,
ha'n tressa anken a dheu yn scon.

15Pàn whethas an seythves el y
drompa, y feu clôwys levow uhel in
nev ow leverel,

"Gwlascor an bës re beu gwrës
gwlascor agan Arlùth
ha gwlascor y Grist,
hag ev a wra rainya bys venytha."

16Nena an peswar elder warn
ugans, esa a'ga eseth wàr aga thron-
ow, a godhas wàr aga fâss, ha gordhya
Duw 17ha leverel,

"Yth eson ny ow ry râss dhis, a
Arlùth Duw Ollgalosek,
te neb yw hag a veu,
rag te dhe gemeres dhis dha allos
brâs ha dallath rainya.
18Conar a's teves an nacyons, saw
dha sorr jy re dheuth,
ha'n termyn may fëdh jùjys an re
marow,
may fëdh rewardys dha servysy, an
profettys, an sens,
hag oll an re-na usy ow perthy own
a'th hanow jy,
an re bian ha'n re brâs.
Ha te a wra dystrêwy an re-na usy
ow shyndya an nor."

19Nena templa Duw in nev a veu
egerys ha'n argh a'y gevambos a veu
gwelys in y dempla. Y feu luhes,
trosow, sonow taran, dorgis ha keser
poos.

12 Y feu gwelys in nev aneth
brâs: benyn, ha'n howl in hy
herhyn, ha'n loor in dadn hy threys,
ha cùrun dewdhek steren wàr hy
fedn. 2Yth esa hy ow cria in mes, ha
hy gans flogh hag in golovas, rag
painys a's teva kyns ès denethy. 3Ha
ken marthus a apperyas i'n nev. Mir,
dragon rudh vrâs hag a's teva seyth
pedn, ha deg corn, ha seyth cùrun
wàr hy fednow. 4Ha lost an dhragon

a wrug tedna an tressa radn a ster an
nev, ha'ga thôwlel dhe'n dor. An
dhragon a savas dhyrag an venyn, ha
hy parys dhe dhenethy, rag an
dhragon a vynsa devorya hy flogh
kettel ve genys. 5An venyn a dhug
gourflogh, a vydna rewlya oll an
nacyons dre lorgh horn. Hy flogh a
veu kechys in bàn dhe Dhuw, ha dh'y
dron ev. 6An venyn a fias bys i'n
gwylfos, le mayth esa tyller parys
gans Duw rygthy, may halla hy bos
megys ena mil dew cans ha try ugans
jorna.

7Hag y feu gwerryans in nev:
Myhal ha'y eleth a werryas warbydn
an dhragon. An dhragon ha'y eleth a
wrug omlath. 8Saw ny wrussons y
overcùmya, naneyl ny veu aga thyller
kefys in nev namoy. 9Ha'n dhragon
vrâs a veu tôwlys in mes, an hager-
brëv coth, henwys an tebel-el ha
Satnas, hedna usy ow tecêvya oll an
bës. Ev a veu tôwlys in mes dhe'n
dor, ha'y eleth a veu tôwlys in mes
warbarth ganso.

10Ha me a glôwas lev uhel ow
leverel in nev,

"Lebmyn sylwans, ha nerth, ha
gwlascor agan Duw
re dheuth, ha gallos y Grist,
rag tôwlys dhe'n dor
re beu cùhudhor agan breder,
ev neb usy orth aga acûsya dëdh ha
nos.
11Saw y re'n fethas dre woos an
Ôn,
ha dre eryow aga dùstuny,
rag ny wrêns y glena orth an
bêwnans in fâss an mernans kyn
fe.
12Bedhowgh lowen ytho, why
nevow, ha whywhy usy tregys
inhans!
Saw an nor ha'n mor, goy, rag an
tebel-el re skydnyas dhywgh
serrys brâs.
Rag ev a wor nag yw gesys dhodho
mès termyn cot!"

13Pàn wrug an dhragon convedhes
hy dhe vos tôwlys dhe'n dor, hy a
dormentyas an venyn a dhug an
gourflogh. 14Y feu rës dhe'n venyn
dyw àskel kepar hag eskelly er, may
halla hy neyja bys i'n gwylfos
dhyworth fâss an hager-brëv dh'y
thyller teythy. Ena hy a vëdh megys
termyn, termynyow ha hanter-ter-
myn, pell dhyworth fâss an dhragon.
15An hager-brëv a dowlas mes a'y
anow dowr kepar ha ryver warlergh
an venyn, may halla hy scubya in
kerdh gans an liv. 16Saw an dor a
wrug gweres an venyn, hag egery y
anow, ha lenky an ryver a dowlas an
dhragon mes a'y ganow. 17Nena an
dhragon a sorras orth an venyn, ha
mos dhe werrya warbydn remnant hy
flehes, an re-na usy ow qwetha
comondmentys Duw, hag ow sensy
dùstuny Jesu.

13 Nena an dhragon êth ha
sevel wàr dreth an mor. Ha
me a welas best ow tos in bàn mes a'n
mor. Ev a'n jeva deg corn, ha seyth
pedn, ha wàr y gern yth esa deg
cùrun, hag yth esa henwyn blasfemùs
wàr y bednow. 2Kepar ha lewpart o
an best a welys vy. Kepar ha pawyow
ors o y bawyow, ha kepar ha min lion
o y anow. Ha'n dhragon a ros
dhodho hy gallos, ha'y thron, hag
auctoryta brâs. 3Yth hevelly onen a'y

bednow dhe vos brêwys bys in ancow,
mès yaghhës re bia an goly mortal.
Yth esa oll tus an bës ow sewya an
best, hag y amays. 4Yth esens ow
cordhya an dhragon, rag hy a ros hy
auctoryta dhe'n best. Yth esens ow
praisya an best hag ow leverel, "Pyw
yw haval dhe'n best? Pyw a yll
gwerrya wàr y bydn?"

5Y feu rës dhe'n best ganow, esa
owth ùttra lavarow gothys ha blas-
femùs, hag y feu alowys dhodho gul
mêstry dew vis ha dew ugans. 6Egery
y anow a wrug ha cably Duw, owth
ùttra cabel warbydn y hanow ha'y
drigva, hèn yw dhe styrya, myns eus
tregys in nev. 7Y feu rës dhodho
kefrës lecyans dhe werrya warbydn an
sens ha dh'aga fetha. Ev a gafas
auctoryta wàr bùb nacyon ha pobel,
wàr bùb tavas ha gwlascor. 8Hag oll
tregoryon an norvës a wra y wordhya,
pùbonen na veu y hanow screfys dhia
fùndacyon an bës in lyver bêwnans an
Ôn, neb a veu ledhys.

9Neb a vo scovornow dhodho,
gwrêns ev goslowes.

10Mars yw res dhe dhen vëth mos
dhe bryson, dhe bryson ev â.
Mar qwra den vëth ladha der an
cledha, der an cledha ev a vëdh
ledhys.

Ot obma galow dhe'n sens dhe
dhurya, ha dhe vos crev i'ga fëdh.

11Ha me a welas ken best ow tos in
bàn mes a bry an dor. Duw gorn a'n
jeva, kepar hag ôn ha kepar ha cows
dragon o y gows. 12Yma va ow rewlya
gans gallos an kensa best in y le ev.
Yma va ow constrîna an norvës, hag
oll y dregoryon, dhe wordhya an
kensa best re bia yaghhës a'y woly
mortal. 13Yma va ow cul sînys brâs,
ow try tan kyn fe mes a nev dhe'n dor
dhyrag oll an bobel. 14Der an sînys a
vëdh alowys dhodho dhe wul, yma va
ow tùlla tregoryon an norvës. Yma va
ow comondya dhedhans dhe wul
imach a'n best re bia golies gans an
cledha, hag a vewas wosa hedna.
15Alowys veu dhodho ry anal dhe
imach an best, may halla imach an
best côwsel kyn fe. Grauntys veu
dhodho comondya dhe ladha kenyver
onen na wrella gordhya y imach.
16Moy ès hedna, yma va ow cul dhe
bùbonen, kefrës brâsyon ha tus
kemyn, tus rych ha bohosogyon, tus
frank ha kethwesyon, dhe recêva
mark wàr an dorn dyhow pò wàr an
tâl. 17Ny vëdh den vëth abyl, naneyl
dhe wertha na dhe brena, marnas ev
a vo merkys gans an merk. An merk-
na yw hanow an best pò nùmber y
hanow.

18Hèm yw qwestyon a skentoleth.
Neb a'n jeffa skians, gwrêns ev nyvera
nùmber an best, rag nùmber a dhen
yw. An nùmber yw 666 (whegh cans,
whegh deg ha whegh).

14 Me a veras, ha mir, an Ôn
ow sevel in Meneth Sion!
Yth esa warbarth ganso cans, dew
ugans ha peder mil, ha'y hanow ev ha
hanow y Das o screfys wàr aga thâl.
2Me a glôwas lev mes a'n nev kepar
ha son lies dowr, ha son taran vrâs.
An lev na o kepar ha telynoryon ow
qwary wàr aga harpys. 3Ymowns y ow
cana cân nowyth dhyrag an tron, ha
dhyrag an peswar best bew ha'n dus
hen. Den vëth ny yll desky an gân-na
saw unsel an cans, dew ugans ha
peder mil neb a veu dasprenys
dhyworth an dor. 4Y yw an re-na a

refrainyas orth mostya aga honen
gans benenes, rag vyrjyns yns y.
Ymowns y ow sewya an Ôn pynag oll
fordh mayth ella. Y a veu dasprenys
mes a vebyon tus, avell bleynfrûtys
rag Duw, ha rag an Ôn. 5Ny veu gow
vëth kefys i'ga ganow. Dyvlam yns y.

6Me a welas ken el ow neyja in cres
an nev, hag ev a'n jeva awayl dyvarow
dhe brogeth dhe'n re-na esa tregys
wàr an nor—dhe bùb nacyon ha trib,
dhe bùb yêth ha pobel. 7Yth esa va
ow leverel uhel y voys, "Perthowgh
own a Dhuw, ha rewgh dhodho
golohas, rag termyn y vreus re
dheuth. Gordhyowgh ev neb a
formyas an nev ha'n norvës, an mor
ha fentydnyow an dowr."

8Ha ken el, an secùnd anodhans,
a'n sewyas ow leverel, "Codhys,
codhys yw Babylon vrâs! Hy a wrug
dhe oll an nacyons eva a win fell hy
mostethes."

9Ha ken el arta, an tressa anodhans,
a's sewyas, ow cria, uhel y lev, "An re-
na usy ow cordhya an best ha'y imach
hag usy o recêva merk wàr aga thâl,
pò wàr aga dorn, 10y a wra eva kefrës
a'n gwin a sorr Duw. Hedna a vëdh
deverys heb kemysky aberth in hanaf
y anger, hag y a vëdh tormentys gans
tan ha loskven dhyrag y eleth sans,
hag in presens an Ôn. 11Mog aga
thormens a wra ascendya bys venytha.
Ny vëdh powes vëth rag an re-na, usy
ow cordhya an best ha'y imach.
Naneyl ny vëdh powes rag kenyver a
wrella recêva merk y hanow." 12Hèm
yw galow dhe'n sens rag perthyans. Y
yw an re-na, usy ow cul warlergh
comondmentys Duw, hag ow sensy
fast dhe fëdh Jesu.

13Me a glôwas lev mes a'n nev ow
leverel, "Scrif hebma: Benegys yw an
re marow usy ow merwel alebma rag
i'n Arlùth."

"Ea," yn medh an Spyrys, "y a wra
powes dhyworth aga lavur, rag yma
aga oberow orth aga sewya."

14Nena me a veras, ha gweles cloud
gwydn, hag esedhys warnodho onen
kepar ha Mab an Den. Yth esa cùrun
owr wàr y bedn, hag in y dhorn
crobman lybm! 15Y teuth ken el mes
a'n templa ow kelwel, uhel y lev, dhe
hedna esa a'y eseth wàr an cloud,
"Gwra settya dha grobman dhe'n ÿs
ha mejy, dre rêson bos devedhys an
termyn dhe vejy, ha leun-athves yw
trevas an dor." 16Ha hedna esa a'y
eseth wàr an cloud a wrug swaysya y
grobman dres an dor ha mejys veu an
dor.

17Ken el a dheuth mes a'n templa,
usy i'n nev, hag ev kefrës a'n jeva
crobman lybm in y dhorn. 18Nena
ken el a dheuth in mes dhia an alter,
an el a'n jeves auctoryta wàr an tan,
hag ev a grias in mes, uhel y voys, dhe
hedna esa an crobman lybm in y
dhorn. Ev a leverys, "Gwra settya dha
grobman lybm dhe'n grappys.
Cùntell oll an grappys a winlan an
bës, rag athves yns y." 19Ha'n el a
swaysyas y grobman dres an dor, ha
cùntell trevas grappys an bës, ha'y
thôwlel i'n winwask vrâs a sorr Duw.
20An winwask a veu trettys avês dhe'n
cyta. Goos a resas mes a'n winwask
mar uhel avell frodnow margh, rag
pellder nebes dew cans mildir.

15 Nena me a welas tôkyn aral
in nev, brâs ha marthys:
seyth el ha gansans seyth plag. An re-
na yw an radn dhewetha, rag y fëdh
gorfednys sorr Duw gansans y. 2Me
a welas neppyth kepar ha mor a

weder kemyskys gans tan, hag yth esa
ow sevel ryb an mor a weder oll a'n
re-na a fethas an best, ha'y imach ha
nùmber y hanow. Yth esa harpys i'ga
dewla, [3]hag yth esens ow cana cân
Moyses, servont Duw, ha cân an Ôn:

"Bras ha marthys yw dha wrians, a
 Arlùth Duw Ollgalosek!
Ewn ha gwir yw dha fordhow, a
 Vytern an nacyons!
[4]A Arlùth, pyw na wrussa kemeres
 own ha gloryfia dha hanow?
Rag te yn udnyk yw sans.
Pùb nacyon a dheu ha gordhya
 dhyragos
rag dysclôsys yw dha jùjmentys."

[5]Wosa hedna me a veras, ha gweles
an templa opyn in nev, hag yth esa an
tylda a Bresens Duw ino. [6]Mes a'n
templa y teuth an seyth el, a's teva an
seyth plag, hag yth esa sendal ilyn
adro dhedhans, ha grugys owr dres
aga brest. [7]Nena onen an bestas a ros
dhe'n seyth el seyth scala owr, hag y
leun a sorr Duw, Duw neb yw yn few
bys vycken ha bys venary. [8]An templa
a veu lenwys a vog dhyworth glory
Duw, ha'y bower. Ny ylly den vëth
entra i'n templa, erna veu cowlwrës
seyth plag an seyth el.

16 Ha me a glôwas lev uhel, ow
tos mes a'n templa hag ow
leverel dhe'n seyth el, "Kewgh wàr
agas fordh, ha scùllyowgh in mes wàr
an bës an seyth scala a sorr Duw."

[2]An kensa el êth, ha scùllya y scala
wàr an dor. Y teuth brew poder ha
lybm wàr an re-na a's teva merk an
best warnodhans, ha wàr an re-na a
wordhya y imach.

[3]An secùnd el a scùllyas y scala wàr
an mor. An mor êth kepar ha goos
corf marow, ha pùptra vew ino a
verwys.

[4]An tressa el a dheveras y scala wàr
an ryvers, ha wàr fentydnyow an
dowr, hag y a veu gwrës goos. [5]Ha
me a glôwas el an dowrow ow leverel,

"Gwiryon yw an vreus a wrussys, te
 Arlùth Sans, neb a veu, hag yw,
 hag a vëdh.
[6]Dre rêson y dhe scùllya goos an
 sens ha goos an profettys, te re
 ros dhedhans goos dhe eva.
Gallas aga gober ewn gansans!"

[7]Ha me a glôwas an alter ow
cortheby hag ow leverel,

"Ea, a Arlùth, an Duw Ollgalosek,
gwir hag ewn yw dha vreus!"

[8]An peswora el a dheveras y scala
wàr an howl, hag alowys veu dhe'n
howl lesky tus dre dan. [9]Y a veu
scaldys gans an tomder brâs. Y a wrug
molethy hanow Duw, rag ev a'n jeva
auctoryta wàr an plagys-ma. Ny
wrussons y codha in edrek, ha'y
wordhya ev.

[10]An pympes el a dheveras y scala
wàr dron an best, ha tewolgow a
godhas wàr wlascor an best. An bobel
a wre densel aga thavosow rag ewn
anken, [11]ha molethy an Duw a nev
awos aga fainys ha'ga brewyon. Saw
ny wrussons y repentya a'ga thres-
passys.

[12]An wheffes el a dheveras y scala
wàr ryver brâs an Ewfrâtes. Y feu
dowr an ryver sehys in bàn, hag y feu
parys fordh rag an vyterneth dhia an
ÿst. [13]Me a welas try drog-spyrys
kepar ha qwylkydnow ow tos mes a

anow an dhragon, mes a anow an best, ha mes a anow an fâls profet. 14An re-ma yw spyrysyon an dhewolow, usy ow cul sînys, hag ow mos alês dhe vyterneth oll an bës, may hallons y aga cruny warbarth rag an gwerryans a jorna brâs Duw Ollgalosek.

15"Goslow, yth esof ow tos kepar ha lader. Benegys yw hedna a wra gortos yn tyfun, hag a vo y dhyllas adro dhodho, ha na vo ow mos ader dro yn noth, ha kemeres sham dhyrag an dus."

16Nena an spyrysyon a wrug aga hùntell warbarth i'n tyller gelwys Har Magedon i'n tavas Ebrow.

17An seythves el a dheveras y scala i'n air. Lev uhel a dheuth mes a'n templa dhyworth an tron ow leverel, "Collenwys yw!" 18Y feu luhes, sonow, tarednow ha dorgis uthyk brâs. Ny veu dorgis a'n par na bythqweth dhia bàn veu formys mab den. 19An cyta vrâs a veu rydnys inter teyr radn, ha cytas an nacyons a godhas. Duw a borthas cov a Babylon brâs, ha ry dhedhy hanaf a win asper y sorr. 20Pùb enys a fias dhe'n fo, hag oll an menydhyow a voydyas. 21Keser brâs, ha poster cans pens in pùb keseren, a godhas mes a nev wàr an dus. Y a wrug molethy Duw, awos an plag-na a geser, rag uthyk dres ehen o va.

17 Nena onen a'n seyth el, neb a's teva an seyth scala, a dheuth dhybm ha leverel, "Deus, me a vydn dysqwedhes dhis fatell vëdh pùnyshys an hôra vrâs, an cyta byldys ryb lies ryver. 2Myterneth an bës a wrug fornycacyon gensy, ha pobel an norvës yw medhow dre win hy mostethes."

3An el a'm dros in kerdh i'n spyrys bys i'n gwylfos, ha me a welas benyn a'y eseth wàr vest rudh. Screfys dres oll an best o henwyn esa ow tespîtya Duw. An best a'n jeva seyth pedn ha deg corn. 4An venyn o gwyskys in pùrpur hag in dyllas cogh, hag afînys o hy gans owr, jowals ha perlys. In hy dorn yth esa hanaf leun a daclow vil hag a last hy mostethes. 5Yth o screfys wàr hy thâl hanow a'n jeva styr kelys:

BABYLON VRÂS
MABM OLL HÔRYS
HA MABM OLL LASTETHES AN NORVËS.

6Me a welas bos an venyn medhow a woos an sens, hag a woos martyrs Jesu.

Pàn wrug avy hy gweles, amays veuma. 7Saw an el a leverys dhybm, "Prag yth esta ow kemeres marth? Me a vydn declarya dhis styr sêcret an venyn, ha mystery an best usy orth hy don, hag a'n jeves seyth pedn ha deg corn. 8An best-na neb a welsys, y feu va yn few, mès nyns usy ev ow pewa na fella. Yma va parys dhe dhos in bàn mes a'n pyt dywoles. Voydya a wra va ha mos dhe goll. Ha tregoryon an bës, na veu aga henwyn screfys i'n lyver a vêwnans dhia fùndacyon an bës, y a vëdh amayes pàn wrellons gweles an best. Ev a veu yn few kyns lebmyn. Nyns ywa namoy yn few, saw ev a wra apperya arta.

9"Res yw bos fur ha skentyl rag styrya an dra. Seyth meneth yw an seyth pedn usy an venyn esedhys warnodhans. Seyth mytern yns kefrës, 10ha codhys yw kenyver onen anodhans. Yma onen yn few, hag yma an seythves anodhans whath dhe

dhos. Pàn dheffa va, ny vëdh res
dhodho mès trega pols bian. 11An
best, neb a veu yn few, mès nag yw yn
few na fella, ev yw an êthves mytern.
Onen a'n seyth erel ywa, hag yma va
ow voydya hag ow mos dhe goll.
12"An deg corn a wrusta gweles, y
yw deg mytern na wrug rainya whath.
Saw y a wra recêva auctoryta avell
myterneth udn our warbarth gans an
best. 13Acordys yns y an eyl gans y
gela, hag ymowns ow ry aga gallos
ha'ga auctoryta dhe'n best. 14Y a wra
gwerrya warbydn an Ôn. An Ôn
warbarth gans y folyers dêwysys,
gelwys ha lel, a vydn overcùmya, rag
ev yw Pedn Arlydhy ha Pedn Vytern-
eth."
15An el a leverys dhybm inwedh,
"An dowrow a wrusta gweles, an
dowrow le may ma an hôra esedhys,
y yw poblow ha nacyons ha gwlasow
ha tavosow. 16Te a welas deg corn
hag y ha'n best a vydn hâtya an hôra.
Y a wra hy wastya ha'y dystryppya yn
noth. Devorya hy hig a wrowns, ha'y
lesky dre dan. 17Duw re settyas i'ga
holon y borpos dhe wul indelma. Y a
wra kesobery, ha ry aga auctoryta
dhe'n best, erna ve geryow Duw
collenwys. 18An venyn, neb a welsys
yw an cyta vrâs. Yma hy ow rewlya
wàr vyterneth an bës."

18 Wosa hedna me a welas ken
el ow skydnya dhyworth an
nev. Gallos brâs a'n jeva, hag oll an
bës a veu golowys der y splander. 2Ev
a grias in mes gans lev crev ha leverel,

"Codhys, codhys yw Babylon vrâs!
Nyns yw hy lebmyn saw trigva
dewolow,
tyller rag pùb spyrys plos, tyller rag
pùb edhen avlan, ha tyller rag
kenyver best mostys ha vil.
3Oll an nacyons a evas a win crev
hy thebel-lùstys hy.
Myterneth an bës a wrug
mostethes gensy.
Marchons an bës a veu gwrës
rych der allos hy harlotry."

4Nena me a glôwas lev aral
dhyworth nev ow leverel,

"Dewgh mes anedhy, ow fobel,
ma na wrellowgh why kemeres
radn a'y fehosow,
ha ma na vowgh why kevrednek
a'y flagys.
5Crunys veu hy fehosow in deys
bys in nev,
ha Duw a borthas cov a'y drog-
oberow.
6Rewgh dhedhy kefrës poran kepar
dell ros hy honen, ha gwrewgh
aqwytya dhedhy dywweyth ken-
yver tra a wrug hy gul.
Lenwowgh hy hanaf a dhewas, a vo
dywweyth creffa ès an dewas a
wrug hy preparya dhywgh why.
7Kepar dell ros hy glory ha plenty
dhedhy hy honen, rewgh dhedhy
kebmys grêf ha torment.
Rag yma hy ow leverel in hy holon,
'Rainys ov kepar ha myternes.
Gwedhowes nyns oma màn, ha
ny wrama nefra gweles anken.'
8Rag hedna oll hy flagys a dheu in
udn jorna, pla, galarow hag esow.
Hy a vëdh leskys gans tan, rag
galosek yw an Arlùth, usy orth hy
jùjya.

9"Myterneth an bës, neb a wrug
fornycacyon gensy, hag a gesvewas

gensy in plenty hag in rychys, a wel-
vyth mog an tan a vëdh orth hy lesky.
Nena y a wra ola ha kyny rygthy. 10Y
a vëdh a'ga sav pell dhyworty, rag
own a'y thormens, ha leverel a
wrowns,

"'Gohy! Gohy, an cyta vrâs,
Babylon, an cyta grev!
Dha vrusyans a dheuth in udn our.'

11"Ha marchons an bës a wra ola ha
kyny rygthy, rag ny wra den vëth
namoy prena a'ga gwara. 12Ny wra
den vëth prena owr, arhans, jowals ha
perlys, sendal, pùrpur, owrlyn ha pàn
cogh, pùb sort a bredn wheg y sawour,
pùb ehen a daclow gwrës a dhans
olyfans, pùptra a bredn precyùs,
brons, horn ha marbel, 13canel, spîcys,
enkys, myrr, frankincens, gwin, oyl
olyf, bleus fin ha gwaneth, gwarthek
ha deves, mergh ha charettys,
kethyon, ea, ha bêwnans tus.

14"An varchons a lever dhedhy,
'Gallas an frûtys dhyworthys, mayth
esa dha enef orth aga whansa. Kellys
dhis yth yw oll dha dybmyn dainty
ha'th splander, ha ny wrêta aga hafos
nefra namoy.' 15Marchons an gwara-
ma, esa ow qwainya rychys mes
anedhy, a vydn sevel pell dhyworty,
rag own a'y thormens. Ola ha
mùrnya a wrowns 16ha leverel,

"'Gohy! Gohy, an cyta vrâs!
Hy o gwyskys in sendal, in pùrpur
hag in pàn cogh.
Afînys o hy gans owr, gans jowals
ha perlys.
17In udn our gallas qwit oll an
rychys-ma!'

"Yth esa a'ga sav abell mêstrysy oll
an gorholyon, ha'n marners, tus an
mor, ha kenyver onen esa ow colya
wàr an keynvor. 18Y a wrug cria in
mes, pàn welsons mog an tan, esa
orth hy lesky, ha leverel, 'Pana cyta
yw haval dhe'n cyta vrâs?' 19Hag y a
dowlas doust wàr aga fedn, hag y
owth ola, ow mùrnya hag ow carma,

"'Gohy! Gohy, an cyta vrâs, le
mayth esa pùb perhednak a lestry
mor ow cafos rychys dre hy
fethow hy!
In udn our hy a veu wastys.
20Rejoycyowgh warnedhy, te
nev, why sens, abosteleth ha
profettys!
Rag Duw a ros dhywgh why
jùjment wàr hy fydn hy."

21Nena el pusant a gemeras in bàn
men, kepar ha men brâs melyn, ha'y
dôwlel in mes i'n mor, ha leverel,

"Gans garowder a'n par-na y fëdh
Babylon, an cyta vrâs, tôwlys
dhe'n dor, ha ny vëdh hy kefys na
fella.
22Ny vëdh son an delynyoryon, an
menestrouthy, an biboryon ha'n
trompys clôwys inos na fella.
Ny vëdh gweythor a greft vëth
kefys inos namoy.
Naneyl ny vëth clôwys inos tros an
men melyn.
23Na ny wra golow an lantern
spladna namoy inos.
Ny vëdh na fella clôwys inos lev an
gour prias ha'n venyn brias.
Rag brâsyon an norvës o dha
varchons,
hag y feu oll an nacyons dysseytys
der dha bystry.

24Inos jy y feu trouvys goos an
profettys ha'n sens,
ha'n goos a oll an re-na, neb a veu
ledhys i'n norvës!"

19 Wosa hedna me a glôwas in
nev neppyth kepar ha lev a
vùsh brâs a dus ow leverel,

"Allelûya!
Re bo sylwans, ha gordhyans ha
gallos dh'agan Duw,
2rag gwir hag ewn yw y vrusyans.
Ev a jùjyas an hôra vrâs,
a vôstyas an norvës gans hy
mostethes.
Ev a venjyas warnedhy
goos y servysy."

3Unweyth arta y a leverys,

"Allelûya!
Y fëdh an mog owth ascendya
dhyworty bys venytha."

4Ha'n peswar elder warn ugans,
ha'n peswar best, a godhas dhe'n dor
ha gordhya Duw, esa a'y eseth wàr an
tron, ow leverel,

"Amen, Allelûya!"

5Ha dhyworth an tron y teuth lev
ha leverel,

"Gormelowgh agan Duw,
oll why y servysy,
ha why oll bian ha brâs,
usy ow perthy own anodho."

6Nena me a glôwas neppyth kepar
ha lev a vùsh brâs a dus, kepar ha son
lies dowr, ha kepar ha tarednow brâs.
An lev a levery,

"Allelûya!
Rag rainys yw an Arlùth,
agan Duw Ollgalosek.
7Gesowgh ny dhe rejoycya ha dhe
vos lowen,
ha dhe ry dhodho glory,
rag maryach an Ôn a dheuth,
ha'y venyn yonk re wrug preparya
hy honen.
8Dhedhy hy a veu grauntys
may fe hy gwyskys gans sendal
spladn ha parfyt."

(An sendal yw oberow gwiryon an
sens.)

9An el a leverys dhybm, "Scrif
hebma: Benegys yw an re-na yw gel-
wys dhe soper demedhyans an Ôn."
Hag ev a leverys dhybm, "An re-ma
yw geryow gwiryon Duw."
10Nena me a godhas dhe'n dor orth
y dreys rag y wordhya, mès ev a
leverys dhybm, "Na wra hedna màn!
Me yw servont kepar ha te ha kepar
ha'th cowetha, usy ow sensy a dhùs-
tuny Jesu. Gwra gordhya Duw." Rag
dùstuny Jesu yw an spyrys a brofecy.
11Me a welas an nev opyn, ha mir,
margh gwydn! Y varhak o gelwys Lel
ha Gwiryon, hag yma va ow jùjya in
gwiryoneth hag ow qwerrya. 12Kepar
ha flàm tan yw y dhewlagas, hag yma
lies cùrun wàr y bedn. Ev a'n jeves
hanow screfys, na wor den vëth saw
unsel ev y honen. 13Yma pows in y
gerhyn, a veu troghyes in goos, hag
ev yw gelwys Ger Duw. 14Yth esa
luyow an nev, sendal gwydn ha glân
adro dhedhans, orth y sewya wàr
vergh wydn. 15Yma cledha lybm ow
tos mes a'y anow, may halla va
gweskel dhe'n dor dredho lies
nacyon. "Ev a vydn aga rewlya dre
welen a horn," ha trettya an winwask

a gonar hag a sorr Duw. 16Wàr y
bows ha wàr y vordhos ev a'n jeves
screfys an hanow-ma:

PEDN VYTERNETH
HA PEDN ARLYDHY.

17Nena me a welas el ow sevel i'n
howl. Ev a grias, uhel y lev, dhe oll an
ÿdhyn esa ow neyja in cres an ebron,
"Dewgh, cùntellowgh rag soper brâs
Duw, 18dhe dhebry kig myterneth,
kig captenow, kig an vrâsyon, kig
mergh ha kig aga marhogyon—ea,
kig pùbonen, frank ha keth, brâs ha
bian."

19Nena me a welas an best, ha
myterneth an bës cùntellys warbarth
gans aga luyow dhe werrya warbydn
marhak an margh gwydn ha warbydn
y lu. 20Ha kemerys veu an best ha'n
fâls profet, neb a wrug dhyragtho oll
an sînys dredhans, may whrug ev
decêvya an re-na, a recêvas merk an
best ha'n re-na esa ow cordhya y
imach. An dhew brysner-ma a veu
tôwlys yn few aberth i'n logh a dan,
esa ow lesky gans loskven. 21An
remnant a veu ledhys dre gledha
marhak an margh gwydn, an cledha
esa ow tos mes a'y anow. Ha pùb
edhen a dhebras kebmys dell ylly a'n
kig a bùbonen anodhans.

20 Me a welas el ow skydnya
dhyworth nev, hag in y
dhorn yth esa alwheth an pyt dywoles,
ha chain brâs. 2Ev a sêsyas an
dhragon, an hager-brëv coth-na hag
ev yw an tebel-el ha Satnas, ha'y
gelmy bys pedn mil vledhen. 3Ev a
dowlas an dhragon i'n pyt, ha'y
dhegea dre alwheth, ha'y selya a-ugh
hy fedn, ma na wrella hy namoy
decêvya an nacyons, erna ve passys an
vil vledhen. Wosa hedna res vëdh hy
delyvra dhe wary rag tecken.

4Nena me a welas trônys, hag y feu
auctoryta dhe jùjya rës dhe'n re-na
esa esedhys warnodhans. Me a welas
inwedh enevow an re-na, a veu
dybednys dre rêson y dhe dheclarya
an gwiryoneth pregowthys gans Jesu,
ha gans ger Duw. Ny wrussons y
gordhya an best na'y imach, naneyl
ny wrussons y recêva y verk wàr aga
thâl na wàr aga dorn. Y a dheuth arta
dhe'n bêwnans, ha rainya avell
myterneth gans Crist mil vledhen.
5Ny wrug dasvewa remnant an dus
varow, erna veu gorfednys an vil
vledhen-na. Hèm yw an kensa das-
serghyans. 6Benegys ha sans yw an
re-na, yw kevrednek a'n kensa das-
serghyans. Ny'n jeves an secùnd
ancow mêstry vëth oll warnodhans,
mès y a vëdh prontyryon Duw, ha
prontyryon Crist. Y a wra rainya mil
vledhen ganso.

7Pàn vo gorfednys an vil vledhen,
relêssys vëdh Satnas mes a'y bryson.
8Ev a dheu in mes rag decêvya an
nacyons orth peswar cornet an bës,
ea, dhe gùntell luyow Gòg ha Magog.
Aga nùmber yw kepar ha tewas an
mor. 9Y a geskerdhas dres oll an nor
ahës, hag omsettya adro dhe gaslës an
sens ha'n cyta veurgerys. Y teuth tan
mes a nev ha'ga lenky. 10Ha'n tebel-
el, neb a's tùllas, a veu tôwlys i'n logh
a dan ha loskven, le mayth esa an best
ha'n fâls profet. Hag y a vëdh tor-
mentys dëdh ha nos bys venytha.

11Nena me a veras, ha gweles tron
brâs gwydn, ha hedna esa esedhys
warnodho. An norvës ha'n nev a fias
dhyworth y bresens, ha ny veu kefys
tyller vëth ragthans. 12Me a welas an
re marow, brâs ha bian, ow sevel

dhyrag an tron, hag y feu egerys lyvrow. Y feu ken lyver egerys kefrës, hèn yw an lyver a vêwnans. An re marow a veu jùjys warlergh aga oberow, kepar dell o recordys i'n lyvrow. 13Nena an mor a dhros in rag an dus varow esa ino. Ancow, hag Iffarn kefrës, a dhros in rag an dus varow esa inhans. Oll an dus varow a veu jùjys warlergh an taclow a wrussons y. 14Nena Ancow hag Iffarn a veu tôwlys aberth i'n logh a dan. An logh-ma yw an secùnd mernans. 15Pynag oll na veu kefys y hanow i'n lyver a vêwnans, ev a veu tôwlys aberth i'n logh a dan.

21 Wosa hedna me a welas nev nowyth ha norvës nowyth, rag tremenys o an kensa nev ha'n kensa norvës, ha'n mor a voydyas qwit dhe ves. 2Me a welas an cyta sans, an Jerùsalem nowyth, ha hy ow skydnya mes a nev dhyworth Duw, kepar ha benyn brias afînys rag hy gour. 3Me a glôwas lev uhel dhyworth an tron ow leverel, "Mir, yma trigva Duw in mesk mebyon tus. Ev a drig gansans. Y a vëdh y bobel ev, ha Duw y honen a vëdh i'ga mesk. 4Ev a wra deseha pùb dagren dhyworth aga lagasow. Ny vëdh Ancow kefys na fella. Galarow hag olva a wra cessya, rag tremenys yw an kensa taclow."

5Hag ev neb esa a'y eseth wàr an tron a leverys, "Mir, yth esof vy ow nowedhy kenyver tra!" Ev a leverys kefrës, "Scrif hebma, rag gwir ha lel yw an geryow-ma."

6Nena ev a leverys dhybm, "Collenwys ywa! Me yw an Alfa ha'n Omega, an dallath ha'n dyweth. Dhe'n re-na a's teves sehes, me a vydn ry yn ro dowr dhyworth fenten dowr an bêwnans. 7Oll an re-na a wrella overcùmya, y a wra eryta an taclow-ma. Me a vëdh aga Duw y, hag y a vëdh ow flehes. 8Saw ow tùchya an cowardys, an dus dyslel, an dus vostys, an dhenledhysy, an gyglos, an bystrioryon, an dus usy ow cordhya idolys ha pùb gowleveryas—aga thyller y a vëdh i'n logh usy ow lesky gans tan ha loskven. Hèn yw an secùnd mernans."

9Nena onen a'n seyth el, neb a's teva an seyth scala leun a'n seyth plag dewetha, a dheuth ha leverel dhybm, "Deus, me a dhysqwa dhis an venyn brias, gwreg an Ôn." 10Ev a'm lêdyas in kerdh i'n spyrys dhe veneth uhel brâs, ha dysqwedhes dhybm an cyta sans, Jerùsalem, ha hy ow skydnya mes a nev dhyworth Duw. 11Hy a's teves glory Duw, ha splanyjyon kepar ha jowal precyùs dres ehen, kepar ha jaspys, mar gler avell crystal. 12Fos vrâs hag uhel a's teves hy, ha dewdhek yet inhy. Yma dewdhek el orth an yettys, ha wàr an yettys yma screfys henwyn dewdhek trib Israel, 13try yet dhe'n ÿst, try yet dhe'n north, try yet dhe'n soth ha try yet dhe'n west. 14Yth o fos an cyta byldys wàr dhewdhek fùndacyon, ha warnodhans yma screfys an henwyn a dhewdhek abostel an Ôn.

15An el, esa ow côwsel orthyf, a'n jeva gwelen musura a owr dhe vusura an cyta, hy yettys ha'y fosow. 16Pedrak yw an cyta, rag kehaval yw hy hës ha'y les. Ev a vusuras an cyta der y welen: pymthek cans mildir. Kehaval yw y hës ha'y les ha'y uhelder. 17Ev a vusuras hy fos kefrës: peswar kevelyn ha seyth ugans warlergh an musur kebmyn, rag hèn o an musur esa an el owth ûsya. 18Gwrës a jaspys yw an fos, saw an cyta hy honen yw owr pur, maga cler avell gweder. 19Fùndacyon an cyta yw afînys gans pùb sort a jowal. Jaspys o an kensa; safîr an secùnd; calcedon an tressa; emerôd an peswora; 20sardonyx an pympes; sardyn an wheffes; crysolît an seythves; beryl an êthves; topaz an nawves; crysoprâs an degves; jacynt an unegves hag amethyst an dewdhegves anodhans. 21Dewdhek perl yw an dewdhek yet. Udn perl yw pùb yet oll, hag owr pur yw strêt an cyta, boll kepar ha gweder.

22Ny welys vy templa vëth i'n cyta, rag hy thempla yw an Arlùth Duw Ollgalosek ha'n Ôn. 23Ny's teves an cyta othem vëth a howl, nag a loor, dhe spladna warnedhy, rag glory an Arlùth yw hy golow, ha'y lantern yw an Ôn. 24Orth hy golow hy an nacyons a wra kerdhes, ha myterneth an bës a vydn dry aga rychys aberth inhy. 25Ny vëdh hy yettys degës nefra i'n jëdh, ha ny vëdh nos vëth inhy rag nefra. 26Tus a wra dry aberth inhy brâster ha rychys an nacyons. 27Saw ny wra tra vëth avlan entra inhy, naneyl den vëth a wrella abomynacyon pò gowegneth. Ny yll entra inhy mès an re-na a vo screfys in lyver bêwnans an Ôn.

22

Nena an el a dhysqwedhas dhybm an ryver a'n dowr a vêwnans, maga cler avell crystal. Yth esa ow tos mes a'n tron a Dhuw hag a'n Ôn 2in cres strêt an cyta. Yma an wedhen a vêwnans ow tevy wàr bùb gladn a'n ryver-na, ha dewdhek sort a frût warnedhy. Yma hy ow ton hy frût dewdhek torn pùb bledhen, unweyth pùb mis oll. Ervirys yw hy delyow rag sawment an nacyons. 3Nyns yw kefys i'n cyta tra vëth melegys. Saw yma an tron a Dhuw hag a'n Ôn kefys inhy, ha'y servysy a wra y wordhya. 4Y a welvyth y fâss ev, ha'y hanow a vëdh wàr aga thâl. 5Ny vëdh nos inhy na fella. Ny's tevyth namoy othem a wolow lantern nag a'n howl, rag an Arlùth Duw a vëdh aga golow, hag y a wra rainya bys venytha.

6Hag ev a leverys dhybm, "Gwir ha heb tùll yw an geryow-ma, rag an Arlùth, Duw an spyrysyon, a dhanvonas y el dhe dhysqwedhes dh'y servysy an taclow a res hapnya whare.

7"Mir, yth esof ow tos heb let! Benegys yw ev usy ow qwetha geryow an profecy usy i'n lyver ma."

8Me, Jowan, a glôwas hag a welas an taclow-ma. Pàn wrug avy aga clôwes, ha'ga gweles, me a godhas dhe'n dor dhe wordhya orth treys an el a's dysqwedhas dhybm. 9Saw ev a leverys dhybm, "Na wra hedna màn! Me yw servont kepar ha te, ha kepar ha'th cowetha, an profettys, ha kepar ha'n re-na usy ow qwetha geryow an lyver-ma. Gwra gordhya Duw!"

10Hag ev a leverys dhybm, "Na wra selya in bàn an geryow a brofecy usy i'n lyver, rag ow nessa yma an prës. 11Gwrêns an drog-oberor gul y dhrockoleth whath, ha neb a vo avlan, bedhens ev avlan whath. Pynag oll a vo gwiryon, a dal pêsya gans an gwiryoneth. Pynag oll a vo sans, a dal durya in sansoleth."

12"Mir, yth esof vy ow tos whare, hag yma ow gober genef, rag rewardya pùbonen warlergh y oberow. 13Me yw an Alfa ha'n Omega, an kensa ha'n dewetha, an dallath ha'n dyweth.

14“Benegys yw an re-na a wrella
golhy aga dyllas, hag a vo an gwir
dhedhans dhe dhos bys i’n wedhen a
vêwnans, ha dhe entra i’n cyta der an
yettys. 15Yma an keun wàr ves, an
bystrioryon, an gyglos, an dhen-
ledhysy, an re-na usy ow cordhya
idolys, ha kenyver onen a garra
gowegneth hag a vo orth y wul.

16“Me, Jesu, a dhanvonas dhywgh
ow el vy gans an dùstuny-ma rag an
eglosyow. Me yw an wredhen ha’n
issyw a Dhavyth, an verlewen
spladn.”

17Yma an Spyrys ha’n venyn brias
ow leverel, “Deus!” Pynag oll a
wrella clôwes hedna, y tal dhodho
leverel, “Deus!” Neb a’n jeffa sehes,
gwrêns ev dos. Neb a vo whensys,
gwrêns ev kemeres yn ro an dowr a
vêwnans.

18Yth esof vy ow qwarnya pùb-
onen, a wrella clôwes an geryow a
brofecy usy i’n lyver-ma, indelma:
mar teu den vëth hag addya dhe-
dhans, Duw a wra addya dhodho ev
an plagys derivys i’n lyver-ma. 19Mar
teu den vëth ha kemeres tra vëth in
kerdh dhyworth an geryow a brofecy
i’n lyver-ma, Duw a wra kemeres
dhyworto y gevran a’n wedhen a
vêwnans, hag a’n cyta sans, taclow re
beu derivys i’n lyver-ma.

20Ev neb usy ow testa dhe’n
taclow-ma a lever, “Ea, me a dheu
whare.”

Amen. Deus, a Arlùth Jesu!

21Re bo grâss an Arlùth Jesu gans
oll y bobel! Amen.

AN POW SANS IN DEDHYOW JESU

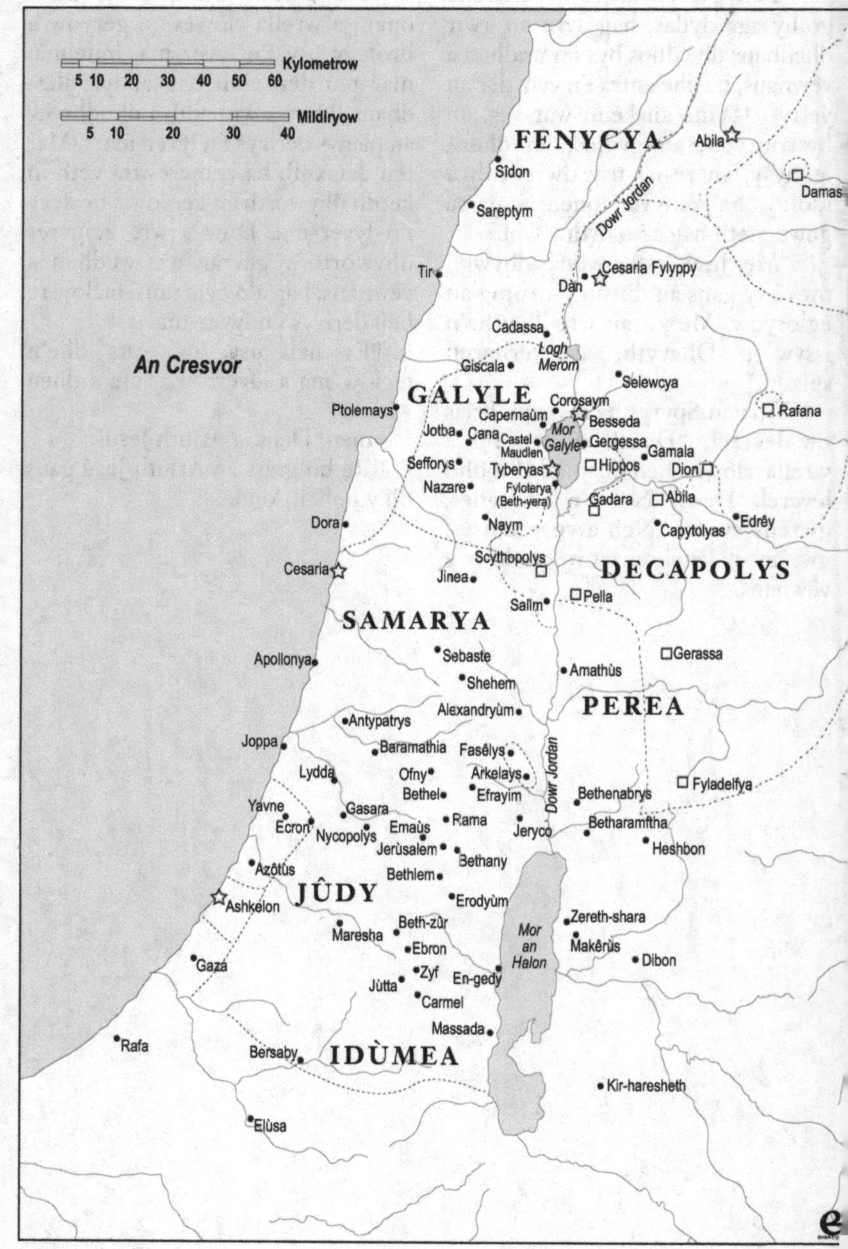

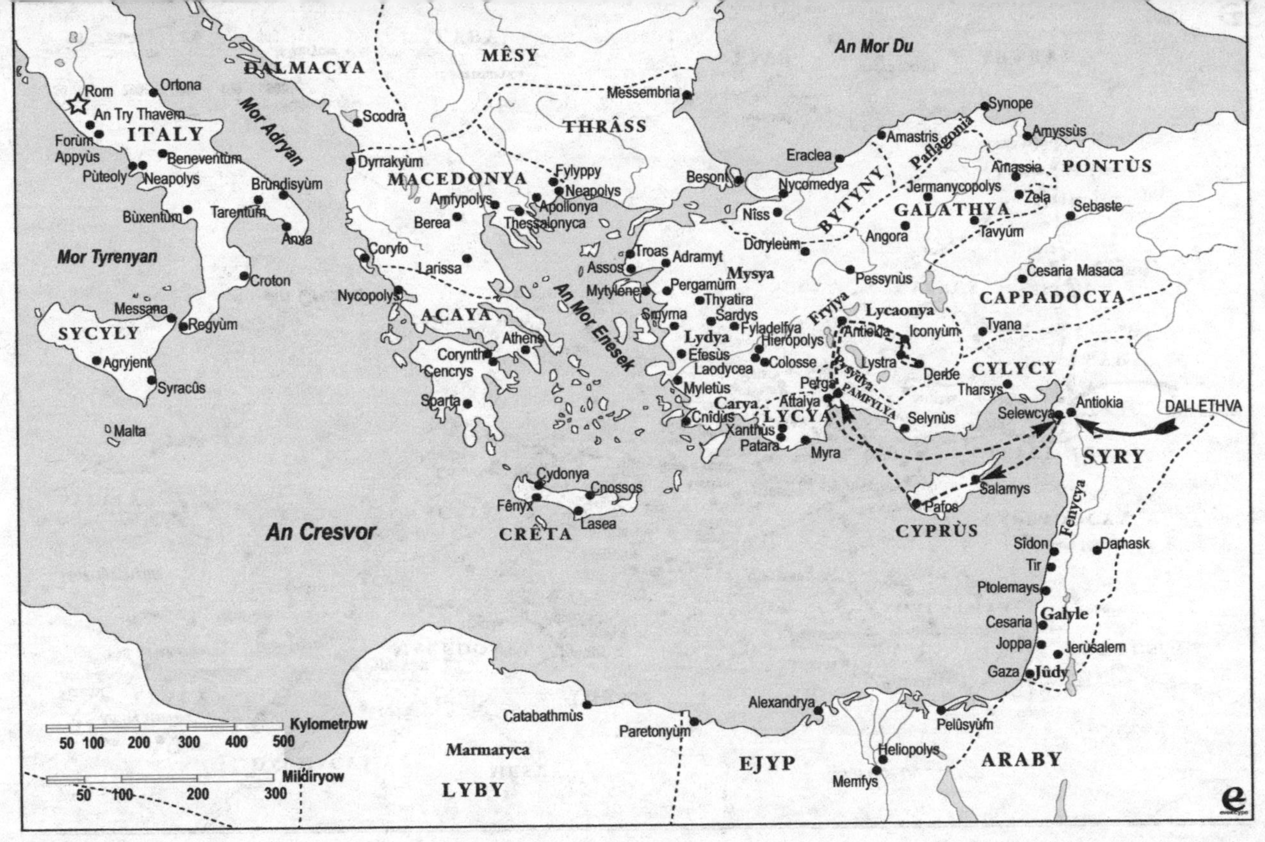
An Mor Du
MÊSY
DALMACYA
THRÂSS
Messembria
Synope
Amyssùs
Amastris
Paflagonia
PONTÙS
Amassia
Zela
Sebaste
Eraclea
Beson
Nycomedya
BYTYNY
Jermanycopolys
GALATHYA
Tavyùm
Nîss
Doryleùm
Angora
Pessynùs
Cesaria Masaca
CAPPADOCYA
Tyana
Fryjya
Lycaonya
Antiokia
Iconyùm
Lystra
Derbe
Pysydya
PAMFYLYA
CYLYCY
Tharsys
Perga
Attalya
Selynùs
Antiokia
Selewcya
DALLETHVA
SYRY
Fenycya
Damask
Sîdon
Tir
Ptolemays
Galyle
Cesaria
Joppa
Jerùsalem
Gaza
Jûdy
Salamys
Pafos
CYPRÙS
Rom
Ortona
An Try Thavern
ITALY
Forùm Appyùs
Beneventùm
Pùteoly
Neapolys
Mor Adryan
Scodra
Dyrrakyùm
Brundisyùm
Tarentùm
Bùxentùm
Anxa
Mor Tyrenyan
Croton
Messana
Regyùm
SYCYLY
Agryjent
Syracùs
Malta
MACEDONYA
Fylyppy
Neapolys
Amfypolys
Apollonya
Thessalonyca
Berea
Coryfo
Larissa
Nycopolys
ACAYA
Athens
Corynth
Cencrys
Sparta
An Mor Enesek
Troas
Adramyt
Assos
Mysya
Mytylene
Pergamùm
Thyatira
Smyrna
Sardys
Lydya
Fyladelfya
Hieropolys
Efesùs
Colosse
Laodycea
Myletùs
Carya
Cnidùs
LYCYA
Xanthùs
Patara
Myra
Cydonya
Cnossos
Fênyx
Lasea
CRÊTA
An Cresvor
Catabathmùs
Paretonyùm
Alexandrya
Pelùsyùm
Heliopolys
Memfys
Marmaryca
LYBY
EJYP
ARABY
Kylometrow
50 100 200 300 400 500
Mildiryow
50 100 200 300

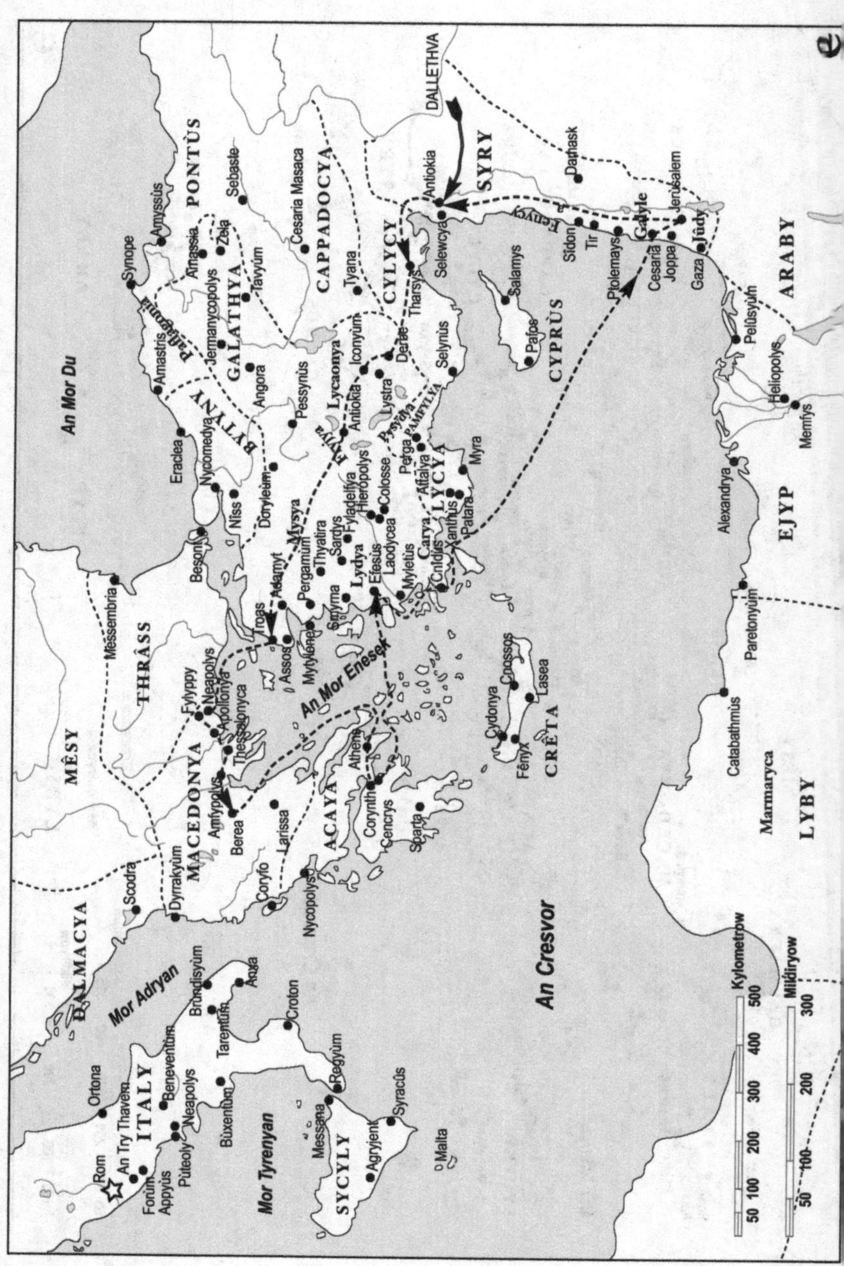
An Mor Du
PONTÙS
Amyssùs
Synope
Amassia
Zela
Sebaste
Cesaria Masaca
CAPPADOCYA
Tavyùm
Jermanycopolys
GALATHYA
Amastris
Angora
Pessynùs
BYTYNY
Eraclea
Nycomedya
Niss
Doryleùm
Messembria
THRÂSS
MÊSY
MACEDONYA
Fylyppy
Neapolys
Apollonya
Thessalonyca
Amfypolys
Berea
Larissa
Troas
Adramyt
Assos
Mytylene
Pergamùm
Thyatira
Sardys
Smyrna
Efesùs
Lydya
Mysya
An Mor Enesek
Athene
Corynth
Cencrys
Sparta
ACAYA
Coryfo
Nycopolys
Dyrrakyùm
Scodra
DALMACYA
Mor Adryan
Brundisyùm
Tarentùm
Croton
Beneventùm
Neapolys
Ortona
ITALY
An Try Thavern
Rom
Forùm Appyùs
Pùteoly
Bùxentùm
Regyùm
Messana
Syracùs
Agryjent
SYCYLY
Mor Tyrenyan
Malta
An Cresvor
CRÊTA
Cydonya
Cnossos
Lasea
Fênyx
Myletùs
Cnidùs
Carya
Laodycea
Colosse
Hierapolys
Fyladelfya
Xanthùs
Patara
LYCYA
Myra
Attalya
Perga
PAMFYLYA
Pysydya
Antiokia
Lystra
Derbe
Iconyùm
Lycaonya
Selynùs
Tharsys
CYLYCY
Tyana
Selewcya
Antiokia
SYRY
DALLETHVA
Damask
Sìdon
Tir
Ptolemays
Galyle
Cesaria
Joppa
Jerùsalem
Jùdy
Gaza
ARABY
CYPRÙS
Salamys
Pafos
Pelùsyùm
Heliopolys
Memfys
Alexandrya
EJYP
Paretonyùm
Catabathmùs
Marmaryca
LYBY
Kylometrow
50 100 200 300 400 500
Mildiryow
50 100 200 300

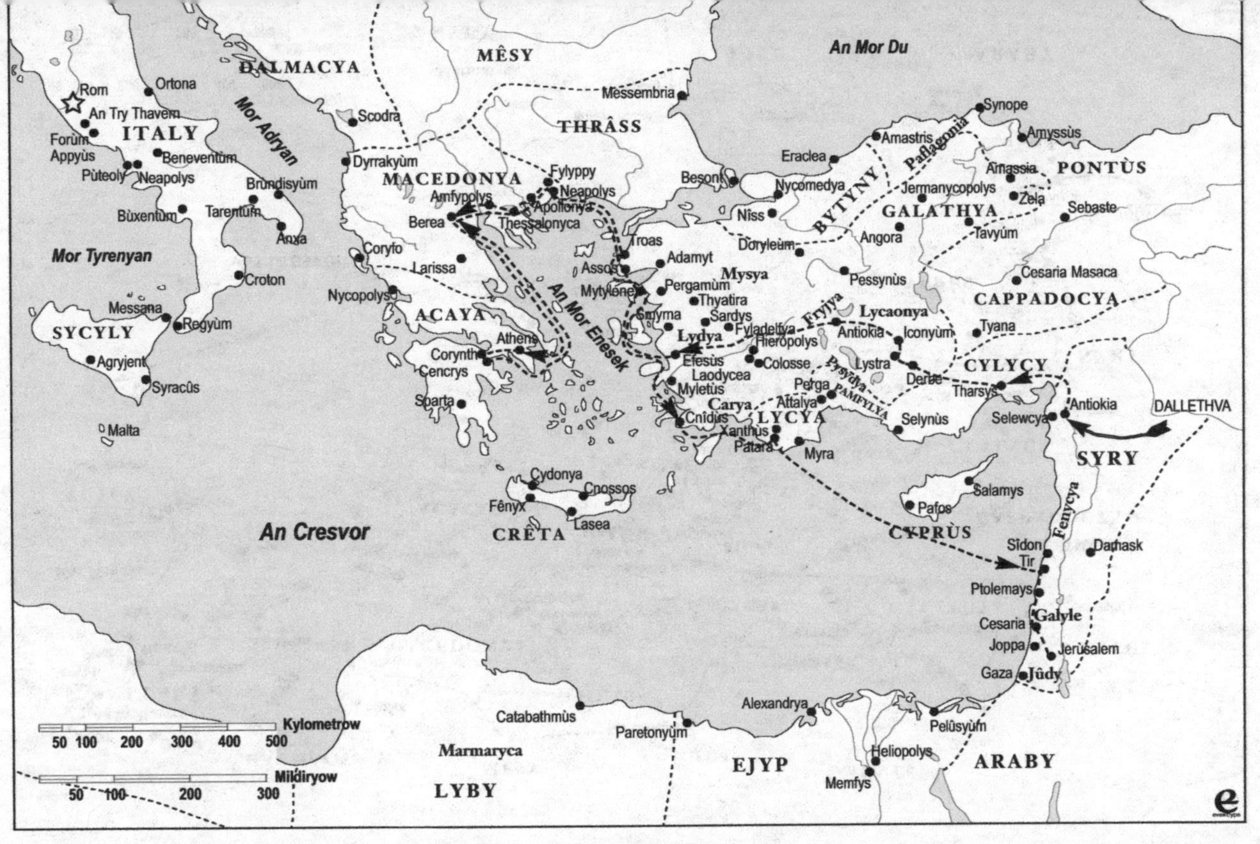

MÊSY
An Mor Du
DALMACYA
Rom
Ortona
An Try Thavern
ITALY
Forùm Appyùs
Mor Adryan
Scodra
Messembria
THRÂSS
Synope
Amyssùs
Amastris
Paflagonia
Eraclea
Amassia
PONTÙS
Beneventùm
Pùteoly
Neapolys
Brùndisyùm
Dyrrakyùm
MACEDONYA
Fylyppy
Neapolys
Besons
Nycomedya
BYTYNY
Jermanycopolys
Zela
GALATHYA
Sebaste
Bùxentùm
Tarentùm
Amfypolys
Apollonya
Berea
Thessalonyca
Nîss
Angora
Tavyùm
Anxa
Mor Tyrenyan
Coryfo
Troas
Doryleùm
Larissa
Adamyt
Assos
Mysya
Pessynùs
Cesaria Masaca
Croton
Nycopolys
Mytylene
Pergamùm
Thyatira
CAPPADOCYA
Messana
ACAYA
An Mor Enesek
Smyrna
Sardys
Fryjya
Lycaonya
Regyùm
SYCYLY
Athens
Lydya
Fyladelfya
Hieropolys
Antiokia
Iconyùm
Tyana
Corynth
Cencrys
Efesùs
Colosse
Lystra
CYLYCY
Agryjent
Laodycea
Pysydya
Derbe
Syracûs
Myletùs
Perga
PAMFYLYA
Tharsys
Antiokia
DALLETHVA
Sparta
Carya
Attalya
Cnidùs
LYCYA
Selynùs
Selewcya
Malta
Xanthùs
Patara
Myra
SYRY
Cydonya
Cnossos
Salamys
Fênyx
Pafos
Fenycya
Lasea
An Cresvor
CRÊTA
CYPRÙS
Sîdon
Damask
Tir
Ptolemays
Galyle
Cesaria
Joppa
Jerùsalem
Gaza
Jûdy
Alexandrya
Catabathmùs
Kylometrow
Paretonyùm
Pelùsyùm
50 100 200 300 400 500
Heliopolys
Marmaryca
ARABY
EJYP
Mildiryow
Memfys
50 100 200 300
LYBY

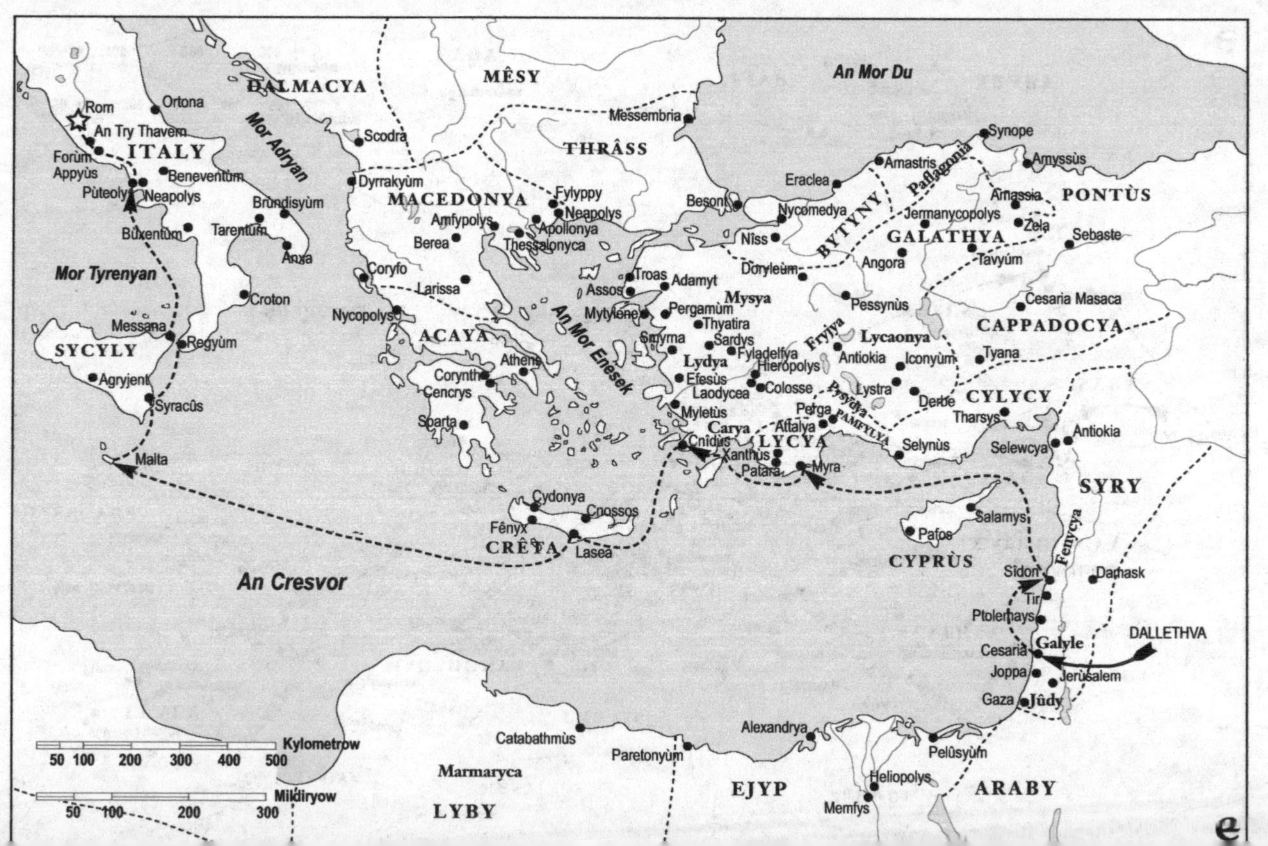
MÊSY
DALMACYA
An Mor Du
Rom
Ortona
An Try Thavern
ITALY
Forùm Appyùs
Beneventùm
Pùteoly
Neapolys
Mor Adryan
Brùndisyùm
Tarentùm
Anxa
Bùxentùm
Mor Tyrenyan
Croton
Messana
Regyùm
SYCYLY
Agryjent
Syracûs
Malta
Scodra
Dyrrakyùm
MACEDONYA
Amfypolys
Berea
Coryfo
Larissa
Nycopolys
ACAYA
Athens
Corynth
Cencrys
Sparta
Messembria
THRÂSS
Fylyppy
Neapolys
Apollonya
Thessalonyca
An Mor Enesek
Troas
Adamyt
Assos
Mytylene
Pergamùm
Mysya
Thyatira
Smyrna
Sardys
Lydya
Efesùs
Laodycea
Myletùs
Carya
Cnidùs
Xanthùs
Patara
LYCYA
Myra
Attalya
Perga
PAMFYLYA
Pysydya
Lystra
Derbe
Iconyùm
Antiokia
Lycaonya
Fryjya
Fyladelfya
Hieropolys
Colosse
Besons
Nycomedya
Nîss
Doryleùm
Eraclea
BYTYNY
Amastris
Paflagonia
Synope
Amyssùs
Amassia
PONTÙS
Jermanycopolys
Zela
GALATHYA
Angora
Tavyùm
Sebaste
Pessynùs
Cesaria Masaca
CAPPADOCYA
Tyana
CYLYCY
Tharsys
Selynùs
Antiokia
Selewcya
SYRY
Salamys
Pafos
CYPRÙS
Cydonya
Cnossos
Fênyx
CRÊTA
Lasea
An Cresvor
Sîdon
Fenycya
Damask
Tir
Ptolemays
Galyle
DALLETHVA
Cesaria
Joppa
Jerùsalem
Gaza
Jûdy
Catabathmùs
Paretonyùm
Alexandrya
Pelûsyùm
Heliopolys
Memfys
Marmaryca
LYBY
EJYP
ARABY
Kylometrow
50 100 200 300 400 500
Mildiryow
50 100 200 300

www.ingramcontent.com/pod-product-compliance
Lightning Source LLC
LaVergne TN
LVHW041943100826
845152LV00003B/63

* 9 7 8 1 7 8 2 0 1 2 8 3 2 *